L'ART

DE VÉRIFIER LES DATES,

DEPUIS L'ANNÉE 1770 JUSQU'A NOS JOURS.

On trouvera des exemplaires complets de cet ouvrage, dans les trois formats, chez l'éditeur, rue de la Rochefoucauld, n. 12, et chez Arthus Bertrand, libraire, rue Hautefeuille, nº. 23, à Paris.

Ce volume est le trente-septième de la collection complète, composée de trois parties :
1º. L'Art de vérifier les dates avant l'ère chrétienne, 5 vol.
2º. — depuis l'ère chrétienne jusqu'en 1770, 18 vol.
3º. — depuis 1770 jusqu'à nos jours, 8 vol.

Ces trois parties forment en tout trente et un volumes in-8º., huit volumes in-4º. et six volumes in-folio, en y comprenant les trois volumes publiés par les Bénédictins.

La seconde et la troisième partie ont reçu une grande amélioration, ayant été complétées par deux tables très-étendues, qui facilitent les recherches que l'on peut vouloir y faire.

Un troisième volume de tables a été composé et publié pour les quatre premiers volumes in-8º de la Description historique de l'Amérique, formant un volume in-4º et un volume in-folio.

Ainsi l'ouvrage entier se compose en ce moment (mars 1833) de trente-sept volumes in-8º et trois volumes de tables. Total, quarante volumes in-8º; ils forment neuf volumes in-4º ou in-folio, et la moitié du dixième.

IMPRIMERIE DE A: MOREAU,
rue Montmartre, nº 39.

L'ART
DE VÉRIFIER LES DATES,

DEPUIS L'ANNÉE 1770 JUSQU'A NOS JOURS;

FORMANT LA CONTINUATION OU TROISIÈME PARTIE DE L'OUVRAGE PUBLIÉ, SOUS CE NOM, PAR LES RELIGIEUX BÉNÉDICTINS DE LA CONGRÉGATION DE SAINT-MAUR.

TOME QUATORZIÈME.

A PARIS,

CHEZ A. J. DÉNAIN, LIBRAIRE,
RUE VIVIENNE, N° 16;

ET CHEZ L'ÉDITEUR, RUE DE LA ROCHEFOUCAULD, N° 12.

1833.

CONTINUATION

DE

L'ART

DE VÉRIFIER LES DATES.

SUITE DE LA

CHRONOLOGIE HISTORIQUE

DE L'AMÉRIQUE.

BRÉSIL.

1644. *Soulèvement des provinces conquises, par l'influence de Joam Fernandez Vieira.* Le gouverneur hollandais, voulant connaître la force des Portugais et la disposition des habitants de Bahia et des capitaineries méridionales, envoya une députation auprès du gouverneur, Antonio Tellès, sous prétexte de le complimenter et de lui demander le renvoi des débiteurs et des déserteurs hollandais. Le gouverneur l'accueillit amicalement et promit de communiquer les noms de ceux de ces individus qui viendraient chercher un asile à Bahia. Les agents apprirent que les troupes à S.-Salvador et dans les forts voisins, montaient à environ 2,500 hommes; que cent cinquante étaient stationnés dans les capitaineries d'Ilhéos, de Porto-Séguro et d'Espirito-Santo; que deux compagnies d'Indiens et de nègres, chacune de cent cinquante hommes, sous les ordres de Camaram, et de Henrique Dias, se trouvaient dans les garnisons septentrionales sur la frontière hollandaise; qu'il n'y avait presque pas de force navale; mais que deux navires venaient de sortir de la baie, et que les Hollandais et les Allemands de S.-Salvador avaient été transportés à bord des navires portugais pour les empêcher de communiquer avec leurs agents.

Cette nouvelle excita beaucoup de soupçons concernant les intentions des habitants de Pernambuco, qui déjà s'étaient plaints à Joam IV, que la trève ne contenait aucune garantie pour le libre exercice de leur religion. Le gouvernement hollandais eut recours à des mesures oppressives, qui servirent à augmenter encore la haine qu'il avait excitée.

Il s'empara de tous les fonds destinés aux affaires de la religion, afin de les appliquer au maintien des écoles, des églises et des hôpitaux; il donna ordre d'arrêter et de garder en prison les prêtres qui entraient dans les provinces conquises sans un sauf-conduit, et il enjoignit à ceux qui y résidaient, de prêter serment de fidélité et de ne pas accepter l'ordination de l'évêque de Bahia. On défendit aux Portugais de reconnaître l'autorité d'aucun prêtre ou prélat qui ne résiderait pas parmi eux, de recevoir son suffragant, ou d'envoyer de l'argent pour son usage. On avait appris que quelques prêtres, employés comme confesseurs par les catholiques hollandais et par les Français à leur service, leur avaient refusé l'absolution, alléguant qu'ils étaient engagés dans une guerre injuste contre les chrétiens, voulant dire les Portugais : on profita de cette circonstance pour ordonner à tous les religieux des ordres monastiques de quitter, dans l'espace d'un mois, les possessions hollandaises sur le continent, et de se rendre à l'île d'Itamaracá, pour être transportés de là dans les établissements espagnols.

Né dans l'île de Madeira, Joam Fernandez Vieira quitta très-jeune ses parents pour aller tenter fortune au Brésil. Après la perte d'Olinda, il se distingua dans la défense de S.-Jorge et fut fait prisonnier, lors de la prise du camp de Bom-Jésus. S'étant enrichi par son industrie, il gagna la confiance des Hollandais au Récif, de telle manière, qu'un membre du grand Conseil, avant son départ pour la Hollande, l'avait nommé son agent avec plein pouvoir de régler toutes les affaires. Devenu propriétaire de cinq sucreries, il s'unit en mariage avec *dona Maria Cézar*, fille de *Francisco Bérenguer d'Andrada*, natif de Madeira. Vieira, en qui l'on reconnaissait beaucoup d'intelligence, était souvent appelé pour donner son avis, concernant les affaires de la Compagnie; et par ce moyen, il connaissait parfaitement ses ressources et sa faiblesse. Ne pouvant supporter sa domination, il brûlait du désir de la détruire, et il forma en conséquence un plan de soulèvement, qu'il communiqua au gouverneur Tellès da Sylva et à son ami *André Vidal de Negreiros*, qui avait été nommé chef de la capitainerie de Maranham, et qui était venu (septembre 1644) pour voir ses parents dans la Parahyba, accompagné de *Padre Frey Ignacio*, bénédictin.

Vidal s'engagea à aider Vieira dans l'exécution de son projet. Les deux Portugais étaient indignés de la conduite du Conseil hollandais, qui avait fait pendre trois déserteurs de leur nation sans permettre qu'un prêtre leur portât les secours de la religion.

Vieira avait déjà envoyé un mémoire au gouverneur du Brésil pour l'informer que le moment était venu de secouer le joug des Hollandais : leurs fortifications, disait-il, sont négligées, les garnisons sont faibles, les meilleurs officiers sont partis avec Nassau; leurs compatriotes qui restent, se sont fixés dans les établissements de sucrerie et vivent avec les femmes des Portugais; la plupart des habitants de la cité sont des juifs qui ont été renvoyés de Portugal. En même tems, Vieira envoya un autre mémoire au roi, dans lequel il détailla ses griefs, et les outrages qui forçaient ses compatriotes à prendre les armes pour leur propre délivrance, déclarant qu'il n'y avait ni lois, ni trève, ni traité, qui pussent les priver de leurs droits naturels. Vieira écrivit aussi à Camaram et à Henrique Dias pour demander leur coopération.

Encouragé par tous ces renseignements, le gouverneur Antonio de Tellès envoya secrètement un détachement de 60 hommes, sous le commandement *d'Antonio Diaz Cardozo* (1), qui eut l'ordre d'agir selon les instructions de Vieira. Ils arrivèrent sans armes, les uns après les autres (décembre), à l'endroit désigné, où ils furent cachés par son fidèle domestique, *Miguel Fernandez*; quatre d'entr'eux furent envoyés à Bahia pour chercher des armes. En même tems,

---

(1) Cardozo arriva à Pernambuco au mois de décembre 1644, et il partit pour Bahia en janvier 1645. *Valeroso Lucideno.*

Camaram et Henrique Dias acceptèrent l'invitation de Vieira, et se mirent en marche. Alors ce dernier, de concert avec Cardozo, résolut de communiquer à ses amis son plan de révolte. Il les invita à une fête à la fin de laquelle il leur communiqua son projet de délivrer Pernambuco ou de mourir dans cette entreprise; il en appela à leur patriotisme (1) et leur fit connaître ses préparatifs. Tous exprimèrent le désir de voir Cardozo, et le lendemain ils se réunirent de nouveau dans une ferme de Vieira, où Cardozo leur confirma ce qu'ils avaient déjà appris de l'approbation du gouverneur de Bahia et de la marche des troupes de Camaram et de Henrique Dias. Alors toute l'assemblée proclama Vieira chef de l'insurrection. Deux jours après, ils revinrent lui annoncer que le grand Conseil était prévenu de leur réunion, et connaissait tous leurs noms; qu'en conséquence ils proposaient de traiter avec lui, sous condition d'avoir un sauf-conduit pour protéger Cardozo et ses hommes dans leur retour à Bahia. Ce dernier, informé de ce dessein, menaça de révéler les noms des véritables auteurs de la révolte; il adressa une lettre à Vieira pour confirmer cette intention et annoncer son départ pour Bahia. Le grand Conseil était en effet informé de ce complot; mais il n'osait en faire arrêter les auteurs, craignant d'exciter une insurrection qu'il n'aurait pas le moyen d'étouffer. Il se contenta de demander de prompts secours. En même tems, des envoyés de Cardozo arrivèrent à S.-Salvador. Le gouverneur leur ayant promis de les aider à résister à l'oppression des Hollandais, ils vinrent avec quarante aventuriers retrouver Cardozo, qui les fit cacher dans les bois; Vieira leur donna des commissions et des instructions militaires, et acheta des armes et des provisions. Le Conseil, informé de ces préparatifs, tenta plusieurs fois de s'emparer de Vieira, mais sans pouvoir réussir; ce chef était protégé par une centaine de nègres fidèles, armés de javelines, d'arcs et de flèches; et la nuit, il se retirait dans les bois, accompagné de *Diégo da Sylva*, jeune homme de Madeira, et de *Luis da Costa da Sepulvéda*.

Le 7 juin, Vieira reçut la nouvelle que Camaram et Dias avaient passé le S.-Francisco; il en avertit aussitôt le père

---

(1) Son discours se trouve dans l'ouvrage intitulé *Castrioto Lusitano*, part. I, liv. V, num. 40.

Francisco da Costa Falcão, chef du clergé de ce district, qui communiqua aux habitants les détails de l'insurrection ; tous déclarèrent qu'ils étaient bons Portugais et prêts à risquer leurs propriétés et leur vie pour le service de leur pays et de leur roi naturel.

Le 10, le Conseil suprême de Pernambuco envoya des députés à Bahia pour découvrir si le gouvernement portugais soutenait secrètement la révolte : il demanda le rappel et le châtiment de Camaram et de Dias, et déclara que s'ils refusaient d'obéir, il les ferait proclamer ennemis du roi de Portugal.

Le Conseil résolut cependant de saisir, la veille du jour de St.-Antoine (le 12), Vieira et tous les chefs de la conspiration. Plusieurs détachements de troupes furent expédiés du Récif pour les surprendre, mais sans succès. Un seul des conjurés, *Sebastiam Carvalho*, fut arrêté, et révéla tout au Conseil, en priant qu'on le gardât prisonnier pour ne pas exciter les soupçons de ses compatriotes. Le Conseil, prévoyant le danger qui le menaçait, fit élargir les fossés de Mauritias, réparer les fortifications, et craignant la révolte des Indiens alliés, il envoya leurs femmes et leurs enfants dans l'île d'Itamaracá, sous prétexte de les protéger contre les attaques des insurgés. En même tems, il offrit le pardon à deux des principaux chefs, *Antonio Cavalcanti* et *Joam-Paez Cabral*. Vieira, de son côté, prit position, le 13, à la sucrerie de Luiz-Braz-Bézerra, située sur un terrain élevé au milieu des bois, où il convoqua une assemblée de quinze personnes (1), qui s'engagèrent toutes à suivre la fortune de leur chef. Au bout de trois jours, leur nombre s'augmenta jusqu'à 130 hommes, tous animés du même esprit ; mais la plupart sans armes et sans aucune expérience dans l'art militaire. Parmi eux, se trouvaient quelques esclaves de Mina et d'Angola. De là, il passa à Camaragibe, lieu entouré de marais, et situé à en-

---

(1) Francisco Berenguer d'Andrada, Christovâo Bérenguer, Antonio Bézerra, le capitaine Antonio Borges Uchoa, Francisco de Faria, Antonio da Sylva, capitaine de cavalerie ; le capitaine Antonio Careiro Falcão, Bernardim de Carvalhos, Cosme de Crasto Pessoa, Manoel Cavalcanti, avec deux fils ; le capitaine João Nuñes Victoria, avec quelques gens armés de fusils ; João Cordeiro de Mendanha, Alvaro Teixeira, et Amaro Lopez Madureira, ensuite nommé capitaine.

viron deux milles de la Varzéa ou plaine cultivée. Là, il proclama la guerre, et envoya des messagers aux paroisses voisines pour inviter tous les Portugais à se rallier autour de lui, et y publier l'affranchissement de tous les esclaves et mulâtres qui voudraient s'enrôler sous les drapeaux de la liberté, leur offrant les priviléges des soldats et promettant de racheter lui-même la liberté de tous ceux qui appartiendraient à un patriote. En même tems, ces messagers firent répandre la nouvelle d'un décret hollandais, d'après lequel tous les jeunes gens de quinze à trente-cinq ans devaient être passés au fil de l'épée. Un nombre considérable d'esclaves fut attiré par cette offre, et s'étant assemblés dans la nuit ils commencèrent leur service en tombant sur les maisons des Hollandais et des juifs, dont ils tuèrent plusieurs, et se rendirent au camp avec leur butin (1).

Le 18 juin (2), le grand Conseil accorda une amnistie aux révoltés, à l'exception des chefs, s'ils se rendaient au Récif dans les neuf jours après la publication de l'édit, et s'ils y renouvelaient leur serment de fidélité au gouvernement hollandais. En même tems, il eut l'imprudence de faire arrêter dans les provinces un grand nombre de personnes qui n'étaient pas de la conspiration. Beaucoup d'habitants, indignés de cette vexation, se réunirent aux insurgés ; ceux qui restèrent furent forcés de prêter un nouveau serment d'allégeance et de se munir d'une protection achetée à un prix fixé par les agents hollandais.

1645. Ne pouvant s'emparer de Vieira par force, le Conseil lui fit offrir, par deux de ses compatriotes (3), la somme de 200,000 *cruzados* (de trois francs), s'il voulait abandonner son projet. Afin de gagner du tems, il sembla d'abord accepter cette proposition ; mais enfin forcé de répondre catégoriquement, il écrivit qu'il ne voulait pas vendre, à si vil prix, l'honneur de punir un oppresseur. Irrités de cette réponse, les membres du Conseil proclamèrent qu'ils

---

(1) Castrioto Lusitano, liv. V, 69-70.
(2) Castrioto Lusitano, part. I, liv. V, num. 74, où il est dit que ce décret fut publié vers la fin de juin, et il y porte la date du 18 juillet ; le 18 juin, selon O Valeroso Lucideno.
(3) Jorge Homem Pinto, riche propriétaire de Parahyba, alors résidant au Récif, et Antonio de Olyveira, *providor* et *ouvedor* de l'île d'Itamaracá.

accorderaient 4,000 *florins* de récompense à celui qui le prendrait mort ou vif.

Par une contre-proclamation, Vieira offrit deux fois cette somme pour la tête de chacun des membres du Conseil suprême. Il invita tous les Portugais à prendre les armes contre leurs tirans, sous peine d'être traités comme ennemis de leur patrie : il promit aux juifs et aux étrangers la protection comme vassaux de la couronne de Portugal, s'ils voulaient rester paisiblement chez eux ; et afin d'intimider le Conseil, il menaça d'entrer dans la ville avec 14,000 soldats européens et 24,000 Brésiliens et Indiens !

Les premières hostilités commencèrent, le 19 juin, à Ipojuca, près du cap S.-Augustin. Joam Fernandez Vieira avait confié le commandement de ce district à *Amador d'Araujo* en qualité de *capitam mayor*; et il donna la commission de capitaine à *Domingos Fagundès*, mulâtre libre, fils d'un homme noble et riche. Cet officier s'engagea à lever une compagnie, et bientôt seize hommes s'enrôlèrent sous lui. Une rixe ayant eu lieu entre un des habitants et un juif, négociant, cet incident donna lieu à une émeute dans laquelle trois juifs furent tués. Fagundès et ses hommes profitèrent de cet évènement pour tomber sur les Hollandais dont ils pillèrent et brûlèrent les maisons. La garnison hollandaise s'enfuit, laissant ses armes aux insurgés.

Animé par ce succès, Fagundès attaqua trois barques chargées de sucre et de farine qui se trouvaient à Porto do Salgado, s'en empara et massacra les Hollandais qui se trouvaient à bord. Après cet événement, tous les Portugais du district et des parties voisines prirent part à l'insurrection sous les ordres d'Amador d'Araujo, et réussirent à couper toute communication entre les Hollandais du cap S.-Augustin et le pays situé au midi. Afin de conserver cette communication, le Conseil du Récif expédia, le 24 juin, le colonel *Henrique Haus* à la tête de 600 hommes, dont 200 Hollandais pour réduire les rebelles. Fagundès, ne pouvant résister à cette force, se retira dans les bois de *Vasco Pires Borralho* avec vingt hommes, tua trois soldats hollandais, en blessa plusieurs dans sa route et fut rejoindre Araujo.

Le colonel Haus se rendit à Ipojuca, fit pendre un des révolutionnaires, et offrit pardon et protection à tous ceux qui se soumettraient dans trois jours. Environ deux cents individus déclarèrent se soumettre, avec l'espoir de se révolter dans une occasion plus favorable. Profitant de cette circonstance, Haus, guidé par un traître, se hâta d'empêcher une jonction entre Araujo et Vieira. Il rencontra les insurgés qui se retirèrent devant lui dans le bois avec une perte de cinq hommes.

Vieira, ayant appris que les Hollandais voulaient l'attaquer à Camaragibe, se retira à un *mocambo* de nègres, dans le bois, où il fut joint par le capitaine Antonio Dias Cardozo auquel il donna le brévet de *sargento mayor* et les priviléges de *ténente général*, ou lieutenant-général. Le nombre des insurgés, sur ce point, s'élevait à 280 hommes, dont trente *nègres Minas*. Les Hollandais, ayant eu connaissance de ce mouvement, voulurent les surprendre. Le sergent-major Blaar fut envoyé, pour cet objet, à la tête de 300 soldats européens et de 200 Pitagoares ou Pitiguares. Vieira en étant averti par le frère *Manoel do Salvador*, se retira à travers bois jusqu'à un endroit nommé *Maciape*, où les capitaines *Francisco Ramos* et *Braz de Barros* vinrent le trouver avec quarante hommes bien armés, et bientôt cinquante autres recrues arrivèrent, conduites par d'autres officiers, *João Barboza*, *Sébastião Ferreira*, *Domingos da Costa* et *Domingos Raymundo*. Un détachement, sous le commandement de l'adjudant *Amaro Cordeiro*, accompagné du père *Simão de Figueiredo*, fut envoyé le long de la rivière Capebéribe (1) (*Capibaribe, Rio das Capibaras*), afin d'exciter les habitants avec leurs esclaves, à prendre les armes pour la délivrance du pays. Dans l'espace de cinq jours, huit cents d'entr'eux se rendirent au lieu du rendez-vous avec trente fusils. La plupart étaient armés de dards (*chuços*) et de piques de bois dur et brûlé à l'extrémité. Avec cette force, Vieira marcha vers Saô-Lourenço, et ayant rencontré un corps de cinquante soldats hollandais et des Indiens qui escortaient un convoi de farine pour le Récif, il tua treize des premiers et huit des autres.

Blaar, sachant que les insurgés avaient quitté le *mocambo*, envoya vers Garassu (*Iguarassú*) des détachements qui brûlèrent les maisons et massacrèrent les habitants. Ayant ensuite effectué sa jonction avec Haus, ce dernier prit le commandement.

Vieira, n'osant pas risquer un combat à Saô-Lourenço,

---

(1) Castrioto Lusitano.

sans le secours de Camaram et de Dias, quitta cet endroit, passa le Capibaribe sur un radeau (*jangada*), qui portait huit à dix hommes, marcha vers le Rio-Tapicura (1) (*Itapicurú*), et prit position à un lieu appartenant à *Belchior Rodrigues Covas*. Là, plusieurs de ses hommes ayant exprimé le désir de le quitter et de retourner chez eux, il les harangua et menaça de faire pendre ceux qui voudraient séduire les autres. Afin de se défendre contre toute tentative d'assassinat, il se forma une garde du corps qui ne le quittait jamais, et deux soldats fidèles furent postés à l'endroit où l'on préparait sa nourriture, pour empêcher qu'on ne l'empoisonnât.

N'ayant pas de chirurgien et sachant qu'il y avait un médecin français nommé *Mestrota*, dans le district de S.-Amaro, il envoya quelques hommes pour le conduire à son camp.

Bientôt sa petite armée fut renforcée par quatre cents insurgés amenés de Moribéca et de Santo-Antonio do Cabo par le *capitaô mayor Joaô Soarès* d'*Albuquerque*.

Ce renfort arriva avec Amador d'Araujo et ses gens, suivis de sept Indiens armés de fusils biscayens, lesquels annoncèrent la prochaine arrivée de dom Antonio Phélipe Camaraô et de Henrique Dias.

Le nombre des capitaines était déjà de trente-quatre; par leur influence et celle des principaux ecclésiastiques (2), Vieira réussit à calmer les mécontents.

Vers le même tems, le Conseil hollandais publia une proclamation pour forcer toutes les femmes dont le mari, fils, père ou beau-frère se trouvait parmi les insurgés, à quitter leurs maisons dans l'espace de cinq jours, sous peine d'être punies elles-mêmes comme rebelles, et déclarant tous ceux qui les recevraient chez eux indignes de la protection des États. Quelques Portugais qui n'avaient pas pris les armes, intercédèrent auprès du Conseil pour laisser ces infortunées chez elles jusqu'à l'abaissement des eaux qui rendaient alors les chemins impraticables; mais on refusa d'accorder cette demande. Elle fut renouvelée par le père *Manoel do Salvador*, qui s'adressa au gouverneur en lui disant, qu'on s'exposait ainsi à punir ceux qui n'avaient com-

---

(1) Castrioto Lusitano.
(2) Les pères Frey Joâo da Résurreicaõ, Simâo de Figueyredo, Joâo d'Araujo.

mis aucun crime; que les bois étaient remplis de soldats et d'Indiens armés ; que les Portugais ne pardonneraient jamais une injure faite à leurs femmes et à leurs enfants. Si on veut exécuter cet édit, ajouta-t-il, les Hollandais seront en guerre avec les Portugais aussi long-tems que ceux-ci en garderont le souvenir. Ces représentations ne produisirent aucun effet sur l'esprit des membres du Conseil, qui lui parlèrent avec amertume d'une lettre de Vieira, et lui en montrèrent une autre d'après laquelle on leur promettait de le livrer mort ou vif. Le père Salvador, craignant pour sa propre sûreté, se retira lui-même dans les bois après avoir envoyé un messager avertir Vieira de ce qui se passait. On exécuta l'édit contre les femmes et les enfants des insurgés, qui s'enfoncèrent dans les forêts au milieu des pluies et des inondations.

Le 15 juillet, Vieira fit afficher dans les endroits les plus fréquentés du Récif, une contre-proclamation dans laquelle il dénonçait l'édit du Conseil comme barbare et cruel, contraire aux lois de la nature et à celles de la politique humaine; édit, dit-il, qui soumet aux lois militaires des femmes que leur faiblesse naturelle et la courtoisie en usage chez toutes les nations doivent protéger contre les maux de la guerre. En conséquence, il invita les femmes de tous rangs et de toutes conditions à rester dans leurs maisons, et déclara qu'il tirerait vengeance des injures qui leur seraient faites.

Le Conseil, voyant cette affiche sur les portes des fortifications, fit cesser l'exécution de son décret barbare (1).

Un autre événement augmenta encore l'indignation des Portugais. Ceux du district de Cunhau furent invités par les Pitiguares et les Tapuyas de Potengi à s'assembler, le 16 juillet, dans l'église pour délibérer sur des affaires importantes. Ils s'y trouvèrent au nombre de soixante-neuf qui furent tous massacrés par ces barbares, à l'exception de trois. Les insurgés crurent qu'ils avaient été poussés à cet acte par le gouvernement hollandais, et les habitants des capitaineries du nord cherchèrent une occasion de se réunir à leurs compatriotes outragés.

Le 24 juillet, Vieira fit afficher un édit au Récif, pour faire connaître son projet de rétablir l'autorité

---

(1) Castrioto Lusitano, part. I, liv. VI, 15.

légale à Pernambuco, et inviter les habitants de toutes les capitaineries à prendre les armes contre la tirannie et l'injuste occupation des Hollandais dans l'espace de quatre jours, à dater de celui de ce décret, sous peine d'être déclarés rebelles et poursuivis comme ennemis de leur patrie.

Vieira, informé de la jonction des troupes de Haus et de Blaar, qui se préparaient à l'attaquer, se retira, le 31 juillet, à la colline nommée *Tabocas* (1), située à environ neuf lieues à l'ouest du Récif et près de la petite rivière de *Tapicura*. L'armée était composée de 1,200 Portugais et de 100 Indiens et esclaves qui n'avaient guère plus de 200 fusils.

Vieira leur fit un discours pour ranimer leur courage : « qu'on ne dise pas que la valeur portugaise, qui a tant brillé en Asie, ait dégénéré en Amérique; les Hollandais les armes à la main ont résolu de devenir maîtres de nos propriétés, de notre liberté et de notre vie; nos temples et nos images sacrées sont détruits; les corps des catholiques sont déchirés; mettons fin à ces horribles sacriléges ; notre liberté, notre salut dépendent de nous ; si nous sommes vaincus, nous serons condamnés à l'esclavage, et nos fils hériteront de notre dégradation et de notre misère; mais nous ne pouvons douter que Dieu ne soit pour nous, car nous avons à combattre un peuple qui se plait à l'offenser » (2).

Dans le voisinage de cet endroit demeurait, sous la protection des Hollandais, un prêtre nommé *Manoel de Moraès* (3), qui avait abjuré la religion catholique et prêchait les doctrines de Calvin. Vieira envoya un détachement qui l'amena au camp. Se jetant aux pieds du général, il lui déclara que son apostasie n'était due qu'à la corruption du cœur ; et il se rendit à la foi. Cette circonstance fut considérée comme de bon augure par les insurgés. Néanmoins quelques traîtres cherchèrent à pousser les autres à la mutinerie en raison de la non-arrivée des troupes de Camaram et de Dias.

---

(1) Monte-das-Tabocas, ainsi nommée des cannes fortes et épineuses qui l'entouraient.

(2) Castrioto Lusitano, liv. VI, 20.

(3) On dit que pendant son séjour en Hollande, il écrivit une histoire de l'Amérique qui fournit de bons matériaux pour celle de Laet. *Novus Orbis,* etc.

Afin de calmer l'inquiétude de ses soldats, Vieira expédia un détachement de quarante hommes à la rencontre de ces deux chefs pour les conduire au camp.

Le Conseil hollandais, de son côté, ayant envoyé un renfort à Henrique Haus, avec ordre de marcher contre les insurgés, il avança vers la sucrerie de *Covas* à la tête de 1,500 soldats européens bien armés et disciplinés, et d'un nombre considérable d'Indiens et de noirs esclaves. Là, il apprit que Vieira avait quitté sa position ; et trompé dans son attente, il fit brûler la sucrerie dont la fumée annonça son arrivée aux Portugais.

L'avant-garde des Hollandais, composée de quatre cents soldats et d'un détachement d'Indiens, arriva à la sucrerie de *Balthazar Gonzalvès Moréno*, à environ une lieue et demie de Tabocas, où se trouvait le capitaine *Antonio Gomes Taborda* avec deux cent quarante hommes pour défendre ce passage. Celui-ci engagea le combat avec l'avant-garde, qu'il repoussa, et à laquelle il tua quatorze hommes ; mais Vieira le fit rentrer dans le camp pour y attendre l'attaque des Hollandais. Le sergent *mor* Cardozo avait placé trois embuscades (1) dans des ouvertures pratiquées parmi les roseaux, et un détachement sous le capitaine *Domingos Fagundès*, fut posté sur les bords du Rio-de-Itapicura pour en disputer le passage. Fagundès, après avoir essayé de le défendre (le 3 août), se retira aux embuscades, où il se livra un combat qui dura cinq heures, et dans lequel 370 soldats hollandais restèrent sur le champ de bataille. La perte des insurgés fut de 28 hommes, parmi lesquels se trouvaient quelques-uns de leurs principaux chefs, et trente-sept furent blessés.

Les Hollandais avaient 800 Indiens Pitiguares disciplinés, et un grand nombre de la même tribu et des Tapuyas, suivaient l'arrière-garde ; les Portugais s'emparèrent de plus de 2,000 armes à feu, et d'une grande quantité de poudre, de balles, de cordages et de toute sorte de munitions (2).

---

(1) Les commandans de ces embuscades étaient les capitaines João de Cabral, João Pessoa, Paula Villoza et Antonio Borgès Uchoa.

(2) Raphaël de Jésus donne beaucoup de détails sur ce combat, et les noms des capitaines et des personnes distinguées qui y prirent part.

Transportée de cette victoire, toute l'armée se mit à genoux pour remercier celui qui l'avait décidée, criant : *vive la religion catholique et romaine, vive la liberté, vive le roi dom Joaô* (1).

Vieira embrassa tous ses officiers et soldats, et suivant la promesse qu'il avait faite, il émancipa cinquante de ses esclaves, qu'il éleva au rang de soldats libres et les forma en deux compagnies, chacune de vingt-quatre hommes, sous les ordres de deux capitaines de leur choix.

Henrique Haus, avec le reste de son armée, fit sa retraite pendant la nuit, à Saô-Lourenço d'Ipojuca, à sept lieues du champ de bataille, et se retira ensuite au Récif, d'après les ordres du Conseil.

Pendant son séjour à S.-Salvador, le major Hoogstraten proposa au gouverneur, Antonio Tellès da Sylva, de lui livrer le fort Nazareth, disant qu'il avait déjà communiqué ce plan à Joaô Fernandez Vieira. Le gouverneur lui répondit que, s'il voulait le faire, il serait bien récompensé par le gouvernement portugais. Afin de cacher son projet, Hoogstraten, à son retour au Récif, informa le Conseil, que le gouverneur se préparait à attaquer les capitaineries hollandaises, et qu'il n'attendait que quelques navires de Rio-Janeiro pour commencer cette entreprise.

Le gouverneur Tellès da Sylva fit embarquer à Bahia, à bord de huit navires, deux régiments, sous les ordres des mestres-de-camp André Vidal de Négreiros et Martim Soarès Moréno. *Jéronymo Serraô de Payva*, habile officier, eut le commandement de cette flotte ; celle destinée pour le Portugal, composée de trente-sept navires, se trouvait dans la baie, et le commandant Salvador Corréa de Sa devait accompagner l'autre à Tamandare, où les troupes seraient débarquées. Serraô de Payva devait se rendre au Récif pour présenter des lettres au Conseil, de la part du gouverneur-général, qui écrivit que, d'après sa promesse, il avait envoyé deux officiers pour faire des remontrances aux insurgés, et les forcer à l'obéissance, s'ils persistaient dans leurs projets.

Révolte à Sérinhaem. En même tems, le commandant hollandais de Sérinhaem avait reçu des instructions pour désarmer les Portugais dans son district. L'un d'eux, Joaô de

---

(1) *Viva a Fè catholica romana ; viva a liberdade ; viva el rey dom Joaô.*

Albuquerque, excita les autres à la résistance, en leur persuadant que l'ennemi voulait les désarmer pour les massacrer ensuite. Les jeunes gens s'étant assemblés au nombre de quarante-neuf, coulèrent bas trois navires avec leurs chargements, qui étaient destinés pour le Récif, et se mirent sous la protection des troupes, qui avaient débarqué dans le voisinage. Les mestres-de-camp envoyèrent le capitaine Paulo da Cunha avec un détachement, sommer la garnison de se rendre, disant que le gouvernement hollandais avait traité les Portugais, non comme des sujets, mais comme des esclaves. La garnison, composée de soixante-deux Hollandais et quarante-neuf Indiens, se trouvant entourée d'une force considérable et privée d'eau, capitula, laissant les Indiens à la merci des Portugais. Une trentaine de ces malheureux furent pendus comme traîtres aux palissades du fort, en vertu d'une sentence prononcée par l'auditeur-général *Francisco Bravo*; les autres furent partagés entre les officiers, pour porter leurs bagages, et leurs femmes et leurs enfants distribués parmi les habitants. La plupart des soldats entrèrent au service des Portugais, et deux seulement des Hollandais quittèrent le district.

Après être resté sept jours à Tabocas pour enterrer les morts et guérir les blessés, Vieira partit pour se joindre aux troupes dans le Sérinhaem. Le jour de son départ, les habitants d'Iguarassu et de Goyana, étant menacés par les Hollandais d'Itamaracá, lui envoyèrent une députation pour solliciter des secours. Vieira leur expédia un détachement de cent cinquante hommes, dont Antonio Cavalcanti fut nommé chef. Étant arrivé à Iguarassu, il y resta inactif pendant quelque tems, et mourut d'une pleurésie. Vieira l'avait soupçonné d'avoir excité les soldats à la révolte.

Immédiatement après le départ de Vieira, de Tabocas, dom Antonio Phélippe Camaram et Henrique Dias y arrivèrent avec une partie de leurs troupes, et en marchant sur ses traces, ils firent leur jonction avec lui la seconde nuit.

Sur ces entrefaites, Vieira étant informé qu'il y avait un détachement de 180 Hollandais au village de Santo-Antonio do Cabo, marcha pour le surprendre; mais le capitaine de ce corps, averti de son approche, se retira à Nazareth. Vieira s'arrêta à S.-Antonio, à trois lieues d'Ipojuca, où se trouvaient les troupes de Bahia. Martim Soarès Moréno prit position à Algodaès, à une lieue de Pontal de

Nazareth. Le mestre-de camp, Vidal de Neigreiros, marcha à la rencontre de Vieira ; une entrevue eut lieu (1), le 16 août, et les deux corps se réunirent pour continuer la guerre : les troupes de Martim Soarès Moréno suivirent le même exemple. Le même jour, le gouverneur Vieira partit avec son armée pour Moribéca, d'où il continua sa marche par le Rio-Tygipió, suivi d'une multitude de Portugais, d'Indiens et d'esclaves qui, fuyant le joug des Hollandais, s'étaient retirés dans des lieux écartés.

Le général de cette nation, Henrique Haus, qui avait établi ses quartiers à la sucrerie de dona Anna Paès, fit expédier un détachement, composé de deux compagnies et de quelques Indiens, sous le commandement du sergent-major Jean Blaar, pour piller les maisons des insurgés et arrêter les femmes des hommes distingués dans la Varzéa ou plaine cultivée, qui avaient épousé la cause de l'indépendance, afin de les garder comme otages au Récif. Blaar en prit plusieurs (2) qu'il amena au camp. Après avoir saccagé les établissements, Vieira marcha à leur secours, et ayant passé avec grande difficulté le Rio-Capibaribe, il surprit les Hollandais dans la maison de dona Anna. Ne pouvant effectuer leur retraite, ils présentèrent les femmes prisonnières aux fenêtres, afin de faire cesser le feu de la mousqueterie. Les assaillants, émus de ce triste spectacle, leur proposèrent de se rendre prisonniers ; mais en réponse, ils tirèrent contre l'enseigne qui portait le pavillon blanc et le tuèrent, ainsi que le cheval de Vidal. On mit aussitôt le feu à la maison, qui était établie sur des piliers de bois, et Haus demanda alors à capituler. Les soldats portugais voulaient le brûler tout vif avec ses soldats ; mais Vidal s'y opposa. Haus et Blaar sortirent et demandèrent seulement qu'on épargnât leur vie et celle de leurs soldats : cette demande fut accordée, et plus de 200 Hollandais restèrent

―――――――――

(1) Raphaël de Jésus donne le discours que Fernandez Vieira avait prononcé dans cette occasion, en réponse à la demande faite par André Vidal de Négreiros, d'après les ordres du gouverneur-général Antonio Tellès da Sylva.

(2) Dona Antonia Bézerra, femme de Francisco Bérenguer de Andrada; dona Izabel de Goès, femme d'Antonio Bézerra, et Luiza de Olyveira, femme d'Amaro Lopez; la femme de Vieira, dona Maria Cézar, s'était cachée dans les bois.

prisonniers ; environ le même nombre d'Indiens, fut massacré et 400 Hollandais périrent dans le combat. La perte des Portugais ne fut que de 18 hommes tués et 35 blessés. Ils trouvèrent dans la sucrerie 600 fusils, une quantité de bons chevaux de selle et des provisions en abondance (1). Les capitaines Domingo Fagundès et Henrique Dias furent blessés dans cette affaire, où les prêtres se distinguèrent comme dans les précédentes. Quelques prisonniers hollandais entrèrent au service des Portugais ; les autres furent envoyés sous escorte à Bahia. Dans la route, Blaar fut tué par un des habitants, qui voulut se venger de ses cruautés.

Après cette victoire, Vieira marcha en triomphe vers la sucrerie de Saõ João Bauptista, située dans la plaine, accompagné des femmes qui avaient été captives, et suivi des Hollandais, parmi lesquels se trouvait Haus à cheval, sans armes ni honneurs militaires (2).

Prise d'Olinda par les Portugais. Le même jour de cette victoire, Olinda fut prise par trente Pernambucains, à la tête desquels se trouvait *Manoel Barboza*. Ce jeune homme, d'une bonne famille, s'était caché dans les bois à environ une lieue de la ville de Maurice avec cinq de ses compagnons, âgés de 18 à 20 ans, et bien armés, pour attendre une occasion de se joindre à Vieira. Une troupe de seize Hollandais qui escortaient des nègres chargés de butin, arriva dans la nuit à la maison de la sœur de Barboza, et ils enfoncèrent les portes de cette jeune veuve, dont les sœurs demeuraient chez elle. Barboza, ayant entendu leurs cris, courut à leur secours avec ses camarades, qui attaquèrent les Hollandais avec tant de courage, qu'ils en tuèrent quelques-uns et forcèrent les autres à prendre la fuite. Les vainqueurs se procurèrent des armes pour d'autres de leurs compatriotes, qui, au nombre de trente, prirent possession d'Olinda ; le chef de cette expédition fut récompensé par une commission de capitaine.

Combat naval. Conformément à ses instructions, Salvador Corréa se rendit en vue du Récif, le 12 août, avec la flotte

---

(1) Selon le récit de Raphaël de Jésus. Le père Manoel Colado dit que, dans ce combat et dans celui de Tabocas, l'ennemi perdit 1,500 armes à feu. O Valeroso Lucideno, liv. VI, c. 2.

(2) Castrioto Lusitano, liv. VI, 63.

composée de trente-sept voiles et destinée pour Lisbonne. Ignorant les opérations des insurgés, il offrit ses services au Conseil hollandais, ainsi que ceux de Vidal et de Soarès. Le Conseil, se trouvant insulté par cette communication, délibéra s'il devait arrêter les deux individus porteurs de ces lettres; mais craignant que la flotte n'encourageât l'esprit de révolte, il pria seulement Corréa de se retirer : celui-ci, ayant accompli sa mission, se mit en mer. Alors le Conseil, reprenant courage, ordonna à Jan Lichtart de préparer sa flotte, et d'attaquer et détruire les navires portugais, partout où il en rencontrerait. Une escadre portugaise de huit navires se trouvait alors dans la baie ouverte de Tamandare. Le commandant, *Jéronymo de Payva*, ne savait pas que Nazareth était au pouvoir des insurgés. Les mestres-de-camp lui avaient écrit (les 2 et 6 septembre) pour l'avertir de leurs succès ; mais les lettres avaient été interceptées. Lichtart, avec une force supérieure, attaqua l'escadre portugaise et prit trois navires; deux échouèrent et deux autres furent abandonnés et brûlés; un seul échappa et arriva à Bahia. On estima la perte des Portugais à sept cents individus. Le navire de Payva fut pris à l'abordage, le capitaine se défendit avec grand courage, et reçut plusieurs blessures (1). Les Portugais reprochèrent aux Hollandais cet acte comme une lâche trahison, ainsi que leurs cruautés envers les prisonniers. Un grand nombre avaient été jetés à la mer, et quelques-uns seulement se sauvèrent à la nage; d'autres, qui furent ensuite repêchés, avaient des boulets et des pierres attachés au cou et aux jambes. Le gouverneur de Bahia défendit le deuil pour ceux qui avaient péri à Tamandare, et promit d'en tirer une vengeance éclatante.

Le 3 septembre, le fort Nazareth fut livré aux insurgés par le commandant major Hoogstraten, pour la somme de 9,000 *cruzados*, dont 7,000 furent fournis par Vieira et le reste par ses officiers.

Soulèvement des habitants de la Goyane. Vers le milieu de juin, le Conseil hollandais avait expédié *Paul de Linge*, l'un de ses membres, à Parahyba, en qualité de gouverneur, afin de prendre des mesures pour la sûreté de

---

(1) Giusseppe se trompe en disant que Payva fut tué dans le combat. Part. II, p. 72.

cette province. Cet officier s'établit au couvent de S.-Francisco, et obligea les habitants à renouveler leur serment d'allégeance. Il arrêta quatre personnes, dont deux avaient été nommées capitaines de Vieira pour ce district, et fit tuer l'un de ces derniers, nommé *Estevaô Fernandez*; le corps d'un second, *Jacomé de Leyra*, qui était mort en prison, fut traîné dans les rues; les deux autres restèrent prisonniers. Dans ce moment, on apprit la nouvelle du massacre de Cunhau (17 août), et Vieira fit répandre le bruit que les Hollandais s'étaient proposé d'égorger tous les Portugais. Les habitants demandèrent alors, à Paul de Linge, des armes pour se protéger contre les Tapuyas. Celui-ci ayant appris la défaite de ses compatriotes à Tabocas, leur permit de se munir de toutes sortes d'armes, excepté de fusils, et se retira avec ses troupes au fort Cabédello. Les Tapuyas, accompagnés d'un corps de deux cents Hollandais, sous *Guillaume Lambartz*, s'approchèrent en massacrant tous les Portugais qu'ils rencontraient. Lorsque leur roi, nommé *Jan Duwy* ou *Jan Wy*, s'était engagé à prêter son secours, il avait demandé la destruction de tous les Portugais en Parahyba. Lambartz chercha vainement à mettre un terme à leurs cruautés. Mécontens de lui, plusieurs s'en retournèrent chez eux avec leur butin; les autres arrivèrent en vue de la ville de Goyana où ils voulurent entrer dans la nuit; mais ayant cru apercevoir une force supérieure disposée à défendre le passage de la rivière, et saisis d'une terreur panique, ils s'enfuirent et retournèrent dans leurs forêts. Lambartz, avec ses hommes, se retira à Cabédello, d'où il partit pour le Récif.

Vieira et Vidal qui s'étaient nommés gouverneurs, envoyèrent trois officiers à Parahyba pour commander les insurgés. L'un, *Antonio Rodriguez Vidal*, neveu d'André Vidal, était natif de cette capitainerie; les deux autres étaient capitaines, l'un du régiment de Camaram; l'autre, de celui de Henrique Dias. Ils s'arrêtèrent à environ trois lieues de la ville (le 1ᵉʳ septembre), à un endroit nommé Tibiri, et entrèrent en communication avec trois de ses habitants (1). Ceux-ci qui avaient été nommés gouverneurs de la province les informèrent de leur destination et les engagèrent à prendre des

---

(1) Lopo Curado Garro, Jéronymo de Cadéna et Francisco Gomès Moniz.

mesures pour donner la liberté à Parahyba. Elle fut bientôt proclamée par les habitants. Ils se fortifièrent dans la sucrerie nommée *S.-André*, appartenant à *Jorge Homem Pinto*, et envoyèrent leurs femmes et leurs enfants dans les bois. Le gouverneur Linge expédia trois cents Hollandais et six cents Indiens, sous leur chef *Pero Poty*, pour surprendre leur camp, tandis qu'il feignait d'attaquer la ville de Parahyba par la rivière, en y fesant remonter quelques lanches. Les Hollandais furent repoussés, le 11 septembre, avec perte de soixante-sept tués et d'un grand nombre de blessés. Les Portug... eurent que cinq hommes tués.

Apr... ce succès, les insurgés entrèrent en négociation secrètes avec Linge pour acheter le fort de Cabédello ; mais ce projet fut révélé par un prêtre portugais à un ministre calviniste, et le commandant hollandais, pour éviter les soupçons, fit pendre l'agent des patriotes.

Prise de Porto-Calvo par les Portugais. Le Conseil hollandais n'ayant plus l'espoir de secourir les garnisons au sud du Récif (celles de Serégipe sur la rivière S.-Francisco et de Porto-Calvo), donna ordre de les évacuer et d'enterrer ou détruire les canons ; mais avant de pouvoir exécuter cette mesure, une insurrection éclata à ce dernier lieu, occasionnée par l'arrestation d'un des principaux habitants, *Rodrigo de Barros Pimentel*. Les autres prirent les armes, sous les ordres de *Christovaô Lins*, que Vieira avait nommé capitaine du district. Le commandant hollandais envoya contre lui un détachement qui fut attaqué dans une embuscade, où tous ceux qui en fesaient partie furent tués.

Trois jours après, Lins prit un navire qui remontait la rivière Mangoaba avec des munitions pour la forteresse. On trouva à bord beaucoup d'armes à feu et de provisions de bouche. Neuf Hollandais furent tués dans cette affaire.

Vieira donna l'ordre d'assiéger la forteresse de Porto-Calvo, et le commandement des troupes, pour cet objet, fut confié au capitaine *Lourenço Carneiro de Araujo*. Le commandant hollandais *Klaas Florins*, après avoir livré bataille, fit une capitulation (le 17 septembre), d'après laquelle la garnison devait sortir avec armes et bagages jusqu'au lieu où elle serait désarmée : tous les soldats ou habitants, qui la composaient, pourraient s'enrôler librement sous le drapeau de la liberté, s'embarquer pour un autre pays, ou rester dans leurs fermes sans être molestés. Le commandant distribua 700 *milréis* entre les officiers et soldats, au nombre de cent cinquante-six, qui sortirent avec les honneurs de la guerre. Les historiens ne parlent ni des morts ni des blessés trouvés dans cette enceinte. La forteresse fut rasée, d'après la demande des habitants, et ses canons de bronze, au nombre de huit, furent envoyés aux patriotes.

Soulèvement des habitants de la villa de Rio-S.-Francisco. Le fort de S.-Mauritz, sur le Rio-S.-Francisco, se rendit également presque avec les mêmes circonstances. Un Portugais qui avait été arrêté fut mis en liberté par ses compatriotes. Un détachement hollandais de soixante-dix soldats, envoyé pour les punir, fut pris dans une embuscade et détruit. Animés par ces avantages, les patriotes, sous les ordres de *Valentim da Rocha Pitta*, mirent le siége devant la forteresse, et demandèrent des secours de Bahia. Le gouverneur-général leur envoya un renfort de quatre compagnies sous le commandement du capitaine *Nicolao Aranha*, qui partit du Rio-Réal le 27 juillet, et arriva à S.-Francisco le 10 août. En même tems, les patriotes s'emparèrent d'une caravelle ayant à bord des munitions et des provisions pour la forteresse. Les Hollandais eurent six hommes tués dans cette affaire; et, le même jour, ils en perdirent vingt autres dans une escarmouche. Maîtres de la rivière, les indépendants interceptèrent les petits navires, et empêchèrent l'arrivée de celui qui portait l'ordre d'évacuer le fort. Le 11, le capitaine Aranha passa la rivière et se fortifia au nord de la forteresse avec cent quatre-vingts hommes bien armés, Portugais et Indiens. Les Hollandais tentèrent une sortie, mais quatre d'entr'eux furent tués sur la porte. Le 13, le commandant portugais leur proposa des conditions de capitulation : ils demandèrent trois jours pour se décider. Dans le même tems, Henrique Haus et les prisonniers faits avec lui, à la maison de dona Anna Paès, passèrent par là en se rendant à Bahia, et il trouva moyen d'écrire au commandant du fort pour l'engager à se rendre. Profitant de ce conseil, ce dernier capitula le 19 septembre. La garnison était composée de 266 hommes, Hollandais et Français; 77 avaient été tués pendant le siége. Il y avait en outre 5 Indiens, 24 femmes, 18 enfants et autant d'esclaves. On y trouva 10 pièces de canon de bronze, une grande quantité de balles, de mèches et de provisions. On envoya par mer à Bahia les infirmes, les femmes et les enfants, et les soldats s'y rendirent par terre. Le fort fut rasé, et Aranha marcha avec ses troupes pour se réunir à Vieira et à Vidal dans la *Varzéa*.

Reddition du fort de Santa-Cruz. Par l'influence de Hoogstraten, le commandant de ce fort, situé à environ une lieue du Récif, se rendit aux Portugais et la garnison fut incorporée dans un régiment de déserteurs, qui venait d'être formé (1). On laissa une compagnie de soldats dans le fort pour sa défense.

Afin de protéger l'arrivage des provisions et des munitions, Vieira fit établir un autre fort sur une hauteur à quatre milles de la cité, lequel fut achevé en trois mois. Il y mit huit pièces de bronze, et lui donna le nom de *Bom-Jésus*, qui était celui du vieux camp. La ville, qui s'éleva bientôt autour de ce fort, fut nommée le *Nouveau-Camp* (*Arrayal Novo*); il y établit une *casa de miséricordia* ou *maison de compassion* pour les blessés et malades.

Le Conseil hollandais s'occupa alors des préparatifs nécessaires à la défense du Récif. Il fit détruire le pont de Boa-Vista, ainsi que les jardins et les dépendances du palais de Nassau. Ensuite il publia un édit qui ordonnait de démolir la nouvelle ville dans l'espace de dix jours.

Tentative des Portugais contre la forteresse de Cinco-Pontas, située sur le bord de la mer, à portée de fusil de la cité de Maurice. Vieira, sachant que l'île d'Itamaracá était le principal dépôt des Hollandais, prépara une expédition pour s'en emparer. Laissant Henrique Dias pour commander le camp, il marcha avec le principal corps d'armée à la ville d'Iguarassu, réunit toutes les embarcations du voisinage, barques, lanches, canots et radeaux, à la barre du Rio-Catuama, et s'empara d'un navire qui défendait le canal entre l'île et le continent. Cette entreprise fut exécutée par une centaine d'hommes de la garnison, à bord d'une grande barque et d'un bateau commandés par le capitaine *Simão Mendès*, qui avait ordre de vaincre ou de mourir. La plupart des Hollandais qui défendaient leur navire furent tués; quinze seulement se rendirent. Par ce moyen les

---

(1) Suivant le rapport du capitaine Nicholson, 257 soldats hollandais étaient passés au service des Portugais sous les ordres de Hoogstraten. Ceux qui étaient venus de Bahia étaient au nombre de 700, et il y avait de plus environ 340 hommes de différentes nations. *Voy*. Nieuhoff, chap. 10.

troupes effectuèrent leur débarquement sans être vues. Après trois attaques successives, elles pénétrèrent dans la ville de Schoppe, principal établissement de l'île. Les Hollandais, repoussés dans leurs retranchemens, allaient capituler, lorsque les troupes de Bahia et le régiment de Hoogstraten commencèrent à piller. Les Indiens qui s'attendaient à la mort, firent une attaque furieuse qui fut soutenue par les Hollandais, et forcèrent les Portugais à battre en retraite après onze heures de combat, avec perte de 60 hommes tués, savoir : 34 étrangers du régiment de Hoogstraten, 14 Portugais et 12 Indiens de Camaram. Les Hollandais eurent plus de 200 hommes tués et un grand nombre de blessés. Camaram fut blessé dans l'action. Sept hommes du régiment des déserteurs qui avaient rempli leurs havre-sacs de butin et perdu leurs armes, furent condamnés à mort par Hoogstraten, qui ensuite mitigea cette sentence, en leur laissant tirer au sort celui qui subirait la peine. L'un d'eux fut exécuté.

Une maladie contagieuse ravage le camp portugais. Les simptômes de cette maladie étaient une oppression de poitrine suivie de douleurs aiguës et rhumatismales. Elle enleva beaucoup d'individus, dont plusieurs moururent subitement, d'autres en quelques heures, et aucun de ceux qui en étaient atteints ne passait le troisième jour. Elle n'épargnait aucune race, ni aucune couleur. Les médecins, ignorant la cause de la maladie, ne savaient y appliquer remède; mais enfin ils réussirent à guérir quelques malades par une saignée copieuse. Pour la faire cesser, on fit des processions nu-pieds et des flagellations, et on plaça les images de S.-Gonzalo et de S.-Sébastiaô dans l'hôpital et dans la *casa de miséricordia*. On attribua à ces moyens la cessation de ce fléau. Cette maladie éclata dans la ville de Parahyba, vers la fin de septembre, parcourut toutes les capitaineries, et disparut vers le commencement de décembre. Les médecins la regardaient comme une espèce de peste occasionnée par la mauvaise qualité de l'air (1).

Le 7 octobre, les patriotes portugais rédigèrent une adresse à Sa Majesté, afin de se disculper de l'accusation

---

(1) Raphaël de Jésus dit : *Mal contagioso que pellos effeytos pareceo ramo de peste. Os medicos assentado entre si o ser ar inficionado e corrupto*, p. 401.

d'avoir manqué à leurs devoirs de fidélité envers leur roi, et d'obéissance à ses décrets, démontrant, en même tems, que la tirannie des Hollandais les avait obligés à prendre les armes pour défendre leur liberté et l'honneur du royaume, et leur avait fait proclamer Joaô Ferñandez Vieira gouverneur; qu'avec toute confiance dans sa clémence royale et dans sa magnanimité, ils espéraient que S. M. fournirait des secours pour achever une entreprise si glorieuse, si utile à sa couronne et si nécessaire pour le libre exercice de la religion. Cette adresse fut signée par les trois États de la capitainerie : 1° Par tous les capitaines et les officiers de la milice, les gouverneurs et mestres-de-camp exceptés ; 2° par les différentes municipalités ; 3° par l'état ecclésiastique, le clergé, les religieux et les principaux habitants du Réconcave au nombre de soixante-quatre. Cette adresse fut remise au gouverneur-général pour être envoyée à Lisbonne (1).

Massacre, fait par les Tapuyas, des Portugais du Potengy. Pendant les désastres causés par l'épidémie dans la Parahyba, les Indiens, conduits par *Jacob Rabbi*, ravagèrent la capitainerie du Rio-Grande, et massacrèrent tous les Portugais qu'ils rencontrèrent, pour venger la mort de leurs compatriotes à Sérinhaem, quoique ces Portugais n'eussent pas pris part à la révolte. Leurs bestiaux et leurs effets furent confisqués au profit de la Compagnie hollandaise (2).

La principale force des insurgés resta devant le Récif et les deux partis firent journellement des sorties. Le premier dimanche d'octobre étant la fête du rosaire (*festa do rozario*), toujours célébrée par les esclaves noirs du Brésil, et particulièrement par ceux d'Olinda, les Hollandais profitèrent de cette circonstance pour les attaquer; mais ils furent repoussés avec perte.

Trahison des esclaves déserteurs. Ces malheureux, séduits par des offres d'argent, s'engagèrent envers le commandant hollandais à ne point tirer à balle et à porter un papier plié à leur chapeau pour empêcher qu'on ne fît feu sur eux. Les Portugais admirant cette cocarde la portèrent aussi. Vieira,

---

(1) Valeroso Lucideno, p. 247-254, où se trouve ce manifeste avec les noms de ceux qui l'avaient signé.

(2) Raphaël de Jésus fait un tableau des horreurs commises par ces Indiens, p. 404-23.

qui avait toujours regardé ces noirs avec soupçon, en avait envoyé en différents postes, et il n'en restait que deux-cent cinquante avec le principal corps d'armée, sous le commandement du capitaine Nicholson (1), Hollandais de nation, qui cherchait une occasion de passer à l'ennemi. Pour les aider, les Hollandais firent une sortie sous Gartsman, et les déserteurs essayèrent d'en profiter pour s'échapper; mais ils en furent empêchés par un mouvement subit du sergent-major Antonio Dias Cardoso. Sept Portugais furent tués dans cette affaire et trente-cinq blessés, parmi lesquels se trouvaient Pédro Cavalcante de Albuquerque et Paulo da Cunha. Les Hollandais perdirent trente hommes. Nicholson, voulant éprouver la loyauté de ses gens, en choisit soixante de différents régiments qui furent placés en embuscade pour attaquer l'ennemi lorsqu'il viendrait chercher de l'eau. Ils traversèrent le Bébéribe, et marchèrent au son du tambour vers le Récif. On trouva sur les autres des preuves de leur communication avec cette ville, et ils furent désarmés et envoyés à Bahia, excepté les chirurgiens et deux ingénieurs. Le mestre-de-camp Hoogstraten et le sergent-major, *Francisco de la Tour*, furent si mortifiés de cette trahison, qu'ils demandèrent et obtinrent la permission de servir à Bahia, avec le même rang, dans un régiment portugais. Les mestres-de-camp avaient réussi, par une correspondance anonyme, à persuader que les déserteurs s'entendaient avec Vieira et Hoogstraten, et tous allaient être condamnés à être pendus, lorsque l'artifice fut découvert. Les soupçons tombèrent alors sur trente Français de la garnison du fort Affogados, qui furent arrêtés; quatre furent mis à la torture, et l'un d'eux exécuté, quoiqu'ils n'eussent rien révélé.

Un détachement de 600 hommes, dont 250 Portugais et 350 Indiens, sous les ordres du capitaine *Joaô Barboza Pinto*, avait été envoyé (le 1er nov.) pour protéger leurs compatriotes à Cunhau, mais il y arriva trop tard pour empêcher le massacre qui avait été commis, et s'établit dans une sucrerie qui avait été ravagée. Alarmés par des bruits qu'ils entendirent dans la nuit, les Portugais se retirèrent dans un marais et se fortifièrent dans une position qui n'était accessible que d'un côté seulement. Quatre cents Hollandais débarqués

---

(1) Raphaël de Jésus le nomme *Nicolas*.

dans la Bahia do Traiçam, marchèrent pour attaquer la sucrerie qu'ils trouvèrent abandonnée; mais ayant suivi les traces des Portugais, ils les attaquèrent dans leur nouvelle position, et furent repoussés avec perte de 115 hommes tués, tant Hollandais qu'Indiens, et 1,500 blessés (1).

Vers le même tems, un massacre horrible eut lieu dans la Parahyba. *Pero Poty*, chef des Tapuyas, parent de Camaram et partisan zélé des Hollandais, surprit un certain nombre de Portugais qui se trouvaient réunis la veille de la fête de S.-Martin, et les massacra tous, excepté une fille si remarquable par sa beauté, qu'il l'épargna et qu'il la conduisit au fort de Parahyba.

1645. *Victoire gagnée par Camaram*. Pour venger ces cruautés et empêcher les Hollandais de s'emparer de tout le pays de Parahyba, Camaram partit du camp à la tête de son régiment et de deux cents Tapuyas de la rivière Francisco, avec l'ordre de tuer tout ennemi qu'il rencontrerait, et de rassembler des bestiaux pour approvisionner le camp. Étant arrivés à Parahyba, les chefs des insurgés de cette capitainerie lui fournirent cinquante hommes connaissant bien le pays, avec lesquels il continua sa marche vers le Rio-Grande, mettant à mort les Tapuyas et les Pitigoares, et pillant et brûlant leurs villages. Le Conseil hollandais envoya contre lui une force de mille hommes de troupes et un corps des Tapuyas, sous la conduite de Jacob Rabbi et des fils de Duwy. Camaram prit une position sur les bords d'une petite rivière entre Cunhau et le fort Keulen, où il se retrancha du côté du nord et du sud; les deux autres côtés étaient protégés par la rivière qui n'était pas guéable, et par des buissons de *tabocas*. Camaram n'avait que 600 hommes, dont 100 Portugais et 150 archers de la rivière Francisco. *Rhineberg*, qui commandait les Hollandais, attaqua les retranchements; mais ne pouvant les forcer, il divisa ses hommes en trois corps, dont il conserva l'un pour avoir l'air de continuer l'attaque, et envoya les deux autres pour tenter le passage de la rivière plus haut; et, en même tems, pénétrer par les *tabocas*. Les troupes hollandaises tombèrent dans deux embuscades et prirent la fuite. L'au-

---

(1) Selon le rapport d'un Hollandais qui passa aux Portugais, dit Raphaël de Jésus. L'auteur de Valeroso Lucideno dit que le nombre des blessés n'était que de 300.

tre corps essaya en vain de passer la rivière bordée par des archers indiens. Les soldats de Camaram crièrent victoire et Rhineberg se retira laissant cent quinze hommes et tout son bagage sur le champ de bataille. Les vainqueurs n'eurent que trois hommes blessés. Ses munitions étant épuisées, Camaram ne put poursuivre l'ennemi; il se retira à Parahyba pour faire les préparatifs d'attaque du fort Keulen.

Incendie des cannes à sucre à Bahia. Le gouverneur-général de l'État, *Antonio Tellès da Sylva*, dans la vue de ruiner les Hollandais, donna ordre à ses mestres-de-camp, dans la Varzéa, André Vidal de Négreiros et Martim Soarès Moréno, de détruire toutes les plantations de cannes à sucre dans Pernambuco, sans réfléchir que les Portugais, et non les Hollandais étaient maîtres du pays, et qu'il allait détruire les ressources de son armée. Il y avait alors 150 sucreries qui occupaient 3,750 hommes. Vieira fut si frappé de cette mesure impolitique, qu'il ne voulut pas en contre-signer l'ordre; mais pour montrer l'exemple de l'obéissance, il fit mettre le feu à ses cannes à sucre, dont la perte fut estimée à 200,000 *cruzados* (de 3 francs). L'ordre fut révoqué par le gouverneur; mais la plus grande partie des plantations étaient déjà détruites (1).

Vieira ayant résolu d'envoyer deux messagers au Portugal pour représenter à sa majesté D. Joaô IV, l'état actuel du Brésil, ses succès, et faire connaître que ses vassaux, zélés pour son service, méritaient sa protection et son secours, nomma, pour cet objet, Francisco Gomez de Abreu et Francisco Bérenguer de Andrada, qui s'embarquèrent chacun à bord de deux caravelles, et mirent à la voile du port de Nazareth, vers le milieu de décembre. Avant de perdre vue de la côte, ces navires furent poursuivis par deux vaisseaux hollandais; l'un gagna le port de Tamandare, où l'équipage se sauva avec l'agent et ses dépêches; l'autre, à bord duquel se trouvait Abreu, s'échappa et arriva à Lisbonne (2).

1645. *Fondation de la ville de Taubaté* ou *Itabaté,* située

---

(1) Castrioto Lusitano, part. I, liv. V, 38-91; liv. VI et liv. VII, 1-35.
O Valeroso Lucideno e triumpho da liberdade, liv. III, IV e V, chap. 1.
History of Brazil, par M. Southey, chap. 20 et 21.
(2) Castrioto Lusitano, liv. VII, 34.

sous la latitude de 22° 54′ 12″ et longitude 332° 35′ de l'île de Fer, à la distance de vingt-neuf lieues de la capitale. Cette ville fut fondée par *Antonio Barboza d'Aguiar*, *capitão mór* et *Loco-Tenente* de la seigneurie. Elle est située à la distance de vingt lieues de Mugi das Cruces et douze de Jacauhy. Elle renferme une église, deux chapelles et trois couvents. Les maisons sont construites en *taipa* ou pizé (1).

1646. *Expédition portugaise pour protéger le district de Pottengy*. La situation des Hollandais au Récif était devenue très-critique : les provisions manquaient ; les troupes de la garnison murmuraient. Les juifs firent un don considérable pour le service de l'État, mais qui était insuffisant pour les circonstances. L'armée éprouvait une grande désertion. Le district de Pottengy était le seul qui fournît des provisions; on y envoya des renforts; mais les Portugais, voulant avoir la supériorité dans cet endroit, y détachèrent Vidal avec quatre compagnies, dont deux d'Européens, une de noirs, nommés *Minas*, nés esclaves dans le pays, et une autre de créoles. Les Hollandais, instruits par des espions du départ de ces forces, firent passer à Itamaracá la plus grande partie des Tapuyas, et une compagnie de fusiliers. Vieira, pour faire voir que sa force n'était pas affaiblie, fit exécuter plusieurs coups de main, dans lesquels *Domingos Ferreira* se distingua : ce dernier enleva, dans la nuit, vingt-cinq têtes de bétail et quelques chevaux d'un enclos situé sous les canons du fort Affogados.

Le 11 mars, le noir *Paulo Dias*, nommé *Phébiche* ou *San Félice* par Bagnuolo, et qui était *sergento-mayor* de Henrique Dias, passa la rivière dans la nuit et s'empara d'une redoute qui était défendue par cinquante Hollandais, dont quatre seulement furent épargnés. Huit hommes de Dias furent tués, et plus d'une vingtaine blessés.

Dans le camp portugais, on célébra avec zèle le jubilé qui avait été proclamé par le pape Innocent X, pour tous ceux qui avaient à cœur la prospérité de l'église, la destruction de l'hérésie et la paix entre les princes chrétiens.

André Vidal ayant fait sa jonction avec Camaram dans la

---

(1) La paroisse renferme 9,286 habitants.
Mém. hist., tom. VIII, p. 294-295.
Cor. Braz., I, 240

Parahyba, leurs troupes réunies arrivèrent, dans la nuit, à l'*Hermida*, ou hermitage de *Nossa-Senhora da Guia*, près des forts ennemis de S.-Antonio et de Cabédello, où ils formèrent trois embuscades, et expédièrent quarante hommes choisis, pour insulter la garnison du premier fort et la faire sortir. Le commandant demanda et obtint des secours de Cabédello, et marcha contre les Portugais avec soixante Hollandais et cent soixante Indiens, qui tombèrent dans le piége. Les premiers furent tous tués ainsi que quelques-uns des derniers; on s'empara de leurs armes et de leurs lanches. Parmi les Indiens se trouvait une *pagé* ou prophétesse, nommée *Anhaguiará*, ou maîtresse du diable (*senhora dos demonios*). Vidal apprit d'un prisonnier hollandais la force de l'ennemi. Il envoya Camaram à Pottengy (Rio-Grande), et retourna avec une seule compagnie à Pernambuco.

La mauvaise saison (avril), la destruction des plantations et le défaut d'agriculture avaient fait manquer les provisions nécessaires pour le camp. Les soldats se plaignaient amèrement; plusieurs qui avaient été envoyés de Bahia, y retournèrent, et beaucoup de nègres s'enfuirent au Réconcave. Les mestres-de-camp s'adressèrent à Antonio Tellès, pour le prier de remédier à ces maux. Ce dernier punit de mort quelques soldats, en envoya d'autres à Angola, et fit retourner au camp ceux qui avaient été séduits par les plus criminels. Il arrêta aussi les nègres de Pernambuco, pour les remettre à leurs propriétaires.

Défaite des Hollandais à S.-Lourenço de Tejucupapo. Vieira établit un fort à la barre de Tamandare, et combla le passage du fort de Nazareth par lequel Calabar avait fait passer la flotte hollandaise.

Les chefs hollandais, ayant appris le départ d'André Vidal pour la campagne de Pernambuco, firent monter quatre-vingts Hollandais et Indiens à bord de lanches, à l'Ile d'Itamaraca, pour aller piller les plantations de Téjucupapo, et ils y débarquèrent; mais ils furent repoussés par trente soldats, sous les ordres de *Zénobio Achioli*, capitaine de la milice de ce district, et forcés à la retraite avec perte d'une trentaine de tués et d'une vingtaine de blessés.

Les Hollandais firent partir du Récif une plus forte expédition, composée de douze lanches, et de quinze de l'île d'Itamaraca, ayant à bord trois cents Hollandais et autant d'Indiens. Cette flotte opéra un débarquement dans le district de Téjucupapo, à un îlot nommé Tapessoca, pour surprendre S.-Lourenço, située à douze lieues du camp. Les habitants se retirèrent dans une espèce de redoute, entourée d'une forte palissade, au nombre de quatre-vingts. *Agosthino Nuñès*, sergent-major d'ordonnance du district, les engagea à prendre les armes pour repousser l'ennemi, en agissant de concert avec les compagnies du capitaine major et du capitaine *Manoel Lopès*. Nuñès envoya une trentaine de cavaliers, sous les ordres de *Matheus Fernandès*, pour attaquer l'ennemi du côté des bois, lorsqu'il opérerait contre la redoute. Celui-ci tenta trois fois de pénétrer par la palissade, et fut repoussé avec perte. Renouvelant encore l'attaque, il y fit une ouverture que les femmes défendirent avec succès, pendant que les cavaliers tombaient sur les flancs des assaillants, qui se retirèrent à leurs vaisseaux, laissant quatre-vingts morts sur le champ de bataille avec leurs armes et munitions.

Vieira étant retourné à son camp, y trouva deux jésuites envoyés par le gouverneur Antonio Tellès, et qui portaient l'ordre du roi de faire retirer les troupes de Vidal et de Martim Soarès Moréno de Pernambuco à Bahia, et d'abandonner aux Hollandais cette province. Vieira s'opposa à l'exécution de cette instruction : « Le roi, «dit-il,» ignore la situation de ses fidèles sujets ; la loi de la nature est supérieure à toutes les lois, et obéir à cette injonction serait nous livrer à la destruction : nous ferons connaître à Sa Majesté les succès de nos armes, et nous continuerons la guerre jusqu'à nouvel ordre ; et quand même le roi réitérerait ces instructions, je n'abandonnerai jamais une entreprise si éminemment utile au service de Dieu et d'un prince si catholique » (1). Vidal accéda à cette résolution. Soarès hésita d'abord ; mais le gouverneur-général ayant commandé obéissance aux ordres du roi, ce chef se soumit, et bientôt après quitta son commandement et s'embarqua pour Lisbonne, afin de suivre ses intérêts particuliers.

Le roi Joaô avait donné ces instructions par crainte d'une alliance offensive entre l'Espagne et la Hollande, et son ministre près cette dernière Cour, *Francisco de Sousa Cou-*

---

(1) Tout le discours de Vieira se trouve dans le Castrioto Lusitano, part. 1, liv. 7, 69-73.

tinho, avait toujours déclaré que les Pernambucains agissaient d'après leur propre volonté, et n'avaient été ni excicités ni aidés par la Cour de Lisbonne, soit directement, soit indirectement; mais lorsque les États-Généraux reçurent des nouvelles de la bataille de Tabocas et de la perte de la partie méridionale de Pernambuco, la Compagnie s'adressa aux États pour réclamer des secours, et obtint un emprunt de 70,000 florins et une levée de 3,000 hommes; elle fut en même tems, autorisée à examiner tout navire marchand, et arrêter tous ceux qui reviendraient de Pernambuco.

Tentative d'assassinat contre Vieira. Fatigués de la guerre, quelques mécontents de l'armée de Vieira formèrent la résolution d'y mettre fin, en l'assassinant. Un jour qu'il revenait de ses sucreries, trois mamalucos cachés derrière une plantation, tirèrent sur lui des coups de fusil, dont un le blessa à l'épaule : l'un des assassins fut pris par sa garde et taillé en pièces; les autres s'échappèrent.

Expédition des Portugais à Itamaracá. Les Hollandais avaient établi trois navires de garde bien garnis de soldats et de munitions aux endroits guéables du canal, qui sépare cette île du continent. Vieira fit célébrer la fête du père S.-Antonio, à la chapelle de *San Engenho da Varzéa*, dédiée au même saint, et fit tirer le canon et des décharges de mousqueterie. Retournant au camp au milieu de cette cérémonie, il partit dans la nuit avec le mestre-de-camp André Vidal, à la tête de quinze cents hommes choisis, sous la conduite de huit capitaines, pour attaquer les navires. A la faveur d'un tems obscur et pluvieux, il plaça deux canons de 18 sur une plate-forme cachée parmi les arbres (*mangliers*) à *Porto dos Mareos*, où l'un des navires de garde était stationné. Il avait préparé pour ce coup de main, quelques chaloupes et radeaux ; douze hommes s'embarquèrent dans chaque chaloupe et s'approchèrent du navire ; mais l'une d'elles fut coulée à fond, et les hommes se sauvèrent sur des radeaux avec l'enseigne réformé *Affonzo d'Albuquerque*, qui les commandait. Ceux de l'autre chaloupe, commandés par le sergent réformé *Francisco Martins Cachadas*, gagnèrent le navire ; et à la pointe du jour, ils se préparèrent, le 13 juin, à attaquer celui qui était à l'ancre au gué de Tapessuma. Les Hollandais les voyant s'approcher, y mirent le feu, et abandonnèrent également un autre bâtiment qui se trouvait au gué d'*Entre-dous-Rios*. Vieira établit un fort sur la *praya*, nommée *Os-Marcos*, et y laissant le sergent-major, Antonio Dias Cardozo, retourna au camp avec la plus grande partie de ses troupes.

On avait séduit quelques canonniers du fort Orange (*fortaleza da Barra*), qui avaient indiqué par où l'on pourrait l'attaquer avec avantage, et promis de ne point charger leurs canons à boulet de ce côté ; mais le projet fut découvert par le commandant, qui fit rentrer dans le fort tous les hommes des différents postes. Il fut, en même tems, abandonné par quarante Tapuyas de sa juridiction, qui furent attachés au corps de Camaram.

Translation des Indiens alliés des Hollandais d'Itamaracá au pays de Pottengy. Pour diminuer la consommation des vivres dans cette île et pourvoir au besoin des soldats, on embarqua, pour le Pottengy, douze cents naturels de cette île, la plupart femmes et enfants qui avaient perdu leurs maris ou leurs pères dans la guerre. On accorda seulement une livre de poisson salé à chaque individu pour ce voyage.

Assassinat de Jacob Rabbi. Cet allemand, célèbre par ses cruautés et ses massacres, fut assassiné par ordre du colonel hollandais Garsman, avec lequel il avait passé la soirée la veille de sa mort. Duwy, chef de Tapuyas, fut exaspéré de ce meurtre, et pour l'apaiser, le Conseil du Récif lui accorda 200 *gilders* en argent, 1,000 aunes de toile d'Osnaburg, 100 gallons de vins d'Espagne, deux barils d'eau-de-vie, 40 gallons d'huile et une barrique de viande séchée. En même tems, Garsman fut mis en prison.

Famine au Récif. Les Hollandais privés de leurs ressources dans l'île d'Itamaracá, et ne pouvant plus faire d'incursions sur le continent, manquaient de vivres. Les habitants et les soldats de la cité n'avaient qu'une livre de viande par semaine, et bientôt les premiers en furent privés pour donner une double ration aux troupes, qui menaçaient de passer à l'ennemi. On avait mangé tous les chevaux, les chats et les rats ; et les noirs esclaves avaient déterré les os des habitants pour les ronger ; il n'y avait plus de vivres que pour deux jours, et on avait résolu de tenter de forcer le blocus, lorsque deux navires, *le Falcon* et *l'Elisabeth*, arrivèrent dans la rade pour annoncer l'arivée d'un grand renfort. Cette nouvelle remplit de joie tous les habitants. On accorda une médaille d'or à chaque capitaine de ces navires et on tira le canon des forts.

Le même jour (le 24 juin), Vieira fit célébrer la fête de saint Jean-Baptiste, en l'honneur de ce saint et de son roi.

Nouvelle expédition hollandaise au Brésil. Les Hollandais préparèrent un nouvel armement pour le Brésil : l'ambassadeur portugais chercha par tous les moyens à en empêcher le départ, déclarant, en même tems, qu'il était muni d'instructions de son gouvernement, qui l'autorisait à traiter des affaires de Pernambuco. A cet effet, il demanda une audience aux ministres hollandais, qui la lui refusèrent, en disant, qu'il ne cherchait qu'à retarder le départ de la flotte. Il proposa alors de leur communiquer les instructions qu'il avait écrites lui-même sur un papier blanc portant la signature du roi. Les ministres ne soupçonnant pas cet artifice, firent suspendre leurs préparatifs de guerre; bientôt ils découvrirent comment ils avaient été trompés, et ils demandèrent, à la Cour de Portugal, la juste punition de son ambassadeur; mais sa conduite fut approuvée par le roi, qui rejeta tout le blâme sur les insurgés de Pernambuco.

L'expédition hollandaise arriva au Brésil, le 20 juillet, après une traversée de six mois, ayant à bord trois nouveaux membres du grand Conseil pour remplacer les anciens, et 6,000 hommes de troupes sous les ordres de Schoppe, nommé commandant en chef. La première opération de ce général (5 août) fut de tenter de s'emparer d'Olinda; il partit du Récif avec 1,200 hommes (1), et arrivant au passage de Buraco Pequeno, il fut battu par les soldats des compagnies des capitaines Antonio da Rocha Damas, Braz Soarès et Joaô Soarès d'Albuquerque, qui le forcèrent à la retraite. Les Portugais concentrèrent leurs forces pour mieux résister à celles de Schoppe. Camaram fut rappelé de Parahyba, et on ordonna à tous les habitants de cette capitainerie et de celle de Goyana de se mettre sous la protection des troupes.

Vieira adressa, à cette époque, une lettre au Conseil hollandais, dans laquelle il prétendait avoir avec lui une force de 1,400 hommes, sans compter les nègres et les Tapuyas dispersés entre le Pottengy et le S.-Francisco. « Camaram, »disait-il,» commande 600 fusiliers; Henrique Dias, 800 nègres, 200 Minas et 700 Tapuyas; ces derniers de

---

(1) Raphaël de Jésus dit 4,000 hommes d'infanterie sous la conduite de Jacob Estacourt.

l'intérieur sont à nous quand nous voudrons les appeler, et surtout Dieu est pour notre cause. Avant l'arrivée de Schoppe, vous n'aviez que 600 hommes ; son renfort n'excède pas 1,200 soldats, la plupart jeunes gens. Je connais votre force. Nous avons tué et pris environ 2,600 de vos nouvelles troupes, et 500 Brésiliens, sans compter les blessés qui ont été transportés au Récif, et nous n'avions d'autres armes que des bâtons pointus et des massues. Maintenant nous avons de bonnes troupes, bien pourvues d'armes et de munitions. » Vieira invitait les Hollandais à évacuer le Brésil, offrant un pardon général, et un arrangement pour le paiement des dettes.

Le Conseil répondit par une proclamation adressée aux rebelles, et *Van Goch*, l'un des nouveaux membres, proposa à l'armée de ne pas leur donner de quartier.

Expédition de Hinderson au Rio-Francisco. Schoppe fit une descente dans la capitainerie du nord, qui avait été abandonnée par les Portugais. Il résolut ensuite de couper les communications de ces derniers sur la rivière de S.-Francisco, et d'y établir des magasins pour une expédition plus importante. Dans ce but, Hinderson fut détaché, dans les premiers jours d'octobre, avec une force assez imposante. Cet officier trouva les Portugais occupés à démolir le fort Mauritz ; et comme ils n'avaient fait aucun préparatif de défense, il n'eut pas de peine à les chasser de l'autre côté de la rivière. Cependant le mestre-de-camp Francisco Rébello, posté près de là pour défendre la capitainerie de Bahia, tua dans une embuscade, cent cinquante hommes de cinq compagnies, envoyées à Orambou. Les Hollandais firent encore une perte sensible dans la personne du fameux Lichtart, qui mourut subitement pour avoir bu de l'eau froide pendant qu'il était en sueur (1).

Le 29 juin, trente soldats de la compagnie du capitaine Francisco Lopès Estrella, prirent à l'abordage une lanche ennemie, chargée de provisions, près de la jonction des rivières Tigipió et Giquiá : huit Hollandais furent tués (2).

Le 12 août, Sigismond partit du Récif avec une force considérable pour attaquer Olinda ; mais il fut repoussé. La nuit

---

(1) Ici finit l'histoire du père Manoel Calado, intitulée : *O Valeroso Lucideno*, etc. *Em Lisboa*. an. 1668.

(2) Castrioto Lusitano, liv. VII, 82.

suivante, mille hommes d'infanterie prirent le chemin du fort Affogados, pour attaquer *l'estancia* de Joaô d'Aguiar, et furent repoussés par les troupes des capitaines Antonio Borgès Uchoa, Francisco de Abreu Lisboa et Camaram (1).

Les Hollandais avec une force de 2,000 soldats et deux pièces d'artillerie, essayèrent de s'emparer de la sucrerie de Bartholemeu. Le capitaine Francisco Lopès reçut l'ordre de marcher de l'*estancia* da Baretta, vers la montagne de Guararapès (2).

11 septembre. Les Hollandais s'emparèrent du *Povoação da Jangada*. Les habitants ayant été surpris, n'eurent ni le tems de se défendre, ni celui d'effectuer leur retraite.

1647. *Affaires de Maranham*. Le gouverneur-général Francisco Coelho de Carvalho, étant arrivé à Bélem en mauvaise santé, y mourut. Duram, *ouvidor geral* à S.-Luiz, profita de sa mort pour commettre des actes de violence. *Manoel Pitta da Veiga*, qui remplissait provisoirement les fonctions de gouverneur, enferma Duram dans le fort d'Itapicurú; mais le nouveau gouverneur Luiz de Magalhaens le remit en liberté, et fit arrêter et emprisonner Manoel Pitta, dont il donna la place à son propre frère.

1647. *Expédition hollandaise dans le Maranham*. Le principal objet de cette expédition, composée de huit vaisseaux de guerre sous le commandement de *Vandergoes*, était de s'emparer du fort de Curupa, et de marcher de là sur Bélem. *Sébastiam Lucena de Azevedo*, *capitam mor* de Para, après avoir déclaré qu'il n'était pas responsable de la défense de la ville, mais seulement de celle du fort, s'embarqua avec toutes les forces qu'il put réunir, pour s'opposer à cette invasion. Ayant débarqué à Curupa, il marcha sur Maricary, où il attaqua les Hollandais, qui furent forcés de regagner leurs vaisseaux avec une perte considérable. Ce succès de Lucena ne suffit pas pour apaiser le ressentiment que sa conduite antérieure avait fait naître, et sur la demande de la chambre de S.-Luiz, le gouverneur-général, Francisco Coelho de Carvalho, le suspendit de son commandement, et l'envoya à Gurupy, à soixante-dix lieues de Bélem, sur la côte vers Maranham, où il fut condamné à de-

---

(1) Castrioto Lusitano, liv. VIII, 9 et 10.
(2) Castrioto Lusitano, liv. VIII, 13 et 14.

meurer pour attendre la sentence de la Cour. Elle confirma la suspension de ses fonctions, et il fut embarqué pour le Portugal (1).

1647. Au commencement de cette année, Schoppe se rendit lui-même à S.-Francisco avec le reste de ses navires. Il y fut joint par Hinderson. De là il fit voile pour Bahia, et débarqua dans l'île d'Itaparicá, à trois lieues de la cité, où il se fortifia par le moyen de quatre redoutes protégées par les navires du côté de la mer. Contre l'avis de son Conseil, le gouverneur-général résolut d'attaquer les Hollandais dans cette forte position, et il choisit le mestre-de-camp Francisco-Rébello, à qui il confia 1,200 hommes pour diriger cette dangereuse entreprise. Cet officier, en essayant de déloger l'ennemi, fut tué au milieu du combat avec six cents hommes, parmi lesquels se trouvaient *Antonio Gonzalves Tiçaô* et quelques capitaines. Plusieurs autres, qui se retirèrent, furent blessés.

L'occupation du Rio-Francisco par les Hollandais interceptait l'arrivée des vivres aux Portugais. Le mestre-de-camp André Vidal de Négreiros fut envoyé dans la Parahyba pour s'en procurer et détruire les plantations à sucre que les Hollandais venaient d'y établir. Le sergent-major Antonio Dias Cardozo entra dans cette capitainerie avec 337 hommes, tous du régiment de Vieira, et expédia le capitaine Cosme do Régo Barros, avec 160 soldats, pour ravager le district de Cunhau et détruire la sucrerie du même nom, située à dix-huit lieues de Parahyba. Cet établissement fut réduit en cendres. Vidal revint avec deux cents prisonniers, dont la plupart esclaves déserteurs, quelques femmes qui avaient vécu avec les Hollandais et les Indiens, et trois cents têtes de bétail.

Vidal de Négreiros partit encore du camp, le 24 août, à la tête de neuf cents hommes d'infanterie et quatre-vingt-dix cavaliers, et pénétra jusqu'à un lieu nommé *Céará-Morim*, situé au nord du Rio-Grande, où il trouva sept cents pièces de bétail, qu'il conduisit aussi au camp avec quelques hommes et plusieurs femmes qui se mirent sous sa protection. Dans cette expédition, il tua soixante-dix Hollandais ou Brésiliens.

---

(1) Berredo, 934-9, cité par M. Southey, *Hist. of Brazil*, ch. 26.

Bombardement du Récif par les Portugais. A la nouvelle de l'arrivée du renfort hollandais, les mestres-de-camp avaient envoyé le père *Manoel do Salvador* à Lisbonne, pour faire connaître leurs succès et demander des secours. En attendant une expédition pour attaquer la ville du Récif par mer, Vieira et Vidal résolurent d'établir une batterie pour coopérer par terre. Les Hollandais avaient construit un fort sur un banc de sable, nommé *la Seca*, près la ville de Mauritias. Les mestres-de-camp découvrirent une situation plus élevée qui dominait ce fort, la baie et les passages. Laissant la direction du camp à Joam Soarès de Albuquerque, ils se rendirent sur les lieux pour faire élever la batterie. Les broussailles qui entouraient cet endroit cachèrent d'abord leurs opérations; et lorsque l'ouvrage commença à s'élever, ils n'y travaillèrent plus que la nuit, ayant soin de le couvrir dans le jour avec des branches d'arbres vertes. La batterie étant achevée (le 3 octobre), on creusa autour un fossé profond qui fut rempli d'eau du Rio-Capibaribe. On coupa ensuite les bois du côté du Récif et on foudroya la ville. Plusieurs personnes furent tuées, et les habitants effrayés se cachèrent dans leurs caves. La redoute commandait aussi la rade dont les navires furent retirés. On continua la canonnade pendant le jour, et dans la nuit on fit des attaques, dans l'une desquelles on emporta le palais de Nassau qui fut saccagé. Les habitants demandèrent des secours à Schoppe et à Hinderson. Ceux-ci partirent aussitôt et rencontrèrent en route une escadre portugaise, forte de douze vaisseaux, ayant à bord le comte de *Villa Pouca, Antonio Tellès de Ménézès*, qui arrivait en qualité de gouverneur-général, pour remplacer *Antonio Tellès da Sylva*.

On continua de bombarder la ville jusqu'à l'arrivée (vers la fin de décembre) de la flotte hollandaise au Récif. Schoppe se hâta de faire débarquer ses hommes et de construire une batterie vis-à-vis celle des Portugais.

L'escadre retourna pour ravager le Réconcave. Celle du Portugal eut ordre de la combattre. Trois navires engagèrent le combat; mais n'étant pas soutenus par les autres, l'un fut pris, un autre brûlé, le troisième se retira. A bord du second se trouvait *d'Affonso da Noronha*, fils du comte de Linharès, qui y périt.

Le roi de Portugal, d'après l'exemple de plusieurs Cours

d'Europe (1), nomma son fils aîné, *senhor de Théodosio*, *prince du Brésil* (2).

Les ministres de la Cour de Portugal prévoyaient les dangers qui menaçaient le Brésil, sans pouvoir y trouver de remède, lorsque le jésuite *Antonio Vieira* fit connaître au roi qu'un négociant d'Amsterdam avait proposé de fournir 15 vaisseaux montés de 300 canons, pour 20,000 *cruzados* chaque, et de les délivrer à Lisbonne, au mois de mars prochain. Pour trouver cette somme, Vieyra proposa de mettre un impôt d'un *testoon* ou six *vintems* sur *l'arroba* de sucre. La flotte du Brésil venait d'arriver avec 40,000 barriques de cette denrée.

Quelques mois après, le roi reçut la nouvelle de l'occupation d'Itaparicá par Schoppe. Le Conseil royal fut d'accord dans la nécessité de secourir Bahia; mais il fallait pour cet objet, 300,000 *cruzados*, et on n'avait aucun moyen de les trouver. Le roi fit venir Vieyra auquel il communiqua la délibération de ses ministres. Le jésuite se rendit à Lisbonne et négocia un emprunt, pour le montant de la somme demandée, avec Duarte da Sylva et un autre négociant. Ce capital devait être remboursé, comme on l'a dit, par une taxe sur les sucres.

Francisco Barretto de Ménézès, nommé *mestre-de-camp-général* pour le commandement de Pernambuco, partit de Lisbonne avec deux petits navires ayant à bord trois cents hommes, des armes et des munitions; mais à leur arrivée sur la côte de Parahyba, ils furent interceptés et capturés par les Hollandais. De Ménézès, amené prisonnier au Récif, réussit à s'échapper neuf mois après, grâce au fils du capitaine Francisco de Bra, qui le gardait. Le 24 janvier, il arriva au camp, et le gouverneur-général lui fit remettre le commandement par Joam Fernandès et André Vidal, au grand mécontentement des Pernambucains; mais Barretto gagna la confiance de ces deux chefs, en suivant leurs conseils.

Pendant le tems du soulèvement, Vidal et Fernandès avaient parcouru 180 lieues de pays, depuis Céará-Morim

---

(1) En France, dit Rocha Pitta, le fils aîné, le dauphin, tire son nom de la province de Dauphiné; celui d'Angleterre, du pays de Galles; celui d'Espagne, des Asturies.

(2) *America Portugueza*, liv. V, 84.

jusqu'au Rio-S.-Francisco. Ils avaient pris dans différents forts plus de 80 pièces de canon, tué ou capturé 18,000 individus, et leur armée était approvisionnée pour deux mois.

Vers le commencement de février, une flotte hollandaise de 60 navires, montée par 6,000 hommes d'infanterie et 3,000 marins, aborda au Récif. Le Conseil offrit encore une amnistie à tous ceux qui se présenteraient dans le délai de dix jours, Hoogstraten, seul excepté, et il déclara qu'après cette époque, ni âge ni sexe ne serait épargné. Vieira répondit (le 7), qu'il ne craignait pas ces menaces; que Camaram et Dias connaissaient trop les membres du Conseil pour écouter leurs protestations; qu'ils feraient des cartouches avec les proclamations hollandaises, et les leur renverraient en y joignant une réponse (1).

Néanmoins, l'arrivée de ce renfort obligea les Portugais insurgés à concentrer leurs forces entre Sérinhaem et Moribéca, et quoique leur nombre ne montât qu'à 3,200, ils résolurent de tenter le sort d'une bataille.

De son côté, Schoppe entra en campagne à la tête de 7,500 hommes d'infanterie et d'un grand nombre d'Indiens et de pionniers (2), et s'empara, dans sa marche, de la fortaleza da Barretta, gardée par quatre-vingts hommes, sous les ordres du capitaine *Bartholomeu Soarès Cunha;* quarante-sept furent tués et sept faits prisonniers.

Bataille de Guararapès (3). Les commandants portugais sachant que les Hollandais devaient passer à Moribéca par le chemin situé entre le pied des collines élevées de Guararapès et un marais, prirent possession de cette passe. N'ayant pas d'artillerie et peu de munitions, l'ordre fut donné

---

(1) Cette correspondance se trouve insérée dans l'ouvrage intitulé: *Castrioto Lusitano*, liv. VIII, 52-60.

(2) *America portugueza*, liv. V, num. 89. Rocha Pitta place ces événements dans l'année 1647.

(3) Montagne située à trois ou quatre lieues au sud du Récif, à trois lieues à l'ouest du camp portugais, et à deux nord-ouest du fort de Barreta, pris par les Hollandais. Cette chaîne tire son nom du bruit de ses torrents. « Guararapes, na lingua do gentio, he o mesmo, que estrondo ou estrepito, que cauzão os instrumentos de golpe, como sino, tambor, atabale, et outros; et o rumor que fazem as agoas pellas roturas, et concavidades delles lhes deu o nome de Guararapes. » Castr. Lusit., liv. IX, 18.

Rocha Pitta écrit *Goararapes*.

d'attaquer, l'épée à la main, aussitôt après la première décharge. Les Hollandais arrivent; le combat s'engage le 19, dimanche de la Quasimodo, et ils sont complètement battus. Après cinq heures d'une lutte opiniâtre, ils se retirèrent à Barreta, laissant sur le champ de bataille 1,200 hommes, dont 180 officiers, deux pièces d'artillerie et la plus grande partie de leur bagage. Le colonel Haus fut tué; Schoppe fut blessé au talon.

La perte des Portugais ne fut que de 84 hommes tués et d'environ 400 blessés. Celle des noirs et des Indiens n'est pas connue. Camaram, si distingué par ses talents militaires, mourut peu après la bataille. Son vrai nom était *Poty* ou *Camaraõ*, qui signifie chevrette, et il avait été baptisé sous le nom d'*Antonio*. Philippe IV lui avait donné l'*ordre du Christ*, le titre de *dom*, et celui de *capitaine-général des Indiens*. Il eut pour successeur son cousin, *dom Diégo Pinheiro Camaraõ*, qui, en récompense de ses services, avait obtenu l'ordre de Santiago (1).

Après cette désastreuse défaite, Schoppe retourna au Récif le 20 avril. Il s'en consola par la mort de Camaram, et en voyant que la batterie d'Asséca qui avait mis la ville en si grand danger, avait été rendue sans résistance à un officier de la garnison.

Après le départ de la flotte de Bahia pour le Portugal, celle des Hollandais resta maîtresse de la mer, et réussit à détruire vingt-deux sucreries dans le Réconcave (2).

Expédition portugaise pour la reprise d'Angola. Salvador Corréa de Sá e Benavidès, *Fidalgo*, d'une famille qui avait contribué à expulser les Français de Rio-Janéiro, arriva à ce port de Lisbonne, avec la permission de former une expédition pour reprendre Angola, et l'ordre pour le Conde de Villa Pouca de faire remettre à sa disposition cinq vaisseaux pour cet objet. A son arrivée, il convoqua une assemblée des magistrats et des principaux personnages de la ville et leur communiqua l'autorisation qu'il avait reçue du roi, d'établir un fort dans la baie de Coquimbo, sur la côte d'Angola, afin de fournir des nègres au Brésil. Il ajouta qu'à cause de la trève, il lui était défendu de faire la guerre aux Hollandais; mais qu'il ne serait pas condamné par le

---

(1) *America Portugueza*, liv. V, 84-95.
(2) *America Portugueza*, liv. V, 97.

roi, s'il réussissait à recouvrer, par la force, les places dont ils s'étaient emparés pendant ladite trève. L'assemblée accueillit son projet, lui vota un don de 55,000 *cruzados*, et enrôla 900 hommes de guerre pour l'expédition. Corréa de Sa fréta six autres navires, en acheta quatre à ses frais, et mit en mer avec quinze voiles et des provisions pour six mois. Arrivé à la baie de Coquimbo, il y jeta l'ancre; malheureusement les houles submergèrent le vaisseau amiral, avec 360 hommes à bord. Ayant appris que les Hollandais fesaient la guerre aux Portugais dans l'intérieur du pays, il obtint le consentement de son Conseil pour se rendre à Loanda, où il fut informé (le 5 août), que les Portugais de Massangano étaient harcelés par un détachement de 300 Hollandais et 3,000 naturels, ce qui le décida à attaquer le Morro de S.-Miguel, qui était défendu par une garnison de 1,200 Européens et autant de nègres. Laissant seulement 180 hommes à bord de la flotte, à la pointe du jour, il débarqua 650 soldats et 250 marins à deux milles de la ville, prit possession du couvent des Franciscains qui commandait la plage, ainsi que de l'abreuvoir de Maganga d'où les Hollandais s'étaient retirés, et entrant dans la cité, il occupa le collége des jésuites, la maison du gouverneur, et ensuite le fort de S.-Antonio qui avait été évacué. Il y trouva huit pièces de canon, dont deux seulement étaient enclouées. Avec ces six canons et quatre qu'il avait débarqués, il établit deux batteries sur l'église, située vis-à-vis le Morro, sur un terrain également élevé et séparé par un ravin. Il tirait contre le fort sans pouvoir l'endommager, lorsqu'il reçut la nouvelle de la défaite des Portugais de Massangano. Il attaqua alors le Morro à la pointe du jour, et fut repoussé avec perte de 163 tués et 160 blessés. Malgré cet échec, Corréa ne voulait point encore abandonner l'entreprise; cependant il fit battre la retraite. Les Hollandais, croyant que c'était le signal d'un nouvel assaut, furent saisis d'une terreur panique, et déployèrent le drapeau blanc en signe de capitulation. Corréa, profitant de cette erreur, ne leur donna que quatre heures pour se décider, et fit comprendre dans les stipulations (le 24 août) (1), tous les

---

(1) L'auteur des *Memorias historicas* do Rio de Janeiro dit qu'il fit voile vers Angola le 12 mai, et qu'il reconquit, le 15 août, les terres occupées par les Hollandais : qu'en mémoire de ce fait glorieux, la *comarca* d'Angola célèbre annuellement une fête

Hollandais qui se trouvaient à Angola. Plus de 2,000 hommes jetèrent bas les armes devant moins de 600 et furent embarqués à Cassandana où ils avaient pris terre.

Ils se retirèrent vers l'embouchure du fleuve Guansa où ils bâtirent un fort pour empêcher le commerce des Portugais.

Ayant appris la reddition d'Angola, les Hollandais de S.-Thomas évacuèrent cette ville, y laissant toute l'artillerie et la plupart des munitions.

Après la prise de Lovando-S.-Paul, en 1641, le gouverneur Ménézès s'était retiré, avec les troupes et les habitants, sur les bords du Bengo, à trente lieues de la ville où il se fortifia dans un endroit au milieu d'un village qu'il venait d'établir. Il y fit des préparatifs pour attaquer les Hollandais, lesquels en ayant été avertis (mai 1648), marchèrent contre lui au nombre d'une centaine, tuèrent vingt soldats de sa garde, en blessèrent autant, ainsi que le gouverneur, et le reste fut fait prisonnier et transporté à Pernambuco. Les principaux officiers seuls échappèrent (1).

Négociation entre la Cour de Portugal et la Hollande. L'ambassadeur de Portugal avait proposé (le 28 novembre 1647), aux États-Généraux, d'aller lui-même avec les commissaires hollandais, au Brésil, pour y faire cesser la révolte, ou si la Compagnie le préférait, de céder ses droits au roi son maître. Le prince offrait de payer la valeur de son propre fonds, après avoir conclu une paix ou une trêve avec le roi de Castille. Cette offre ayant été rejetée, l'ambassadeur proposa de nouveau, au mois d'août 1648, d'employer les armes du roi pour dompter les rebelles, aussitôt que la ratification de la paix serait signée; et le mois suivant, il offrit, d'après les ordres de son roi, la restitution de tout ce qui avait été repris sur la Compagnie. Celle-ci agréa cette proposition, sous condition qu'on remettrait entre ses mains ou entre celles des États, Bahia ou l'île de Terceire. L'ambassadeur répondit que le roi de Portugal ne pouvait céder ni l'une ni l'autre de ces possessions sans le consentement des États de son royaume; et il offrit en échange plusieurs ports ou une ville maritime du Portugal.

---

solennelle par une procession de l'église de S.-José jusqu'à la cathédrale, sous le titre d'*Anniversario de Restauraçaõ. V.* Tome III, p. 201.

(1) Dapper, *Description de l'Afrique*, p. 360-373.

A l'égard des capitaineries de Céará et de Maranham dont la restitution avait été demandée par les commissaires des États, il fit observer que la première avait été reprise par les Portugais dès l'an 1638; et la seconde, enlevée par la Compagnie hollandaise pendant la trève, en 1641; que le roi ne pouvait s'engager qu'à rendre ce qui avait été pris par les rebelles, et que la somme de vingt-huit millions demandée excédait la valeur de tout ce que la Compagnie avait possédé au Brésil. En même tems, il donna des nouvelles de la prise de Loanda et de S.-Thomas par les Portugais. Enfin il s'engagea à faire remettre à la Compagnie toute la côte du Brésil, depuis le Rio-Royal jusqu'au Rio-Grande, y compris la capitainerie de Sérégipe, avec tous les instrumens nécessaires à l'exploitation des moulins à sucre; de fournir, tous les ans, 1,000 bœufs pour labourer les terres, autant de vaches, 200 chevaux et 200 moutons, pendant un certain tems dont on conviendrait; et qu'on donnerait encore, pendant dix ans, 10,000 caisses de sucre, pourvu qu'on laissât aux Portugais, Loanda et S.-Thomas. Les États voulant conserver ces deux places, la négociation fut rompue (1).

1648. *Fondation de villes.* Fondation de la *villa de Paranagua*, sur le bord méridional de la baie du même nom, dans la province de S.-Paulo, à 67 lieues de la capitale, par *Theodoro Ebano Pereira*. Elle est située à trois lieues de la mer, sous la latitude de 25° 31' 40" sud, et longitude de 327° 26' de l'île de Fer (2).

22 décembre. *Fondation de la villa d'Alcantara*, autrefois nommée *Tapui-Tapera*. Par l'*alvara* ou décret du 19 mars 1624, le juge Antonio Coelho de Carvalho devint propriétaire de cinquante lieues de côtes situées entre la baie de Cumam et le Rio-Pindaré. Cette concession fut augmentée

---

(1) Le Clerc, liv. XII, Histoire des Provinces-Unies.

(2) Cette ville est bien bâtie; les maisons sont en pierre. Elle renferme une église, trois *ermidas*, une monnaie et une école pour enseigner le latin. Les jésuites y avaient autrefois un collége. Un *juiz de fora* y fut établi par un décret du 19 février 1822. La paroisse contient une population de 5,677 individus. Le terrain est bas et produit du riz, du mandioca, dont on exporte une bonne quantité, ainsi que des planches.

Mem. hist., VIII, 311.
Cor. Braz., I, 226.

de seize lieues, et confirmée, le 15 mars 1639 et le 10 janvier 1646. Le donataire fonda la ville d'Alcantara, le 22 décembre 1648, sur un terrain élevé, à trois lieues nord-est de la capitale. On y établit deux juges ordinaires pour connaître des affaires civiles et criminelles et de celles des orphelins. Alcantara a quatre hermitages, deux couvents et un fort situé à l'endroit où se trouvait autrefois l'hospice des jésuites.

Pendant l'hiver, la population est de 8,000 individus; mais dans l'été, elle n'est que de 2,500 à 3,000, car alors les fermiers résident sur les terres qu'ils cultivent (1).

1648. *Continuation des hostilités.* Le 23 novembre, Dias quitta le camp à la tête de son régiment et de quelques compagnies de Camaram, et entra dans le Rio-Grande vers le commencement de l'année suivante. Il parcourut le pays, détruisant par le fer tout ce qu'il trouvait vivant, et par le feu tout ce qui pouvait être utile. Quarante Hollandais et quelques Indiens s'étaient fortifiés dans un endroit nommé Guarairas, situé dans une île au milieu d'un lac. Dias s'empara de ce poste pendant la nuit (le 6 janvier), et toute la garnison fut tuée, excepté cinq hommes qui s'enfuirent. Les Portugais n'eurent que trois morts, mais plusieurs furent blessés (2).

Le 7, il marcha contre la sucrerie de Cunhau (*Engenho*), où les Hollandais avaient une bonne garnison. Dias ayant menacé de la faire brûler avec le bois qui était amassé autour, le commandant effrayé, se rendit. Dias retourna en triomphe au camp, avec les captifs et son butin.

Le dimanche suivant, le vicaire-général, Domingos Vieira de Lima, donna l'ordre de célébrer cette victoire par la cène, en remerciant Dieu de ce triomphe sur l'hérésie.

L'armée victorieuse ayant enterré les morts et soigné les blessés, se retira à la nouvelle sucrerie (*Engenho-Novo*), située sur la même montagne, vers le nord, par le chemin qui menait au camp (3).

1649. Mécontents de la conduite de l'ambassadeur *Francisco de Sousa Coutinho*, les États le pressèrent de quitter

---

(1) *Estatistica hist. geog.*, par P. Do Lago, secção IV. Cor. Braz., II, 268.
(2) Castrioto Lusitano, liv. VIII, 42.
(3) Castrioto Lusitano, liv. IX, 36.

la Hollande, disant qu'ils avaient employé tous les moyens de faire observer le traité de 1641, mais sans réussir; et que, maintenant, ils voulaient obtenir justice par la force des armes. La Cour de Portugal nomma un ministre pour le remplacer; mais il mourut subitement, et Coutinho fut invité, par la Cour de Hollande, à demander de nouvelles lettres de créance pour conférer sur des matières très-importantes. En même tems, son secrétaire, français de nation, s'engagea, avec un de ses compatriotes, employé par les ministres hollandais, à leur communiquer les dépêches du roi; mais le secrétaire prévint son ambassadeur de cette offre, et celui-ci en profita pour tromper complètement les ministres par des instructions écrites sous sa dictée sur des papiers qui portaient en blanc la signature du roi. Sousa Coutinho fut rappelé. *Antonio de Sousa de Macédo*, qui lui succéda, arriva au mois de septembre 1650, et attendit plusieurs mois sans avoir d'audience. Enfin, il fut reçu, mais sans pouvoir négocier concernant le Brésil; et le traité de dix ans étant expiré, il quitta la Hollande.

Seconde bataille de Guararapès (1), le 18 février. Malgré les mauvais succès de Schoppe à la passe de Guararapès, le Conseil de guerre du Récif se décida à tenter encore le sort des armes et nomma le colonel *Brinck* pour commander l'expédition. Cet officier partit à la tête de 5,000 soldats, 300 marins, 700 pionniers, 200 Indiens et quelques noirs, et alla camper sur le même champ de bataille. L'armée portugaise, forte de 2,500 hommes seulement, vint à sa rencontre, et après six heures de combat, remporta encore une victoire complète. Les Hollandais se retirèrent, laissant plus de 2,000 hommes tués (2), 19 drapeaux avec toute l'artillerie et les munitions. Brinck fut tué ainsi que le commandant des marins. Le chef indien *Pédro Poty*, qui commandait 200 naturels du pays, fut pris (3).

---

(1) Nieuhoff ne raconte qu'une seule bataille, laquelle, d'après la date, doit être la première. Néanmoins il parle de l'autre, mais n'en donne aucun détail.

(2) Rocha Pitta dit que 1,300 hommes furent tués et 600 blessés. Liv. V, 108.

(3) Il fut retenu dans les fers pendant près de trois ans, et embarqué ensuite pour le Portugal. Il mourut pendant la traversée.

Suivant le rapport des vainqueurs, ils perdirent seulement 47 hommes, parmi lesquels se trouvaient Paulo da Cunha, sergent-major du régiment d'André Vidal, Manoel d'Araujo et Cosme do Régo qui mourut quelques jours après (1). Deux cent sept furent blessés. Henrique Dias et huit mestres-de-camp furent de ce nombre. Le lendemain 20, on s'occupa de soigner les blessés et d'enterrer les morts. Les Hollandais demandèrent et obtinrent, le 21, une suspension d'armes pour le même objet, et le reste de leur armée retourna au Récif. Les Portugais, victorieux, marchèrent vers la forteresse (*fortaleza do Arrayal*).

Schoppe voulut encore tenter une attaque contre l'*estancia da Mendoça*; mais il fut repoussé, le 25 août, avec perte, par la garnison sous les ordres du capitaine Antonio Borges Uchoa.

Les Hollandais éprouvèrent le même sort, le 7 octobre, dans une tentative contre le fort *Aguiar*, où commandait le capitaine *Estacio Manoel d'Aguiar;* et le 15 décembre, ils furent encore vaincus avec perte de dix-sept hommes, devant le fort *das Salinas*, par le capitaine *Antonio Ferreira Machado*.

Au commencement de cette année (1649), on avait établi en Portugal une Compagnie brésilienne (*companhia geral do commercio do Brazil*). Les membres qui résidaient au Brésil étaient nommés *administradores*. Cette Compagnie devait équiper trente-six navires, dont dix-huit destinés à protéger les embarcations sorties des ports du Brésil, et à les conduire dans ceux de Portugal (2).

La première flotte de la Compagnie portugaise pour le Brésil, commandée par l'amiral *Pédro Jaques de Magalhaens*, partit de Lisbonne le 4 novembre, et arriva à Bahia le 20 décembre, après un voyage heureux, amenant le nouveau gouverneur, *Joao Rodrigues de Vasconcellos*, général et comte *de Castellomelhor*, qui ne donna aucun secours aux habitants de Pernambuco pour les aider à continuer la guerre. Quatre-vingts navires marchands revinrent en Portugal, sous la protection de cette flotte, qui ramenait

---

(1) Raphaël de Jésus donne les noms des officiers qui s'étaient distingués dans ce combat. Voy. p. 634.

(2) Cette Compagnie fut dissoute en 1720. Voy. *America Portugueza*, liv. V, n° 98.

les deux précédents gouverneurs. Le navire *la Dame de la Conception*, à bord duquel se trouvait Antonio Tellès da Silva, fit naufrage sur la côte de Buarcos, et périt avec tout l'équipage. Un galion eut le même sort, et deux autres furent jetés sur la côte de S.-Miguel.

1650. *Expédition pour découvrir des mines d'or et enlever des esclaves.* Le nouveau gouverneur de Maranham, *Luiz de Magalhaens*, donna, à cet effet, une commission de *capitam mor* au commandant *Bartholemeu Barreiros de Ataide*. Il lui était surtout recommandé de découvrir la rivière d'*Or* ou le lac *Doré*, et d'emmener le plus d'esclaves qu'il pourrait. Cette dernière instruction donna lieu à des poursuites contre Barreiros, et occasionna la disgrâce du gouverneur (1).

1651. Vers la fin de l'année précédente, Schoppe avait fait partir une expédition du Récif pour le Rio-S.-Francisco, qui ne fut pas plus heureuse que la précédente, ayant été forcée de se retirer, le 5 janvier, devant 500 hommes de troupes commandés par le sergent-major Antonio Dias Cardozo. A cette époque, les troupes portugaises tiraient la plus grande partie de leurs subsistances du pays arrosé par le Francisco.

Le 16 juillet, un détachement de 300 soldats, sous le commandement du capitaine *Joam Barbosa Pinto*, parcourut les bords du Rio-Grande, et revint à Pernambuco avec quatre-vingt-trois captifs, Hollandais, nègres et Indiens, et quelque bétail.

1651. *Fondation de villes.* Établissement de la *villa de Guaratinguetá* (2), sur la rive droite de la Parahyba, province de S.-Paulo, par *Dionizio da Costa*, *capitáo mór* et *locotenente* du donataire. Elle est située sous la latitude de 22° 41′, et la longitude de 332° 51′ de l'île de Fer, à la distance

---

(1) Berredo, § 949-54, cité par M. Southey, *Hist. of Braz.*, ch. 27.

(2) Par un décret du 9 octobre 1817, on créa un juge (*juiz de fora*), en annexant à sa juridiction les villes de Loréna et de Cunha. Ce territoire produit beaucoup de cannes à sucre et de café : on y élève aussi des bestiaux. La paroisse a une population de 6,664 habitants; elle possède une église dédiée à S.-Antoine. Les maisons sont construites en *taipa*.

Voy. *Mem. hist.*, tom. VIII, 293-4.

Cor. Braz., I. Provincia de S.-Paulo.

Voyage de MM. Spix et Martius.

de trente-neuf lieues de la capitale, et à plus de dix milles au nord-nord-est de Thaubaté.

Négociations diplomatiques. Le 6 mars, Macédo ayant obtenu une audience, se présenta devant la grande assemblée des États, où il exhiba ses lettres de créance, et prononça un discours en latin qui ne contenait que des plaintes et des compliments. On lui communiqua le projet du traité qu'on avait discuté avec son prédécesseur. Il renfermait vingt-trois articles, dont la substance était que le Portugal rendrait promptement toutes les capitaineries, places et forts pris par les Portugais sur la Compagnie des Indes occidentales, depuis Rio-Réal jusqu'à la Céará inclusivement, avec les esclaves et tout ce qui en dépendait ; qu'on y joindrait une certaine quantité de bœufs, de vaches et de moutons, et tous les ans, 1,000 caisses de sucre, pendant dix années ; que le Portugal rendrait l'île de S.-Thomas à ladite Compagnie, qui partagerait avec elle la côte d'Afrique, lui laissant toute la côte depuis le cap de *Lopès-Gonzalès* jusqu'à la rivière de Loança.

L'ambassadeur portugais, après avoir lu ce traité, demanda qu'on y ajoutât un article pour témoigner du désir de faire la paix tant pour les Indes orientales que pour l'Afrique et le Brésil. Les députés répondirent que c'était leur désir, et demandèrent à l'ambassadeur une réponse catégorique. Celui-ci adressa aux États-Généraux deux mémoires : l'un le 11, et l'autre le 13 mars, avec une lettre de la reine Christine de Suède, qui offrait sa médiation. Le 14, les États résolurent de ne pas accepter cette médiation, et d'écrire dans ce sens à cette reine.

Macédo présenta encore un autre mémoire, proposant pour équivalent de la restitution des places en question au Brésil, 1° d'accorder aux Hollandais l'avantage de faire le commerce du Brésil, avec un certain nombre de navires, et d'en fréter de même un certain nombre pour le service du Portugal ; 2° d'accorder aux Hollandais le commerce du sel ; 3° de payer à la Compagnie hollandaise, 8,000,000 de francs, à condition qu'elle rendrait ce qu'elle tenait encore au Brésil ; 4° de payer, à la ratification du traité, aux orphelins de la province de Zélande, la somme de 800,000 francs que la Compagnie leur devait. Les États, après avoir lu ce mémoire, résolurent de rompre toute conférence avec Macédo, qui, en conséquence, demanda et obtint ses passeports le 12 mai, et partit pour Hambourg, afin de se rendre ensuite en Portugal.

1652. On rétablit à Bahia une Cour suprême de justice, pour examiner les sentences des ouvidors-généraux et d'autres magistrats (1).

Le 1er mai, 400 soldats portugais, commandés par le sergent-major Antonio Dias Cardozo, se placèrent en embuscade entre les forts dos Affogados et Barréta, où ils en surprirent les garnisons, tuèrent quinze hommes et en blessèrent un plus grand nombre.

Le 20 mai, le mestre-de-camp-général ayant appris que les Hollandais avaient recueilli beaucoup de bois de teinture (*pao Brazil*), sur les bords du Rio-Grande, détacha du camp 500 soldats, sous les ordres du même sergent-major, qui parcourut ce pays en détruisant les établissements et les plantations, et punissant les Indiens ennemis.

1652. *Fondation de villes.* Fondation de la *villa de Jacarehy* dans la province de S.-Paulo, sur la rive droite de Parahyba, sous la latitude australe de 23° 18′ 30″, et longitude 323° 7′ de l'île de Fer, par le donataire D. Diégo de Faro e Souza (2).

Affaires de Maranham. Les Portugais devenus maîtres de ce pays, en rendirent les habitants esclaves. Joam IV renouvela la loi de Philippe III, pour l'abolition de l'esclavage; et le nouveau gouverneur de Maranham, *Balthazar de Sousa Pereira*, arriva avec des instructions pour émanciper tous les Indiens esclaves. Comme il commençait cette œuvre, le peuple s'assembla sur la place de S.-Luiz, pour s'y opposer. Pereira fit sortir l'artillerie pour le disperser; mais ensuite il renvoya les troupes, employa les jésuites pour établir la paix, et permit aux insurgés de nommer des députés et d'en appeler au roi.

Le gouverneur de Para, *Ignacio do Régo Barréto*, arriva avec des instructions pareilles. Les habitants se mirent de nouveau en révolte contre leur exécution, et il fut forcé de la suspendre (3).

---

(1) *America Portugueza*, liv. V, 111.

(2) La paroisse a une population de 6,786 individus. *Mem. hist.*, tom. VIII, 295.

(3) La loi du 22 août 1587 défendait de priver les Indiens de leur liberté.

Telle était la situation de ces deux capitaineries à l'arrivée d'*Antonio Vieyra*, en qualité de supérieur des missions.

1653. Dans l'espoir de gagner la *fortaleza do Arrayal*, Schoppe, à la tête de 1,650 soldats, fit premièrement une attaque contre la *estancia do Aguiar;* mais le commandant *Affonso d'Albuquerque*, qui avait été averti, le força à se retirer avec perte.

Le 18 juin, il renouvela deux fois la même tentative, sans plus de succès.

Les Hollandais envoyèrent une autre expédition par mer au Rio-Francisco pour y enlever du bétail, mais elle ne fut pas plus heureuse que la précédente. Attaqués par la compagnie du capitaine Francisco Barreiras, trente-sept furent tués ; mais cet officier fut lui-même percé d'une balle, après avoir eu trois de ses soldats tués et douze blessés.

La flotte annuelle qui fit voile de Lisbonne, le 4 octobre, sous le commandement du général Pédro Jaques de Magalhaens et de l'amiral *Francisco do Brito Freire*, arriva en vue de Pernambuco le 20 décembre. Elle se réunit à celle de ce port et mouilla à Nazareth, où se rendaient tous les navires marchands qui se trouvaient dans les ports de Serinhaem, Rio-Fermoso, Tamandare et Camaragibe. Les mestres-de-camp du Brésil, convaincus qu'il n'y avait pas moyen de prendre le Récif par terre, sollicitèrent et obtinrent des secours de la Compagnie portugaise de commerce du Brésil. Le jour de Noël, le Conseil s'assembla à Olinda et concerta un plan d'opérations. On débarqua la plus grande partie des troupes, dont on confia le commandement à Francisco de Brito ; et pour tromper l'ennemi, concernant la force assiégeante, qui n'était que de 3,500 hommes, on fit descendre à terre, pendant le jour, des soldats qui furent ramenés, pendant la nuit, sur l'escadre. On bloqua le Récif si bien par mer et par terre, qu'on intercepta toute communication. En même tems, on s'empara de plusieurs navires hollandais.

1654. *Les Hollandais sont expulsés entièrement du Brésil.* Vieira laissant 1,000 hommes pour les garnisons des forteresses de l'Arrayal, la Villa-d'Olinda, Páo-Amarello et Barréta, marcha, le 14 janvier, à la tête de 2,500 hommes contre la *fortaleza das Salinas*, où *Francisco do Régo*, qui commandait le passage de la rivière. Manquant de munitions de guerre, le commandant *Naker* fut forcé de capituler le 16, sous condition de s'embarquer avec la garnison pour le Portugal. Elle était composée de 87 Hollandais. Quatre soldats avaient été tués, et six blessés avec leur adjudant. On trouva dans le fort quatre pièces d'artillerie et une quantité considérable d'armes et de provisions.

Schoppe fit retirer les garnisons de Barréta et de Buraco de Santiago, pour aider à la défense de la ville. On commença les opérations contre le fort *Altenar*, situé sur le Bibéribe, à un demi-quart de lieue au sud de celui de Salinas, et en face du Récif. On pratiqua un chemin couvert et des mines, sous la direction d'un ingénieur français (*capitaõ dos mineiros*), nommé *Dumon*, qui avait déserté avec plusieurs de ses hommes. La garnison, composée de 240 Hollandais et Tapuyas, craignant de sauter en l'air, ou d'être massacrée par les noirs d'Henrique Dias, demanda aussi une capitulation, qui lui fut accordée le 19 janvier. Trente-un soldats avaient été tués dans la défense de cette place et vingt blessés. Les Portugais n'avaient perdu que quatre morts et seize blessés. Vieira mit une garnison dans ce fort, où il trouva neuf canons de bronze et un de fer, et une bonne quantité de munitions et de provisions de bouche.

Schoppe fit encore évacuer le fort *dos Affogados*, situé à une demi-lieue du Récif, dans l'intérieur du pays, pour renforcer la garnison de la ville. Il ne restait alors que celui de *Cincopontas* et la redoute de *Milhou* (*reduto do Milhou*), bâtis dans la mer, à la distance de 200 toises de la ville. André Vidal et Dias Cardozo marchèrent à la tête de 1,000 hommes à travers la plaine, et profitant de la nuit et de la marée basse, ils surprirent la redoute. Le 21. Le commandant Brinck se rendit à discrétion, après avoir perdu cinq hommes tués et autant de blessés, avec cinquante-deux Hollandais et dix Indiens qui composaient la garnison.

Les habitants n'obéissant plus aux autorités et demandant une capitulation, le Conseil suprême fut forcé de consentir au traité suivant.

1654, 26 janvier. *Traité d'évacuation conclu entre les Portugais et les Hollandais. Articles généraux*. Le mestre-de-camp *Francisco Barretto de Ménézès* proclame l'oubli de toutes hostilités commises sur terre et sur mer par les sujets des États-Généraux des Provinces-Unies contre la nation portugaise, comme si ces hostilités n'avaient jamais eu lieu. Dans cette mesure, sont compris tous individus, de quelque nation ou religion qu'ils soient, coupables de trahison envers la couronne de Portugal, sans en excepter les juifs habitant le Récif et la cité Maurice. (Art. 1ᵉʳ.)

Tous les vassaux desdits États et tous les individus sous leur autorité jouiront de tous les biens mobiliers qu'ils possèdent actuellement. (Art. 2.)

On fournira au Récif tous les bâtiments nécessaires au transport des Hollandais, ainsi que le nombre de pièces d'artillerie jugé, par le mestre-de-camp Ménézès, nécessaire à leur défense. (Art. 3.)

Tous les sujets desdits États, mariés à des femmes portugaises ou pernambucaines, obtiendront pour elles les mêmes priviléges que ceux dont jouissent les femmes des Portugais. (Art. 4.)

Tous ceux qui voudront rester au Brésil ne seront nullement inquiétés pour leur religion, et jouiront des mêmes droits que ceux accordés aux étrangers résidant actuellement en Portugal. (Art. 5.)

Les forts situés dans le voisinage du Récif et de la cité Maurice, c'est-à-dire celui de Cincopontas, de Bõa-Vista, du monastère de S.-Antonio, de Castello da Cidade, de Trez-Pontas, de Brum et sa redoute, de Castello de S.-Jorge et tous les édifices fortifiés et batteries avec toute leur artillerie et leurs munitions seront remis entre les mains du général portugais, ainsi que le Récif et la cité Maurice. (Art. 6.)

Les sujets desdits seigneurs des États-Généraux, qui habitent ces deux dernières places, pourront les quitter dans le délai de trois mois, acheter des Portugais les choses nécessaires à leur voyage (art. 7), et vendre ou aliéner leurs propriétés dans les formes ordinaires (art. 8 et 11), sans être inquiétés ou molestés par aucun Portugais, quels que soient leur rang, leur profession ou leurs qualités. (Art. 9.)

Les réclamations faites par lesdits sujets contre des Portugais, en raison de leurs propriétés, seront jugées par les tribunaux ordinaires de sa majesté.

Tous les bâtiments qui aborderaient au Récif, dans le délai de quatre mois, à partir de la date du présent traité, pourront en sortir librement.

Conditions militaires. **Tout** acte d'hostilité commis par les Hollandais envers des Portugais ou Pernambucains est oublié. (Art. 1er.)

Toutes les troupes qui se trouvent au Récif, dans la cité Maurice et les forts adjacents, en sortiront avec les honneurs militaires. (Art. 2.)

Toutes celles qui garnissent les places de Rio-Grande, Parahyba, Itamaraca, Céará et l'île de Fernām de Noronha, pourront s'embarquer avec l'artillerie et les munitions qu'elles posséderont à l'époque de l'arrivée des troupes portugaises. (Art. 3.)

Le général Sigismond aura à sa disposition vingt pièces de canon en fer et quatre en bronze. (Art. 4.)

Ce général et ses officiers auront toute liberté pour vendre leurs biens, etc.

Les malades et les blessés resteront, sans crainte d'aucun mauvais traitement, dans les hôpitaux, jusqu'au moment où ils pourront être embarqués. (Art. 8.)

Il est accordé amnistie complète aux Indiens rebelles du Récif et des places environnantes, notamment à Antonio Mendès, ainsi qu'aux mulâtres, nègres et *Mamelucos*, mais sans participer aux honneurs de la guerre réservés aux Hollandais. (Art. 11.)

On prendra dans les ports de Rio-Grande, de Parahyba et d'Itamaraca les navires pouvant porter l'artillerie accordée pour la défense des Hollandais.

Signé, le 26 janvier 1654, par Francisco Barretto de Ménézès, le général Sigismond, etc. (1).

La garnison hollandaise était composée de 1,200 hommes de troupes réglées. 850 Indiens s'étaient retirés vers Céará avec les habitants auxiliaires des Portugais.

On trouva dans la ville 103 canons de bronze, 107 de fer, 6,000 boulets de tout calibre, beaucoup de munitions de guerre et de provisions de toute espèce pour une année.

Le 28, le mestre-de-camp Joaõ Fernandès Vieira entra en triomphe au Récif; et, le 1er février, le mestre-de-camp-général Francisco Barretto de Ménézès donna l'ordre à Francisco de Figueirao d'aller avec son corps de 850 soldats et le régiment de Vieira, prendre possession des ca-

---

(1) Castrioto Lusitano, liv. X, part. Ire.

pitaineries et forts de l'île d'Itamaraca, Parahyba et Rio-Grande. Dans le premier, il y avait 400 soldats, 33 pièces d'artillerie, et une grande quantité d'armes, de munitions et de provisions (1).

Les conseillers brésiliens Schonenburg et Hacks arrivèrent en Hollande, le 13 juillet, après un voyage de quatre mois ; et le 4 août, ils firent leur rapport aux États-Généraux, dans lequel ils dirent, entr'autres choses, que les Hollandais au Brésil avaient manqué de vivres ; que les soldats et les marins se plaignant du défaut de nourritures et du manque de paiement, et d'avoir servi trois fois plus long-tems que le terme de leur engagement, avaient menacé de piller le Récif. C'étaient dans ces dispositions qu'ils avaient été attaqués par mer, le 20 décembre de l'année précédente, par une flotte portugaise de soixante voiles, et par terre, par un corps de Portugais, de Brésiliens, de nègres et de mulâtres, et obligés de capituler.

Le lieutenant-général Sigismond Schoppe, qui avait consenti à la reddition de la place, présenta un autre mémoire aux États, dans lequel il rappelait que, depuis l'année 1648 qu'il avait été envoyé au Brésil, il n'avait pas manqué de faire connaître l'état des choses, et principalement les plaintes des soldats; que les autorités hollandaises au Brésil avaient été forcées de rendre le Récif aux Portugais, pour sauver les habitants; 1° parce qu'on manquait de troupes; 2° parce que les soldats mal payés et mal entretenus, avaient regardé l'arrivée des Portugais devant le Récif comme un gage de leur délivrance, et avaient même dit qu'ils aimeraient mieux piller la place et se payer eux-mêmes que de servir plus long-tems ; 3° parce qu'il n'y avait qu'un seul navire nommé *le Brésil*, pour défendre la côte contre soixante-huit vaisseaux portugais, et que ce vaisseau même tenait la mer ; 4° parce que les magasins n'étaient pas assez fournis des choses nécessaires pour la défense de la place et manquaient particulièrement de mèches.

Les chambres de la Compagnie des Indes nommèrent des députés pour examiner ces mémoires. On fit arrêter, le 3 septembre, les deux conseillers Schonenburg et Hacks et

---

(1) Ici finit l'histoire de Raphaël de Jésus, sous le titre de *Castrioto Lusitano. Lisboa*, 1679.
Voy. *America Portugueza*, liv. V, 115, 123.

le général Schoppe; et par la sentence des juges, choisis entre les officiers des troupes des États-Généraux, et rendue le 20 mars de l'année suivante, Schoppe fut privé de tous ses appointements depuis le 25 janvier, jour de la capitulation du Récif, et les deux conseillers renvoyés au jugement de leurs provinces (1).

La nouvelle de cette capitulation arriva au Portugal le jour de saint Joseph, jour de la naissance du roi. Vidal, qui était chargé de la communiquer, était venu pour plaider en faveur des Pernambucains, qui avaient conquis le pays contre la volonté du roi.

Les Hollandais regrettèrent vivement la perte de cette colonie, surtout à cause de l'humiliation d'en avoir été chassés par la force des armes. Leur flotte commandée par Tromp, avait été battue par les Anglais, ce qui leur ôta le moyen de se venger, mais ne les empêcha pas de chasser les Portugais de leur possession importante de Ceylan.

1653. *Fondation de la ville de Jacaréhy* dans la *comarca* et la capitainerie de S.-Paulo, sur la rive droite du Rio-Parahyba, à huit lieues nord-est de Mugi das Crucès. Elle renferme une église (2).

1654. *Fondation de la villa de Y-Tú* dans la province de S.-Paulo, à la distance d'une lieue de la rive gauche du Rio-Tieté, où il y a une grande chute, (Y-Tu en langue brésilienne, signifie chute). Cette ville établie par le Conde de Monsanto, est à la distance de dix-huit lieues de la cité, sous la latitude de 23° 28' sud, et le 330° 25' 10" de longitude de l'île de Fer (3).

---

(1) Le Clerc, *Hist. des Prov.-Unies*, etc, liv. VIII.

(2) Voyage de MM. Spix et Martius.
Cor. Braz., vol. I, 239.

(3) La paroisse a une population de 7,673 habitants, dont 3,879 esclaves.
Voy. *Mem.-hist.*, VIII, 300, 301.
Cor. Braz., I, 245. L'auteur de cet ouvrage écrit *Hitu*.
Il y a de grandes plantations de cannes à sucre dans ce district.
Y-Tu, chef-lieu de la *comarca* de son nom, est située à la distance de deux milles de la rivière Tieté, à sept lieues nord-nord-est de Sorocaba, et à dix-huit ouest-nord-ouest de

Les habitants cultivent la canne à sucre et élèvent des bestiaux (1).

1654. *Fondation de la villa de Coritygba* (2) dans la province de S.-Paulo, à cent vingt lieues de la capitale, sous la latitude de 25° 51′ 42″ sud, et 328° 33′ 20″ de longitude de l'île de Fer. Cette ville fut établie par le capitaine de *canots de guerre* (*canoas de guerra*), *Theodoro Ebano Pereira* (3).

1654. *Établissement de la ville d'Iguape* dans la province de S.-Paulo, par le même Ébano de Pereira. Iguape est située à quarante-huit lieues de la capitale, sous la latitude de 25° 52′ 25″. Elle s'élève dans une position agréable, à l'extrémité du lac Cannanéa, à huit lieues au nord-est de la ville du même nom (douze en suivant les sinuosités du lac), à une petite distance de la rive droite du Rio-Assunguy, qui prend généralement le nom de la ville (4).

1655. *Établissement d'un Conseil des missions* (*junta das missoens*). Le père *Antonio Vieyra* (5), par un acte royal

---

S.-Paulo. Les maisons sont construites en *taipa* ou *pisé*. Plusieurs rues sont pavées. Elle possède une église paroissiale, un couvent, un hospice de carmelites chaussées, un hôpital de Lazaros, avec un hermitage, des écoles avec des professeurs royaux. Y-Tu est la résidence d'un *ouvidor*, et l'on trouve dans les forêts voisines l'arbre appelé *myroxylum peruiferum*, L., autrement dit *capriuna* ou *casca de Y-Tu*. (Voyage de MM. Spix et Martius, tom. II, p. 105.)

Toutes les maisons sont en pierres ou en briques, et les rues sont pavées. Il y a un pont sur la rivière. (Cor. Braz., *Provincia de S.-Paulo*.)

(1) Cor. Braz., I. Provincia de S.-Paulo.

(2) Selon l'auteur de *Memorias historicas*. Dans la *Corografia Brasilica* et d'autres ouvrages, la même ville est décrite sous le nom de *Curytiba*, du mot brazilien *curupin*, et *tiba*, beaucoup. Voy. Voyage de MM. Spix et Martius, *book III*, ch. 1.

(3) La paroisse renferme 10,632 habitants. Cette ville est la résidence de l'*ouvidor* de la *comarca* de Paránaguá et Coritygba, d'après l'*alvara* du 19 février 1812. (*Mem. hist.*, VIII, 299.)

(4) Cette ville a une église dédiée à N. S. das Néves. Elle possédait jadis une raffinerie d'or. On en exporte une assez grande quantité de riz. La paroisse renferme 6,733 habitants. *Mem. hist.*, VIII, 309-310.

(5) Cet homme extraordinaire est né à Lisbonne, le 6 février 1608.

du 21 octobre 1652, avait été autorisé, en sa qualité de supérieur de la mission de Maranham, à bâtir des églises et à établir des missions dans l'intérieur du pays. Les Portugais y continuèrent le même système d'oppression contre les Indiens que dans les anciennes capitaineries. Vieira, après avoir examiné la triste condition de ces malheureux, retourna en Portugal pour plaider leur cause devant Joam IV. Le roi nomma une junte composée d'hommes versés dans la théologie et les lois, pour examiner la question de l'esclavage, et après avoir bien discuté ce sujet pendant huit jours, elle décida en faveur des Indiens. Par l'influence de Vieira, qui jouissait de la confiance du roi, on établit un *Conseil des missions* (*junta das missoens*), pour veiller aux intérêts des naturels; et il fut décrété que tous leurs établissements dans la province de Maranham seraient placés sous la direction des jésuites. Vieira, supérieur de ces missions, fut autorisé à établir les Indiens soumis où il jugerait à propos. Ceux qui se trouvèrent renfermés, devaient rester esclaves pendant cinq années, et les Indiens libres ne devaient pas travailler plus de six mois et seulement deux de suite, en recevant deux *varas* d'étoffe de coton par mois. Vieira retourna à Maranham pour faire exécuter ces règlements (1).

1655. *Expédition sur la rivière Tucantins.* Les Portugais de Para, profitant des dispositions de la loi de 1653, se livrèrent avec succès au commerce des esclaves. André Vidal, nommé gouverneur de Maranham, travailla de concert avec Vieira, à détruire cet odieux trafic. Les principaux établissements des Indiens, fesant la traite, étaient situés au nord de Maranham, où une cinquantaine de villages occupaient une étendue de côtes d'environ 400 lieues. Le plan de Vieira était d'y former des espèces de stations, en s'étendant vers le sud jusqu'à Ceará, dans la direction des grands fleuves et dans les îles à l'embouchure de l'Orellana. On envoya, à cet effet, une expédition composée de cent canots indiens, avec deux jésuites et un chirurgien portugais, afin de soumettre une tribu de Topinambazes, qui se laissa facilement gagner. Plus d'un millier d'entr'eux, dont trois cents guerriers, suivirent les Portugais dans soixante canots.

Les Catingàs de la race tupi, qui possédaient une partie du pays interjacent, suivirent cet exemple et vinrent s'éta-

---

(1) *History of Brazil*, par M. Southey, ch. 26.

blir dans la capitainerie de Camuta; le reste des Poquiz vint aussi se mettre sous la direction des jésuites ou pères noirs (*padres obunas*). Le frère Manoel de Sousa fit une excursion depuis Curupa jusqu'aux rivières Xingu et Tapajos, et gagna également les *Juráunas* ou *Bouches-Noires*, peuplade qui différait beaucoup de celle des Tupis.

Les missionnaires s'avancèrent jusqu'à la *serra* d'Ibiapaba, ou pays des précipices (*terra talha*). L'année précédente, le frère Francisco Velloso et Manoel Pirès avaient pénétré jusqu'à l'embouchure du Rio-Négro, et ramené 600 esclaves après un voyage de 4,000 milles. Pirès, accompagné du frère Francisco Gonzalvez, ex-provincial du Brésil, retourna au Rio-Négro, et remonta avec son compagnon cette rivière, qu'aucun Portugais n'avait reconnue avant eux. Ils revinrent après avoir racheté 6 à 700 esclaves et fait un voyage de quinze mois, à la suite duquel Gonzalvez périt de fatigue. Les missionnaires firent une nouvelle expédition chez les Tucantins, dans laquelle les Indiens qui les accompagnaient furent attaqués et plusieurs massacrés. Cette circonstance présentant un juste motif d'hostilité, un parti composé de 45 Portugais et 450 Indiens, et commandé par deux jésuites, marcha contre les Tucantins, auxquels on fit 300 prisonniers. L'expédition arriva ensuite, après un mois de marche, chez les Poquiguaras, dont plusieurs centaines consentirent à venir s'établir parmi les Portugais, et de là, elle monta le fleuve jusqu'à la hauteur de près de 6 dégrés, en réduisant quelques hordes de Topinambazes et de Catingas. On ramena de ce voyage plus de 2,000 Indiens (1).

1655. Vieira résolut aussi de soumettre les Indiens de la grande ilha dos Joanès ou ilha do Marajó (d'environ 5 à 600 milles de circonférence), située à l'embouchure de l'Orellana. Déjà, le gouvernement de Para avait envoyé une expédition contre deux tribus de cette île, les Aroans et les Nheengaibas, forte de 70 Portugais et de 400 Indiens, sous Joam Betancor Moniz. Cet officier, s'étant retranché sur la côte, fit des propositions de paix qui furent refusées. Plusieurs de ses gens ayant été tués et d'autres atteints de maladie, il fut obligé de se retirer. Vidal ayant visité cette île fertile en excellents pâturages, se proposa d'établir le siége

---

(1) André de Barros, tome. II, p. 255-270-286.
History of Brazil, par M. Southey, ch. 27.

du gouvernement dans le principal village des Aroans. Il voulut d'abord soumettre les Nheengaibas, et envoya contr'eux 120 Portugais avec 400 Indiens, sous le sergent-major Agostinho Corréa, accompagné des deux jésuites, Joam de Sotto-Mayor et Salvador do Valle; mais les habitudes guerrières de ces peuples et la nature de leur pays, firent juger qu'on ne pouvait les soumettre. Après trois mois de séjour, l'expédition souffrant également des flèches des naturels, des privations et des maladies, fut forcée de se rembarquer.

1658. Vieira réussit, par des moyens de conciliation, à amener la soumission de ces insulaires au nombre de 40,000, comprenant trois nations différentes, les Mamaynas, les Aroans et les Anaynas (1).

1655. *Expédition malheureuse pour chercher des mines d'or.* Sotto-Mayor, accompagné de 40 Portugais et de 200 Indiens, pénétra dans le pays des Pacajas, qu'on disait abonder en or et en argent. On en chercha vainement pendant dix mois, et beaucoup de personnes y moururent de fatigue et de faim. En même tems, Sotto-Mayor travaillait à la conversion des Pacajas et des Pirapes, lorsqu'il mourut des suites d'une chute (2).

1656. *Projet de communication avec Céará.* Vidal voulut établir un fort à l'embouchure du Camuci, pour faire le commerce avec Céará. Le *pao violete* ou *bois violet* croissait au pied de la *serra* d'Ibiapaba, près de la mer, où se trouvait aussi beaucoup d'ambre gris. Les Indiens qui avaient pris parti avec les Hollandais contre les Portugais, occupaient ces montagnes. Les communications étaient difficiles avec un pays séparé de Maranham par une étendue de 400 milles occupée par des Indiens hostiles, et le voyage par mer était long et dangereux. Le gouverneur expédia un Indien Tobajara par terre, avec une lettre adressée aux Indiens de Céará, pour leur offrir le pardon du roi pour toute offense commise pendant la guerre hollandaise, et une autre de Vieira, pour leur annoncer que les jésuites, leurs pères, leurs défenseurs et leurs précepteurs, étaient venus à Maranham pour les protéger. Le gouverneur, qui avait

---

(1) Vieyra, cartas, tome II, c. 2, cité par Southey, ch. 27. A. de Barros, 324-50.
(2) André de Barros, liv. II, § 1758.

vainement attendu le retour de ce messager, pendant neuf mois, expédia un navire de S.-Luiz, ayant à bord deux jésuites et quarante soldats, et toutes les choses nécessaires pour établir une forteresse à Camuci. Le navire chercha à s'avancer à l'aide des vents de terre, pendant cinquante jours, et les provisions étant épuisées, il fut forcé de revenir à S.-Luiz.

En même tems, Vieira s'embarqua pour la Bahia, à l'effet de faire connaître au provincial la situation de Maranham, et après sept semaines de voyage, il songeait à revenir, lorsqu'il rencontra le canot du messager Tobajara, qui amenait dix Indiens de la *serra*, munis de lettres de leurs chefs, écrites sur papier de Venise et cachetées avec de la cire hollandaise : c'étaient des Indiens de Pernambuco, avec lesquels Vieira retourna sur ses pas.

Le gouverneur, ne pouvant réussir par mer, expédia par terre le frère *Antonio Ribeiro*, et un autre, connaissant bien la langue des Tupis, et accompagnés de soixante-dix Indiens, qui portaient sur leurs dos dans des hamacs, la provision de mandioca. Une escorte portugaise les accompagna pour les protéger contre les Tapuyas, à la distance de 100 milles à travers une plaine de sable blanc, nommée les *Draps-Blancs* à cause de sa couleur. Le treizième jour, les provisions se trouvaient épuisées, et les gens de l'expédition se nourrirent seulement d'écrevisses et de poissons, fournis par les Téremembes. Un chef d'une horde de ces Indiens, nommé *Tatuguazu* ou *grand armadille*, forma le projet de la détruire, en tombant sur elle pendant la nuit ; mais elle en fut prévenue à tems pour se sauver. Par le moyen d'un canot dont elle était munie, elle passa des rivières qui n'étaient pas guéables ; mais en traversant celle de Piraninim, le canot fut entraîné par le courant jusqu'à la mer, et en regagnant la rivière à la faveur de la marée, le sable emporté par le vent, continuait à remplir le canot aussi vite qu'on pouvait le vider avec les chapeaux, les mains et les rames. Ayant débarqué, et s'étant ensuite couchés sur le sable, ils manquèrent y être ensevelis. Il n'y avait pas un arbre pour fournir un abri ; mais on trouva assez de bois charrié par les eaux, pour faire du feu. Après un voyage pénible de cinq semaines et de 520 milles, ils arrivèrent à la *serra* d'Ibiapaba (1). Ribeiro fut bien accueilli par les Indiens. Il écri-

---

(1) Mot qui, dans la langue *tupi*, signifie *terre escarpée*.

vit en vers tupi le *credo*, et enseigna aux enfants à chanter.

A soixante lieues de cette station se trouvait la forteresse de Céará, près de laquelle étaient deux villages d'Indiens convertis et deux peuplades de Tapuyas, qui vivaient en paix avec les Portugais, mais étaient en guerre l'une contre l'autre. Quelques individus de l'une de ces peuplades, nommés *Jaguaruanas*, étaient occupés à couper du bois *violet* pour le capitaine de ce fort, lorsqu'un parti de l'autre tribu des *Guanaces* tomba sur eux, et enleva leurs femmes et leurs enfants. Le capitaine du fort vint à leur secours avec un détachement de soldats. Les Guanaces, au nombre de cinq cents, se trouvaient fortifiés dans un bois. A l'invitation des soldats, ils rendirent leurs armes pour se remettre sous la protection des Portugais; et un moment après, ils furent tous massacrés par ces derniers. Alors un cri général d'indignation contre les Portugais s'éleva parmi tous les Indiens de Céará, qui menacèrent la forteresse et les deux villages d'Indiens convertis. Le commandant s'empressa d'inviter les jésuites d'Ibiapaba de venir promptement à son secours. Ribeiro y arriva, et réussit à rétablir la paix. Retournant à la *serra*, il apprit de Vieira que le provincial avait envoyé des instructions pour abandonner la mission et se retirer à Maranham. Il les communiqua aux *Royalets*, les invitant à se transporter à Maranham pour le service de Dieu et de la province. L'un des chefs répondit que, quant au service du roi, Ibiapaba lui appartenait, ainsi que Maranham, et que, quant à Dieu, il était partout. Les ordres du provincial n'arrivèrent qu'après dix-huit mois, lorsque la mission eut ordre de la Cour d'y continuer ses travaux. Elle ouvrit une communication entre Pernambuco et Maranham. Vidal, nommé à ce premier gouvernement, y fit le voyage par terre. *Dom Pédro de Mello* lui succéda (1).

1656. *Fondation de villes.* Établissement de la ville de *Jundiahy*, dans la province de S.-Paulo, par le Conde de Monsanto, sur la rive gauche de la rivière de ce nom, à neuf ou dix lieues nord-nord-ouest de la cité, et autant de Y-Tu, sur la route qui va par Goias, sous la latitude de 23° 2′ sud et 331° 3′ 30″ longitude de l'île de Fer (2).

---

(1) André de Barros, liv. II, § 220-251.
(2) Jundiahy possède une église et un hospice de bénédictins.

1657. Joâo IV mourut le 6 novembre de l'année 1656, laissant la reine D. Luiza régente pendant la minorité de son fils, Affonso VI. Les Espagnols voulurent profiter de cette circonstance pour écraser le Portugal; et les Hollandais, en paix avec l'Angleterre, renouvelèrent leur demande contre les Portugais, lorsque Louis XIV, pour empêcher leur ruine, offrit sa médiation. Un ambassadeur portugais fut nommé pour traiter. Les Hollandais, dans l'espoir d'accélérer cette négociation, envoyèrent à la barre du Tage une flotte de quatorze navires, sous l'amiral *Wassenaar*, ayant à bord les commissaires *Teenhoven* et *de Wit*. L'amiral avait ordre d'intercepter la flotte brésilienne et de déclarer la guerre, si les conditions proposées n'étaient pas adoptées.

Pendant qu'on attendait Ruyter qui se trouvait dans la Méditerranée pour prendre le commandement de cette flotte, les commissaires débarquèrent et présentèrent à la reine un mémoire en latin, pour la prier de restituer le pays situé entre le Rio-S.-Francisco et la Céará, avec toute l'artillerie et les munitions prises dans les différents forts, ainsi que toutes les propriétés particulières qui avaient appartenu aux Hollandais dans ces provinces. La Compagnie demandait aux Brésiliens Portugais 1,000 bœufs de labour, 1,000 vaches, 300 chevaux et 600 moutons par an pendant six années ; 600,000 florins à payer en six mois, et 13,000 caisses de sucre en treize ans. On réclamait aussi la restitution des îles de S.-Thomas et d'Angola.

Le ministre de Portugal étant parti pour La Haye pour y conférer avec l'ambassadeur de France, il fut décidé que l'on traiterait avec celui qui était accrédité à Lisbonne. Les commissaires hollandais, après avoir consenti à quelques modifications, insistèrent sur la possession de Pernambuco,

---

Il y a un pont sur la rivière. Jundiahy abonde en poisson, particulièrement en celui nommé *jundias*, dont cette rivière tire son nom. La paroisse, sous la protection de N. S. do Desterra, renferme 4,894 habitants, qui élèvent une grande quantité de bestiaux, de chevaux et de mulets, et cultivent la canne à sucre et beaucoup de maïs et de légumes pour fournir aux besoins des conducteurs de troupeaux qui passent par-là, venant des provinces de Goyaz, de Cuiaba et de Mato-Grosso.

Mem. hist., VIII, 301-2.
Cor. Braz, I, 242.

comme *sine quâ non*. Ceux de Portugal répondirent que cette concession serait contraire à la religion et aux lois du Portugal, qui prohibaient toute aliénation de territoire pendant la minorité du souverain, et que le roi n'avait aucun moyen de contrôler ses sujets dans un pays si éloigné. Ensuite, les commissaires hollandais proposèrent d'abandonner leur demande concernant S.-Thomas et Angola, si on voulait accorder la liberté de commerce avec ces deux endroits, et le droit d'établir une forteresse à l'*enseada do Soto*, ou sur les rivières Coanza ou Lucala. Ils insistèrent toujours sur la restitution des provinces du Brésil, en demandant comme indemnité trois millions de florins payables en argent ou en sucre dans l'espace de huit ans. Les commissaires hollandais déclarèrent que, sans la restitution de Pernambuco, ils ne pouvaient plus négocier. La reine mit un embargo sur les navires hollandais à Lisbonne et à Setubal. Les mêmes commissaires firent des remontrances contre cette mesure, par leur consul, et partirent, laissant chez le secrétaire d'État de la reine une lettre cachetée (22 octobre), contenant une déclaration de guerre. Ruyter, qui arriva pour commander la flotte, espérait faire une bonne prise en capturant celle du Brésil, composée de quatre-vingt-quatre navires, qu'on attendait journellement. Cette flotte fut séparée par une tempête vers la latitude de 31 degrés. Ruyter, qui pendant deux jours se trouva parmi quarante navires, n'en prit cependant que sept, à cause de la brume qui régnait.

1658 (17 septembre). *Séparation de Rio de Janéiro et du pays méridional du gouvernement général.* Salvador Corréa de Sa e Benavidès, qui s'était distingué à la reprise d'Angola, fut nommé gouverneur-général de ce nouveau gouvernement. Ses ancêtres avaient fondé Rio de Janéiro en société avec Nobréga et Anchiéta, et Salvador Corréa de Sa avait toujours montré une grande estime pour les jésuites. Il avait réussi à les établir à Santos et à S.-Paulo, ce qui excita contre lui la haine des Paulistas. Partant (1659) de Rio pour aller à Santos à la recherche des mines, il chargea du gouvernement, en son absence, son parent, nommé *Thomé Corréa d'Alvarenga*, qui avait été gouverneur. Le peuple s'assembla tumultueusement, le 8 novembre 1660, dans la maison de ville, vota la déposition de Salvador et de son lieutenant, et nomma *Agostinho Barbalho Bezerra* pour gouverner conjointement avec la *comarca*. On fit arrêter et mettre en prison *Thomé Corréa*, le *sargento mor*, le *provedor* et d'autres personnes attachées au gouverneur : Barbalho, qui s'était réfugié dans un couvent, y fut trouvé, et, par crainte d'être tué, accepta le gouvernement. Par le même motif, les officiers de la garnison le reconnurent. On offrit pendant deux jours des passeports aux partisans du gouverneur déposé; mais on déclara qu'après, tout individu qui chercherait à former un parti en sa faveur, ou qui correspondrait avec lui, serait arrêté et dégradé, et emprisonné à Angola pendant dix ans. Les chefs de la révolte réussirent à engager les Paulistas à faire cause commune avec eux, et la *comarca* résolut de résister au gouverneur, s'il voulait rentrer dans la ville. Corréa, qui avait négligé de faire enregistrer sa patente à la *comarca* de S.-Vicente, se hâta de le faire et d'en envoyer une copie aux *vereadores* de S.-Paulo. Il autorisa Barbalho à continuer son administration; et, en même tems, il publia une proclamation dans laquelle il offrit le pardon aux coupables, et menaça de sévir contre quiconque ne voudrait pas l'accepter. Ensuite, il se rendit à S.-Paulo, où il s'occupa des travaux publics d'une manière si utile, qu'il obtint l'approbation des habitants. Les membres du Conseil, après avoir gouverné pendant quelques mois en son nom, nommèrent *Joam Corréa*, fils de Salvador, à la place du père, qui fut lui-même bientôt après rétabli. Le *procurador*, *do Pero*, et les officiers de la chambre qui ne voulurent pas se soumettre, furent arrêtés et envoyés à Lisbonne.

1658. *Expulsion des jésuites de S.-Luiz.* La chambre de Bélem, appuyant le maintien de l'esclavage, adressa une lettre à celle de S.-Luiz, pour inviter cette chambre à le rétablir, et à demander que les jésuites fussent privés de l'autorité temporelle sur les Indiens. Cette proposition fut acceptée, et on envoya à Vieira une remontrance, dans laquelle on fesait une peinture des malheurs qui résulteraient de la prohibition de la traite, et on demandait l'autorisation d'envoyer une expédition dans l'intérieur, afin de de se procurer des esclaves. Vieira répondit à ce mémoire que les maux, dont parlaient les pétitionnaires, résultaient d'autres causes : 1° de la difficulté des communications; 2° de la rareté du gibier et du poisson; 3° du manque de marchés; 4° de la cherté des marchandises de luxe venant de l'étranger, et du bas prix du sucre et du tabac; 5° enfin de la grande mortalité parmi les esclaves du sol. Il ajoutait que, pendant les six dernières années, il avait péri plus de 1,800 esclaves et de 3,000 colons libres; qu'on préparait une mission pour les Topinambazes, sur l'Iguassu, en passant par le pays des Tucantins, et que, si on le désirait, l'expédition reconnaîtrait l'Araguaya, branche de cette rivière, sur les bords de laquelle on disait exister beaucoup d'esclaves.

La Chambre fit un second Mémoire, dans lequel elle prétendait que des Indiens libres ne pouvaient être d'aucun usage, et demandait la permission d'aller chercher des esclaves à la Madeira, dans le Rio-Négro, chez les Cambebas et deux autres peuplades: elle finissait par provoquer l'abolition de l'autorité temporelle des jésuites. En même tems, les partisans de l'esclavage firent des préparatifs d'insurrection; ils envoyèrent comme leur procureur (*procurador*), à Lisbonne, Antonio d'Albuquerque, et dépêchèrent des députés à Maranham, avec des copies de leur correspondance, adressées à *D. Pédro de Mello*, qui les encourageait sous main. Les habitants de S.-Luiz, s'étant ameutés, tirèrent les jésuites de leurs cellules, et les conduisirent à bord d'un navire chargé de les déporter. Vieira menaça en vain les chambres de rapporter les lois; lui-même fut saisi et renvoyé à Lisbonne.

Le rétablissement de l'ancien ordre de choses s'effectua ensuite (1662) par l'influence du nouveau gouverneur, Luiz Vaz de Séqueira.

1660. *Fondation de villes. Paraty*, de la province de Rio-Janéiro, avec le titre de *condado*, située entre la rivière de son nom et celle de Patitiba, sur la côte occidentale de la baie d'Ilha-Grande, fut créée ville en 1660. Elle est située à vingt-trois lieues à l'orient de la métropole. Les rues sont droites et se coupent à angle droit. Plusieurs édifices sont en pierre. Elle possède une église, deux chapelles, un *juiz de fora* et des professeurs royaux des premiers éléments et du latin (1).

1661. Vidal, devenu gouverneur de Pernambuco, accusé, par les habitants, de plusieurs actes tiranniques et arbitraires, fut éloigné momentanément de son poste, par Barretto, qui lui permit ensuite de le reprendre jusqu'à l'expiration

---

(1) Cor. Braz., II, 23.

de sa commission. Son successeur, Jéronymo Mendoza Furtado, également accusé par les principaux personnages de la ville de n'avoir cherché, dans son administration, que son propre intérêt, fut arrêté et envoyé en Portugal. Ayant débarqué à Lisbonne, peu après la désertion de son frère Francisco aux Castillans, il fut appliqué à la torture et condamné à une détention perpétuelle dans une forteresse de l'Inde (1).

1661. *Traité de paix et d'alliance entre Alphonse VI et les Provinces-Unies, fait à La Haye, le 6 août, et publié le 10 août suivant.* Le Portugal s'engageait : 1° à payer aux Provinces-Unies la valeur de quatre millions de *cruzados* (de 3 fr.) en argent, sucre, tabac et sel, en seize paiements ; 2° à remettre aux Hollandais toute l'artillerie prise au Brésil, qui serait marquée aux armes des provinces ou à celles de la Compagnie ; 3° à leur accorder le privilége d'acheter, tous les ans, du sel, au même prix qu'il se vend en Portugal et dans les ports sous sa domination ; de commercer avec le Portugal et le Brésil ; d'y faire des chargements de toutes sortes de marchandises, en payant les mêmes droits que les Portugais et jouissant de tous les priviléges des Anglais (2).

En conséquence du mariage de la sœur du roi Alphonse VI, l'infante D. Catharina avec Charles II, roi d'Angleterre, cette Cour avait engagé la Hollande à faire ce traité, d'après lequel tout le Brésil resterait au pouvoir des Portugais (3).

1662. *Francisco Barretto de Ménézès*, qui s'était distingué dans la guerre de Pernambuco, est nommé gouverneur-général du Brésil. *Henrique de Sousa Tavares da Sylva*, alors *comte de Miranda* et depuis marquis *d'Arronchès*, est envoyé en Hollande en qualité d'ambassadeur extraordinaire, et réussit à consolider la paix avec les Provinces-Unies.

---

(1) Rocha Pitta, VI, § 12, 46-51.

(2) Voy. Dumont, tom. VI, part. II, art. 144. Il est écrit en langue latine, et se compose de 26 articles.

(3) L'ambassadeur extraordinaire en Angleterre, Francisco de Mello de Torrès, Conde da Ponte, négocia ce mariage.

Voir les détails de cette négociation dans le neuvième tome de l'Histoire générale de Portugal, par M. le marquis de Fortia d'Urban et M. Mielle; Paris, 1829.

Barretto était muni d'instructions, signées le 4 février, pour régler proportionnellement la part des Brésiliens dans le paiement des sommes dues aux Hollandais d'après le traité du 6 août 1661, consistant en une redevance annuelle de 120,000 *cruzados* pendant seize années. La Chambre consentit et vota 20,000 *cruzados* aussi annuellement, pendant le même tems, pour la dot de l'infante dona Catharina, lors de son mariage avec le roi d'Angleterre. Bahia devait en payer 80,000 sur ce total, et les 60,000 restants furent répartis entre les treize autres capitaineries (1).

1663. *Affaires de Maranham. Expédition contre les nations révoltées de la rivière Urubu.* Par l'influence du gouverneur Séqueira, les habitants avaient consenti à l'exercice spirituel des jésuites. Vieira avait plaidé avec succès, comme on l'a dit, la cause des Indiens auprès de la reine régente. Mais Affonso VI étant monté sur le trône, se laissa circonvenir par les partisans de l'esclavage des Indiens, et ôta aux jésuites leur autorité temporelle pour en investir les *camaras*, en même tems qu'il défendit (le 12 septembre) à tous les ordres religieux de s'occuper d'autre chose que du spirituel. Les Portugais recommencèrent leurs courses contre les Indiens. Une expédition, conduite par le *sergento mor Antonio Arnau Villéla* et le père *Raimundo*, obtint du gouverneur Séqueira l'autorisation d'aller chercher des esclaves sur les bords de l'Urubu (2). Après avoir remonté cette rivière et opéré son débarquement, Arnau se fortifia au moyen de palissades, et envoya dans l'intérieur dix soldats et cent Indiens qui furent taillés en pièces par les Caboquenas et les Guanevenas. Ces naturels se présentèrent ensuite devant la palissade avec quelques-uns de leurs compagnons, liés comme des esclaves, en disant à Arnau que ses hommes les avait achetés et étaient allés pour s'en procurer d'autres. Le commandant les reçut dans son fort, et ils l'assommèrent avec leurs bâtons, ainsi que tous ceux qui ne purent regagner les bateaux. Ces Indiens allèrent de là, en quarante grands canots, attaquer un autre parti à l'*aldeia de Saracá*, sur les bords du lac du même

---

(1) Rocha Pitta, liv. VI, 5-10. Selon cet auteur, Barretto fut nommé gouverneur en 1657. Après six ans d'administration, il fut remplacé par D. Vasco Mascarenhas, Condé de Obidos.

(2) Ainsi nommé d'après les oiseaux qui fréquentent ses bords.

nom, qui se décharge dans l'Urubu ; mais ils furent repoussés avec perte.

Afin de venger cet échec, le gouverneur Ruiz Vaz de Séqueira envoya un détachement composé de quatre compagnies d'infanterie et de cinq cents Indiens, sous les ordres de *Pédro da Costa Favéla*. Celui-ci les fit embarquer dans trente-quatre canots, et s'étant arrêté à la grande *aldeia dos Tabajos*, sur la rivière du même nom, il reçut un renfort de plusieurs peuplades alliées qui précédèrent ces nouveaux conquérants. Avec cette force réunie, Favéla brûla 300 villages des ennemis, tua 700 guerriers et amena 400 prisonniers enchaînés à Bélem (1).

1664. Le gouverneur Séqueira, mécontent des lois qui lui ôtaient le droit de nommer au commandement des expéditions contre les Indiens, proposa de suspendre ces lois, en attendant la dernière décision du roi et celle des Chambres de Bélem et de S.-Luiz. La première se déclara en faveur des ordonnances. En conséquence, le gouverneur ôta le commandement à Francisco de Seyxas, et nomma un autre *capitam mor* pour le remplacer; mais ensuite le *procurador*, *Adam Corréa*, fit déployer l'étendard royal le jour de *Corpo de Deos*, fit mettre en liberté le *vereador* et publia les lois (2).

1666. Le Brésil éprouva cette année plus de calamités qu'il n'en avait souffert depuis le tems de sa découverte et de sa conquête. Ces désastres furent précédés, l'année d'auparavant, d'une comète qui, pendant plusieurs nuits ténébreuses, jeta une sombre lumière sur cette partie de l'Amérique, « annonçant, » dit Rocha Pitta, « les malheurs que nous devions éprouver ».

Un autre événement extraordinaire se fit sentir à Bahia. La mer s'éleva à une telle hauteur, qu'elle inonda les plages au-delà de ses limites naturelles, y laissant une quantité énorme de petits poissons.

En même tems, la petite vérole fit de grands ravages. Elle éclata dans la province de Pernambuco, et se répandit ensuite dans celle de Rio-Janéiro et dans les provinces du

---

(2) Berredo, § 1109-17, 1134-8; cité par M. Southey, ch. 29. *Diario da viagem*, etc., manuscrit.

(1) M. Southey, chap. 39, où il cite Berredo, § 1139-49.

sud. La mortalité fut si grande, que l'agriculture et les sucreries manquèrent de bras, ce qui amena la famine (1).

1667. Le terme du gouvernement de Séqueira étant expiré, *Antonio d'Albuquerque Coelho de Carvalho*, fils du premier gouverneur de cet État, fut nommé son successeur. Il annonça la confirmation de la suppression des lois en question, pourvu que la distribution annuelle des Indiens prisonniers fût faite par le premier juge et non par la *camara*. Le nouveau gouverneur voulut continuer le commerce des esclaves et de l'épicerie pour son propre compte, et saisit à cet effet le prétexte des expéditions des missionnaires. La Chambre de Bélem présenta (1669) des accusations contre lui à sa Cour, et il fut remplacé, en 1672, par *Pédro César de Ménézès*.

1667. Le 31 mars, par un traité de ligue offensive et défensive, signé à Lisbonne, entre Louis XIV et Alphonse VI, roi de Portugal, contre le roi de Castille, il fut convenu que, jusqu'au jour où la France déclarerait la guerre à l'Espagne, le premier souverain accorderait annuellement au roi de Portugal la somme d'un million 800,000 livres, ou 900,000 *cruzados*, pour soutenir les frais de la guerre.

1668. Par un autre traité du 13 février de l'année suivante, conclu à Lisbonne, entre Charles II, roi d'Espagne, et Alphonse VI, roi de Portugal, par la médiation de Charles II, roi d'Angleterre, le Portugal est reconnu indépendant et libre. La maison de Bragance est déclarée possesseur légitime de ce royaume. Chaque parti rend à l'autre les places qui n'étaient pas de son domaine, pour se renfermer dans ses anciennes limites. La seule ville de Ceuta de la dépendance du Portugal, demeure à la Castille, par la raison qu'elle n'avait pas suivi les mouvements du reste de la monarchie depuis la mort de Sébastiam (2).

1668. André de Barros Régo, alors juge ordinaire du *se-*

---

(1) *Amer. Port.*, liv. VI, 20-27.

(2) Tractatus pacis inter Carolum II regem Hispaniæ et Alphonsum VI regem Portugalliæ, factus mediante Carolo II. Rege Angliæ. Lisbonæ 13, Februari anno, 1668. Voy. Mémoires de M. d'Ablancourt, envoyé de S. M. T. C. Louis XIV en Portugal, depuis le traité des Pyrénées de 1639 jusqu'à 1668. Amsterdam, in-8, 1701.

nado da Camara, et chef du corps politique de Pernambuco, remplit les fonctions du gouverneur Jéronymo Mendoza Furtado, qui, comme on l'a dit, s'étant rendu odieux par sa tirannie et ses malversations aux nobles et aux bourgeois de la ville d'Olinda, avait été déposé par eux et renvoyé au Portugal (1).

1668. Après cinq années d'une sage administration, Vasco Mascarenhas eut pour successeur le gouverneur et capitaine-général du Brésil, Alexandre de Souza Freire, distingué par ses qualités et ses services (2).

1668-69. *Découverte du Rio-Négro* (connu par les Indiens sous le nom de *Guyari*), par Pédro da Costa Favéla. Cet officier étant chargé d'aller à la tête d'une expédition, pour châtier les Indiens de la province d'Encabelados, avait appris que les bords de cette rivière étaient occupés par les Tarunas. Accompagné du père Théodosio, qui avait prêché l'Évangile chez les *Aroaquis*, il se rendit chez ces peuples, passa de là chez les Tarunas, et fonda ensuite la première peuplade du Rio-Négro. La forteresse, à son embouchure, fut bâtie par *Francisco da Mota Falcam*, d'après les ordres du général d'État, Albuquerque Coelho. *Angelico de Barros* en fut le premier commandant. La bouche de cette rivière avait été auparavant reconnue par le capitaine Texeira, qui parle de quelques tribus qui y demeuraient. Le sergent-major Quilhermo Valente, attaché à la garnison du fort, réussit à réduire les *Varacoaciniens*. Ensuite il fit amitié avec les *Caburiceniens*, les *Caragais* et les *Manaus*. Dans son alliance avec ces derniers, il reçut pour femme la fille d'un de leurs caciques (3).

1669. Une *armada* arriva au Brésil sous le commande-

---

(1) *Amer. Port.*, liv. VI, 46-51.

(2) *Amer. Port.*, liv. VI, 52.

(3) En 1725-6, divers corps de troupes se portèrent au-dessus de ses cataractes, et allèrent presque jusqu'à l'Yavita qui se jette dans le Rio-Négro, près de sa source et à vingt journées au-dessus du lit du Cassiquiari.

Les parties supérieures du Rio-Négro furent reconnues plus tard, en 1743-4, par les troupes appelées *Resgate*, ou de rachat qui y allaient pour chercher des esclaves. Elles passèrent par cette rivière jusqu'à l'Orénoque, par le bras Parava ou Caciquiari. *Diario da viagem*, etc.

ment de João Corréa da Sylva, conduisant plus de cinquante navires marchands aux ports du Brésil, et ayant à bord plus de deux cents passagers de diverses conditions, du clergé, des religieux de divers ordres, et des ministres de la justice. La *Capita* fit naufrage à l'une des deux bouches du Camoregipe, sur la côte du Rio-Vermelho, et le commandant Corréa da Sylva s'y noya (1).

1670. *Fondation de la ville de Sorocába* dans la province de S.-Paulo, sur la rive gauche de la rivière du même nom, sous la latitude de 23° 39′ sud, et la longitude de 303° 25′ de l'île de Fer, à la distance de 48 lieues de la capitale. Cette ville fut fondée par le donataire *Conde da Ilha do Principe D. Luiz Carneiro de Souza* (2).

1671. *Gunipy*, village situé sur la baie du même nom, dans la province de Para, fut érigé en ville.

1672. *Expédition contre les Paulistas.* Le nouveau gouverneur avait reçu des instructions pour défendre l'État contre toute invasion européenne, et il garda ses forces préparées pour cet objet pendant un an. Les Paulistas, n'osant plus attaquer les réductions, dirigèrent leurs expéditions vers le nord, contre les peuplades des Tucantins, qui

---

(1) *Amer. Port.*, liv. VI, 53-57.

(2) Sorocába est une ville florissante. En 1808, sa population était d'environ 1700 familles. Sa paroisse renferme 10,248 habitants dont les deux tiers de blancs. Elle possède une église dédiée à N. Fra. da Ponta, un *recolhimento* de femmes, un *hermida* et un hospice de bénédictins. Le chemin royal, qui mène de Coritiba à la capitale passe par cette ville. Le sol est fertile. Les habitants cultivent le coton, le sucre et le maïs; mais leur principale occupation est le commerce des bestiaux et des chevaux qu'ils tirent de Coritiba et de la province de S.-Pédro do Rio-Grande, pour les envoyer au Porto-de-Santos. On trouve aux environs de Sorocába des pierres calcaires et silicieuses.

A la distance de trois lieues de la ville est la célèbre manufacture de fer de S.-João de Ipanéma, située près la petite rivière du même nom, où on reçoit le produit des riches mines de Guarras-Olava.

Ce district renferme une mine d'argent qui fut abandonnée à cause de sa pauvreté et de la difficulté d'en extraire ce minéral.

Voy. *Mem. hist.*, tom. VIII, p. 297.

Cor. Braz., I. 243 et 4. Selon cet ouvrage, Sorocába est située à dix-huit lieues de la capitale. *Voyage de MM. Spix et Martius.*

demandèrent des secours à *Bélem*. *Francisco da Mota Falcam* fut envoyé avec un détachement pour les protéger. Ayant remonté le courant à quelque distance, il rencontra des bateaux qui n'étaient pas l'ouvrage des Indiens. Bientôt il apprit que les Paulistas, sous leur méstre-de-camp *Manoel Paez de Araujo*, étaient à la chasse des peuplades de l'intérieur et qu'ils avaient déjà subjugué les Guajaras. Falcam écrivit à Paez pour l'avertir que la rivière des Tucantins se trouvait dans la juridiction de Maranham, et qu'il était envoyé par le gouverneur de l'État pour protéger les Indiens, vassaux de sa majesté. Les Paulistas refusant de l'écouter, il leur fit dire qu'il emploierait la force contre celui qui s'opposerait à ses plans contre les Tapuyas ; mais Falcam, s'étant aperçu qu'ils se disposaient à l'attaquer, retourna à Bélem.

1673. Le gouverneur, indigné contre Paez, préparait une plus forte expédition pour marcher contre lui, lorsque le prêtre *Antonio Raposo Tavarès* arriva de Lisbonne avec mission d'explorer les mines du pays des Tucantins, sur lequel Paez avait fourni des renseignements. Pédro César se trouva forcé, par devoir, d'envoyer pour cet objet son expédition sous la conduite de Raposo, qui fut chargé de coopérer avec Paez ; mais ce dernier étant mort avant qu'on eût pu le rencontrer, l'expédition manqua son but.

Pédro César transféra le siége du gouvernement de S.-Luiz à Bélem, situation plus favorable pour faire des découvertes dans l'intérieur, et pour recueillir les produits naturels du pays. Il voulut suspendre la loi de 1663 ; mais la Chambre la publia au mépris de son autorité. Le gouverneur indigné, fit arrêter le premier juge et le *vércador*, et les fit embarquer comme prisonniers pour Lisbonne. Le roi réprimanda la Chambre (4 décembre 1677). Les prêtres et d'autres individus formèrent le projet d'assassiner le gouverneur; mais le complot fut révélé, et il se sauva. Après une administration de sept ans, il fut remplacé par *Ignacio Coelho da Silva*.

1671-1673. *Incursions des Guérens dans la province de Bahia et les pays adjacents. Fondation de S.-Antonio, nommée ensuite Joaõ-Amaro.* La tribu des *Guérens*, une des branches de celle des Aymores, se mit en état d'hostilité contre les Portugais, dont plusieurs familles furent massacrées. On construisit un fort à *Cayrú*, afin de contenir ces Indiens, et une garnison y fut envoyée de Bahia, sous le capitaine *Manoel Barboza de Mesquita*; mais cet officier fut tué par les Guérens, tandis qu'il se rendait à son poste. Alexandre de Souza jugea alors nécessaire de compléter la conquête de ce pays; et quelques années après, il engagea à cet effet un corps de Paulistas, sous *Joaô Amaro*, qui devait recevoir 1,000 *cruzados* et les provisions nécessaires. Bahia se trouvant à 1,000 milles de S.-Paulo, la troupe auxiliaire n'arriva qu'en 1673. Un détachement de la garnison et de la milice locale s'étant réuni à eux, les Paulistas firent voile pour Cayrû (1), et après avoir effectué leur débarquement, se dirigèrent à l'ouest de la rivière S.-Francisco et au nord des frontières de Bahia, détruisirent les établissements des Guérens, en tuèrent un grand nombre et emmenèrent le reste dans la capitale, où ils furent vendus comme esclaves. Amaro reçut en récompense de ses services, une concession de terrain très-étendue, et la seigneurie d'un établissement qu'il fonda du côté de Bahia, sous le nom de S.-Antonio, et qui prit ensuite le sien propre, lorsque ce chef vendit sa propriété au colonel *Manoel de Araujo de Aragaô*, pour retourner dans son pays de S.-Paulo.

1674-5. *Expédition pour chercher des mines.* Le gouverneur Affonso Furtado, ayant expulsé les Guérens et formé un établissement dans le Piauhy, voulut encore signaler son administration par la découverte des mines. Un habitant de l'intérieur, lui ayant apporté un échantillon d'une riche mine d'argent qu'il s'engageait à indiquer, sous condition d'avoir une récompense raisonnable, le gouverneur envoya son fils *Joaô Furtado de Mendoza* à Lisbonne, pour communiquer cette nouvelle à la Cour. Le navire fit naufrage sur la côte de Péniche, et les dépêches et les échantillons de la mine furent perdus. Joaô Furtado, qui s'échappa, fit connaître sa mission, et le gouvernement embarqua tout ce qui était nécessaire pour travailler aux mines; mais avant l'arrivée de ce navire, celui qui avait révélé leur existence, mourut sans en laisser aucun indice. Néanmoins le gouverneur fit des recherches, et ne trouva

---

(1) Ville située dans une petite île du même nom, entre celles de Tinharé et de Tupyassu et le continent, dans la *comarca* dos Ilheos, province de Bahia, près de la rivière Longoribo ou Panuaca, lat. 13° 17' nord, long. 40° 14' ouest.

Rocha Pitta, liv. VI, 64-71, 80-85. Il place cet évènement sous l'année 1670.

que des améthistes, des topazes et des cristaux. Son chagrin fut si grand qu'il occasionna sa mort. D'après ses dernières volontés, le *senado da Camara*, les nobles et les autorités étaient chargés de nommer ses successeurs, qui furent le chancelier du *Relaçam* ou Cour suprême de la justice, le *senhor* mestre-de-camp et le *senhor* juge de la Camara, descendant de Camararu (1). Confirmés par le prince D. Pédro, ils gouvernèrent pendant trois ans, et furent remplacés par le mestre-de-camp-général *Roque da Costa Barretto* (2).

1674. *Commencement de la conquête de la province de Piauhy* (3) *par le paulista Domingos Jorge et Domingos Affonso de Maffra.* Ce dernier possédait une grande ferme et des pâturages (*fazenda de criar gado*) sur la rive septentrionale du Rio-Francisco, qui fut molestée par les naturels du centre de Piauhy. Il résolut d'entreprendre la conquête de ce pays vers le nord. Ayant rassemblé du monde, il passa la *serra de Dous-Irmãos* ou des Deux-Frères, et rencontra *Domingos Jorge*, qui s'occupait à enlever les Indiens. Attaqués par leurs troupes réunies, ils furent forcés de s'enfuir. Ce dernier étant parti avec ses esclaves, l'autre devint maître du pays, et fut bientôt renforcé par d'autres corps, dont il resta capitaine ; et le pays qu'il avait parcouru, reçut le nom de *Certão* (4). Il y établit cinquante *fazendas* pour élever des bestiaux ; et avant sa mort, il en laissa trente sous l'administration des jésuites du collége de Bahia, dont une partie du revenu était destinée à la dot des jeunes demoiselles, et à secourir les veuves et les pauvres. Après l'extinction des jésuites, cette propriété passa sous la juridiction de la couronne (5).

1676. L'église de Bahia fut élevée au rang d'église métro-

---

(1) Agostinho de Azévédo Monteiro, Alvaro de Azévédo et Antonio Guedes de Brito, descen. de Catharina Alvarès et Diogo Alvarès Corréa.

(2) Rocha Pitta, liv. VI, 86-90.

(3) Ainsi nommée d'après la rivière qui l'arrose, et qui est un affluent du Parnaiba.

(4) Ou *Sertam* dans le pluriel *sertoens*, ce qui signifie l'*intérieur du pays.*

(5) Voy. Cor. Braz., II, provincia de Piauhy.
Rocha Pitta écrit Piagui, et dit que ce pays fut premièrement découvert en 1671 ; liv. VI, 73-4.

politaine, et celles de Pernambuco, Maranham et Rio-Janéiro à celui d'églises cathédrales. D. Gaspar Barata de Mendoza fut nommé archevêque de Bahia; D. Estevaô Brioso de Figuieredo, évêque de Pernambuco ; D. frère Manoel Pereira, évêque de Rio de Janéiro ; D. frère Antonio de Santa-Maria, religieux capucin, évêque de Maranham. Ces élections furent confirmées par le souverain pontife Innocent XI.

En même tems, on envoya plusieurs missionnaires dans diverses parties du Brésil, pour opérer la conversion des Indiens (1).

1677. *Fondation du monastère des religieux de Santa-Clara do Desterro à Bahia.* Les religieux étaient venus à bord de la flotte de cette année (2).

1679. *Fondation des religieux capucins de Nova-Senhora de Piedade* (pour des religieux italiens), par les pères Fr. Joaô Romano et Fr. Thomas de Sora (3).

1679. *Expédition contre les Taranambazes.* Ces peuples, remarquables comme habiles nageurs, avaient l'habitude de plonger dans la mer pour couper les câbles des navires à l'ancre, afin de s'emparer des débris et de dévorer l'équipage. Le gouverneur *Ignacio Coelho da Silva* envoya une expédition contre eux, sous la conduite de Vidal Maciel Parente, *capitam mor* de Maranham, qui les massacra sans distinction d'âge ni de sexe (4).

1680. *Contestation concernant l'établissement de la colonie connue sous le nom de Sacramento.* Pendant soixante ans que le Portugal fut soumis à la Cour de Castille, il avait établi plusieurs colonies dans le voisinage de l'Uruguay. Cette Cour, voulant fonder une nouvelle colonie sur le bord septentrional de la Plata, près l'île de S.-Gabriel, donna des ordres à cet effet au mestre-de-camp *Manoel Lobo*, qui avait été nommé gouverneur de Rio-Janéiro, le 8 octobre 1678. Cet officier se rendit à Villa-Santos, le 30 octobre 1679, et après y avoir séjourné jusqu'au commencement de décembre, il fit voile pour sa destination avec quatre com-

---

(1) *Amer. Port.*, liv. VI, 99-100.
(2) *Amer. Port.*, liv. VI, 102.
(3) *Amer. Port.*, liv. VII, 2.
(4) Berredo, § 1228-1231-6, cité par M. Southey.

pagnies de deux cents hommes et de l'artillerie pour se protéger contre les Mimanès, tribu inconstante et toujours prête à se soulever. Plusieurs familles de colons l'accompagnèrent. Étant arrivé à l'embouchure de la Plata, le 1er janvier 1680, le gouverneur choisit un lieu convenable à son projet, à l'endroit ci-dessus indiqué dans le voisinage de Buénos-Ayres, et pendant plus de six mois, il s'occupa d'y faire construire des ouvrages de défense et des fortifications qui formèrent une espèce de forteresse qu'il nomma *Colonia del Sacramento*.

D'après le traité de Tordésillas (1494), entre les Cours d'Espagne et le Portugal, la première prétendait que le Rio de la Plata et le terrain de ses bords avaient toujours appartenu au domaine de cette couronne, comme étant compris en dedans de la ligne de démarcation ; que le Portugal n'avait aucun droit à ces régions, ni par motif de découverte, ni par aucun autre titre quelconque.

Le gouverneur du Paraguay, don *Philippe Rey Corbelon*, ayant réclamé en vain contre cette prise de possession, assembla le Conseil de Buénos-Ayres, pour faire reconnaître les droits de la couronne d'Espagne sur cette partie du continent. Le Conseil décida que le Brésil, du côté du Paraguay, était borné par la province de S.-Vicente.

La Cour de Madrid, instruite de cette affaire, envoya des instructions à l'abbé *Maserati*, son ministre à la Cour de Lisbonne, pour demander l'évacuation de cette pointe de terrain. Maserati eut deux audiences du prince D. Pédro, administrateur et gouverneur du royaume de Portugal, où il se référa à la réclamation faite au secrétaire d'État portugais, *Pédro Sanchès Farina*, de la propriété exclusive de ces régions en faveur de la couronne de Castille ; et il pria son altesse, au nom du roi, son allié, de donner l'ordre au gouverneur de Rio-Janéiro, d'évacuer le nouvel établissement. La Cour de Lisbonne se servit de différents prétextes pour différer l'exécution de cet arrangement. Le gouverneur de la Plata, D. *Joseph de Garros*, reçut alors l'ordre de chasser les Portugais de la portion de territoire appartenant à la couronne d'Espagne, et fit des levées de soldats pour cet objet. Les villes de Santa-Fé et de Corrientès fournirent chacune une compagnie. Le Tucuman lui en envoya quatre. Le supérieur des Réductions de l'Uruguay fit partir 3,000 néophites, tant infanterie que cavalerie, accompagnés des missionnaires.

Ayant réuni ses forces, de Garros fit partir trois corps de troupes pour explorer le pays, dont l'un en canots par le Rio-Parana, et les deux autres par terre; le premier devant parcourir tout le pays intermédiaire jusqu'au voisinage de la ville de S.-Pablo; et l'autre le pays situé vers la côte de la mer et le bord septentrional du Rio de la Plata. Après une marche de plus de deux cents lieues, un de ces détachements rencontra un officier portugais avec vingt-quatre hommes qui avaient échappé au naufrage d'une embarcation destinée pour le nouvel établissement. Les Espagnols reconnurent ensuite que cet établissement et le fort qui le défendait étaient situés à une lieue de l'île de S.-Gabriel, dans une entrée très-commode du fleuve où se trouvaient quatre embarcations munies d'armes, d'instruments de fer et de provisions pour la nouvelle ville. Ils se rendirent promptement à Buénos-Ayres pour en donner avis au gouverneur, qui, sans perdre de tems, fit demander à Manoel Lobo, fondateur de la colonie, ce qu'il fesait en ce lieu, et par quel ordre il y était venu. Lobo répondit que les habitants portugais du Brésil avaient la permission de leur souverain de faire de nouveaux établissements sur des terres non-occupées, et qu'étant partis avec l'autorisation du Conseil de Rio-Janéiro, de choisir un lieu propre à créer un établissement, ils n'en avaient pas trouvé de plus commode que celui-ci.

D. Joseph Garros, ayant lu cette réponse, envoya une autre dépêche à Manoel Lobo, pour l'engager à se retirer d'un endroit qui appartenait à la couronne d'Espagne par des droits qui dataient d'un siècle, l'exhortant, pour la dernière fois, à ne pas troubler la paix qui existait entre les deux puissances. Lobo se contenta de répondre qu'il se trouvait sur les terres de son prince, et une vive contestation eut lieu entre les deux gouverneurs concernant les droits respectifs de la Castille et du Portugal. A l'appui de ses prétentions, Lobo présenta une nouvelle carte faite à Lisbonne en 1678, uniquement pour appuyer sa tentative de s'emparer du sol de la colonie et du vaste pays environnant. D'après cette carte, exécutée par *Juan de Texeira d'Albornoz*, les possessions portugaises s'étendaient depuis Rio-Janéiro jusqu'à l'embouchure du Rio de la Plata, y compris 300 lieues de côtes, et jusqu'au Tucuman.

Ne pouvant s'accorder, il fallut décider la dispute par la voie des armes. Garros envoya alors une expédition sous le mestre-de-camp D. *Antonio de Vera Muxica*. Elle était composée de 500 mulets pour porter les provisions, 500 bœufs pour l'artillerie, et 4,000 chevaux pour rompre les rangs des ennemis. Un nombreux corps d'Indiens se rassembla à Yapeyu, sur les bords de l'Uruguay; et après une marche de 200 lieues, l'expédition arriva devant la nouvelle ville de Sacramento, pour en faire le siége. Les forces espagnoles étaient de 4,000 hommes, y compris les noirs et les mulâtres. Le général Muxica fit une sommation au commandant portugais de rendre la place, lui offrant toutes les provisions nécessaires pour retourner dans son gouvernement; mais celui-ci ayant rejeté avec hauteur cette proposition, le commandant espagnol donna ordre (le 6 août) de commencer l'attaque dans la nuit, au signal d'un coup de carabine. Un néophite étant parvenu à monter sur le boulevard, trouva un factionnaire endormi, auquel il coupa la tête. Un soldat, qui s'en aperçut, tira un coup de fusil. Les Indiens, croyant que c'était le signal convenu, sautèrent sur le rempart par trois endroits différents, et s'emparèrent de la place (le 7 août). La consternation y était si grande, que plusieurs des assiégés se jetèrent dans les chaloupes pour gagner un vaisseau qui était en rade, et furent noyés ou faits prisonniers. Les Portugais firent une défense héroïque, dans laquelle les femmes combattirent avec un grand courage. Ils perdirent dans le combat leur artillerie, leurs munitions, 200 hommes tués. Sept personnes seulement parvinrent à s'échapper au moment de la capitulation, et réussirent à se maintenir sur un roc entouré d'eau et placé sur le penchant de la *Praça*, ou place forte. Le gouverneur Lobo, fait prisonnier, fut envoyé à bord d'une lanche à la ville de Buénos-Ayres, où il mourut de chagrin (1).

---

(1) Rocha Pitta dit (liv. 7, § 6, 7 et 8), que Lobo fut conduit prisonnier à Lima et non à Buénos-Ayres, où il périt à la fleur de l'âge. Cet officier, distingué par sa naissance et son courage, avait rempli honorablement diverses fonctions, entr'autres celle de commissaire-général de cavalerie d'Alenteja; ce qui le fit élever, à la fin de la guerre, à la dignité de gouverneur de Rio de Janéiro.

Dans une lettre du docteur *Simão Pereira de Sá*, procureur de la couronne, etc., à Rio de Janéiro, et qui accompagne ses œuvres poétiques (intitulées *Jubilos da América*), qu'il publia en sa qualité de membre de l'*Academia dos Selectos* *, il est

* Cette académie fut organisée à Rio de Janéiro en 1752.

La perte des Espagnols fut beaucoup moindre. Leurs alliés, les Guaranis des Réductions des jésuites, se distinguèrent beaucoup par leur valeur.

Cet échec engagea l'infant de Portugal, D. Pédro, à entamer une négociation, qui eut pour résultat le traité provisoire qui suit :

1681, 7 mai. *Traité provisoire conclu entre S. M. C. le roi D. Carlos II et S. A. le prince de Portugal, D. Pédro.* Ce traité contient dix-sept articles, dont voici la substance :

« S. M. ordonnera de faire des réprimandes au gouverneur de Buénos-Ayres, pour sa conduite en cette occasion. (Art. 1.)

» Toutes les armes, artillerie, munitions, etc., saisies dans la forteresse et colonie du Sacrement, seront restituées au gouverneur D. Manoel Lobo ou à son délégué. (Art. 2.)

» Tous les individus qui se sont retirés de la colonie, et qui sont encore à Buénos-Ayres ou dans les environs, pourront rentrer dans cette même colonie; et s'ils ne se trouvaient plus, un nombre égal de Portugais prendra leur place, et s'y établira jusqu'à la décision définitive qui sera rendue. (Art. 3.)

» On ne pourra augmenter le nombre des habitants, ni se fournir d'armes, munitions ou marchandises d'aucune qualité, pendant toute la durée des conférences. (Art 4.)

» Les Portugais habitant ladite colonie ne pourront, sous quelque prétexte que ce soit, traiter ni négocier avec les Indiens convertis soumis à S. M. catholique. (Art. 5.)

» Afin de maintenir la bonne harmonie entre les deux couronnes, S. A. fera vérifier les excès commis par les habitants de S.-Paul sur les terres et domaines de S. M. C., et restituer les personnes ou propriétés qui auraient été détournées. (Art. 6.)

» Les relations de bon voisinage et de navigation continueront à exister entre les deux nations, comme si elles n'avaient eu aucune interruption. (Art. 7 et 8.)

» Les règlements de commerce par terre et par mer demeurent en vigueur, et continueront à être exécutoires pour les sujets de l'un et de l'autre royaume. (Art. 9.)

---

fait mention d'une histoire topographique et militaire de la Nova-Colonia do Sacramento do Rio da Plata, qui aurait jeté une grande lumière sur les événements de cette colonie *.

* *Memorias historicas de Rio de Janeiro*, t. III, 275-8.

» Toutes les hostilités commises de part et d'autre, depuis le 6 août 1680, n'auront aucune suite, et sont terminées par le présent traité. (Art. 10.)

» Le gouverneur de Buénos-Ayres pourra démolir les fortifications ou édifices qu'il aurait fait élever depuis le jour de sa prise de possession jusqu'à présent. (Art. 11.)

» Le présent traité n'étant que provisoire, et pour maintenir la paix et l'amitié entre les deux couronnes, il sera nommé des commissaires en nombre égal de chaque côté, deux mois après l'échange des ratifications des présentes, pour statuer définitivement sur la ligne de démarcation ; et dans le cas où lesdits commissaires ne pourraient conclure un arrangement complet, la contestation sera soumise à l'arbitrage du S. P. le pape, qui prononcera en dernier ressort, et dont la décision sera maintenue et observée inviolablement des deux côtés. (Art. 12 et 13.)

» Des ordres seront donnés réciproquement pour suspendre tous mouvements ou actes d'hostilité, ou pour punir toutes les personnes qui contreviendraient aux clauses des présentes. (Art. 14, 15 et 16.)

» Lesdits seigneurs roi catholique et prince de Portugal engagent leur foi et parole royale de ne rien faire de contraire au présent traité, et de maintenir intégralement toutes ses conditions. (Art. 17.)

» Fait à Lisbonne, le 7 mai 1681.

» *Signé*, pour l'Espagne, le duc de Juvénasso; pour le Portugal, le marquis de Fronteira, le duc de Cadaval, l'évêque Fr. Manuel Pereira, secrétaire d'État. »

Conformément à l'art. 12 de cette convention, les deux parties nommèrent chacune deux commissaires, qui devaient décider, dans le délai de trois mois, les droits de propriété en fixant la ligne de démarcation ; et dans le cas où ils ne pourraient s'accorder, sa sainteté devait prononcer dans le cours d'un an, à partir de la date du traité.

En même tems, il fut convenu de ne construire à Sacramento aucun fort, de bâtir les maisons en bois et de les couvrir en paille, et de n'y laisser demeurer que quatorze familles portugaises. Les Espagnols avaient le droit de venir y faire le commerce, et le gouverneur de Buénos-Ayres d'en faire la visite. Le Portugal dut restituer 300,000 Indiens, et les troupeaux enlevés dans le pays appartenant à l'Espagne, par les habitants de S.-Paul (1).

1680. *Rétablissement des jésuites.* D. *Grégorio dos Anjos*, premier évêque de Maranham, ayant visité les *aldeias*, ou village des Indiens convertis, reconnut que les lois faites en leur faveur étaient inobservées, et que le commerce des esclaves s'y continuait de la manière la plus barbare. Sur le rapport que cet évêque adressa au roi, de nouveaux décrets ou ordonnances furent rendus pour remédier à cet état de choses. Celui du 31 mars interdit aux gouverneurs et à leurs gens de faire aucun commerce, de s'occuper d'agriculture et d'accaparer les productions naturelles du pays. Le règlement du 17 février 1673, mis en vigueur dans le Maranham et à Para, empêchait les gouverneurs ou officiers du trésor de la justice ou de la guerre de s'occuper de commerce, d'affermer des revenus, de fixer le prix des denrées ou de déterminer le fret des navires. Par un autre édit du 1er avril 1680, l'esclavage des Indiens fut aboli. L'*ouvidor* était autorisé à faire arrêter les infracteurs de cette loi, et à les faire embarquer pour Lisbonne, pour y être punis. Tous les Indiens renfermés devaient être établis dans les *aldéas*. Par une autre loi du 10 avril, les Indiens des *aldéas* ne devaient servir que pendant deux mois de suite. Par une quatrième loi du 30 avril, ils furent placés sous la direction des jésuites. Les Indiens des *aldéas* furent partagés en trois classes, dont la première était destinée à cultiver la terre, afin qu'un tiers de la population mâle pût toujours rester dans les familles; la seconde classe fut destinée au service des missionnaires dans leur expédition; la troisième devait être distribuée parmi les habitants selon les règlements.

Les membres de la Chambre s'opposèrent à ces lois, et particulièrement à celle qui limitait le service des Indiens libres à deux mois, disant qu'il fallait au moins quatre mois pour la culture des cannes à sucre ou autres plantations. Ils envoyèrent un *procurador* à Lisbonne, pour solliciter un amendement à cette loi et le retrait des autres.

---

(1) L'établissement de S.-Sacramento devint encore le sujet de longs débats entre les Cours de Lisbonne et de Madrid.
Voy. *America Portugueza*, liv. VII, 6-13.
Charlevoix, tom. II, *Hist. du Paraguay*, liv. 14.
Dumont, tom. VII, pag. 70.
République argentine, tome X de l'Art de vérifier les dates, etc.

Sur ces entrefaites, le terme de la commission d'Ignacio Coelho expira; et il fut remplacé par *Francisco de Sa de Ménézès*, qui s'était distingué dans la guerre d'Espagne, et qui avait été secrétaire d'ambassade en Angleterre, sous le protectorat de Cromwell.

1680. *Établissement d'une Compagnie, ayant le privilége exclusif du commerce des esclaves avec Para et le Maranham pendant vingt années*. Ce monopole fut accordé à quelques négociants de Lisbonne, qui s'engagèrent à importer annuellement 500 nègres, à raison de 100 *milreis* par tête.

1682. *Antonio de Souza de Ménézès* succéda à Roque da Costa Baretto, en qualité de gouverneur-général du Brésil. Il était d'un âge trop avancé pour réprimer les dissensions et les soulèvements qui eurent lieu pendant son gouvernement. Il fut remplacé par *Antonio-Luiz de Souza Tello de Ménézès*, marquis das Minas, qui réussit facilement à apaiser ces désordres. Ce gouverneur rendit de grands services aux habitants, en leur prodiguant tous les secours, en son pouvoir, durant la terrible épidémie qu'ils eurent à souffrir pendant son administration, qui dura jusqu'en 1687.

1684. Les habitants de Bélem, se trouvant lésés dans leurs intérêts généraux et particuliers, firent des remontrances à la Cour. A Maranham, le monopole, accordé aux négociants de Lisbonne, excita le plus grand mécontentement parmi les habitants, qui s'empressèrent de former et d'exécuter un plan d'insurrection dont *Manoel Beckman* fut le chef. On arrêta le *capitam mor, Balthazar Fernandès*, et on le jeta en prison; ensuite on convoqua une junte des trois Etats, qui décidèrent la déposition du gouverneur-général et du *capitam mor*, l'abolition du monopole et l'expulsion des jésuites. Bientôt cependant un certain nombre des partisans de l'insurrection se retirèrent; mais Beckman et ses associés obtinrent du secours d'un pirate, nommé *D. Joam de Lima*, qui infestait ces mers.

La nouvelle de cette insurrection excita une grande inquiétude à Lisbonne. Les Français s'étant établis à Cayenne, pouvaient renouveler leur projet d'un établissement sur l'Orellana et leurs prétentions sur le Maranham; par conséquent, il fallait envoyer un nouveau gouverneur d'un talent, d'une probité et d'un courage reconnus. *Gomez Freyre de An-*

drada (1), qui réunissait ces qualités, fut choisi pour cette mission. Muni de pleins pouvoirs, il s'embarqua à bord du navire *Conceiçam*, et arriva, le 15 mai, à la barre de Maranham, où il jeta l'ancre. Beckman et ses associés voulurent s'opposer à son débarquement; mais il entra dans le port et expédia une lanche montée par deux officiers avec cinquante hommes, qui prirent possession de quelques batteries. En même tems, le gouverneur descendit à terre, et les révoltés prirent la fuite. Les membres de la *comarca* arrivèrent pour recevoir Gomez Freyre, qui prit possession du gouvernement sans résistance. Il publia une proclamation, offrant un pardon général, excepté aux chefs de la révolte, *Eugenio Ribeiro*, *Manoel Serram* et *Jorge de Sampayo*. Beckman se retira dans ses terres sur le Méary, à soixante lieues de distance, où il fut arrêté par un jeune homme nommé *Lazaro de Mello*, dont il était parrain et tuteur.

La conduite ingrate de Mello excita une indignation si grande que les soldats refusèrent de lui obéir, et sa mort accidentelle fut considérée comme un jugement du ciel.

1685. *Maladie pestilentielle.* Le 1er décembre, il y eut une éclipse de lune qui avait été précédée, quelques mois avant, par une de soleil. Ces phénomènes furent considérés par un astrologue célèbre, le père Valentin Extancel, comme les avant-coureurs de grandes calamités. Une maladie pestilentielle nommée *bicho*, éclata à Pernambuco, et enleva au Récif plus de deux mille personnes; de là elle s'étendit à Bahia. Il y mourut un grand nombre d'individus, parmi lesquels se trouvaient plusieurs médecins et chirurgiens. Il est remarquable que les noirs esclaves, les mulâtres, les Indiens et les métis échappèrent à ce fléau.

A Bahia, les pères de la Compagnie de Jésus firent une procession dans les rues, sous l'invocation de leur patron, le glorieux S. Francisco Xavier (*novo Taumaturgo*), « qui fit suspendre le bras de la justice divine offensée, dit Rocha Pitta, à cause de nos péchés » (2).

---

(1) Il avait été créé chevalier sur le champ de bataille à l'âge de 15 ans. Il était neveu de *Jacinto Freyre de Andrada*, biographe de D. Joam de Castro.

(2) *Amer. Portug.*, liv. VII, 31, 46-54.

La maladie continua jusqu'en 1688; elle fit périr personnes distinguées, dont la plupart étaient mariées.

La révolte étant étouffée, les premiers soins de Gomez Freyre furent de remettre dans leurs fonctions tous ceux qui en avaient été chassés. En même tems, il rétablit le monopole du commerce, abolit celui des esclaves, et rappela les jésuites qui avaient été exilés de Para.

Expédition contre les naturels du pays qui infestaient le Méary, ayant pour but d'ouvrir une communication avec Bahia par l'intérieur du pays. Gomez Freyre, voulant créer un nouvel établissement avec la population surabondante de S.-Luiz, choisit, pour cet objet, le pays situé entre les rivières Itacu et Mony. Il proposa à la Cour d'y établir deux forteresses pour le protéger contre les hostilités des Indiens qui s'y étaient retirés, ayant été chassés d'un côté par les aventuriers de Piauhi, de l'autre par les Paulistes, qui descendaient le Tucantins.

En même tems, il fit partir une expédition contre les naturels du pays, qui infestaient le Méary. Elle consistait en 100 soldats portugais et 230 Tapuyas, sous la conduite de *Joam Sarayva*. Après plusieurs jours de marche, cet officier attaqua les Indiens hostiles, les repoussa en leur fesant éprouver une grande perte, et revint avec celle d'un seul soldat. Après ce succès, on bâtit un fort sur cette rivière, et on y forma un établissement sous le nom de S.-Maria.

L'expédition chargée d'ouvrir une communication avec Bahia par l'intérieur du pays, fut conduite par *Joam Velho do Valle*, qui réussit dans cette entreprise périlleuse. Il fit la paix avec des peuplades qui habitaient le Mony, l'Itapicuru et la Parnaiba, et dressa une carte de sa route jusqu'à Bahia, où il mourut ensuite d'une maladie occasionnée par les grandes fatigues qu'il avait éprouvées (1).

1686. *Expédition contre les Indiens hostiles d'Orellana.* Sous le gouvernement de Francisco de Sa, la peuplade de Caravarès ayant manifesté le désir de se placer sous la protection des Portugais, le gouverneur fit partir une expédition sous les ordres de *Gonzalo Paez de Araujo*, pour les réunir dans un village. Cet officier arrivant à Xingu, fut surpris par les *Taquanhapès* et les *Gérunas* (*Juruunas*), qui habitaient les bords et les îles de cette rivière, et qui avaient toujours entretenu des relations amicales avec les

---

(1) Teyxeyra, 2-2, 246-269, 280-285.

Portugais. Tous les Indiens domestiques furent tués avec une trentaine de Caravarès, ainsi qu'un Portugais. Paez blessé, s'échappa et se retira dans le pays de ces Indiens. Encouragées par ces succès, d'autres peuplades, les *Anaquizes* et les *Caripatenas*, prirent les armes et taillèrent en pièces plusieurs partis de marchands. La flottille des Gérunas était composée de plus de trente canots, et celui du cacique arbora pour pavillon la tête d'un sergent qu'ils avaient tué.

Afin de châtier ces Indiens, Gomez Freyre envoya de Bélem, vers la fin de l'année, une expédition composée de cent vingt Portugais et d'un nombre égal d'Indiens, sous le commandement du *capitam mor, Hilario de Souza*. Cet officier étant arrivé à Camuta, y trouva un renfort d'Indiens avec des canots, qui avaient été préparés par Antonio de Albuquerque Coelho. Continuant sa route, de Souza aborda à un village des Nheengaibas, situé sur les bords de l'Aracuru, qu'il trouva presque abandonné. Les habitants s'étant procuré des armes par les Français établis à Cayenne, s'étaient retirés à Cabo do Norte. De là, de Souza se rendit à Curupá, dont la forteresse presque démantelée, n'avait que deux officiers et treize soldats invalides de garnison. Il y laissa un renfort, et donna ordre d'y faire venir des provisions de l'*aldéa* de Xingu, située sur la rivière du même nom, à trois jours de distance, afin de punir les Taquanhapès à son retour.

La flottille entra dans la grande rivière, et jeta l'ancre au port de Jugaraca. Les habitants de l'*aldéa* s'étaient retirés pour éviter le service militaire. Ceux de l'*aldéa* d'*Aratus*, qui étaient guerriers, fournirent un renfort avec lequel l'expédition passa à la rive droite de la rivière, à quelques *aldéas* des *Tabajozes* et des *Araryucures*. On en prit quelques-uns, avec un chef baptisé de *Curupatuba*, nommé *Sebastiam Orucura*. Après avoir abordé à d'autres *aldéas*, de Souza se rendit à la rivière d'Aroaquirès, où il attaqua la flottille avec succès, et ensuite la *Taba*, ou ville des *Carapitanas*, qu'il détruisit, ainsi que leurs canots. Se retranchant sur le bord du fleuve, il envoya *Braz de Barros* avec 200 hommes, dont la plupart étaient Indiens, pour les poursuivre par terre. Après un trajet de huit jours, ils furent atteints et battus. De Souza laissa un détachement pour garder les canots, et marcha lui-même avec 70 Portugais et 470 Indiens, contre *Caysava*, la plus petite ville de ces

Indiens, qui s'enfuirent à son approche. Il les poursuivit pendant quinze jours dans les bois, n'épargnant ni âge ni sexe. On lui envoya du Rio-Négro les os du crâne, le tibia et les bras de *Joam Cascalho* et d'un autre chef, qui avaient été tués sur l'Amataray. Les Français de Cayenne avaient alors remonté jusqu'au Rio dos Tamuras, pour échanger des fusils contre des esclaves et des productions du pays.

De Souza voulut marcher contre les Taquanhapès; mais la saison était trop avancée. Après six mois de campagne, sa flottille retourna à Bélem, n'ayant perdu qu'un seul Portugais, et ayant détruit plus de 1000 Indiens, et en ramenant captifs environ 500 (1).

1686. *Fondation du séminaire de Bélem* dans une belle plaine, près de la villa de Nossa-Senhora de Rosario da Cachoeira, à quatorze lieues de la côte de Bahia. Le fondateur en fut le P. Alexandre de Gusmão, religieux de la Compagnie de Jésus (2).

1687. Après la conquête de Cayenne par l'expédition du comte d'Estrées, en 1676, les Français tentèrent d'entrer dans l'Orellana, malgré la réclamation du capitaine de Curupa. Plusieurs qui avaient pénétré dans l'intérieur du pays réclamé par les Portugais, furent renvoyés au gouverneur Gomez Freyre, qui défendit les droits de la couronne de Portugal. Il eut l'approbation de son roi, qui lui ordonna d'envoyer Antonio d'Albuquerque, avec un ingénieur et d'autres personnes qui connaissaient le pays, afin d'établir des fortifications dans la capitainerie du Cabo do Norte, et d'employer, pour cet objet, les Indiens des *aldéas* qui se trouvaient encore placés sous la direction des missionnaires (3).

Gomez Freyre, rappelé par le roi, quitta son gouvernement au grand regret des habitants. Il avait vendu son

---

(1) Teyxeyra, 2-3, 144.
(2) *Amer. Portug.*, liv. VII, 67, 70.
(3) Teyxeyra, 2-5, § 147, 221. Berredo, 1356. *Hist. of Brazil*, par M. Southey, ch. 31.
En 1712, un bureau pour le paiement des droits royaux fut établi à la *comarca* du même nom, dans la province de Minas-Géraès, à 10 lieues nord-nord-ouest de Marianna, 21 nord-est de Tamandua, 28 sud-ouest de la Villa do Principe, et 22 nord-nord-est de S. Joam del Rey. Sabara possède une église-mère, deux chapelles, deux couvents et une raffinerie d'or, une école des premières lettres et une de latin. En 1788, elle était com-

argenterie pour aider les soldats lors des expéditions faites dans l'intérieur du pays. Il eut pour successeur *Artur de Sa de Ménézès*.

1690. *Fondation de villes. Établissement de Sabara* près les mines d'or du même nom par les Paulistas. Deux ans après, ces mines furent enregistrées.

1691. *Contestation entre les Français et les Portugais concernant les limites de leurs possessions.* M. de Ferrol, gouverneur de la colonie française de Cayenne, réclamait, pour son roi, toute la rive septentrionale de l'Orellana. Antonio d'Albuquerque, gouverneur de Maranham et Para, demandait, pour son souverain, les deux rives de cette rivière et tout l'intérieur du pays, et avait établi un fort au Cabo do Norte, sur les rivières de Camau.

1691. *Désordres dans la province de Porto-Séguro*. Une bande de scélérats, sous la conduite de cinq individus de bonne famille, commit une foule de violences et de crimes dans la capitainerie et dans la ville même. Ils étaient devenus si formidables, que les autorités demandèrent du secours au gouverneur-général. Celui-ci leur envoya un juge, avec un détachement de 50 soldats qui, sous les ordres du capitaine *mor*, débarquèrent pendant la nuit, et s'emparèrent de cinq principaux chefs, qui furent ensuite pendus et écartelés à Bahia (1).

1693. *Fondation de l'hospice de Nossa-Senhora da Palma*, à Bahia, par les religieux déchaussés de Santo-Agostinho, par les pères Fr. Alipio da Purificaçao, commissaire-général des religieux missionnaires, et Joaô das Névès, premier président (2).

1694. Le roi accorda une monnaie (*casa da moeda*) aux provinces de Pernambuco et de Rio-Janéiro (3).

1694-1702. Le gouverneur Joaô de Lançastro, dont l'ad-

---

posée de 850 maisons, renfermant 7,656 individus. En 1819, la population n'excédait pas 9,347 individus.

Cor. Braz., liv. I, 386.

(1) Rocha Pitta, 7, § 71-6.
(2) *Amer. Port.*, liv. VII, 77.
(3) *Amer. Port.*, liv. VIII, 10-19.

ministration fut plus prolongée qu'il n'était d'usage, fit exécuter plusieurs travaux publics, et jeta les fondements des trois villes dans le Réconcave de Bahia, celles de *Nossa-Senhora do Rosario da Cachoeira*, de *Nossa-Senhora da Ajuda na Jagoaripe*, et de *S.-Francisco* dans la cité nommée *Serzipe do Condé* (1).

1695. *Destruction des établissements des Africains à Palmares* (Quilombo dos Palmares) *dans l'intérieur de la capitainerie de Pernambuco, près la serra de Barriga, à 20 lieues de la mer.* 340 nègres de Guinée s'étaient réfugiés dans ces parages, à la nouvelle du débarquement des Hollandais à Pernambuco. Depuis cette époque, ils s'étaient successivement accrus en nombre et en force, et ravageaient les districts de Porto-Calvo, des Alagoas et de S.-Francisco de Penedo. Ils venaient même faire du commerce avec plusieurs habitants de Pernambuco, qui leur fournissaient des armes, des munitions et des marchandises d'Europe, en échange de leurs produits et de l'argent qu'ils enlevaient dans leurs excursions. Leur principal établissement (2) contenait plus de 20,000 individus, renfermés dans une enceinte de quatre à cinq milles de circuit, garnie d'un double rang de palissades. On n'y pénétrait que par trois portes, défendues chacune par une plate-forme. Dans l'intérieur était un petit lac, et plusieurs ruisseaux d'eau courante leur fournissaient de l'eau en abondance. D'autres habitations moins importantes, appelées *mocambos*, protégeaient les plantations. Ils avaient établi une sorte de gouvernement électif, choisissant pour leur *zambi* (3) ou chef, le plus valeureux et le plus sage. Les lois contre le vol, le meurtre et l'adultère étaient rigoureusement observées. Les esclaves qui venaient les joindre volontairement devenaient libres ; mais s'ils s'enfuyaient et étaient repris, ils étaient mis à mort : ceux qui étaient pris de force restaient captifs ; mais en cas de désertion, ils n'encouraient aucun châtiment.

Le gouverneur de Pernambuco, *Caétano de Mello de Castro*, ayant résolu de les détruire, demanda des secours au

---

(1) *America Portug.*, liv. VIII, 243.

(2) Appelé *Palmares*, à cause des palmiers qui croissaient aux environs.

(3) *Zambi* dans la langue d'Angola signifie Dieu ou divinité. (M. Southey.)

gouverneur-général, qui envoya le mestre-de-camp Domingos Jorge, avec un régiment de Paulistas, pour rejoindre à Porto-Calvo les troupes envoyées d'Olinda et du Récif, et la milice du district. Ces forces, au nombre d'environ 8,000 hommes, vinrent camper devant les Palmares. Le troisième jour, tandis qu'une grande partie était occupée à ravager les plantations, les noirs, dont la moitié portait des armes, firent une sortie contre les assiégeants ; le combat fut si acharné que plus de 800 hommes furent tués ou blessés des deux côtés. Le commandant pauliste se retira sur Porto-Calvo, où 6,000 hommes avaient été rassemblés sous Bernardo Vieira de Mello, qui marcha en avant pour renouveler l'attaque. Les nègres avaient abandonné leurs *mocambos*, et avaient co-centré leurs forces, qu'on disait monter à 10,000 hommes, derrière leurs palissades. La première tentative d'escalade fut repoussée ; mais les assiégés ne tardèrent pas à épuiser leurs munitions. Les Portugais n'avaient pas d'artillerie ; toutefois, comme ils étaient abondamment pourvus de vivres, et que les noirs finirent par en manquer totalement, force fut à ces derniers de cesser toute résistance. Le *zambi*, accompagné d'un grand nombre de ses guerriers, monta sur un rocher élevé, du haut duquel ils se précipitèrent. Les survivants furent emmenés en esclavage ; un cinquième des hommes fut réservé pour la couronne, et le reste partagé entre les vainqueurs. Les femmes et les enfants restèrent à Pernambuco (1).

1696. *Anarchie dans la province de Sérégipe del Rey*. La province de Sérégipe del Rey, dont la population portugaise était peu considérable, se trouvait dans la plus grande anarchie, par la conduite de quelques individus qui se mettaient en opposition avec le gouverneur-général. Les chefs de cette faction furent traduits en justice ; mais ils obtinrent leur pardon du souverain, sous condition de subjuguer les Tupinambazes, qui avaient toujours empêché l'augmentation de la colonie. Ils réussirent à soumettre une partie de ces Indiens ; l'autre fut réduite par les missionnaires jésuites, et établie en *aldéas*.

1696. *Juges ordinaires* nommés à Bahia et dans les autres capitaineries (2).

---

(1) Rocha Pitta, 8, 5, 24-48.
(2) *Amer. Port.*, liv. VIII, 5-9.

1697. *Mort du père Antonio Vieyra*, à l'âge de 90 ans, au collége des jésuites à Bahia. Pendant 75 ans, il avait été membre de la Compagnie des jésuites. Le lendemain de sa mort, son frère Gonzalo termina également ses jours (1).

De Ferrol, gouverneur de Cayenne, envoya une expédition contre le fort du Cabo do Norte, qui se rendit sans résistance; mais il fut bientôt repris par un renfort de 160 soldats portugais, et de 150 Indiens guerriers sous *Francisco de Sousa Fundam*. La question de la démarcation fut alors exposée aux cabinets de France et de Portugal, et décidée après la succession de Philippe V. La France abandonna ses réclamations sur le pays de Maranham, et l'Espagne les siennes sur Nova-Colonia et les îles S.-Gabriel (2).

1697. *Fondation de la ville de Macacu.* Le titre de ville fut accordé à ce village par le roi Pédro II. Elle est située sur le bord élevé de la rivière du même nom, un peu au-dessus de sa jonction avec le Guapiassu, à la distance d'environ trois lieues de la baie dans une ligne droite, et à dix, en suivant le cours de la rivière. Elle possède des professeurs royaux des premiers éléments et de latin. En 1808, un *juiz de fora* y fut établi, dont la juridiction s'étend jusqu'à la ville de Mage. La population de Macacu, y compris les faubourgs, est d'environ 9,000 individus (3).

1697. (5 août). *Établissement de la ville de S.-Antonio de Sá*, ainsi nommée en l'honneur du gouverneur et capitaine-général Artur de Sa de Ménézès. Cette ville portait autrefois le nom de *S.-Antonio de Cassarebú*, d'après la rivière auprès de laquelle elle est située.

1698. *Découverte des mines du sud (minas do sul)*; des mines de Minas-Géraès, de Ouro-Préto, de Morro, de Ouro-Buéno, de S.-Bartholoméo, de Ribeirâo do Carmo, Ita-Colomis, Itatiaya, Itabira, dont la richesse, la fécondité et l'étendue excèdent, dit-on, celles d'Ofir.

1700 *Découverte et organisation de la province de Minas-Géraès.* La date de l'organisation de ce district est de 1700; mais pour l'intelligence du lecteur, on doit remonter aux événements qui amenèrent ces riches découvertes. Le pre-

---

(1) *America Portugueza*, liv. VIII, 54.
(2) *Rousset*, tom. I, part. II, p. 1.
(3) Cor. Braz., II, 32.

mier *sertanejos*, ou habitant de l'intérieur, qui s'aventura dans les épaisses forêts de *Minas-Géraès*, fut *Fernando Dias Paès*, qui traversa le Rio-Itamirindibu (1) au-delà de Serro-Frio, vers l'est, et découvrit de l'or et des émeraudes dans un lieu connu de Marcos de Azévédo, qui fut autorisé à vérifier cette découverte par une lettre du roi Affonso VI, datée du 27 septembre 1664. Le gouverneur-général de l'État, Affonso Furtado, en vertu de sa commission du 30 avril 1662, se décida à suivre les traces de Paès au commencement de l'année suivante ; en conséquence, il se dirigea vers une rivière appelée, par les naturels, *Anhonhecanhuva* (2), aujourd'hui connue sous le nom de *Semidouro*, accompagné de quelques amis et d'un bon nombre de travailleurs. Il pénétra avec eux jusqu'aux hautes montagnes nommées *Tubérabussú* ou *Subrá-Bussú* (3), aujourd'hui *Serra-Négra* ou *Esmeraldas*, où il trouva des pierres précieuses de diverses qualités, mais qu'il ne put apprécier, faute de connaissances suffisantes. Quoique le mécontentement se fît déjà sentir parmi ses gens, Furtado poursuivit sa route jusqu'à *Vupabussú* ou *Hepabussú* (4), où il apprit d'un Indien que la *serra* voisine abondait en riches pierreries. Il s'y établit pour travailler à découvrir ces trésors ; mais ses compagnons, rebutés par sept années de recherches et de fatigues au milieu de pays inconnus et de privations de tout genre, l'obligèrent à partir pour S.-Paulo. Arrivé près du *Rio das Velhas* (5), Furtado mourut, laissant ses richesses à l'établissement minéralogique, et le journal de son voyage à son gendre *Manoel de Barbagato*.

Garcia Rodriguès Puès, frère de Fernando Paès, reçut, le 23 novembre 1683, une commission de *capitaó mor*, pour aller à la découverte des *minas d'Esmeraldas*.

Dix ans après (1693), *Antonio Rodriguès Arzao*, natif de Taibaté, pénétra avec une cinquantaine d'hommes dans le district boisé de *Cuhité* ou *Cuyati* (6), connu sous le nom *Casa da Casca* à cause d'un village indien situé sur ces

---

(1) Petit caillou roulant.
(2) Eau qui disparaît.
(3) Objet velu.
(4) Grand lac.
(5) Appelé *Guaycuhy* dans la langue des naturels.
(6) Mot qui signifie *mato bravo*, ou bois épais sans plaine.

limites à cinq lieues du Rio-Doce. Guidé par une femme de cette peuplade, Antonio découvrit quelques échantillons d'or, dont il offrit trois *oitavas* à la *comarca* de la villa de la capitainerie d'Espirito-Santo, et avec lesquels on fit frapper deux médailles. Quelque tems avant sa mort, il autorisa *Bartolemeu Buéno de Cerqueira* ou *Cunhado* à continuer ses découvertes, et lui laissa son journal à cet effet.

Buéno manquait des moyens nécessaires à une pareille entreprise ; mais il fut aidé par des parents, des amis et des personnes qui prirent un intérêt dans ses affaires. Il partit suffisamment accompagné dans le courant de l'année 1694 (1), traversa d'épaisses forêts et arriva heureusement à *Itebaráva, serra* éloignée de huit lieues de Villa-Rica, après avoir franchi sans guide plusieurs pics très-élevés. Il y fut joint par quelques autres aventuriers occupés à faire la chasse aux Indiens, mais qui abandonnèrent leur poursuite pour la recherche des mines. Ce secours ne lui fut pas d'une grande utilité, car aucun d'entr'eux ne possédait les connaissances spéciales nécessaires, et on n'avait même pas les instruments indispensables. Néanmoins *Carlos Pédrozo da Silveira* rapporta douze *oitavas* d'or, qu'il offrit au gouverneur du Rio-Janéiro, *Antonio Paës de Sande*, au commencement de l'année 1695, circonstance qui engagea à établir un poste à Taibaté, sous un *capitaõ mor* et un *provedor*.

Les Paulistas, stimulés par l'appât du gain, parcoururent alors ce district dans tous les sens, entre les 18° et 23° 1/2 de latitude, et parvinrent à découvrir ces trésors si long-tems cachés et qui firent donner au pays le nom de Minas-Géraès. La même année (1695), *Artur de Sa de Ménézès* fut nommé gouverneur de cette riche province, où accoururent des milliers d'individus avides de la fortune et des honneurs, qui devenaient le partage des investigateurs les plus heureux. En conformité des ordres royaux, Ménézès arriva à S.-Paulo le 15 octobre 1697 et dans le district de Géraès en 1700. A sa suite, arrivèrent des bandes nombreuses de différentes capitaineries, ce qui excita la jalousie des Paulistas, qui, en

---

(1) Les auteurs ne s'accordent pas touchant l'époque de cette découverte. O Santuar. Marian (liv. III, tit. 77) en fixe la date en 1695; Rocha Pitta (liv. VIII, n° 58) en 1698.

qualité des premiers auteurs de ces précieuses découvertes, nourrirent dès lors une haine irréconciliable contre ces intrus, qu'ils désignèrent sous le nom d'*étrangers* (1).

1701. *Traité d'alliance entre l'Espagne et le Portugal*, signé à Lisbonne le 18 juin 1701 et ratifié à Madrid le 1er juillet de la même année. L'article 11 est remarquable par la disposition suivante : « Les mêmes Hollandais pourraient bien aussi, en haine de la présente alliance, vouloir répéter et former quelques prétentions à l'égard des pertes qu'ils ont faites dans la guerre du Brésil, principalement au sujet de l'artillerie qui est restée au Récif et aux autres forteresses du Brésil lorsqu'ils en furent chassés par les Portugais. Dans lequel cas, S. M. C. sera tenue d'empêcher que les Hollandais n'élèvent des difficultés sous ce prétexte, car après tant d'années, il est aisé de voir qu'ils les formeraient pour satisfaire à leur ressentiment, et en cas de guerre, S. M. C. fera en sorte qu'ils renoncent de même à toute prétention qu'ils auraient de ce chef, comme ils durent renoncer à la part qui reste à payer des quatre millions » (2).

1703. Le 16 mai, traité d'alliance défensive entre la Grande-Bretagne, les Provinces-Unies et le Portugal (20 articles), signé à Lisbonne par Paul Méthuen, et ratifié par la reine, à Windsor, le 12 juillet 1703 (3).

Le 27 décembre, traité de commerce entre la Grande-Bretagne et le Portugal, signé à Lisbonne, et connu sous le nom de *traité de Méthuen* (3 articles). D'après ce traité, le roi de Portugal promet, tant en son nom qu'en celui de ses successeurs, d'admettre pour toujours en Portugal les draps et autres tissus de laine des Anglais, sous la condition que la Grande-Bretagne admettrait les vins du crû du Portugal, en diminuant d'un tiers les droits de douane (4).

1703. *Contestation concernant la Colonia del Sacramento.* La contestation concernant la Colonia del Sacramento fut re-

―――――――――――――――

(1) *Forasteiros* ou *estrangeiros*, appelés aussi *Embuabas* ou *Buabas*.

Mem. hist., tom. VIII, 2e partie.

(2) De Martens, *Traités de paix*, etc., supplément, tom. I, à Gottingue, 1802.

(3) De Martens, tom. I, supp.

(4) Idem.

nouvelée. Les Portugais prétendaient que les terres du bord septentrional du Rio de la Plata, où se trouvait établie cette colonie, avaient été découvertes par les habitants portugais de la villa de Pablo.

Les Espagnols répondaient, que leurs compatriotes Vicenté Yanez Pinzon et Diégo de Lépe découvrirent les premiers le Brésil, et que l'Amazone, ou Maranham, fut aussi premièrement reconnue par des Espagnols qui y arrivèrent par terre ; qu'ils avaient pris possession formelle de tout ce pays au nom des rois de Castille, avant l'arrivée fortuite du portugais Pédro Alvarez Cabral sur la côte du Brésil ; que la population de Formoza, située à douze lieues de S.-Vicenté dans l'intérieur des terres, était composée de malfaiteurs envoyés par le Portugal au Brésil ; que cette colonie fut ensuite augmentée par des pirates hollandais qui avaient conquis une partie des provinces du Brésil, ainsi que par des bandes d'autres nations qui, échappant à la rigueur des lois, et attirés par l'amour de l'indépendance, formèrent une espèce de république, dont l'unique base de constitution était l'impunité et la libre pratique de brigandages et d'atrocités de tous genres. Les Paulistas, communément appelés *Mamalucos*, prirent des Indiennes pour femmes ; ils entreprirent ensuite des incursions dans les montagnes, qu'ils nommèrent *Malocas*, dans le but d'enlever les Indiens sauvages pour cultiver les terres qu'ils s'étaient appropriées, ou pour les vendre comme esclaves. Après avoir dépeuplé les provinces voisines, ils tombèrent sur les Indiens de la province de Guayra, autrefois civilisés et convertis par l'influence des missionnaires espagnols, et qui s'enfuirent pour éviter leurs cruautés.

Les habitants de S.-Paulo ne reconnurent l'autorité d'aucune puissance avant la fin du 17ᵉ siècle ou le commencement du siècle suivant. A cette époque, ils se mirent sous la protection du Portugal, qui les adopta comme ses sujets, et leur nomma un gouverneur (1).

Sous l'administration de D. Rodrigo da Costa, les Portugais se plaignirent des violences commises par les Indiens des Réductions. Les jésuites accusaient les Portugais d'avoir fait une alliance avec les Indiens qui occupaient le pays entre Nova-Colonia et leurs établissements, et de leur avoir fourni

---

(1) *Respuesta á la memoria*, etc. n° 5.

des armes à feu pour attaquer les établissements chrétiens. Les Espagnols reprochaient aux Portugais d'avoir pénétré loin dans l'intérieur de leur pays par terre et par eau ; d'avoir coupé du bois dans l'île de Martim Garcia, et d'avoir tué les bestiaux pour en vendre les peaux. Le gouverneur de Buénos-Ayres, *D. Manoel del Prado*, se plaignait amèrement de ces empiétements au gouverneur portugais, lorsque le bruit d'une invasion danoise dans la Plata l'engagea à l'inviter à coopérer avec lui pour son expulsion, et pour cet objet, de fortifier Montévidéo.

1705. *Second siége de la Colonia del Sacramento.* La guerre ayant de nouveau éclaté entre l'Espagne et le Portugal, le vice-roi du Pérou reçut ordre du roi, du 9 novembre 1703, de chasser les Portugais de cette colonie, et il le transmit au gouverneur de la Plata, don Alonso Valdès, pour son exécution. Celui-ci demanda et obtint 4,000 Indiens néophites des Réductions du Parana et de l'Uruguay, qui se mirent en marche le 8 septembre, et arrivèrent devant Sacramento, le 4 novembre, avec 6,000 chevaux et des mulets de charge. D. Rodrigo da Costa, gouverneur de Bahia, étant averti de tous ces préparatifs, y fit embarquer deux compagnies de soldats, pour secourir la colonie, avec une grande quantité de provisions. Après une vigoureuse résistance de six mois, le commandant *Sebastião da Veiga Cabral* fut forcé de l'abandonner, et de se retirer par mer à Rio-Janéiro avec les habitants et leurs effets, abandonnant toute l'artillerie et toutes les munitions. Peu d'Espagnols furent tués. Les néophites perdirent 50 hommes et 200 furent blessés. Il y avait dans le fort 600 soldats et habitants, dont 500 capables de se battre.

Les Espagnols conservèrent Colonia jusqu'en 1715 (1).

1708. *Les Portugais chassent les missionnaires espagnols qui venaient s'établir sur les bords de l'Orellana.* Fr. *Samuel Fritz*, jésuite allemand, appartenant à la mission espagnole de Quito, ayant descendu l'Orellana afin de reconnaître son cours, fut arrêté comme espion par un capitaine portugais commandant l'un des établissements sur la côte, et retenu prisonnier pendant deux ans. Ce missionnaire avait réussi à convertir les Omaguas, et fut suivi par d'autres jésuites de Quito. Le gouverneur de Para les regar-

---

(1) Voy. *America Portugueza*, VIII, 84-100, article *la Plata*.

dant comme des intrus, donna ordre à Ignacio Corréa de Oliveira de les chasser. Cet officier, qui commandait un détachement sur le Rio dos Solimoens (1), les contraignit à se retirer; mais il fut fait lui-même prisonnier par des troupes espagnoles, qui brûlèrent les *aldéas* établies sur la côte.

Le seigneur de Pancas, gouverneur de Maranham et de Para, informé de cet évènement, dépêcha 130 hommes de troupes, accompagnés d'Indiens, qui défirent les Espagnols et leur enlevèrent plusieurs prisonniers, parmi lesquels était *Fr. Juan Bautista*, supérieur de la mission. Ce succès assura au Portugal la possession de 200 lieues de terrain (2).

1707. La première célébration du *synodo diocesano* au Brésil eut lieu cette année (3).

1709. Pendant la guerre de la Succession, les Portugais défendirent la cause de Charles III (4). Les jésuites espagnols, profitant de cette lutte, descendirent le long du fleuve Maranham, tombèrent sur la peuplade nommée *Paruari*, et firent prisonniers les missionnaires et les blancs qui s'y trouvèrent. Ensuite ils attaquèrent la peuplade de *Tayacutiba*, composée d'Indiens de la nation jurimana, qu'ils emmenèrent pour en former une peuplade, qui existe encore sous le nom de cette nation. Ils enlevèrent aussi un nombre considérable d'Indiens des peuplades de Cambebas, pour former la peuplade de S.-Joaquim.

Le gouverneur de Para, Christovaõ da Costa Freyre, señor de Pancas, expédia sur-le-champ une escorte, commandée par José Antunez da Fonseca, qui remonta jusqu'à la peuplade de S.-Marie, et y mit en liberté les captifs (5).

1708-9. *Guerre entre les Paulistas et les Forasteiros* ou *Emboabas* (étrangers) *des districts des Mines*. Ces derniers,

---

(1) *Solimoens*. Voir la Condamine, p. 131.
M. Southey prétend que ce nom vient d'un poisson qu'on trouve en abondance dans l'Orellana, au-dessus du Rio-Négro.

(2) *La Condamine*, p. 80.
Lettres édifiantes, tome VIII, p. 277-296. *History of Brazil*, par M. Southey, ch. 33.

(3) *Amer. Portug.*, liv. IX, 12 et 13.

(4) *Diario da viagem*, manuscrit, etc., par l'intendant da Veiga et S.-Paio.

(5) *America Portugueza*, liv. VIII, 101-109.
D. Pédro II mourut le 9 déc. 1706.

devenant aussi nombreux que les Paulistas, commencèrent à leur disputer la prépondérance qu'ils réclamaient. Après de nombreuses querelles particulières, les deux partis prirent les armes. Les Paulistas tinrent une assemblée vers la fin du mois de novembre, et résolurent de tomber à l'improviste sur tous les Forasteiros, le 10 janvier suivant. Les derniers, qui occupaient les établissements de Sabarabusû, Cahété et Rio das Velhas, élurent pour leur gouverneur un riche mineur, *Manoel Nuñès Viana*, portugais de naissance, qui venait de s'établir aux mines d'Ouro-Préto. Sa supériorité étant bien affermie, il envoya *Bento de Amaral Coutinho*, natif de Rio de Janéiro, avec environ 1000 hommes, au secours des Forasteiros, sur le Rio das Mortès. L'arrivée de ce renfort contraignit les Paulistas à faire retraite dans un bois (*capao* ou *capoeira*), situé au milieu d'une plaine. Coutinho marcha contre eux, et ne pouvant résister à une force aussi supérieure, ils se rendirent, sous la condition qu'il ne leur serait fait aucun mal; mais au mépris de cette convention, ils furent tous inhumainement massacrés. Le gouverneur de Rio-Janéiro, Fernando Martim Mascarenhas de Lancastro, informé de cet acte de barbarie, se rendit aux Mines avec quatre compagnies. Les Forasteiros, craignant qu'on ne voulût les soumettre, excitèrent Nuñez Viana à marcher contre le gouverneur, qui s'approchait de l'*arraial* ou camp de Ouro-Préto. Ce dernier ayant rencontré les gens de Viana rangés en bataille pour le recevoir, envoya un de ses officiers pour demander une explication ; cette circonstance amena une entrevue, dans laquelle D. Fernando s'étant convaincu du danger qu'il y aurait à entrer dans l'*arraial*, jugea prudent de revenir à Rio, laissant Nuñez maître d'agir à sa volonté.

Les Forasteiros, pour faire preuve de fidélité, demandèrent qu'il fût envoyé des *procuradores* à Lisbonne, afin de demander pour eux au gouvernement, un capitaine et des magistrats. Sur ces entrefaites, le nouveau gouverneur, *Antonio d'Albuquerque Coelho de Carvalho*, accorda une amnistie générale aux habitants des Mines à l'est et à l'ouest du Rio das Vilhas, qui avaient porté les armes contre les Paulistas; mais ces derniers, excités par les femmes, ne tinrent pas compte de cet acte. Ils formèrent une armée sous *Amador Bueno*, qui attaqua sans succès les Forasteiros au Rio das Mortès, et rentra à S.-Paulo.

Peu de tems après, S.-Paulo et les districts des Mines

furent séparés de la capitainerie de Rio, pour en former une nouvelle dont Albuquerque fut nommé gouverneur (1).

1710-11. *Insurrection à Pernambuco.* Une autre guerre civile éclata en raison du décret qui accordait au Récif le titre de ville. Les habitants d'Olinda, considérant cet acte comme leur étant injurieux et nuisible, firent une protestation, et résolurent de renverser la colonne que le gouverneur *Sébastiaõ de Castro Caldas* voulait élever.

Ce dernier fit aussitôt arrêter plusieurs nobles, et donna ordre de désarmer le peuple. L'évêque D. Manoel Alvarès da Costa se déclara en faveur des opposants; et les habitants de Pernambuco s'étant formés en corps nombreux, vinrent assiéger le Récif (18 juin), où plusieurs familles distinguées perdirent leur fortune et la vie. Au bout de trois mois de siége, une flotte arriva d'Europe, ayant à bord un nouveau gouverneur, qui parvint à rétablir la paix (2).

1710. *Insurrection des Paulistas contre les jésuites.* Les habitants du district de S.-Paul de Piratiningua, enrichis par le commerce des esclaves, s'opposèrent au plan de civilisation proposé par les jésuites. En conséquence, ils attaquèrent les réductions de ces derniers dans les parties voisines du Paraguay. Par l'influence de la Cour de Madrid, les pères obtinrent du saint-siége un bref contre les Paulistas, qui fut publié à Rio-Janéiro; mais les habitants libres, considérant cet acte comme un attentat à leurs droits, et contraire à leurs intérêts, se mirent en insurrection, et ceux de S.-Salvador et de S.-Paul suivirent cet exemple. Alors les Paulistas chassent les jésuites de leur ville, créent une religion formée d'un mélange du christianisme et de superstitions brésiliennes, nomment un chef de l'église, sous le nom de pape, des évêques et des curés, et composent un Évangile tracé sur une écorce d'arbre avec des caractères de leur invention. Par ce moyen, cette nouvelle secte gagna les Indiens convertis par les jésuites, qui les aidèrent à ravager les établissements du Paraguay. Malgré les arrêts lancés contre eux par les Cours de Madrid et de Rome, ils s'érigèrent en une colonie indépendante, organisée comme une république militaire.

1710. *Expédition française contre le Brésil, commandée*

---

(1) Rocha Pitta, 9, § 20-49.
(2) *Amer. Port.*, liv. 18, 50-67.

par M. Duclerc. La Cour de Lisbonne ayant formé une alliance avec l'Angleterre contre la France, cette dernière puissance encouragea ses armateurs à faire des courses contre le commerce portugais et les possessions brésiliennes. Une escadre française, composée de cinq vaisseaux de ligne et d'une balandre, portant plus de 1,000 hommes de troupes, fit voile pour le Brésil, sous le commandement de M. Duclerc. Le 6 août 1710, elle arriva en vue des côtes. Le 17, M. Duclerc débarqua ses soldats, au nombre de 900, à la Tojuca, dans le district de Guaratuba, à quatre lieues portugaises de Rio-Janéiro. Il prit ensuite sa route à travers les bois, et après une marche pénible de quatre jours, il arriva au nouveau moulin à sucre des jésuites (*novo Engenho dos padres da Companhia*), à une lieue de la ville. Le gouverneur, *Francisco de Castro de Moraès*, avait été averti de ce débarquement par le commandant de la garnison de Guaratuba. Le 7 septembre, Duclerc commença la canonnade, qui dura deux jours, contre la ville, sans y faire beaucoup de mal, excepté aux couvents de Carmo et de S.-Antonio. Le lendemain, six Français furent tués et plusieurs blessés. Dans la nuit du 18, le gouverneur *Francisco de Castro de Moraès* fit sortir ses troupes, fortes de 3,000 soldats, 5,000 noirs ou mulâtres et 600 archers indiens, et prit position dans le *campo de N. S. de Rosario*. Après une action très-vive, les Français pénétrèrent dans la ville (le 19); mais arrivés à la place d'armes, ils furent assaillis par un feu meurtrier partant des maisons environnantes. Duclerc ayant perdu plus de la moitié de son monde, se vit forcé de mettre bas les armes. Les Français perdirent 300 hommes tués et près de 600 prisonniers dont environ 200 blessés. La perte des Portugais fut de 120 hommes, parmi lesquels se trouvaient le mestre-de-camp Grégorio de Castro de Moraès, et le capitaine de cavalerie Antonio de Castro. Le commandant, que le gouverneur s'était engagé à faire passer à Lisbonne, fut assassiné dans la maison qu'il habitait, le 18 mars 1711. La plupart de ses soldats moururent de faim et de misère dans les prisons (1).

---

(1) *Memorias historicas do Rio de Janeiro*, etc., por José de Souza Azevedo Pizarro e Araujo; tom. 1, chap. 2, p. 38-45 et Notas 17-66. Entrada dos Francezes na cidade de S.-Sebastiaõ do Rio de Janeiro, é seus progresos. Anno de 1710.

1710-1711. Alarmée de cette tentative, la Cour de Lisbonne fit partir une expédition pour Rio-Janéiro, composée de quatre vaisseaux et trois frégates, ayant à bord cinq bataillons d'élite et des munitions de guerre. Cette flotte y arriva au mois de novembre 1710. Le commandant dom *Gaspard da Costa* était chargé d'enjoindre au gouverneur de fortifier la ville le mieux possible. En conséquence, celui-ci fit garnir les points de défense, plaça en travers quatre vaisseaux et trois frégates, et établit un camp retranché pour couvrir la ville, protégée d'ailleurs par quatre forts bâtis sur les trois collines qui la dominent (1).

1711. *Nouvelle expédition française contre Rio-Janéiro, sous le commandement de Duguay-Trouin.* Ce célèbre marin fut chargé par Louis XIV d'aller, à la tête d'une forte expédition, surprendre Rio-Janéiro, pour venger ses compatriotes qui avaient été massacrés, et délivrer ceux qui, contre les conditions d'une capitulation, restaient dans les fers. Le roi lui accorda quelques vaisseaux et environ 4,000 soldats. Le contrôleur-général des finances de la maison royale, et cinq riches négociants de S.-Mâlo s'engagèrent à fournir des fonds pour une valeur de 1,200,000 l. : c'étaient *de la Barbinais*, frère de Duguay, *de Beauvois, de la Sande le Fer, Belle-Isle, Pepin, de l'Épine-Danican* et *de Chape de Laine*. L'expédition, composée de dix-sept vaisseaux et frégates, portant 5,684 hommes de troupes de débarquement, était commandée par les deux *Courserac, de Goyon, de la Beauve, de Bois de la Motte, de la Jaille* et *Kerguelin*. Les troupes de terre étaient aux ordres de *la Cité Danican, de Miniac, de Danican du Rocher, de la Marc Décan* et *de Chenaye le Fer*, tous de S.-Mâlo. Cette flotte partit de La Rochelle le 9 juin, et mouilla, le 2 juillet, aux îles du Cap-Vert, pour faire de l'eau. Continuant sa route, elle passa la ligne le 11 août ; et le 12 septembre, elle se trouva sur la rade de Rio-Janéiro. L'entrée de la baie était défendue par quatre batteries, celles de S.-João et de S.-Théodozio, situées à l'ouest, et celle de Santa-Cruz à l'est, établie sur la montagne Pico ; et au milieu, sur un rocher bien fortifié et situé à une portée de fusil, des batteries latérales. Une forteresse avec quatre bastions, établie dans l'île de Chèvres, protégeait le port. La ville, du côté de la plaine,

---

(1) *Amer. Port.*, liv. IX, 69-94.

était défendue par des fossés, des retranchements et des batteries, et les trois montagnes qui la commandaient étaient garnies de forts et d'artillerie. A l'entrée de la baie se trouvaient quatre vaisseaux de guerre et trois frégates. Sans tenir conseil, Duguay résolut de braver tous ces obstacles : ses vaisseaux entrent à la file sous le feu des forteresses. Ceux des Portugais coupent leurs câbles, et se retirent sous les batteries de la ville. Le lendemain, à la pointe du jour, Duguay en commence le bombardement : en même tems, Goyon, à la tête de 500 hommes d'élite, s'empare du poste de l'île aux Chèvres, d'où les Portugais s'enfuient, après avoir enlevé les canons et coulé bas deux navires marchands. Le lendemain, Duguay mit à terre, sans obstacle, 4,000 hommes, divisés en trois brigades, dont la première était commandée par Goyon, la seconde par Duguay lui-même, et la troisième par Courserac. Un corps d'élite suivit, pour se porter partout où sa présence serait nécessaire. Duguay envoya au commandant une lettre, dans laquelle il lui disait: « J'apprends que l'on a fait périr M. Duclerc, qui commandait les troupes de S. M. T. C. Je n'ai point voulu user de représailles sur les Portugais qui sont tombés en mon pouvoir, l'intention de sa majesté n'étant point de faire la guerre d'une manière indigne d'un roi très-chrétien ; et je veux croire que vous avez trop d'honneur pour avoir eu part à ce honteux massacre ; mais sa majesté veut que vous en nommiez les auteurs, pour en faire une justice exemplaire. Si vous différez à obéir à sa volonté, tous vos canons, toutes vos barricades, ni toutes vos troupes ne m'empêcheront pas d'exécuter ses ordres, et de porter le fer et le feu dans toute l'étendue de ce pays. J'attends, monsieur, votre réponse; faites-la prompte et décisive : autrement, vous connaîtrez que si jusqu'à présent je vous ai épargné, c'était pour m'éviter à moi-même l'horreur d'envelopper les innocents avec les coupables. » Le gouverneur répondit vaguement à cette sommation. Duguay marcha dans la plaine vers la ville, et établit des batteries de siége montées de vingt gros pierriers et quatre mortiers. Quelques soldats français, qui s'étaient égarés dans la campagne, ayant été surpris, un Normand, nommé *Dubocage*, au service des Portugais, déguisé en marin français, obtint des renseignements sur la force et sur le plan de l'expédition, ce qui décida le commandant portugais, D. *Francisco de Castro*, à attaquer le camp; mais il fut repoussé dans plusieurs sorties, pendant les journées des 16, 17 et 18. Le 19, Duguay écrit de nouveau au gouverneur de rendre la place ; celui-ci répond qu'il se défendra jusqu'à la dernière extrémité. Alors Duguay prépare tout pour un assaut général : avec sa brigade, il devait attaquer le fort de la Conception ; Courserac, avec la sienne, devait s'emparer de la hauteur des Bénédictins, et celle de Goyon avait ordre de longer la côte sans pénétrer dans la ville. Le 21, pendant une affreuse tempête, il emporta la ville d'assaut, et les forts se rendirent sans résistance ; le reste des soldats de Duclerc forcent les portes de leur prison, et viennent s'unir aux assiégeants. Duguay, étant informé que le gouverneur s'était retranché à une lieue de distance pour attendre un renfort des Mines, sous le commandement d'Antonio d'Albuquerque, lui fait signifier que, s'il ne rachète pas la ville, il la livrera aux flammes. Après quelques négociations, le gouverneur consentit à payer, dans quinze jours, 600,000 *cruzados* et 10,000 de plus de sa part, avec 500 caisses de sucre et des bœufs pour l'approvisionnement de l'armée. En même tems, il envoya en ôtage au général français, douze de ses principaux officiers. Les articles de la capitulation furent arrêtés le 10 octobre. Le même jour, d'Albuquerque arriva des Mines à marches forcées, avec un corps de 15,000 hommes, dont 2,000 noirs ; il devança sa troupe avec 1,500 cavaliers, et autant de fantassins en croupe. Avec cette force, il voulut surprendre les Français ; mais Duguay, qui gardait encore les ôtages, en imposa par sa fermeté. Ayant reçu le dernier paiement de la rançon, il le distribua à ses officiers, soldats et marins, et remit à la voile, le 13 octobre, pour attaquer la baie de Tous-les-Saints ; mais les vents contraires empêchèrent l'exécution de cette entreprise. Il fit voile pour la France, remmenant 500 soldats de l'expédition du capitaine Duclerc, et arriva à Brest le 12 juin 1712, après avoir perdu deux vaisseaux dans une tempête.

Les armateurs français gagnèrent 90 pour cent dans cette expédition. La perte des Portugais fut estimée à environ 24 millions (1).

---

(1) Dans les notes des *Memorias historicas do Rio de Janeiro*, etc., par *José de Souza Azevedo Pizarro e Araujo*, natif de cette ville, les erreurs contenues dans l'éloge de Thomas sont relevées par cet auteur portugais. 1° Thomas dit, que le port était défendu par un grand nombre de forteresses munies de

1711. *Insurrection à Bahia.* La découverte des mines attira vers la côte du Brésil les flibustiers ou boucaniers, contre lesquels il fallut armer les forts et établir des croisières. Pour couvrir les dépenses occasionnées par leurs incursions, le gouverneur-général mit un impôt de dix pour cent sur toutes sortes de marchandises importées au Brésil. Les habitants, craignant que cette taxe ne devînt perpétuelle, s'assemblèrent sur la place publique, déterminés à y rester jusqu'à ce qu'ils eussent obtenu sa révocation, et que le prix du sel fût réduit à 480 au lieu de 720 *reis*. Le gouverneur Pédro de Vasconcellos de Sousa, auquel il envoya un message, répondit qu'il était de son devoir d'exécuter les édits royaux, et qu'il ne devait pas s'adresser à lui, mais au trône. Les mutins vinrent alors l'insulter, et se portèrent même au pillage de la maison de l'agent qui avait le contrat pour fournir le sel, ainsi que de celles d'autres individus. Le gouverneur, alarmé, céda et accorda le pardon aux insurgés. L'assemblée se dispersa, et se réunit de nouveau pour demander au gouverneur qu'il envoyât une expédition pour chasser les Français de Rio-Janéiro. Il répondit, qu'il manquait des moyens nécessaires; mais, sur leur instance, il promit de lever une taxe pour cet objet. En même tems, on reçut la nouvelle du départ des Français de cette posi-

---

300 canons. L'historien portugais assure qu'il n'y avait que deux forteresses, l'une à l'ouest et l'autre à l'est; que le nombre des canons n'était pas la moitié de ce chiffre, et qu'il manquait d'hommes pour les manœuvres. 2° Selon Thomas, sept vaisseaux de guerre au milieu de l'entrée présentaient une barrière formidable. L'auteur portugais dit que les quatre navires de sa nation qui s'y trouvaient étaient désarmés et incapables de se défendre; que deux autres étaient des navires anglais qui y avaient jeté l'ancre, et que le reste appartenait aux négociants de Lisbonne, de Porto, etc., et étaient venus avec la flotte de cette année. 3° Qu'au lieu de nouveaux ouvrages, tours, boulevards et bastions, il n'existait que les petits forts ou redoutes de Boa-Viagem, de Gragauatá et celui de *morro* ou tertre de S.-Bento. Les retranchements étaient ceux qui s'étendaient du mur des Pères de la Compagnie derrière la *casa da Misericordia* jusqu'au *Trapiche da Prainha*. Les îles fortifiées étaient celles de Cobras et de Villegagnon, toutes deux inutiles dans les circonstances dont on parle *.

* *Memorias historicas do Rio de Janeiro*, ch. 2.

tion, et le nouveau gouverneur rétablit les dîmes sans opposition (1).

1711. *Établissement de la villa do Carmo*, ou *cité de Marianna*, dans la *comarca* de Villa-Rica, province de Minas-Géraës, sur les bords du Ribeirâo do Carmo, sous la lat. de 20° 21′ et 340° de long. de l'île de Fer. Cette ville est située à deux lieues est-nord-est de Villa-Rica, dans un terrain élevé de 398 toises 1/2 au-dessus de l'Océan. Elle est baignée du côté oriental par le Ribeirâo do Seminario (*seminaire*), et du côté de l'ouest par le Ribeirâo de Cateté; un troisième ruisseau, celui d'Ouro-Préto, venant de Villa-Rica, passe du même côté derrière un morne, et reçoit les deux autres sous le nom de Ribeirâo do Carmo (2).

1711 (17 juillet). *Fondation de la Villa-Réal da Sabara*, chef-lieu de la *comarca de Rio das Velhas*. Les anciens Paulistas avaient découvert, en 1699, des pierres précieuses dans le terrain connu sous le nom de *Sabara-Bussu*, ou *Subrá-Bussu*, et qui est arrosé par le *rio* du même nom. L'année d'après, le lieutenant-général *Manoel de Borba Gato* et d'autres individus, frappés de la beauté des bords de cette

―――――――――――

(1) Rocha Pitta, IX, § 114-19, X, 95-6. *Hist. of Brazil*, par M. Southey, ch. 33.

(2) En 1699, Manuel Garcia de Taibate avait trouvé de l'or dans un ravin près de la barre de Ribeirâo do Campo. L'année suivante, Joaô Lopez de Lima, pauliste, avait fait une semblable découverte dans le Ribeirâo do Carmo en un lieu distant de la barre du Rio-Docé, de 16 à 18 lieues, en ligne directe, et de 50 en suivant son cours. Ces circonstances y attirèrent plusieurs *Certanejos*, ce qui engagea le gouverneur d'établir cette ville, le 8 avril 1711, que le roi confirma la même année. Par une cédule royale du 23 avril 1745, elle prit le titre de cité de Marianna en l'honneur de la reine régnante, D. Marianna da Austria. Les rues en sont pavées, et les maisons bâties en pierre. Elle possède une cathédrale, un palais épiscopal, une maison de ville, 8 chapelles, un séminaire dont le chapitre est composé de 14 chanoines. Le *juiz de fora* a l'inspection de 20 officiers publics. La population actuelle de Marianna s'élève à plus de 5,000 individus.

Cor. Braz., I, 371-2.

Mem. hist., VIII, part. 2, 76 et s. Voyez la *note A* à la fin du volume, contenant un tableau des paroisses qui se trouvent dans le territoire de cette ville.

Voyage de M. de Saint-Hilaire, tom. I, ch. 7.

rivière, firent un établissement sur le *Rio das Velhas* (1), au lieu où il reçoit les eaux du premier affluent, et qui prit le nom de Sabará. La population étant considérable, le gouverneur Albuquerque y transféra, le 17 juillet 1711, la Villa-Réal da Sabara, acte qui eut la confirmation du roi, le 31 octobre 1712. Elle est située sous la lat. de 19° 47′ 15″, et long. de 334° 1′ 15″ de l'île de Fer. Sabara devint le chef-lieu de la *comarca* du Rio das Velhas (2).

24 juillet 1711. Par une cédule royale, la ville de S.-Paulo prit le titre de cité, en conséquence de la création d'une capitainerie du même nom.

1711. *Établissement de Villa-Rica*, autrefois *Ouro-Préto* ou *Or noir*. Les premiers Paulistas, Antonio Dias, Thomas Lopez de Camargos et Francisco Buéno da Silva, qui découvrirent de l'or dans ce district, dans les années 1699, 1700 et 1701, ayant reconnu qu'une partie de ce métal, qui contenait un alliage d'argent, acquérait une couleur foncée, appelèrent ce lieu la *Serra de Ouro-Préto*, ou montagnes d'or noir, depuis nommée do Carmo. Les Aymores, habitants de ce riche territoire, leur disputèrent le terrain avec grand courage. Le bruit qu'il existait dans le pays une mine des plus riches, y attira des aventuriers de Rio-Janéiro et de S.-Vicente, qui réclamèrent le partage égal de ces trésors. Les Paulistas s'y refusèrent; et en attendant des renforts, ils se retirèrent sur les bords de S.-João del Rey, où ils furent attaqués et battus après un sanglant combat. Cette rivière prit le nom de *Rio das Mortes*. Les Paulistas s'adressèrent à leur souverain, le régent de Portugal, qui envoya une expédition sous le commandement de dom Antonio d'Albuquerque, pour s'emparer de ces mines. Celui-ci étant arrivé en qualité de gouverneur du district, y jeta les fondements

---

(1) Cette rivière a ses sources dans les montagnes de Villa-Rica et se décharge dans le Rio-S.-Francisco sous la lat. de 16° 18′, et de 352° 15′ de long. de l'île de Fer.

(2) La population s'élève à 7,660; le nombre de feux est de 850. On y créa la place de *Juiz de Fora* par un décret du 6 décembre 1811. Une loi du 3 décembre 1750 y établit une fonderie. La *camara* possède une rente de 8 à 9,000 *cruzados* qu'elle dépense pour les réparations de 32 ponts en bois, des chaussées, des fontaines, etc. L'église de la ville, sous le titre de *Conjeiçao*, fut fondée en 1701 : lat. 19° 52′ sud.

Mem. hist., VIII, part. 2. Voy. la *note B* à la fin du volume, qui renferme un tableau des paroisses de cette ville.

de *Villa-Rica,* ou riche ville, qui devint la capitale de Minas-Géraès. La situation de cette ville est élevée, froide et presque couverte de brouillards qui occasionnent des rhumes et des fluxions (1).

1712. La *villa de S.-Joâo del Rey*, autrefois *Rio das Mortes*, fut érigée en ville par D. Joâo V, qui lui donna son nom. Elle est située au pied de la *serra* do Lenheiro, ou

---

(1) Cette ville est située au pied de la *serra* d'Ouro-Préto, sur un terrain inégal, élevé de 630 toises au-dessus de l'Océan, à 80 lieues de Rio de Janéiro, par le 20° 25' de lat. et le 334° 2' de long. de l'île de Fer. Les rues, qui sont parallèles, forment des terrasses, et l'eau coule, dans chaque maison, de 14 fontaines. La plupart de ces maisons sont en pierres, élevées de deux étages, couvertes de tuiles et blanchies. Les principaux édifices sont le palais, la caserne et la maison de ville. Il y a un fort muni de quelques pièces de canon. Autrefois, l'établissement pour fondre de l'or donnait des places à 16 officiers.

Cette capitale possède dix chapelles, trois couvents, un hôpital, une *misericordia*, fondée par Gomez Freyre d'Anrada, en vertu d'une *alvara* ou décret du 16 avril 1738 et confirmé en 1740. Il y a des professeurs royaux des premiers éléments du latin et de la philosophie.

Par un ordre du 26 mai 1744, on établit 4 ponts de pierre, 14 fontaines construites en marbre du pays Un décret du 16 avril 1758 ordonna l'érection d'un hôpital et d'une *misericordia* pour les infirmes. Une raffinerie d'or et un Conseil d'administration furent créés en vertu d'une cédule royale du 7 sept. 1771.

En 1808, on établit un tribunal sous le titre de *junta* pour la conquête et la civilisation des Indiens et la navigation de la rivière Doce : son principal but est d'encourager l'agriculture.

Les habitants de Villa-Rica sont des mineurs et des trafiquants. On y fait presque toutes les branches de commerce.

En 1815, la *comarca* de Villa-Rica comprenait, suivant le colonel Eschwège, 6,517 feux et 72,209 individus. En 1829, la ville contenait 1,500 maisons habitées par environ 7,000 individus. M. de Saint-Hilaire dit que la population, qui s'est élevée autrefois à 20,000 âmes, est réduite aujourd'hui à environ 8,000, et que la ville serait bien plus déserte encore si elle n'était la capitale de la province, le chef-lieu de l'administration et la résidence d'un régiment.

Cor. Braz., I, 368.

Notices of Brazil, par M. Walsh, vol. II, p. 196-7.

M. de Saint-Hilaire (ch. 7) donne beaucoup de détails sur cette ville.

Mem. hist., VIII, part. 2, 87 et suiv. Voy. la *note C* à la fin du volume, contenant un tableau des paroisses.

colline du bûcheron, dans un pays plat, à environ une demi-lieue de cette rivière, dans la *comarca* du même nom de la province de Minas-Géraès, à 22 lieues au sud-est de Villa-Rica, à autant sud-sud-est de Sabara, et à 62 nord-est de Rio de Janéiro (1).

1713 (11 avril). *Traité de paix ou de réconciliation entre la France et le Portugal, conclu à Utrecht, entre Louis XIV et Jean V.* Par ce traité, le roi de France renonce en faveur du Portugal aux terres appelées *Cap du Nord*, à toutes celles des deux côtés du Maranham, et à la navigation et au commerce de ce fleuve, sous la garantie de la reine d'Angleterre. S. M. T. C. se désiste pour toujours, tant en son nom qu'en celui de ses successeurs et héritiers, de tous droits et prétentions qu'elle peut et pourra prétendre sur la propriété des terres appelées du Cap du Nord, et située entre la rivière des Amazones et celle de Iapoc, ou de Vicente-Pinzon, afin que lesdites terres soient désormais possédées par S. M. portugaise, ses hoirs, etc., comme fesant partie de ses États. (Art. 8.)

En conséquence, S. M. P. pourra faire rebâtir les forts d'Araguari et Camaü ou Massapâ, ainsi que tous les autres qui ont été démolis en exécution du traité provisionnel fait à Lisbonne, le 4 mars 1700, entre S. M. T. C. et S. M. P. Pierre II, qui pourra faire bâtir autant de nouveaux forts qu'elle trouvera à propos. (Art. 9.)

S. M. T. C. reconnaît que la propriété et la souveraineté des deux bords du fleuve des Amazones (Maranham), appartiennent à S. M. P., et elle se démet en son nom et en celui de ses héritiers, de toute prétention sur la navigation dudit fleuve, et se désiste de tout droit qu'elle pourrait avoir sur quelques autres domaines portugais, tant en Amérique que dans toute autre partie du monde. (Art. 10 et 11.)

---

(1) Elle possède sept églises ou chapelles et deux couvents, un hôpital, une raffinerie d'or, une école latine, une bibliothèque de mille volumes, une imprimerie et un journal périodique. Il y a deux ponts de pierre sur le petit canal de Tijuco qui sépare la ville en deux parties. Selon M. Mawe, la population s'élève à environ 5,000 individus. En 1829, elle fut estimée à environ 7,000 par M. Walsh. *Notices of Brazil*, vol. II, p. 132.

Voy. Cor. Braz., I, 377.

Voyage de MM. Spix et Martius, liv. III, ch. 3.

Il est défendu aux habitants de Cayenne et autres sujets de S. M. T. C., de commercer dans le Marañon ou à l'embouchure des Amazones; de passer la rivière de Vicente-Pinzon, ni d'acheter des esclaves dans les terres du Cap du Nord. Il est défendu aux Portugais d'aller négocier à Cayenne. (Art. 12.)

La direction spirituelle des peuples desdites terres restera entièrement entre les mains des missionnaires portugais. (Art. 13.) (1)

Ensuite la France proposa à l'Espagne une division des provinces portugaises, en s'emparant du Brésil, et laissant à l'Espagne le Portugal et les îles, ce qui fit naître le projet du ministre d'État, dom Luis da Cunha, d'établir le siége du gouvernement à Rio, où le roi prendrait le titre d'empereur de l'Ouest.

1713 (2). *Fondation de la ville de Pendamonhangaba* dans la capitainerie et la *comarca* de S.-Paulo, sur la rive droite de la Parahyba, et à 10 milles nord-nord-est de Thaubate (3).

1714 (29 janvier). *Fondation de Villa-Nova da Rainha*, de la *comarca* du Rio das Velhas, province de Minas-Géraès, par D. Braz. Balthasar da Silveira, successeur d'Albuquerque. Cette ville est située sous la latitude de 19° 54′, et de 334° 15′ 35″ de longitude de l'île de Fer, entre Sabara, qui est à la distance de 3 lieues est-sud-est et l'*arraial* de Santa-Barbara. Ce terrain, uni et agréable, fut découvert, en 1701, par *Leonardo Nardes*. Il est nommé, par les indigènes, *Cahyte*, qui signifie *mato bravo*, ou gros bois, ou *bosque fechado*, ou bois impénétrable (4).

---

(1) Rousset, Preuves des intérêts, etc., tom. III, p. 98.

(2) MM. Spix et Martius.

(3) Cette ville possède une église et un hermitage; les habitants sont cultivateurs.

(4) Après la formation de l'*arraial* de Cahyte ou Caëthe, il y eut une émeute fomentée par les deux frères paulistas, Jéronimo et Valentin Pédrozo.

La Rainha est soumise à la juridiction de l'*ouvidor* de Sabara. La *camara* ou municipalité a un revenu annuel de 8,000 *cruzados*.

La paroisse de la ville, dédiée à N. S. do Bom-Successo e S. Castana, est distante de 14 lieues de Marianna et de 94 de Rio-

1714 (29 janvier). *Établissement de la villa do Principe*, chef-lieu de la *comarca* de Serro-Frio, dans la province de Minas-Géraès, par le gouverneur D. *Braz Balthasar*. Cette ville est située près le Rio do Peixe, sous la lat. de 14° 17′ sud, et le 333° 45′ de longitude de l'île de Fer, à la distance de 42 lieues de Marianna, et de 124 nord-nord-est de Rio-Janéiro (1).

Janéiro. Elle renferme dans sa juridiction spirituelle 5,806 individus.

Mem. hist., tom. VIII, part. 1.

Voyez la *note D* à la fin du volume, qui renferme un tableau des paroisses.

(1) Les mines de ce district furent découvertes par Antonio Soarès, pauliste, et Antonio Rodriguès Arzâo, qui pénétrèrent dans l'intérieur au nord de S.-Paulo, près des grands rochers, nommés dans la langue brésilienne, *Ilyvitury*, et en portugais, *Serro-Frio*, parce qu'ils sont battus continuellement par des vents glacés.

Par un ordre royal de septembre 1718, le gouverneur Condé de Assumar nomma les officiers de cette ville. Une nouvelle magistrature fut établie par un décret du 6 décembre 1811.

La *camara* a une rente annuelle de 2,877,200 *reis*, pour satisfaire aux dépenses publiques. La paroisse renferme une population de 14,250 habitants. Il y a un professeur pour la langue latine, et une raffinerie d'or. Les habitants exploitent les mines et cultivent le maïs, le coton et la canne à sucre. Le sol est fertile et très-productif.

A la distance de 17 lieues au sud-ouest de Principe se trouve la *serra* qui porte le nom de Gaspar-Soarès et qui renferme une riche mine de fer.

Mem. hist., tom. III, part. 2, 133-156.

Cor. Braz., I, 395-396.

L'*arraial* très-florissant de S.-Antonio do Tijuco est situé dans une plaine à la distance de 52 lieues de Marianna et de 134 de Rio de Janéiro, sous la lat. de 18° 6′ et 34° 37′ de long., à 10 lieues de la Villa do Principe, près le Serro do Frio, et non loin de la source de Jéquitinhonha. Le district de Diamant (*districto Diamantino*) renfermait une population de 12,000 habitants en l'année 1816 : plus de 6,000 nègres y furent employés sous 200 blancs inspecteurs subalternes de la *junta Diamantina*, composée de 5 membres.

Mem. hist., tom. VIII, part. 2, 151 et suiv.

Cor. Braz., I, 402.

La population actuelle de Villa do Principe n'est que de 2,500 à 3,000 individus. Selon le calcul de M. de Saint-Hilaire, cette ville est élevée de 3,200 pieds au-dessus du niveau de la mer.

1715. Le 6 février, traité de paix entre Jean V et le duc d'Anjou, comme roi d'Espagne, signé à Utrecht. Par les articles 5 et 6, le roi d'Espagne restitue aux Portugais le territoire et la colonie de S.-Sacramento, situés sur le bord septentrional de la Plata, et renonce, pour lui et ses successeurs, à tout droit qu'il prétendait avoir sur ladite colonie, qui demeure comprise dans le domaine de la couronne de Portugal. En vertu de cette cession, le traité provisoire conclu entre les deux couronnes, le 7 mai 1681, restera sans aucun effet ni vigueur. Aucune autre nation de l'Europe, excepté le Portugal, ne pourrait s'établir ou commercer en ladite colonie, directement ou indirectement, sous quelque prétexte que ce soit. S. M. C. enverra des ordres au gouverneur de Buénos-Ayres, pour faire la reddition de la colonie de *S.-Sacramento*.

Par l'article 7 du même traité, la rétrocession de la colonie *del Sacramento* fut stipulée en faveur de l'Espagne, qui se réservait la liberté de pouvoir offrir un équivalent dans un an et demi, afin que ledit terrain pût être rendu à son propriétaire primitif (1).

D'après ce traité, les Portugais entrèrent en possession de cette place et du territoire en dépendant qui s'étendait seulement à une portée de canon. Mais entre l'année 1683, qu'ils s'y établirent en vertu du traité provisoire, et l'année 1705 où la colonie fut occupée par les armes espagnoles, les habitants portugais, s'appropriant les campagnes voisines, tâchèrent de se maintenir dans la forteresse. Le gouverneur de Buénos-Ayres, après avoir fait de vaines protestations contre ces actes, eut enfin recours à des menaces et à des mesures militaires, pour forcer les Portugais à se contenir dans les limites du territoire qui leur avait été cédé.

La Cour de Lisbonne prétendait que ce territoire devait embrasser toute la côte septentrionale du Rio de la Plata. La Cour d'Espagne, au contraire, affirmait que le district de Colonia, selon le traité d'Utrecht, ne s'étendait qu'à la distance d'une portée du canon de la place, et que les gouverneurs de Buénos-Ayres ont toujours empêché l'extension de ces limites, bien que les Portugais aient cherché à tromper leur vigilance par des incursions dans la campagne pour enlever des bestiaux, et en réclamant plus de terrain.

---

(1) Rousset, Preuves des intérêts présens et des prétentions des puissances de l'Europe, tom. III.

Pitangui fut érigée en ville en 1715. Elle est située sur la rive droite de la Para, à trois milles au-dessous du confluent du S.-Joâo, dans la *comarca* do Sabara de la province de Minas-Géraès, à 30 lieues au nord de S.-Joâo del Rey, et 21 ouest-nord-ouest de Sabara (1).

1716. *Expédition contre les Indiens de Piauhy.* Le mestre-de-camp *Antonio da Cunha Sotto-Mayor* fut tué par les Indiens sous ses ordres, pendant qu'il s'occupait de la conquête du pays de Piauhy. Une expédition fut aussitôt envoyée contre les révoltés; mais leur chef, nommé *Manoel*, né et élevé dans une *aldéa* des jésuites, parvint à s'échapper. Les Portugais soumirent toutefois les *Arauhies*, la tribu la plus redoutable du pays. Un autre corps de troupes, sous *Bernardo de Carvalho de Aguiar*, acheva la conquête du pays.

1716 (le 4 novembre). Le mestre-de-camp portugais *Manoel Barboza* insista pour obtenir une plus grande extension de territoire, soit au nord, soit à l'est sur la côte du Rio de la Plata; et demanda la retraite des gardes espagnoles qui se trouvaient à cinq lieues de distance de la Colonia, près de la Horqueta et du Rio-S.-Juan. Le gouverneur provisoire de Buénos-Ayres, dom Balthazar Garcia Ros, refusa avec fermeté de consentir à cette demande, d'après l'ordre formel du roi *Félipe V*, communiqué par *real cedula* dans la même année 1716 (2).

Il chercha, en même tems, à faire connaître l'injustice de ces prétentions, démontrant que le territoire d'une place était bien autre chose que celui d'une vaste région, qui embrasse plus de 100 lieues de côtes du bord septentrional du Rio de la Plata, vers son embouchure, et de 200 dans l'intérieur; que les Portugais pouvaient s'emparer à discrétion de vastes provinces, en fesant retirer de la Horquéta et du Rio de S.-Juan les troupes destinées à protéger les *estancias* et *haciendas* de plus de quarante établissements indiens qui dépendaient de la juridiction de Buénos-Ayres, et distribués sur plus de 200 lieues de largeur, et de 300 de longueur (3).

---

(1) Cette ville possède une église et deux hermitages.

(2) *Respuesta á la mémoria*, etc., 19 et note B. Cet ordre fut réitéré dans d'autres cédules du 18 mars 1724, du 12 juin et 22 juillet 1734, et du 17 avril et 16 août 1736.

(3) *Respuesta*, etc., 19.

1716 (11 octobre). Dépêche du roi, datée de Buen-Rétiro, et adressée à *Baltazar Garcia Ros*, gouverneur de la cité de Trinidad et du port de Buénos-Ayres, des provinces du Rio de la Plata, pour faire connaître sa volonté de remettre les Portugais en possession de la Colonia del Sacramento, conformément à l'art. 6 du dernier traité de paix (1).

Deux ans après la conclusion du traité d'Utrecht, une escadre espagnole fut envoyée pour châtier les corsaires de différentes nations qui infestaient la mer du Sud. On s'empara, dans le port de Montévidéo, d'un navire français dont l'équipage était employé à charger des cuirs, ainsi qu'un autre navire de la même nation dans l'entrée de Maldonado, qui était venu pour le même objet, et tous deux ayant été conduits en Espagne, y furent déclarés de bonne prise. Cette décision seule suffisait, disait-on, pour prouver l'indubitable droit de l'Espagne à la possession des deux ports de Montévidéo et de Maldonado, et à leurs territoires respectifs.

Dans l'une des reconnaissances faites par ordre du gouverneur de Buénos-Ayres, vers l'année 1720, pour empêcher de semblables pirateries, on trouva des Portugais qui cherchaient à s'établir à Montévidéo, et qui en furent empêchés; mais on répéta ces manœuvres; et vers la fin de 1723, un navire de guerre portugais entra à Montévidéo avec des troupes et de l'artillerie, pour s'établir dans ce port. Les Portugais prétendaient que les ports de Montévidéo et de Maldonado appartenaient à la Colonia, d'après le traité d'Utrecht, tandis que les Espagnols observaient que le premier en était éloigné de 40 lieues, et l'autre de 70, et que les *comarcas* ou provinces en dépendant avaient une étendue de 100 lieues, et confinaient avec les sept *aldéas* des missions situées entre les rivières Ibicui et Uruguay. Ils ajoutaient que ceux qui fesaient le commerce de ces pays, étaient munis de la permission des autorités de Buénos-Ayres, et obligés de donner le tiers de leur bénéfice sur les cuirs à cette cité. Les *matanzas* ou tueries, établies sur les bords d'une rivière ou ruisseau, prenaient le nom de celui des sujets espagnols auquel on avait accordé cette permission. C'est ainsi qu'en sortant de Montévidéo pour aller à la côte de la mer et à l'*ensenada de Castilhos*, on trouve les noms de *Arroyo de Pando*, de *Solis-Chico*, *Rio de Solis-Grande*,

---

(1) *Respuesta*, etc., A.

los *Arroyos de Maldonado-Grande*, et *Maldonado-Chico*, la *Laguna de Rocha*, l'*Arroyo de Chafarote*, ainsi nommé d'après un dragon espagnol, et los *Cerros de D. Carlos Narvaez* et *de Navarro* (1).

Environ 200 hommes débarquèrent et cherchèrent à se fortifier, en construisant une redoute; mais le gouverneur de Buénos-Ayres, don Bruno de Zabala, instruit de ce projet, expédia de suite le capitaine Alonzo de la Véga, pour engager le commandant portugais à se retirer du territoire sous la domination espagnole. Celui-ci s'y refusa : après plusieurs lettres de part et d'autre, une force imposante fut envoyée par terre et par mer, et força ces intrus à abandonner leur poste. Ensuite on fortifia ce port, ainsi que celui de Maldonado. On les peupla, en 1724, avec quelques familles amenées de la péninsule et des îles Canaries.

Les Espagnols insistaient toujours que tout le Rio de la Plata et les terrains situés sur ses deux bords y compris Montévidéo et **Maldonado**, sur la rive septentrionale, appartenaient à l'Espagne par droit de découverte, conquête, possession et occupation ; et principalement étant compris dans la ligne de démarcation des possessions espagnoles dans l'Amérique méridionale. La Colonia del Sacramento n'était, suivant eux, dans son principe, qu'un établissement clandestin fondé par les Portugais sur les terres d'Espagne (2).

1720 (27 janvier). Lettre du roi, datée de Madrid, et adressée au brigadier *Bruno-Mauricio de Zavala*, gouverneur et capitaine-général de la cité de Trinidad et du port de Buénos-Ayres, déclarant que le territoire de Colonia del Sacramento est borné à la distance d'une portée de canon de 24 de la place, et que ni les Portugais, ni aucune autre nation n'ont le droit de prendre possession des ports de Maldonado et Montévidéo, ni de s'y fortifier (3).

1718. *Création de la capitainerie de Piauhy*, et fondation de la ville capitale sous le nom de *N. Senhora da Victoria da Moxa*. Cette nouvelle capitainerie fut subordonnée à Pernambuco pour les affaires ecclésiastiques; à Maranham,

---

(1) *Respuesta*, nos 22 et 23.
(2) *Respuesta*, etc., n° 45.
(3) *Respuesta*, etc., B.

pour celles civiles, et pour celles judiciaires, à la juridiction de Bahia (1).

1718. *Jerumenha*, village de la province de Piauhy, fut créé ville en 1718. Elle est située sur les bords du Gurguéa, à quatre lieues de son embouchure (2).

1718-9. Les Tupinambas du Maranham, après s'être soumis, en 1716, au capitaine Jéronimo d'Albuquerque, s'embarquèrent sur la rivière du Gurupu pour aller renouveler la guerre avec les Indiens de Para. Mathias d'Albuquerque se mit en marche contre eux, et après quatre mois de fatigues, il parvint à les chasser dans l'intérieur du pays. Ils réussirent ensuite à construire une fortification dans la Guapara, lieu voisin de Para, d'où ils furent délogés par le capitaine Pedro Texeira. L'année suivante, ils furent dispersés par les troupes de Pernambuco, du Maranham et du Pérou, et chassés de tous les villages de Guanapa, Carupi et Iguapé. Les restes de cette brave nation se sauvèrent dans les bois; quelques-uns se trouvèrent contraints, les années suivantes, de se fixer dans des villages des missions (3).

1718. *Fondation de villes*. *Oeyras*, ville de la province de Piauhy, créée, en 1718, par le roi dom Jozé, sous le nom de *villa de Mocha*, qu'il fit changer en celui de *Oeyras*, en l'honneur de son célèbre secrétaire. Elle est située sur la Canindé, affluent du Parnahyba, à 75 lieues au sud de la ville du même nom, à 100 sud-ouest de S.-Luiz du Maranhão, à 40 sud-ouest de Cachias, et 200 ouest d'Olinda (4).

---

(1) Rocha Pitta, 6, § 78.
Hist. of Brazil, par M. Southey, ch. 33.

(2) Elle a une église; les habitants sont fréquemment attaqués de fièvres.
Cor. Braz., II, 248.

(3) *Diario da viagem*, etc.; manuscrit de l'intendant da Veiga e Sampaio.

(4) Les maisons sont en terre ou en bois et blanchies de *tabatinga*. Il y a une église et deux chapelles; une grande partie des habitants sont Européens.
Vers la fin du dix-huitième siècle, la population du district était de 14,000; celle de la ville en formait le quart, y compris la cavalerie de la capitainerie.
Cor. Braz., II, 246-7. *Patriota*, cité par M. Southey, ch. 44.

1718. *Parnahyba*, dans la province de Piauhy, fut créée ville en 1718. Elle est située sur la rive droite du bras oriental de la rivière de son nom, dans un terrain sablonneux, à quatre lieues de la mer (1).

1718. *Fondation de la villa de S.-Jozé* dans la *comarca* de Rio das Mortes, province de Minas-Géraès, par le gouverneur Condé de Assumar. Cette ville est située dans un endroit découvert par João de Serqueira Affonso, de Taibate, et nommé *Ponta do Morro*, sur le bord septentrional du Rio das Mortès, à deux lieues au nord-ouest de la ville de S.-João, sous la latitude de 21° 5′ 10″ sud, et longitude 338° 45′ 8″ de l'île de Fer (2).

1718 (le 19 janvier). *Fondation de la villa de S.-João d'El-Rei*, chef-lieu de la *comarca* du Rio das Mortes, dans la province de Minas-Géraès, en un lieu nommé Ponta do Morro, sous la latitude de 21° 10′ 35″ sud, et la longitude de 335° 55′ de l'île de Fer. Cette ville, fondée par le même gouverneur Condé d'Assumar, est à vingt-quatre lieues sud-sud-ouest de Villa-Rica, sur la côte de la *serra* do Lenheiro, et sur les bords des ruisseaux de Tijuco et Barreiras (3).

---

(1) En 1811, on y établit un *juiz de fora* et une *alfandega* ou douane. Les rues ne sont pas pavées. Les habitants sont souvent attaqués de fièvres. Cette ville est l'entrepôt d'une grande quantité de coton et de cuirs.
Cor. Braz., II, 247.

(2) S.-Jozé est composée de 300 maisons, contenant une population d'environ 2,000 individus. Elle possède une église et deux chapelles. La compagnie des mineurs anglais y fait sa résidence. *Notices of Brazil*, par M. Walsh, vol. II., 89-90.
La paroisse de cette ville dédiée à S.-Antonio est à 26 lieues de Marianna et 63 de Rio de Janeiro. Elle renferme plus de 40 lieues de territoire et une population de 10,270 habitants. La *comarca* possède une rente annuelle de 2,160,000 *reis*. Le sol est fertile, le climat tempéré; l'eau y est saine; les habitants élèvent beaucoup de bestiaux et de porcs : quelques-uns sont mineurs.
Mem. hist., VIII, part. 2, p. 129.
Cor. Braz., I, 378.

(3) Les riches mines de ce lieu avaient été découvertes par Thomé Portes d'El Rei, de Taibaté. Les auteurs ne s'accordent pas concernant la création de cette ville, qui fut premièrement nommée *Rio das Mortes*. Dans les *Memor. histor.* de Claudio Manoel da Costa, publiés dans le *Patriota* do Rio de Janéiro, en 1813, (num. 4 avril), on a fixé la date au 19 janvier; et d'a-

1718. *Établissement de Pernagua* dans la province de Piauhy. Elle fut créée *ville* en 1718, et est située sur le bord occidental d'un lac de quatre lieues de longueur sur deux de largeur, à la distance de quinze lieues de la limite méridionale de la province, de seize du Rio-Préto et 40 de la ville de S.-Francisco de Chagas (1).

L'établissement de Campo-Maior fut créé ville en 1718. Elle est située sur les bords du Parnahyba, à deux lieues de son embouchure, près d'un grand lac (2).

Vallença, autrefois *Catinguinhe*, village de la province de Piauhy, et situé sur un affluent du Rio de S.-Victor, fut créé *ville* en 1718. Elle a une église (3).

Marvâo. Ce petit établissement, nommé premièrement *Rancho do Prato* dans la province de Piauhy, fut créé ville en 1718. Elle est située dans une plaine à la distance de six lieues de la rivière de ce nom. Elle a une église (4).

1719. *Exploration de la province de Cuiaba et établissement de la ville du même nom.* Les Paulistas, après avoir pénétré dans l'intérieur du pays au-delà des plaines de Piratininga, traversèrent le Rio-Pardo avant l'année 1626, où ils passèrent la barre des rivières Anhandoy et Anhamboby, et arrivant à un lieu nommé la *Vacaria*, sur le bord septentrional de la rivière Imbotetiú, aujourd'hui nommé le *Mondego*, à vingt lieues de son embouchure, ils y détruisirent la cité *Cherez*, que les Castillans du Paraguay y avaient

---

près un manuscrit de José Joakim da Rocha, cette fondation eut lieu le 8 décembre 1713 ; mais selon le *Cor. Braz.*, en l'année 1712.

D'après une loi du 3 déc. 1750, on y établit une fonderie d'or. Par un décret du 6 déc. 1811, on y envoya un *juiz de fora*.

La paroisse renferme 23,670 personnes adultes. Voy. *Mem. hist.*, tom. VIII, part. 2, p. 120.

Le petit canal de Tijuco divise la ville en deux parties ; on le passe sur deux ponts de pierre ; les maisons sont assez bonnes ; les rues sont pavées. Il y a plusieurs chapelles.

(1) Les habitants, dont plusieurs sont Européens, élèvent des bestiaux et des chevaux et cultivent la canne à sucre.
Cor. Braz., II, 248.

(2) Elle possède une église et une *hermida*. Les habitants sont cultivateurs.
Cor. Braz., II, 247 et 248.

(3) Cor. Braz., II, 248.

(4) Cor. Braz., II, 248.

8.

établie et dont le capitaine Joâo Lème do Prado vit les ruines en 1778.

Vers le milieu du seizième siècle, *Alexis Garcia*, accompagné de son père, de son fils et d'une bande de domestiques indiens, pénétra vers le pied des Andes, passa le Paraguay et découvrit les parties méridionales de Mato-Grosso. Ensuite *Manoel Corréa*, paulista, ayant traversé l'Araguaya, pénétra dans les parties septentrionales de cette province.

Antonio Pérez de Campos, autre paulista, remonta, le premier, le Cuiaba en 1718, pour attaquer les Cuchipos qui occupaient un établissement où est situé aujourd'hui l'hermitage de S.-Gonzalo. L'année suivante, *Pascoal Moreira Cabral*, qui prit la même route, arriva à la jonction du Rio-Coxipó, ou Cuchipo-Mirim, avec la Cuiaba, et enleva quelques jeunes Indiens qui portaient des ornements d'or, ce qui fit voir que ce métal abondait dans ce pays. Il en ramassa une quantité considérable. Le capitaine Cabral en avait, pour sa part, une livre et demie ; d'autres en possédaient une demi-livre, et tout fut recueilli à la main sans aucun instrument de mineurs. Ils se décidèrent à continuer leurs travaux, et construisirent des cabanes sur les bords de certaines rivières. Quelques semaines après, une autre *bandeira*, ou troupe, y arriva de la rivière de S.-Lourenço. Ils tinrent Conseil ensemble (le 8 avril), et décidèrent d'envoyer *José-Gabriel Antunes* à la ville de S.-Paulo, pour présenter au gouverneur D. Pédro d'Almeida des échantillons d'or, et demander les instructions nécessaires pour le bien public et le service de sa majesté.

En même tems, les nouveaux colons nommèrent Cabral leur chef avec le titre de *guarda mor* par un acte fait le 8 avril 1719. (1).

Antunes éprouva dans sa route tant de difficultés, qu'il n'arriva à S.-Paulo qu'après plusieurs mois. Le bruit de cette découverte fit partir un grand nombre de personnes, dont plusieurs moururent en route faute d'armes pour tuer du gibier et se défendre contre les naturels et les animaux sauvages.

La même année, on transporta l'établissement à *Forquilha*, où on rencontra un peuple qui portait des ornements d'or et qui en décorait ses bodoques ou arcs d'arbalète

---

(1) Les *Mem. Hist.* donnent ici une fausse date de 1819.

à jalet. Il retourna au premier lieu, où ses compagnons découvrirent une grande quantité de ce métal.

Au mois d'octobre 1722, *Miguel Sutil de Sorocaba* s'étant établi avec ses gens sur les bords de la Cuiaba, deux Carijos, indiens domestiques, qu'il avait envoyés dans les bois pour chercher du miel, lui apportèrent vingt-trois pièces (*folhetas* ou *granitos*) ou lames d'or qui pesaient 120 *oitavas*, annonçant qu'il y en avait encore. Le lendemain, ces Indiens conduisirent Sutil avec ses gens à cet endroit, où se trouve actuellement la ville de Cuiaba. Dans un seul jour, Sutil avait ramassé la moitié d'un *arroba*, de 32 liv. portugaises, et son compagnon *Joam-Francisco*, surnommé *Barbado*, plus de 400 *oitavas*. Dans l'espace d'un mois, depuis leur arrivée, ils avaient recueilli 400 *arrobas* sans faire des excavations de plus de quatre brasses de profondeur. Ce lieu qui prit le nom de *Lavras do Sutil*, est celui où se trouve la ville de Cuiaba. L'*arraial de Forquilha* y fut transféré, et on y établit un second *arraial* en 1723.

Cabral, pauliste sans éducation, administra la colonie avec beaucoup de prudence et de succès jusqu'en 1723; que Rodrigo César de Ménézès, premier gouverneur et capitaine-général de la capitania de S.-Paulo, nomma, en qualité de régent, *João Antunes Maciel*, et en celle de sur-intendant des *terras mineraes*, *Fernando Dias Falcão*, ainsi qu'il résulte de sa lettre officielle du 16 juillet 1724.

La nouvelle de cette découverte s'étant répandue, un grand nombre d'habitants de S.-Paulo das Géraès et de Rio de Janéiro quittèrent leurs maisons et leurs familles pour se rendre dans ce pays de richesses, comme dans une autre terre promise, où ils espéraient rencontrer tout ce qu'ils pouvaient désirer. Pleins de cette idée, ils partirent en troupes, vers l'année 1720, remontèrent le Rio-Anhandohy, traversèrent la *Vacaria*, et descendant l'Imbotetiú, ils passèrent dans le Paraguahy où ils pénétrèrent dans plusieurs endroits riches en or ; mais ce métal fut bientôt épuisé faute d'instruments nécessaires pour l'exploiter, et les malheureux spéculateurs furent ruinés.

Quelques-uns de ces aventuriers se rendirent, vers la fin de la même année, à un endroit nommé *S.-Gonzalo Velho*, d'où ils passèrent au-delà de Coxipó à un lieu nommé Forquilha, où ils établirent un *arraial* et une chapelle dédiée à N. S. da Penha, en reconnaissance de sa protection spéciale pendant leur désastre.

L'auteur de la *Corografia Brazilica* raconte que le gouverneur César de Ménézès réclamant pour la couronne le quint du métal découvert, avait nommé, pour cet objet, deux pères, *Lourenço* et *Jean Leme*, qui résidaient alors à S.-Paulo, aux postes de *procurador*, mestre-de-camp. Ces agents distingués par leur rang et leur fortune, à leur arrivée à l'*arraial*, voulurent mettre à exécution les mesures les plus absurdes; ils tentèrent même d'expulser des mines tous ceux qui n'étaient pas Paulistas. Le chapelain leur fit des remontrances; ils donnèrent l'ordre de tirer sur lui et une balle tua un de ses amis. S'étant rendus coupables d'autres atrocités dont le gouverneur fut prévenu, il envoya l'ordre de les arrêter et de les envoyer prisonniers à S.-Paulo. Avertis de cette circonstance par un de leurs parents, ils se retirèrent dans un endroit éloigné avec leurs partisans, où ils résistèrent à l'attaque du mestre-de-camp *Balthasar Ribeiro*, qui était arrivé pour exécuter les ordres du gouverneur; mais bientôt, après quelques pertes des deux côtés, ils s'enfuirent dans l'intérieur du pays avec ceux qui leur restaient attachés. Lourenço fut tué, et son frère fut conduit en prison à la ville de Bahia, où il fut mis à mort en 1724 (1).

1719 (11 janvier). *Fondation de Villa-Nova do Infante* dans la *comarca* de Rio das Velhas, province de Minás-Géraès, par le gouverneur D. Braz Balthasar da Silveira, dans un terrain uni et situé dans le voisinage du *Sertão* au nord-ouest ou ouest-nord-ouest de Sabará, dont elle est distante de vingt-neuf lieues; elle est à la même distance de la ville de S.-Bento de Tamandua, sous la latitude de 19° 42′ 30″ et 330° 16′ de longitude de l'île de Fer (2).

1720. *Insurrection des mineurs.* Le gouvernement de Portugal renouvela son ordre de lui réserver le quint du produit; et pour cet objet, d'établir des raffineries dans

---

(1) Cor. Braz., n° 6. Provincia de Mato-Grosso, t. 1.

(2) Par un décret du 15 juillet 1815, on donna à cette ville une nouvelle magistrature. L'église paroissiale dédiée à N. S. N. do Pilar est située à 40 lieues de Marianna, à 122 de Rio de Janéiro. Elle renferme 14,334 paroissiens. La *comarca* possède un patrimoine annuel de 1,200,000 *reis* pour subvenir aux dépenses publiques.

Mem. hist., tom, VIII, part. 2, p. 115 et seq.
Santuar, *Marian.*, liv. III, tit. 77.

chaque district. *Eugenio Freire de Andrade*, *provedor* de la monnaie de Bahia, fut nommé directeur du nouvel établissement. Arrivé à son poste, il convoqua les principaux mineurs et propriétaires, qui donnèrent leur consentement à ces nouvelles lois ; mais bientôt après, ils commencèrent à exciter le peuple à l'insurrection, et plus de 2,000 hommes s'assemblèrent en armes à Villa-Rica. L'*ouvidor* du district, *Martinho Vieira*, ayant cité quelques-uns des plus distingués (*Poderosos*) à comparaître devant lui, en sa qualité de juge, les insurgés regardèrent cet acte comme une insulte, attaquèrent sa maison, à minuit, et détruisirent tous ses effets et papiers. Il ne dut qu'à son absence d'échapper à la mort. Ils demandèrent ensuite au gouverneur D. Pédro de Almeida, comte d'Assumar, de faire discontinuer la construction des raffineries et de leur assurer le pardon. Le comte différa sa réponse pendant quatre jours, dans l'espoir d'employer la force contre eux ; mais les autres villes montrèrent des dispositions à les imiter. Il publia alors un édit pour annoncer que l'exécution des nouvelles lois était suspendue pour un an. Cette concession, au lieu de calmer les insurgés, les irrita ; et ils se rendirent à la résidence du gouverneur, à Villa do Carmo. Les habitants de cette ville restèrent neutres ; et quoique le comte eût avec lui quelques compagnies de dragons, il accéda à toutes les demandes des mécontents, qui y restèrent seize jours, avec l'espoir de gagner les habitants à leur cause. N'ayant pas réussi, ils commirent de grands désordres. Après leur retour à Villa-Rica, D Pédro envoya contre eux une compagnie de troupes qui arrêta les principaux chefs dans leurs lits et les emmena prisonniers à Villa do Carmo. La nuit qui suivit les arrestations, les amis des prisonniers entrèrent encore dans la ville. La trouvant abandonnée, ils proclamèrent que, si les habitants n'y revenaient pas, le jour suivant, ils brûleraient leurs maisons et les mettraient à mort partout où ils les rencontreraient. Cependant, avant qu'ils pussent exécuter ce projet, un grand nombre d'habitants armés s'étaient réunis aux troupes ; et, d'après les ordres du comte, ils incendièrent les maisons de Paschoal da Silva et des autres chefs. Les prisonniers furent envoyés à Rio-Janéiro.

Le comte fut rappelé, et *D. Lourenço d'Almeida* fut nommé son successeur, en qualité de gouverneur de Minas-

Géraès, qui fut séparée de S.-Paulo pour devenir une capitainerie (1).

1723. *Fondation de villes.* Établissement de la ville de *Aracaty* par le roi D. João V, dans la province de Céara, sur le bord oriental du Rio-Jaguaribe, à la distance de trois lieues de son embouchure et à l'est de la ville capitale de Fortaleza. Elle possède une église paroissiale, quatre hermitages, un *juiz de fora*, et une école de langue latine. La plupart des maisons sont à deux étages et sont bâties en briques. Pendant la crue des rivières, les eaux montent jusqu'au premier, et les habitants se réfugient dans le second étage. C'est la ville la plus grande et la plus commerçante de la province. Elle exporte du coton (2).

1723. *Jacobina* est érigée en ville par le colonel *Pédro Barbosa Leal*, d'après l'ordre du roi D. Joam V. Elle est située près la rive gauche de l'Itapicuru méridional, à trois milles au-dessous d'un lac. Elle consiste en une grande rue et en plusieurs petites (3).

1724. *Affaires des mines.* Le nouveau gouverneur publia, à Villa-Rica, le 1er janvier, l'édit qui établissait le quint. Il annonça, en même tems, l'ouverture de la raffinerie royale pour le 1er octobre suivant, ainsi que celle d'une monnaie qui avait été demandée par la *comarca*.

La tranquillité des mineurs fut encore troublée par un complot, formé par des esclaves noirs qui avaient le projet de massacrer tous les blancs, le Jeudi-Saint. Il fut révélé à un officier, et un certain nombre de conspirateurs

---

(1) *History of Brazil*, par M. Southey.

(2) En 1811, le district de cette ville comptait une population de 5,254 habitants dispersés sur une étendue de vingt lieues; en 1816, elle s'élevait à 6,033; en 1821, à 6,000. Selon M. Koster, chap. 7, la population de cette ville est d'environ 600 individus.
Memorias hist., tom. VIII, 229-232.
Cor. Braz., II, 229 et 230.

(3) La plupart des maisons sont bâties en pierre. La petite rivière nommée Rio do Oiro, ou rivière d'Or, traverse la ville. Elle possède une église et deux hermitages.
Cor. Braz., II, 134. Selon Rocha Pitta, cette ville fut établie en 1724. Voy. liv. X, 106. Fundação da villa da Jacoabina.

s'enfuirent dans les bois. Afin de les arrêter, on établit un corps de *capitaens do matto*, ou *chasseurs des bois*, et on offrit une récompense pour leur arrestation (1).

Vers cette époque, la passion pour les mines devenue générale à S.-Paulo, fut funeste à un grand nombre d'individus. Plus de 300 qui étaient partis de Cuiaba, avec 20 canots, rencontrèrent dans le Paraguay, vis-à-vis la bouche de Harez, une *armada* des Payagoas et tous furent tués, excepté deux blancs et trois nègres (2).

1724. *Fondation de villes. Maragogype*, ville assez considérable de la province de Bahia, fut fondée par l'*ouvidor* de la *comarca*, D. Pédro Gonçalves Cordeiro Pereira. Elle est avantageusement située sur le penchant d'une colline, près la rive gauche du Guahy, à un mille de sa jonction avec le Paraguassu. Elle possède une église et cinq chapelles; un *juiz de fora* et un professeur royal d'instruction primaire et de latin. On en exporte de la farine, du sucre et du tabac. Le Guahy est navigable jusqu'à trois lieues de son embouchure (3).

1724. *Rio de Contas* fut érigée en ville par le colonel Pédro Barbosa, d'après les ordres du roi Jean V, à cause de la découverte des mines d'or, faite par les Paulistas en 1724. Elle est située sur la rive gauche du Brumado, dans la *comarca* de Jacobina, province de Bahia (4).

1726. *Exploration de la province de Goyaz* (5) *et établissement de la première colonie*. Vers l'année 1650, Bartholemeu Bruno, accompagné de ses fils, portant le même nom, avait remarqué que les femmes de la tribu de Goyaz, alors maîtresses du district où se trouve maintenant la capitale

---

(1) *America Portugueza*. Ici finit cette histoire publiée in-fol., à Lisbonne, en 1730.

(2) Voy. *History of Brazil*, par M. Southey, chap. 36.

(3) *America Portugueza*, liv. X, 105.
Cor. Braz., II, p. 125.

(4) Les maisons sont construites en *adobe* ou en bois. Elle possède une église et une école pour l'enseignement du latin.
Cor. Braz., II, 136.
America Portugueza, liv. X, 106.

(5) Ainsi nommée des Indiens qui l'habitaient. La *capitainerie de Goyaz* fut créée en 1737, avec Villa-Boa pour capitale; celle-ci reçut sa charte en 1739.

de cette province, portaient des ornements d'or. Après la découverte des mines de Cuiaba, en 1719, le fils de Buéno communiqua ce fait au gouverneur *Rodrigo Cesar de Ménézès*, qui l'expédia avec un parti nombreux (1722), dont une centaine de mousquetaires, pour s'établir dans ce pays. Buéno se trompant de route, alla trop loin vers le midi, et arriva sur les bords d'une rivière qu'il nomma *Rio dos Piloes*, où il trouva une quantité considérable d'or ; plusieurs de ses gens voulaient rester pour en ramasser davantage et suivirent à regret Buéno qui continua sa marche, pendant plusieurs jours, jusqu'à une rivière qu'on nomma de la *Perdition*, parce qu'on n'avait pu trouver la route de Goyaz. Plus loin, ils rencontrèrent une autre rivière plus grande ; et, au-delà, une troisième à laquelle on donna le nom de *Rio das Areas* à cause de son fond sablonneux. Poursuivant toujours leur route vers l'ouest, ils furent encore arrêtés par une rivière qu'ils nommèrent *Rio-Rico*, ou *rivière Riche*, à cause de l'or qu'on y trouve.

Buéno, ayant perdu tout espoir de découvrir son trésor dans cette direction, revint sur ses pas sans pouvoir suivre le même chemin, et après un voyage long et pénible, il arriva à la rivière Parannan, où il se crut encore plus loin de son objet, à cause de la trace des bestiaux qu'il y remarqua et qui y étaient venus, comme il l'apprit après, du Rio-Francisco, pour y trouver un meilleur pâturage.

Au bout de trois ans de recherches infructueuses, Buéno revint à S.-Paulo, ayant perdu une partie de ses gens par des maladies et des désastres inséparables d'une telle entreprise.

Après un intervalle de cinquante ans, depuis qu'il avait accompagné son père, et sa probité étant connue du gouvernement, ce dernier l'expédia encore, avec tous les secours nécessaires. Il voyagea, pendant trois mois, à travers un pays inconnu où il n'y avait ni chemins, ni même de sentiers, et entrecoupé par des rivières rapides. Il arriva enfin à un endroit distant de deux lieues de la situation actuelle de la capitale, où il aperçut quelques traces des Portugais. On prit de vieux Indiens de la nation goya, qui fournirent des renseignements sur un lieu peu éloigné où des hommes blancs se trouvaient établis depuis beaucoup d'années. Buéno fut conduit, par ces guides, à l'endroit où est actuellement situé l'*arraial de Ferreiro*, qu'il reconnut être le même district où il avait été avec son père, et qui était arrosé par cinq ruisseaux, tous contenant de l'or. Après avoir fait des préparatifs pour former un établissement, il retourna à S.-Paulo pour annoncer cette découverte au gouverneur, auquel il remit une certaine quantité d'or. Bientôt après, il eut la commission de capitaine *mor-regente;* et en 1726, il retourna à la colonie.

1726. Son premier soin fut de vivre en paix avec les Goyaz (seule tribu du district), qui avaient donné leur nom à la province; mais ces naturels n'aimant pas ces nouveaux visiteurs, prirent les armes, et se portèrent à l'endroit où est maintenant l'*arraial* de *Barra.* Buéno s'empara de quelques femmes, et les guerriers intimidés se dispersèrent et revinrent pour indiquer les endroits les plus riches en or. A celui qui porte actuellement le nom de *Ponte do Meio*, on trouva un morceau qui, étant purifié, pesait une demi-livre.

Dans l'espace de deux années, un si grand nombre de personnes arrivèrent à Goyaz, qu'elles manquèrent des provisions nécessaires. Tout était vendu à un prix extraordinaire. Un *alqueire* de maïz, ou boisseau portugais, coûtait six ou sept *oitavas* d'or; et la même mesure de farine de mandioca, dix *oitavas.* Une vache à lait qu'on y amena, fut vendue deux livres pesant d'or; et un cochon vingt-huit; on demandait deux *oitavas* d'or pour une livre de sucre. Tout se vendit dans la même proportion jusqu'à ce qu'on s'adonna un peu à l'agriculture (1).

1726 (15 novembre). *Fondation de villes.* Établissement de la *Villa-Réal do Senhor Bom-Jézus de Cuiaba* dans la province de Mato-Grosso, à un quart de lieue du Rio-Cuiaba, qui lui donne son nom, à la distance de 95 lieues à l'est de Villa-Bella, sous la latitude de 15° 36' (1) et 321° 23' de longitude de l'île de Fer. Elle fut établie par l'*ouvidor* de la *comarca, Antonio Alvares Lanhas Peixoto* et le général de la cité de S.-Paulo (3).

────────

(1) Cor. Braz., liv. VII, Provincia de Goyaz.

(2) Alcédo place cette ville sous la lat. de 14°, 33'.

(3) En 1722, le capitaine *mor, Jacinto Barboza Lopez*, y avait établi une église à ses frais. En 1729, la Cour de Lisbonne nomma César de Ménézès pour gouverner les bandes qui étaient établies près le Rio-Cuiaba, afin de ramasser de l'or, lui donnant les pouvoirs nécessaires pour fonder la ville de Cuiaba. Par une

1728. *Fondation du village de S.-Domingos* dans la *comarca* de Serro-Frio, au-dessus du ruisseau du même nom, dans le pays de Minas-Novas, à l'ouest du Rio-Arrasuahy et à plus de 200 lieues de Bahia (1).

1728. *Fondation de la ville (arraial) d'Agua-Suja (eau salée)* dans la *comarca* de Serro-Frio, située au pied d'une colline à la jonction de ce ruisseau avec l'Arrasuahy, par le 16° 36′ de latitude et le 335° 35′ de longitude de l'île de Fer, à huit lieues nord-nord-est de la villa do Fanado. On y compte 95 feux et 760 habitants. La paroisse en renferme 7,500 (2).

1729. Vers cette année fut créé l'établissement de l'*arraial de Santa-Cruz* dans la province de Goyaz, sous la latitude 17° 54′. Ce lieu, qui renfermait beaucoup d'or, fut découvert par *Manoel Dias da Silva*, qui y éleva une

loi du 17 septembre 1818, cette ville fut élevée au rang de cité avec tous les priviléges et prérogatives qui en dépendent. En 1820, on y transféra *La junta da Fazenda* et la fonderie d'or de Mato-Grosso à cause de l'insalubrité de sa situation, les habitans étant sujets aux dissenteries. Toutes les maisons sont construites en *taipa*, excepté celle du gouverneur, qui est de planches; la plupart des rues sont pavées. Une fontaine établie en 1790, non loin de la Ponte do Rosario, fournit de l'eau à toute la ville.

Les habitants cultivent la mandioca, le maïs, le coton et la canne à sucre. Les orangers, les ananas et les melons y réussissent bien. Cuiaba est la résidence d'un prélat, évêque *in partibus* et de deux professeurs.

La position de la ville de Cuïaba fut déterminée, en 1786, par l'expédition envoyée par la Cour de Lisbonne et composée des mathématiciens Antonio Pirès da Silva Pontès et Francisco Jozé de Lacerda; des ingénieurs Ricardo Franco d'Almeida Serra et Joakim Jozé Ferreira, et deux dessinateurs.

Mem. hist., tom. IX, p. 11 et 12.

Cor. Braz., I, 299.

Respuesta á la memoria, etc., par le marquis de Grimaldi, n° 64.

(1) Quelques aventuriers qui avaient trouvé de l'or dans le lit de ce ruisseau, avaient établi une chapelle sur le sommet d'un morne où est situé ce village. La culture du cotonnier et de la canne à sucre y attira des habitants; et par un décret du 23 mars 1813, S.-Domingos devint chef-lieu de la paroisse qui auparavant dépendait de celle d'Agua-Suja. La population de S.-Domingos est composée d'environ 50 familles.

Voy. *Memorias historicas*, tom. VIII, part. 2, p. 170-3.

(2) *Idem*, p. 170-3.

croix avec l'inscription suivante, *viva el rey de Portugal!* (vive le roi de Portugal) (1).

1730. *Attaque des Indiens Payagoas.* L'expédition qui partit de Cuiaba, en 1730, avec plus de 60 *arrobas* d'or, sous la conduite de l'*ouvidor* docteur *Antonio Alvez Peixoto*, fut attaquée parmi les *pantanos* ou îles marécageuses, à l'embouchure du Jocoary, par une *armada* de 80 canots de guerre, ayant à bord plus de 800 Indiens Payagoas, et 17 chrétiens seulement échappèrent à la nage. On estima la perte des Indiens à environ 400 combattants.

Une escadrille indienne s'étant avancée jusqu'à l'embouchure de Cuiaba où elle avait fait prisonniers quelques pêcheurs, on y expédia un armement de 30 canots de guerre et 50 transports ayant à bord 600 hommes, avec deux pièces d'artillerie, et un grand nombre de fusils. Étant arrivés à l'embouchure de l'Embotatiú, ils aperçurent une division Indienne qui s'enfuyait. On la poursuivit pendant plusieurs jours jusqu'au-delà du détroit où les eaux du Paraguay sont resserrées entre deux *morros* ou grands rochers. Là se trouvait toute la flotte qui commença aussitôt l'attaque par des cris épouvantables; mais elle fut bientôt foudroyée par l'artillerie et la mousqueterie et forcée de se retirer précipitamment. Les Portugais la poursuivirent jusqu'à l'*aldeia* de javatim, et s'en revinrent après avoir détruit plusieurs canots.

1730 (2 octobre). *Fondation de villes.* Établissement de la *villa de N. S. do Bom-Successo* das Minas-Novas do Arrasuahy dans la *comarca* de Serro-Frio, sur un terrain élevé entre deux ruisseaux qui se réunissent pour verser leurs eaux dans l'Arrasuahy. Elle est située à la distance de 63 lieues nord-est de Marianna, à 60 dans la même

---

(1) Ce village, chef-lieu d'un bourg, est situé à 30 lieues au S.-O. de Meiaponte, sur la route de S.-Paulo, à une petite distance de la rive gauche du Rio-Pary et à environ un mille du *morro* de Clémente, qui abonde en or, qu'on ne peut extraire à cause du défaut d'eau : c'est un axiôme des mineurs qu'une montagne d'or ne vaut rien sans eau. Dans ce district se trouve les *Caldas* ou *sources chaudes*, qui forment la petite rivière Caldas du même nom.

Santa-Cruz possède l'église la plus ancienne de la province. Les habitants élèvent des bestiaux et s'adonnent à l'agriculture.
Mem. hist., tom. IX, 216.
Cor. Braz., I, 353.

direction de Sabará, à 36 nord-nord-est de la villa do Principe, et à 135 de Rio do Janéiro sous la latitude de 17° 14′ 48″ (*M. Eschwège*). Sébastião Leme do Prado et d'autres Paulistas partirent, en 1727, du Rio-Manso pour chercher le Rio-Piauhy, lequel, d'après le rapport de ceux qui l'avaient découvert, abondait en or et en pierres précieuses. Continuant leur route est-nord-est, ils traversèrent le Rio-Arrasuahy et Itamarandiba, et se dirigèrent un peu vers le nord; ils rencontrèrent le *Rio-Fanado*, ainsi nommé à cause des feuillettes d'or qu'on y avait remarquées. Parcourant ses bords au mois de juin de la même année, ils furent arrêtés par un affluent où il y avait de l'or, ce qui fit donner à ce lieu le nom de *Bom-Successo*. En même tems, d'autres spéculateurs descendirent les bords du Fanado et rencontrèrent les premiers à la barre de Arrasuahy. On fit connaître la découverte de ces nouvelles mines au gouverneur de Bahia, qui ordonna une répartition du terrain de Ribeiro Bom-Successo et Fanado. Plusieurs mineurs s'y rendirent. On éleva une chapelle au prince des apôtres, et l'*arraial* fut nommé *arraial de S.-Pédro do Fanado* (1). On forma ensuite d'autres établissements, les *arraial* de *Itaipába*, de *Paiol*, de *Agua-Suja*, situés sur le Rio-de S.-Matheus, dans la *comarca* de Serra-Frio. Dans cette rivière, à l'est de la villa do Principe, le mestre-de-camp *João da Silva Guimaraens* découvrit une quantité considérable de pierres précieuses; mais ayant perdu la plus grande partie de ses gens, il se retira à Minas-Novas, où il finit ses jours sans pouvoir indiquer les lieux qui renfermaient ces richesses. Par cette raison, les *Minas de S.-Matheus* prirent le nom de *Minas-Novas de Arrasuahy*, d'après le *provisão* du 4 février 1730. Le capitaine-général de Bahia et gouverneur de l'état du Brésil, Vasco Fernandès Cesar de Ménézès, étant informé de ces faits et des répartitions du terrain, se mit en devoir de placer ce nouveau pays sous sa juridiction, et il en nomma commandant le colonel *Pédro Léolino Mariz*, en conférant, en même tems, les titres de mestre-de-camp et de colonel à Domingo Dias et Francisco Dias, et à Sébastião Leme, celui de *guarda mor* des terres

---

(1) Mot qui est une corruption de celui de *Falhado* (ou diminution) qui fut donné par les mineurs à un ruisseau où ils trouvaient moins d'or qu'à Bom-Successo.

et eaux à minerai, en récompense de ses découvertes. Une *caza d'intendencia* fut établie à Arrasuahy, d'après un décret du 22 janvier 1736. Un *juiz de fora* y fut institué par un décret du 22 janvier 1810. Cette ville, mieux connue sous le nom de *Fanado*, possède de six à sept chapelles, et dont l'une pour les noirs, une autre pour les mulâtres. Il y a une école de la langue latine. On n'y compte pas une seule maison en pierre.

Le territoire de Minas-Novas renferme 27,000 habitants. La *comarca* a une rente annuelle de 500,000 *reis*. Les habitants se livrent aujourd'hui à l'agriculture (1).

1731. *Établissement de la ville de Meiaponte*, située dans la province de Goyaz, district du Rio das Velhas, près le Rio das Almas, à huit lieues de Jaragua, à 27 lieues à l'est de la capitale, sous la latitude de 15° 50′. Le site de ce village fut découvert par *Manoel Rodrigues Thomar* (2).

1732 Établissement de l'*arraial* de *Agua-Quente*, ou eau chaude, dans la province de Goyaz, district de Parannan, sous la latitude de 14° 25′, à la distance d'une demi-lieue de la rive orientale du Rio-Maranhão, et à vingt nord-est de Pilar. Il a pris son nom d'un lac voisin, grand et profond et dont les eaux sont chaudes et fétides. *Manoel Rodrigues* fut le premier qui y découvrit de l'or. Ce métal s'y trouvait en si grande abondance, que plus de 12,000 person-

---

(1) *Mem. hist.*, tom. VIII, part. 2, p. 157, 192.

Cor. Braz., I, 396, 397. Selon cet ouvrage, Bom-Successo fut établie dans l'année 1751.

En 1757, les Minas-Novas furent détachées de la province de Bahia et incorporées avec celles de Minas-Géraès.

Ce pays a 130 lieues de longueur sur 86 de largeur. M. de Saint-Hilaire, qui en donne une description (vol. II, ch. 1), dit, d'après des renseignements qui lui ont été soumis, que cet immense territoire comprend une population de 60,000 individus répartis sur sept paroisses.

(2) Cette ville possède une église, quatre *hermidas*, un hospice et une école pour enseigner le latin. Les habitants sont agriculteurs et manufacturiers de certaines espèces de drap de laine et de coton; ils élèvent des bestiaux et une grande quantité de cochons. Les caravanes qui vont de la capitale et de Cuiaba à la métropole, à S.-Paulo ou Bahia, passent par Meiaponte.

Cor. Braz., I, 352.

Mem. hist., tom. IX, 211, 212.

nes y affluèrent en peu de tems. On trouva entr'autres richesses un lingot qui pesait 43 livres portugaises (*carrateis*) de 16 onces, qu'on envoya au roi D. João V. Une épidémie, occasionnée par des eaux stagnantes près des bords du Maranham, enlevait quelquefois 50 individus par jour; ceux qui échappèrent à ce fléau se retirèrent à l'endroit où est situé l'*arraial* actuel (1).

1732. *Établissement de Réal de Minas*, nommée ensuite *S.-Francisco Xavier de Mato-Grosso*. Les Paulistas, fixés à Cuiaba, commencèrent à fréquenter la *serra* de Mato-Grosso. située vers la partie occidentale du Paraguay, et qui renfermait de l'or (*lavaderos de oro*). *Antonio Fernandès d'Abreu* s'y établit en 1732; et donna à l'établissement le nom de *Réal de Minas*, qui fut changé, en 1734, en celui de *S.-Francisco-Xavier de Mato-Grosso*. Cette ville communiquait avec celle de Cuiaba, par les rivières Jaurú et Paraguay; mais les Paulistas évitaient ce passage en parcourant une route plus directe, par la haute *serra* où se trouve la vraie source du Rio-Paraguay. Sur le versant de cette montagne, vers le midi, ils découvrirent des échantillons d'excellent or et une mine de diamants (2).

1734. *Fondation de l'arraial de Crixá* (ainsi nommée d'après les Indiens qui habitaient ce lieu), dans le district et la province de Goyaz, sous la latitude de 14° 42', à environ 10 milles de la rive gauche de la rivière Crixá et 11 lieues de Tezouras. Il y a une église et trois chapelles (3).

1734. *Colonia del Sacramento*. Don Miguel de Salado, gouverneur de Buénos-Ayres, adressa des plaintes à D. Antonio-Pédro Vasconcellos, gouverneur de la Colonia, contre les violences commises par les Portugais dans les *estancias* espagnoles, et vint mettre le siége devant la place qu'il fit battre en brèche; mais il se contenta de forcer les Portugais à quitter les terrains qu'ils avaient usurpés dans

---

(1) Cor. Braz, I, 345.
Mem. hist., tom. IX, 197, 198.
(2) *Respuesta á la memoria*, etc., par le marquis de Grimaldi, n° 65.
(3) Cor. Braz., I, 333.
Mem. hist., tom. IX, 195, 196.
Le pauliste absolu, Domingos Rodriguez do Prado, y trouva beaucoup d'or, mais ne parla point de sa découverte.

le voisinage et à empêcher leurs incursions pour enlever des bestiaux et détruire les établissements espagnols (1).

1734. *Expédition contre les Indiens du Paraguay.* En 1733, une flotte de 50 canots fut détruite par les Indiens, dont quelques individus s'échappèrent à Cuiaba. Afin de les châtier, on équipa une escadre de 30 canots de guerre, 70 bateaux de transport, et on confia le commandement au lieutenant-général *Manoel Rodriguez de Carvalho.* Vers le milieu d'août 1734, cette flotte entra dans le Paraguay, et après un mois de navigation, le commandant découvrit au point du jour des feux au fond d'une baie qui paraissait d'un accès difficile. Il approcha en grand silence jusqu'à portée de fusil. Les Indiens surpris poussèrent un cri horrible auquel les Portugais répondirent par une décharge de 400 fusils qui en tua un grand nombre ; 292 restèrent prisonniers, y compris les blessés et les enfants qui ne purent se sauver dans les bois. Bientôt après on les fit baptiser.

1734. Vers cette année, *Fernanda Paës de Barros* et son frère, *Arthur Paës*, natifs de Sorocaba, pénétrèrent à l'ouest des vastes plaines habitées par la nation paricis et arrivèrent à un ruisseau qui, prenant sa source dans la *serra* de *Chapada de S.-Francisco-Xavier*, va se réunir au Rio-Guapore. Ils y trouvèrent de l'or, en 1735, ainsi que sur les bords de la Santa-Anna, du Brumado et de la Conceição (2).

1735. *Fondation de villes.* Établissement de l'*arraial de Trahira* sur la rive gauche de la rivière du même nom, et à six lieues de son embouchure dans la province de Goyaz, sous la latitude de 14° 15′, à quatre lieues au-delà de Cocal. Cet endroit sain et agréable fut découvert par Antonio de Souza Bastos et Manoel Rodriguès Thomas, qui lui donnèrent le nom d'une espèce de poisson qui abonde dans la rivière voisine de Trahira (3).

1735. *Fondation de l'arraial de S.-Jozé de Tocantins,*

---

(1) *Respuesta*, etc., n°. 21.
(2) *Mem. hist.*, tom. IX, liv. 9, chap. 2.
(3) Cette ville possède une église paroissiale et deux chapelles. Le territoire abonde en talc dont on fait des lanternes mornes.
Voy. Cor. Braz, I, 346.
Mem. hist., tom. IX, 199, 200.

sur la rive gauche du Rio-Bacalhau, et à huit lieues de celui de Tocantins et une et demie de Trahira. Elle est ornée d'une église la plus belle de la province, et de deux chapelles. Il y a une confrérie *du Senhor dos Passos* qui a été privilégiée par le pape Clément XIII (1).

1736. *Affaires de Mato-Grosso.* Le jour de S. Jozé, la flotte de S.-Paulo fut encore attaquée par une flottille indienne considérable, à Caranda. Le combat dura plusieurs heures, et se termina en faveur des Portugais, qui perdirent leur brave commandant, *Pédro de Moraës*, et *Frey Antonio Nascentes*, franciscain surnommé le *Tigre*, à cause de sa force musculaire et de sa grande intrépidité.

La même année, on ouvrit un chemin au territoire de Goyaz, par où 1,500 individus arrivèrent aux mines avec beaucoup de chevaux et de mulets. D'autres y descendirent par la rivière S.-Lourenço. Une flottille de huit canots de guerre, chacun ayant à bord seize hommes choisis, sous le commandement du lieutenant-général *Manoel Rodriguez de Carvalho*, arriva à S.-Paulo avec quatre-vingts *arrobas* d'or, après avoir dispersé une escadre indienne à l'entrée des Pantanos. Cette nouvelle s'étant répandue parmi les habitants de Cuiaba, presque tous partirent pour les mines de Mato-Grosso, nouvellement découvertes. Le prix d'un nègre était de 500 *oitavas* à cause du produit de son travail (2).

1736. *Fondation du petit arraial* de *S.-Ritta*, à 10 milles au nord de celui de Cachoeira, du district de Parannan, de la province de Goyaz (3).

1736. *Fondation de l'arraial de S.-Felis de Cantalicio*, dans la province de Goyaz, sous la latitude de 13° 30′, près la rive droite de la rivière du même nom, et à moins de trois milles de Maranhão (4).

---

(1) Cor. Braz., I, 346.
(2) Cor. Braz., I, n°. 6. Provincia de Mato-Grosso.
(3) Cor. Braz., I, 346.
(4) Elle possède une église et deux hermitages. Il y avait autrefois un établissement pour raffiner l'or. Les habitants s'occupent de l'agriculture et des mines. Cet *arraial* fut premièrement nommé *Carlos Marinho*, d'après l'auteur de la découverte du site où il s'élève. C'est un *julgado* ou bourg, lequel, depuis 1754, renferme la fonderie établie par le général D. Marcos de Noronha, et qui fut transférée, en mars 1796, à l'*arraial* de Ca-

1736. *Établissement de l'arraial de Corrégo de Jaragua*, dans la province de Goyaz, sous la latitude de 15° 30′. Le site fut découvert par quelques noirs (1).

1736. *Fondation de l'arraial de Cachoeira (cataracte)*, près de la rivière qui lui a donné son nom, à quatre lieues et demie de Tocantins, dans le district de Parannan, et province de Goyaz (2). La rivière de Cachoeira fut découverte cette année par *Antonio da Silva Cordovil* (3).

1737. Les Espagnols, voulant prévenir les incursions que les Portugais fesaient sur leur territoire, envoyèrent une bande de Paulistas (1733), qui traversa le Yacui et s'établit sur le bord méridional de cette rivière, à l'endroit où elle prend le nom de *Rio-Grande de S.-Pédro*, afin de commander cette partie du pays. L'année suivante, un certain nombre de familles arrivèrent dans des barques; et bientôt cet établissement clandestin forma une colonie comptant 500 hommes armés qui, sous Vasconcellos, réussirent à repousser les troupes portugaises envoyées contr'eux, sous la conduite du mestre-de-camp Domingo Fernandès. Les hostilités continuèrent jusqu'à ce qu'il fut donné des ordres précis pous les faire cesser conformément au traité de Paris, du 16 mars 1737, d'après lequel les choses devaient demeurer *in statu quo ante bellum*. Cependant le gouverneur de Colonia del Sacramento, qui avait envoyé des soldats et de l'artillerie à Rio-Grande de S.-Pédro, resta maître de soixante lieues d'un territoire fertile et abondant en bétail (4).

Le brigadier D. Miguel de Salcédo, gouverneur et capitaine-général du Rio de la Plata, écrivit, le 20 décembre, au brigadier D. Joseph de Silva Paès, commandant portugais du Rio-Grande, pour l'engager à évacuer le territoire appartenant à l'Espagne, ainsi que le Porto de S.-Miguel, et pour faire suspendre les ouvrages de fortification dans les autres

---

valcante, par le général Tristão da Cunha. Le territoire appartient à l'évêque de Para.

Cor. Braz, I, 346.

Mem. hist, tom. IX, 192, 202.

(1) *Mem. hist.*, tom. IX, 211.
(2) Cor. Braz., I, 346.
(3) *Mem. hist.*, tom. IX, p. 200.
(4) *Lastarria*, manuscrit, art. 74.

points, le rendant responsable de tous les dommages et pertes qui pourraient en résulter (1).

1737. *Cessation des hostilités entre les Espagnols et les Portugais.* Les hostilités cessèrent, et les prisonniers faits de part et d'autre furent mis en liberté. La perte des Espagnols en tués, blessés et déserteurs excédait 2,800 hommes; celle des Portugais était bien moins considérable; mais ils avaient éprouvé une grande destruction de propriétés; 248 maisons de campagne avaient été détruites, et toutes les chapelles, les potteries, moulins à vent et fours à chaux du pays, ainsi que les fermes, jardins et plantations avaient été ravagés; il en avait été de même de plusieurs plantations de vigne, contenant près de 100,000 ceps. On avait pris plus de 18,000 bêtes de somme, 87,000 têtes de gros bétail et 23,000 moutons. Même avant le bombardement de Colonia, la perte des propriétés était évaluée à plus d'un million 201,000 *cruzados*.

La France, profitant de l'hostilité de Philippe V contre le Portugal, proposa à la Cour d'Espagne le partage des possessions portugaises, en lui accordant le Portugal et les îles, et s'emparant elle-même des possessions brésiliennes (2).

A cette époque, le ministre portugais, D. Luis da Cunha, engagea le roi de Portugal à établir sa Cour au Brésil, et à prendre le titre d'empereur d'Occident. « Le Portugal, » dit-il, « n'est qu'une langue de terre, dont le tiers de la surface n'est pas cultivé, quoique susceptible de l'être; un autre tiers appartient à l'église, et l'autre ne produit pas assez de bled pour la consommation des habitants. Le Portugal serait protégé contre l'Espagne par les autres puissances européennes, et l'Espagne elle-même ne chercherait pas à s'en emparer dans la crainte de perdre les provinces de la Plata et du Paraguay. » Il proposait comme ligne de démarcation l'Oyapoc et la Plata au nord et au sud, et dans l'intérieur le Paraguay jusqu'au lac Xarayes, d'où on tracerait une ligne vers l'ouest de plus de 100 lieues jusqu'à la Madeira (3).

1737. *Santissima Trinidade de Mato-Grosso.* La décou-

---

(1) *Respuesta*, etc., appendice, t. 2.
(2) *Walpole Papers*, manusc. cités par M. Southey.
(3) *History of Brazil*, par M. Southey, chap. 36.

verte des mines de Cuiaba poussa divers aventuriers à la recherche d'autres contrées, dans l'espoir d'y trouver les mêmes richesses. Après les découvertes faites par les deux frères Paès, du pays de Mato-Grosso, plusieurs individus de Villa-Réal de Bom-Jésus vinrent s'y établir, et encouragés par le père Manoel de Araujo, ils élevèrent un temple, en 1737, dans un lieu appelé *Chapada de Brumado*, alors occupé par les Indiens (1).

1737 ou 1739. *Découverte des riches mines du district de l'arraial d'Anta* (2), *dans la province de Goyaz, sous la latitude de* 16° 14′; *établissement de l'arraial du même nom et de la paroisse de Bom-Jésus dans le district de Goyaz.* Ces mines (*Lavras Mineraes*) furent découvertes par *F. Calhamares* à l'endroit nommé *Anta*, où fut établie une chapelle dédiée au S.-Bom-Jésus par les habitants de cet endroit, à douze lieues de distance de l'église de Santa-Anna de Villa-Boa de Goyaz. Cette chapelle fut convertie en église paroissiale par un *provisão* du 5 mai 1751, et l'administration en fut confiée au révérend évêque *Manoel Marques*. On compte dans son territoire environ 300 feux et 2,400 personnes adultes.

Cette paroisse est située entre deux ruisseaux qui se réunissent pour se jeter dans le Vermelho. L'or y abonde et est d'une excellente qualité, particulièrement à *S.-José*, dans les montagnes voisines; mais les habitants en ont abandonné la recherche, ce qui a occasionné la décadence de cet établissement.

A la distance d'une lieue de cet *arraial*, il y a une riche

---

(1) En 1742, par un *provisão* du 30 mai, on érigea ce pays en district paroissial, sous le nom de *Capellania Curada* et sous la direction du P. José Dias dos Santos, qui accompagna les habitants des nouvelles mines, en 1735. Population de la paroisse avant l'année 1807, 7,000 habitants.
Memorias historicas do Rio de Janeiro, tom. IV, p. 209.
D'après les annales manuscrites de Mato-Grosso, João de Souza de Azévédo, dans son traité des limites de cette province (*memoria da Freguezia de Cuiabá*) attribue la découverte de ce district à Antonio Fernandès de Abreu, qui, en qualité de *sergento mor*, fut envoyé avec Fernando Paès de Barros, par le brigadier régent (*brigadeiro regente*) pour vérifier la découverte annoncée.

(2) On suppose que le nom d'*Anta* a été donné à ce lieu parce qu'on y aura tué un animal de ce nom.

mine nommée *Taveira*, découverte dans l'année 1762; mais qu'il est difficile d'exploiter à cause de sa profondeur de trente palmes et de la nécessité d'en faire écouler les eaux qui y sont ramassées. Avant la dernière révolution, il y avait dans cet *arraial* une compagnie de cavalerie, une de milice et une autre d'infanterie (1).

1738. *Occupation de l'île de Fernam de Noronha par les agents de la Compagnie française des Indes orientales.* Cette île, qui a environ vingt milles de circonférence, est située à près de soixante-dix lieues de la côte de Brésil. Vingt-cinq Français s'en emparèrent au nom de ladite Compagnie; mais ils furent forcés de se rendre à des troupes envoyées contr'eux par le nouveau gouverneur de Pernambuco (2).

1738. *Établissement de l'arraial de Pontal* dans la province de Goyaz, district de Nova-Beira, sous la latitude de 11° 30', à 120 lieues au nord de la capitale et 12 de l'*arraial* do Carmo. Pontal fut découvert par *Antonio Sanches*, qui lui donna ce nom à cause du coude qu'y fait le Rio-Tocantins, qui coule à la distance de quatre lieues. Ce passage est connu sous le nom de Porto-Réal (3).

---

(1) *Mem. hist.*, tom. V, 81-82.
Cor. Braz., I, 334. Selon cet ouvrage, *Anta* fut fondée en 1729.

(2) En 1602, un facteur portugais s'y établit avec 14 noirs esclaves des deux sexes. Il y trouva des bœufs sauvages, des cochons, des chèvres et des pigeons en grande quantité. Vers 1630, cette île fut prise par les Hollandais, qui l'abandonnèrent quelques années après à cause des rats qui l'infestaient. Depuis cette époque, elle a servi de lieu d'exil aux condamnés de Pernambuco.
De Laet. Ulloa, liv. IV, ch. 312.
Cooks' 2d. Voy. liv. IV, ch. 10.
Kosters, *Travels*, p. 39.

(3) Pontal possède une église paroissiale. Les habitants cultivent la mandioca, le maïs, le coton et des légumes; le pays abonde en fruits.
Mem. hist., tom IX, 203.
A la distance de trois lieues au nord de Pontal se trouve l'*aldéa Mantança*.
L'*arraial Novo* de Porto-Réal est situé au passage entre Pontal et Carmo où la rivière Tocantins a plus de 500 *braças* à la plus grande élévation de ses eaux et 374 à leur plus grand abaissement.

1739. *Établissement de Villa-Boa de Goias ou Goyaz.* Un ordre royal du 11 février 1736, ordonna la création de la villa de Goias, capitale de la province du même nom, ce qui fut exécuté par le gouverneur de S.-Paulo, D. Luis de Mascarenhas, Condé de Sarzédas, le 25 juillet 1739, lequel lui donna le titre de *Boa* ou belle. Elle est située sous la latitude méridionale de 16° 10′ comptés de l'île de Fer (1).

1739. *Fondation de l'arraial de Natividade*, sous la latitude de 11° 22′, près de la petite rivière de S.-Antonio et dans le voisinage du *Morro dos Olhos d'Agua* (ainsi nommée à cause de plusieurs sources d'eau), dans le district de Tocantins, province de Goyaz, à six milles du Rio de Manoel Alvez du sud, et près de dix de la rivière des Tucantins (2).

1740. Le 20 décembre, la flotte du *commodore Anson* mouilla dans la rade de l'île de Santa-Catharina.

1740. *Découverte de la rivière Urazicoara*, affluent du Rio-Négro, par *Francisco-Xavier de Andrade*, qui y fit un voyage de deux mois (3).

―――――――――

(1) Selon les observations des pères Diogo Soarès et Domingos Chapaci, jésuites et habiles mathématiciens. La *Corografia Brazilica* donne 16° 30′ pour la latitude de cette ville.
Par une loi du 17 septembre 1818, cette capitale fut élevée au rang de cité avec toutes les libertés et priviléges des autres cités du royaume de Portugal. Elle est située dans une plaine presqu'au centre du Brésil, sur les bords du Vermelho qui la divise en deux parties inégales, lesquelles communiquent par le moyen de trois ponts. Elle possède une église, six chapelles, un palais pour le gouverneur, une maison de ville (*casa da camara*), un échiquier (*casa da contadoria*) et une fonderie d'or (*casa da fundicão do ouro*), un fort, un tribunal, une fontaine et une promenade publique. C'est la résidence du gouverneur et d'un prélat qui est évêque *in partibus*.
Cor. Braz., I, 333, 4.
Mem. hist., tom. IX, liv. 9, chap. 3, p. 152-3, art. Goyaz. Villa-Boa a une population de 700 familles.

(2) Il y a une église et trois chapelles. Les habitants cultivent la canne à sucre, le cotonnier, le tabac, le maïs, la mandioca et des légumes; les oranges et les citrons y sont excellents. Le site de ce village fut premièrement reconnu par *Manoel Rodriguès de Araujo*.
Cor. Braz., I, 341.
Mem. hist., tom. IX, 202.

(3) *Diario da viagem*, etc., manuscrit.

1740. *Défaite des Indiens de Mato-Grosso.* Les Indiens de Mato-Grosso furent encore repoussés à l'embouchure du Tacoary par la flotte de S.-Paulo, commandée par *Géronimo Gonzalvez*, qui rapporta à Mato-Grosso un grand nombre de lances prises sur les naturels, tués dans le combat. Il perdit néanmoins dans cette affaire quatre canots chargés d'esclaves et de marchandises. Bientôt après l'arrivée de Gonzalvez, quelques Indiens Bórórós apportèrent la nouvelle que des jésuites espagnols venaient de s'établir près des sources du Paraguay, pour réduire les Guarapores. Les Portugais prirent des mesures pour leur expulsion ; mais l'inconstance de ces nouveaux prosélites les avait déjà décidés à retourner à leurs *aldéas* de la province de Santa-Cruz de la Serra.

1740. *Établissement de villages. Établissement de l'arraial de Calvalcante* (ainsi nommé d'après l'un des principaux habitants) dans la province de Goyaz et le district de Paranna, près du Rio das Almas, à dix-neuf lieues de *morro de* Chapéo, par *Domingos Pirès*, qui y trouva beaucoup d'or ; mais la mine était profonde et difficile à travailler (1).

Arraias. Cet *arraial* fut établi en 1740, sous la latitude de 12° 42′, à quinze lieues nord-est de Calvalcante et à 19′ de Conceiçao, près de la source de la rivière de son nom, dans le district de Paranna et la province de Goyaz. Elle a une église paroissiale (2).

1740. *Établissement de l'aldéa de Pédra-Branca* sur la *serra* du même nom, au milieu des bois, dans la *comarca* et la province de Bahia, à cinq lieues ouest-sud-ouest de *l'arraial* de Ginipapo (3).

---

(1) Il y a une église et deux *hermidas* et une raffinerie d'or qui y a été transférée de S.-Felis. Le terrain est fertile et bien arrosé. Les habitants élèvent des bestiaux et cultivent la mandioca, le coton et le bled.
Mem. hist., tom. IX, 207-208.
Cor. Braz., I, 347.

(2) Cor. Braz., I, 348.
Mem. hist., IX, 206.
On y trouva beaucoup d'or les premières années de sa création. Les habitants ont formé des compagnies de cavalerie, d'infanterie et de milice.

(3) Elle fut créée pour la demeure de deux peuplades indien-

1741. *Voyage de Nicolas Horstman, allant à la recherche du lac Parima ou Doré et de la ville del Dorado.* Le voyageur, parti de la Guiane hollandaise, remonta par la rivière Essequebo et entra dans celle de Branco. S'abandonnant à son courant, il descendit jusqu'au Rio-Négro d'où il passa à la ville de Canuto. L'intendant du Rio-Négro s'y rendit, en 1773, et Horstman lui exprima le regret d'avoir fait inutilement cette entreprise (1).

1741. *Établissement de villages.* Établissement de l'*arraial de Pilar* dans un pays montagneux du district et de la province de Goyaz, nommé premièrement *Papuãa* d'après une plante de ce nom qui croissait dans les environs. Quoique manquant d'eau pour le lavage de l'or, on y a trouvé plus de 100 *arrobas* de ce métal. La découverte du *Morro* qui renferme cet or, fut faite fortuitement par *João Godoy Pinto da Silveira* (2).

1741. *Établissement du village de Conceição* dans la province de Goyaz, sous la latitude de 12° 26′, à soixante-quinze lieues de Natividade. Il porte aussi le nom de Barra da Palma à cause de son voisinage de l'embouchure de la rivière (3).

1741. *Fondation de l'aldéa de Rio das Pédras* dans la province de Goyaz, sur la rive septentrionale de la petite rivière du même nom, par le colonel *Antonio Pirès de Campos*, qui y établit une horde de *Bórórós* de Cuiaba; ces der-

nes, dont l'une était des Cayrihys. Les maisons sont en bois et couvertes de feuilles de palmier. L'église est bâtie en *adobe* et couverte en tuiles.
Cor. Braz., II, 129.

(1) *Diario da viagem*, etc., manuscrit.

(2) Le temple paroissial de Pilar, établi sur ce site, donna son nom à l'*arraial* et à la paroisse. Il est situé sous la lat. de 14° 15′; et a trois chapelles et une fontaine.
Mem. hist., tom. IX, 196 et 197.
Cor. Braz., I, 335.

(3) *Mem. hist.*, tom. IX, p. 206.
Ce village, autrefois florissant, était tombé en décadence, lorsqu'il fut rétabli par les décrets du 18 mars 1809 et du 25 juin 1814.

niers furent transportés, en 1811, au *presidio* de Nova-Beira, par le général Fernando Delgado (1).

1742. *Expédition de Manoel Félix de Lima, natif de Portugal*, compagnon d'Antonio Fernandez d'Abreu. Cet individu avait échappé à la famine, et n'ayant pu s'enrichir à *l'arraial* de S.-Francisco-Xavier, il résolut de tenter fortune en descendant les rivières. Il prépara, à ses frais, une expédition composée de cinquante personnes, qu'il embarqua dans deux canots sur le Sarare. Ils descendirent jusqu'à la jonction du Guapore, où ils construisirent deux autres canots et se munirent de provisions. Après avoir navigué dix jours, ils débarquèrent à l'entrée d'une rivière où ils reconnurent les traces d'un campement; c'était celui d'*Antonio d'Almeida Moraès* qui était parti de *l'arraial*, six mois auparavant, pour prendre des Indiens et chercher des mines. Ils y campèrent aussi, et rencontrèrent Almeida qui, d'après des renseignements fournis par un vieux Indien qui parlait la langue tupi, les avertit du danger qu'il y aurait à descendre la rivière à cause des naturels qui occupaient ses bords, et qui étaient très-nombreux et très-guerriers. Almeida, profitant des conseils de ce vieux Indien, était décidé à remonter un affluent du Guapore, dont les habitants plus doux se trouvaient en guerre avec des peuplades formidables. Malgré ces renseignements, Manoel Félix résolut de descendre le Guapore et fut abandonné de quatorze de ses hommes, qui le quittèrent pour se joindre à Almeida. Manoel Félix descendit le Guapore jusqu'à la réduction de S.-Miguel, et ensuite le Madeira et l'Amazone jusqu'à la ville de Para. On avait déjà reconnu le Madeira, mais Manoel fut le premier qui indiqua la communication par eau entre Mato-Grosso et Para (2).

1743. *Expédition contre les Indiens Payagoas*. Les Indiens ayant encore tué quelques pêcheurs, près la ville de Cuiaba, *l'ouvidor Joam Gonsalvès* proposa à la junte du Sénat et des principaux personnages de la ville de faire la

---

(1) *Mem. hist.*, IX, 222.
(2) *History of Brazil*, par M. Southey, ch. 37. Cet auteur donne des détails intéressants sur cette expédition, d'après deux manuscrits, dont l'un est de Manoel Felix lui-même.

paix avec les Indiens Guaycurus. Cette proposition fut acceptée, et il expédia une escadre de six canots de guerre et six de transport, sous le commandement du capitaine *Antonio de Madeiros*, ayant à bord une quantité considérable d'articles recherchés par les Indiens, pour leur être présentés et donnés en échange pour des chevaux. Par le moyen des interprètes et des ôtages, une négociation eut lieu avec le chef indien, dont le principal objet était de mettre fin aux hostilités des Payagoas.

Le lendemain, un nombre considérable de Portugais débarquèrent sans armes pour trafiquer avec les Indiens, qui en tuèrent cinquante. Ce massacre ôta tout espoir d'une négociation amicale.

Les Espagnols, alarmés de l'approche des Portugais de l'Ubay et du Mamore, établirent leurs missions sur la rive droite du Guapore. En même tems, un parti de gens qui avaient quitté Mato-Grosso pour dettes, s'établirent dans une île du Guapore, nommée Ilha-Grande, qui a environ quarante milles de longueur, et y subsistèrent par le pillage des villages indiens du voisinage.

1744. L'année suivante, les Indiens furent vaincus par la flotte des Paulistas, qui ne perdit qu'un seul nègre. Malgré cette défaite, les Indiens remontèrent hardiment le Paraguay jusqu'au passage qui mène de Cuiaba à Mato-Grosso, et débarquant près de l'établissement de Joam d'Oliveira, mirent le feu à sa maison et tuèrent plusieurs individus (1).

Le capitaine *João de Souza* descendit l'Arinos, le Tapajoz et l'Amazone jusqu'à Para, et revint, la même année, par le Madeira avec des marchandises européennes. D'autres trafiquants prirent ensuite la même route.

La communication entre les fleuves de l'Orinoco et des Amazones par le Rio-Négro, fut découverte par des Portugais. *Francisco-Xavier de Moraës*, accompagné de plusieurs de ses compatriotes, entra dans la rivière de Caciquiari, qui communique avec le Rio-Négro (2).

---

(1) Cor. Braz., n° 6. Provincia de Mato-Grosso.
(2) Voy. *Voyage de la Condamine*, p. 116.
Berredo, Anneas, etc., liv. X, 728.
D'après une lettre du 14 juin 1749, écrite par le père Bento da

1744 ou 1745. *Découverte du pays de Campo-Alègre dans le district de Parahyba-Nova, province du Rio de Janéiro.* *Simaô da Cunha Gayó* n'ayant pas prospéré dans la capitania de S.-Paulo, où il était colonel, se rendit à Minas-Géraès, dans l'espoir d'y rétablir ses affaires et dans l'intention de se fixer près du lac Ajurú-Oca (1). Après avoir pris quelques informations des habitants, il forma le dessein (qu'il tint secret) d'aller à la découverte de l'or et des pierres précieuses, et obtint à cet effet une licence du général de S.-Paulo, D. Luiz de Mascarenhas (2) avec permission de faire la conquête du pays. Après avoir franchi un grand nombre de forêts et de rivières, il parvint sur les bords de la Parahyba vers le commencement de l'année 1745 (3). De chaque côté de cette rivière, s'étendaient de riches et vastes plaines, qui parurent convenables pour y former un établissement, auquel on donna le nom de *Campo-Alègre*. Le P. *Félipe Teixeira Pinto*, qui accompagnait cette expédition, fonda la chapelle de N. S. d'Ajurú-Oca sur les confins de la capitainerie de Minas-Géraès et de Rio de Janéiro, en vertu d'une provision *(provisão)* du 12 mai 1747 (4).

1745. Les mines du district *d'Arinos* furent découvertes par le mestre-de-camp *Antonio d'Almeida Falcao* et ses fils, tous habitants de Mato-Grosso; mais l'année suivante, lorsque plusieurs individus de cette province et de Cuiaba

---

Fonseca, jésuite et procureur-général de la province de Rio-Négro, il paraît que dès l'année 1759, on avait connaissance de la communication des eaux du Rio-Négro avec celles de l'Orinoco, et qu'on savait que la première rivière coulait de l'ouest à l'est presque parallèlement au Rio des Amazones.

Voy. *Mem. hist.*, tom. IX, p. 125, note 45.

(1) Dans un lieu appelé *Casa de Papagaio*, ou maison du perroquet.

(2) Il entra en fonctions en 1739 et en sortit en 1748.

(3) Une ordonnance du 9 avril 1745 interdit l'usage de la route conduisant des mines d'Ajurú-Oca à Rio de Janéiro et à la côte, et qui avait été ouverte par Antonio Gonzalves de Carvalho et ses compagnons. Un *aviso* du 22 janvier 1756 rappela de nouveau l'ordonnance de la loi du 27 octobre 1733, prohibant l'ouverture de nouvelles *picadas*; mais une cédule royale du 4 décembre 1816, dans le but de favoriser la culture des terres, le commerce intérieur et la navigation, leva cette interdiction, et autorisa l'ouverture d'un grand nombre de routes.

(4) *Memorias historicas* do Rio de Janéiro, tom. V, p. 37, 39.

y travaillèrent, l'or disparut subitement, et ils se retirèrent (1).

1745. *Création de villes et de villages.* Le village de *Marianna* devient ville (2).

1746. *Établissement de l'arraial de Santa-Luzia* dans la province de Goyaz, à neuf lieues au-delà de Montes-Claros, sous la latitude de 18°. Ce lieu qui fut découvert par *Antonio Buéno de Azévédo*, est à la distance de deux lieues de la route de Paracatú, presqu'à une égale distance du Rio de Pontralta et S.-Bartholomeu, et vingt lieues est-sud-est de Meiaponte. Sa position est saine et abonde en eau (3).

1746. *Établissement* de *l'arraial do Carmo*, sous la latitude de 10° 56′, dans la province de Goyaz, district des Tocantins. Ce site fut découvert par *Manoel de Souza Ferreira*, et se trouve à la distance de vingt-six lieues de Porto-Réal do Pontal (4).

---

(1) *Mem. hist.*, tom. IX, p. 125, note 45.

(2) Les maisons sont propres et les rues larges. Elle est la résidence de l'évêque de Minas-Géraès, et possède une cathédrale non achevée, deux couvents et un séminaire théologique. Population, environ 4,800. Cette ville est à 398 toises au-dessus du niveau de la mer.
Eschwege journ., vol. I, p. 37.
Voy. *Travels in Brazil*, par MM. Spix et Martius, *book* IV, ch. 2.

(3) Les habitants font de bon fromage et d'excellentes marmelades; ils élèvent des bestiaux qui constituent leur principale richesse. Santa-Luzia possède une église dont elle a emprunté le nom. C'est le chef-lieu d'un *julgado* ou bourg qui a deux compagnies de cavalerie, deux d'artillerie et une de *Henriques* ou noirs.
Mem. hist., tom. IX, 213, 214.
Cor. Braz. I, 353
Le territoire de Santa-Luzia renferme plus de 400 feux ou environ 4,000 adultes. Par un *provisão* du 8 février 1757, cette paroisse entra dans la classe des églises curiales sous la direction du P. Géronimo Moreira de Carvalho.

(4) Elle possède une église et une chapelle. Les habitants sont mineurs et cultivateurs.
Mem. hist., tom. IX, p. 203.
Cor. Braz., I, 342. D'après cet ouvrage, Carmo fut établi en 1741.
L'arraial de la *Chapada da Natividade*, situé à 15 lieues de istance, est aujourd'hui très-florissant.

1747. *Découverte par João de Souza e Azévédo d'une communication entre les rivières Sumidouro, affluent de l'Arinos, et la Sypotuba affluent du Paraguay.* S'embarquant sur la Cuiaba, Azévédo descendit cette rivière jusqu'au Paraguay, qu'il remonta jusqu'à l'entrée de la Sypotuba et suivit son cours vers sa source ; de là, il transporta ses canots au Sumidouro, et passa par son canal dans celui de l'Arinos et ensuite dans la rivière de Tapajoz, et retourna, par la même route, à Mato-Grosso avec ses canots chargés de marchandises. La navigation de cette dernière est interrompue par des chutes et des rapides. C'est pourquoi on préfère la route par le Madeira, quoique plus longue de deux cents lieues. Les bateaux portant d'un à deux cents *arrobas*, peuvent naviguer jusqu'à Villa-Bella (1).

1747. *Mines.* On découvrit d'autres mines nommées de *Santa-Izabel*, près les sources du Rio-Arinos, qui furent aussi abandonnées à cause de leur pauvreté et des hostilités des naturels (2).

1747-50 (3). *Fondation de villes. Établissement de la ville de S.-Pédro* dans la province de Rio-Grande do Sul, à deux lieues de la barre du Rio-Grande, sous la latitude de 32° 58′ 36″ et 326° 58′ 20″ de longitude de l'île de Fer (4).

_____

(1) *Mawes' travels*, 416.
History of Brazil, par M. Southey, ch. 57, où il cite *Almeida Serra. Patriota*, tom. II.
(2) *Mem. hist.*, tom. IX, p. 125, note 45.
(3) Selon Pizarro é Araujo, S.-Pédro fut établie en vertu de l'ordre royal du 17 juillet 1745. Voy. tom. IV, p. 49.
(4) Cette ville, d'abord commencée à un endroit nommé *Estreito*, ou détroit, à une lieue sud-ouest, fut transférée dans sa situation actuelle, par Gomez Freyre d'Andrade; elle fut la capitale de la province jusqu'en 1763. Les maisons sont mal construites, les rues remplies d'un sable fin qui, pendant les grands vents, se mêle avec tous les aliments; la chaleur y est souvent insupportable. S.-Pédro possède une église dédiée à l'apôtre dont elle porte le nom, et deux ordres de femmes de S.-Francisco et de Carmo. Cette ville n'ayant pas été établie conformément à l'ordre royal de 1774, fut rétablie, par un décret du 16 décembre 1812, sous la direction de l'*ouvidor Antonio Monteiro da Rocha*. Par un autre décret, du 15 mai 1816, on y envoya un *juiz de fora*. Sa juridiction comprend environ 18,000 habitants.
L'*arraial* de *S.-José d'El Rei*, situé sur le bord oriental de la

1748 (le 17 mars). Sa majesté ayant résolu de créer deux gouvernements, dont l'un à *Minas de Goias*, l'autre à *Cuiaba*, et considérant comme nécessaire de conserver à S.-Paulo un gouverneur avec le titre de capitaine-général, rappela à la Cour D. Luis de Mascarenhas, qui gouvernait alors cette capitainerie, par une lettre du secrétaire d'État, Marcos Antonio d'Azévédo Coutinho, datée du 17 mai 1748. Par un ordre du 9 des mêmes mois et année, S. M. confia l'administration de ces deux gouvernements à Gomez Freire d'Andrade, qui prit possession de la capitainerie Paulopolisana, dont la cité fut appelée *Formosa sen Dote*, par la raison du manque de commerce; de là, il passa à la capitale de Rio à l'effet d'exécuter les ordres du 3 octobre 1739 et du 9 mai 1747, concernant le choix du site pour la construction d'une nouvelle cathédrale, et il y posa la première pierre de ce majestueux édifice, le 20 janvier 1749. Ensuite, il se rendit à Goias et passa le Rio-Claro à soixante lieues de distance, pour ratifier le nouveau contrat relativement à quarante lieues de terre minérale (*demarcação diamantina*) accordées aux contracteurs Joakim Caldeira Brant et Felis Basto Caldeira Brant.

1749. *Expédition portugaise de cent personnes, envoyée de Para à Mato-Grosso, afin de protéger la navigation des rivières.* Cette expédition, après avoir remonté le Madeira pendant trois semaines, fut attaquée par les Muras, qui furent repoussés; mais qui renouvelèrent ensuite leurs hostilités et obligèrent les Portugais de se retirer dans une île, afin de construire des canots plus légers que ceux qu'ils possédaient et qu'ils renvoyèrent à la mission la plus proche pour attendre leur retour. Pendant cette opération, ils furent abondamment pourvus de poisson et de tortues. Ils ont fourni les renseignements suivants sur le Madeira. Près de son embouchure, cette rivière traverse un pays plat qui est inondé pendant la saison des pluies, et conséquemment très-malsain. Dans l'*aldéa dos Abacaxis*, où le jésuite F. Joam de S.-Payo avait réuni mille Indiens, plus des deux tiers

---

rivière, sert de port à cette ville. En 1814, 333 navires (*embarcaçoes*) en partirent chargés de bled, de fromage, de cuirs, de suif, de viande salée, etc.

Voy. *Mem. hist.*, tom. IX, chap. 5.
Cor. Braz., tom. I, p. 148 et 149.

furent enlevés par la maladie. Un autre fléau est celui des insectes, dont les piqûres sont insupportables. Une partie du pays parcouru par l'expédition se nomme *Curapanutaba* ou terre des Mousquites. Plus haut où le terrain s'élève, le pays est à la fois sain et pittoresque. Un des affluents les plus considérables du Madeira est le *Jamary*, qui prend sa source dans la *serra* dos Parecis. Il est le plus connu de toutes les rivières de Para, étant très-fréquenté à cause de la culture du cacao. On voit, près de son entrée, le reste d'un établissement nommé *Trocano*. La première chute est au pied de la Cordillère, où il y a un portage d'un tiers de mille. Trois lieues plus haut où la rivière a une largeur de près d'un demi-mille, il y a une chute de cent pieds d'élévation. Le portage est escarpé, et s'étend environ à trois quarts de mille. Les jointures des canots furent si ouvertes par le transport dans cet espace, qu'il fallut trois jours pour les réparer ; pour cet objet, on employait au lieu de chanvre, l'écorce intérieure du *jacipocayas*, et le suc du *cumaa* en guise de goudron. Le passage le long d'autres chutes était encore plus difficile ; et au cinquième, où il en existe un d'un mille de longueur, il fallut quatre jours pour le franchir. Il y a une succession de chutes et de rapides jusqu'auprès de la jonction du Bène. Cette rivière a 800 *braças* de largeur. Ses eaux comme celles du Mamore sont troubles. Afin de les rendre potables et les clarifier, les navigateurs y mêlent de l'alun. Au-dessus de la jonction du Bène, il y a sept autres chutes ou rapides, en tout dix-neuf. Au-delà de la dernière, l'expédition arriva au premier *Pantanal*, où les eaux, à cause de leur expansion, semblaient être stagnantes. Jusqu'à l'entrée du Mamore ; cette rivière avait 500 *braças* de largeur et 7 de profondeur. Celle de Guapore est de trois pieds ; mais elle a plus de largeur et ses eaux sont claires. L'expédition s'arrêta à la Réduction espagnole de Santa-Rosa, sous la direction du père Athanasio, qui l'accueillit avec amitié. Cet établissement contenait alors 500 personnes, dont 150 en état de porter les armes. La flottille continua sa route le long du Guapore qui traverse un pays plat. Les eaux commençaient à s'élever, et les poissons s'étant retirés dans les lacs et les *pantanaes* et le gibier dans les terrains élevés, les Portugais qui n'avaient plus de provisions, furent obligés de s'arrêter à la mission de S.-Miguel, située sur la rive droite du Guapore, où le père Gaspard leur en fournit pour leurs besoins. Cet établissement était alors si florissant que 800 des habitants étaient capables de porter les armes. Il possédait de vastes plantations de riz et de maïs, ainsi qu'une grande quantité de bestiaux et de volailles. Le prix d'une poule était de deux aiguilles. L'expédition continua sa navigation à Ilha-Grande, où les eaux étaient tellement grossies, qu'elle ne trouva plus d'endroit pour préparer sa nourriture et se reposer pendant la nuit. Les Indiens tombèrent malades. Le jour de l'arrivée à l'île, le sergent mourut d'une fièvre, et un noir envoyé à la chasse fut dévoré par un jaguar. Pour comble de malheur, quinze des Indiens s'échappèrent dans un canot (1). Heureusement on trouva du maïs et des guides jusqu'à la rivière Sarare; mais une semaine après, l'expédition n'avait plus que demi-ration, et la crue des eaux était si grande, que ni la pêche ni la chasse n'offraient aucun secours. D'après l'avis des guides, on expédia les plus légers canots, pour chercher des provisions, aux établissements les plus proches, et ils revinrent après dix jours, chargés de maïs, de riz, de fèves et de fruits, fournis par la plantation de Chaves, l'un des compagnons de Manoel Félix, et qui s'était établi avec d'autres fermiers sur un sol fertile à l'abri des inondations. L'expédition gagna cet établissement où elle resta deux jours, et continuant sa route quelques lieues après, elle parvint au Sarare. Cette rivière, à son entrée, a 200 *brazas* de largeur. La navigation en est obstruée par de nombreuses îles, par les arbres qui y tombent et par la plante nommée *accapis* qui y croît. Au bout de trois jours, on arriva au poste de Pescaria, après un voyage de neuf mois. Le retour peut s'effectuer en quarante-quatre jours.

La communication étant ainsi ouverte par le Guapore et le Madeira, entre Para et Mato-Grosso, on trouva qu'on pourrait fournir, à ce dernier endroit, des marchandises à meilleur marché de Para que de Rio, et que le voyage était moins périlleux que celui de S.-Paulo à cause des hostilités des Guaycurus et des Payaguas (2).

1749. *Ligne de missions.* Vers cette époque, une ligne de missions s'étendait du Brésil et du pays voisin de

---

(1) Ils retournèrent à leur établissement ou *aldéa* situé sur le Xingu.

(2) *Corografia Brazilica*, II, 262.
History of Brazil, par M. Southey, ch. 37.

Quito jusqu'à Para. Les missions de l'Orinoco communiquaient avec celles du Rio-Négro et de l'Orellana, et les rapports entre les établissements de Moxo et de Madeira ne furent interrompus que par des considérations politiques. Entre ces premiers et Chiquito il existait une chaîne de communication, qui confinait aux prédications du Paraguay, d'où les jésuites envoyaient des missionnaires dans le pays de Chaco et parmi les peuplades de ces plaines immenses situées au sud et à l'ouest de Buénos-Ayres.

1749. *Création de villages.* Établissement de *l'arraial de Cocal* dans la province de Goyaz, à quatre lieues d'Agua-Quente, et qui fut ainsi nommé à cause de la grande quantité de cocotiers qui y croissaient près d'un petit affluent du Maranham. Ce site fut découvert par *Diogo de Gouvea Osorio*, ou par le colonel *Félis Caetano*, qui possédait une exploitation minérale dans le voisinage de *Seté-Ranchos*. On y trouva d'abord beaucoup d'or (1).

1750. Le mariage de Ferdinand VI avec l'infante portugaise, dona Maria Barbara, amena un traité de limites qui annula tous les traités antérieurs, ainsi que la bulle d'Alexandre. Colonia fut rendue à l'Espagne, et la partie du territoire à l'est de l'Uruguay, qui contenait sept juridictions et 30,000 Guaranies, fut cédée au Portugal. Les missions devaient aller s'établir dans les limites du territoire espagnol, mais cet arrangement n'eut pas lieu, et fut ensuite révoqué par le traité d'annulation de 1761.

1750, 13 janvier. *Traité de limites des possessions* du Portugal et de l'Espagne en Amérique.

Les sérénissimes rois d'Espagne et de Portugal, désirant consolider et affermir la bonne amitié qui régnait entr'eux et prévenir tous les obstacles qui pourraient l'altérer, particulièrement ceux qui résulteraient des limites des possessions des deux couronnes en Amérique; considérant que la ligne qui doit servir de principe inaltérable de démarcation n'a pas été vérifiée et ne peut être fixée par la pratique; attendu les difficultés invincibles que présente une telle opération, il a été convenu d'examiner les doutes et raisons exposés de part et d'autre, et de conclure un arrangement définitif.

---

(1) *Mem. hist.*, tom. IX, p. 198, 199.

De la part de la couronne de Portugal, on alléguait : 1° que le domaine espagnol s'étend à l'extrémité asiatique de la mer du Sud à beaucoup plus de dégrés que les 180 de sa démarcation ; et par conséquent que l'Espagne a occupé un bien plus grand espace que ne peut importer l'augmentation qu'on reproche aux Portugais d'avoir occupée dans l'Amérique méridionale à l'ouest de la ligne et où commence la démarcation espagnole.

2° Que par le contrat de vente, avec stipulation de rachat, signé à Sarragosse le 22 avril 1529, la couronne d'Espagne a vendu à celle de Portugal tout ce qui lui appartenait à l'occident de l'autre ligne méridienne déterminée par les îles *das Velas*, situées dans la mer du Sud, à 17 dégrés des Moluques, avec condition que si l'Espagne n'empêchait pas ses sujets de naviguer de ladite ligne vers l'occident, la stipulation de rachat serait résiliée ; et que si quelques-uns desdits sujets y entraient par ignorance ou nécessité et découvraient quelque île ou terre, ces découvertes seraient au profit du Portugal ; que malgré cette convention, les Espagnols ont depuis découvert les Philippines et s'y sont effectivement établis un peu avant l'union des deux couronnes, qui a eu lieu en 1580 et qui fit cesser les disputes élevées à cet égard ; mais que les deux nations ayant été ensuite divisées, le traité de Sarragosse est un nouveau titre pour le Portugal, qui doit rentrer dans ses droits.

3° Quant au territoire du bord septentrional de la Plata, où a été établie la colonie du S.-Sacrement, S. M. catholique s'était engagée, par un traité provisionnel, signé à Lisbonne le 7 mai 1681, confirmé par l'article 7 de la paix conclue à Utrecht entre les deux puissances, le 6 février 1715, à remettre au Portugal tout le territoire de la colonie. Le gouverneur de Buénos-Ayres prétendit y satisfaire, en ne remettant que la place, disant que par territoire, on entendait seulement tout ce qui l'environnait à portée de canon d'icelle, réservant à l'Espagne les autres terres en litige ; opinion manifestement opposée à la condition précitée. Qu'en supposant même que, par ledit art. 7, S. M. C. se soit réservé le droit de donner un équivalent pour ledit territoire et colonie, le terme prescrit étant expiré depuis long-tems, rien ne peut plus arrêter la remise de ce même territoire.

Du côté de l'Espagne, on alléguait :

Que la ligne du nord au sud devant s'étendre à 370

lieues au couchant du cap Vert, conformément au traité conclu à Tordésillas, le 6 juin 1494, tout le terrain qui se trouvait dans les 370 lieues depuis lesdites îles jusqu'à l'endroit où devait se déterminer la ligne, appartient au Portugal; et que depuis cet endroit vers l'occident, on doit compter les 180 dégrés de la démarcation d'Espagne. Qu'au reste, la couronne de Portugal ayant occupé les deux bords du fleuve des Amazones ou Maranham, en remontant à la source de la rivière Javari, qui y entre par le bord austral, tout ce qui se trouve depuis Para jusqu'à l'embouchure de cette rivière doit être compris dans la démarcation espagnole. Il en est de même dans l'intérieur du Brésil, relativement au pays qui s'étend jusqu'à Cuiaba et Mato-Grosso.

Quant à la colonie du S.-Sacrement, cette colonie et le territoire en question se trouvant dans la ligne de démarcation espagnole, le Portugal ne peut se prévaloir de son nouveau droit en vertu du traité d'Utrecht, pour la retenir; puisque d'ailleurs il a été offert un équivalent dans le tems prescrit par l'art. 7 dudit traité; et que si le terme a été prorogé, c'est que le Portugal n'a pas voulu accepter l'équivalent proportionné offert par l'Espagne.

Les deux monarques ayant pesé et examiné ces raisons, et voulant maintenir entre leurs sujets la paix et la tranquillité, conviennent de mettre dans l'oubli et annuler toutes les actions et les droits qui pourraient leur appartenir en vertu des traités de Tordésillas, de Lisbonne, d'Utrecht, de Zaragoza et de tous autres titres qui pourraient influer sur la division de leurs domaines, et de réduire les limites des deux monarchies à celles qui seront marquées dans le présent traité, en prenant pour bornes les lieux les plus connus, comme la source et le cours des rivières et les montagnes les plus remarquables, et en laissant chaque partie maîtresse de ce qu'elle occupe actuellement, sauf les cessions réciproques faites pour la convenance et l'intérêt communs.

A cet effet, les deux souverains ont donné leurs pleins pouvoirs, savoir: S. M. T. F. à S. Exc. *Thomas da Sylva Tellès*, vicomte de *Villanova de Cerveira*, et S. M. C. à S. Exc. D. *Joseph de Carvajal et Lancastre*, lesquels sont convenus de ce qui suit:

Le présent traité sera la règle fondamentale pour la division et les limites des deux domaines dans toute l'étendue de l'Amérique et de l'Asie; et en conséquence, tous les droits et actions fondés sur des actes ou traités antérieurs, tels que la bulle du pape Alexandre VI, les traités de Tordésillas, de Lisbonne et d'Utrecht et le contrat de vente passé à Zaragoza sont déclarés nuls et non avenus; et il ne pourra plus être fait usage d'autre ligne divisionnaire que de celle des frontières déterminées ci-après. (Art. 1er.)

La couronne d'Espagne reste à jamais et toujours en possession des Philippines et îles adjacentes actuellement sous sa domination, sans que le Portugal en puisse rien réclamer, en se fondant sur ledit traité de Tordésillas et sur la convention de Zaragoza du 22 avril 1529; S. M. T. F. renonçant formellement, tant en son nom qu'en celui de ses successeurs, à tous les droits qui pourraient résulter des titres ci-dessus. (Art. 2.)

De même, la couronne de Portugal restera maîtresse de tout ce qu'elle a occupé depuis le fleuve des Amazones en haut et des deux rives de ce fleuve jusqu'aux endroits ci-après désignés, comme aussi de tout ce qu'elle a occupé dans le district de Mato-Grosso, et depuis là jusqu'à la partie de l'orient et du Brésil, malgré toutes prétentions contraires de l'Espagne. S. M. C. s'engageant formellement pour elle et ses successeurs à ne faire aucun usage de droits ou actions résultant de titres ou traités quelconques. (Art. 3.)

Les confins des domaines des deux couronnes partiront de la barre formée sur la côte de la mer par le ruisseau qui sort du pied de la montagne de Castilhos-Grande; et de là, en cherchant en ligne droite les sommets des montagnes qui serviront de limites aux deux couronnes, jusqu'à la rencontre de la principale origine et des sources du Rio-Négro ou la rivière Noire; passant par-dessus, la ligne continuera jusqu'à la principale source de la rivière Ybicuy, en descendant cette rivière jusqu'au bord oriental de l'Uruguay, où elle se jette. Appartiendront au Portugal tous les revers des montagnes descendant au lac *Merim* ou *del Meni* ou à la grande rivière de S.-Pédro; et à l'Espagne, ceux descendant aux rivières qui ont leur embouchure dans la *Plata*. (Art. 4.)

La frontière montera depuis l'embouchure de l'Ybicuy par le lit de l'Uruguay jusqu'à la rencontre de celui de la rivière *Pepiri* ou *Pequiri*, et remontant le lit de cette rivière jusqu'à sa source, s'avancera par le plus haut du terrain jusqu'à la rivière la plus proche qui se jette dans la grande rivière de *Curituba* ou d'*Yguaçu*, suivra le lit de ladite rivière la plus voisine, celui de la Curituba ou Yguaçu jusqu'au bord oriental du Parana, où elle a son embouchure, et remontera le Parana jusqu'à l'embouchure de la rivière Igurey. (Art. 5.)

Suivant le lit de l'Uruguay jusqu'à sa principale source, la ligne rejoindra par le plus haut du terrain, la source principale de la rivière la plus voisine qui afflue dans le Paraguay à l'est, et qu'on croit être celle appelée *les Courants* (*Corrientes*); elle descendra jusqu'à l'embouchure de ladite rivière dans le Paraguay; de là montera par le canal principal que cette dernière rivière laisse à sec pendant l'été jusqu'à la rencontre des marécages appelés le lac des *Xarayes*, qu'elle traversera jusqu'à l'embouchure de la rivière *Jauru*. (Art. 6.)

De l'embouchure du Jauru, la ligne frontière continuera jusqu'au bord méridional de la rivière Guaporé, vis-à-vis l'embouchure de celle de Javari, qui entre dans le Guaporé par son bord septentrional, sauf à établir des points de limites plus commodes et plus rapprochés, si ce fait est jugé possible sur les lieux et en réservant toutefois exclusivement aux Portugais la navigation de Jauru et le chemin qu'ils ont l'habitude de prendre de Cuyaba au Mato-Grosso. A partir de l'endroit fixé sur le bord austral du Guaporé, la ligne descendra tout le cours dudit Guaporé jusqu'au plus bas de sa jonction avec la rivière Mamoré, qui prend sa source dans la province de Ste.-Croix de la Sierra, traverse la mission des *Moxos*, et forme ensemble la rivière appelée *Madeira*, qui se jette dans le fleuve des Amazones ou Maranham, par son bord austral. (Art. 7.)

Elle descendra par le lit de ces deux rivières déjà unies jusqu'à un endroit situé à égale distance du Maranham et de l'embouchure de la Mamoré; de là, elle continuera de l'est à l'ouest jusqu'au bord oriental du Javari qu'elle descendra jusqu'à sa jonction avec le fleuve susdit dont elle suivra le cours jusqu'à l'embouchure la plus occidentale de Japura. (Art. 8.)

La frontière continuera par la rivière Japura et par les autres rivières qui s'y joignent et qui s'en approchent du côté du nord, jusqu'au sommet de la chaîne de montagnes qui sépare l'Orinoco du Maranham et suivra par le sommet desdites montagnes à l'est jusqu'aux confins des domaines des deux couronnes. Les commissaires chargés de tracer les limites, conformément au présent article, auront soin que, dans cette fixation, les établissements occupés par les Portugais sur les bords de Japura et du Négro restent couverts, ainsi que la communication ou canal dont ils se servent entre ces deux rivières, de manière à ôter aux Espagnols tout prétexte d'entrer dans lesdites rivières ou communications ; comme aussi les Portugais ne pourront remonter l'Orinoco, ni s'étendre dans les provinces peuplées par l'Espagne, ni dans celles qui ne le seraient pas, mais qui doivent lui appartenir, conformément aux présens articles. (Art. 9.)

Toutes les îles qui se trouveraient dans quelqu'une des rivières par où doit passer la frontière, conformément au contenu des articles précédens, appartiendront au domaine dont elles se trouveront le plus proche en tems sec. (Art. 10.)

Les commissaires nommés pour fixer les limites dresseront une carte la plus détaillée possible, dont il sera fait les copies nécessaires qui resteront à chacune des deux Cours pour servir en cas de contestation ou d'infraction quelconque. (Art. 11.)

Afin d'éviter toute contestation à l'avenir et pour la convenance réciproque des parties, elles se font mutuellement les cessions suivantes. (Art. 12.)

S. M. T. F. fait cession à toujours à la couronne d'Espagne de la colonie du S.-Sacrement, avec tout le territoire y adjacent sur la rive septentrionale de la Plata, jusqu'aux limites posées dans l'article 4, avec les places, ports et établissements compris dans le même terrain, ainsi que la navigation de la rivière de la Plata, qui appartiendra exclusivement à l'Espagne ; à l'effet de quoi, S. M. T. F. renonce à tous droits et actions qui lui appartiennent en vertu de traités ou conventions quelconques. (Art. 13.)

De son côté, S. M. C. cède pour toujours à la couronne de Portugal tout ce que l'Espagne occupe dans quelque partie que ce soit des terres reconnues par les présentes appartenir au Portugal, depuis la montagne de Castilhos-Grande, son anse méridionale et la côte de la mer, jusqu'à la principale source de la rivière Ybicuy; elle cède également tous les établissements que l'Espagne aurait formés dans l'angle des terres renfermé par le bord septentrional de l'Ybicuy et le bord oriental de l'Uruguay, ceux sur le bord oriental de la rivière Pepiri, et le village de Sainte-Rose et tous autres qu'elle pourrait avoir fondés sur le bord oriental du Guaporé. — S. M. T. F. cède dans la même forme, à l'Espagne, tout le terrain qui court depuis l'embouchure occidentale de la rivière Yupura et se trouve entre cette rivière et le Maranham, toute la navigation de la rivière Ica et tout ce qui suit depuis cette dernière rivière à l'ouest, avec le village de Saint-Christophe et tous autres établis par le Portugal dans ce territoire. (Art. 14.)

Le Portugal fera remise de la colonie du Saint-Sacrement, en emportant seulement l'artillerie, les armes et les munitions; les habitants seront libres d'y rester ou de se retirer avec leurs effets et en vendant leurs biens fonds. Les militaires composant la garnison emporteront de même leurs effets et auront la liberté de vendre leurs immeubles. (Art. 15.)

Les missionnaires sortiront des établissements et villages cédés par S. M. C. sur les bords de l'Uruguay et emmèneront avec eux les Indiens pour les établir en d'autres terres d'Espagne; ils emporteront avec eux leurs effets, meubles, armes et munitions, de manière que la couronne de Portugal prendra avec la possession du sol, celle des maisons, églises et édifices composant les habitations. Les cessions que se font réciproquement les deux couronnes sur les bords des rivières Péquiri, Guaporé et des Amazones se feront avec les mêmes circonstances que pour la colonie du Saint-Sacrement, à l'exception que ceux qui se retireront perdront la propriété de leurs immeubles. (Art. 16.)

Le mont Castilhos-Grande avec son anse méridionale restera au Portugal, qui pourra le fortifier et faire garder, mais non le peupler; et les deux nations auront en commun l'usage de la barre que forme la mer en cet endroit, et dont il a été parlé art. 4. (Art. 17.)

La navigation sera commune aux deux couronnes dans cette partie des rivières par où passe la frontière; mais elle appartiendra exclusivement à l'une d'elles, quand ladite couronne possédera seule les deux bords de la rivière; il en sera de même pour la pêche. Quant aux sommets de la Cordillère, qui doivent servir de limites entre la rivière des Amazones et l'Orinoco, ils appartiendront à l'Espagne; et tous les versants du côté du Maranham appartiendront au Portugal. (Art. 18.)

Tout commerce sur l'étendue de la frontière est défendu et réputé de contrebande; en outre, aucun individu de l'une des deux nations ne pourra passer sur le territoire de 'autre, sans la permission des autorités du lieu où il voudra se rendre, ou sans y être envoyé par son propre gouverneur pour solliciter quelque affaire; pour cet effet, il sera tenu de se munir d'un passeport, sous peine d'être emprisonné sur le territoire où il aura passé, ou dans son propre pays. Sont exceptés ceux qui, naviguant sur les rivières par où passe la frontière, aborderaient sur le territoire d'autrui, en cas de nécessité absolue et d'urgence seulement. — Il est bien convenu que dans lesdites rivières où la navigation est commune, aucune fortification, embarcation ou tout autre empêchement quelconque qui pourraient en gêner le cours, ne seront établis. (Art. 19.)

Il ne sera établi aucune habitation ou fortification sur le sommet des montagnes qui servent de ligne frontière. (Art. 20.)

Voulant conserver à leurs sujets d'Amérique une paix solide et perpétuelle, LL. MM. entendent qu'elle ne sera point troublée, lors même qu'il éclaterait une rupture entre les deux couronnes, et que tout moteur ou chef d'une invasion quelconque, soit puni de mort, et toute prise faite restituée de bonne foi; aucune des deux nations ne donnera l'entrée de ses ports, ni le passage par son territoire aux ennemis de l'autre, quand même les deux nations seraient en guerre entr'elles dans un autre pays. Ladite continuation de paix perpétuelle n'aura pas lieu seulement entre les habitants des frontières, mais aussi sur les rivières, ports et côtes et sur l'Océan, depuis la hauteur de l'extrémité australe de l'île S.-Antonio, l'une des îles du cap Vert du côté du midi, et depuis le méridien qui passe par son extrémité occidentale du côté du couchant; en sorte que tout acte d'hostilité soit sévèrement réprimé et tout ce qui serait pris restitué. Enfin, aucune des deux nations n'admettra dans ses ports aucuns navires ou négociants qui voudraient introduire leur commerce sur les terres de l'autre et contrevenir aux lois qui régissent les deux domaines. (Art. 21.)

Les commissaires seront nommés par chacune des deux couronnes, pour déterminer avec précision et dans le plus grand détail la ligne de frontière dont les bases ont été ci-dessus fixées; et dans le cas où lesdits commissaires ne s'accorderaient pas sur certains points, il en sera référé à LL. MM., qui prononceront comme de droit, sans que toutefois cette circonstance puisse nuire en rien à l'exécution du présent traité. (Art. 22.)

La remise mutuelle des cessions que se font réciproquement les deux couronnes aura lieu le jour qui sera déterminé et qui ne pourra passer l'année depuis la signature du traité. Lesdites cessions n'étant pas réputées comme équivalent déterminé les unes des autres, mais faites en raison des convenances et avantages qu'y trouvent l'une et l'autre partie, aucune d'elles ne pourra revenir sur les présents articles, pour cause de dédommagement, lésion, ou tout autre motif quel qu'il soit. (Art. 23 et 24.)

Pour l'entière exécution du présent traité, les deux couronnes se garantissent mutuellement les confins de leurs possessions dans l'Amérique méridionale, contre toute attaque ou invasion quelconque. Cette obligation, en ce qui touche les côtes de la mer et les pays circonvoisins, s'étendra pour le Portugal, jusqu'aux bords de l'Orinoco de l'un et de l'autre côté, et depuis Castilhos jusqu'au détroit de Maghalhaès ou de Magellan; et de la part de l'Espagne, elle comprendra depuis les deux rives du Maranham, et depuis ledit Castilhos jusqu'au port de Santos. Quant à l'intérieur de l'Amérique méridionale, cette obligation est infinie, chacune des deux couronnes s'aidant et se secourant mutuellement jusqu'à ce que la tranquillité soit parfaitement rétablie chez l'une et l'autre. (Art. 25.)

Le présent traité demeurera en perpétuelle vigueur entre les deux couronnes, même lorsqu'elles viendraient à se déclarer la guerre, et restera ferme et invariable pendant ou après la guerre, sans qu'il ait besoin d'être renouvelé. Les ratifications se feront dans le délai d'un mois au plus de sa date. (Art. 26 et dernier.)

Fait à Madrid, le 13 janvier 1750.

Signé: vicomte *Thomas da Sylva Tellès*.

Don *Joseph de Carvajal et Lancastre*.

Suivent les pleins pouvoirs du roi de Portugal en date du 20 décembre 1749,

Et ceux du roi d'Espagne, datés du 13 janvier 1750.

Les ratifications du roi de Portugal, en date du 26 janvier 1750,

Et celles du roi d'Espagne, du 8 février 1750 (1).

---

(1) *Tratado dos Limites*, etc., Madrid.

Table des traités, par M. Koch, vol. I. Basle, 1802.

Ibanez (tom. II, p. 18) dit que c'est une ligne royale et très-visible, puisqu'elle sera formée par des chaînes de montagnes

1750-1753. Pendant les négociations concernant l'exécution du traité des limites des conquêtes (*Tratado de limites das conquistas*) du 13 janvier 1750, la Cour de Lisbonne reçut des renseignements relatifs à la puissance des jésuites dans cette partie de l'Amérique espagnole et portugaise. Leur république, formée sur les bords des deux rivières Uruguay et de Paraguay, était composée de trente-et-une bourgades qui renfermaient une population de près de 100,000 individus. Les Cours de Madrid et de Lisbonne résolurent de les expulser du pays, les accusant : 1° d'avoir défendu l'entrée dans ces contrées à des évêques, gouverneurs et même à de simples particuliers espagnols, et d'avoir caché la connaissance de leur gouvernement à tout le monde, excepté aux religieux de leur ordre ; 2° d'avoir défendu dans cette même république l'usage de la langue espagnole, permettant seulement celui du *guarani*, pour empêcher toute communication entre les Indiens et les Espagnols ; 3° d'avoir enseigné aux Indiens une obéissance aveugle aux missionnaires, leur fesant croire que tous les hommes blancs séculiers étaient des gens sans lois et sans religion, leurs ennemis mortels, qui n'adoraient que l'or et qui étaient possédés du démon ; 4° d'avoir instruit ces Indiens dans l'exercice des armes, en introduisant chez eux de l'artillerie et des ingénieurs déguisés, pour y former des camps et fortifier les passages les plus difficiles ; 5° d'avoir surpris la bonne foi des deux Cours en profitant du délai accordé par elles aux Indiens de ces villages, pour recueillir leurs biens et se transporter aux autres habitations qu'on leur avait destinées, comme aussi afin de mieux les armer et les affermir dans la révolte contre les troupes des deux rois, qui se trouvaient en marche, en 1752, pour faire l'échange des villages du bord oriental de l'Uruguay et de la colonie du S.-Sacrement.

Pour prouver la forte opposition faite par les jésuites à l'exécution des échanges convenus, on cita la lettre du général portugais, Gomez Freire d'Andrade, du 24 mars 1753, adressée au marquis de Valdelirios, général espagnol, dans laquelle il dit : « Votre excellence achèvera, si je ne me trompe, de se convaincre tant par les lettres et les avis

---

qui dureront autant que le monde, et par des fleuves très-profonds qui ne peuvent éprouver aucun changement.

qu'elle a reçus, que par l'arrivée du père Altamirana (commissaire de S. M. C.), que les religieux de la Compagnie sont de vrais rebelles. Si l'on ne renvoie des villages leurs saints pères (comme ils les appellent), nous ne pouvons y éprouver que révolte, insolence et mépris. Les choses, dont le seul récit nous fesait horreur, nous les tenons maintenant pour certaines par la connaissance personnelle que nous avons eue nous-mêmes des membres de cette Compagnie. »

Dès le mois de février, la révolte s'étant déjà déclarée de telle manière, que quelques officiers militaires étant arrivés au port de Santa-Técla pour l'affaire du règlement des limites, y trouvèrent, le 28 de ce mois, des Indiens qui leur disputèrent le passage (1).

1750. *Fondation de villes, et érection de paroisses* (2). Fondation de *l'aldéa* de *Santa-Anna*, près le bord septentrional du Rio das Velhas, dans la capitainerie de Goyaz, par le colonel *Antonio Pires de Campos*. Elle fut habitée premièrement par 500 Indiens de la nation bóróró, qui étaient venus de Cuiaba pour aider les chrétiens contre les Cayapos qui ravageaient les établissements portugais. Les Bóróros furent transférés, en 1775, à *l'aldéa* de *Lanhozo*, à douze lieues de distance du Rio das Velhas, et furent remplacés par une horde de Chariabás qui venaient du Rio-Préto, dans la province de Pernambuco. Le nombre de ceux admis au saint sacrement fut d'environ 300. Par une provision du 2 septembre 1761, cette *aldéa*, qui avait été gouvernée par les pères jésuites, fut érigée en paroisse sous le titre de *parochia de encommenda da capella de Santa-Anna*, et mise sous la juridiction de la *comarca* de Santa-Cruz. Les Indiens cultivent la mandioca, le maïs et des légumes (3).

1750 (27 avril). Création de la paroisse dédiée à *N. S. das Necessidades da Ilha de Santa-Catharina*, et placée sous la direction du père *Domingos Pereira Tellès*. Elle renferme

---

(1) Voy. l'année 1756.

(2) D'après *las Memorias histor.*; selon la *Corografia Brazilica*, cette *aldéa* fut établie en 1741.

(3) *Memorias hist.*, tom. V, p. 124.
Cor. Braz., I, 354.

plus de 380 feux et plus de 3,000 personnes qui participent au saint sacrement (1).

1750 (19 juin). Création de la paroisse de la même île, sous le nom de Nostra-Señhora da *Conceiçaõ da Lagoa*, sous la direction du P. *Manoel Cabral de Bitancourt*. Elle renferme plus de 333 feux et environ 2,664 adultes (2).

1750. *Établissement de la paroisse de Santa-Anna da Laguna*. Le petit village (villa) de Laguna est situé sur le bord oriental du lac du même nom, dans la province de Santa-Catharina (3).

1750 (18 juillet). Érection de la paroisse de *Santa-Familia do Caminho-Novo de Tinguá* (4) dans la province de Rio de Janéiro. Après avoir ouvert une route de la *serra* dos Organos à Minas-Géraès (1715), on travailla à établir d'autres communications commerciales par terre avec cette province ; un chemin fut frayé à travers bois dans le district de la paroisse de Nostra-Señhora da Piedade de Iguaçú, qui conduisit à la *serra* de Tinguá, et de là à diverses stations, où des établissements furent créés. Sur la pétition de *Joakim Ferreira Varella* et des habitants de ce nouveau pays, un *provisaõ* fut accordé pour la formation de Tinguá, dont le territoire est arrosé par plusieurs rivières, le S.-Antonio, le S.-Pédro, la Santa-Anna, le S.-José, etc. (5).

1751. Établissement de la paroisse *Nostra-Señhora do Pilar de Goiás*, dans la province de Goyaz Dans un lieu nommé *Papoán* (6) où *João de Godoy Pinto* découvrit de l'or dans l'année 1741, un nombre considérable de mi-

---

(1) *Mem. hist.*, tom. V, p. 55.

(2) *Id.*, p. 55-56.

(3) Cette paroisse, généralement connue sous le nom de *Villa-Nova*, contient une population de 700 personnes adultes. La chapelle dédiée à Santa Anna, fut établie le 23 juin 1750, et en 1755, elle devint église paroissiale.
Voy. *Memorias historicas* de Rio de Janéiro, tom. V, p. 58 et 59.
Cor. Braz., I, 197.

(4) *Tingui* est le nom d'une plante vénéneuse (*sipo*) qui croît sur les bords du Muryahí.

(5) *Memorias historicas*. Voy. tom. V, p. 59 et 60.

(6) Le père Cazal écrit *Pappuan*, nom d'une plante qui y abonde.

neurs établirent un *arraial* florissant, qui fut érigé en paroisse avec une chapelle dédiée à Nostra-Señhora do Pilar par un *provisão* du 3 mai 1751, qui lui donna pour territoire une partie du district de Nostra-Señhora da Conceição de Chrixá de la capitania de Goyaz (1).

1752 (le 19 mars). *Fondation de Villa-Bella* dans la province et district de Mato-Grosso, sur la rive droite ou orientale du Guaporé, par le gouverneur et capitaine-général de Mato-Grosso et Cuiaba, *D. Antonio Rollim de Moura Tavares*, nommé ensuite *condado d'Azambuja* (2).

---

(1) On y établit une église paroissiale par un *alvara* ou décret du 9 janvier 1755. On compte dans les limites de cette paroisse 500 feux et plus de 5,000 personnes admises au saint sacrement.

Ce district est riche en or, particulièrement le *morro* ou tertre nommé Pilár, d'où on a extrait plus de 100 *arrobas* (de 32 livres), et on en eût tiré une plus grande quantité, si des malveillants n'avaient pas détruit les conduits d'eau qui avaient été établis par le *desembargador ouvidor, Joakim Theotonio Segurado*.

Pilar, chef-lieu d'une bourgade (*Julgado*), établi en 1741, est situé sur un affluent du Rio das Almas, à dix lieues de Chrichá ou Chrixá.

Avant la dernière révolution, il y avait dans ce district deux compagnies de cavalerie, deux d'infanterie, deux de milice (*ordonenza*) et une de *henriquez*. On a trouvé, près du chemin voisin de Carretao, quelques figures imparfaites de têtes d'hommes en pierre qu'on suppose être l'ouvrage de la nature.

Pilar est enrichie d'une église dont la sainte tutélaire a prêté son nom à l'établissement d'une chapelle de S. Gonsalo, deux de Rosario et Merceo. Les rues sont belles, et il y a une fontaine publique.

Memorias histor., tom. V, p. 79-80.
Cor. Braz., I, p. 335-6.

(2) La cité de Mato-Grosso (autrefois *Bella-Villa*), est située sous la latitude de 15° sud, et longitude 317° 42' 30" de longitude de l'île de Fer, à vingt lieues du gouffre (*Boqueirão*) du Rio-Taquary qui inonde annuellement les marais du Guaporé et de la Sararé, à la distance de trois lieues vers le sud. En 1755, la population de Bella-Villa et de son district était de 500 personnes. Par une ordonnance du 20 novembre 1797, on envoya dans la capitainerie de Mato-Grosso, ainsi que dans les districts de Rio-Branco et de Madeira, les condamnés du Brésil, ce qui en augmenta la population, qui s'élevait, en 1782, à 7,000 individus ou plus de 500 feux.

Mato-Grosso est la résidence du gouverneur et de l'*ouvidor*, qui est, en même tems, juge de la couronne (*juiz de coroa*); le

1753. *Injustices commises contre les Indiens de différentes aldéas.* Sébastiam Joseph de Carvalho e Mello, nommé ensuite marquis de Pombal, qui gouvernait le Portugal en maître absolu, nomma son frère, Francisco Xavier de Mendoza Furtado, gouverneur et capitaine-général de Maranham et de Para, commissaire principal et plénipotentiaire pour établir la ligne de démarcation. Étant arrivé à Bélem, il fit des préparatifs pour rencontrer des commissaires espagnols au Rio-Négro, et demanda pour cette expédition tous les Indiens de service appartenant aux différentes *aldéas.* D'après les lois, il n'en devait exiger que la moitié à la fois. Par suite de cette demande, leurs champs restèrent incultes, ainsi que les plantations des colons; et au lieu de renvoyer les Indiens à la fin de l'année, il les distribua parmi les Portugais; mais plusieurs trouvèrent moyen d'échapper.

1754. *Expédition du chef d'escadre don Joseph d'Yturiaga pour terminer la contestation sur les limites dans l'Amérique méridionale.* Yturiaga, directeur de cette expédition, devait longer toutes les frontières septentrionales de la capitainerie générale du Grand-Para, entrer dans l'Amazone par l'Orinoco et le Rio-Négro, remonter ce grand fleuve jusqu'à la province de Maynas, et même pénétrer jusqu'aux confins du Paraguay. Il mit à la voile de Cadix, le 15 février 1754, et entra à la fin de juillet dans les bouches de l'Orénoque avec cinquante-trois petites embarcations (1) qu'il avait apprêtées au port espagnol de l'île de la Trinité. Le quinzième jour, il atteignit la forteresse de la Viéja-Guyana. Il remonta avec la même lenteur jusqu'à Cabruta, près de l'embouchure du Rio-Apure. Là, plusieurs embarcations exposées au soleil sur la plage se fendirent. Les dissenteries et les fièvres firent de grands ravages parmi sa troupe, et plusieurs centaines d'Indiens se trouvant malades, l'on manqua de rameurs et d'argent pour

---

sénat est présidé par un *juiz de fora*, qui est aussi procureur de la couronne, inspecteur de la fonderie et député des *juntas* de l'administration du trésor et de la justice. On y compte trois chapelles et deux hermitages.
Mem. hist., t. IV, p. 213-214, et t. IX, p. 90-93.
Cor. Braz., tom. I, p. 291, 292.
(1) *Goletas, Lanchas, Piraguas* et *Champanes.*

s'en procurer d'autres. Deux des commissaires, don Eusébio de Albarado et don Joseph Solano, qui allèrent à Santa-Fé de Bogota pour chercher des fonds, ne revinrent que seize mois après. Ce dernier, en 1756, avec une partie de l'expédition, franchit les grandes cataractes d'Atures et de Maypures sans dépasser toutefois la bouche du Rio-Guaviare, où il fonda San-Fernando de l'Atabapo. « Nous avons déjà fait voir, dans un autre endroit, » dit M. de Humboldt, « que les instruments astronomiques de *l'expédition des limites* n'ont été portés ni à l'isthme du Pimichin et au Rio-Négro, ni au Cassiquiare et à l'Alto-Orinoco, au-dessus de son confluent avec le Guaviare et l'Atabapo. Ce vaste pays, dans lequel aucune observation précise n'avait été tentée avant mon voyage, ne fut parcouru alors que par quelques soldats que Solano envoya à la découverte, et par *don Apollinario Diez de la Fuente*. Ce dernier construisit avec des troncs d'arbres un petit fortin au point de la bifurcation de l'Orinoco, entra dans le Rio-Padamo pour visiter les Indiens Catarapènes, et fonda, avec des Maquiritares, la mission de l'Esmeralda, d'où il fit une excursion infructueuse vers le Rio-Gehette et la *serra* Yumariquin. Ce même Apollinario affirme dans ses journaux de route, conservés à Quito, que lors du départ de l'expédition de Solano (1754), par conséquent dix ans après le voyage du père Roman, beaucoup de personnes à l'île de la Trinité doutaient encore de la communication de l'Orinoco avec l'Amazone, et qu'on n'y avait aucune idée exacte de l'existence du Cassiquiare et de sa réunion avec le Rio-Négro. »

Pendant la cérémonie d'un *Te Deum* chanté à Muitaco, Yturiaga fit brûler secrètement la flottille. On croit qu'il agissait d'après des ordres secrets, afin d'empêcher la conclusion d'un traité qui serait contraire aux intérêts de l'Espagne. Le roi Ferdinand VI rappela l'expédition. Yturiaga mourut à l'île de la Marguerite.

On avait joint à cette malheureuse expédition un naturaliste, un phisicien et un géographe. Le premier était le célèbre Loefling, ami de Linnée, qui mourut près du confluent de l'Orinoco avec le Rio-Caroni, le 27 février 1756 (1).

---

(1) Relation historique des Voyages de M. de Humboldt, tome III, note *f*. Paris, 1825.

1754. *Fondation de villes.* Formation de l'arraial da *Formiga* dans la province de Goyaz, district des Tucantins, par le général *D. Marcos*, pour établir les Chacriabas et Acroas (1).

1755. *Fondation de la ville de Santo-Antonio de las Caravelas.* Vers l'année 1600 (suivant une tradition), le district de Porto-Séguro fut envahi par les Indiens Abaquirá, qui détruisirent quelques établissements portugais. Ceux qui échappèrent au massacre se retirèrent dans un lieu nommé Guaratúba, situé entre les villes de Prado et d'Alcobaça, où ils cultivèrent les plantes nécessaires à leur nourriture. Cette position dominait une rivière où naviguait un grand nombre de caravelles, ce qui fit donner au pays environnant, et postérieurement à la ville, le nom de *Caravelas*.

Vers l'année 1681, quelques capucins français qui traversaient ce district, en se rendant à une mission, y baptisèrent beaucoup d'adultes et élevèrent une chapelle à Santo-Antonio dans la partie septentrionale. Cet édifice, bâti en bois et couvert en chaume, fut détruit par les Hollandais. Des colons en érigèrent un autre semblable, dans le lieu appelé *Campo dos Coqueiros* (champ des cocotiers); enfin, un troisième, fut construit en pierre, à la barre (sud) de la rivière, par *Manoel Fernandez Chaves* et *Roque Jorge*. Saint Antonio devint alors le patron du pays (2).

La ville est à une lieue environ de la mer et placée sur le bord septentrional de la rivière de Caravélas (3), vis-à-vis

---

(1) Jusqu'en 1810, le gouvernement avait dépensé la somme de 19,534,224 *reis* pour la formation des *aldéas* de Rio das Pédras, de Pissarràoa, du Rio das Velhas et de Lanhoso; pour celles de Douro et Formiga, 84,490,249 *reis*; pour Mossamedes, 67,346,066 *reis*; pour Nova-Beira, 4,582,196 *reis*; pour *l'aldéa* Maria, 13,684,021 *reis*; pour Carrétao de Pédro-Terceiro, 24,652,131; outre ces sommes, le trésor avait dépensé 17,600,811 *reis* pour la formation des Cours de justice, la conquête et la réduction des Indiens. Les dépenses totales, vers ladite année, s'élevèrent à 231,889,698 *reis*.
Mem. hist., tom. IX, 205 (44).

(2) *Memorias historicas do Rio de Janeiro*, tom. IV, p. 21 et 22.

(3) L'entrée de la rivière de Caravélas est sous le 18e dégré

un canal profond qui forme une communication entre cette rivière et le Poruhype. Elle est composée de trois rues principales, bien alignées, possède une église et des écoles pour les études primaires et le latin. Le commerce de son port est si considérable, qu'il est souvent rempli par une foule de petits navires. Les habitants s'adonnent particulièrement à la culture du *mandioca* et à la construction de barques pour Porto-Séguro.

Pendant la guerre des Hollandais, cette ville ne comptait que quarante Portugais (1) La paroisse contient aujourd'hui plus de 400 feux et 3,200 adultes (2).

1756. *Révolte des Indiens et leur défaite par les forces combinées d'Espagne et de Portugal.* A l'époque (1752) où les troupes des deux souverains s'avancèrent sur le bord oriental du Rio-Uruguay et sur Colonia do Santissimo-Sacramento, les jésuites réclamèrent, pour leurs Indiens (3), un certain délai, afin de leur donner le tems de faire la récolte et de choisir des lieux convenables pour leurs nouvelles habitations. Ayant obtenu cette demande, ils en profitèrent pour armer et exciter à la révolte ces Indiens, qui commencèrent leurs hostilités vers la fin de février 1753. Le 28 de ce mois, ils arrêtèrent au passage plusieurs officiers qui se rendaient à Santa-Técla et les forcèrent de rétrograder sur Colonia et Monté-Vidéo, en disant « que le roi était bien loin, et qu'ils devaient obéissance au père Altamirano » (4). Après de longs pourparlers qui durèrent pendant les quatre derniers mois de l'année (1753), les deux commissaires, Gomez Freire de Andrade et le marquis de Valdélirios, convinrent de marcher ensemble contre les Indiens et de les forcer à évacuer le territoire envahi. Pendant ce tems, ces derniers réunis en une troupe nombreuse et munis de quatre pièces d'artillerie, tentèrent deux atta-

---

de lat. sud et le 344ᵉ dégré 45' de long. ouest, et à une distance de 45 lieues du Rio Doce et du Rio de Santa-Cruz.

(1) Cor. Braz, tom. II, p. 83.

(2) *Memorias historicas*, etc. Tom. IV, lib. 4, cap. 1.

(3) La république du Paraguay et de l'Uruguay contenait 31 grands villages (*povoaçoes*) habités par environ 100,000 Indiens, sous la direction des jésuites, appelés *Santos Padres* ou Sts-Pères.

(4) Que El Rey estava muito longe, e que elles só conhecião o seu Bem dito Padre.

ques successives contre le fort portugais du Rio-Pardo, dont la garnison les repoussa et leur enleva cinquante prisonniers. Les principaux d'entr'eux déclarèrent qu'ils avaient agi conformément aux ordres des *Beatos Padres* et qu'ils appartenaient aux quatre *aldéas* de S.-Luiz, S.-Miguel, S.-Lourenço et S.-João. Le commandant du fort donna communication à Gomez Freire de Andrade de leur déclaration, en date des 20 avril et 21 juin 1754.

Le général portugais partit du Rio-Grande de S.-Pédro, le 28 juillet suivant, pour le fort du Rio-Pardo; et, le 30, il vit paraître un grand nombre d'Indiens insurgés qui inquiétèrent sa marche. Arrivé à Jacui (le 7 septembre), il trouva ce poste important environné de retranchements exécutés d'après les instructions d'un mestre-de-camp, nommé *Andrès*, qui déclara ne pouvoir livrer passage sans l'autorisation de ses supérieurs. On se battit jusqu'au 16 novembre, jour auquel le général portugais se vit contraint de consentir à une trève, en attendant de nouveaux ordres de sa majesté catholique.

Les caciques de la campagne de Rio-Jacui demandèrent la permission de se retirer en paix à leurs bourgs sans être molestés. Le général de Andrade consentit à leur accorder une trève, à la condition qu'ils se retireraient avec leurs officiers et soldats dans leurs villages; que l'armée portugaise passerait la rivière du Pardo, et que celle de Viama servirait de séparation, en la remontant, par la Cuiaba, jusqu'à l'endroit où elle entrait dans le Jacui; et de là, jusqu'à sa source par le bras qui venait du sud-ouest. Cette convention fut signée le 14 novembre 1754 (1).

L'armée espagnole qui, de son côté, s'était dirigée sur Santa-Técla, fut obligée de se retirer sur les bords du Rio da Prata, les Indiens étant supérieurs en force et ayant fait main basse sur tout ce qui pouvait servir à la subsistance des troupes.

Aussitôt que les Cours d'Espagne et de Lisbonne eurent connaissance de ces évènements, elles envoyèrent à leurs généraux l'ordre précis d'étouffer cette révolte, qui était qualifiée de scandaleuse et dont les jésuites étaient les seuls

---

(1) *Collecção das Provas*, etc., p. 176. Copia da convenção celebrada, entre Gomes Freire de Andrade, eos cassiques para a suspensão de armas.

auteurs (1). Celle de Madrid expédia au marquis de Valdélirios une lettre en date du 9 février 1756, dans laquelle il est dit que sa majesté est pleinement informée que les jésuites de cette province sont la cause de la révolte des Indiens ; qu'elle avait congédié son confesseur, et ordonné l'expédition d'un renfort de mille hommes; qu'il serait adressé au provincial des remontrances sur cette trahison ; et que, si les pères ne livrent ces peuples paisiblement sans répandre une seule goutte de sang, sa majesté fera procéder contr'eux par toutes les lois du droit civil et économique; qu'elle les traitera comme criminels de lèse-majesté, et les tiendra responsables envers Dieu de tout le sang innocent qui sera versé.

La Cour de Lisbonne envoya des instructions semblables à Gomez Freire de Andrade, en lui ordonnant de secourir, avec toute la vigueur possible, le général espagnol.

Pour se conformer à leurs instructions, les deux chefs opérèrent leur jonction à Santo-Antonio ó Velho, le 16 janvier 1756, avec l'intention de commencer par forcer Santa-Técla.

Le 1er février suivant, un détachement composé de seize soldats castillans, envoyé à la découverte, trouva le camp ennemi abandonné; mais s'étant avancé un peu au-delà, il rencontra une bande nombreuse d'Indiens qui, l'ayant attiré par des démonstrations pacifiques et en lui offrant des rafraîchissements, sous la protection d'un drapeau blanc, le massacrèrent inhumainement.

Les deux corps d'armée continuèrent leur marche, toujours incommodés par les insurgés. Mais, le 10 février, ces derniers ayant pris une position avantageuse sur une hauteur, furent attaqués et défaits, avec perte de 1200 tués, de plusieurs pièces d'artillerie, de différentes armes et de drapeaux. Après cet échec, les Indiens ne risquèrent plus aucun combat jusqu'au 22 mars, qu'ils se réunirent sur une haute montagne presque inaccessible et dont la passe était défendue par du canon et un grand nombre d'insurgés bien armés. L'artillerie des troupes combinées attaqua de face les retranchements, pendant que les troupes régulières les prenaient en flanc, et l'ennemi fut bientôt délogé et mis en pleine déroute. Cette action eut lieu le 3 mai.

---

(1) *Voyez* la lettre de Gomez Freire de Andrade, du 9 février 1756.

Les troupes victorieuses, continuant leur marche, rencontrèrent une nouvelle troupe de 3,000 Indiens qui engagèrent avec l'avant-garde de fréquentes escarmouches, dans lesquelles ils perdirent beaucoup de monde. Le 10 mai, les armées s'avancèrent sur les bords du Rio-Churieby, et furent encore forcées de disputer le passage qui fut emporté avec la même vigueur. Le général Gomez Freire finit son rapport par les paroles suivantes : « Ce plan fait voir combien la défense était bien ordonnée. Si ce sont les Indiens qui en sont les auteurs, nous devons être persuadés qu'au lieu de catéchisme, on leur a bien enseigné la science militaire ».

Le commandant portugais établit son quartier-général au *Povo* de S.-Miguel : le commandant espagnol porta le sien à S.-João. On trouva, au couvent de ce dernier village, trois pièces écrites dans la langue guarani, contenant les instructions que les pasteurs des villages soulevés, donnaient aux capitaines de leurs troupes (1).

1757. *Francisco-Xavier de Mendonça*, capitaine-général des États de Grâo-Para et Maranhâo, principal commissaire et plénipotentiaire pour la démarcation des limites, reçut l'ordre du roi de faire publier la bulle du 20 décembre 1741, et les deux décrets des 6 et 7 juin 1756 contre l'esclavage des Indiens, ce qu'il fit exécuter les 28 et 29 mai 1757 (2). Les missionnaires, accusés d'avoir usurpé l'autorité sur les possessions outre-mer de Portugal, furent également privés de leur pouvoir temporel. Les *aldéas* les plus considérables furent converties en villes, et les autres moins grandes en *lugares* ou bourgs.

Il y avait alors dans la province de Maranham et de Para

---

(1) Deducção chronologica, e analytica, pelo doutor Joseph de Seabra da Sylva. Collecção das Provas, Prova num. LXI. Relação abbreviada da republica, que os religiosos Jesuitas das provincias de Portugal, e Hespanha estabelecérão nos dominios ultramarinos das duas monarquias; et da guerra, que nelles tem movido, et sustentado contra os exercitos Hespanhoes, et Portugueses. Formado pelos registos das secretarías dos dous respectivos principaes commissarios el plenipotenciarios; e por outros documentos authenticos, p. 160-177.

(2) *Collecção das Provas*, etc., p. 166-172. Revoluções dos mesmos Padres no norte do Brazil, ou Maranhâo nos Rios Negro, e da Madeira.

soixante *aldéas* d'Indiens, dont cinq étaient gouvernées par les *mercenarios*, douze par les carmélites, quinze par les capucins, et vingt-huit par les jésuites.

Les troupes stationnées au Rio-Négro, manquant de tout, se mutinèrent. On attribua cette affaire aux jésuites, dont quelques-uns furent embarqués pour le Portugal, par ordre du gouverneur. Ils présentèrent contre lui un mémoire qui resta sans effet. Le grand objet de la Cour de Portugal était d'incorporer les Indiens avec les colons portugais comme un seul peuple ; et, pour l'effectuer, elle considérait comme nécessaire la destruction des jésuites (1).

1757. *Fondation de villes*. Le village de *Vinhaes*, dans la province de Maranham, fut créé ville le 1er août 1757. Elle est située sur les bords de la rivière du même nom, à la distance d'une lieue de S.-Luiz, du côté de l'est (2).

1757. *Vianna*, village de la province de Maranham, fut créé ville en 1757. Elle s'élève sur les bords du Rio-Maracù, affluent du Pinnaré, près d'un grand lac et à trente lieues de la capitale de S.-Luiz (3).

1757. *Insurrection des Indiens de Rio-Négro.* Un missionnaire de Lamalonga, ayant obligé un Indien nommé Domingos à quitter une femme, avec laquelle il vivait en concubinage, celui-ci résolut de se venger. S'étant ligué avec trois des chefs, les caciques *João Damasceno*, *Ambrosio* et *Mauvel*, il pénétra, le 1er juin, chez le missionnaire, qu'il massacra, pilla sa maison, ainsi que l'église, et y mit le feu. D'autres Indiens étant venus les renforcer, ils marchèrent tous, le 24 septembre, contre Moreira, alors nommé *Cabuquena*, où ils pillèrent l'église et tuèrent le chef de ce

---

(1) Voy. l'administration de Sébastien Joseph de Carvalho et Mélo, marquis de Pombal, tom. II et III. Pièces justificatives.

(2) Cette ville a 32 feux et 300 habitants. Elle possède une église. Les maisons construites en bois sont couvertes de paille. Il y a une municipalité et un juge ordinaire pour le civil, le criminel et les orphelins. Les habitants sont pêcheurs et cultivateurs. Ils font des nattes de *miássáva* pour les navires, et des cordes d'*imbé*.

Do Lago, *Estatistica*, etc.

(3) Cette ville a 127 feux et 843 habitants. Ils cultivent le coton et élèvent des bestiaux.

Voy. Do Lago, *Estatistica*, etc.

Cor. Braz., tom. II. Provincia do Maranhão.

nom, ainsi que Fr. Raimundo, religieux carme de S. Elizeu. Ils s'avancèrent ensuite sur le village de Barurua (Thomar), qu'une vingtaine d'hommes qui le gardaient évacuèrent, et qui fut pillé et incendié. Exaltés par ce succès, et se voyant soutenus par les Indiens du voisinage, ils résolurent d'attaquer la nouvelle ville de Barcellos; mais l'arrivée de Miguel de Siqueira, à la tête d'un détachement de troupes de Para, vint mettre obstacle à leur dessein. Cet officier s'étant rendu maître d'une île vis-à-vis l'embouchure de l'Ajuana et qui commandait le fleuve, attaqua les Indiens des deux côtés avec une telle vigueur, qu'il remporta une victoire complète (1).

1757 (le 9 juillet). Érection de la paroisse de S.-Miguel de Tezouras. La découverte de la mine d'or, en 1755, dans le lieu connu sous le nom de *Tezouras* (2), *comarca* de Goyaz, donna lieu à l'établissement de la paroissse de *S.-Miguel de Tezouras de Goyaz*. D'après le *provisão* du 9 juillet 1757, elle fut placée sous la direction du père *Simão Pinto Guedes de Figueredo*. Après que cette mine fut épuisée, le terrain étant mauvais et le manque d'eau se fesant sentir, les habitants abandonnèrent l'*arraial*, et la paroisse fut réduite à une simple *capella* suffragante de l'église d'Anta.

Cet *arraial* est situé sous la latitude de 16° 16', à la distance de dix lieues au nord de celui de Santa-Rita.

1757. *Établissement de l'arraial de S.-Antonio de Montès-Claros* dans la province de Goyaz (3).

1758. *Paix avec les Goaitacazes*. Le district de cette nation, autrefois la capitania de S.-Thomé, qui avait été donné à Pédro de Goès, vers l'année 1537, comprenait vingt-huit lieues de côtes entre les rivières Macaché et Capabuana. En 1674, le vicomte d'Asseca Salvador Correa da Sa en devint propriétaire. La mauvaise administration de ses successeurs produisit un grand mécontentement parmi les colons.

---

(1) Cor. Braz., II, 348.
History of Brazil, par M. Southey, ch. 44.

(2) Selon le père Pizarro, le père Cazal prétend que le mot *Tizoiras* ou ciseaux, est un nom donné par les premiers habitants à un oiseau de cet endroit, dont la queue présente la forme de ciseaux ouverts.
Voy. *Mem. hist.*, tom. V, p. 88.
Cor. Braz., I, p. 335, note 79.

(3) *Mem. hist.*, tom. IV, 213.

Ils se révoltèrent même contre leur autorité, ce qui décida le roi à annexer ce district à la couronne par une commutation faite par Francisco de Sales, *ouvidor* d'Espirito-Santo (1).

Les Goaitacazes, qui après leur alliance avec les Coropos, avaient pris le nom des *Coroados*, parcoururent une étendue de pays de plus de 400 milles, située entre les Campos de leur nom, depuis la Para-iba do Sul jusqu'à la rivière Xipota, dans la *comarca* de Villa-Rica, et attaquèrent et chassèrent de ce territoire les fermiers et mineurs de Minas-Géraès qui voulurent s'y fixer. Le gouverneur de cette province, ne pouvant les subjuguer, chercha à les gagner par des bienfaits; et lui-même jugea à propos, en 1757, de demander la paix, qui fut conclue, l'année suivante, par la médiation du père Angélo Pesanha, fils de leur ancien ami. Afin de faciliter le commerce avec eux, on leur accorda des habitations à trois lieues de la ville de S.-Salvador, sur les rives de la Para-iba.

En même tems, la province de Minas-Géraès fut attaquée par les Botocudos de Cujète, qui commirent de grands ravages dans le pays arrosé par le Pereicaba; mais le même père Angélo le fit attaquer par les Goaitacazes, qui les chassèrent vers les bords de l'Amazone.

1758 (le 19 janvier). *Création de la ville de Guimarens*, située dans la province de Maranham et sur le bord septentrional de la baie de Cumà, à dix lieues nord-nord-est d'Alcantará. Cette ville possède une église, une municipalité et un port capable de recevoir de petites embarcations (2).

1758 (le 2 mai). *Érection de la paroisse* de *S.-Lourenço* dans la province de Rio de Janéiro (3). L'église de *l'aldéa* du même nom fut fondée avant l'année 1627, par le gouverneur-général de l'État, Mem de Sá, afin d'y établir le fameux Indien *Ararigboya* (nommé ensuite Martim Affonso de Souza) et ceux de sa nation qui étaient venus des *aldéas*

---

(1) Cor. Braz., II, 41-46.
(2) Do Lago, *Estatistica*, etc.
Cor. Braz., II. Provincia do Maranhâo.
(3) *Mem. hist.*, tom. V, p. 93-96.
Vasconcel. *Chron. da Companha de Jésus*, liv. II, n°˙ 81, 134, et liv. III, n° 130.

de Campos Goiatacazes et de la capitainerie d'Espirito-Santo, et qui avaient montré une fidélité et un attachement constants aux Portugais en les aidant contre les Français depuis la première guerre avec Villegagnon et contre les Tamoyos ses alliés. Ce chef indien avait reçu comme récompense de ses services la décoration de l'ordre du Christ (*ordeno de Christo*) et une pension sur l'État; quelques-uns de ses descendants ont joui du même honneur.

On avait aussi accordé à cet Indien 3,000 *braças* de terre le long de la mer, et 6,000 dans l'intérieur du pays audelà de la cité.

Le gouvernement de *l'aldéa* est sous la direction d'un Indien, ayant le titre de *capitaô mor*. Celui-ci vit de son patrimoine, dont le revenu monte à peine à 2,200,000 *reis*.

Le titre de *baron de S.-Lourenço* fut conféré à *Francisco Bento Maria Tarzini*, trésorier *mor* du trésor royal du royaume du Brésil, par un décret du 17 décembre 1811, et le titre de *vicomte*, par un autre décret du 3 mai 1819.

Le district paroissial, qui n'excède pas les limites de *l'aldéa*, renferme 45 feux et plus de 170 personnes adultes.

1758 (le 1er août). *Fondation de villes. Création de la ville de Tutoia*, située sur les bords de la rivière du même nom, dans la province de Maranham, avec une municipalité (1).

1758. *Érection de la ville de Moura sur la rive méridionale du Rio-Négro*, par D. Francisco Xavier Mendonça Furtado, qui lui donna ce nom. La population est composée de plusieurs tribus: les Manaos, Jumas, etc. (2).

1758. *Barcellos*, ville de la province de Guianna, située à sept lieues au-dessus de Poyares, est la plus considérable de la province; elle était autrefois la résidence de ses gouverneurs. Elle fut premièrement établie sous le nom de *Maria*, à quarante lieues plus haut, près de la bouche du Rio-Uenenexi, où se trouvait réuni un nombre considérable de Manaos, Bares et Bayanahys. Elle fut érigée en ville par Mendonça Furtado, et devint le séjour du gouver-

---

(1) Do Lago, *Estatistica*, etc.
(2) *Diario da viagem*, etc.
Cor. Braz., II, 346.

neur de la capitainerie du Rio-Négro lors de sa création en 1758 (1).

1758. *Tomar*. Ce village, situé sur la rive méridionale du Rio-Négro, fut érigé en ville en 1758. On l'a nommée la *Cour de Manaos*, nation la plus civilisée et la plus remarquable de toutes celles qui habitent le Rio-Négro, tant par son courage que par sa population, sa langue et ses mœurs. Elle a détruit les Caracais.

1759. *Inscription*. Les commissaires occupés, en 1759, à tracer la ligne de démarcation, trouvèrent sur le champ de bataille, dans la province du Rio-Grande do Sul, une croix en bois avec l'inscription suivante :

>Omnium s^{to} rum
>o ch^{to} Jésus
>anno de 1756
>A 7
>de Febrero pipe
>omano C R j. b.
>Tiarayu Guarani
>pipe sabado ramo
>A 10
>de Febrero p^e oico gua-
>rini guaçu martes p^e
>q Taba Uruguay rebe
>gua 15,000 soldados rebe
>hae veiaere mburu bichare
>ta omanô onga ape
>A 4 de
>Marzo p^e oya pou ca
>ângaco Cruz mu D^n
>Miguel moyri sold^s
>Repa upe (2).

Vers le sud de cet endroit, dans les plaines de Yapóguaçu, on découvrit un champ clos, capable de contenir 40,000 bœufs.

---

(1) Le premier gouverneur de cette ville, Joaquim de Mello e Povoas, entra en charge le 7 mai 1758.

En 1788, elle avait environ 1,000 habitants, non compris les troupes et les membres de la commission pour établir la ligne de démarcation. Elle a une église. Les habitants sont cultivateurs, pêcheurs et commerçants.

Cor. Braz., II, 348. Journ. de Coimbra, 4, 356.

(2) *Corografia Brazilica*, I, 123.

1759 (le 19 février). *Fondation de villes.* Fondation de la *Villa de Trancozo*, située près l'embouchure de la rivière du même nom (connue aussi sous celui d'*Itapiranga*), à quatre lieues au sud de Porto-Séguro, dans la province du même nom (1).

1759. *Création de la ville de Serpa.* Serpa, ville de la province de Guianna, est située dans une petite île de l'Amazone, près de son bord septentrional, à seize lieues au-dessus de Sylves et à dix au-dessus de l'embouchure du Rio-Madeira. Cette ville fut nommée premièrement *Itacoatiare* ou la *Roche-Peinte*, à cause des différentes couleurs de l'argile qui se trouvait aux environs. C'était alors une *aldéa* des Abacachis, établie sur le bord oriental de la Madeira. En 1759, on lui donna le titre de villa (2).

1759. *Ollivença*, autrefois l'*aldéa* de S.-Paulo, fut érigée en ville par Joaquim de Mello e Povoas, premier gouverneur du Rio-Négro. Elle est bien située sur le bord du Solimoès, dans la province du même nom, à douze lieues au-dessus de Castro d'Avelaens. Les premiers habitants étaient les Cambévas, les Tecunas, les Juris et les Passés.

---

(1) L'*aldéa* des Indiens, qui y avait été établie par les jésuites, fut érigée en paroisse (*parochia encommendada*) le 12 novembre 1759, et l'église qui fut dédiée à *S. João Baptista* y existait avant l'année 1587. En vertu du décret de 1795, elle entra dans la classe des églises perpétuelles. Ce district renferme 160 feux et plus de 1,200 personnes adultes. Il est soumis pour les affaires temporelles au gouvernement de Bahia. Les habitants cultivent le coton et la mandioca, et s'occupent de la pêche. En 1813, la villa de Trancozo renfermait 50 maisons et 500 habitants, dont la plupart Indiens.
Voy. *Mem. hist.*, tom V, p. 108.
Cor. Braz., II, p. 82.
Voyage du prince Maximilien, ch. 4.

(2) Elle fut transférée à différentes situations, pour éviter les attaques des Muras. La population de Serpa était premièrement composée d'Indiens de quinze différentes peuplades, auxquels fut ensuite réuni un nombre considérable de blancs; mais en 1788, plusieurs familles se retirèrent dans les bois pour éviter la réquisition faite par une expédition de naturalistes, qui allait explorer Mato-Grosso par la Madeira, et la population fut réduite à 300. Ils cultivent avec succès le tabac et le café.
Cor. Braz., II, 343-4.
M. Southey, ch. 44. Cet auteur cite le Journ. de Coimbra, 4, 361.

1759. *Le village d'Éga prend le titre de ville. Éga*, ville de la *comarca* de Teffé ou Teppé, province de Solimoès, est située sur la rive droite de la rivière du même nom, à deux lieues du Maranham. La ville d'Éga, située autrefois dans l'Ilha dos Veados, un peu au-dessous de l'embouchure du Rio-Hyurua, était la principale mission des carmélites; elle fut transférée à son site actuel par Fray André da Costa, en 1759, et érigée en ville par Joaquim de Mello e Povoas. C'était le quartier-général de la commission employée pour établir la ligne des limites dans cette partie du fleuve connu sous le nom de Solimoès. Les habitants descendent des Indiens Uayupys, Solimoès, Corétus, Cocorunas, Jumas, Hyupiuhas, Tamuanas et Achouaris. Ils sont cultivateurs (1).

1759. *Établissement de la ville de S.-Joseph de Javari*, située sur le bord méridional du Maranham. Elle tire son nom de la rivière Javari, quoiqu'elle en soit éloignée de neuf lieues. Elle fut bâtie par Joaquim de Mello e Povoas, premier gouverneur de cette capitainerie, qui la peupla d'Indiens Tucumans.

1759 (15 novembre). *Création de la paroisse (parochia encommenda) de S.-Francisco-Xavier d'Itáguahy* dans la province de Rio de Janéiro, par suite de l'expulsion des membres de la société des jésuites, par la loi du 3 septembre 1759 (2).

---

(1) Cor. Braz., II, 327.
Journal de Coimbra, 351-2, cité par M. Southey, ch. 44.
Do Lago, *Estatistica*, etc.

(2) Le gouverneur, Martim de Sá fit transporter les Indiens habitants de l'île de Jaguarámenon (aujourd'hui nommée Jaguanon) à un endroit nommé *Cabeça-Seca*, situé entre les rivières Tinguçú et Itáguahy, où les pères jésuites avaient établi une *aldéa* et un temple pour les catéchumènes. Par une ordonnance du 22 décembre 1795, cette église devint perpétuelle.

On comptait autrefois dans l'enceinte de cette paroisse 118 feux, et de 900 à 1,000 personnes adultes qui étaient admises au saint sacrement.

Par un décret royal du 3 mai 1819, le titre de *vicomtesse (viscondeça)* de Itáguahy fut donné à dona Izabel Sill Bezerra, veuve de João Paulo Bezerra, en récompense des services que rendit ce personnage en qualité d'envoyé extraordinaire et ministre plénipotentiaire à la Cour de La Haye et de Saint-Pétersbourg, et ensuite comme président du trésor public de Rio de Janéiro.

1760. *Établissement de postes militaires*. Établissement du fort de *Bragança* dans la province de Mato-Grosso par le même gouverneur, à l'ouest de l'entrée d'Itunama (1), sur la rive septentrionale du Guapore (2), où se trouvait autrefois la mission espagnole de Santa-Rosa (3), sous la latitude de 12° 26', d'après les observations du D. *mathematico*, Francisco José de Lacerda.

1760. *Destacamento militar das Pedras*, aujourd'hui *Palmela*, sous la latitude de 12° 52' 35", et 314° 37' 1/2 de longitude, dans la province de Mato-Grosso (4).

1760. *Contestation entre les autorités portugaises et espagnoles. Guerre entre les deux nations*. D'après le traité des limites, les établissements espagnols sur la rive droite du Mamore devaient être remis dans leur état naturel, et les habitants pouvaient y rester en transférant leur allégeance à la couronne de Portugal, ou se retirer en abandonnant leurs propriétés; mais le recteur de S.-Miguel, *F. Francisco Traiva*, émigra avec les habitants sur le territoire espagnol et détruisit les habitations qu'ils abandonnèrent. On démolit aussi S.-Rosa par ordre de F. Nicolas de Médinilla.

Les Portugais considéraient les Indiens comme sujets naturels du Portugal, tandis que les jésuites les réclamaient

---

Voy. *Mem. hist. de Rio de Janeiro*, tom. V, p. 99-107, où l'auteur donne beaucoup de renseignements sur ce district.

(1) Cette rivière est située sous la latitude de 13° 21'.

(2) Cette rivière a sa source dans les *Serras dos Paracis*, sous la latitude australe de 14° 39' ou 42, et longitude occidentale de 318° 39' de l'île de Fer, d'après les observations de D. Pontis, en 1789.

(3) En 1792, les Espagnols fondèrent un nouvel établissement sur le Rio-Machapo, sous le nom de S.-Rumão.
Mem hist., tom. V, liv. IX, chap. 2.

(4) Ce poste fut établi par ordre du premier gouverneur et capitaine-général D. Antonio Rollim de Moura, pour empêcher les Espagnols de s'établir sur le territoire portugais. Cette position commande la rive orientale du Guapore. Le Rio das Pédras, affluent du Guapore, est à la distance de douze jours de voyage de Villa-Bella. Le territoire das Pédras paraît être la limite méridionale du vaste pays des Amazones, à cause des arbres et des fruits (la *Sapucaia* et d'autres), qui ne se trouvent pas dans cette dernière contrée.

Voy. *Mem. hist.*, tom. V, liv. IX, chap. 2.

comme leurs enfants spirituels ; ils continuèrent de passer le Guaporé, afin de chercher des recrues pour les réductions des Baures.

D. Antonio de Moura (1) défendit au recteur de S.-Simam, F. Raimundo Laines, d'empiéter sur le territoire portugais ; et, pour faire respecter cet ordre, il établit le poste de *Destacamento das Pedras* (2), dont on vient de parler. Les jésuites persistant à considérer cet établissement comme une usurpation, D. Antonio, jaloux de maintenir les prétendus droits du Portugal, résolut de reconnaître le terrain en question. Il s'embarqua, le 6 février 1760, à Villa-Bella, avec environ quarante hommes, s'arrêta à Pédras ; et, renforcé par une partie de la garnison, il continua sa route jusqu'aux ruines de S.-Rosa, dont il prit possession. Il y plaça un poste, et changea son nom en celui de *N. Senhora da Conceição*.

On apporta des délais à l'exécution du traité, et il finit par être annulé par les deux puissances. Les Portugais reprirent possession de Colonia, et les Guaranis de leurs villes détruites et de leur pays dévasté.

1764. D. Pédro de Cévallos, gouverneur et capitaine-général des provinces du Rio-de-la-Plata, Uruguay, Paraná et Rio-Grande de S.-Pédro, adressa une lettre (le 30 janvier) au comte de la Bobadela, vice-roi du Brésil, lui enjoignant d'évacuer Yacui, Rio-Pardo, S.-Amaro, Rio-Grande, S.-Gonzalo, S.-Miguel, Guardia del Chui, avec toutes les *estancias* établies par les Portugais dans le voisinage de ces lieux, et de restituer les nombreuses familles d'Indiens qu'il avait capturées, etc.

De Cévallos écrivit sous la même date, au commandant des troupes portugaises du Rio-Grande, pour l'engager à évacuer les terres du roi, occupées par les Portugais. Le 4 mai, ils rejetèrent la même demande contenue dans une lettre adressée au colonel D. Ignacio Eloi de Madureira, commandant des troupes portugaises du Rio-Grande.

Le 6 novembre, de Cévallos s'adressa encore à Bobadela

---

(1) Il gouverna la capitania de Cuiaba depuis le mois de janvier 1751 jusqu'au même mois de 1765.

(2) Situé sous la latitude de 12° 52', longitude 314° 37' (*Patriota*), et considéré comme la limite méridionale du pays des Amazones.

pour demander l'évacuation des vastes pays appartenant à son roi, et occupés par les Portugais, et l'exécution du traité d'annulation (*tratado de anulacion*), du 12 février 1761 (1).

En même tems, le gouverneur de Santa-Cruz de la Sierra, don *Alonzo de Verdujo*, avait fait, pendant les années 1760-61, plusieurs réclamations au gouverneur de Mato-Grosso, pour l'engager à évacuer le *puéblo* de Santa-Rosa el Viéjo, ainsi que l'établissement et les fortifications construites sur le bord du Rio-Itenès, en face des missions de los Moxos, sous le 10º dégré de latitude sud, et dans le domaine d'Espagne.

1760. *Fondation de villes. Fondation de la villa d'Almeida* dans la province d'Espirito-Santo, sur un terrain élevé, près de l'embouchure du Rio dos Reis-Magos (2).

1760 (mai). *Création de la villa d'Estremoz* dans la

––––––––

(1) *Respuesta á la memoria*, etc., appendice E. « Reclamaciones hechas por escrita hasta fin del año de 1773, por los gobernadores del Rei en varias provincias de la America meridional, con motivo de las usurpaciones de los Portugueses en el Rio-Grande de S.-Pedro y demas paises de la Corona de España en aquella region.

(2) La chapelle de cet établissement, dédiée aux saints rois mages (*santos reis magos*), existait avant l'année 1587. Par un décret du 12 novembre 1759, elle fut érigée en paroisse et placée sous la juridiction de la *comarca* do Espirito-Santo pour ce qui concerne les affaires ecclésiastiques; et pour les temporelles sous l'*ouvidor* de la *capitania* de Porto-Seguro, située dans les limites du gouvernement de Bahia. Elle compte 650 feux et environ 5,200 individus, dont beaucoup d'Indiens.

Almeida possédait autrefois un hospice, où les jeunes étudiants du collége de la capitale se rendaient pour apprendre la langue *tupininquina*. On découvre, de cette ville, une vaste étendue de l'Océan.

A la distance de trois lieues au nord d'Almeida, se trouve l'*aldéa Velha* (la vieille *aldéa*), habitée par les Indiens chrétiens; et plus loin, une autre *aldéa* d'Indiens Goaïtacazes, qui s'occupent, comme les premiers, de la culture des légumes et de la pêche. On y fabrique une quantité considérable de *gamellas*, ou gamelles, pour être exportées.

Le Rio-Reis-Magos est distant de six lieues sud du Docé, dont l'entrée est par latitude de 19° 33', et longitude 344° 45' de l'île de Fer.

Voy. *Mem. hist.*, tom. V, p. 108-10.
Cor. Braz., tom. II, p. 65.

province du Rio-Grande do Norte, située à trois lieues au nord-ouest de la capitale et autant de la mer, sur le bord d'un lac de trois lieues d'étendue, remarquable par sa grande profondeur (1).

1761 (le 14 février). *Fondation de la villa de Benevente*, dans la province d'Espirito-Santo, par *Francisco de Sales Ribeiro*. Cette ville est devenue chef-lieu de la capitainerie en exécution du décret du 7 juin 1755. Elle est établie à l'embouchure de la rivière du même nom, où se trouve un bon ancrage (2).

---

(1) Cette ville fut établie par le *desembargador ouvidor geral*, Bernardo Coelho da Gama Vasco. L'endroit était premièrement occupé par des Indiens de la mission des jésuites.
Voy. *Mem. hist.*, tom. VIII, 156-8.
Estremoz est encore une très-petite ville; mais celle de Porto dos Toiros, située à la distance de 18 lieues est-sud-est, est très-florissante. Son port a cinq brasses d'eau, et il offre un bon abri aux embarcations.

(2) A la distance de 6 lieues de Guarupari et au-dessus du Rio-Parahiba, à travers 25 lieues de côtes et des bois, on rencontre la grande rivière Reitygba, vulgairement connue sous le nom d'*Iriritiba* * ou *Camapuan*, où les pères jésuites fondèrent l'une des quatre *aldéas* indiennes ** de la Réduction (*Reducção*) dans la capitainerie d'Espirito-Santo. Ce lieu fut le théâtre d'une grande partie des faits merveilleux du serviteur de Dieu, *Padre José* de Anchieta. L'église de l'*aldéa* dédiée à l'*Assumpção de N. Senhora*, avant l'année 1587, et que le père Santa-Maria nomma *Parochia dos Indios* *** ou *Paroisse indienne*, fut créée paroisse en exécution de l'ordre royal, communiqué par une lettre du secrétaire d'État, du 8 mai 1758. Cette paroisse subsistant comme *encommendada*, devint perpétuelle par la décision du 22 décembre 1795, d'après laquelle toutes les églises des *aldéas* furent élevées à cette condition.
Elle renferme dans ses limites 320 feux et plus de 2,500 individus. L'*hospicio* des jésuites forme maintenant trois maisons de résidence, dont l'une pour le vicaire, une autre pour la municipalité, et une troisième pour l'*ouvidor*.
Le sol est fertile et produit le coton, le sucre, le riz, le maïs, etc.
On construit dans le port des sumaques et des canots qui remontent la rivière jusqu'aux établissements les plus éloignés.

* Vasconcellos, liv. V, chap. 4.
** Reritigba, Guarupari, S.-João et Reis-Magos.
*** Santuario Marianno, tom. X, p. 401, let. 31.

1761. *Création de la paroisse de Senhor Bom-Jésus do Triunfo* dans la *comarca* de Viamão, province du Rio-Grande do Sul, près l'embouchure du Tacoary (1), à un peu plus de dix lieues à l'ouest de Portalègre ou Porto-Alègre. Le district paroissial renferme plus de 280 feux et 3,000 habitants (2), qui cultivent le bled et élèvent des bestiaux.

1762. *Contestation concernant la juridiction territoriale espagnole et portugaise.* Le 15 juillet, D. Pédro Cévallos se plaignit encore du long délai apporté à l'exécution du traité de 1761. Les Portugais, dit-il, se servant comme prétexte du traité de 1750, se sont introduits dans les terres de la province de Paraguay, dans le voisinage du Rio-Igatimi, dans le pays de Moxos, depuis Mato-Grosso jusqu'au *puéblo* de Santa-Rosa inclusivement, et dans les pays étendus situés entre Vianon et le Rio-Yacui. En conséquence, Cévallos réclama ces pays, ainsi que le Rio-Grande et les nombreuses familles d'Indiens que les Portugais avaient enlevées des *puéblos* de l'Uruguay à Rio-Pardo et à Vianon.

Le gouverneur de Santa-Cruz de la Sierra, *D. Alonzo de Verdugo*, renouvela aussi ses remontrances contre l'occupation de Santa-Rosa et les fit suivre d'un protêt (3).

Au mois d'août de l'année suivante, D. Antonio visita la garnison, construisit un fort pentagonal pour sa sûreté, et établit des bateaux pour surveiller la rivière au-dessus et au dessous du fort jusqu'à l'entrée du Baures et du Mamoré; ensuite il renforça la garnison avec vingt-six hommes de Para. Le commandant d'un détachement espagnol fit avertir D. Antonio que la guerre avait été déclarée depuis seize mois, entre l'Espagne et le Portugal. Aussitôt ce dernier équipa sa flottille et offrit le combat au premier, qui le

---

Mem. hist., tom. V, p. 96-99.
Cor. Braz., tom. II, p. 65.
Villa-Nova de Benevente a environ 800 habitants, dont 600 Indiens.
Voyage du prince Maximilien, chap. 6.
(1) Nommée aussi *Tibicari*.
(2) *Memorias historicas*, tom. V, p. 89.
Cor. Braz, tom. I, p. 150.
(3) Voy. la lettre de D. Pédro Cévallos, du 15 juillet 1762, au señor Coudé de Bobadela, contre les prétentions du Portugal, au sujet du pays réclamé par l'Espagne.

refusa. Toute la force à Conceiçâo montait à 244 hommes, dont 44 Indiens de Para et 114 nègres. Le sixième de cette troupe était composé d'invalides. Un détachement marcha contre S.-Miguel, s'empara de cette place, la pilla et la brûla. Le nombre de ses habitants était de 800. Son territoire abondait alors en bestiaux, chevaux et cochons. Alarmé de cet évènement, la réduction de S.-Martim offrit sa soumission. D. Antonio, ayant reçu un renfort considérable de vingt-huit canots de Villa-Bella, avec quelques *sertanistas*, bons tireurs, voulut attaquer le camp espagnol; mais l'estacade était trop forte, et ne pouvant réussir, il se retira.

En même tems, le gouverneur de Buénos-Ayres, D. Pédro Cévallos, ayant reçu la nouvelle de la reprise des hostilités entre les deux Cours, assiégea la Colonia de Sacramento avec une force composée de milices et des Guaranis des réductions. Le gouverneur Vicente da Fonseca, après une résistance de vingt-cinq jours, fut forcé de capituler (le 20 octobre), mais avec les honneurs de la guerre.

Bientôt parut une escadre de onze voiles portugaises et anglaises, venant de Rio de Janéiro pour reprendre la ville, avec 500 hommes de troupe à bord, sous le commandement du capitaine *Mac Namara*. Avant son arrivée, il avait appris que les Espagnols étaient en possession de la place; néanmoins, il commença l'attaque, et après quatre heures d'un feu soutenu, lorsque les batteries avaient presque cessé de tirer, le vaisseau *Lord Clive*, de 54 canons, s'embrasa, et les autres se retirèrent pour éviter les flammes. De 340 individus qui se trouvaient à bord de ce vaisseau, 78 seulement furent sauvés.

Poursuivant le cours de ses succès, Cévallos marcha avec plus de 1,000 hommes contre le fort S.-Térésa, récemment construit sur la rivière Chuy et protégé par une garnison, sous *Thomas Luiz Osorio*, d'environ 600 hommes, dont moitié de troupes régulières. L'autre, composée principalement de gardiens de troupeaux, fatigués d'un service forcé, se retira à l'approche des Espagnols. Le reste étant saisi d'une terreur panique, Osorio fut forcé de capituler le même jour.

Cévallos, maître de ce fort, envoya un détachement contre celui de S.-Miguel, situé à sept lieues au nord du premier, qui, n'ayant pas une force suffisante pour se défendre, se rendit aussi. Alors il donna l'ordre au colonel

Joseph Molina (1) d'avancer avec un détachement de 1,600 hommes contre le fort du Rio-Grande de S.-Pédro, situé à l'ouest du lac de Patos. Étant arrivé près de la ville du même nom, capitale de la province, les habitants et les troupes s'enfuirent avec une telle précipitation, que plusieurs se noyèrent en traversant la rivière. Une centaine furent pris, et toutes les munitions tombèrent au pouvoir des vainqueurs, qui, d'après le récit du jésuite Muriel, s'emparèrent de 30 pièces de canon, 400 fusils, 200 barriques de poudre, 7,000 balles, etc.

Les Portugais se retirèrent à Viamão sur le Yacui, la plus grande rivière qui se jette dans le lac.

Afin de conserver le territoire conquis, Cévallos laissa une garnison des deux côtés de la rivière, et fonda un établissement sous le nom de S.-Carlos, au bord d'une entrée de la mer, à environ neuf milles au nord de Maldonado.

La paix eut lieu le 10 février 1763, et Cévallos reçut l'ordre de restituer Colonia, dont Pédro de Sarmento fut nommé gouverneur, et de conserver tous les autres endroits avec les restes de ses conquêtes et le Rio-Grande (2).

Fondation de villes. Vers l'année de 1762, fut fondée la *Villa-Verde*, autrefois nommée *Patitiba* d'après le Rio du même nom, et située dans la capitainerie de Porto-Séguro, à cinq lieues au-dessus de la capitale et autant de la barre de Patitiba (3).

---

(1) Ce commandant fut ensuite envoyé à Lisbonne, où il fut pendu sur la fausse accusation d'avoir accueilli chez lui un jésuite.

(2) La garnison de Rio-Grande et autres restèrent sous l'autorité espagnole jusqu'en 1776, qu'elles furent restituées par le général Bohème. Voy. les années 1764, 1767 et 1768.

(3) Par un *alvara* du 22 décembre 1795, la chapelle d'Espirito-Santo, qui avait été administrée par les pères jésuites, fut érigée en paroisse (*parochia encommendada*) et entra dans la classe des églises mères perpétuelles, sous le nom de *Espirito-Santo de Villa-Verde*. On compte dans ses limites de 600 à 1,000 personnes enregistrées. Le territoire est fertile et propre à la culture du coton; mais les habitants, dont la plupart sont des Indiens civilisés, se contentent, pour leur nourriture, de fruits et de poissons.

Voy. *Mem. hist.*, tom. V, p. 124-5.
Cor. Braz., tom. II, p. 81.

1762. *Conceição* (Nossa-Senhora). Ce village devint la capitale de la province de Rio-Grande do Sul (1).

1763. Par une lettre royale du 30 avril 1763, la *villa da Penna* fut créée ville et capitale de la capitainerie de Porto-Séguro, et devint la résidence du gouverneur et de l'*ouvidor geral*. Sa juridiction s'étend sur les villes de S.-Matheus, Caravélas, Alcobaça, Prado, Villa-Viçcoza, Porto-Alègre, Santa-Cruz de Porto-Séguro, Villa-Verde, Trancozo et Belmonte. Cette ville est défendue par une forteresse (2).

1764. *Contestation concernant l'exécution du traité de 1763.* Les Portugais s'introduisirent dans le pays du Rio-Grande de S.-Pédro, réclamé par la couronne de Castille, qui les accusa d'avoir éludé l'exécution du traité de 1763.

Le 1 juin, le gouverneur don Pédro Cévallos adresse une lettre datée de Buénos-Ayres, au comte d'Acuña, vice-roi du Brésil, déclarant que la navigation du Rio-Grande de S.-Pédro appartient exclusivement à l'Espagne, et renouvelant les réclamations souvent adressées à son prédécesseur, Bobadela, pour évacuer, selon le traité de 1761, les vastes possessions de l'Espagne, que les Portugais, par une fausse interprétation de celui de 1750, ont occupées sur les frontières, malgré ce premier traité confirmé par celui de Paris, du 10 février 1763, réclamant en même tems les nombreuses familles d'Indiens que les Portugais ont enlevées des *puéblos* de l'Uruguay (3).

1764. *Fondation de villes. Établissement de la villa de Prado* dans la province de Porto-Séguro. En vertu d'un ordre royal, on devait créer une *villa* près du Rio-Jucurucú, à Caravélas; et dans l'année 1764 le *desembarcador ouvidor geral* de la *comarca* de Porto Séguro, Thomé Couceiro de Almeida fit élever l'église de cette nouvelle villa, dédiée à la *purificão da virgem N. Senhora*, qui fut déclarée perpétuelle par un décret du 20 octobre 1795 (4).

---

(1) En 1808, il eut le titre de ville.
(2) *Memorias historicas*, tom. II, p. 35.
(3) *Respuesta á la memoria*, etc., appendice E, 14. « Reclamaciones hechas por escrito hasta fin del año de 1773, por los gobernadores del Rei en varias provincias de la America meridional, etc. »
(4) La villa de Prado est située à l'embouchure du Jucurucú,

1765. *Établissement de Mazagão ou Mazagam dans la province de Guianna.* Les Maures de Maroc ayant pris la ville de Mazagam en Afrique malgré la courageuse défense des habitants, on en transporta environ 1,800 en Portugal et de là au *povoaçao* de S.-Anna, situé dans une île vis-à-vis la bouche du Matapy et à dix lieues au-dessus de l'embouchure du Rio-Maracapucu. Cet endroit prit le nom de *Mazagão* (1). A quelques lieues plus bas, à Macapa, on établit un fort, mais le pays étant malsain, la moitié de la population disparut avant vingt ans. On avait envoyé à ces endroits des colons des îles Azores, des prisons et des maisons de filles du Portugal (2).

1765. *Fondation de villages. Fondation de l'église de S.-João*, située dans le pays de Minas-Novas. Le village, qui renferme soixante maisons, est aujourd'hui succursale de la paroisse de Villa do Fanado (3).

1766. *Fondation du village de Nossa-Senhora da Penha* (Notre-Dame du Rocher), dans le territoire de Minas-Novas et à vingt ou vingt-cinq lieues de Villa do Fanado. Ce village renferme une cinquantaine de maisons (4).

1766. Vers cette année, on fonda *l'aldéa de S.-Gonsalo d'Amarante* dans la province de Piauhy, à cinq lieues de

---

à 12 lieues au sud de Trancoso. Les habitants cultivent la mandioca, dont ils exportent la farine en grande quantité, ce qui constitue leur seule richesse. Ce vicariat renferme environ 200 feux et de 1,700 à 1,800 personnes adultes. Cette ville deviendra plus florissante par de nouvelles communications par eau avec la province de Minas-Géraès.
Voy. *Mem. hist.*, tom. V, p. 130-2.
Cor. Braz., tom. XI, p. 82.
(1) Cor. Braz., tom. II, p. 339.
Administration de Pombal, tom. III, chap. 25. Le ministre peuple l'Amérique par une nouvelle émigration.
(2) Des vagabonds avaient commis des atrocités dans le pays de Minas-Géraès : pour les faire cesser, il fut ordonné de poursuivre, comme voleurs, tous ceux qui n'étaient pas domiciliés dans un établissement de cinquante feux, à l'exception des *Rosseiros* établis dans des fermes, des *Rancheros* établis sur les grands chemins pour la commodité des voyageurs, et des *Bandeiros* occupés à faire des découvertes.
(3) Voyage de M. de Saint-Hilaire, liv. II, chap. 1.
(4) *Idem.*, vol. II, chap. 1.

l'embouchure du Canindé et vingt au nord de la capitale. Cette *aldéa* renfermait 900 *Guégués* qui avaient occupé le pays vers les sources du Parnahyba, et 1,600 *Acroás* qui demeuraient plus au sud. Ils abandonnèrent cet établissement quelque tems après; ils y furent ramenés, mais sans pouvoir le faire prospérer (1).

Renouvellement de la contestation concernant le traité des limites. Quelques années après la reprise, par les Portugais, de Santa-Rosa el Viejo sur le Guapore, vers le mois d'août 1767, différents habitants de S.-Pablo se réunirent de nouveau avec quelques bannis de la *villa de S.-Isidro de Curuguati*, de la province de Paraguay, pour créer un autre établissement à trente lieues de ladite ville, sur le bord du Rio-Igatimé qui se décharge dans la Paraná et ils choisirent pour capitaine (*cabo de Banderas Portugues*) *Juan Martinez Barros*. Le gouverneur du Paraguay, prévenu de ces faits, donna des instructions (déc.) au lieutenant-gouverneur pour engager Barros à se retirer. Les Portugais répondirent qu'ils n'occupaient ce poste que provisoirement et afin de poursuivre une bande d'Indiens barbares et voleurs ; que leur intention était de retourner à S.-Pablo. En même tems, ils se hâtèrent d'établir un fort qu'ils nommèrent *S.-Francisco de Paulo.* Ils furent aidés dans ce travail par les Portugais, qui leur fournirent de l'artillerie, des munitions et des troupes de garnison. Les Paulistas maîtres de cette colonie, entretenaient une communication secrète avec les habitants de leur nation, qui occupaient non-seulement les *campos* ou plaines de l'ancienne cité de *Xérès*, fondée par les Espagnols, sur les bords du Rio-Embotetei qui se décharge dans le Paraguay, et celles de la cité et de la province de Guairá, mais encore les établissements sur les bords du Rio-Camapoan, ainsi que ceux sur les bords du Cuyavá et de Mato-Grosso, tous situés dans la juridiction de la couronne de Castille (2).

1767. Les Portugais reprennent par force le Rio-Grande.

---

(1) **Cor. Braz**, tom. II, provincia de Piauhy.

(2) *Respuesta*, etc., n° 67, appendice de *documentos* D. « Memoria en que el señor embaxador D. Aires de Sá y Mello dio cuenta de lo ocurrido en el Rio-Grande de S.-Pedro, quando los Portugueses acometieron la banda del norte de el, en el año de 1767. S.-Ildefonso, 18 de setembro 1767. »

Le roi de Portugal, inquiet de la conduite des cabinets de France et d'Espagne, et de l'occupation du Rio-Grande par les Espagnols, s'adressa à celui de la Grande-Bretagne pour l'engager, comme partie contractante, à insister sur l'exécution du traité de Paris.

En même tems, le nouveau gouverneur de Buénos-Ayres, *D. Francisco de Paulo Bucarelli y Ursua*, après avoir renouvelé les remontrances faites par son prédécesseur Cévallos, concernant les mesures prises par les Portugais dans la *serra dos Tapes*, rassembla une force de huit cents hommes et s'empara des postes espagnols sur le Rio-Grande (1).

Le 16 mai, le lieutenant-colonel d'infanterie don Joseph de Molina, commandant des troupes espagnoles sur le Rio-Grande de S.-Pédro et des postes qui en dépendent, s'adressa au colonel don Joseph Marcelino de Figueiredo, commandant de garnison portugaise du fort de S.-Cayétano pour réclamer ce fort avec cette partie du *Rio-Yacui*.

Le même jour, Molina adressa au colonel, *D. Joseph Custodio de Saa y Faria*, commandant de toute la frontière, la même réclamation.

Le 21 mai, le même commandant espagnol demanda la restitution de la *sierra de los Tapes* qui confine avec le Rio-S.-Gonzalo. Le 23, il protesta contre l'occupation par les troupes portugaises de cette *sierra*, en déclarant que si les troupes n'étaient pas retirées, il y aurait rupture de la paix.

Le 23 décembre, le lieutenant-général-gouverneur, D. Francisco Bucarelli, écrivit au comte de Azambuja, vice-roi du Brésil, pour réclamer les postes, l'artillerie et les bestiaux que les Portugais avaient enlevés des frontières du Rio-Grande, au mois de mai précédent (2).

1767. *Fondation de villes.* Établissement de la *villa de S.-Jozé* dans la province de S.-Paulo, par le gouverneur D. Luiz Antonio de Souza Boutelho, sous la latitude australe de 23° 12′ 26″ et la longitude de 332° 10′ de l'île de Fer, à peu de distance de Para-iba, et à vingt-une lieues de

---

(1) Funez, tom. III, p. 116.
(2) *Respuesta á la memoria, etc.*, appendice E. Reclamaciones, etc., p. 16, 17, 19, 20 et 21.

la capitale de la province. Cette ville prit le nom de l'église de cet endroit, qui avait été fondée par les jésuites (1).

1767. La ville *do Passo do Lumiar*, de la province de Maranham, fut fondée le 27 juillet 1767 (2).

1767. *Villa de Belmonte* dans la capitainerie de Porto-Séguro. En 1750, une *aldéa* y fut établie par le père Jozé de Araujo Ferraz, composée d'Indiens de la nation Manhân et de quelques hommes blancs et de couleur, natifs de Patipe. Un ordre royal prescrivit l'établissement d'une ville dans la même situation; et par un autre ordre épiscopal du 27 novembre 1767, une église paroissiale y fut établie sous le titre de N. S. do Carmo.

La *villa* fut commencée sous la direction de *l'ouvidor* de la *comarca*, Thomé Conceiro de Almeida, et continuée après sa mort par son successeur José Xavier Machado Monteiro, qui y fit venir nombre d'hommes blancs et quelques familles d'Indiens de Lingua-Geral. Il établit une maison de ville et un pilori, et donna à la ville le nom de *Belmonte* (3).

1768. Les Espagnols ayant établi le *présidio* de *S.-Carlos* sur les rives du Rio-Négro, le commmissaire espagnol, don José de Yturriaga, adressa une lettre au capitaine-général de Rio-Négro, D. Manoel Bernardo de Melo de Castro,

---

(1) La paroisse de S.-José renferme 3,918 habitants, la plupart Indiens. Le terrain est fertile.
Voyage de MM. Spix et Martius, liv. III, chap. 3.
Cor. Braz, tom. I, provincia de S.-Paulo.

(2) Elle a 98 feux, 520 habitants et une municipalité. C'est la plus grande ville des Indiens de la province de Maranham. Elle est située au centre de l'île du même nom, sur les bords de S -João qui la traverse. Elle possède une église bâtie en pierres et couverte de tuiles. Les habitants cultivent d'excellent tabac, du riz et la mandioca.
Do Lago, *Estatistica*, etc.
Cor. Braz, tom. II, provincia de Maranhâo.

(3) Elle est située près l'embouchure de la rivière du même nom, à 14 lieues de la paroisse de Santa-Cruz et 3 de celle de Patipe, sur un terrain bas et sujet à des inondations. La situation en est exposée au vent d'est, et sujette à des fièvres périodiques; par conséquent, le nom de Belmonte ne correspond pas à sa situation. Le sol du district est fertile, étant arrosé par le Rio-Grande ou Belmonte et par ses affluents.
Voy. *Mem. hist.*, tom. V, p. 1325.
Cor. Braz., tom. II, p. 84 et 85.

pour l'engager à faire retirer les détachements de troupes qui garnissaient les bords du Rio-Négro, depuis la cataracte de Corocobi jusqu'au-delà en remontant aux sources, et à rendre à l'Espagne ledit territoire avec les Indiens des *puéblos* et les autres habitants. Dans sa réponse du 26 août 1768, le capitaine-général dit : « qu'on peut regarder la possession du Rio-Négro comme ayant commencé avec celle des autres domaines et colonies que la Cour de Portugal possède dans cet État ; que sa position géographique a été cachée aux Espagnols jusqu'en 1744, époque à laquelle le jésuite Romao était entré par cette rivière dans celle de Casiquiari avec une troupe des Portugais qu'il avait rencontrés » (1).

1768. *Expulsion des jésuites des États du roi de Portugal.* Afin de détruire l'influence des jésuites, la Cour de Lisbonne publia un document pour attester leur résistance au traité de limites, du côté de Paraguay et de Para. L'ambassadeur portugais à Rome présenta cette relation au pape Benoît XIV, et l'accompagna d'un procès contenant des accusations formelles contre la Société, dont il représenta les membres comme des traffiquants, soldats ou regalets, plutôt que des religionistes, comme les promoteurs des désordres et des mutineries dans le Para, comme étant en guerre ouverte avec les deux souverains alliés et occupés à former des établissements depuis l'Orellana jusqu'à l'Uruguay, afin de consolider leur pouvoir. En conséquence de ces dénonciations, le pape nomma le cardinal patriarche à Lisbonne, D. Francisco de Saldanha, visiteur et réformateur apostolique général de la Compagnie en Portugal et dans ses dépendances. Son premier acte eut pour but d'interdire le trafic que les jésuites fesaient pour entretenir leurs missions. Il déclara que ce mandat était conforme aux lois canoniques qui défendaient à tous ecclésiastiques et particulièrement aux missionnaires de s'occuper de commerce. Bientôt après eut lieu la conspiration pour assassiner le roi de Portugal, dans laquelle trois jésuites furent impliqués comme complices. Carvalho décida alors de les chasser hors des États du roi et de confisquer leurs propriétés.

Le ministre Pombal, qui nourrissait dès long-tems le projet de détruire les jésuites au Brésil, nomma son frère gouverneur-général du Maranham et du Paraguay, avec des

---

(1) *Diario da Viagem*, etc., manuscrit.

pleins pouvoirs pour régler les limites des domaines des deux couronnes d'Espagne et de Portugal. Le nouveau gouverneur partit de Lisbonne pour sa destination, le 2 juillet 1753, avec une escadre ayant à bord des soldats et des munitions. Le gouverneur-général du Maranham et du Para fit connaître les noms des jésuites accusés d'être les auteurs d'un plan dont le but était de s'emparer des possessions portugaises d'outre-mer. Il publia la bulle *immensa pastorum*, rendue en 1641, par Benoît XIV, contre l'esclavage des Indiens, et un édit qui privait les missionnaires de leur pouvoir temporel ; on leur interdit tout commerce, et de cette manière, on les priva des moyens de soutenir leurs missions ; enfin leur expulsion fut résolue. On confisqua, au profit de la couronne, leurs habitations, églises et colléges, ainsi que toutes leurs propriétés et même leurs livres. Ceux de Para et de Maranham avaient été déjà suspendus de leurs fonctions par l'évêque de ce premier lieu. Ceux de Para, au nombre de 115, furent envoyés à S.-Luiz pour être déportés à Lisbonne. Ceux de Céara et Para-iba, au nombre de 53, furent embarqués au Récif avec les jésuites de Pernambuco. Ceux du midi, qui comptaient 145 membres, furent embarqués à Rio. Il y avait 7 missions dans le diocèse de Pernambuco, y compris Para-iba et Céara, 9 en celui de Bahia, 5 en celui de Rio-Janéiro, et 6 en celui de S.-Paulo.

Les jésuites qui se rendirent à Lisbonne, furent envoyés dans les États du pape, d'autres furent mis en prison où ils restèrent jusqu'à la mort du roi et la disgrâce de Pombal, qui eurent lieu dix-huit ans après (1).

Les missionnaires furent remplacés (1768) par le clergé séculier, composé de prêtres de différents ordres ; mais l'autorité civile fut confiée à deux administrations, l'une pour le gouvernement de vingt réductions de Paranham, sous la direction de *dom Juan Francisco de la Riva Herrera*, et l'autre pour le gouvernement de dix réductions sur le Paraguay, sous la conduite de *dom Francisco Bruno de Zavala*. Les naturels, profitant de ce changement, se retirèrent dans les bois (2).

---

(1) Voy. l'administration du marquis de Pombal, tom. II. Pièces justificatives.

(2) Voy. l'article de la *République argentine*, expulsion des jésuites espagnols, d'après le décret de la Cour de Madrid, du 27 mars 1767.

1768. *Contestation renouvelée concernant les limites.* Le 16 janvier, *don Carlos Murphy*, lieutenant-général et gouverneur du Paraguay, écrivit à don Juan Martinez Barros, chef de Bandera, lui demandant d'après quel ordre ou autorité il se trouvait établi sur les bords du Rio-Igatimi, territoire espagnol.

Le même jour, ce gouverneur s'adressa à don *Luiz Antonio Botello de Morao*, capitaine-général de S.-Pablo, pour demander l'évacuation de ce poste, de trois cents hommes de garnison.

Le 10 novembre, le capitaine de dragons, don *Francisco Bruno de Zavala*, gouverneur des *puéblos* de Uruguay, invita le commandant Saa à faire retirer le capitaine de dragons, don Francisco Pintes Bandeira, qui, à la tête de ses soldats, avait passé le Rio-Pardo, pour camper à la passe del Arroyo-Alagua (nommée par les Indiens Tobotingai), à six lieues de Yacui et à trois del Arroyo de D. Marcos; à renvoyer également sa garde, d'un capitaine et de quatre soldats, établis à une petite distance du bord méridional de Yacui, en face du Rio-Pardo.

1768 (23 octobre). *Fondation de villes. Fondation de la Villa-Viçoza*, premièrement nommée *Campinho* par le *desembargador ouvidor* de la *comarca* de Porto-Séguro, *Jozé Xavier Machado Monteiro*. Cette ville, comprise dans les limites du gouvernement de Bahia, est située dans la *comarca* et la province du même nom, sur le bord méridional du Péruhype, à quatre milles de son embouchure. Elle possède une église nommée N. Senhora da Conceição. Les habitants cultivent beaucoup de mandioca, qu'ils exportent en grande quantité par les rivières Péruhype et Caravélas (1).

1768 (27 août). *Établissement de la paroisse de N. S.*

---

(1) Le premier établissement fut formé en 1720, par João Domingues Monteiro, *capitão mor* des conquêtes de Caravélas et autres, dans un site nommé *Campinho do Rio-Peruype*, où il fonda, à ses frais, le 8 août 1733, la chapelle de N. Senhora da Conceição, à l'aide du père Gabriel Gomès Pereira, qui fut bénite, le 29 du même mois 1739, par le père Manoel Fernandès Lima.

Mem. hist. du Rio de Janeiro, tom. V, p. 50-1.
Cor. Braz., tom. II, p. 83-4.

Conceição do Rio-Benito (1), dans la province de Rio de Janéiro, sur la rive gauche de la petite rivière Bonito.

1768. *Création de l'établissement de S.-Fernando*, près de l'Ica, sur la rive septentrionale du Maranham. Les habitants sont composés d'Indiens des deux nations Coqui-Vicena et Parvana, qui sont descendus des bords du Tonatu.

1769. *Fondation de la ville d'Itapéva da Faxina*, près du Rio-Verde et le Chemin-Royal, à quarante-huit lieues de la capitale, dans la capitania de S.-Paulo et dans la *comarca* de Hitu. Longitude, 328° 18′ de l'île de Fer, latitude sud, 23° 19′ 30″. Elle possède une église (2).

1769 (15 octobre). *Fondation de la villa de S.-Jozé de Porto-Alègre*, sur la rive septentrionale du fleuve du même nom, à quinze lieues de la barre de S.-Matheos (3).

1769. *Établissement de la ville de Mogy-Mirim* dans la province de S.-Paulo, sur la route qui mène à Goyaz, par le gouverneur D. Luiz Antonio de Souza Botelho. Elle est située sur la rive gauche du rio du même nom, affluent du Mogyguassú, à vingt lieues de la cité, sous la latitude de 22° 20′ 30″ sud, et 333° 44′ de longitude de l'île de Fer (4).

---

(1) Cette paroisse renferme dans sa circonscription 850 feux et de 6 à 8,000 personnes admises au saint sacrement. Il y a treize manufactures de sucre.
Les habitants cultivent la mandioca, la canne à sucre, le riz et le millet.

Voy. *Memorias historicas do Rio de Janeiro*, tom. V, liv. 5, p. 139-144.

Cor. Braz., tom. I, p. 245.

(2) On compte 2,159 habitants dans la paroisse territoriale.
Mem hist., tom. VIII, p. 298.

(3) La paroisse de S.-Jozé fut créée d'après une décision du 16 septembre 1769, faite à la demande du *desembargador ouvidor* de la *comarca*, Jozé Xavier Machado Monteiro. Le district paroissial renferme près de 800 personnes et plus de 100 feux.
La ville est composée d'environ 40 maisons, lesquelles sont basses et couvertes en chaume. Le terrain est fertile. Les habitants exportent une quantité considérable de bois et de farine de mandioca.

Voy. *Mem. hist.*, tom. V, p. 145-6.

(4) Le territoire de cette ville renferme une population de

Elle possède une église dédiée à S. Jozé. Les habitants sont cultivateurs.

1769. *Établissement de l'arraial do Morro do Chapéo*, ou Chapeau, dans la province de Goyaz, à sept lieues de Arraias. Ce village fut ainsi nommé à cause de la forme du site qui ressemble à un chapeau. On en a extrait de l'or (1).

1769. *Établissement de la villa de Atibaya* dans la province de S.-Paulo, par le gouverneur D. Luiz Antonio de Souza Botelho. Cette ville est située sur la route qui va à Minas-Géraès, et près la rivière de son nom, à neuf à dix lieues de la cité, sous la latitude de 23° 8′ sud, et 331° 23′ de longitude de l'île de Fer. Elle a une église dédiée à S. João-Baptista (2).

1770. *Esclaves noirs fugitifs.* Le *quilombo* d'esclaves fugitifs (*calhambolas*) fut détruit par ordre du général *Luiz Pinto de Souza*. On établit un certain nombre de ces noirs dans l'*aldéa Carlota*, située dans le district de Bella-Villa, province de Mato-Grosso, à quinze lieues du Rio-Guapore, et un peu plus de l'*arraial* de S.-Vicente-Ferreira.

D'après les ordres royaux conservés dans la capitainerie de Minas-Géraès, du 12 avril 1738 et du 7 mars 1741, on marqua, avec la lettre *F*, les nègres qui se trouvaient pour la première fois dans les *quilombos*, et la seconde fois on leur coupa une oreille sans procédure (3).

1770. *Fondation de villes. Fondation de la ville de Apiahy* dans la province de S.-Paulo, par le général Botelho. Cette ville est située près la route de Coritygba, près

---

12,865 habitants qui s'adonnent à l'agriculture et à l'éducation des bestiaux.
Mem hist., etc., tom. VIII, p. 302-3.
Cor. Braz., tom. I, p. 243. L'auteur de cet ouvrage écrit *Mugy-Mirim* et *Mugyguassu*.

(1) *Mem hist.*, tom. IX, p. 206-7. Suivant la *Corog. Braz.*, la fondation de cet établissement date de 1779.

(2) La paroisse de cette ville renferme une population de 7,737 habitants. Les articles d'exportation consistent en bestiaux, porcs, maïs et légumes.
Mem hist., tom. VIII, p. 303.
Cor. Braz., tom. I, p. 243. Selon cet ouvrage, on écrit Tibaya ou Atibaya; et l'établissement date de 1779.

(3) *Mem. hist.*, tom. IX, p. 111 et 112.

des sources d'Iguápe, dans un endroit sauvage et montagneux, à quarante-huit lieues de la cité, sous la latitude australe de 24° 13′ 30″, et 328° 59′ de longitude de l'île de Fer.

Cette ville doit son origine à l'existence de l'or dans la montagne voisine, et la diminution de ce métal a occasionné celle des habitants (1).

1770. *Fondation de la villa de Ytápetininga* dans une belle plaine de la province de S.-Paulo, à trente lieues de la capitale, sous la latitude de 23° 30′, et 329° 53′ 18″ de longitude de l'île de Fer. Cette ville, fondée par le gouverneur D. Luiz Antonio de Souza, est située dans une grande plaine près du Chemin-Royal, à une demi-lieue du bord de la rivière de son nom, et à douze sud de Sorocaba. Les maisons sont construites en *taipa*. Elle possède une église. Le terrain est fertile, et on y élève beaucoup de bestiaux. On y cultive le bled, le maïs et des légumes. La pêche y est abondante. Le territoire de cette ville renferme 6,020 habitants. On y trouve de l'or (2).

1771. Le pays montagneux et boisé, connu sous le nom de *comarca dos Ilheos*, après les ravages des Aimores, fut incorporé avec les terres de la couronne, par l'ordre de Joseph II, qui accorda à son dernier donataire, *dom Antonio de Castro*, le titre d'amiral et de comte de Rezende, avec un revenu de 5,000 *cruzados*.

Massacre de cinquante-quatre Portugais par les Indiens Guaycurus. Le 6 janvier 1771, une bande d'Indiens, de la nation guaycurú, s'approcha à la distance de trois cents pas du *présidio* de Coimbra, et massacra cinquante-quatre Portugais qui le défendaient. Le chef, nommé *Queima*, fit ensuite la paix, et reçut un bon accueil de la part du commandant, *sergento mor engenheiro*, Joakim Jozé Ferreira, qui agit, dans cette circonstance, d'après les ordres positifs de la Cour et les instructions particulières du gouverneur,

---

(1) La paroisse ne contient que 1,789 habitants.
Mem. hist., tom. VIII, p. 304.
Cor. Braz., tom. I, p. 245.
Voyage de MM. Spix et Martius, tom. II.

(2) *Mem. hist.*, tom. VIII, p. 298.
Voyage de MM. Spix et Martius.
Cor. Braz., tom. I, p. 244.

João de Albuquerque de Mello Pereira e Cacerès. Pour célébrer cet acte solennel, ledit chef (nommé depuis *João Queima de Albuquerque*) et son capitaine *Emavidi Xami*, connu depuis sous le nom de *Paulo Joakim José Ferreira*, se rendirent à la capitale de Mato-Grosso, où, le 1er avril 1791, en présence du général, de la *camara*, des bourgeois et de tous les autres chefs de leur nation, compatriotes et sujets, ils promirent et s'engagèrent de maintenir avec les Portugais une paix inviolable, et d'observer l'obéissance la plus respectueuse au souverain de Portugal et à ses lois, de la même manière que ses vassaux. En vertu de ce traité et de cette déclaration, le général Albuquerque, par une lettre du 30 juillet, reconnut les deux Guaycurus et leur nation comme alliés, et, en cette qualité, les invita à entretenir des relations amicales avec les Portugais (1).

1771. *Fondation de villes. Fondation de la villa da Guratuba*, par le général *D. Luiz Antonio de Souza*, dans la province de S.-Paulo, sur la rive du Rio-Sahy, sous la latitude australe de 25° 52′ 25″, et de 329° 30′ de longitude de l'île de Fer, à la distance de soixante-douze lieues de la capitale. C'est la dernière ville au midi de la province (2).

1772 (mois de mai). *Insurrection des esclaves noirs et indiens.* Cette insurrection éclata dans la nuit, près S.-Jozé de Maranham. Au nombre d'environ trois mille, ils s'emparèrent de toutes les armes et des munitions qui se trouvaient dans les plantations, et marchèrent contre le fort de cette ville. Un soldat, qui avait trouvé moyen de leur échapper, arriva à tems pour avertir la garnison de leur

---

(1) *Mem. hist.*, tom. IX, p. 68, appendice à *Memoria de Cuiaba*, et chap. II, où l'auteur cite *la Patriota do Rio de Janeiro*, nos 4 et 5, 1814, qui renferme un mémoire historique intitulé : « dos usos, costumes, leis, allianças, litos, governo domestico e hostilidades desde gentio contra as duas naçoens, Portugueza et Espanhola, par le commandant du presidio de Coimbra, Francisco Rodriguez do Prado ».

(2) La paroisse de cette ville, dont saint Louis est le protecteur, compte seulement 733 habitants.
Mem hist., tom. VIII, p. 312 et 313.
Cor. Braz., tom. I, p. 226. Selon cet ouvrage, Guaratuba, dont le vrai nom est *Villa-Nova de S.-Luiz*, est située près d'un tertre, sur la rive droite du bras méridional du Rio-Guaratuba, en face de l'île de Guarazès, à deux lieues de la mer.

projet. Huit cents hommes sortirent pour arrêter la marche des révoltés. Un combat sanglant eut lieu. Les insurgés furent repoussés, avec perte d'un grand nombre de tués et de prisonniers. Mais ceux qui échappèrent excitèrent l'esprit de révolte parmi les esclaves et les Indiens qui se rallièrent encore pour attaquer les Portugais. Ces derniers, bien pourvus d'armes et de munitions, gagnèrent encore la victoire ; mais les vaincus firent une retraite admirable (1).

1772. *Érection de paroisses. Édital* du 26 mars 1772. Érection de la paroisse de *Santa-Anna das Lombas*, connue sous le nom de *Chamusca* (2), dans le district de Morro-Grande da Viamão, province de Santa-Catharina.

Vers l'année 1772, érection de la paroisse de *Nossa-Senhora dos Anjos de Viamão* (3) dans une situation élevée, à une petite distance de la rive droite du Grauatay, dans la province du Rio-Grande do Sul.

1772. *Fondation de la villa d'Alcobaça* dans la province de Porto-Séguro, et située sur la rive septentrionale du Rio-Itanhay, près de son embouchure, et à sept lieues de la ville de S.-Antonio de Caravélas (4).

---

(1) Annual Register for the year 1772, ch. 1. London.

(2) La couleur très-brune du premier curé, le père Luiz Ignacio Pina, fit croire aux habitants qu'il était *mulato*, et on donna en conséquence à cet endroit le nom de *Chamusca*. Cette paroisse renferme 74 feux et 190 habitants. Au port d'Embituba, il y a un établissement pour la pêche de la baleine qui est abandonné à l'administration de Garopaba. *Mem hist.*, t. V, p. 156-7.

(3) Cette paroisse, qui avait été *curada* par une décision du 21 décembre 1761, fut établie par le gouverneur José Marcellino de Figueiredo, pour servir d'habitation aux Indiens Tappes, fugitifs des missions de l'Uruguay.

Par un décret du 22 décembre 1795, cette paroisse fut élevée au rang des églises paroissiales perpétuelles. Elle renferme 220 feux et près de 1.760 personnes adultes. Elle est située à la distance de 4 lieues au nord-est de Porto-Alègre. Le territoire abonde en bon bois.

Voy. *Mem. hist.*, tom. V, p. 125-6
Cor. Braz, tom. I, p. 150.

(4) La paroisse de S.-Bernardo de Alcobaça fut créée par une décision du 9 novembre 1771 [*]. La plupart des maisons de la

[*] Voy. *Mem. hist.*, tom. V, p. 147-8.

Le 4 mai 1772, érection en ville du village de *Pombal*, dans la province de Paraiba da Norte. Pombal est située sur la rive gauche du Rio-Pianco, à une lieue de son embouchure, à trente-deux lieues ouest de Barboréma, à quarante-sept de S.-João, et à quatre-vingt-dix-huit de la capitale. Elle fut érigée en ville par l'*ouvidor geral* de la *comarca*, Jozé Januario de Carvalho, d'après l'ordre du gouverneur et capitaine-général de Pernambuco, Manoel da Cunha Ménézès, Conde da Villa-Flor, qui fut autorisé à cet effet par la lettre royale du 22 juillet 1760 (1).

1773. *Établissement de la ville de Villa-Nova de S.-Jozé del Rey*, d'après l'ordre du vice-roi marquis de Lavradia, à deux lieues au sud-sud-ouest de Macacú, et un mille de la rive gauche de la rivière du même nom, dans la province de Rio de Janéiro. Son nom primitif était *Aldéa de S.-Barnabé*, et ses premiers habitants furent des Indiens dont les descendants sont mêlés avec les Portugais (2).

---

villa sont couvertes en tuiles. L'église est bâtie en pierres. La *villa* est rafraîchie par les vents de mer.
Voy. *Mem. hist.*, t. I, 147-8.

(1) En 1816, on commença à bâtir une maison de ville et une prison.
Dans la juridiction de Pombal, se trouve le grand et opulent village (*povoação*) de Piancó, situé à 12 lieues au-dessus de Pombal, sur la rive droite du Piancó.
En 1813, on comptait plus de 4,000 personnes dans la paroisse de Pombal, dédiée à N. Senhora de Bom-Successo, et dans celle de S.-Antonio de Piancó, plus de 8,000.
Voy. *Mem. hist.*, tom. VIII, p. 196-200.
Cor. Braz., tom. II, p. 205-6. L'auteur de cet ouvrage écrit *Pinhancó*.
Les habitants de Pombal, dont la plupart sont blancs, subsistent du produit de l'agriculture et de l'éducation des bestiaux. Dans ce district, tous les arbres sont courbés vers l'ouest par l'influence du vent impétueux de l'est, qui a détruit, en 1806, les orangers.

(2) Cor. Braz., tom. II, p. 32.
Les pères jésuites avaient établi cette *aldéa*, en 1584, à un endroit nommé Cabuçu. Elle fut ensuite transférée au Povo de Itamby, où l'on établit, en 1705, une chapelle en pierre, sous l'invocation de S. Barnabé. Après la suppression des pères jésuites, l'église eut le privilége de paroisse, par une décision du

Portaria ou *lettres patentes* du 17 janvier 1773. Création de la paroisse de *N. S. da Concciçāo do Arroio* dans la province du Rio-Grande do Sul, entre les districts de S.-Antonio da Guarda-Velha et de S.-Luiz do Norte (1).

Portaria du 18 janvier 1773. Fondation de la paroisse de *S.-Luiz do Norte*, entre celles de N. S. da Conceiçāo do Estreito, ou frontière du N. de Rio-Grande (dans un lieu nommé Barrancas), et N. S. da Conceição do Arroio de Porto-Alègre (2).

1773. On proposa de rebâtir la *ciudad Real* en Guayra, qui avait été détruite par les Paulistas en 1631. On employa, pour cet objet, un détachement du fort Iguatimim; mais sa situation à la jonction du Piquiri avec la Paraña était si malsaine, que tous ceux qui y travaillèrent périrent en peu de jours. Le poste fut abandonné.

1773. *Fondation de la villa de Paraitinga* par le gouverneur *D. Luiz Antonio de Souza Botelho*, à l'est de Taubaté, sur le chemin qui mène à la villa de Ubatuba, sous la latitude de 23° 8′ 30″ sud, et 333° 1′ 40″ de longitude de l'île de Fer, à trente-huit lieues de la capitale. Elle est située sur la rive gauche de la rivière qui porte son nom, à deux lieues au-dessus de l'embouchure de la Parahi-

---

15 novembre 1759, et devint permanente par un ordre du 22 décembre 1795.

Cette paroisse renferme une population éparse de 7 à 800 adultes. D'après une décision du 1ᵉʳ février 1787, on commença la construction d'une maison de ville et d'une prison.

Voy. Vasconcellos, *Historia da vida do Padre Jozé de Anchieta*, liv. IV, chap. 12 et 13.

Mem. hist., tom. V, p. 110-114. L'auteur de ce dernier ouvrage donne l'année 1773 pour date de la création de cette ville. Selon le père Cazal, elle eut lieu l'année précédente.

(1) On y compte plus de 1,000 personnes enregistrées.
Voy. *Mem. hist.*, tom. V, p. 158 et 159.

(2) On y compte 150 feux et 1,200 personnes admises au saint sacrement. La juridiction ecclésiastique dépend du vicaire de la *vara* de la *comarca* de Rio-Grande. La paroisse de S.-Luiz do Norte est un démembrement du territoire de la Villa do Rio-Pardo.

Voy. *Mem. hist.*, tom. V, p. 157-8.

béma, et douze au nord d'Ubatuba. S. Luiz est le patron de son église (1). La rivière y est traversée par un pont.

1774. *Hostilités avec les Paulistas.* D. *Juan Jozé Vertis*, à la tête de huit cents hommes, prit une position dans une plaine, près de la passe de Taquatinguay, où il fut attaqué et complètement vaincu par deux compagnies des Paulistas, commandées par les capitaines *Bandeiro* et *Carneiro*. En même tems, un armement dirigé par Cévalhos s'empara de l'île de Santa-Catharina. La plupart des habitants de cette colonie furent envoyés, à leurs frais, à Mendonça et à Cordova, pour augmenter la population et pourvoir à la culture de ces districts.

1774. *Formation de la peuplade S.-Mathias,* près du lac Agama, qui se jette dans le Jupura, district du Rio-Négro. Elle fut formée des Indiens de la tribu d'Ania et de Yérona, qui étaient descendus avec deux chefs à S.-Antonio, située à une demi-lieue plus loin (2). Les habitants en sont agriculteurs.

1774 (3). *Fondation de la ville de Lages* dans la co-marca de Paranagua et Curytiba, province de S.-Paulo. Cette ville, nommée aussi *Nossa Senhora dos Prazeres,* est la plus méridionale de la province. Elle est située sur le Chemin-Royal, à deux milles au nord de la rivière Caveiras, et à moitié environ de cette distance de la petite Caraha (4).

1774. *Établissement de l'arraial de Bom-Fin* dans la province de Goyaz, à dix-huit lieues de Méia-Ponte. On y trouva de l'or; ce qui y attira des mineurs; mais faute d'instruments nécessaires pour l'exploiter, ils quittèrent peu après l'établissement (5).

---

(1) La paroisse renferme 3,620 habitants qui élèvent une grande quantité de cochons, ce qui constitue leur principale branche de commerce.
Mem. hist., tom. VIII, p. 300.
Cor. Braz., tom. I, p. 242. Cet auteur écrit *Parahitinga.*
(2) *Diario da viagem*, etc., manuscrit.
(3) MM. Spix et Martius.
(4) Ainsi nommée d'une espèce de canne ou *bambú* qui croît sur ses bords.
Cor. Braz., tom. I, p. 239.
(5) *Mem. hist.*, tom. IX, p. 215 et 216.
Ce village possède une chapelle et sert de station à une compagnie de cavalerie, d'infanterie et d'artillerie.

1775. *Voyage de Gervais Le Clerc*, liégeois, qui arriva, avec quelques Indiens de Paraviana, au Rio-Négro, par l'Esséquébo et le Rio-Branco.

1775. *Fondation du presidio de Nova-Coimbra* sur le bord occidental du Rio-Paraguay, dans la province de Mato-Grosso, sous la latitude de 19° 55′. Dans le courant de 1774, les Indiens Guaycurus ou *Cavalleiros* (cavaliers) attaquèrent deux fois la Praça dos Prazeres, sur l'Igatimi, en massacrèrent les habitants et incendièrent leurs maisons. Au mois de mai de l'année suivante, une expédition composée d'une vingtaine de canots, montés par des Indiens de la même nation, arriva par le Rio-Paraguay, à la Villa-Maria, située sous la latitude de 16° 3′, où elle tua seize personnes de la *fazenda* de Domingos da Silva. Les gens de Cuiaba et les commerçants de S.-Paulo et de Rio de Janéiro s'étant plaints, aux gouverneurs des capitaineries de Mato-Grosso et de Cuiaba, de ces hostilités continuelles qui avaient coûté la vie à près de quatre cents Portugais, et amené la perte de trois millions en établissements, on résolut de mettre un terme aux déprédations des Guaycurus et des Payaguas, d'empêcher la fuite des criminels et des esclaves, de protéger la navigation du Paraguay, et d'affermer un grand nombre de terres. A cet effet, le général Luiz de Albuquerque expédia, le 9 mai 1775, le *capitão de auxiliares* de Cuiaba, *Mathias Ribeira da Costa*, avec un détachement de dragons et d'autres troupes pour occuper le site de *Fecho dos Morros* (1), ou barricade

---

(1) Le *Fecho dos Morros* consiste en deux élévations considérables, situées sur le bord du Paraguay, où se terminent les grandes inondations de cette rivière; lesquelles s'étendent de l'entrée du Jauru à plus de 100 lieues du nord au sud, sur 40 de largeur, et forment ce qu'on appelle le lac de Xaraès. L'une de ces hauteurs, d'une forme conique, fut nommée *Pão do Assucar*, ou pain de sucre, par la commission pour la ligne de démarcation en 1786. Sur le bord occidental de la rivière, sous la latitude de 21° 22′, se trouve le *Morro*, nommé par les Paulistas *Monte de Miguel-Joze*, où les Espagnols construisirent, en 1792, le *Forte de Bourbon*. La bouche principale du Taquary se trouve située sous la latitude de 19° 15′ et 320° 21′ de longitude. Ce pays, étant inondé pendant sept mois de l'année, n'est par conséquent propre ni à l'agriculture, ni à l'éducation des bestiaux; mais cet établissement, le plus méridional du Paraguay, a rempli le but de son institution, c'est-à-dire à empêcher le

de rochers, si célèbre parmi les anciens *Sertanistas*, et situé sous la latitude de 19°, à la distance de quelques journées de marche de l'entrée du Rio-Taquary au sud, et à onze lieues au-dessus du Rio-Mondégo, anciennement l'Imbotétiu. Cet officier reconnut l'importance de cette situation pour la protection des *Minas-Diamantinas*, pour empêcher la libre navigation avec Buénos-Ayres, et faciliter celle des Portugais de la villa de Araritaguaba de Porto-Feliz, par les rivières Taquary, Pardo-Paranáa ou Rio-Grande el Tiété. En conséquence, traversant l'isthme de Camapuan (1), par ordre du général Albuquerque, il établit le *presidio de Nova-Coimbra* (2), et déploya le pavillon portugais, le 13 septembre de cette même année, sur la rive orientale du Paraguay, sous la latitude de 19° 55' sud, et longitude 320° 1' 45" de l'île de Fer (selon les observations des mathématiciens de l'expédition de 1786), et à la distance de cent quatre-vingt-dix lieues de Cuiaba, ou vingt jours de trajet par la rivière.

1776. *Établissemement de la forteresse do Principe da Beira* par Luiz de Albuquerque, sur le bord oriental du Guapore, sous la latitude de 12° 20' sud, dans le district de Juruenna, province de Mato-Grosso, à une distance de cent dix lieues en ligne droite de Villa-Bella, et à cent quatre-vingt-dix lieues par eau. Ce fort est situé sur un terrain élevé de quarante-cinq palmes au-dessus des débordements de la rivière, et qui n'est jamais inondé; mais pendant la crue, les eaux s'élèvent de trente pieds, et changent en lacs une grande surface du pays voisin, ce qui occasionne des fièvres dans la garnison (3).

---

passage des Espagnols, la fuite des esclaves, et à mettre fin aux incursions des Indiens.

(1) Sous la latitude de 19° 35', les Portugais ont un établissesement nommé Camapuan, le seul qui se trouve au centre de ce vaste pays, situé entre les grandes rivières Paraguay et Paranáa, et à la distance de 90 lieues sud-sud-ouest de la cité de Cuiaba.

(2) A deux cents pas du Rio-Paraguay, se trouvent deux grottes ou cavernes rectangulaires, séparées par une grande pierre, et dont l'une a été nommée *Gruta de Inferno*.

Mem. hist., liv. IX, chap. 1.

(3) La forteresse est en pierre de taille; ses murailles ont 25 pal-

1776-7. *Expédition espagnole contre le Brésil. Reddition de S.-Catharina. Prise de Colonia.* La Cour de Madrid, n'ayant pu obtenir réparation par des voies pacifiques pour les agressions dont elle se plaignait, résolut de faire partir un armement pour attaquer les possessions portugaises en Amérique. Profitant de démêlés entre l'Angleterre et ses colonies, *D. Joseph Moñino* (depuis comte de *Florida Blanca*), aidé des conseils de dom Pédro Zéballos, équipa, pour cet objet, une forte expédition. Elle était composée de douze vaisseaux et de plus de cent navires de transport, ayant à bord neuf mille hommes de troupes de débarquement, commandés par le marquis de *Casa Tilly*. Zéballos, nommé vice-roi de la Plata, l'accompagnait. Ces deux chefs se disputèrent pendant le voyage relativement à la direction de cette armée. Le premier voulait commencer l'attaque contre Colonia ; l'autre contre l'île de S.-Catharina, regardée comme la clef du Brésil méridional. L'autorité du vice-roi prévalut.

La flotte opéra son débarquement à l'*enseada das Canavieiras*, à environ neuf milles de *N. Senhora do Desterro*, capitale de l'île et de la province. Les forts et les batteries furent abandonnés par le gouverneur, *Antonio Carlos Furtado de Mendoza*, qui s'enfuit avec quelques officiers sur le continent. Il y signa une capitulation, le jour des Dames,

---

mes de hauteur ; au-dessus de la grande porte du Nord, on a gravé, sur une pierre, l'inscription suivante :

Jozepho primo
Lusitaniæ et Brasilæ Rege Fidelissimo
Ludovicus Albuquerquius a Mello Perezius
Caceres
Regiæ majestatis a consiliis
Amplissimæ hujus Mato-Grosso provinciæ
Gubernator ac Dux supremus
Ipsius Regis Fidelissimi nutu
Sub Augustissimo Beirensis Principis Numine
Solidum hujus arcis fundamentum jacendum
Curavit
Et primum lapidem posuit
Anno Christi MDCCLXXVI
Die XX Mensis Junii.

Depuis l'entrée du Mamoré jusqu'au Destacamento das Pédras (Palmela), on compte quatre boulevards ou bastions, dédiés à N. Senhora da Conceiçao à S.

d'après laquelle l'île et ses dépendances étaient cédées au roi d'Espagne.

Zéballos, étant proclamé vice-roi, donna ordre au gouverneur de Buénos-Ayres, *D. Juan Joseph de Vertiz*, de marcher, avec toutes ses forces disponibles, contre Rio-Grande, pendant qu'il irait par mer l'attaquer au nord. Vertiz s'avança, à la tête de deux mille hommes et de quelque cavalerie, jusqu'à S.-Térésa, où il établit ses quartiers, afin de coopérer avec l'armement. Zéballos, à cause des vents contraires, ne pouvant exécuter son plan d'invasion, fit voile pour la Plata, et jeta l'ancre à Montévidéo. D'après les intentions du gouvernement, Vertiz devait rester chargé du commandement en second; mais Zéballos lui ôta toute autorité, et envoya les prisonniers, au nombre de cinq cent vingt-trois, dans la province de Cuyo.

Zéballos remit à la voile le 18 mai 1777, et le 22, il jeta l'ancre devant Colonia. Le gouverneur-colonel *Francisco Jozé da Rocha*, n'ayant de provisions que pour cinq jours, fut obligé de capituler. Contre les conditions de ce traité, les prisonniers, à l'exception des officiers, furent envoyés à Buénos-Ayres, et de là à Cordoba et Mendoza, pour y être établis comme colons (1).

1777. *Destruction du fort de Praça dos Praçeres. Empiétement des Espagnols*. Après avoir détruit ce fort, les Espagnols abandonnèrent celui qu'ils avaient bâti vis-à-vis, à cause des fièvres malignes qui y régnaient. Mécontents de l'établissement de Nova-Coimbra, ils en créèrent trois autres dans les limites du Brésil, à S.-Joseph, à S.-Charles, sur la rivière Appa, et à Villa-Réal, sur l'Ipané-Guazu. Ils empiétèrent aussi sur les pâturages des Portugais, et s'avancèrent jusqu'à Camapuan, position importante à cause de la communication entre S.-Paulo et Cuiaba (2).

1777. Des nations d'Indiens féroces, les Charruas, Tapès et Guaranis, formèrent les *aldéas*, nommées *Poves*, dans le territoire situé entre les rivières Piratini et Ijuy-Grande,

---

(1) Cor. Braz., tom I, p. 125.
Funez, Ensayo de la historia civil, etc., tom. III, p. 207.
Le traité des limites de S.-Ildéfonso, qui confirma le traité préliminaire de paix de 1778, conclu en 1788, mit fin à cette guerre.
(2) Cor. Braz., tom. I, p. 263-267.

près la rive orientale de l'Uruguay, depuis la latitude australe de 28° 39′ 51″, et longitude, de la pointe la plus occidentale de l'île de Fer, de 321° 45′ 45″, jusqu'à la latitude de 28° 18′ 13″, et longitude de 323° 41′ 52″ (1).

1777. *Création de l'aldéa de Nova-Beira* dans la grande île de Bananal, ou Santa-Anna laquelle fut peuplée des nations Javaés et Carajás qui l'habitaient. Le général Jozé de Almeida dépensa 12,000 *cruzados* pour former cet établissement, qui fut encore abandonné. A cette époque, on donna le nom de Nova-Beira à la province au nord de Goyaz, qui s'étend au nord entre les rivières Araraguaya et Tocantins, et qui était occupée par diverses nations sauvages (2).

Traité conclu au Pardo, le 11 mars 1778, entre le roi d'Espagne et la reine de Portugal, et ratifié le 24 suivant. Le but de ce traité est de donner toute la clarté nécessaire à ceux des 13 février 1668, 6 février 1715, 10 février 1763 et de 1777. Pour cet effet, les plénipotentiaires sont convenus des stipulations suivantes :

« Conformément au traité de 1668 et autres plus anciens, il régnera entre les deux souverains la même alliance qui subsistait autrefois. (Art. 1er.)

» Leurs majestés ne feront, en aucune partie du monde, ni guerre, ni alliance, ni démarche qui puisse respectivement leur nuire; au contraire, elles se préviendront mutuellement de ce que l'une découvrira de préjudiciable à l'autre, etc. (Art. 2.)

» Elles se garantissent mutuellement leurs possessions en Europe, et renouvellent la garantie consignée dans le traité de limites de 1750, en supposant toutefois ces limites de l'Amérique méridionale fixées suivant la teneur du traité préliminaire du 1er octobre 1777. L'art. 25 dudit traité de 1750 est, en conséquence, inséré mot pour mot dans celui-ci. (Art. 3.)

» Si l'une des deux couronnes (sans être dans le cas de cette garantie) est en guerre avec une autre puissance, l'autre gardera la plus stricte neutralité, celle-ci se réservant, en cas d'invasion de la part de la puissance ennemie, la défense réciproque que les deux couronnes se promet-

---

(1) *Mem. hist.*, tom. IX, p. 355.
(2) *Mem. hist.*, tom. IX, p. 203 et 204.

tent, sans manquer aux engagements qu'elles peuvent avoir avec d'autres puissances de l'Europe. (Art. 4.)

» Quoique, par l'art. 22 du traité préliminaire de Saint-Ildefonse, il ait été établi qu'aucun vaisseau étranger ne sera reçu à l'île Santa-Catharina, ni sur la côte voisine, on en excepte le cas où l'hospitalité sera nécessaire, et on n'a pas voulu, par-là, écarter les vaisseaux espagnols de cette côte ni de celle du Brésil, quand ils y seront forcément amenés. (Art. 5.)

» On renouvelle l'article du traité d'Utrecht, qui établit les cas où les criminels, réclamés par l'une des deux puissances, seront livrés par l'autre. Aux crimes qui y sont énoncés, on ajoute ceux de fausse-monnaie, de contrebande de matières absolument défendues et de désertion. (Art. 6.)

» On rappelle et on confirme les articles de la paix d'Utrecht, qui stipulent que les deux puissances se traiteront, en matière de commerce, comme la nation la plus favorisée. Pour l'application de ces articles, on convient qu'on prendra pour règle les articles 3 et 4 du traité de 1668, qui portent, 1° que les sujets respectifs communiqueront librement d'un territoire à l'autre, et que le commerce se fera par terre et par mer de la même manière que sous le roi Sébastien ; 2° que les sujets respectifs jouiront, à cet égard, sans nulle exception, des privilèges accordés à ceux de la Grande-Bretagne, par le traité de 1667, entre cette puissance et l'Espagne. (Art. 7 et 8.)

» Le traité de 1667 sera commun aux deux nations, sans autres modifications que celles que les couronnes d'Espagne et d'Angleterre ont stipulées entre elles; les deux nations espagnole et portugaise se réservant encore les ampliations dont elles jouissaient sous le règne de Sébastien. En conséquence, on reverra les anciens tarifs des droits respectifs exigés par les deux couronnes, etc. (Art. 9, 10 et 11.)

» On dressera aussi un résumé des privilèges réciproques qui étaient en vigueur sous le règne du roi Sébastien, et il sera censé faire partie du traité. (Art. 12.)

» Pour que les sujets respectifs puissent faire la traite des nègres sans être astreints, comme autrefois, à des compagnies étrangères, et pour compenser les cessions faites, en vertu du traité préliminaire, par S. M. C. à S. M. T. F., celle-ci cède au roi d'Espagne l'île d'*Annobon*, sur la côte d'Afrique, ainsi que celle de *Fernando-del-Po*, dans le golfe de Guinée, afin que les Espagnols puissent commercer sur les côtes opposées à cette île, sans troubler toutefois le commerce des Portugais, surtout de ceux qui sont établis dans les îles du Prince et de S.-Thomas. (Art. 13.)

» Les vaisseaux espagnols qui aborderont aux îles portugaises du Prince et de S.-Thomas, seront reçus comme ceux de la nation la plus favorisée : il en sera de même pour les vaisseaux portugais qui relâcheront aux îles d'*Annobon* et *Fernando-del-Po*. (Art. 14.)

» Il pourra y avoir, entre les deux îles espagnoles et les deux îles portugaises, un commerce de nègres; et si les Portugais en apportent aux Espagnols, on les paiera, pourvu que les prix soient convenables à la qualité des nègres, et ne surpassent pas ceux qu'exigent les autres nations. (Art. 15.)

» S. M. C. promet que, durant quatre ans, le tabac en feuilles sera fourni à ses deux nouvelles îles par le Brésil ; sur quoi il y aura un contrat formel où la quantité nécessaire sera fixée. Au bout de quatre ans, on jugera si l'on doit proroger ou non ce contrat. (Art. 16.) (1)

1778 (21 septembre). *Fondation de villes. Établissement d'Albuquerque* sur le bord occidental du Paraguay, sous la longitude de 320° 3′ 15″ de l'île de Fer, et le 19° 8′ 10″ de latitude australe (d'après les observations des astronomes Ricardo Franco d'Almeida Serra et autres), et à environ 140 lieues de Cuiaba (2).

1778. *Établissement de Villa-Maria* dans la province de Mato-Grosso, sous la latitude australe de 16° 3′ 33″, et la longitude de 320° 2′ de l'île de Fer. Elle est située dans une grande plaine fertile, au Morro das Pitas, sur le bord oriental du Paraguay, à deux ou trois lieues au-dessous de l'entrée du Rio-Cabaçal, et à plus de trente lieues de la cité de

---

(1) Voyage en Portugal, etc., par Bourgoing, tom. II, p. 156.

(2) Ce village a une population d'environ 200 individus qui sont paroissiens de la chapelle de Forte de Coimbra. Il a été la résidence d'un missionnaire italien, le père *Jozé de Monseratte*, qui a baptisé et civilisé plusieurs Indiens de la nation Guana. Le district est fertile et renferme beaucoup de pierres calcaires.

Mem. hist., t. IX, p. 16.

Selon le manuscrit de Lastarria, Albuquerque est située sous le 18° 52′ de latitude sud. Les Espagnols prétendent que cet établissement fut créé en opposition au 13e article des traités de 1777.

Cuiaba, et à sept au-dessous du Jauru, sur la route de Mato-Grosso. Cette ville fut fondée par le lieutenant de dragons, Antonio Pinto do Rego, par ordre du général Luiz d'Albuquerque de Mello Pereira e Caceros (1).

1779. *Création d'un établissement au site das Pédras*, près du Rio de S.-Lourenço, connu auparavant sous le nom de *Porrudas*, à vingt-six lieues de l'ancienne Villa-Réal. Ce village établi par le père Manoel d'Albuquerque, est très-utile aux voyageurs qui vont à Goyaz et à Mato-Grosso (2).

Érection, en 1779, de la paroisse de *N. S. Conceição de Cachoeira*, dans la capitainerie de Rio-Grande de S.-Pédro.

1779 (le 17 mai). *Établissement de la paroisse de S.-Luiz*, mission indienne établie pour la commodité des habitants de *Morro das Pitas*, sur la rive orientale du Paraguay, où le général Luiz d'Albuquerque fit établir le *presidio de Villa-Maria*, sous la latitude de 16° 3′ 33″ de latitude australe, et de 320° 2′ de longitude de l'île de Fer, pour protéger la frontière au-dessus de l'autre *presidio* de Nova-Coimbra. Cette église est située à plus de trente lieues à l'ouest de Cuiaba (3).

1781. *Soumission des Cayapos de Goyaz. Établisse-*

---

(1) Villa-Maria possède une église paroissiale. La plupart des habitants, au nombre d'environ 1,000, sont des Indiens de diverses nations; ils élèvent une grande quantité de bestiaux et de chevaux. Avant l'année 1818, on y comptait de 3 à 4,000 veaux; mais depuis, le nombre est diminué, à cause de la consommation qui en a été faite par les garnisons des *Presidios*. On y cultive la mandioca, le maïs, le riz et le coton. Il y a une sucrerie.
Mem hist., tom. IX, p. 15.
Cor. Braz., tom. I, p. 301.

(2) D'après les observations faites sous le gouvernement de Luiz Pinto de Souza, la *barre* du Rio S.-Lourenço est située par la latitude de 17° 31′. Cette rivière a sa source sous le parallèle 15e, à 40 lieues à l'est de la cité de Cuiaba; elle reçoit la Cuiaba de l'ouest, sous la latitude de 17° 20′ et de longitude 320° 50′ de l'île de Fer.

(3) *Mem. hist.*, tom. IX, p. 62.
La paroisse renferme une population de plus de 1,000 individus.

ment de l'aldéa Maria. Un des premiers actes du gouvernement de Luiz da Cunha Ménézès, à Goyaz, fut la conquête de l'invincible nation *Cayapo*, pour laquelle il avait donné des instructions précises au commandant de l'expédition, *Jozé Luiz*. Cet intrépide officier se mit en marche le 15 février 1780, avec cinquante soldats, pour avoir une entrevue avec cette peuplade. Il pénétra dans le *Sertam*, par le Rio-Claro, et y erra pendant trois mois, sans autre nourriture que du gibier et du miel sauvage, avant de rencontrer des Indiens. Enfin, il en découvrit, à l'aide d'un interprète qui avait été prisonnier parmi eux, dans sa jeunesse, et les invita à venir visiter le grand capitaine, qui désirait les prendre sous sa protection. Ils acceptèrent cette invitation, et un vieillard, six guerriers avec leurs femmes et leurs enfants, au nombre de trente-six, se rendirent à Villa-Boa, où ils furent accueillis avec les honneurs militaires, fêtés et comblés de cadeaux. Bientôt, deux autres caciques se présentèrent (le 29 mai), accompagnés de deux cent trente-sept Cayapos, qui reçurent le même traitement que les premiers; et, en présence de personnes très-respectables, on administra le sacrement, le 12 juin, à cent treize enfants. D'autres Indiens de la même tribu se joignirent à leurs compatriotes, et on forma près du Rio-Tartaruga et à la distance de onze lieues au sud-ouest de la Villa, une *aldéa* nommée *Maria*, à onze lieues sud-est de la capitale. D'autres Cayapos y affluèrent, et bientôt le nouveau village contint 600 habitants. On leur enseigna les arts mécaniques les plus essentiels; mais la colonie ne prospéra pas.

Vers le même tems, on fit conduire 700 Javaès et Carajos de Nova-Beira à l'*aldéa* de S.-Jozé de Mossamèdes (1).

1781 (le 6 janvier). *Trahison des Guaycurus.* Marcelino Rodriguez Campomanes, *sergento mor* du *presidio* de la Nova-Coimbra, avait reçu l'ordre de Luiz de Albuquerque, gouverneur de Mato-Grosso, d'établir des relations amicales avec les Guaycurus et de les engager à trafiquer avec le fort. Ces Indiens haïssaient les Portugais, à cause de l'injustice et de l'inhumanité des vieux *sertanistas*. Quelques-uns d'entr'eux s'étant présentés à cheval devant le fort, disant en espagnol, qu'ils désiraient la paix,

---

(1) *Mem. hist.*, tom. IX, p. 169 et 170.
Cor. Braz., tom. I, p. 337.

Campomanez sortit avec une escorte pour les recevoir. Après une conférence amicale des deux côtés, le sergent *mor* leur fit des présens, tirés en partie des magasins du roi, en partie des siens propres, et ils prirent congé avec la promesse de revenir dans un mois échanger divers articles. Ce terme étant expiré, sans qu'on les vît reparaître, quelques officiers commencèrent à murmurer contre le commandant, prétendant qu'il avait intimidé les Indiens, et se disposaient à dresser un acte d'accusation contre lui, lorsqu'une bande de Guaycurus des deux sexes se présenta avec des moutons, des dindons, des peaux de cerf et d'autres articles pour faire des échanges. Le commandant donna ordre de les arrêter à trois cents pas du fort, et fit sortir l'adjudant *Francisco Rodriguez Tavarez* avec douze hommes, pour les surveiller. Cet officier dressa ses armes en faisceau et en confia la garde à une sentinelle, mais les chefs indiens l'ayant prié de les faire retirer à quelque distance et de les couvrir pour ne pas effrayer les femmes, il y consentit, les voyant seulement armés de bâtons courts et de couteaux. En même tems, le principal chef entra dans le fort, accompagné d'un interprète de sa nation, pour parler au commandant, qui l'accueillit bien, et lui fit encore des cadeaux en le quittant. Les Portugais occupés de leur trafic, ou s'entretenant avec les femmes, n'étaient point sur leurs gardes, lorsque ce même chef, par un coup de sifflet, donna le signal du massacre. Quarante-cinq Portugais furent égorgés, et les Guaycurus se retirèrent sans perdre un seul homme avec les armes et le butin de leurs victimes, avant que la garnison pût arriver à leur secours (1).

1781 (21 janvier). *Fondation de villes. Établissement de S.-Pédro d'El Rei* dans la province de Mato-Grosso, district de Cuiaba. Cette villa, connue auparavant sous le nom d'Ipoconé ou *Beripocone* (qui lui fut donné par le général Cacérès, le 18 décembre 1780), est située sur le bord d'un grand lac, à vingt ou vingt-et-une lieues au sud-ouest de l'antique Villa-Réal, sous la latitude australe de 16° 16′ 8″, et longitude de 321° 2′ 30″ de l'île de Fer,

---

(1) *History of Brazil*, par M. Southey, qui cite la *Patriota*, n°s 3, 5, p. 32-36, contenant le récit de cette affaire, par Francisco Alvez do Prado.

près la rive occidentale du Ribeirâo de Bento-Gomez, à une lieue et demie de la baie de Rio de Janéiro (1).

1783 (le 27 juin). *Tentative pour réduire les Chavantes.* Cette peuplade, la plus nombreuse de Goyaz, occupait le pays entre l'Araguaya et les Tucantins, et les bords de la rivière qui porte leur nom et qui se jette dans l'affluent occidental de l'Araguaya; ils habitaient aussi l'Ilha de S.-Anna ou de Bananal. Tristão da Cunha Ménézès, chef d'escadre de *l'armada royale*, père de Luiz da Cunha, prit possession de la capitainerie. Ayant résolu la conquête des indigènes Chavantes, il envoya *Miguel de Arreida e Sa* à la tête d'une expédition pacifique, qui amena 3,500 individus de cette peuplade à Villa-Boa. Ils furent établis dans la nouvelle *aldéa do Carretão* (2).

1785. *Fondation de villes. Établissement de la ville de Canta-Gallo* dans le district fertile du même nom, province de Rio de Janéiro, pour y exploiter des mines d'or (3).

1785. *Fondation de la villa da Cunha* dans la pro-

---

(1) Sa population s'élève à 2,606 habitants. Le terrain en est plat et fertile; le grand marais de Pirannêma, situé à une lieue de la ville, se dessèche pendant l'été et fournit de très-bons pâturages. Ses maisons sont construites en *taipa* ou *adobe* et blanchies. Les habitants sont mineurs et ils élèvent beaucoup de bestiaux. A défaut de fontaines, ils puisent de l'eau dans les *cacimbas*, ou trous faits dans la terre.
Mem. hist., tom. IX, p. 17-19
Cor. Braz., tom. I, p. 300. L'auteur de cet ouvrage écrit *Poconni*.

(2) Après un séjour de quelques années, ils retournèrent à leur bois, où ils devinrent les ennemis les plus formidables des Brésiliens.
Mem. hist., tom. IX, p. 171.
Cazal, tom. I, p. 338.

(3) On prétend que la ville du même nom, formée par les Paulistas, au milieu de vastes forêts, resta long-tems inconnue, jusqu'à ce qu'elle fut découverte par le cri d'un coq. Dans les quatre années suivantes, le quint de l'or dû à la couronne, monta à 10,000 *cruzados*, et les droits sur les productions agricoles à 8,000.
Voyage de M. Mawe, chap. 4.
Cor. Braz., tom. II, p. 53.

vince et la *comarca* de S.-Paulo, à l'est de Guaratiba, dans la *sera do Mar*, sur le chemin qui mène à la villa de Paratii, à quarante-neuf lieues de la capitale, sous la latitude de 23° 30′ sud, et 333° 11′ de longitude de l'île de Fer. Cette villa, autrefois nommée *Façao*, fut établie par le gouverneur Francisco da Cunha e Ménézès (1).

1785 (20 juin). *Établissement de la villa da Princeza da Beira*, nommée aussi *Campanha*, dans la *comarca* de Rio das Mortes, province de Minas-Géraès. Cette ville est située dans une plaine sous la latitude de 21° 16′ sud, et 332° 24′ 30″ de longitude de l'île de Fer, à la distance de trois lieues et demie du Rio-Verde, à 24 lieues de la villa de S.-Joâo del Rey, 43 de Villa-Nova do Infante en Pitanguy, 56 de Marianna, et 73 de Rio de Janéiro (2).

1787. *Expédition envoyée par le gouverneur Fernando Pereira Leite de Foyos, pour explorer le Rio das Trombetas,* grand affluent de Maranham, et où le capitaine Orellana a placé les Amazones. Le commandant, ainsi que plusieurs individus, tombèrent malades, et revinrent sans pouvoir remplir cette mission.

1788. *Fondation, par le gouverneur Bernardo Jozé de Loréna, de la ville de Loréna,* sur la rive droite du Rio-Para-iba, à deux lieues au-dessus de l'entrée du Rio-Imbauhy, province de S.-Paulo, et située sous la latitude australe de 22° 41′, et de 333° de longitude de l'île de Fer, à quarante-une lieues et demie de la capitale (3).

---

(1) La paroisse renferme une population de 2,821 habitants. Le climat, à cause de son élévation, est froid. Les habitants nourrissent beaucoup de porcs dont ils font un grand commerce.
Voy. *Mem. hist.*, tom. VIII, p. 299 et 300.
Cor. Braz., tom. I, p. 241.

(2) Par un décret du 20 octobre 1798, on créa une nouvelle magistrature pour cette ville. La paroisse contient une population d'environ 10,000 individus. La ville possède une église dédiée à S. Antonio do Valle de Piedade, ou saint Antoine de la Vallée de Piété, et deux chapelles. Il y a une école de langue latine. Les habitants s'occupent de l'exploitation des mines et d'agriculture; ils cultivent le blé, le maïs, le seigle, le tabac, la mandioca, le coton et le sucre en petite quantité; ils élèvent beaucoup de bestiaux et de porcs.
Mem. hist., tom. VIII, part. II, p. 204-7.
Cor. Braz., t. I, p. 280.

(3) Loréna fut premièrement nommée *Guaypacaze;* elle pos-

1788. *Fondation de la villa de Castro* par le même gouverneur Bernardo Jozé de Loréna, dans la province de S.-Paulo, à quatre-vingt-quinze lieues de la capitale (1), à la pointe où la route royale traverse le Rio-Hyapa, qui donna premièrement son nom à ce village. Elle a une église dédiée à Santa-Anna.

1789. *Conspiration à Minas-Géraès*, sous l'administration du Condé de Rezende. D. José de Castro, ancien officier de cavalerie de Minas-Géraès, appelé *Joaquim Jozé da Silva Xavier* et surnommé *o tiradentes* ou arracheur de dents, guidé par l'exemple des États-Unis, conçut le projet de s'affranchir de l'autorité du gouvernement et d'établir une république indépendante. Il régnait alors un grand mécontentement dans cette capitainerie, occasionné particulièrement par la diminution du produit des mines. Dans l'espace de trente ans, la capitation de cent *arrobas* avait été réduite à moitié. En 1790, les arrérages montaient à 700 *arrobas*, et les habitants croyant que le gouverneur en voulait exiger le paiement, en furent alarmés. Silva Xavier profita de cette circonstance pour augmenter l'irritation publique. Il rencontra à Rio, *Jozé Alvez Maciel*, natif de Villa-Rica, qui revenait d'Europe et se rendait à sa ville natale; il lui communiqua son projet de révolution, dans lequel il embarqua aussi son beau-frère, le lieutenant-colonel Francisco de Freire d'Andrada, qui commandait les troupes régulières de cette capitainerie. Afin d'attirer d'autres personnes de distinction dans cette révolte, Silva leur déclara que beaucoup de commerçans de Rio s'étaient prononcés en faveur d'une révolution, et qu'on pouvait compter sur des secours étrangers. Par ce moyen, il s'assura du colonel *Ignacio Jozé d'Alvarenga*, du lieutenant-colonel *Domingos d'Abreu*

---

sède une mère-église. Le sol du district est fertile, et produit d'excellent café. En 1817, il renfermait une population de 6,250 individus.

Mem. hist., tom. VIII, p. 293.

(1) La paroisse renferme 4,850 habitants. On trouve des pierres précieuses dans le voisinage de Castro. Si l'on réussit à subjuguer les sauvages de Guarapuava, on espère qu'il y aura de grandes améliorations dans ce district.

Voy. *Mem. hist.*, tom. V, p. 298-299.
Cor. Braz., t. I, p. 229.
Selon MM. Spix et Martius, Castro fut établie en 1781.

Vieira, P. Jozé da Silva, Oliveira Rolim, D. Carlos Correia de Toledo, vicaire de la villa de S.-Jozé, S.-Thomas et d'*Antonio Gonzaga*, homme de beaucoup d'influence. Les conspirateurs, après avoir concerté leur plan d'opération et pris pour devise : un génie brisant des chaînes, et ces mots, *libertas quæ sera* (la liberté, quoique tardive), ne purent remuer le peuple qui ne désirait que la diminution des impôts. Le gouverneur, informé du complot, profita de cette disposition pour faire connaître qu'il avait suspendu le paiement des taxes arriérées. Silva se retira à Minas-Géraès, où il fut arrêté et conduit au siége du gouvernement. Les autres conspirateurs, qui essayèrent en vain d'exciter l'insurrection, furent arrêtés et emprisonnés. Après deux ans, Xavier fut condamné à être pendu, décapité et écartelé. On ordonna d'exposer sa tête sur la place publique de Villa-Rica, et ses membres dans les principaux lieux où les conspirateurs s'étaient réunis; de raser sa maison, d'y semer du sel et d'élever une colonne, sur laquelle seraient gravés son crime et sa punition. Ses enfants et ses petits-enfants furent dépouillés de tous leurs biens et déclarés infâmes. La même sentence s'appliquait à Maciel, son beau-frère, à Francisco de Paulo, Alvarenga et à trois autres, mais ils ne devaient point être écartelés. Plusieurs furent fouettés et bannis pour dix ans; d'autres à perpétuité et condamnés aux galères. Le gouverneur de Portugal jugea à propos de mitiger ces sentences, et Silva seul subit la peine de mort (1).

1789. *Fondation de villes.* Le village de *Magé*, dans la province de Rio de Janéiro, fut érigé en ville avec le titre de *condado*. Elle est située sur la rive gauche de la rivière du même nom, à environ trois lieues de celle de Macacu et à une de la baie (2). Elle possède une église.

1789. *Expédition contre les Canoeiros.* Cette expédition de 800 hommes, destinée à renforcer Para, fut confiée à *Miguel Arruda*, accompagné de *Jozé Luiz*. Le premier avait réduit les Chavantes; le dernier les Cayapos. Ils s'embarquèrent sur l'Uruhu, premier affluent des Tucantins, qui prend sa source dans la *serra* Doirada, non loin de Villa-

---

(1) M. Southey, *Hist. of Brazil*, chap. 43.
(2) Cor. Braz., tom. II, p. 34.

Boa. Quittant la rivière à Agua-Quenta, ils se rendirent à Pontal, sur la rivière du même nom, à environ quatre lieues au-dessus de sa jonction avec les Tucantins. Là, le commandant commença ses opérations par terre et par eau contre les Canoeiros, qui avaient infesté, pendant quelque tems, les Tucantins et ses affluents, et forcé plusieurs habitants de Goyaz d'abandonner leurs fermes sur le Maranham. L'ennemi se défendit avec courage, mais sa perte fut considérable. Les soldats furent si dégoûtés de cette expédition, que les sept dixièmes désertèrent. Arruda en ramena seulement quatre-vingts à Para (1).

1790. *Établissement de la villa do Principe*, autrefois nommée *Caicó*, sur le bord de Siridó, dans la province de Rio-Grande do Norte, par le *desembargador ouvidor geral* de Para-iba, Antonio Félippe Soarès d'Andrade Brederode. Elle possède une église (2).

1790 (20 avril). *Établissement de Villa-Nova da Rainha* dans la province de Para-iba do Norte, à trente-quatre lieues à l'ouest de la capitale de la province, à vingt-deux de la villa do Pilar, et au sud-ouest de Brejo d'Areia. Cette ville, communément appelée *Campina-Grande*, ou grande plaine, fut établie par le même *ouvidor geral*, Antonio Félippe Soarès de Andrade Brederode, sous l'administration de Jéronimo Jozé de Mello e Castro, gouverneur de la province (3).

---

(1) M. Southey, *Hist. of Brazil*, chap. 23, qui cite *Memorias de Goyaz*, *Patriota*, n⁰ˢ 3, 5, 4, 3, 6, 19, 3, 4, 68.
Cazal, tom. I, p. 391.

(2) Voy. *Mem. hist.*, tom. VIII, p. 164.
La population totale de la province de Rio-Grande do Norte, composée de blancs, d'Indiens, de noirs et métis, s'élève à 56,777. *Idem*, p. 166.

(3) *Mem. hist.*, tom. VIII, p. 190-1.
Le père Cazal assure que Rainha était connue sous le nom de *Paupinna*, avant d'être érigée en ville. Selon cet auteur, elle est à 35 lieues de la capitale. Les habitants se procurent de l'eau dans un lac voisin qui se dessèche pendant les grandes chaleurs, et ils sont alors obligés d'en faire venir d'un endroit à deux lieues de distance. Cette ville a une église.
Voy. Cor. Braz., tom. II, p. 205.
Les terres situées au sud et à l'est de la ville donnent un bon produit de froment; les pâturages y sont excellents.

1790. *Érection de la villa da Princeza*, située dans une plaine sur la rive gauche du Rio-Assu (1), dans la province du Rio-Grande do Norte, à vingt lieues de la mer à l'est, et quarante-huit de la capitale de la province (2).

1791 (le 30 juillet). *Traité entre les Guaycurus et le capitaine-général de Mato-Grosso.* Deux chefs des Indiens Guaycurus, nommés l'un *Joam Queyma d'Albuquerque*, et l'autre *Paulo Joaquim Jozé Fereyra*, se présentèrent à Villa-Bella, accompagnés de dix-sept guerriers et d'une négresse créole, devant Joam d'Albuquerque de Mello e Caceres, gouverneur et capitaine-général des capitaineries de Mato-Grosso et de Cuiaba; et se déclarèrent, au nom de leur nation, vassaux de S. M. portugaise. Des lettres-patentes leur furent accordées en preuve de cette soumission. Voici la teneur de ce traité : « Nous, Joam Albuquerque, etc., fesons savoir à tous ceux qui les présentes verront que les Indiens de la nation guaycurus, connus sous le nom de *cavaliers*, ayant contracté solennellement une paix perpétuelle avec les Portugais dans un traité fait au nom de la nation, par Joam Queyma d'Albuquerque, et Joaquim-Jozé Ferreyra, où ils ont promis d'avoir dorénavant une aveugle obéissance aux lois de sa majesté, comme étant vassaux de son royaume, ordonnons à tous les officiers civils et militaires des possessions de sa majesté très-fidèle, de les reconnaître, traiter et secourir comme de véritables amis : en foi de quoi nous avons signé la présente lettre et y avons apposé nos armes. Fait dans cette capitale de Villa-Bella, le 30 juillet 1791 ».

1791. *Exploration de la route de Goyaz à Para* par le

Le chemin royal (*estrada geral*), qui mène de la capitale dans l'intérieur, passe par cette ville. Le district renfermait, en 1815, une population de 5,000 individus.

(1) Nommée aussi Rio das Piranhas, navigable pour de grandes barques jusqu'à la villa da Princeza. La ville possède une église et un hermitage. Les habitants s'occupent d'agriculture et de l'exploitation du sel qui s'y trouve en grande abondance.
Selon la Cor. Braz., Villa-Nova da Princeza est située à 7 lieues de l'embouchure du Rio das Piranhas.

(2) *Mem. hist.*, tom. VIII, p. 158-9.
Elle fut établie par le *desembargador ouvidor* de Para-iba, Antonio Felippe Soares de Andrade Brederode. Les blancs forment une partie considérable de la population.

Rio-Paraguay, par ordre de la Cour de Portugal, aux frais des *négocians de Para*. Cette expédition, commandée par le capitaine *Thomas de Souza Villa-Réal*, s'embarqua sur le Rio do Peixe ou rivière au Poisson, à l'*arraial* de Santa-Rica, et reconnut que cette navigation jusqu'à Para embrasse une étendue de 732 lieues (1).

Vers le même tems, on explora le Vermelho, ou rivière Rouge de l'Arraguaya ; mais il est peu fréquenté à cause de la difficulté de sa navigation et des hostilités des peuplades qui habitent sur ses bords.

1791. *Fondation de villes*. Le village da *Igreja-Nova*, ou village de l'Église-Neuve, fut érigé en ville par un décret du vicomte de Barbacena, gouverneur de la province des Mines, qui lui donna ce nom. Elle est bâtie sur la crête de deux collines allongées. Il y a deux rues principales, dont l'une est pavée. Sa population est d'environ 2,000 individus. Elle est située par le 21.e dégré 21' de latitude méridionale, et le 334.e dégré 39' de longitude de l'île de Fer, à dix lieues de S.-Joâo d'El Rei, vingt-deux de Villa-Rica, et cinquante-huit de Rio de Janéiro. D'après les observations de M. Eschwege, cette ville est élevée de 3,530 pieds au-dessus du niveau de la mer (2).

1791. *Établissement de la ville de Barbacena* dans la *comarca* du Rio das Mortes, de la province de Minas-Géraès, par le gouverneur vicomte de Barbacena, qui lui donna son nom (3).

1791. *Établissement de la villa de S.-Bento de Tamandua* dans la *comarca* de Rio das Mortes, province de Mi-

____

(1) *Mem. hist.*, tom. IX, p. 171.
(2) Voyage de M. de Saint-Hilaire, chap. 5.
Mem. hist., tom. VIII, part. II, p. 200.
(3) L'église de cette ville, fondée en 1750, et alors nommée *Igreja-Nova da Bordo do Campo*, est située sous la latitude de 21° 21' 30" sud, et 334° 39' 26" de longitude de l'île de Fer. Elle est à 10 lieues de S.-Joâo d'El Rei, 22 de Villa-Rica, 24 de Marianna, et 58 de Rio de Janéiro. La paroisse renferme une population de 10,500 individus.
Mem. hist., t. VIII, part. II, p. 200, 203.
Par un décret du 17 mars 1823, la villa de Barbacena reçut le titre de *nobre e muito leal villa*, ou noble et très-loyale ville.
Voy. *Collecçâo das leis*, p. 73.

nas-Géraès, par le vicomte de Barbacena. Cette ville, située sous la latitude de 19° 57′ 30″ de latitude australe, et de 332° 54′ de longitude de l'île de Fer, est à la distance de vingt lieues au sud de Pitanguy, autant ouest-nord-ouest de Sabara, vingt-cinq à l'ouest de Villa-Rica, quinze au nord-ouest de S.-João d'El-Rei, cinquante de Marianna, et quatre-vingts de Rio de Janéiro (1).

1791. *Établissement de la villa de Quelluz* dans la *comarca de Rio das Mortes*, province de Minas-Géraès, par le gouverneur Luiz Antonio Furtado de Mendonça, vicomte de Barbacena. Cette ville est située au bas de la *serra* de Ouro-Branco, à près de huit lieues au sud-sud-ouest de Villa-Rica, et quinze au nord-est de S.-João d'El Rei, à un endroit qui, avant cette époque, portait le nom de *Carijos*, lorsqu'il était occupé par les Indiens de cette tribu (2).

1795 (le 22 décembre). *Établissement de la paroisse de S.-Pédro de Cabo-Frio* dans la province de Rio de Janéiro (3).

---

(1) Cette paroisse renferme 18,765 habitants.
Mem. hist., tom. VIII, part. II, p. 195 et 199.

(2) L'église-mère, dédiée à la sainte Vierge, fut établie en 1709; elle est à la distance de 12 lieues de Marianna et 70 de Rio de Janéiro. La population de Quelluz monte à plus de 6,190 individus. On y élève un grand nombre de bestiaux.
Mem hist., tom. VIII, part. II, p. 193-4.

(3) Martim de Sá, *capitão mor* et gouverneur de Rio de Janéiro, établit, dans l'année 1630, l'*aldéa* S.-Pédro dans le district de Cabo-Frio, pour les Indiens Goaytacazes et autres de la *provoação* de Sepitaba ou de Y-Tinga, comprise dans les limites de Ilha-Grande; et il confia aux pères jésuites l'administration spirituelle et temporelle des néophites. A l'extinction de cette société, l'établissement indien fut commis aux soins des pères capucins de la province de Conceição jusqu'à la date de l'ordre royal, du 8 mai 1758, qui ordonna que les églises jusqu'alors gouvernées par les jésuites fussent érigées en véritables paroisses avec le titre de *vigararias* ou vicariats.

Cette paroisse renferme 140 feux et 1,120 personnes qui sont admises au saint sacrement. Il y a une saline à un endroit nommé *Apicuz*.

Le district du cap Frio, ainsi nommé du promontoire où la côte change de direction, est borné au nord par la rivière Maccahé qui le sépare du district des Goaytacazes, et il est baigné

1797 (10 août). *Traité entre la république française et le Portugal.* Au commencement de la révolution française, le commandant de la Guyane portugaise interrompit les relations de voisinage avec la Guyane française, afin que les nègres ne communiquassent point entr'eux. La Cour de Lisbonne rejeta des propositions de neutralité qui lui furent adressées par la Convention nationale.

Le 23 thermidor an V (10 août 1797), la république française négocia un traité avec le ministre plénipotentiaire de Portugal en Hollande, *M. Antonio de Araujo de Azevedo.* Les articles sept, huit et neuf de cette convention fixaient les limites des deux Guyanes française et portugaise qui étaient déterminées par le cours de la rivière nommée par les Portugais *Calmeme*, et par les Français de Vincent-Pinzon. Ce traité fut déclaré nul et non avenu, par un décret du directoire exécutif, du 26 octobre suivant, attendu sa non-ratification, par la reine de Portugal, dans le délai convenu.

1797. Cette même année, les Indiens Bororós, Araviras et Parcorionès, qui sont un mélange de deux différentes tribus et qui habitent sur le Rio-Cabaçal, affluent du Paraguay, dans la province de Mato-Grosso, envoyèrent des délégués à Villa-Bella, pour obtenir l'amitié des Portugais (1).

1797. *Fondation de villes. Établissement de la ville de Nova-Bragança* dans la province de S.-Paulo, par le général *Antonio Manoel de Mella Castro Mendonça.* Elle est située à vingt-quatre lieues de la cité et à trois nord-est de Tibaya, sous la latitude de 23° 50′ sud, et 331° 23′ 40″ de longitude de l'île de Fer (2).

1797. *Établissement de la villa de S.-Carlos*, située

à l'est et au sud par l'Océan. Son territoire embrasse un espace de 12 lieues du nord au sud et 10 de l'est à l'ouest.
Memorias historicas, tom. V, p. 91-93.
Cor. Braz., tom. II, p. 36.
(1) *Mem. hist.*, tom. IX, p. 15.
(2) La paroisse renferme 10,301 habitants, qui élèvent une grande quantité de porcs, et cultivent le blé, le millet et des légumes.
Mem. hist., tom. VIII, p. 303 et 304.
Voyage de MM. Spix et Martius.
Cor. Braz., tom. I, p. 243.

dans la province de S.-Paulo, à quinze lieues au-delà de la cité du même nom, sur la route qui mène à Goyaz, sous la latitude de 22° 40′ 20″ sud, et 33° 40′ 55″ de longitude de l'île de Fer, près d'un ruisseau à un peu plus d'une lieue au-dessus du Rio-Tibaya et six au nord de Y-Tu. Cette ville fut établie par le général Antonio Manoel de Mello (1).

1797. *Établissement de la villa de Porto-Féliz* dans la province de S.-Paulo, sur la rive gauche du Tiété, à cinq lieues à l'ouest de la villa de Y-Tu, et vingt-trois de la cité de Sorocaba, sous la latitude de 23° 18′ 36″ sud, et 333° 12′ de longitude de l'île de Fer. Cette ville, nommée premièrement *Araritaguaba*, fut établie par le gouverneur Antonio Manoel de Mello (2).

1797. *Établissement de la Villa-Antonina* dans la province de S.-Paulo, par le général Antonio Manoel de Mello. Elle est située à trois lieues à l'ouest de la ville de Paranaguá, à l'extrémité d'une baie, dans une péninsule, en face des embouchures des rivières Cachoeira et Nhundiaquara, dans une situation saine et agréable, sous la latitude de 25° 3′ sud, et la longitude de 329° 30′ 30″ de l'île de Fer, à la distance de soixante-onze lieues de la capitale (3).

1797. *Établissement de Miranda* dans la province de

(1) La paroisse de cette ville renferme une population de 6,000 habitants, qui cultivent de riches plantations de cannes à sucre, de maïs, de blé, etc.
Mem hist., tom. VIII, p. 302.
Cor. Braz., tom. I, p. 246.
(2) La paroisse, sous la protection de N.-Senhora Mãi dos Homens, renferme une population de 9,925 habitants, qui s'occupent particulièrement de la culture de la canne à sucre et ed l'éducation des bestiaux.
Porto-Féliz est le port des navigateurs qui vont à Cuiaba.
Cor. Braz., tom. I, p. 245.
Mem. hist., tom. VIII, p. 301.
(3) Cette ville possède une église dédiée à Nossa-Senhora do Pilar. La paroisse renferme une population de 3,917 habitants, qui cultivent la mandioca dont ils exportent la farine avec des bois, des cordages d'*imbé*, des tranches de bœuf séchées au soleil, etc.
Mem hist., tom. VIII, p. 312.
Cor. Braz., tom. I, p. 227. D'après cet ouvrage, Antonina fut établie en 1800.

Mato-Grosso, sur le bord septentrional du Rio-Mondego, à un demi-quart de lieue de la rive droite du Rio-Aranhahy, par le capitaine-général *Caetano Pinto de Miranda Montenegro* (1).

1798 (le 20 octobre). *Établissement de la villa de Paracatu do Principe* dans la *comarca* de Paracatu, province de Minas-Géraès (2).

1800. Le village de *Propiha*, autrefois nommé *Urubu de Baixo*, fut créé ville en 1800. Il est situé entre deux lacs d'une grandeur inégale, sur les bords du S.-Francisco, dans la province de Sérégipe del Rey (3).

―――――――――――――――――――――

(1) Cette ville fut établie, en 1778, dans le *morro* das Pitas, sur le bord du Paraguay, sous le nom de *Botetiu* ou *Imbotetiu*, par *João Leme do Prado*, capitão mor das Entradas, natif de Y-Tú, d'après les ordres du général Caceres. En 1797, un *presidio* y fut établi par le général Miranda Montenegro. La population est composée de 59 habitants, non compris la garnison. Cette ville est située sur la ligne qui sépare les possessions portugaises de celles de l'Espagne. Le pays abonde en gibier.
Mem. hist., tom. IX, p. 19.
Cor. Braz., tom. I, p. 286. L'auteur de cet ouvrage parle seulement du *Presidio* établi en 1797.

(2) Les mines de Paracatu, situées au nord-ouest de Minas-Géraès, à la distance de 120 lieues, furent découvertes, en 1744, par le *guarda mor*, *Jozé Rodrigues Froès*, qui en prévint le gouverneur, Gomez Freire de Andrada. Celui-ci autorisa l'établissement de l'*arraial*, sous la latitude de 16° 12', et longitude de 336° 27' de l'île de Fer, et nomma, en 1749, Rafael da Silva e Souza gouverneur de cette province, qui en fit chasser les naturels.
Paracatu est située dans une plaine élevée à 400 *braças* du ruisseau de Corego-Rico, et à 40 lieues de S.-Francisco. Elle possède une église dédiée à Santo Antonio da Monga, trois hermitages et une école royale de langue latine. Les habitants s'occupent de l'exploitation des mines et de l'éducation des bestiaux. La vigne y produit deux fois l'année. Les ananas et les orangers y réussissent parfaitement.
Le district de Paracatu comprend la plus grande partie de la *comarca*, c'est-à-dire tout le territoire situé à l'ouest de la rivière Francisco, depuis le Rio-Carynhanga jusqu'à celui d'Abąthye do Sul.
Mem. hist., tom. VIII, p. 210 et 228.
Cor. Braz., tom. I, p. 389.

(3) Cor. Braz., II, 149.

1800. Vers cette année, on jeta les fondements de l'*arraial* de *Tejuco* (1) sur la pointe d'une montagne, dans un district peu fertile. Cette ville, en raison de sa situation, est irrégulièrement bâtie; les rues sont inégales; cependant les maisons sont bien construites, si on les compare à celles des villes de l'intérieur. Le *Corvinho de Francisco* coule à travers un grand ravin situé au pied de la montagne, où Tejuco a été élevée.

On est obligé de se fournir de vivres et de provisions dans des fermes éloignées de plusieurs milles. Avant la dernière révolution, les sommes payées pour la location des nègres, le salaire des officiers, le fer, le nitre et autres objets, montaient à environ 875,000 fr. Cette ville est devenue la capitale du pays des diamants. Le voyageur Mawe en a estimé la population à six mille âmes (2).

1800. *Établissement de la Villa-Réal de S.-João*, située à environ dix-sept lieues à l'ouest de *Campina-Grande*, dans la province de Para-iba do Norte, par le *desembargador Gregorio Jozé da Silva Coutinho*, d'après l'ordre du gouverneur Fernando Delgado Freire de Castilho (3).

---

(1) Le mot *Tejuco* signifie lieu bourbeux, probablement à cause des marécages avoisinant la ville et dont le passage est rendu praticable au moyen de grosses pièces de bois.

(2) *Travels in the interior of Brazil*, etc., chap. 13. London, 1829.

(3) Cette ville, autrefois le *Julgado*, ou bourg des Kariris * de *Fóra*, ou *Kariris Velhos*, indigènes de ce district et de la *serra* de Barborema, qui sont ainsi nommés pour les distinguer des *Kariris Novos*, de la province de Ceara et de la *comarca* de Crato, qui furent découverts postérieurement. Les premiers, comme les plus anciens habitants de la Para-iba, étendaient leur juridiction dans tout l'intérieur du pays jusques au-delà de Barborema et Piancó de Pombal.

Le gouverneur de Para-iba, João da Maia da Gama, donna ordre de créer plusieurs bourgs dans l'intérieur, en conséquence de la cédule royale du 7 février 1711.

S.-João est située près la rive gauche du Rio de S.-João, af-

* Cayriris, selon la Cor. Braz.

Les endroits les plus remarquables dans le district de cette ville sont : 1° *Serra-Branca*, à la distance de 4 lieues; *S.-André*, 5; *Alagoa*, 30; *Congo*, 14; *Conceição*, 16; *S.-Jozé das Pombas*, 4; et à l'ouest, le chemin royal qui mène à l'intérieur du pays.

1801 (17 septembre). *Siége de Nova-Coimbra par les Espagnols de l'Assomption.* Une expédition, composée de quatre goëlettes (*escunas*) et de vingt canots, arriva devant cette place en remontant le Paraguay. Le commandant, *D. Lazaro do Ribero*, somma, au nom du roi son maître, la garnison de se rendre ; mais cette ville était bien défendue. Le gouverneur répondit qu'il était résolu à vaincre, ou à s'ensevelir, avec l'ennemi, sous les ruines du fort. Après neuf jours de tentatives infructueuses, les assaillants se retirèrent avec perte. C'était la première fois que le bruit de l'artillerie se faisait entendre au centre de l'Amérique méridionale. Les Portugais, en revanche, détruisirent S.-Jozé, un des derniers établissements des Espagnols.

1801. *Enlèvement des postes espagnols près du lac Patos, dans la province du Rio-Grande do Sul, par les troupes portugaises de la ville de S.-Pédro.* Le gouverneur de Buénos-Ayres, marquis de Avilez, insista fortement sur l'évacuation de trente lieues de territoire neutre, le long de la frontière, depuis le fort de S.-Técla jusqu'à la grande montagne (Monte-Grande), conformément aux articles 6 et 14 du traité de 1777. En même tems, le gouverneur de Rio-Grande, S.-Pédro, informé des hostilités entre l'Espagne et le Portugal, fit une proclamation (juin) à tous les déserteurs qui voudraient prendre les armes. Bientôt il reçut les ordres du vice-roi pour ouvrir la campagne. Il fit marcher deux corps de troupes vers les frontières du Rio-Pardo et du Rio-Grande. Un détachement de cent cinquante hommes, sous le commandement de *Simão Soarès*, capitaine de milices, et du lieutenant de dragons, *Jozé Antunes*, passa entre le lac Mirim et l'Océan, et surprit le camp de Chuy. Ensuite, il se rendit à Herval, pour attaquer quelques postes établis au nord du Jaguaron, qui furent abandonnés par les Espagnols et détruits par les Portugais, lesquels chassèrent tous les détachements espagnols jusqu'au

---

fluent supérieur du Rio-Para-iba, sur une colline entourée d'autres hauteurs, dont le terrain est rocailleux, aride et exposé aux vents. On jouit de cette ville d'une vue magnifique; ou découvre au loin un amphithéâtre de collines et de montagnes, dont celle de la Grande-Barborema, vers l'ouest, est située à un peu plus de treize lieues. L'église paroissiale, autrefois nommée *Matriz de Cima* et *Matriz-Velha*, est dédiée à N.-S. da Conceição.
Mem. hist., tom. VIII, p. 193-5.

Jauchy, y compris celui du fort S.-Técla. Ces détachements se retirèrent vers le poste de Cerro-Largo, sur le Batuvi, à douze lieues au sud du Jaguaron, où ils furent encore attaqués et mis en fuite, avec perte de six fourgons remplis de provisions, de munitions et d'instruments de mathématiques. Un autre petit détachement espagnol rencontra, sur le Jaguaron, les Portugais qui furent encore victorieux. Ils firent cinquante prisonniers et ne perdirent que deux hommes.

Bientôt après, un colonel de la même nation passa la rivière avec douze cents hommes, et marcha contre le fort de Cerro-Largo, qui capitula et fut démantelé. Un renfort arrivait à son secours de Montévidéo, lorsque la nouvelle de la paix mit fin à la campagne (1).

1801. *Enlèvement par les Portugais des possessions espagnoles dans l'Uruguay.* Vers le même tems, *Jozé Borges do Canto*, déserteur d'un régiment de dragons, se trouvant avec d'autres déserteurs et des milices sur les frontières de la rivière Pardo, obtint la permission d'attaquer les possessions espagnoles, et, pour cet objet, on lui donna une certaine quantité de munitions de guerre. Ayant rassemblé quarante hommes armés à leurs frais, il marcha directement aux missions d'Uruguay, accompagné d'un Indien pour engager ses compatriotes à s'affranchir de la tirannie espagnole et à se mettre sous la protection de S. M. T. F. Étant arrivé en vue de S.-Miguel, il rencontra un retranchement défendu par quelques hommes sous les ordres du colonel *D. Francisco Rodrigo*. Cet officier, croyant probablement que c'était l'avant-garde d'un corps formidable, se retira dans la ville, laissant dix pièces d'artillerie. Le commandant espagnol, qui se croyait incapable de résister, proposa une capitulation que Canto accepta avec joie. Les Espagnols, en se retirant, tombèrent au pouvoir d'un autre détachement sous *Manoel dos Santos*, et demandèrent l'exécution de la capitulation. Canto fit un rapport à ce sujet au gouverneur de Rio-Grande, qui accéda à la demande des prisonniers. En même tems, il nomma Canto capitaine d'une nouvelle compagnie de milice, et les Indiens de plusieurs missions, qu'il avait exemptés de quelques contri-

---

(1) *Corografia Brazilica*, n° 1, provincia do Rio-Grande do Sul.

butions onéreuses, lui donnèrent le titre de libérateur.

Le major *Joaquim Félis*, ayant été nommé gouverneur du pays conquis, Canto lui demanda la permission de passer l'Uruguay avec un corps composé de quelques troupes réglées, de milices et de volontaires. Dans la nuit du 1er novembre, il effectua ce passage au moyen de barques de cuir, et mit en déroute un détachement espagnol qui arrivait pour arrêter sa marche, et dont quinze furent tués et neuf faits prisonniers. Le 23 du même mois, il marcha, avec cent dix hommes, contre un corps espagnol qui s'était fortifié près du Passo dos Barros. Se trouvant hors d'état de résister, ils se replièrent en laissant soixante-quatorze prisonniers. Par ces succès, la couronne de Portugal obtint possession de la province des Sept-Missions, qui fesait partie du Rio-Grande de S.-Pédro. Voici leurs noms, avec la population de chacune, à l'époque de cette conquête :

S.-Francisco de Borja.	1,300 habitants.
S.-Miguel	1,900
S.-João.	1,600
S.-Angélo	1,960
S.-Nicolau.	3,940
S.-Lourenço.	960
S.-Luiz	2,350

La première, la plus méridionale, est située à la distance de deux milles de l'Uruguay et à cinq du confluent de l'Ibicui. Un peu avant la conquête, elle avait considérablement souffert par l'invasion des Minuanos. Elle renferme beaucoup de blancs.

S.-Miguel, considérée comme la capitale de la province, est située à vingt-cinq lieues de l'Uruguay et à trente nord-est de S.-Borja.

S.-João est à trois lieues au nord de S.-Miguel. Dans sa plus grande prospérité, elle comptait quarante rues. L'église est dans le centre d'une grande place.

S.-Angélo est à six lieues de la précédente.

S.-Nicolau est située sur la rive droite de l'Uruguay et d'un petit affluent du Paratini. Elle était autrefois la capitale des Réductions de ce district.

S.-Lourenço est située à la distance de six lieues à l'ouest de S.-Miguel.

S.-Luiz se trouve sur le chemin qui mène de S.-Lourenço

à S.-Nicolau, à dix lieues à l'ouest de la province, et à neuf à l'est de la dernière (1).

1801 (29 septembre). *Fondation de villes. Fondation de la villa de Rezende* dans l'*arraial* de Campo-Alègre, district de Para-iba-Nova, en vertu d'une *alvara*, ou décret du 16 novembre 1715, de D. Joam V, qui en accordait l'autorisation au *capitaõ mor*, *Garcia Rodrigues Paes Leme*, en récompense de grands services rendus à la couronne, et particulièrement pour avoir découvert un nouveau chemin de la *serra dos Orgaõns*, à Minas-Géraès. La ville fut établie par le petit-fils de ce donataire, le colonel *Fernando-Dias Paez Leme*, et nommée *Rezende*, en l'honneur du vice-roi Conde de Rezende.

Cette ville est située sur la rive droite de la Para-iba, à soixante-seize lieues au nord d'Angra dos Reis; elle possède une église paroissiale nommée *Nossa-Senhora da Conceição* (2).

1804. *S.-Rumão.* Ce village fut érigé en chef-lieu de paroisse, après avoir été long-tems une succursale de Paracatu, ville éloignée de cinquante lieues.

S.-Rumão est située par le 15° 15′ de latitude, et le 339° 9′ de longitude de l'île de Fer (3).

1806. *Expédition qui descendit le Pardo pour réduire les naturels de la capitainerie d'Ilheos, et en même tems explorer le pays.* Sous l'administration du vice-roi Condé dos Arcos, *João Gonsalvez da Costa* fut nommé chef de

---

(1) *Corografia Brazilica*, n° 3, provincia do Uruguay. Funès, *Ensayo de la Historia civil del Paraguay*, etc., tom. III.
Cette conquête étant postérieure à la paix avec l'Espagne, il ne fut pas question de ces Réductions dans le traité de Badajos. Le nouveau vice-roi de Buénos-Ayres proposa, avec l'approbation du roi, de les reprendre de force; mais l'Espagne se trouvait alors occupée d'intérêts plus importants. Depuis l'expulsion des jésuites, la population des Réductions, qui montait à plus de 100,000 individus, était réduite à 46,000.

(2) *Memorias historicas*, tom. V, p. 48.
Cor. Braz, tom. II, p. 25.

(3) Elle renferme 200 maisons et 1,300 habitants. Les inondations annuelles du S.-Francisco y occasionnent des fièvres et nuisent à la fécondité de la terre.
Voyage de M. de Saint-Hilaire, tom. II. chap. 16.

cette expédition, avec ordre de suivre le Rio-Pardo dans tout son cours. Il commença par ouvrir un chemin de l'entrée du Varada à la jonction de la Giboya, avec le Pardo où il fit construire des canots et ramasser des provisions. Informé qu'il y avait un établissement de Mongoyos dans l'intérieur du pays, il expédia soixante-dix hommes pour les rechercher. Après quarante-cinq jours de marche, ce détachement arriva à leurs villages, où on les accueillit comme des amis. Cette peuplade était la seule de ce pays qui se livrât à l'agriculture. Un de ses membres, qui avait été prisonnier parmi les Portugais, donna des renseignements sur une mine d'or, et accompagna un détachement pour la trouver. Étant arrivé près de ce trésor, il fut attaqué par un parti de Botocudos, qui blessèrent grièvement un Portugais, mais qui ensuite furent battus et dispersés près de leurs habitations, avec perte d'une vingtaine de tués et de quelques enfants.

Le détachement, revenant du village des Mongoyos, trouva la mine en question. Des arbres avaient cru sur son ancienne exploitation. On y ramassa quelques échantillons de métal, et l'on revint à l'endroit d'où l'on était parti. On découvrit ensuite d'autres établissements des Mongoyos, dont on reçut un accueil fort amical. En même tems, João Gonsalvez s'embarqua sur le Rio-Pardo, et après une navigation dangereuse, à cause des rapides qui obstruent son cours, il parvint à l'entrée du Catolé, après trente-cinq jours de marche. Obligé de renvoyer cinquante de ses hommes, pour cause de maladie, il descendit la rivière avec vingt-un seulement. Le pays était habité par les Botocudos. Après vingt jours d'une navigation périlleuse, il dépassa les rapides, et, en huit jours, il gagna le *Povoaçam de Caniavieiras*, l'établissement portugais le plus éloigné du Pardo, qui se nomme, en cet endroit, le Patipé (1).

1806. *Fondation de villes. Établissement de la villa*

---

(1) *History of Brazil*, par M. Southey, chap. 43, qui cite l'*Investigador portuguez*, tom. XXIII, p. 597-412.

« Celui qui a fait cette conquête, dit M. de Saint-Hilaire, est un homme courageux qui, toute sa vie, a parcouru les forêts, et qui, à l'âge de cent ans (1817), les parcourt encore. Il n'a cessé de faire la guerre aux Botocudos. »

Voyage de M. de Saint-Hilaire, chap. 8.

da Princeza dans la province de S.-Paulo, sur la côte septentrionale de l'île de S.-Sébastião, par le général *Antonio Jozé da Franca e Horta*. Cette ville est située à environ trente lieues de la capitale, sous la latitude de 23° 44′ 28″ de latitude sud, et de 333° 3′ 40″ de longitude de l'île de Fer (1).

1806 (23 janvier). *Fondation de Villa-Nova do Principe* dans la province de S.-Paulo et dans la *comarca* de Paranagua et Curytiba, par le gouverneur Antonio Jozé da Franca e Horta, à un endroit situé près de la route Royale, et à la distance de cent quinze lieues de la capitale, sous la latitude de 25° 16′ 30″, et la longitude de 329° 22′ de l'île de Fer (2).

1807 (juin). *Fondation de l'arraial do Principe-Regente*, à trente lieues au-dessus de Cachias, sur le bord de Itapicuru, dans la province de Maranham, par le lieutenant *Francisco de Paulo Ribeiro* (3).

1806. *Projet d'établir le siége du gouvernement au Brésil.* Par le traité préliminaire signé à Madrid, le 9 pluviôse an IX de la république française (29 janvier 1801), par *Lucien Bonaparte* et *D. Pédro Cévallos*, le roi d'Espagne s'engageait à communiquer à la reine de Portugal son *ultimatum*, en lui donnant quinze jours pour adopter une détermination définitive : en cas de son refus de faire la paix avec la France, la guerre était considérée comme déclarée ; si au contraire S. M. la reine consentait à faire la paix, elle devait s'obliger à abandonner l'alliance de l'Angleterre, à lui fermer ses ports, et par contre à les ouvrir aux vaisseaux de la France et de l'Espagne. Elle devait encore livrer

---

(1) Il y a un établissement pour la pêche de la baleine (*armajão de baleas*).

Le territoire de cette ville renferme une population de 2,947 habitants, qui exportent du sucre, du tabac, des eaux-de-vie, etc.
Mem. hist., tom. VIII, p. 305.
Cor. Braz., tom. I, p. 238. D'après ce dernier ouvrage, la villa da Princeza fut établie dans l'année 1809.

(2) Cette ville fut autrefois nommée *S.-Antonio da Lapa*. La paroisse renferme 2,644 habitants, qui élèvent des bestiaux et des chevaux, et cultivent le blé, le maïs, le seigle, le lin et différents fruits.
Mem. historic., tom. VIII, p. 299.

(3) Cor. Braz., tom. II, p. 279.

à cette dernière puissance une ou plusieurs provinces formant le quart de la population des États portugais en Europe, comme garantie de la restitution de la Trinidad et de Mahon.

Par un article secret du traité entre la France et l'Espagne, signé à Madrid, le 29 septembre 1801, la Cour de Lisbonne s'engageait à payer la somme de 25 millions de francs au gouvernement français, de fermer ses ports au commerce d'Angleterre, d'accepter en Amérique des limites fixées à l'avantage du plus fort, et de permettre l'introduction des draps français en Portugal sur le pied des nations les plus favorisées.

Après la rupture de la paix d'Amiens (25 mars 1802), le premier consul Bonaparte demanda encore que le Portugal fermât ses ports aux vaisseaux anglais, d'après les traités de Badajos et de Madrid.

M. Fox, premier ministre d'Angleterre, envoya une commission en Portugal, composée de lord *Rosslyn*, *F. Vincent* et du général *Simcoe*, pour représenter au cabinet de Lisbonne les grands dangers qui menaçaient le pays dans le cas où la France viendrait à l'attaquer, et offrir des secours d'hommes, d'argent et de provisions, si le gouvernement du Portugal voulait faire une résistance ferme et vigoureuse; mais, si celui-ci se croyait trop faible pour lutter contre la France, la commission était chargée de mettre à exécution le projet qu'avait l'ancien roi D. Affonso (1), d'établir le siége du gouvernement au Brésil, et d'assurer la famille royale de l'assistance de l'Angleterre pour cet objet. Si le Portugal refusait cette médiation, le général anglais devait débarquer ses troupes, s'emparer des places fortes sur le Tage, ainsi que de tous les navires qui se trouvaient dans ce fleuve. Les préparatifs pour l'invasion française n'étaient pas alors si avancés qu'on l'avait supposé, et sur la demande de la Cour de Lisbonne, l'Angleterre retira sa flotte et ses troupes.

---

(1) On trouva, dans le cabinet secret d'Affonso, un papier signé de lui, avec trois croix, par lequel il témoignait le désir, (dans le cas où le Portugal ne pourrait continuer la lutte périlleuse dans laquelle il était engagé) que sa veuve se retirât avec ses enfants au Brésil. Brito Freyre avait ordre de se rendre à Pernambuco en qualité de gouverneur, afin de tout préparer pour leur réception. *Cartas de Vieyra*, tom. II, pag. 416.

1807. *Départ de la Cour de Lisbonne pour le Brésil.* Le chargé d'affaires de France, M. de *Rayneval*, et l'ambassadeur d'Espagne, marquis de *Campo Allange*, avaient présenté une note écrite, par laquelle l'empereur Napoléon exigeait impérativement que le Portugal fermât ses ports aux vaisseaux d'Angleterre, d'après les traités de Badajos et de Madrid. Ces diplomates menaçaient de quitter Lisbonne, si cette note n'était pas acceptée. Pendant ce tems, Napoléon fit saisir les bâtimens portugais dans les ports de France et de Hollande.

La Cour de Lisbonne fit une réponse évasive, mais cependant assez affirmative pour engager les deux ministres à ne pas demander leurs passeports. En même tems, elle fit passer à Londres la demande de Napoléon, en insistant sur l'impossibilité de lui résister, et annonçant toutefois l'intention de ne pas séquestrer les propriétés anglaises. Elle ajoutait qu'en cas de nécessité, la famille royale passerait au Brésil.

Par le traité de Fontainebleau, conclu en secret (27 octobre 1807) entre Napoléon et le roi d'Espagne, les parties contractantes réglèrent l'occupation du Portugal. La province d'Entre-Douro et Minho, y compris la ville d'Oporto, fut cédée au roi d'Étrurie, avec le titre de la *Lusitanie septentrionale*; la province d'Aléntéjo et le royaume des Algarves furent donnés au prince de la Paix, avec le titre de *prince des Algarves*; on devait disposer des provinces de Beira, Tras-os-Montès et l'Estramadure portugaise lors de la paix générale. Le roi d'Espagne devait prendre alors le titre d'*empereur des deux Amériques* (1).

Peu après, le prince régent se déclara ami et allié de l'empereur Napoléon et du roi d'Espagne, et prêt à soutenir avec eux la cause continentale et la paix maritime. Dans ce

citées par M. Southey, à la fin du 2ᵉ volume de son Histoire du Brésil.

Le ministre Luiz da Cunha voulut engager le roi de Portugal à établir sa Cour au Brésil et à prendre le titre d'*empereur d'Occident*. (Voy. l'année 1757.) Il chercha à démontrer que cette translation serait avantageuse à la monarchie. Vauban avait suggéré à Philippe V la translation de la Cour au Brésil, après la levée du siége de Barcelone. On en parla lors du tremblement de terre de Lisbonne et, en 1762, à l'ouverture de la campagne. Voy. la Guerre de la Péninsule, par le général Foy, tom. II, p. 110-111.

(1) *Mémoires*, etc., par M. Nellerto, tom. II, n° 2.

but, il s'engageait à fermer les ports du Portugal aux vaisseaux de la Grande-Bretagne, et, le 8 novembre, il signa un ordre pour la détention des sujets et propriétés de cette puissance qui se trouvaient à Lisbonne.

Alors le ministre anglais, lord Strangford, demanda et obtint ses passeports, et se rendit (le 17) à bord de l'escadre anglaise qui venait d'arriver sur la côte, sous le commandement de *sir Sydney Smith*. En même tems, le gouvernement anglais donna ordre de bloquer le Tage, jusqu'à ce que le prince régent consentît à remettre sa flotte à l'Angleterre, ou à l'employer pour le transporter, avec sa famille, au Brésil. Ce blocus fut déclaré le 22 novembre, lorsque l'armée française était déjà (le 26) à Abrantès, à vingt lieues portugaises de Lisbonne. Le prince régent se décida alors à ce dernier parti (1).

Avant de quitter ses États d'Europe, le prince régent publia le décret suivant, daté du palais de N. D. de Ajuda, le 26 novembre 1807 :

« Ayant cherché, » y est-il dit, « par tous les moyens possibles, à conserver la neutralité dont mes fidèles et bien aimés sujets avaient joui jusqu'à présent ; après avoir épuisé, dans ce but, mon trésor royal, et entr'autres sacrifices, fermé les ports de mon royaume à mon ancien et loyal allié le roi de la Grande-Bretagne, au grand préjudice des revenus de ma couronne, j'ai la douleur de voir s'avancer dans l'intérieur de mes États les troupes de l'empereur des Français, roi d'Italie, avec lequel je m'étais uni sur le continent, dans la persuasion de ne plus être inquiété. Voyant ses ar-

---

(1) *Dispatches of lord Strangford to the British ministry*.

« Dom Jean VI, dit M. le marquis de Rezende, avait d'abord résolu d'envoyer au Brésil, sous le titre de connétable, son jeune fils, dom Pédro, alors prince de Beira, pour assurer à la maison de Bragance cette opulente possession de l'ancienne monarchie portugaise. Mais les événements se succédaient avec la même rapidité que les idées de l'homme étonnant qui les dirigeait ; l'armée de Napoléon qui, le 17 octobre 1807, s'était mise en mouvement de Bayonne sur le Portugal, était déjà, le 26 novembre, à Abrantès, à 20 lieues portugaises de Lisbonne, que le Conseil de D. Jean VI délibérait encore. Quelques jours de plus, et il ne pouvait échapper au sort de Ferdinand. » Voy. *Eclaircissements historiques sur mes négociations relatives aux affaires du Portugal*, par M. le marquis de Rezende, p. 6. Paris, 1832.

mées marcher sur la capitale, désireux d'éviter les suites fâcheuses d'une résistance plus funeste que profitable, qui ne servirait qu'à verser un sang inutile et accroître l'animosité des troupes qui ont pénétré dans mes provinces; persuadé que ces démonstrations hostiles sont plus particulièrement dirigées contre ma personne et celle de mon auguste père, j'ai pris la résolution, pour assurer le repos de mes sujets, de quitter ce royaume, de partir, avec la reine ma mère et toute la famille royale, pour mes États d'Amérique, et de fixer ma résidence dans la ville de Rio de Janéiro, jusqu'au rétablissement de la paix générale. »

Le 29 novembre, la flotte portugaise sortit du Tage, ayant à bord D. Juan de Bragance, prince du Brésil, toute la famille royale, avec les ministres et les personnes attachées à la Cour. Cette flotte était composée de huit vaisseaux, quatre frégates, douze bricks, une goëlette et un grand nombre de navires de commerce. Un salut réciproque de vingt-un coups de canon annonça la rencontre amicale des deux escadres portugaise et anglaise, qui avaient été la veille sur le point d'en venir à des hostilités. Cet événement, dit *sir Sydney Smith*, remplit de joie tous les cœurs, excepté ceux de l'armée française qui arrivait sur les collines voisines, reconnaissant encore la Providence qui avait conservé un gouvernement assez puissant pour protéger les opprimés (1).

Les flottes furent dispersées par un coup de vent; mais elles se réunirent le 5 décembre, et furent escortées par sir S. Smith jusque vers la latitude de 37° 47′ nord, et la longitude de 14° 17′, où elles furent mises sous la protection de quatre vaisseaux anglais. Continuant leur route, elles abordèrent à la côte du Brésil, et débarquèrent à Bahia le 21 juin 1808.

En même tems, une expédition anglaise, sous les ordres de sir Samuel Hood et du général Beresford, prit possession de l'île de Madère, afin de la conserver au Portugal.

1808. Le 14 janvier, la goëlette *la Guerra-Voador* apporta à Rio-Janéiro la nouvelle de l'invasion du Portugal par les Français et les Espagnols, et celle de l'embarquement du prince régent et de la famille royale à Lisbonne,

---

(1) Sir Sydneys' letter to the admiralty, of first dec. from his majestys' ship Hibernia, 22 miles S. of the Tagus.

et de leur intention de transporter la Cour à Rio de Janéiro. Les autorités de cette ville firent les préparatifs de réception nécessaires, et expédièrent des courriers à S.-Paulo et à Minas-Géraès, pour annoncer cet heureux événement. Le 17, un seul navire de l'escadre, ayant à bord quelques dames de la Cour, arriva à Rio-Janéiro. Les autres avaient été forcés, par une tempête, d'entrer à Bahia, et n'arrivèrent dans la capitale que le 7 mars. Par respect pour le prince, les dames qui se trouvaient à bord du navire en rade y restèrent un mois, n'osant pas débarquer avant lui.

Le 28 janvier, parut un décret royal de D. João, qui abolit l'ancien système de monopole, et accorda aux habitants du Brésil le libre commerce avec toutes les nations étrangères amies de la couronne royale, et permit d'ouvrir les ports à leurs navires.

1808. Le 7 mars, le régent établit le siége du gouvernement à Bahia. Le ministère, composé de *D. Rodriguez de Souza Coutinho*, *D. Juan Alméida*, du vicomte d'*Anadia* et du marquis d'*Aguiar*, publia un manifeste, dans lequel il traça la conduite de la France envers le Portugal depuis le commencement de la révolution, les efforts de cette dernière puissance pour conserver sa neutralité, et les événements qui amenèrent l'émigration de la famille royale.

Le 1ᵉʳ avril, décret permettant le *libre exercice de toute sorte d'industrie* à toutes les classes des sujets brésiliens, sans aucune exception de chose ni de personne.

1808 (19 août). *Déclaration de la princesse du Brésil, infante d'Espagne et régente du Portugal.* Dans ce manifeste, elle déclare nulles l'abdication ou les cessions que son père, le roi D. Carlos IV, ainsi que tous les autres individus de la famille royale, ont faites en faveur de l'empereur des Français. « A cette déclaration doivent adhérer, » dit-elle, » tous les fidèles et loyaux sujets de mon auguste père, » pendant que lui et les autres membres de sa famille ne se » trouveront pas libres et indépendants » pour gouverner l'Espagne. Au palais de notre résidence, à Rio-Janéiro ; signé la princesse dona Carlota-Joaquina de Bourbon (1).

Le 17 décembre, jour de la fête de la reine, on créa six

---

(1) Mémoires pour servir à l'Histoire de la révolution d'Espagne, par M. Nellerto, tom. II, n° 82. Paris.

comtes. Le nonce du pape, le chevalier Sydney Smith et lord Strangford reçurent l'ordre de la Tour-et-de l'Épée. Six officiers anglais furent nommés commandeurs de l'ordre de la Croix, et cinq autres furent créés chevaliers.

1808 (23 août). *Fondation de villes. Fondation de la villa de S.-Jozé de Porto-Alègre* (*Alacri-Portus*, ou port agréable), dans la province de Rio-Grande do Sul, sous la latitude australe de 30° 58′, et longitude 326° 54′ 40″ de l'île de Fer, dans la baie de Viamão, à l'est de la rivière Jacuhy, à sept lieues au-dessus de son embouchure et quarante-trois lieues au nord de S.-Pédro (1).

1809 (12 janvier). *Guiane.* Les troupes brésiliennes, aidées par la corvette anglaise *la Confiance*, s'emparèrent de la colonie de la *Guiane*. V. Hughes, gouverneur français de Cayenne, capitula; le gouverneur portugais de Para ratifia partiellement la capitulation (2).

---

(1) Cette paroisse fut établie en vertu d'un édit du 10 janvier 1773, par le gouverneur Jozé Marcelino de Figueiredo; et, par un décret du 20 octobre 1795, son église devint perpétuelle.
Par un décret du 16 décembre 1813, la ville de S.-Jozé de Porto-Alègre devint le chef-lieu de la *comarca* de S.-Pédro de Rio-Grande et de Santa-Catharina, capitale de la province et la résidence du nouveau gouverneur et capitaine-général. Par un autre décret, du 12 février 1821, on créa, dans la même île, une *comarca* sous la dénomination de *comarca da ilha* de Santa-Catharina. Elle renferme une autre ville de S.-Jozé (aujourd'hui cité, d'après la loi du 14 novembre 1822); Santo-Antonio da Patrulha, établie en 1811; N.-Senhora do Rosario do *Rio-Pardo*, créée la même année; S.-Luiz da Leal Bragansa, établie par le décret du 13 octobre 1817; et Villa-Nova de S.-João da Cachoeira, démembrement du Rio-Pardo, d'après le décret du 26 avril 1819.
Porto-Alègre est une grande ville commerçante, dont les rues sont régulières et quelques-unes pavées. Les maisons en sont bien bâties; et elle possède une église, une chapelle, un hôpital et des écoles (*aulas maiores*) de grammaire latine, de philosophie rationnelle et morale, de rhétorique, d'arithmétique, d'algèbre, de géométrie et de trigonométrie. On a alloué pour ces objets la somme annuelle de 1,300,000 *reis*. En 1814, 333 embarcations partirent de ce port chargées de blé, de cuirs, de *carno secco* ou viande sèche, de suif, de fromage et d'autres articles.
Mem. hist., tom. IX, p. 337-338.
Cor. Braz., tom. I, p. 149.
(2) Voyez l'article *Guiane*, tom. XV.

1809. *Expédition contre les Botocudos* ou *Aymores*. En remontant le Rio-Doce, cette expédition y trouva cent cinquante fermes ravagées par ces Indiens, et dont les propriétaires s'étaient enfuis ou avaient péri. Afin de dompter et civiliser ces peuples, chaque village, composé de douze hameaux d'Indiens et de dix de blancs, fut établi en *villa*, avec tous ses privilèges et avantages. On fit aussi des concessions de terre (*sesmarias*) à tous ceux qui voulaient devenir cultivateurs, et on leur accorda tous les privilèges des premiers donateurs. Enfin, on construisit des chemins pour communiquer plus facilement avec les naturels.

Les Puris, au nombre de mille, furent établis en *aldéas*, ou villages.

1809. *Fondation de villes. Établissement de l'arraial de Annicuns* dans la province de Goyaz, à douze lieues ouest-sud-ouest de la capitale, sur la rive droite du Rio dos Bois. Les riches mines de ce lieu, découvertes par *Salvador Marianno*, ont fourni trois *arrobas* d'or dans l'espace de trois ans. Les habitants sont mineurs et cultivateurs (1).

1810 (19 février). *Traités d'amitié, d'alliance de commerce et de navigation entre les couronnes de la Grande-Bretagne et du Portugal, signés à Rio de Janéiro par le lord Strangford et le condé de l'Inharès*. Par l'article 6, l'Angleterre est autorisée à acheter et couper des bois de construction dans les forêts du Brésil. Toute escadre envoyée au secours de l'une ou de l'autre des parties contractantes, recevra des provisions fraîches; et les navires de guerre, quel que soit leur nombre, peuvent entrer librement dans leurs ports respectifs. (Art. 7 et 8.)

Le prince régent s'engage, pour lui et ses successeurs, à ne jamais laisser établir l'inquisition dans les États de l'Amérique méridionale appartenant à la couronne de Portugal. (Art. 9.)

Le prince consent à l'abolition graduelle du commerce des esclaves, et en détermine les limites le long de la côte d'Afrique.

Par l'art. 2 du *traité de commerce et de navigation*, il est permis aux sujets des deux hautes parties contractantes de commercer, voyager, séjourner et s'établir dans les ports

---

(1) *Mem. hist.*, tom. IX, p. 218 et 229.

des États respectifs, à l'exception de ceux d'où les étrangers sont exclus.

Une parfaite réciprocité est établie pour les navires des deux nations concernant les droits de douane et les frais des ports, etc. (Art. 3, 4 et 5.)

Mais le Portugal conserve le droit exclusif d'affermer, dans ses propres États, la vente de l'ivoire, du bois de Brésil, de l'ursella, des diamants, de la poudre d'or, de la poudre à canon et du tabac râpé. (Art. 8.)

Les sujets anglais résidant dans les États portugais, pourront nommer des magistrats ou juges conservateurs, et ils jouiront, ainsi que tous les autres étrangers résidant dans ces États, d'une pleine liberté de conscience, avec la permission de bâtir des églises et des chapelles, pourvu qu'elles n'aient point de cloches, mais quiconque tenterait de convertir des catholiques ou déclamerait en public contre leur religion, sera chassé du pays où le délit aura été commis. (Art. 12.)

Les articles de munitions navales et militaires, que le gouvernement portugais pourra prendre pour son propre usage, seront immédiatement payés aux prix fixés par les propriétaires, qui ne seront pas forcés de les céder à un autre taux. Ledit gouvernement sera responsable de tout dommage ou avarie que ces objets pourront éprouver sous le guide ou sous les soins de ses officiers. (Art. 17.)

Les négociants anglais auront l'avantage d'être *assignantes*, c'est-à-dire de donner des cautions pour les droits à payer aux douanes au bout de trois et six mois. (Art. 18.)

Seront reçus dans les ports de chaque puissance, sur le pied de la nation la plus favorisée, toutes les denrées, marchandises et articles quelconques qui sont le produit du sol, des manufactures, de l'industrie ou de l'invention des pays ou sujets de l'une ou de l'autre des parties contractantes. (Art. 19.)

Certaines denrées ou produits du Brésil (le café et le sucre), qui sont prohibés en Angleterre, pourront être mis en entrepôt pour réexportation. (Art. 20.)

Les produits des colonies anglaises et les marchandises anglaises de l'Inde, peuvent être soumis à des droits de prohibition dans les États du Portugal. (Art. 21.)

Le prince régent déclare la ville de Goa port libre, et permet à toutes sectes religieuses d'y demeurer. (Art. 24.)

Les stipulations qui existent, concernant l'admission des

vins du Portugal dans la Grande-Bretagne et les draps anglais en Portugal, resteront les mêmes. (Art. 25.)

Ce traité est déclaré illimité dans sa durée; les obligations en sont immuables et perpétuelles, et ne seront point changées même dans le cas où le prince régent ou ses héritiers établiraient de nouveau le siége de la monarchie portugaise en Europe. (Art. 32.)

1810. *Fondation de villes.* Le village *Villa-Nova do Principe*, autrefois Cayteté, fut créé ville en 1810. Elle est située près d'un affluent d'Antonio, dans la *comarca* de Jacobina, province de Bahia, à seize lieues ouest-sud-ouest du Rio de Contas. Elle a une église (1).

1810. Le village de *Pilão-Arcado* est érigé en ville. Elle est située sur les bords du Rio-Francisco, dans la province de Pernambuco. La plupart des maisons sont bâties en bois ou en *adobe* et couvertes de paille. Cette ville a une église bâtie en briques, et renferme trois cents familles (2).

1810. Le village de *Flores*, de la province de Pernambuco et situé près la rivière Pajehu, est érigé en ville (3).

1811. Le village de *Limoeiro* fut élevé au rang de ville le 27 juillet. Elle est située sur les bords de la Capibaribe, à environ quatorze lieues du Récif. Elle a une église et contient environ six cents habitants (4).

1810. *Création du village de S.-Pédro de Alcantara* dans la province de Goyaz, sur le bord oriental des Tucantins, à soixante-dix-neuf lieues de Porto-Réal do Pontal, par Francisco Jozé Pinto de Magalhaens (5).

1811 (21 février). *La villa de S.-João do Principe*, dans la *freguezia* ou paroisse de S.-João-Marcos (province de Rio de Janeiro), est érigée en ville (6).

1811. *Fondation du hameau de S.-Miguel*, chef-lieu de

_____

(1) Cor. Braz., tom. II, p. 137.
(2) *Idem*, p. 189.
(3) *Idem*, p. 191.
(4) Kosters Travels, chap. 10.
(5) *Mem. hist.*, tom. IX, p. 204.
Patriota do Rio de Janeiro, 2e subscripsao, n° 3, p. 61 et suiv., qui renferme l'histoire de cet établissement.
(6) Une chapelle y avait été élevée en 1739, avec autorisation du docteur Fr. Antonio de Guadaloupe, après la répartition

la septième division militaire (1), dans le pays de Minas-Novas et situé sur la rive droite de Jiquintinhonha. *Julião Fernandes Leão*, sous-lieutenant, nommé commandant, fut obligé d'y ouvrir un chemin depuis la *fazenda* de Piauhy (2). Il arriva à sa destination au mois de mars, jour de S. Miguel, dont il donna le nom à la colonie (3).

1811. *Création de la villa de S.-Antonio de Guarda Velha ou de Patrulha*, dans la province de Rio-Grande do Sul, à quinze lieues nord-est de Porto-Alègre (4).

1812. *Remontrances des négociants du Brésil contre les insultes faites au pavillon portugais.* Le corps du commerce de la ville de Bahia adressa une remontrance au prince régent de Portugal, dans laquelle il représentait la saisie de ses bâtiments négriers comme une usurpation de ses propriétés, un attentat contre le pavillon portugais et une violation de l'indépendance du pays.

« Les vaisseaux armés de la Grande-Bretagne, » dit-il, « qui croisent sur la côte occidentale de l'Afrique ont non-seulement restreint le cours de notre commerce sur cette côte, mais ils l'ont arrêté et presque anéanti, au moyen de la saisie arbitraire des navires, qui, sous notre pavillon national, naviguaient dans toute la sécurité de la bonne foi, contre la lettre des traités existant entre les gouvernements portugais et anglais, dont les stipulations ont été interprétées par les Cours d'amirauté de la Grande-Bretagne selon leur caprice, au préjudice des propriétés

---

du terrain au-delà de la *serra* de Itáguahy, entre les premiers colons João Machado Péreira et ses compagnons.

Les officiers municipaux de cette ville furent nommés en janvier 1813.

Memorias hist. de Rio de Janeiro, tom. IV, p. 208.

(1) La formation des divisions militaires eut lieu au mois de mars 1808.

(2) Une lettre royale, du 10 octobre 1811, sépara le Piauhy de la province de Maranham.

(3) Voyage de M. de Saint-Hilaire, vol. II, chap. 7.

(4) La chapelle de S.-Antonio fut fondée en 1725, dans le lieu occupé par la ville. Elle fut érigée, par un acte provisionnel du 8 octobre 1763, en paroisse, qui renferme actuellement 500 feux et près de 2,000 adultes. La ville est située sur un terrain élevé, non loin d'une route; ses habitants cultivent la mandioca et la canne à sucre, et ils recueillent des bananes et autres fruits.

Voy. *Mem. hist.*, tom. V, p. 114.

Cor. Braz., tom. I, p. 151.

portugaises. D'après les traités de commerce et d'aliance, signés le 19 février 1810, V. A. R. déclara partager les sentiments d'humanité et de justice de S. M. B. pour l'abolition de la traite des nègres, reconnaissant cependant que l'abolition de ce trafic ne pouvait pas s'opérer tout d'un coup, et qu'il fallait, pour y parvenir, laisser au tems le soin de mûrir peu à peu les fruits d'une pratique sage et éclairée, puisqu'il est impossible de renverser l'ordre des choses que l'usage a sanctionné pendant des siècles, sans s'exposer à de plus grands maux. Il fut convenu entre V. A. R. et S. M. B. que vos sujets continueraient à avoir le droit de faire la traite des nègres dans tous les ports situés le long de cette partie de la côte d'Afrique, connue, en langue portugaise, sous le nom de *Costa da Mina*, ou Côté-d'Or, ainsi que dans tous ceux qui appartiennent à la couronne de Portugal, et cela précisément de la même manière qu'on le pratiquait auparavant. En vertu de ce traité, vos sujets continuèrent à se livrer à la traite, en expédiant leurs navires pour les ports spécifiés et en les munissant des passeports et certificats du gouvernement, constatant que le vaisseau et la cargaison étaient portugais, et que la négociation n'était que pour leur compte; c'est ainsi qu'ils naviguaient tranquillement sous la protection du pavillon portugais et du traité. Néanmoins, les vaisseaux de S. M. B. ont visité et saisi non-seulement des navires portugais sur la Côte-d'Or, mais plusieurs bâtiments qu'ils ont rencontrés au-delà de ses parages, et en colorant ces saisies des prétextes les plus arbitraires contre toutes les maximes du droit maritime; ils ont conduit au port de leur colonie de Sierra-Léona et dans d'autres de leur domination, les navires portugais désignés dans la relation ci-jointe, et les ont fait juger et condamner comme étant de bonne prise. Ce coup seul a emporté la fortune de plusieurs particuliers et de plusieurs familles; il a paralysé le commerce du Brésil sur la côte d'Afrique et a enlevé à la circulation l'important capital de deux millions de *cruzados* (1), indépendamment des suites qui ont causé les plus graves pertes au fisc et à tout le Brésil, telles que la diminution de la marine marchande, la ruine de la culture du tabac et la décadence de toutes les autres branches de l'agriculture brésilienne, faute de bras aussi robustes que le sont ceux

---

(1) Au-delà de 5 millions de francs.

des nègres en comparaison des indigènes ; la diminution des droits, dîmes et autres impôts que paient les tabacs, les eaux-de-vie et autres objets pour lesquels nous obtenons aussi en retour de la poudre d'or, qui sert à augmenter le numéraire en circulation, et en dernier l'anéantissement des revenus de la couronne.

» Les tribunaux et les officiers de la Grande-Bretagne, en saisissant, confisquant et condamnant les navires portugais, soutenaient le principe que ces navires, quoique appartenant à des sujets de cette nation et administrés par ses sujets, ne sauraient être employés à la traite des nègres, s'ils sont originairement de construction étrangère. On s'est servi de ce même principe pour capturer et déclarer de bonne prise la galère *Urbano* et le schooner *Volante*, qui étaient à l'ancre dans le port de Cabinda, et le brick *Calypso* dans celui d'*Onim* ; les premiers comme étant de construction américaine et le dernier de construction anglaise. La sentence alléguait encore contre les deux premiers qu'ils ont été équipés à Liverpool, quoiqu'il soit constant, disent les réclamants, que la galère a été équipée dans le port de Bahia, s'étant de là dirigée sur Cabinda, et que le schooner a été équipé à Lisbonne ; et après avoir relâché à Bahia, a fait voile pour le même port : mais quoiqu'un bâtiment soit originairement de construction étrangère, il est incontestable que, d'après l'achat volontaire et légitimement fait dans les possessions portugaises par les sujets de V. A. R. et sans aucune association avec des sujets d'une autre puissance, les susdits navires étaient devenus des propriétés portugaises, nationalisées par l'acte de vente qui en transféra la propriété, la possession et l'administration à des sujets portugais ; car c'est une maxime reconnue et universelle du droit des gens, que la chose qui devient la propriété légitime d'un nouvel acquéreur, participe de la qualité et des droits de celui-ci ou de ceux qui en ont obtenu possession d'après les formes de la loi ; maxime qui sert de base, non-seulement aux transactions entre particuliers, mais sur laquelle reposent également toutes les importantes conventions politiques entre les nations et les gouvernements.

» D'après la note officielle du marquis de Wellesley à l'ambassadeur du prince régent du Brésil à Londres, datée du 6 janvier 1811, et l'opinion du comité du Conseil du commerce et des plantations, en date du 26 décembre de la même année, au sujet des bâtiments portugais de construction étrangère, il résulte, qu'aucun bâtiment portugais de construction étrangère ne pourra être admis dans les ports de la Grande-Bretagne, ni être considéré comme propriété portugaise, s'il n'a été pris par des vaisseaux de guerre, ou muni de lettres de marque, et condamné comme étant de bonne prise par les tribunaux compétents; ce qui n'autorise en aucune manière, ni expresse, ni tacite, les officiers de la marine anglaise à saisir, confisquer et condamner les bâtiments, qui, quoique de construction étrangère, navigueraient sous le pavillon portugais, munis de passeports et autres pièces légales de leur gouvernement, constatant que la propriété, l'administration du navire et son chargement appartiennent ainsi que les fonds de l'armement à des sujets portugais, puisqu'il n'y a que l'entrée des ports de la Grande-Bretagne qui soit interdite à de tels navires.

» 2° Les négociants portugais sont accusés de s'associer dans leurs négociations d'esclaves avec des sujets anglais, ce qui est contraire aux lois de la Grande-Bretagne, qui défendent à tout anglais de faire par lui-même la traite des nègres ou d'y prendre un intérêt. D'après ce règlement, les officiers de la frégate de guerre *l'Indienne* ont saisi et envoyé pour être condamnés aux îles de S.-Thomas et de la Providence, le brick *Falcão* et le brigantin *Bom-Amigo*, le premier fesant voile de Bahia pour l'île de Cuba, et le second revenant de cette île à Pernambuco, et se rendant dans ces deux ports pour y vendre des nègres provenant des possessions portugaises.

» Les propriétaires de ces navires ont répondu, qu'il n'y avait d'autre moyen de constater la nature d'un bâtiment et la légitimité de son expédition et des personnes intéressées dans le navire, le chargement et toute l'entreprise, que les justifications légales faites pardevant les autorités qui prennent connaissance s'il y a ou non une association avec des étrangers, et si la négociation est contraire aux lois.

» Lorsqu'un vaisseau de guerre veut s'assurer de la propriété et de la bonne foi du pavillon d'un vaisseau marchand, il examine les certificats, son passeport et ses autres papiers, et s'il le trouve en règle, il le maintient dans son pavillon ; mais les officiers de la frégate anglaise qui ont visité les bricks en question, ne se sont point contentés des certificats, passeports, livres et autres papiers qu'on leur a produits, et qui écartaient jusqu'au soupçon d'une association avec des étrangers pour le bâtiment, la cargaison et l'entreprise; ils ont saisi, confisqué et renvoyé hostilement dans les ports de la domination anglaise, les navires déjà nommés, sous le prétexte d'y faire vérifier la nature de l'expédition.

» 3° Les Anglais accusent les propriétaires des navires portugais de faire la traite des nègres dans des ports non compris sous la dénomination de Côte-d'Or, d'après les stipulations contenues dans l'art. 10 des traités de paix et d'alliance, et d'avoir tantôt fixé la démarcation du cap des Trois-Pointes jusqu'au cap Formoso, et tantôt ils l'ont limitée au port d'Ajuda, et à ceux où flottait le drapeau portugais. Les Portugais répondent que, d'après l'art. 5 du traité de commerce, ils étaient autorisés à fréquenter les ports d'Afrique situés sur la côte communément dite en langue portugaise, *Costa da Mina*, ou Côte-d'Or, et que cette partie de la côte occidentale de la côte d'Afrique qui va du nord au midi, a toujours été censée s'étendre depuis le cap des Palmes jusqu'au cap Formoso, et la nation portugaise, qui la première a eu la hardiesse et la gloire de visiter ces côtes, est encore jalouse des noms qu'elle leur a donnés à mesure qu'elle avançait dans des découvertes et qu'elle acquérait de nouvelles connaissances. Depuis le cap Non, premier essai de la navigation portugaise jusqu'au cap Guardafui, et même au-delà, en suivant toute la côte à l'est comme à l'ouest, il n'est peut-être pas un seul port, une seule baie qui n'ait été visitée par les vaisseaux portugais, et qui n'ait été désignée par nos navigateurs sous des noms portugais, qui subsistent encore aujourd'hui dans les différents dialectes des peuples qui les habitent (1). »

Ces représentations fixèrent l'attention du gouvernement sur cet objet, et amenèrent un traité conclu entre l'Angleterre et le Portugal, le 22 janvier 1815.

1812. *Communication par eau entre la rivière Arinos et Para*. *Antonio Thomé de Franca* descendit la rivière Ari-

---

(1) Remontrances des négociants du Brésil contre les insultes faites au pavillon portugais et contre la saisie violente et tirannique de plusieurs de leurs navires par les officiers de la marine anglaise, accompagnées d'autres pièces intéressantes, traduites du portugais et de l'anglais, par F. S. Constancio, D. M., etc. Paris, 1814, 80 p. in-8°. Ces remontrances ont paru premièrement dans le journal portugais l'*Investigateur*, qui s'imprimait à Londres.

nos, le Tapajos et l'Amazone jusqu'à Para, d'où il remonta, l'année suivante, au point du premier départ, avec une flotte de canots, chargée de marchandises. Antonio fut le premier qui fit ce voyage, qu'on trouve plus court et plus facile que celui par la rivière Madeira. La rivière Arinos fut découverte par le capitaine Joam de Souza e Azévédo.

1812. *Fondation de villes.* Le village de *Santo-Antonio*, situé à deux lieues et demie du cap S.-Augustin, dans la province de Pernambuco et près du bord du Parabamba, fut érigé en ville. Elle à une église et deux hermitages (1).

1812. Le village de *Santo-Antão*, situé près la petite rivière de Tapacora, dans la province de Pernambuco, fut créé ville. Elle à une église et deux chapelles (2).

1812. *Rio-Pardo.* Ce village, situé à l'embouchure de la rivière du même nom, eut le titre de ville. Elle possède une église et deux chapelles.

1812. *Caxias*, dans la province de Maranham, fut créé ville, le 24 janvier 1812, d'après un *alvara* du 31 octobre 1811. Elle a 593 feux et 2,426 habitants. Elle a une municipalité (3).

1812. Le village de *Pau d'Alho*, situé sur la rive droite de Capibaribe, dans la province de Pernambuco, est érigé en ville. Elle est à la distance de trente-cinq milles de la capitale. Elle possède une église et un hermitage (4).

1812. *Établissement de l'arraial de S.-Sébastião et S.-Antonio*, à une demi-lieue de la route de S.-Paulo, vers l'est, et un demi-mille de la rive gauche de Uberava-falso (5).

1813 (le 29 juillet). *Création de la villa de S.-João de Macahé*, située sur les bords de la rivière du même nom, dans la province de Rio de Janéiro (6).

─────────

(1) Cor. Braz., II, 178.
(2) *Ibid.*
(3) Do Lago, *Estatistica*, etc.
(4) Cor. Braz., article *Pernambuco.*
(5) Elle possède un temple dédié à ces saints; une nouvelle paroisse y fut créée en 1820 par D. João VI. Les habitants sont cultivateurs.
(6) Le père Antonio Vas Péreira, missionnaire apostolique, avait ramassé les Indiens Sacarus qui habitaient les bords du Rio-Macahé et ceux de S.-Pédro et de Macahé pour les prier à un

1813. Le village de *S.-Joao-Marcos*, dans la province de Rio de Janéiro, fut établie en ville en 1813. Elle est située sur la rive droite de la petite rivière Araras, affluent du Rio das Lages, à sept lieues au nord d'Angra, et à dix-neuf à l'ouest de la métropole (1).

1814 (le 25 février). *Création de la villa de S.-João da Palma* à la barre du même nom, comme chef-lieu de la *comarca* de S.-João das Duas-Barras, dans la province de Goyaz (2).

1814 (le 19 juillet). *Établissement de la villa de Santa-Maria de Baependy* dans la *comarca* do Rio das Mortès, province de Minas-Géraès, sur la rive méridionale de la rivière Baependy, latitude 22° 9′, longitude 331° 25′, à la distance de quatorze lieues de la villa de Campanha à l'est, de cinquante-cinq de Marianna, et de soixante-quatre de Rio de Janéiro (3).

1814 (19 juillet). *Établissement de la villa de S.-Carlos de Jacuhy* dans la *comarca* do Rio das Mortès, province

---

endroit situé à la distance d'un jour de marche de l'embouchure de la première rivière où il éleva un temple. En exécution de l'ordre royal d'ériger en paroisses les chapelles des *aldéas* des Indiens, cette chapelle entra dans cette clause; et le père *José das Neves Ribeiro* fut nommé son premier curé par une provision du 24 décembre 1765. Les premiers habitants abandonnèrent cette *aldéa* pour s'établir à Macahé dont la population est de la race d'*Indios Bravos*. La plupart des habitants de S.-João se livrent à la pêche et au commerce de bois. Quelques-uns cultivent les terres qui rapportent la canne à sucre, la mandioca, le millet, le riz et les légumes.

Voy. *Mem. hist.*, V, 137-8-9 et 304-5. On y lit *Machahé* et *Machaé*, mais c'est évidemment une faute d'impression.

Par une *consulta* du 23 septembre 1814, une nouvelle paroisse perpétuelle fut érigée sous le nom de S.-João de Macahé.

La seigneurie de S.-João de Macahé fut donnée au baron de Rio-Séco, aujourd'hui vicomte avec le même titre, le 12 octobre 1815.

(1) Cor. Braz., II, 2.
(2) *Mem. hist.*, t. IX, p. 191.
(3) L'église-mère dédiée à N. S. da Conceição, fut élevée au rang d'églises perpétuelles, par le décret du 23 janvier 1816. La paroisse renferme une population de 7,560 individus. Les habitants cultivent le tabac qui réussit parfaitement dans ce territoire.

Mem. hist., t. VIII, part. II, p. 229, 231.

de Minas-Géraës, sous la latitude de 21° 15′, et longitude 328° 42′ de l'île de Fer (1).

1814 (le 9 mars). *Création de la villa de S.-Pédro de Canta-Galo* dans la province de Rio de Janéiro, et la paroisse de Santissima-Sacramento de Canta-Galo, sur un affluent de la rivière Macaco (2).

1814 (26 mai). Le village de *Santa-Maria de Marica* (3), province de Rio de Janéiro, est créé ville avec juridiction civile. Elle est située près l'embouchure de la petite rivière Itapitiu et sur le bord du lac de son nom, à six lieues sud-est de Macacu, huit de la métropole, et onze à l'ouest du cap Frio. Elle a une belle église. Ses habitants cultivent le sucre, la mandioca, le feijao, le maïs et le café (4). Le lac Marica abonde en poisson.

1815 (22 janvier). *Commerce d'esclaves. Traité signé à Vienne, entre le Portugal et la Grande-Bretagne.* Les sujets de la couronne de Portugal ne pourront plus se livrer au commerce d'esclaves dans aucune partie de la côte d'Afrique, au nord de l'équateur. (Art. 1.)

Le traité d'alliance conclu à Rio-Janéiro, le 19 février

---

(1) *Mem. hist.*, t. VIII, part. II, p. 252.

(2) Cette paroisse fut érigée, le 9 octobre 1786, sous le gouvernement de D. Marcos de Noronha, conde dos Arcos. On établit sur les bords du Rio Para-iba, au-delà du Rio da Pomba, une *aldéa* d'Indiens catéchumènes sous la dénomination de S.-Jozé de D. Marcos, et sous la direction du religieux capucin italien le Fr. Thomas de Castelli.

Afin de mieux coloniser ce territoire, S. M. fit venir, de Rotterdam, quelques familles suisses et les établit à sa résidence royale de Morro-Queimada, et donna à la nouvelle colonie le nom de *Nova-Fribourg*. Depuis le 4 jusqu'au 30 novembre 1819, il en arriva du Havre-de-Grâce 867; en février de l'année suivante, 358, et ensuite 119 pour compléter le nombre de 1370 hommes, femmes et enfants. Par un décret du 12 juillet 1819, on établit à Morro-Queimado, un village qui, par un autre décret du 3 janvier 1820, fut érigé en ville sous la dénomination de *villa da Nova-Fribourg*, à environ 70 milles de Rio-Janéiro, dans une plaine entourée de montagnes.

Visit to Brazil, par M. Mathison, chap. 2. London, 1825.
Mem. hist., V, 227-232.
Cor. Braz., II, 54-55.

(3) Pizarro e Araujo écrit *Maricáa*, t. IV, p. 37.

(4) Cor. Braz., II, 35.

1810, entre les deux hautes parties contractantes, étant fondé sur des circonstances particulières qui n'existent plus, est et demeure annulé. (Art. 3.)

Les deux parties conviennent de fixer par une convention particulière, l'époque où le commerce des nègres cessera entièrement dans toute l'étendue des domaines du Portugal. (Art. 4.)

S. M. B. consent à ne point exiger les intérêts de l'emprunt de 600,000 livres sterling, contracté à Londres pour le compte du Portugal, en 1809; et ce en raison de la convention du 21 avril de la même année.

Signé : Conde de Palmella, Antonio de Saldanha da Gama, D. Joaquim Lobo da Silveira, Castlereagh (1).

1815 (18 mai). *Établissement de Villa-Réal do Brejo da Areia* dans la *serra* du même nom, dans la próvince de Paraiba do Norte, à trois lieues au nord de la cité de Paraiba (2).

1815 (27 juin). *Établissement de la villa de Itapé-mirim* dans la province d'Espirito-Santo, à une demi-lieue de la *barra* du Rio Itapé-mirim et sur son bord méridional (3).

1815, 14 juillet. *Création de la paroisse de Bom-Jardin*, située dans la province de Céara, dans une vallée de la Serra-Grande, au sud-est de la *fortaleza*, et à l'est-sud-est de S.-João do Principe, et dédiée au senhor Bom-Jésus. Elle fesait partie auparavant de la paroisse de S. Józé da Missão Velha dos Caryrys Novos. Elle a douze lieues de longueur et douze et demie de largeur, et renfermait, en 1821, une population de 3,430 habitants, ou 826 feux (4).

1815 (le 5 décembre). *Maceyo*, port de commerce de la *comarca* d'*Alagoas*, province de Pernambuco, est créé ville.

---

(1) *Collecção das leis*, etc., t. IV, appendice; p. 3 et 5. Voy. l'année 1817. — Traité entre l'Angleterre et le Portugal. Loi du roi de Portugal, du 26 janvier 1818, et traité du 4 mai 1818, entre l'Angleterre et le roi des Pays-Bas.

(2) *Mem. hist.* VIII, 188-9.

(3) La paroisse de N. Senhora do Amparo de Itapé-mirim fut créée le 31 mai 1771. Les habitants cultivent la canne à sucre, le coton, le riz, le maïs, qu'ils exportent, ainsi que du bois. Voy. *Mem. hist.*, tom. V, p. 85-88.
Cor. Braz., II, 66.

(4) Voy. *Mem. hist.*, VIII, 249.

Ce district, démembrement des Alagoas, renferme sept lieues de côtes, depuis la rivière Alagoas jusqu'à celle de S.-Antonio-Grande (1).

Par le même décret du 5 décembre, *Porto de Pédras*, de la même *comarca*, est créé ville. Ce district, séparé de celui de Porto-Calvo, renferme presque neuf lieues de côtes, depuis le Rio Antonio-Grande jusqu'à celle de Manguape (2).

1815, le 16 décembre. *Loi de Jean VI qui élève la province du Brésil au rang de royaume, pour former avec ses États d'Europe, les royaumes unis du Portugal, des Algarves et du Brésil.* (*Reino unido de Portugal e do Brazil e Algarves.*) Cet acte a été publié dans les termes suivants. « Reconnaissant combien serait avantageux à mes sujets une identité parfaite entre mes royaumes de Portugal et des Algarves et mes domaines du Brésil, en élevant ceux-ci au rang qui leur appartient, et sous lequel ils ont été considérés par les plénipotentiaires qui ont formé le congrès de Vienne, je veux et il me plaît d'ordonner qu'à compter de la publication de la présente loi, l'État du Brésil soit élevé à la dignité, prééminence et domination de royaume (3). »

1815. L'Espagne gardait le territoire et la place d'Olivença, et les Portugais occupaient Montévidéo et S. Sacramento, ce qui occasionna une mésintelligence entre les deux Cours.

1816 (27 juin). *Fondation de villes.* Création de la *villa de S.-Vicente das Lavras* dans la province de Céara, sur les bords du Salgado, à dix lieues de Villa d'Icó. Sa paroisse formait auparavant une partie de celle d'Icó (4). Elle possède une église.

1816, 28 novembre. Création de la *villa de S.-Miguel dus Areias* dans la province de S.-Paulo, sur le chemin

---

(1) Maceyo est déjà une ville commerçante. Des négociants anglais y sont établis et font des expéditions pour leur pays.

(2) Ces deux villes sont actuellement comprises dans la nouvelle province des Alagoas, créée par un décret du 12 janvier 1818.
Voy. *Mem. hist.*, VIII, 141.
Selon la *Corografia Brazilica*, la date est du 15 décembre.

(3) *Memorias historicas do Rio de Janeiro*, tom. V, p. 175.

(4) *Mem. hist.*, VII, 250-252.
En 1821, le territoire paroissial renfermait de 4,000 à 5,000 individus.

qui mène de Rio de Janéiro à S.-Paulo. Elle possède une église (1).

1817 (le 9 janvier). *Ordonnance par laquelle sa majesté le roi Jean VI accorde au prince du Brésil, son fils aîné, le titre de prince du royaume uni du Portugal, du Brésil et des Algarves.* « Notre prédécesseur, le roi Jean IV, par sa charte de donation du 27 octobre 1645, a conféré aux princes aînés de la couronne de Portugal le titre de prince du Brésil; et ce titre se trouvant en contradiction avec la loi du 16 décembre 1815, d'après laquelle l'État du Brésil a été élevé à la dignité de royaume en union avec ceux du Portugal et des Algarves, nous voulons que le prince dom Pédro, notre fils aîné, et les premiers-nés de notre maison portent dorénavant le titre de *prince royal des royaumes unis du Portugal, du Brésil et des Algarves*, conjointement avec celui de *duc de Bragança*. Pour le reste, ladite charte, ainsi que celle par laquelle le roi João V accorda aux fils aînés du prince du Brésil le titre de *prince de Beira*, continueront en pleine force et vigueur. »

1817. *Différends entre le Brésil et Buénos-Ayres, relatifs à la possession de la Banda-Orientale.* La région du Brésil qui s'étend de l'équateur au 30ᵉ dégré de latitude sud et de l'Océan Atlantique aux Andes, est aussi grande que l'Europe, et sa population n'est rien en comparaison de son étendue et de sa grande fertilité. Néanmoins, le roi se décida à y annexer une portion de terrain à l'embouchure de la Plata, connue sous le nom de *Banda-Orientale*. Ce terrain, qui appartenait autrefois au gouvernement de Buénos-Ayres, fut réclamé par la république argentine comme une partie de son territoire; mais à l'époque de l'indépendance, cette Banda ou Rive-Orientale fut occupée par les forces du général espagnol Élio, qui était, en même tems, maître de Montévidéo. Cet officier ayant été vaincu à la bataille de *las Piedras* par Artigas, ce dernier, renforcé par Rondeau, mit le siége devant Montévidéo. Alors Élio s'adressa au gouvernement de Rio pour demander du secours; on

---

(1) La paroisse de S.-Miguel, qui fut détachée de celle du Senhor Bom-Jésus de Bananal, renfermait, en 1817, une population de 6,562 individus. Le sol est fertile et produit du café d'une excellente qualité.

Mem. hist., VIII, 292-3.

lui envoya 4,000 hommes. Plus tard, il accepta les conditions de paix qui furent proposées, et les deux armées se retirèrent, laissant libres les habitants de la Banda-Orientale. Cependant Vigodet, nouveau gouverneur de Buénos-Ayres, ayant reçu des renforts d'Espagne, renouvela la guerre dans le même territoire; mais il fut encore vaincu par Artigas et forcé de l'évacuer. Alors les Portugais voulurent s'en emparer sous prétexte que les partisans de la révolution de Buénos-Ayres avaient envoyé des émissaires dans les provinces portugaises voisines de Rio-Grande, et dans les missions pour exciter les Indiens à la révolte. On envoya, dans le pays en litige, 5,000 hommes, qui y furent joints par un nombre égal de troupes continentales et de Paulistas. Cette force entra à Montévidéo le 20 janvier 1817. Le général Le Cor, avec 2,000 hommes, secondé par une petite escadre navale, resta maître de cette place et de la Banda-Orientale. Les membres du *cabildo* de cette ville étaient chauds partisans du prince régent et voulaient même qu'il gouvernât en souverain absolu. Mais l'opinion de la plupart des habitants était fort différente. Dans un manifeste, daté de Buénos-Ayres, il est dit qu'un roi, né au-delà des mers, insultait leur repos et menaçait l'honneur de leurs enfants. Fructuoso Rivero, officier qui avait servi sous Artigas et qui avait passé au service des Portugais, profitant de cette opposition au gouvernement brésilien, leva l'étendard de la révolte et réunit assez de partisans pour assiéger Montévidéo. Renforcé par un détachement de trois cents hommes commandés par Antonio Lavalléja, qui venait de Buénos-Ayres, il parcourut toute la province, à l'exception des villes où se trouvaient des garnisons portugaises.

1817. *Insurrection de Pernambuco, dont l'objet était d'établir le sistème fédératif.* Les habitants de cette capitainerie se plaignant de grands abus dans l'administration du gouvernement, des taxes et des contributions qui servaient seulement à enrichir les officiers de la Cour, se rappelant leurs anciens exploits, et guidés par l'exemple des Espagnols d'Amérique, formèrent un plan d'insurrection pour établir leur indépendance. Les chefs de ce projet avaient beaucoup compté sur le secours de leurs voisins; mais ceux de Serinhaem prirent les armes contre eux sur le Rio-Formosa. Le 21 avril, les Pernambucains, sous leur chef Victoriano, attaquèrent la ville das Pedras, et furent repoussés par un corps des royalistes, sous le major *Gordilho,* qui s'empara de ce poste, ainsi que de celui de Tamandré où le colonel Mello arriva avec un bon renfort. Le 2 mai, un autre corps de Pernambuco, commandé par Cavalcante, homme riche et d'une bonne famille, fit une attaque vigoureuse contre Serinhaem et fut repoussé avec perte de son artillerie et de ses bagages.

Les habitants de Bahia, dans le but de mettre fin à l'insurrection, équipèrent une escadre de navires marchands, de concert avec le gouverneur, Condé dos Arcos, qui envoya des troupes par terre pour coopérer au même objet. De leur côté, les habitants de Rio fournirent aux dépenses d'une autre expédition, par une souscription de 500,000 *cruzados;* et, le 4 mai, on expédia une flotte, avec un nombre considérable de troupes, parmi lesquelles se trouvait un régiment de volontaires. Un corps nombreux de *guerillas* levé par un avocat, *Domingo Jozé Martins,* et commandé par Caval cante et un prêtre nommé *Souto,* harcela beaucoup les royalistes; mais ceux-ci, aux ordres de Mello, gagnèrent (16 mai) une victoire complète dans les plaines d'Ipojuco Les principaux chefs, *Jozé Louis Mendonça, Domingo Jozé Martins* et le prêtre *Miguel Joaquin de Almeida* furent pendus, plusieurs furent exilés, d'autres jetés en prison. Le gouvernement provisoire des insurgés étant dissous, Pernambuco se soumit, même avant l'arrivée de l'expédition royale de Rio, et la tranquillité fut rétablie pour un tems.

1817 (13 mai). *Mariage du prince dom Pédro* (1) *avec l'archiduchesse Léopoldina, fille de l'empereur François 1 et sœur de Marie-Louise, ancienne impératrice des Français.* L'anniversaire de la naissance de dom João, on célébra ce mariage par procuration. Le marquis de Marialva, alors ambassadeur de Portugal et de Brésil à Paris, était allé à Vienne pour y négocier ce mariage. Un vaisseau et trois frégates se rendirent à Trieste pour recevoir l'archiduchesse, qui débarqua à Rio le 11 novembre 1817.

1817-20. *Voyage scientifique.* L'empereur d'Autriche profita du mariage de sa fille avec le prince royal du Bré-

---

(1) Ce prince est né à Lisbonne, le 12 octobre 1798. Il est le second fils de dom Jean VI et de Carlota Joaquina, fille de Charles IV. Par la mort prématurée de son frère aîné, il devint héritier présomptif de la couronne.

sil, pour envoyer dans ce pays une commission scientifique chargée d'y faire des recherches sur l'histoire naturelle. Le roi de Bavière saisit aussi cette occasion pour adjoindre, dans le même but, deux membres de l'Académie des sciences de Munich, suivant un plan qui lui avait été présenté par ce corps, en 1815.

L'organisation de l'expédition aulique fut confiée à M. *Van Schreibers*, directeur du musée impérial d'histoire naturelle; le professeur *Mikan*, de Prague, fut chargé de la partie botanique et de l'entomologie; M. *Pohl*, de la minéralogie; M. *Natterer*, employé au musée, de la zoologie; M. *Th. Ender* fut attaché comme peintre de paysage; M. *Buckberger*, comme peintre botaniste; enfin M. *H. Schott*, comme horticulteur. Ils étaient accompagnés par des ouvriers et des mineurs.

Les deux académiciens bavarois choisis pour faire partie de cette commission étaient: le docteur *Joh. Bapt. Von Spix* et le docteur *C. F. Phil. Von Martius*, chevaliers de l'ordre royal du mérite civil de Bavière, membres de l'Académie de Munich, etc., etc. Le premier devait s'occuper de la zoologie; l'autre de la botanique.

L'expédition s'embarqua le 10 avril 1817, à Trieste, à bord de deux frégates; et le 14 juillet, elle aborda dans la baie de Rio-Janéiro. Le 8 décembre, elle quitta cette capitale (1).

1817 (28 juillet). *Traité entre l'Angleterre et le Portugal, fait à Londres*. La contestation qui était survenue entre l'Angleterre et le Brésil, concernant la prise de trois navires négriers sur la côte d'Afrique, par l'escadre anglaise, avait amené la convention du 22 janvier 1815.

Le congrès de Vienne voulant encore permettre ce commerce inhumain, le cabinet anglais consentit à payer (juillet) aux Portugais propriétaires de ces navires, la somme de 3,000 livres sterling. D'après ce traité, les Portugais devaient cesser tout commerce d'esclaves au nord de l'équateur, et au sud de cette ligne, il était borné aux territoires appartenant à la couronne de Portugal, sur la côte orientale d'Afrique, situés entre le Cabo-Delgado et la baie de Lourenço-Marquez; et sur la côte occidentale, à tout le pays situé entre le 8e et le 18e dégré de latitude méridionale.

---

(1) Voyez la liste des auteurs cités à la fin du volume.

Les territoires situés au midi de l'équateur, sur la côte d'Afrique, où le roi de Portugal exerce sa souveraineté, sont ceux de Molembo et de Cabinda, sur la côte orientale, entre le 5e dégré 12' et le 8e dégré de latitude sud. (Art. 2.) Signé le conde de Palmella, Castlereagh (1).

Le 26 janvier 1818, parut un *alvara*, ou loi du roi de Portugal, pour punir les personnes intéressées dans l'esclavage des noirs. L'abolition de la traite dans les ports de la côte d'Afrique, au nord de l'équateur, fut décidée par la ratification du traité du 22 janvier 1815, et par la convention additionnelle du 28 juillet 1817. En vertu de ces traités, tout individu qui fera équiper ou expédier des navires pour le trafic des nègres, sur ladite côte, perdra lesdits esclaves, qui seront mis en liberté. Les navires employés à ce commerce seront confisqués; leurs officiers, y compris le maître-pilote et le subrécargue, seront bannis, pendant cinq années, à la Mozambique, et chacun d'eux paiera une amende égale au montant des profits qu'il aurait dû faire dans cette entreprise. Les assureurs desdits bâtiments devront payer trois fois le montant des primes stipulées. (Art. 1er.)

Tout individu, quel qu'il soit, qui introduira des esclaves au Brésil, à bord des bâtiments étrangers, doit encourir la perte de ces esclaves, qui deviendront libres sous certaines conditions. (Art. 2.)

Quant aux ports situés au midi de l'équateur, où la traite est encore permise, la loi du 24 novembre 1813 sera observée avec les modifications suivantes. La distinction concernant les navires de plus de deux cent un tonneaux ou de moindre port sera abolie, et le nombre des esclaves sera réglé d'après le tonnage du bâtiment, dans la proportion de cinq individus à deux tonneaux, suivant l'ancienne mesure.

---

(1) En 1818, une commission, composée d'Anglais et de Portugais, s'établit à Rio de Janeiro pour examiner et décider les affaires contentieuses concernant la traite, d'après les restrictions établies, l'année précédente, à Londres, et selon les traités relatifs à ce sujet. Il fut convenu d'établir un certain nombre de commissaires dans les différents ports de l'Afrique et du Brésil où le commerce était encore légal.

Collecção das leis, etc., tom. IV. Appendice, p. 6-11, *Convenção additional*, 13 articles.

La prohibition concernant des marques faites, avec le fer, sur le corps des esclaves, ne sera pas applicable à celles imprimées avec de l'argent (*carimbos*) (1).

1817 (28 août). *Traité entre la France et le Portugal, relatif à la délimitation de la Guiane, signé à Paris.* Animé du désir de mettre à exécution l'art. 107 de l'acte du congrès de Vienne, S. M. T. F. s'engage à remettre à S. M. T. C., dans le délai de trois mois, ou plus tôt si faire se peut, la Guiane française, jusqu'à la rivière d'Oyapoc, dont l'embouchure est située entre le 4e et le 5e dégré de latitude septentrionale, et jusqu'au 322e dégré de longitude ouest de l'île de Fer, par le parallèle du 2e dégré 24' de latitude septentrionale. (Art. 1er.)

On procédera immédiatement à la nomination et à l'envoi de commissaires pour fixer définitivement les limites des Guianes portugaise et française, conformément au sens précis de l'art. 8 du traité d'Utrecht et aux stipulations de l'acte du congrès de Vienne. Lesdits commissaires devront examiner leur travail dans le délai d'un an au plus tard, à dater du jour de leur réunion à la Guiane. Si, à l'expiration de ce terme, lesdits commissaires respectifs ne parvenaient pas à s'accorder, lesdites hautes parties contractantes procéderont à l'amiable à un autre arrangement, sous la médiation de la Grande-Bretagne, et toujours conformément au sens précis de l'art. 8 du traité d'Utrecht, conclu sous la garantie de cette puissance. (Art. 2.)

Les forteresses, les magasins et tout le matériel militaire seront remis à S. M. T. C., d'après l'inventaire mentionné dans l'art. 5 de la capitulation de la Guiane française, en 1809. (Art. 3.)

Le gouvernement français se charge de faire conduire dans les ports de Para et de Pernambuco, sur les bâtiments qui auront effectué le transport des troupes françaises à la Guiane, la garnison portugaise de cette colonie, ainsi que les employés civils avec tous les effets.

Signé François J. Marie de Brito, Richelieu (2).

1817 (4 mars). *Fondation de villes. Établissement du*

---

(1) *British and Foreign State Papers*, 1820-21, p. 18-24. London, 1830.

(2) Suppl. au recueil des traités, etc., par F. de Martens, tom. VIII, à Gottingue.

povoaçaõ, ou *village de Vianna*, sur le bord septentrional du Rio Santo-Agostinho, à quatre lieues de Nossa-Senhora da Victoria, dans la capitainerie d'Espirito-Santo. Ce village fut fondé par l'intendant-général de la police, *Paulo Fernandez Vianna*, qui y établit une chapelle le 1er décembre suivant. La population en était composée de deux cent soixante-dix individus, hommes, femmes et enfants (1).

1817 (13 octobre). *Création de la villa de S.-Luiz da Real Bragança*, dans la povoaçaõ de *S.-Luiz do Norte*, province des Missions, et dont le territoire est borné, au nord, par le *Sertaõ* de l'Uruguay; au sud, par le Rio-Ibicuy; à l'est, par le Rio-Jacuhi; à l'ouest, par l'Uruguay (2).

Le 12 janvier 1818, la province *das Alagoas* fut séparée du gouvernement de Pernambuco pour former un État indépendant (3).

―――――

(1) *Memorias historicas* de Rio de Janeiro, tom. II, p. 18.

(2) Par un autre *alvara* du 26 août 1819, on créa dans le Rio-Pardo un office de *juiz de fora*, en annexant à sa juridiction la Villa-Nova de S.-João de Cachoeira.
L'église paroissiale de N. S. do Rosario do Rio-Pardo fut érigée en 1769 et confiée aux soins de *S. Fernando Jozé Mascarenhas Castel Branco*. Ce territoire renferme 990 feux et plus de 8,600 adultes.
Voy. *Mem. hist.*, tom V, p. 56-58.

(3) Son premier directeur, *Sebastião Francisco de Mello e Povoas*, qui peu de tems avant avait gouverné la province du Rio-Grande do Norte, prit la conduite de ce territoire le 6 janvier de l'année suivante. En conséquence de cette création, on y établit un trésor *(junta de fazenda)* pour l'administration des revenus du trésor national.
On donna le nom d'*Alagoas* à l'emplacement de la ville da Magdalena, sur le bord d'un grand lac, sous la latitude de 10° 19' sud et 341° 21' 30" de longitude de l'île de Fer. L'entrée du port est sous la latitude de 10° 17' 15" et 341° 25'. Le territoire renferme des marais, mais il est en général fertile. Les bois sont excellents pour les constructions navales. On y récolte du tabac et du sucre d'une qualité supérieure. Les eaux abondent en poissons.
Magdalena possède une église-mère dédiée à la Conceição de Santa-Virgem, et trois chapelles.
Dans la juridiction de la *comarca das Alagoas* se trouvent les paroisses suivantes : 1° *N. S. da Piedade da villa de Anadia*; 2° *N. S. da Conceição do Porto-Real*, qui possède une mission d'Indiens; 3° *N. S. do Amparo, Palmeira dos Indios*; 4° *S.-Jozé da Madre de Dios da villa de Puxim*, qui renferme 5,750 habi-

1818 (5 février). *Couronnement du prince régent.* Le prince régent fut couronné roi de Portugal et du Brésil par acclamation. On établit une grande *veranda* de deux cent cinquante *palmes* de longueur sur la place du Palais. La veille, toutes les autorités s'étaient assemblées en grand costume pour féliciter le nouveau souverain sur son élévation. Le jour de la cérémonie, après avoir entendu la messe dans la chapelle royale, le monarque entra dans la *veranda*, autour de laquelle se trouvaient un grand nombre de militaires et d'habitants de Bahia et d'autres endroits. Le sergent d'armes réclama le silence en criant : Écoutez, écoutez, et soyez attentifs. Alors le magistrat suprême (*desembargador*) du Conseil du roi lui fit un discours adapté à la circonstance. Le roi se mit à genoux, et prenant son sceptre dans la main gauche et mettant la main droite sur le crucifix, le secrétaire d'État lui lut la formule du serment du couronnement en présence des évêques de Goyaz et de Mozambique. Le grand porte-étendard (*alferez mor*) déploya la bannière sacrée de Henri Alfonso (1), fondateur de la monarchie portugaise, et tous les nobles et les grands répétèrent le serment. Le même officier déploya encore le grand étendard en proclamant à haute voix : « Royal, royal, royal, par le très-haut et puissant seigneur et roi dom Jean VI (2) ». On répéta la même chose en face de la *ve-*

tants; 5° *N. S. da O'do Rio de S.-Miguel*, qui en a 7,228; 6° *N. S. das Brotas e Santo-Amaro da villa de Atalaya*; 7° *N. S. do O'do Rio Santo-Antonio-Mirim*, avec 5,984 habitants; 8° *N. S. da Apresentação da villa de Porto-Calvo*, avec 2,126 feux et 10,730 habitants; 9° *Senhor Bom-Jézus do Rio Comaragipe*; 10° *S. Bento de Porto-Calvo*, avec 1,500 feux et 5,000 habitants; 11° *N. S. do O'do Traipù*; 12° *Santa-Luzia*; 13° *N. S. dos Prazeres da villa de Maceyo*; 14° *N. S. do Rozaria da villa do Penedo*; 15° *Villa Nova do Porto das Pedras*, démembrement de N. S. da Conceição de Porto-Real, où il y a une mission d'Indiens, autrefois nommée *Aguas-Bellas.*

Par un décret du 5 juillet 1819, on créa la nouvelle paroisse de *N. S. dos Prazeres*, et par un autre décret du 5 décembre 1815, on fonda la ville de *Maceyo.*

Mem. hist., tom VIII, 139-142, Provincia das Alagoas.

(1) Dom Alfonso Henriques, né vers l'an 1110, avait gouverné le Portugal pendant onze années, sous le titre de *prince de Portugal*, et après sa victoire sur les Maures au Campo d'Ourique, il fut proclamé roi, par ses soldats, sous le titre d'Alfonse I.

(2) *Real, real, real, pelo muito alto et muito poderoso senhor*

randa, et la foule répondit par des acclamations réitérées, au bruit de la musique, des cloches, de l'artillerie et des feux d'artifices.

1818 (4 mai). *Traité entre l'Angleterre et le roi des Pays-Bas*, ratifié à La Haye, le 25 mai 1818. Ce dernier s'engage, dans l'espace de huit mois, ou plus tôt s'il est possible, après l'échange des ratifications du traité, d'interdire à tous ses sujets, par des lois pénales, le commerce des esclaves.

1818 (20 octobre). *Création de la ville d'Itapicurumirim* dans la province de Maranham. Elle a cent trente-huit feux et sept cent soixante-sept habitants. Elle a une municipalité (1).

1819 (26 avril). *Création de Villa-Nová de S.-João da Cachoeira.* Par un *alvara* du 26 août 1819, on créa un *juiz de fora* pour les affaires civiles, criminelles, et celles des orphelins (2).

1820. Dans le cours de cette année, Artigas fit plusieurs attaques contre la Banda-Orientale; mais il fut constamment repoussé par les Portugais, qui fortifièrent leur ligne par l'occupation de l'Arroyo-Grande et d'autres points.

1820 (2 mars). Création d'une *paroisse* dans la province de Goyaz, district d'Uberaba, près du confluent du Rio-Paranaiba et Rio-Pardo, sous l'invocation de *S.-Antonio* et *S. Sébastião d'Uberaba* (3).

---

rei, D. João VI, nosso senhor.
Voy. *Notices of Brazil by the Rev. L. Walsh*, vol. I, 177-9.

(1) *Estatistica historica geografica da provincia do Maranhão*, etc., par A. B. Pereira do Lago.

(2) La première *aldéa* fut fondée dans le Jacuy par le gouverneur, Jozé Marcelino de Figueiredo, pour y établir des Indiens de la nation Guaranim. On compte dans les limites de cette paroisse au-delà de 250 feux et plus de 2,000 personnes qui sont admises au saint sacrement.
Voy. *Mem. hist.*, tom. V, p. 148-151.

(3) L'*arraial* de *Desemboque*, dont la date de l'établissement est inconnue, est situé sur la rive gauche du Rio das Velhas, à dix lieues de la ligne des limites de Minas-Géraës, et à 22 lieues de l'*aldéa* de Lanhoso. Ce lieu fut autrefois connu sous le nom de *Cabeceiras do Rio das Velhas*.
Mem. hist., tom. IX, p. 216, 217.

1820-21. *Soulèvements à Para, Bahia et Rio-Janéiro.* La nouvelle de la révolution qui eut lieu en Portugal (en 1820) excita une forte sensation au Brésil. Le roi témoigna l'intention de prendre en considération la constitution portugaise, et, en même tems, il publia un manifeste pour annoncer son intention d'envoyer son fils D. Pédro à Lisbonne, afin de traiter, à ce sujet, avec les Cortès.

Cependant l'agitation, loin de se calmer, s'accroissait de jour en jour. A Pernambuco, le gouverneur *Luiz do Rego Barreto*, muni de pleins pouvoirs pour étouffer les germes d'insurrection qui se manifestaient, les exerça d'une manière fort sévère. Les mesures rigoureuses qu'il crut devoir prendre accélérèrent même le mouvement qui eut lieu peu après.

Le 1er janvier 1821, une conjuration éclata à Para, à la suite de laquelle les autorités furent déposées et remplacées par un gouvernement provisoire. Ce changement était tellement dans l'opinion générale, qu'il s'opéra sans résistance et sans effusion de sang.

Le 10 février suivant, les soldats et les habitants de Bahia suivirent cet exemple. On installa une *junte provisoire de gouvernement*, de dix-huit membres, qui devait donner des ordres pour l'élection des députés aux Cortès du Portugal, en prêtant serment de fidélité au roi D. Jean VI et à sa dinastie.

Le lendemain, 11 février, cette junte publia un manifeste dans ce sens.

On y rappelle que « les habitants de Bahia, désirant vivement l'établissement d'un gouvernement juste et libéral, qui mît un terme à leurs maux et au joug tirannique sous lequel ils gémissaient, se contentaient cependant d'appeler cet heureux moment par leurs vœux et leurs prières, lorsque le gouvernement de Rio nomma gouverneur de la province, le comte de Villa-Flor, dans le but d'y faire régner un système de terreur et d'oppression. C'est alors que la brave garnison de Bahia, se réunissant au peuple, proclama la constitution de Portugal, réunit la Chambre des députés et établit le gouvernement actuel, en attendant que S. M. vînt sanctionner de son autorité les institutions conquises les armes à la main. Suivant l'exemple de leurs frères d'Europe, les habitants de Bahia ont juré avec eux fidélité au roi D. Jean VI et à toute sa dinastie, obéissance à la constitution portugaise et respect à la religion du pays.

» Tels sont les sentiments unanimes des habitants de Bahia et de leur gouvernement, qui travaillera d'une manière infatigable à justifier la confiance que le peuple a placée en lui. »

Luiz Manoel de Moura Cabral, président; *Paulo Jozé de Mello Azeviedo e Brito*, vice-président; *Jozé Luiz Coutinho*, secrétaire du gouvernement; *Jozé Cœtano de Pavia Fereira*, idem.

Quand la nouvelle de ces soulèvements parvint à Rio, les esprits étaient déjà préparés à un mouvement révolutionnaire. Les troupes portugaises traitaient avec arrogance les Brésiliens, affectant sur eux une supériorité si grande, qu'elles demandaient la démission de tous leurs officiers au-dessus du rang de capitaine, afin de les remplacer par des Portugais. Ces prétentions, jointes à l'agitation résultant des nouveaux événements, décidèrent l'explosion (1).

Le 26 février, les soldats brésiliens prirent les armes, et les habitants s'assemblèrent dans les rues dans l'attente de quelque grand événement. Les ministres se retirèrent à S.-Christovão pour s'y concerter avec le roi. Aussitôt dom Pédro monta à cheval, parut devant la caserne, et réussit à apaiser les soldats. Il se présenta ensuite dans les places publiques, et, par ses discours, il engagea la multitude à se retirer. Il retourna de là au palais pour annoncer que tout était tranquille.

Le lendemain, la division des troupes auxiliaires sortit de ses quartiers, et prit position sur la place de Rocio, où est situé le théâtre. La *comarca* s'assembla dans la salle de cet édifice, et le peuple se répandit dans les rues en demandant la constitution du Portugal. Le prince fit connaître cette demande à son père, qui l'autorisa à agir comme il jugerait à propos. En conséquence, D. Pédro se présenta sur la place de Rocio, et y annonça l'acceptation de la constitution par le roi. Il s'opéra un rapprochement entre les troupes brésiliennes et celles du Portugal, qui firent cause commune avec le peuple, et nommèrent une députation pour prier le prince de renvoyer les ministres et proclamer la constitution. Le roi y consentit. D. Pédro se présenta au balcon du théâtre pour communiquer cette grande nouvelle, et prêta le serment suivant : « Je jure au nom du roi, mon père et seigneur, de vénérer et respecter notre sainte religion, et d'observer et maintenir pour toujours la constitution telle qu'elle a été établie par les Cortès de Por-

---

(1) Voyez la *note E*.

tugal ». Ce serment fut ratifié par le roi à l'une des fenêtres du palais.

Départ du roi D. Jean VI pour Lisbonne. Le 7 mars, le roi, ayant reçu, des Cortès de Lisbonne, l'invitation d'y retourner, publia une proclamation pour annoncer son intention d'y accéder, et donna ordre à ceux des députés qui seraient élus avant son départ de l'accompagner, et aux autres de ne pas tarder à le suivre. En même tems, les électeurs des députés furent assemblés à la Bourse, pour recevoir communication du plan de gouvernement proposé pour le Brésil. La constitution espagnole devait servir de modèle à celle de Portugal, et le roi y donnait son consentement. Pendant la discussion d'autres objets, un bruit se répandit que les troupes portugaises venaient disperser l'assemblée. On fit paraître le commandant, qui déclara n'avoir reçu aucun ordre à cet effet. Une autre version affirmait que le roi avait fait embarquer des valeurs considérables appartenant au trésor public, et même les fonds de quelques établissements de charité pour les transporter à Lisbonne. Aussitôt l'assemblée envoya des agents pour examiner les navires, et donna ordre aux commandants des forts de Santa-Cruz et de Lage de les arrêter, en cas qu'ils voulussent mettre à la voile.

La séance se prolongea jusqu'à minuit. Elle durait encore, lorsque l'édifice fut entouré par un régiment de soldats (*cazadores*), qui, sans faire aucune sommation, firent une décharge contre les électeurs, et, pénétrant dans la salle, les attaquèrent à la baïonnette. Une trentaine furent tués ou blessés. Quelques-uns, qui cherchèrent à échapper à ce carnage, se jetèrent par les fenêtres, et périrent dans leur chute, ou furent noyés dans la mer. Après ce malheur, la ville resta pendant six semaines plongée dans la stupeur.

Le 25 avril, le roi s'embarqua, laissant son fils en qualité de prince régent (1), avec un conseil de trois ministres, et en cas de mort, la princesse Léopoldina devait lui succéder. Un grand nombre de nobles et de riches personnages accompagnèrent le roi, apportant avec eux, dit-on, 50 millions de *cruzados*.

Cependant les habitants de plusieurs parties du Brésil se déclarèrent indépendants de Rio-Janéiro, et soumis seulement aux Cortès et au gouvernement de Portugal. A Villa-

---

(1) Voyez son discours, *note F.*

Rica et à Maranham, on proclama les Cortès, sans parler du prince, et les troupes refusèrent de le reconnaître, si on ne leur donnait pas la paie qu'on leur avait promise et que le prince ne pouvait fournir.

A S.-Paulo, les *cazadores* prirent les armes, et déclarèrent qu'ils ne les poseraient pas avant d'avoir obtenu leur demande. En même tems, la milice et le peuple s'assemblèrent devant la *camara*, ou hôtel-de-ville, à l'effet de réclamer l'établissement d'une junte provisoire pour le gouvernement de la province. *Jozé Bonafacio d'Andrada da Sylva*, natif de cette ville, qui fut choisi président, leur conseilla de rentrer dans l'ordre et de se soumettre aux lois et au prince régent, et ils se dispersèrent tranquillement.

1821 (29 septembre). *Décrets des Cortès relatifs à l'organisation du Brésil et au rappel du prince régent en Europe.* Lors de son départ pour Lisbonne, le roi avait secrètement recommandé à son fils d'accepter la couronne du Brésil, si cet acte était nécessaire à la conservation de cette riche possession (1). L'institution des juntes provinciales dans

---

(1) Tout le monde, dit monsieur le marquis de Rézende, avait aisément prévu ce qui allait se passer au Brésil. Habitué à la présence de son gouvernement, ce pays ne pouvait se soumettre de nouveau aux inconvénients et moins encore à l'humiliation d'un gouvernement lointain. Les Cortès de Lisbonne, au lieu de ménager cette susceptibilité, ne firent que l'irriter. La scission commencée au sein même des Cortès entre les députés des deux pays, s'étendit peu à peu à tous les habitants. L'imprudente mesure des Cortès qui appelait dom Pédro à Lisbonne, avait réuni toutes les volontés en une seule, celle de conserver le prince qu'on voulait leur enlever. Le prince se rappela alors les conseils de son père au moment de son départ. Lorsque le roi prit congé de son fils, à bord du vaisseau le *Jean VI*, il lui dit, en lui offrant comme souvenir la décoration en diamants de la Toison d'or : « Je prévois que le Brésil ne tardera pas à se séparer du Portugal, et dans ce cas, je préférerai te voir mettre à la tête de ce mouvement et prendre la couronne pour toi, plutôt que de voir passer ce fleuron de la couronne de Bragance entre les mains d'un aventurier ». Son altesse royale écrivit de nouveau à son père pour exposer ce qui se passait, et le 12 mai 1822, le roi répéta à son fils, dans une lettre dont il me chargea et que j'ai montrée depuis, par son ordre, à l'empereur d'Autriche, les conseils qu'il lui avait donnés à son départ *.

* Éclaircissements historiques sur mes négociations relatives aux affaires de Portugal, etc., par le marquis de Rézende. Paris, 1832.

un grand nombre de localités privant le prince royal de la partie la plus importante de son autorité, par le privilége qu'elles avaient d'envoyer des représentants à Lisbonne, celui-ci s'en plaignit souvent aux Cortès, qui jugèrent convenable de le rappeler et de diviser l'administration du Brésil en gouvernements provinciaux, afin d'assurer sa soumission à la mère-patrie.

Le décret des Cortès, du 29 septembre, partageait le Brésil en quatre provinces, toutes soumises à la métropole, mais indépendantes l'une de l'autre ; il enlevait à Rio de Janéiro sa Cour suprême de justice, sa trésorerie, etc.

Le décret de rappel du prince était ainsi conçu :

« L'assemblée générale, extraordinaire et constituante des Cortès de la nation portugaise, ayant pourvu, dans sa séance de ce jour, au gouvernement et à l'administration des provinces du Brésil, de manière que la présence du prince royal n'est plus nécessaire à Rio-Janéiro ; considérant aussi qu'il est d'un haut intérêt pour la nation que S. A. R. visite quelques-unes des principales Cours de l'Europe, afin d'acquérir les connaissances indispensables à l'héritier présomptif du trône de Portugal,

» Porte respectueusement à la connaissance de S. M. les résolutions suivantes :

» 1° Le prince royal reviendra dans le plus bref délai dans le royaume ;

» 2° Aussitôt son arrivée, S. A. R. partira pour visiter *incognito* les Cours et royaumes d'Espagne, de France et d'Angleterre, accompagnée de personnes distinguées par leur savoir, leur vertu et leur dévouement au sistème constitutionnel, et que S. M. choisira. »

Le 1er octobre suivant, le roi donna sa sanction à ce décret et en autorisa l'exécution.

1821. Le 9 décembre, le brick *D. Sébastião* jeta l'ancre dans le port de Rio, et apporta les expéditions de ces deux décrets. Le prince se disposa à obéir, et fit même ses préparatifs pour s'embarquer à bord de la frégate *l'Union ;* mais la publication des deux décrets devint le signal d'un déchaînement général ; ils furent attaqués et censurés amèrement dans une grande quantité de *brochures*, et les Paulistas, ainsi que les Mineiros, annoncèrent ouvertement le dessein de s'opposer au départ du prince.

1821. *Fondation de villes.* Le village de *Pastos-Bom*,

dans la province de Maranham, fut créé ville, le 8 novembre 1821, par un *alvara* du 29 janvier 1820 (1).

1821. La petite ville de *S.-Bernardo*, dans la même province, fut fondée, le 21 décembre 1821, par l'*alvara* du 29 janvier 1820 (2).

1822. *Le prince royal se décide à rester à Rio-Janéiro.* Le 9 janvier, la *comarca* se présenta en corps au palais pour conjurer le prince de ne point partir. Il répondit en ces termes : « Persuadé que ma présence au Brésil est nécessaire au bonheur de toute la nation portugaise, et que le vœu d'un grand nombre de provinces le demande, je différerai mon départ jusqu'à ce que les Cortès et mon auguste père et seigneur aient pu délibérer à ce sujet en parfaite connaissance de cause ».

Par suite de cette décision, la ville fut illuminée pendant trois nuits consécutives. Au milieu des réjouissances, deux mille hommes de troupes portugaises sortirent de leurs casernes et se retirèrent dans un fort placé sur une hauteur qui commandait le palais. De là, ils protestèrent contre la résolution du prince, qui refusa d'aller les rejoindre. Dans cette circonstance, leur commandant, *Avilez*, ayant donné sa démission, le général *Corrade*, brésilien, fut envoyé pour se mettre à leur tête ; mais les troupes répondirent qu'elles n'obéiraient qu'à un chef européen.

Le prince régent, dans sa lettre adressée au roi (9 janvier), lui communiquait la décision du sénat municipal de Rio-Janéiro de se déclarer indépendant, si le prince royal quittait le Brésil, tandis que, s'il y demeurait, ce corps promettait de rester uni au Portugal ; il ajoutait que, dans cette circonstance, il avait jugé nécessaire de rester pour l'intérêt général de la nation. Le prince envoya au roi copie de cet acte pour être présentée aux Cortès.

Le 11, le prince, ayant été insulté au théâtre par des soldats portugais, craignit quelque danger pour sa famille, et la fit partir dans la nuit pour Santa-Cruz, accompagnée

---

(1) Elle a 60 feux et 480 habitants.
Estatistica Historica geografica da provincia do Maranhão, etc., par A. B. Pereira do Lago, etc.

(2) Elle a une monnaie, 60 feux et 650 habitants.
Pereira do Lago. Estatistica, etc.

d'un grand nombre des principaux habitants. Ce voyage eut des suites fatales pour l'infant.

En même tems, la milice fut appelée dans la ville, et les régiments brésiliens prirent les armes. Ces dispositions semblaient rendre le combat inévitable. Cependant, comme la résolution des Portugais de résister jusqu'à la dernière extrémité était bien connue, on entra en négociation, et il fut convenu que les troupes européennes conserveraient leurs armes et seraient transportées à Praya-Grande, de l'autre côté de la baie, et ensuite embarquées pour Lisbonne. Pendant les préparatifs nécessaires pour exécuter cette convention, un cordon de troupes indigènes et deux vaisseaux gardaient à vue les Portugais dont le nombre diminuait par la désertion. Toutefois, ils revinrent sur leurs résolutions, et déclarèrent qu'à moins d'y être contraints par la force, ils ne partiraient pas. Dans ce moment de crise, le prince régent monta à bord d'une frégate qu'il disposa pour l'action, ainsi que les chaloupes canonnières, tandis que les troupes brésiliennes occupaient le rivage sous les ordres du général Corrade. Il envoya alors l'invitation aux officiers portugais de presser l'embarquement de leurs troupes. Celles-ci exigeant trois mois d'arrérages de leur paye, le prince promit de leur en payer un, et le reste aussitôt qu'elles monteraient à bord des transports; ce qui fut encore refusé.

Le 9 février, D. Pédro avait disposé son plan d'attaque définitif; mais le lendemain, les troupes consentirent à s'embarquer, et, le 16, elles firent voile pour Lisbonne, sous l'escorte de deux frégates, à l'exception de quatre cents hommes qui furent incorporés dans les troupes brésiliennes à Pernambuco. Dans une assemblée composée de militaires du pays, de membres du clergé et des principaux habitants, il fut reconnu que la présence des Portugais était inutile, et la junte, invitée à les faire embarquer pour Lisbonne, exécuta cette décision.

1822. Sur ces entrefaites, les Cortès envoyèrent, à S.-Salvador, le général *Madeira*, brésilien de naissance, nommé, par le roi, gouverneur civil et militaire pour remplacer *Manoel Pédro de Freitas Gamaraez*. Les Portugais avaient beaucoup de partisans à S.-Salvador. Le général Madeira, étant arrivé à la tête de trois cents Européens, somma Gamaraez de se démettre de l'autorité; mais celui-ci, soutenu par les troupes du pays et la populace, s'y refusa.

Le 17 février, en face du palais, il se livra un combat dans lequel les Brésiliens furent défaits, avec perte de trois cents à quatre cents hommes. Ils se retirèrent dans le fort de S.-Pédro, et ensuite dans l'intérieur du pays. Les Européens ne perdirent que trente des leurs. Le général Madeira réussit à s'emparer du port de Bahia, ainsi que des villes de Maranham et de Para, mais sans pouvoir exercer aucune autorité hors de leurs murs.

Afin de priver les Brésiliens d'armes et de munitions de guerre, les Cortès avaient décrété la confiscation de tous navires qui en auraient à bord pour cette destination. En même tems, pour détruire l'unité de l'administration, chaque province brésilienne fut autorisée à entretenir des relations directes avec la mère-patrie. Cependant les troupes portugaises qui se trouvaient à Bahia furent bloquées par les milices des provinces voisines, et la garnison de Montévidéo attendait en vain les ordres des Cortès.

1822 (16 février). *Décret du prince régent pour l'établissement d'un Conseil d'État composé des représentants de chaque province du Brésil.* La *camara* de Rio de Janéiro adressa au régent une lettre dans laquelle elle demandait la création d'une junte (*conselho de procuradores*) qui serait composée de représentants (*procuradores*), au nombre de deux pour chacune des grandes provinces, et d'un pour chacune des petites, lesquels représentants seraient choisis par les électeurs de chaque paroisse. Leur mission devait être de donner des avis à S. A. R. sur les objets de grave importance, de proposer les mesures qu'ils jugeraient utiles, enfin de surveiller et défendre les intérêts de leur province.

Le 16, le prince, prenant cette demande en considération, publia un *décret* ordonnant que celles des provinces qui avaient quatre députés aux Cortès, choisiraient un représentant pour la junte; celles qui en envoyaient de quatre à huit, deux; et celles qui en envoyaient plus de huit, trois. Les électeurs avaient le droit de changer leurs députés dans le cas où ils ne rempliraient pas leur mandat, et négligeraient les intérêts de leur province. Le prince régent était président de la junte.

Révolte à Villa-Rica. Les habitants de Villa-Rica, capitale de Minas-Géraès, influencés par le *juiz de fora* et un officier de *caçadores*, levèrent l'étendard de l'insurrection, et refusèrent de reconnaître l'autorité du prince. D. Pédro, informé de cet événement, laissa à Andrada le soin des affaires du gouvernement, et partit, le 26 mars, à la rencontre des insurgés. La milice de la *comarca* était sortie pour s'opposer à ses forces; mais en le voyant arriver seul, elle se soumit à lui. Le 9 avril, il entra dans Villa-Rica, où il fut bien accueilli par les magistrats et les chefs de la conspiration. Ayant rétabli la tranquillité, le prince retourna à Rio-Janéiro, après avoir traversé, en trente jours, environ mille milles de chemins affreux. Pour célébrer ce succès, Rio prit le nom de *ciudad impériale*, ou *cité impériale*.

1822 (13 mai). *Acte de la municipalité de Rio-Janéiro, qui confère à D. Pédro le titre de prince régent constitutionnel et défenseur perpétuel du Brésil.* Le 13 mai, jour anniversaire de la naissance du roi et de l'élévation de la reine-mère au trône de Portugal, une députation de la *comarca* de Rio vint offrir ce titre au prince régent, sur l'invitation des milices et du peuple assemblés en foule devant le palais. Le prince déclara qu'il accédait au vœu des citoyens et des soldats, et qu'il remplirait toutes les obligations qu'ils lui imposaient. Le juge-président ayant fait connaître cette décision, elle fut accueillie aux acclamations répétées de *vive le roi constitutionnel! vive le prince régent, défenseur perpétuel du Brésil! vive la constitution! vivent les Cortès!* On dressa procès-verbal de cet acte qui fut signé de tous les assistants.

Sur ces entrefaites, le prince régent reçut, dans la petite ville de Piranga, où il s'était rendu, des dépêches des Cortès, qui lui enjoignaient de revenir en Europe dans le délai de quatre mois. Après quelques moments d'une profonde méditation, D. Pédro s'écria: *L'indépendance ou la mort!* mot qui fut partout répété, et devint le cri de ralliement général.

20 mai. *Adresse de la municipalité de Rio-Janéiro.* Après que D. Pédro eut accepté le titre de *prince régent constitutionnel et défenseur perpétuel du Brésil*, la municipalité de Rio-Janéiro vota une adresse remarquable où elle réclamait les mesures suivantes: « Qu'il soit convoqué dans cette ville une assemblée générale des provinces du Brésil, représentées par un nombre proportionnel de députés, dont le chiffre ne pourra être au-dessous de 100; ils

seront nommés par de nouveaux électeurs de paroisse, choisis eux-mêmes par le peuple, et ils seront investis de pouvoirs spéciaux, afin de délibérer, en session publique, sur les conditions précises auxquelles le Brésil sera uni d'une manière permanente avec le Portugal; ils devront aussi examiner si la constitution décrétée par les Cortès de Lisbonne doit être, dans toutes ses parties, applicable au Brésil, et, en adoptant les bases de cet acte, s'il n'est pas nécessaire d'introduire les réformes, additions et modifications indispensables pour sa mise en vigueur. Afin que cette constitution ait un caractère de stabilité et de sagesse, l'assemblée générale entrera, aussitôt son installation, dans l'exercice du pouvoir législatif, qui appartient essentiellement à la souveraineté du Brésil; elle pourra procéder à son installation, dès que les deux tiers des députés des provinces seront réunis dans la capitale, et elle communiquera par écrit avec les Cortès de Lisbonne, afin de maintenir entre les deux pays l'union que le Brésil est jaloux de conserver. L'assemblée devra, avant tout, s'occuper du choix du lieu où siégera le souverain congrès du peuple brésilien » (1).

Le 23 mai, cette adresse fut présentée au prince régent président du Sénat de la Chambre de Rio, qui prononça un discours où la nécessité d'adopter ces mesures était non moins énergiquement réclamée.

Le prince répondit en ces termes : « Je connais maintenant quels sont les vœux du peuple de Rio : aussitôt que les autres provinces m'auront manifesté également leurs intentions par l'organe de leurs *camaras*, ou de leurs procureurs-généraux, je conformerai sur-le-champ ma conduite aux désirs des habitants de ce vaste et fertile royaume ». En conséquence, le Conseil des représentants fut convoqué le 1er juin suivant.

1822 (2 juin). Le Conseil des représentants, convoqué la veille, s'assembla le 2 juin, et chaque membre prêta le serment suivant : « Je jure de défendre la religion catholique romaine, la dinastie de la maison de Bragance et la régence de S. A. R.; de maintenir la souveraineté du Brésil

---

(1) Voyez le texte de cette adresse dans l'ouvrage de M. Angliviel la Beaumelle, intitulé : *De l'empire du Brésil*, n° 8 des pièces justificatives.

et celle de la province que je représente ; de réclamer l'entière exécution de tous ses droits et priviléges, ainsi que celle de toutes les mesures nécessaires à la conservation de la paix et de l'union entre toutes les parties de la monarchie ».

Le lendemain, 3 juin, le prince leur ayant fait connaître le vœu général qui réclamait une législature, ces représentants répondirent « que le Brésil ne peut ni ne doit attendre de Lisbonne que des actes contraires à sa prospérité, le Congrès en étant venu au point d'avoir recours à toute espèce de moyens pour propager l'anarchie et ruiner ce qu'il ne peut gouverner. Par ses menées, des partis sont formés, des dissensions fomentées, de criminelles espérances manifestées ; bien plus, deux centres d'autorité sont établis au Brésil, afin de perpétuer la discorde, et on veut éloigner le prince, afin de nous armer les uns contre les autres.

» Le Brésil reconnaît les droits du Portugal ; mais il voit avec peine que le Portugal refuse de reconnaître les siens : le Brésil veut le même souverain, mais ne reconnaîtra jamais pour maîtres les membres du Congrès de Lisbonne; il veut son indépendance, fortifiée par une réunion bien entendue avec le Portugal. En un mot, ce pays ne demande qu'à former, avec ses frères d'Europe, deux grandes familles gouvernées chacune par des lois en harmonie avec ses intérêts particuliers, et régies toutes deux par le même sceptre. »

5 juin. *Décret de S. A. R. convoquant les Cortès brésiliennes.* On y distingue ce passage : « Tout Brésilien est Portugais ; plaise à Dieu que tout Portugais se croie, à son tour, Brésilien. Il faut du courage et de la constance pour achever le grand œuvre que nous avons commencé. Confiez-vous à votre défenseur perpétuel, qui fera tous ses efforts pour tenir ce qu'il a promis, et qui, pour la gloire et l'amour du Brésil, sacrifiera sa vie, plutôt que de souffrir qu'il redevienne une colonie, ou soit privé du système libéral dicté par la providence de notre chère patrie ».

Le 19 juin, on publia des instructions pour l'élection des députés à l'Assemblée constituante du Brésil.

1822 (1er août). *Manifeste du prince régent aux peuples du royaume du Brésil.* « Le tems de tromper les hommes n'est plus. Les gouvernements qui cherchent encore à fonder leur pouvoir sur la prétendue ignorance des peuples, sur d'antiques abus ou sur de vieilles erreurs, verront s'écraser sur sa base fragile le colosse de leur grandeur. Méconnaissant cette vérité, les Cortès de Lisbonne ont forcé les provinces méridionales du Brésil à secouer le joug. C'est en la respectant, que le Brésil aujourd'hui se réunit autour de moi pour me demander la défense de ses droits et le maintien de sa liberté et de son indépendance. Le congrès de Lisbonne a forcé les Brésiliens à examiner ses titres prétendus et à reconnaître l'injustice de ses prétentions. J'ordonnai la convocation de l'Assemblée du Brésil, afin de cimenter son indépendance politique, sans rompre ses liens paternels avec le Portugal. Sur la représentation que la Chambre et le peuple de cette cité me présentèrent, le 23 mai, je rendis mon décret royal du 3 juin. Le congrès de Lisbonne avait fait des lois pour le Brésil, sans attendre ses représentants, contre la souveraineté de la majesté du peuple. Il lui refusa une délégation du pouvoir exécutif, ainsi qu'un centre d'union et de force. Il a exclu les Brésiliens de tous les emplois honorifiques. Il a rempli nos cités de baïonnettes européennes, sous les ordres d'officiers étrangers, aussi cruels que débauchés Il a porté des mains avides sur la banque du Brésil, déjà accablée d'une énorme dette nationale. Pour nous asservir plus aisément, il a négocié avec des puissances étrangères pour la cession de portions de notre territoire. Il a désarmé nos forteresses, dépouillé nos arsenaux, et a laissé nos ports sans défense. Il a défendu l'entrée des armes et des munitions étrangères, tandis qu'il a épuisé nos trésors pour l'entretien des troupes qui ont versé votre sang et ravagé le pays. Il a fermé nos ports au commerce des nations étrangères, afin de ruiner notre agriculture et notre industrie naissante.

» Maintenant, généreux habitants de ce vaste et puissant empire, vous avez votre indépendance; vous êtes un peuple souverain; vous êtes entrés dans la grande société des nations indépendantes. Que vous reste-t-il à faire? A vous réunir dans un même intérêt, une même affection, et à appeler à l'exercice de ses fonctions l'auguste Assemblée du Brésil. Guidée par la raison et la prudence, elle évitera les excès trop fréquents dans les révolutions, et qui ont été si bien signalés par les malheurs de la France, de l'Espagne et du Portugal lui-même. En formant le code de votre législation, elle fixera les limites des différents pouvoirs et les droits de chaque individu qui ont été foulés aux pieds pendant trois siècles. Elle consacrera les vrais principes de la monarchie représentative. Elle déclarera D. Jean VI, mon auguste père, roi de ce beau pays et l'objet constant de votre affection. Elle s'opposera également à l'anarchie et au despotisme. Votre code de lois sera adapté aux circonstances locales du pays. Le code pénal aura pour but la raison et l'humanité. Le sistème de contributions sera clair et uniforme. Le code militaire régira une armée de citoyens disciplinés. La carrière de la gloire littéraire, presque toujours dédaignée par le despotisme, vous sera ouverte, et vous aurez un code d'instruction pour développer les germes de talent que présente notre pays. Ma gloire est de gouverner un peuple généreux et libre (1). »

1822 (1er août). *Décret du prince régent, concernant les mesures à prendre dans le cas de l'arrivée de troupes portugaises.* Sans donner la moindre attention aux décrets des Cortès, D. Pédro se décida à repousser par la force les troupes auxiliaires qui voudraient débarquer au Brésil, mais en déclarant que ses habitants regarderaient toujours les Portugais comme leurs frères.

« La dignité et l'autorité de régent de ce vaste empire, dont mon auguste père, » dit-il, « m'a revêtu, m'ont été confirmées par le consentement unanime et spontané des peuples du Brésil; et cependant les Cortès de Lisbonne, sans qu'aucun député brésilien ait été présent, ont voulu me dépouiller de cette autorité. Fidèle au serment que j'ai fait d'accomplir tous les devoirs attachés au titre de défenseur perpétuel de ce royaume, je dois prendre les mesures indispensables à son salut; et comme les Cortès de Lisbonne persévèrent dans leur projet injuste et inconsidéré de recoloniser le Brésil, même en employant la voie des armes, malgré notre déclaration d'indépendance et le décret du 3 juin dernier, qui convoque une Assemblée générale constituante et législative; considérant que S. M. le roi D. Jean VI, dont les Cortès font servir le nom et l'autorité à leurs desseins perfides, n'est pas libre de sa volonté, et qu'elle est, pour ainsi dire, prisonnière dans son propre royaume, j'ordonne, après avoir pris l'avis de mon Conseil d'État, à toutes les juntes provisoires de gouvernement et à toutes les autorités militaires et civiles d'exécuter le décret suivant :

---

(1) *British and Foreign State Papers for* 1821-1822, p. 727-734. London, 1829.

1° Toutes les troupes, quelles qu'elles soient, envoyées de Portugal ou d'autres lieux au Brésil, sans mon consentement préalable, seront considérées comme ennemies. Il en sera de même des équipages et marins des bâtiments qui auraient servi à transporter lesdites troupes ou à les débarquer. Ces mesures ne doivent pas cependant interrompre les relations d'amitié et de commerce entre les deux pays, dont je désire surtout maintenir l'union politique ;

2° Si ces troupes se présentaient sans intention hostile, elles rétrograderont sur-le-champ, restant à bord et sans communication, jusqu'à ce qu'on leur ait fourni les vivres et provisions nécessaires pour leur retour ;

3° Dans le cas où ces troupes n'obéiraient point aux ordres qui leur seraient donnés et tenteraient un débarquement, il est enjoint à toutes les forces militaires de première et de seconde ligne, et s'il est nécessaire, aux populations en masse, d'employer tous les moyens propres à repousser l'invasion ;

4° Si ces moyens se trouvaient insuffisants, et que l'ennemi réussît à s'emparer d'un port ou de quelque partie du territoire brésilien, les habitants se retireront dans l'intérieur, emmenant avec eux leurs provisions et leur bétail, et les troupes du pays lui feront une guerre active d'avant-postes et de guérillas, en ayant soin d'éviter toute action générale ;

5° Toutes les autorités civiles et militaires compétentes doivent, sous la plus sévère responsabilité, fortifier tous les ports du Brésil où des débarquements peuvent être à craindre ;

6° Si, dans quelques provinces du Brésil, il arrivait que les munitions ou approvisionnements fussent insuffisants pour la défense du point menacé, les autorités en donneront aussitôt avis au gouvernement, et, en cas d'urgence, à la province la plus voisine, qui devra fournir tous les moyens de secours et d'assistance qu'elle aura en son pouvoir.

Tous les agents civils et militaires auxquels appartient l'exécution du présent décret, devront s'y conformer et l'exécuter avec tout le zèle et l'énergie dont ils sont capables, sous peine d'être accusés de crime de haute trahison. »

Fait à Rio, le 1er août 1822, par S. A. R. le prince régent.

Luiz Péreira de Nobréga de Souza Coutinho.

1822 (6 août). *Manifeste du prince régent du Brésil aux gouvernements et nations alliés.* « Moi, prince régent du Brésil, ainsi que la nation qui m'a reconnu en cette qualité, jaloux de conserver les relations politiques et commerciales existant avec les gouvernements et nations amis, et de maintenir l'estime et la considération attachées au nom brésilien, nous devons un exposé succinct et fidèle des faits et des motifs qui m'ont déterminé à accéder à la volonté générale du peuple qui a proclamé, à la face du monde, son indépendance politique, et qui veut, comme royaume uni et nation puissante, maintenir dans toute leur vigueur ses droits imprescriptibles, que le Portugal a toujours cherché à enfreindre, et qu'il s'efforce plus que jamais d'attaquer, depuis la régénération politique de la monarchie, par les Cortès de Lisbonne. »

Remontant aux premiers tems de la découverte du Brésil, le manifeste énumère tous les maux résultant de la tirannie qui a pesé sur ce beau pays pendant trois siècles, et montre les efforts constamment tentés pour le maintenir dans un état de servitude et de dépendance complet. Il rappelle que, malgré ses justes sujets de mécontentement et les malheurs accumulés sur lui, le peuple n'a pas hésité à recevoir avec joie D. Jean VI et sa royale famille, lors de l'invasion du Portugal par le despote de l'Europe. La nation soutint à elle seule le poids du trône et l'éclat de la couronne, fournit aux dépenses d'une Cour prodigue, et contribua même aux frais de la guerre glorieuse que le Portugal soutint contre ses aggresseurs. Loin de retirer aucun fruit de ces sacrifices, le Brésil vit avec douleur, non-seulement continuer ses anciens abus, mais encore y ajouter de nouvelles charges et de nouveaux excès.

Lors de la crise politique qui a amené la régénération du Portugal, le peuple du Brésil, confiant dans l'inviolabilité de ses droits et dans les sentiments de ses frères d'Europe, ne douta pas un moment qu'il trouverait dans le congrès de Lisbonne la justice et l'intérêt auxquels il devait s'attendre. Mais ses espérances furent bientôt déçues par le manifeste qu'adressa le Portugal aux puissances de l'Europe, où l'intention de rétablir l'ancien système colonial est clairement annoncée.

Tant que le Roi demeura à Rio-Janéiro, dont il ne s'éloigna que par des manœuvres perfides, le congrès de Lisbonne affecta de conserver une égalité fraternelle dans ses rapports avec le Brésil, déclarant formellement, par l'article 21 du préambule de la constitution, que la loi fondamentale qui doit être promulguée ne sera en vigueur dans ce royaume, qu'autant que les députés assemblés auront déclaré que telle est la volonté du peuple qu'ils représentent. Comment cette condition a-t-elle été exécutée? Le parti dominant des Cortès a secrètement encouragé la rébellion de la junte de Bahia, dans le but d'établir des provinces indépendantes l'une de l'autre, mais toutes sujettes au Portugal, laissant ainsi le pouvoir sans unité et le peuple abandonné à lui-même. Loin de soutenir le crédit de la banque nationale, dont la ruine pourrait entraîner celle de milliers de familles, on priva cet établissement du surplus des revenus des provinces et de la circulation des effets destinés à amortir la dette du trésor. On rendit le décret qui rappelait le prince régent à Lisbonne, et celui qui révoquait les tribunaux de Rio de Janéiro. Aucun nom brésilien ne parut sur la liste des hauts fonctionnaires; des gouverneurs-généraux furent chargés de diriger les affaires en opposition à la dignité et à la liberté du Brésil; enfin, l'on applaudissait aux scènes sanglantes de Bahia et à la conduite du général Avilez.

« Afin de déguiser leurs vues, les Cortès ont nommé des commissaires chargés, en apparence, de traiter des affaires politiques et commerciales du Brésil. Ces agents se sont efforcés de montrer que le congrès n'a consulté dans ses délibérations que nos besoins et notre intérêt, tandis que la voix et les représentations du petit nombre de nos députés qui s'y trouvaient ont été continuellement étouffées et méprisées; que la faction dominante déclara formellement qu'on ne reconnaîtrait point de députés des provinces; qu'ils étaient tous les députés de la nation, et que la majorité devait seule prévaloir.....

» Des émissaires envoyés par nos ennemis sèment parmi nous les bruits les plus alarmants, afin de fomenter la discorde et la guerre civile. Ils ne cessent de présenter, sous un faux jour, les actes les plus purs et les plus équitables de mon gouvernement, et vont même jusqu'à m'attribuer le désir d'opérer une séparation complète entre le Brésil et le Portugal, et de faire revivre l'ancien système du pouvoir absolu; ils mettent toutes les mesures désastreuses dont nous nous plaignons sur le compte du pouvoir exécutif, comme si le roi D. Jean VI, le bienfaiteur du Brésil, était capable d'une telle perfidie; et comme s'il n'était pas notoire que son auguste personne est actuellement prisonnière et incapable de manifester sa volonté. »

Après avoir insisté sur l'importance actuelle du Brésil, comparativement au Portugal, le prince régent déclare « qu'en acceptant le titre de défenseur perpétuel du Brésil, et en convoquant une Assemblée constituante et législative, il n'a fait que céder au vœu général et prendre en considération l'urgence des circonstances. Il affirme devant Dieu que son intention n'a jamais été de briser les liens qui unissent les deux pays en une seule monarchie, et qu'il ne reconnaîtra qu'un seul souverain comme chef suprême du pouvoir exécutif; mais qu'en considérant l'état de captivité auquel le roi est réduit par les factieux de Lisbonne, il croit de son devoir de prendre toutes les mesures qu'il jugera nécessaires, non-seulement dans l'intérêt du Brésil, mais encore dans celui de la nation portugaise ».

Le manifeste se termine par l'invitation aux gouvernements et aux nations alliées de continuer les anciennes relations sur le même pied, et l'assurance que les ports du Brésil ne cesseront d'être ouverts à tous les peuples amis et à tous les émigrés européens qui y viendront chercher sûreté et protection (1).

1822 (8 août). *Événements militaires à Bahia.* Cependant le gouverneur de Bahia, Madeira de Mello, avait annoncé la résolution de s'opposer à toute tentative de séparation de la mère-patrie. La garnison sous ses ordres, maîtresse des deux forts de S.-Salvador, comptait quinze cents hommes de troupes régulières européennes, et quelques soldats de milice. Le peuple de Bahia, aussi zélé pour la cause de l'indépendance que celui des autres provinces, demanda des secours à la capitale, et des troupes furent envoyées à cet effet; mais, avant leur arrivée, une escadre partie de Lisbonne amena (le 8 août) à la garnison des renforts en hommes et en munitions. La flotte brésilienne, commandée par un ancien officier français, nommé *Lebatu*, ayant débarqué des soldats et des armes à Alagoas, s'approcha jusqu'à une lieue et demie de Bahia; toutefois, son in-

---

(1) *British and Foreign State Papers for* 1821-1822, p. 736-747. London, 1829.
Rivingtons' Annual Register. London, 1822.

fériorité numérique ne lui permit pas d'attaquer les portugais.

La majeure partie des forces européennes réunies à Montévidéo tenait également pour l'autorité du roi et du congrès, en opposition au commandant-général Lecor, qui, croyant ses jours en danger, quitta la citadelle, accompagné d'un bataillon de soldats qu'il avait commandés en Europe, et de son état-major. Il prit poste avec eux à Candenès, où il fut rejoint par Fructuoso Rivéro, à la tête de sept cents hommes.

1822 (17 août). *Adresse des Cortès de Lisbonne au peuple brésilien, sur la nouvelle constitution de la monarchie.* « Fonder et affermir la monarchie constitutionnelle dans les deux hémisphères est le vœu le plus cher des Cortès. Consolider par des liens indissolubles deux peuples de frères, malgré l'intervalle immense qui les sépare, voilà le problème qu'il faut s'attacher à résoudre, sans perdre à de vaines disputes et à des récriminations réciproques, le tems qui devait être employé à cimenter l'union de ce vaste empire, sans laquelle il ne peut avoir ni grandeur, ni solidité.

» Brésiliens, ni vos frères d'Europe, ni même les Cortès, ne vous ont dénié le droit naturel de vous constituer indépendants, ou de choisir telle forme de gouvernement qui vous paraîtrait convenable. Les Cortès ont expressément reconnu ce principe, quand elles vous ont proposé la loi fondamentale, base de la constitution, afin de savoir si vous consentiez à former avec nous, sous les mêmes conditions, une seule société, un seul empire. Si, en raison du tems et de la distance, vos représentants n'ont pu coopérer à cette loi, vous l'avez adoptée après sa confection ; les échos de cette salle retentissent encore des votes des Assemblées politiques du Brésil, proclamés avec tant d'enthousiasme. Dès lors vous avez consenti, non à une soumission absolue, mais à la reconnaissance des bases de la constitution, et vous avez proclamé, de la manière la plus solennelle, votre union avec le Portugal, et votre désir d'être régi par le même gouvernement et le même système politique. »

Après un exposé des principes généraux qui régissent cette constitution, le manifeste ajoute :

« Brésiliens! quand les Cortès déploient devant vous l'étendard de la liberté et vous engagent à vous y rallier, ce ne peut être pour vous conserver dans l'état secondaire et dépendant de colonie; quand elles vous offrent la même constitution, les mêmes libertés et les mêmes garanties, ce n'est pas vous traiter en esclaves..... Des ennemis de l'ordre ont essayé de vous persuader qu'il était contraire à la liberté de conserver les juntes provinciales que vous-mêmes avez élues, d'abolir des tribunaux inutiles et onéreux, de rappeler d'Amérique l'héritier de la couronne, que la raison d'État doit faire rester au pied du trône. Ces hommes ambitieux ont prétendu que les Cortès n'ont pas le droit d'exercer l'autorité législative sur le Brésil, et se sont déclarés en rébellion ouverte contre elles, tandis que cette autorité repose sur la base fondamentale de la constitution adoptée et jurée par le peuple..... Les Cortès, sachant que cette révolte est l'œuvre de quelques individus signataires d'un certain acte, ont donné ordre de les poursuivre. Nous respectons la volonté générale du peuple brésilien; mais cette volonté étant évidemment d'adopter, avec les mêmes conséquences, le système de gouvernement qui l'unit intégralement au Portugal, toute résistance partielle n'est plus qu'une ramification du parti des provinces du midi, et un moyen de désorganisation qu'il est nécessaire d'arrêter; en conséquence, le pouvoir exécutif a été autorisé à envoyer des troupes au Brésil. En vain les factieux chercheront-ils un nouveau prétexte dans cette mesure, qui, nécessaire pour comprimer des partis dangereux, est insuffisante pour faire des conquêtes ou établir la tirannie. Cette raison seule suffit pour lui ôter toute apparence d'hostilité. Il faut y joindre la nécessité, au point d'irritation où en sont arrivés les Européens et les indigènes au Brésil, d'avoir une force capable de protéger les personnes et les propriétés contre les excès qu'elles ont à craindre. Aucune autre considération n'a influé sur la détermination des Cortès. »

Invitant ensuite les Brésiliens à se défier de ceux qui demandent un gouvernement entièrement démocratique, ou qui veulent une servitude absolue, l'adresse présente la monarchie constitutionnelle comme le terme moyen entre ces deux extrêmes dangereux. Elle invite de nouveau les Brésiliens à ne pas violer leurs engagements, et à envoyer aux Cortès générales de la nation des députés éclairés; « les inconvénients résultant de la distance entre les deux pays, seront plus que compensés par les avantages de l'union et la jouissance tranquille et sûre des biens de la liberté ».

Cette adresse se termine ainsi :

« Les Cortès ne veulent pas maintenir l'union du Portugal et du Brésil par la voie des armes. La force est un faible moyen pour contenir un peuple nombreux, actif et jaloux de sa liberté.

» Notre union, Brésiliens, ne doit être basée que sur les intérêts réciproques, les liens du sang et de l'amitié, et les mêmes institutions. Le titre qui constate vos droits est la constitution; bientôt elle vous sera transmise avec les additions indispensables. Après un pareil exposé de principes, quelqu'un sera-t-il assez insensé pour tenter de vous persuader que ceux-là mêmes qui vous constituent comme peuple libre, veulent vous réduire à l'état de colons ou d'esclaves. Les Cortès espèrent qu'une déclaration aussi franche et aussi sincère suffira pour établir la concorde et l'union; s'il en était autrement, tout en plaignant votre fatal aveuglement, nous resterions satisfaits d'avoir rempli les devoirs de notre conscience par cette manifestation de principes. »

Palais des Cortès, 17 août 1822.

Agostino Jozé Freire, président; *Francisco-Xavier Soares de Andrade*, secrétaire; *João Baptiste Falgueiras*, idem (1).

1822. *Mesures prises par les Cortès*. Les Cortès de Lisbonne sentaient cependant la nécessité de faire quelques concessions raisonnables. Aussi avaient-elles adopté, dans le courant de mars, les résolutions suivantes :

1° De nouveaux ordres seront envoyés à Rio-Janéiro, pour empêcher le prince royal de quitter cette résidence avant l'organisation générale du Brésil;

2° Le commandant de la force armée dans chaque province sera subordonné à la junte provinciale, dont il fera partie, avec voix délibérative dans les questions militaires;

3° Le plan d'un décret concernant les relations commerciales entre les deux pays sera mis en discussion et immédiatement communiqué aux provinces du royaume du Brésil pour en délibérer.

---

(1) *Diario do governo*. Lisbonne. — *British and Foreign State Papers*, 1821 1822, p. 807 811. London, 1829.

La nouvelle du décret du 16 février, concernant la création d'un Conseil de représentants par le prince royal, changea ces dispositions. Après des débats longs et animés, le congrès arrêta les mesures suivantes :

1° Les membres de la junte actuelle de S.-Paulo, signataires de l'adresse du 24 décembre 1821, seront poursuivis et mis en jugement ;

2° On procédera également contre les quatre signataires de la pétition adressée, le 26 du même mois, au prince royal ; mais aucune condamnation ne sera exécutée sans la décision préalable du congrès des Cortès ;

3° Aucune autre personne ne sera poursuivie pour ses actes politiques (cette dernière mesure fut prise à la majorité de 59 voix contre 58);

4° Les deux secrétaires d'État de Rio de Janéiro seront responsables du décret du 16 février et des autres actes de leur administration ;

5° Le séjour du prince royal au Brésil continuera jusqu'à la publication de l'acte additionnel, et l'autorité sera toujours exercée au nom des Cortès et du roi.

1822 (20 septembre). Autre décret des Cortès portant :

1° Que l'édit du 3 juin, convoquant une assemblée de Cortès constituantes au Brésil, est nul ;

2° Que les secrétaires d'État à Rio de Janéiro, responsables d'une mesure aussi illégale et aussi arbitraire, seront renvoyés et punis ;

3° Que le gouvernement établi à Rio, n'obéissant point aux ordres des Cortès et se constituant indépendant, est un gouvernement de *fait* et non de *droit*, à l'autorité duquel on serait coupable de se conformer ;

4° Que le pouvoir confié au prince lui sera immédiatement retiré, et que le roi nommera en sa place une régence ;

5° Que le prince reviendra au Portugal un mois après la notification qui lui sera faite du présent décret ;

6° Que tout commandant des troupes de terre et de mer, qui obéirait volontairement au gouvernement de Rio-Janéiro, sera considéré et traité comme traître.

Le 23 septembre, *dispositions concernant la délégation du pouvoir exécutif au Brésil d'après la constitution politique de la monarchie portugaise établie le 23 septembre.* Cette délégation sera exercée par une régence qui résidera dans l'endroit le plus convenable, désigné par une loi. Quelques provinces pourront rester indépendantes de ce pouvoir, et immédiatement assujetties au gouvernement de Portugal. (Art. 128.)

La régence du Brésil sera composée de cinq membres (un desquels sera le président) et de trois secrétaires, tous nommés par le roi sur l'avis du Conseil d'État. Les princes et les infants ne peuvent être membres de la régence. (Art. 129.)

Un des secrétaires s'occupera des affaires du royaume et des finances; un autre des affaires de la justice et de l'église; un autre des affaires de la guerre et de la marine. Chacun aura voix dans les affaires de son département; le président l'aura seulement en cas de partage. Le rapport se fera au nom du roi. Chaque secrétaire paraphera les décrets, ordres et autres actes appartenant à son département. (Art. 130.)

Les membres de la régence, aussi bien que les secrétaires, seront responsables devant le roi. En cas de transgression de la part de quelqu'un des secrétaires, la régence le suspendra et pourvoira à son remplacement, par *intérim*, en en donnant de suite avis au roi. Il en sera de même, quand la charge du secrétaire viendra à vaquer d'autre manière. (Art. 131.)

La régence ne peut, 1° présenter aux évêchés; mais elle proposera au roi une liste de trois personnes les plus propres à cette dignité, laquelle liste sera paraphée par le secrétaire chargé de ce département; 2° nommer aux places du tribunal suprême de justice et des présidents des tribunaux; 3° remplir la place de brigadier et autres grades plus élevés, ni aucun emploi dans la marine; 4° nommer les ambassadeurs et autres agents diplomatiques et les conseils; 5° faire des traités politiques ou commerciaux avec les étrangers; 6° déclarer la guerre offensive et faire la paix; 7° accorder des titres, même en récompense de services, ou quelqu'autre grâce dont l'application n'est pas déterminée par la loi; 8° accorder ou refuser le consentement aux conciles, des lettres pontificales et de toutes autres constitutions ecclésiastiques, qui contiennent les dispositions générales. (Art. 132.)

1822 (18 septembre). *Décret qui abolit les armes du Portugal et établit celles du Brésil.* Ces dernières armes, consistent en une sphère d'or sur une croix de l'ordre du Christ, environnée d'un cercle de dix-neuf étoiles pour indiquer le nombre des provinces du Brésil. L'écu est surmonté de la couronne impériale appuyée sur deux branches, l'une de caféyer, l'autre de tabac, comme emblèmes des richesses commerciales du pays.

Le pavillon national consiste en un parallélogramme vert, dans lequel est tracé un rhomboïde quadrilatère avec l'écusson aux armes du Brésil (1).

1822 (14 septembre). Le prince régent, après avoir visité la province de S.-Paulo, qui s'était prononcée avec chaleur en faveur de l'indépendance, revint, le 14 septembre, à Rio, où il publia un décret, portant amnistie pour tous les délits politiques de quelque nature qu'ils fussent, commis jusqu'à ce jour. Les partisans du nouvel ordre de choses devaient porter au bras gauche une médaille avec une fleur verte et cette devise : « L'indépendance ou la mort (*independencia ou morte*) ». Les opposants étaient tenus de changer de résidence dans le délai de trente jours; ceux qui habitaient l'intérieur avaient quatre mois pour quitter le Brésil, et ceux qui occupaient des places maritimes, deux mois. « Les perturbateurs de la tranquillité publique, disait ce décret, qui oseront attaquer le nouveau sistème et nuire à la cause du Brésil, par leurs actions ou leurs écrits, seront poursuivis sommairement et punis de toute la rigueur des lois, applicables aux coupables de lèse-nation. »

Palais de Rio-Janéiro, signé *principe regente*, Jozé-Bonifacio de Andrada e Silva (2).

1822 (12 octobre). *Couronnement de D. Pédro, empereur du Brésil.* Le 21 septembre, une proclamation annonça la séparation définitive du Brésil et du Portugal. Le prince y était salué du titre d'empereur constitutionnel du Brésil. En même tems, un édit de la municipalité avertit le peuple, que l'inauguration solennelle de D. Pédro Ier aurait lieu le 12 octobre suivant, jour anniversaire de la naissance du prince.

Cette cérémonie s'accomplit, en effet, au milieu des acclamations universelles du peuple et des soldats, rassemblés

---

(1) *Collecção das leis e decretos do imperio do Brazil*, tom. I, p. 8 et 9.

(2) *Collecção*, etc., p. 8 et 9.

au nombre, dit-on, de plus de 100,000, sur la place de Santa-Anna. « J'accepte, » dit D. Pédro, « le titre d'empereur constitutionnel et de défenseur perpétuel du Brésil, après avoir pris l'avis de mon Conseil et des procureurs-généraux, avoir examiné les adressses des corps constitués et des autorités de la plupart des provinces, et m'être bien assuré que tel est le vœu des autres, auxquelles le tems seul a manqué pour donner leur assentiment. »

En commémoration de cet événement, la place de Santa-Anna prit le nom de *Campo d'Acclamação*. Les habitants des provinces de S.-Paulo, de Minas-Géraès, de Santa-Anna et de Rio-Grande, adhérèrent spontanément au nouvel ordre de choses.

1822 (le 21 octobre). *Proclamation de l'empereur du Brésil au peuple du Portugal, à l'occasion de son élévation à cette dignité*. « La force la plus grande, » dit-il, « ne peut réussir contre la volonté d'un peuple déterminé à ne plus vivre dans l'esclavage. Cette vérité est confirmée par l'histoire des nations, ainsi que par les événements qui se sont suivis si rapidement dans ce vaste empire. Trompé par les promesses flatteuses du congrès de Lisbonne, les peuples brésiliens se sont enfin décidés à établir une assemblée législative, et m'ont choisi unanimement comme leur défenseur perpétuel. Toutes les mesures propres à retenir le Brésil sous le joug de l'esclavage ont eu l'approbation de ce congrès. On a publiquement insulté les députés brésiliens; leur vie elle-même a été menacée. Don João VI, mon auguste père, a été forcé de descendre de la haute dignité de monarque constitutionnel pour devenir l'éditeur des décrets de ministres corrompus et des membres factieux du congrès, dont les noms seront voués à l'exécration de la postérité. »

« Le 12 du mois courant, les peuples héroïques du Brésil m'ont proclamé leur empereur constitutionnel en déclarant leur indépendance. Telle est la situation du Brésil; néanmoins rien n'empêche la continuation de ses anciennes relations avec le Portugal, pourvu qu'il ne soit plus envoyé de troupes pour l'invasion des provinces de l'empire. Portugais! je vous offre le terme de quatre mois pour prendre votre décision. Vous avez à choisir entre la continuation d'une amitié fondée sur la justice, la générosité, les liens du sang et les intérêts réciproques et une guerre violente, qui se terminera par la reconnaissance de l'indépendance du Brésil ou par la ruine des deux pays (1).

Le 4 novembre, le roi de Portugal, dans son discours de clôture de la session des Cortès extraordinaires constituantes du Portugal, s'exprima ainsi : « C'est par cette même sagesse et par les mesures de conciliation que vous avez tentées pour maintenir l'intégrité du royaume-uni et fortifier les liens paternels qui nous unissent aux Brésiliens, que les provinces dissidentes retrouveront la tranquillité et les avantages qui dépendent de leur union avec les Portugais en Europe. Ce sujet, messieurs, fait revivre des souvenirs qui affligent mon cœur. Je le passerais sous silence, s'il n'avait pas un rapport direct avec vos travaux et avec la reconnaissance qui vous est due de ma part et de celle de la nation. La gloire des rois est inséparable du bonheur de leurs sujets, et celui qui se trouve à la tête d'une nation libre, est aussi heureux que celui-là est malheureux qui gouverne des esclaves ».

1822 (22 octobre). *Décret d'amnistie de l'empereur, pour célébrer l'indépendance du Brésil et son élévation à la dignité d'empire sous un souverain constitutionnel*, etc. Un pardon général y est accordé pour tous les crimes et délits, excepté ceux qui suivent :

Blasphême contre Dieu et les saints, fausse monnaie, faux témoignages, meurtres ou blessures, faits avec préméditation ; empoisonnement, quoique mort ne s'ensuive pas, incendie commis à dessein, fuite de prison, rapt, évasion de prisonniers facilitée, violation d'un monastère, voies de fait envers un juge ou magistrat, tentative par force pour interrompre le cours de la justice, vol jusqu'au-dessus d'un *marco de prata* ou huit onces, etc. (2).

1822. *Événements militaires dans la province de Bahia.* Le général Madeira, manquant de provisions et ne pouvant plus en tirer de l'intérieur, chercha à s'emparer de l'île d'Itaparica, dont la possession lui devenait chaque jour plus importante. Il expédia, pour cet objet, une centaine d'hommes des *Caçadores*, sous les ordres du colonel *Russel*, pour

---

(1) *Collecção das leis*, etc., p. 13 et 14.
(2) *Collecçao das leis*, etc., tom. I, p. 14 et 15. Ce décret est contre-signé par le *desembargo do paço*, Castano Prieto de Miranda Montenegro.

prendre l'ilha da Médo qui commande le *funil* ou passage conduisant à Nazareth, entre le continent et l'île d'Itaparicá; mais les barques touchèrent à terre, et étant forcées d'attendre la marée, plusieurs Caçadores furent tués par les Brésiliens, qui se cachaient parmi les roseaux.

Une autre expédition fut également malheureuse. Une chaloupe canonnière fut envoyée pour tirer contre le peuple qui était assemblé sur la place publique pour proclamer l'empereur; mais la marée était basse, et les boulets de canon tombèrent sur les quais sans atteindre l'assemblée. Le commandant de la chaloupe fit sa retraite avec perte de quelques hommes tués par les soldats brésiliens. Dona Maria de Jésus se distingua dans cette affaire.

1822 (12 novembre). Décret signé par le ministre d'État, Martim Francisco Ribeiro d'Andrada, qui éloigna de tous les emplois lucratifs de l'État, les Portugais résidant en Portugal. Depuis la publication de ce décret, ces Portugais devaient rentrer dans la classe générale des sujets de l'empire, pour qu'il fût statué à leur égard de la manière la plus convenable aux intéressés (1).

1822 (12 novembre). *Décret rendu contre ceux qui favorisaient le séjour des troupes portugaises à Bahia.* « Plusieurs capitalistes de Bahia », y est-il dit, « ayant avancé des sommes dans le but de prolonger leur séjour dans cette capitale, des troupes portugaises commandées par le brigadier Ignacio Luiz Madeira de Mello, dans la fausse idée que ces fonds seraient convertis en emprunt national, remboursables sur le trésor de la province; et, d'un autre côté, les négociants étrangers, attirés par la diminution des droits dans d'autres ports de l'empire, ayant réembarqué et transporté leurs marchandises dans lesdits ports, coopérant ainsi à retarder l'époque de l'évacuation et de l'embarquement desdites troupes, il est de mon devoir de sauver cette belle province des ravages et des dévastations commis par ces vandales Portugais.

» En conséquence, je décrète, 1° que toute espèce de marchandises étrangères sorties de l'entrepôt des douanes de Bahia et destinées à d'autres ports de l'empire, paieront les droits qui y sont établis pendant tout le tems du séjour des troupes portugaises dans cette capitale; 2° que la dette

---

(1) *Collecção das leis*, tom. I. Voyez les décrets des 8 et 14 janvier 1823.

contractée par ledit Madeira ne pourra, dans aucun cas, être à la charge de la province; et, en outre, que lesdits capitalistes, en cas de récidive, seront réputés rebelles à la cause du Brésil et à la mienne propre, et comme tels, punis suivant la rigueur des lois portées contre ce crime (1). »

1822 (1er décembre). Création d'un nouvel ordre honorifique, sous le titre de *Ordem imperial do Cruzeiro* (ordre impérial de la Croix).

L'empereur et ses successeurs au trône du Brésil ont le titre et l'autorité de grand-maître de l'ordre.

Cet ordre comprend : 1° des chevaliers, dont le nombre n'est pas limité; 2° deux cents officiers effectifs et cent vingt honoraires; 3° trente dignitaires effectifs et quinze honoraires; 4° huit grand'croix en nombre effectif et quatre honoraires.

Le chevalier ne peut devenir officier qu'après quatre années de grade; pour devenir dignitaire, il faut avoir été trois ans officier; et pour devenir grand'croix, avoir été cinq ans dignitaire (2).

1822 (1er décembre). Décret en vingt-deux articles pour l'organisation d'un corps de cavalerie régulière sous la dénomination de *guarda de honra da minha imperial pessoa*, ou garde d'honneur, composée de trois escadrons : un pour la province de Rio de Janéiro, un autre pour celle de S.-Paulo, et un troisième pour celle de Minas-Géraës (3).

1822 (11 décembre). *Séquestre apposé sur toutes les marchandises portugaises*. « Les actes scandaleux », dit le décret, « et l'hostilité manifeste du gouvernement de Portugal contre la liberté, l'honneur et les intérêts de l'empire, par les incitations du congrès démagogique de Lisbonne, suffisent pour motiver l'ordre de séquestrer : 1° toutes les marchandises appartenant aux sujets du Portugal et qui se trouvent dans les domaines de l'empire; 2° toutes les marchandises appartenant auxdits sujets, et qui sont entre les mains des négociants du Brésil (4). »

1822 (30 décembre). *Décret de S. M. l'empereur du*

---

(1) *Collecção*, etc., tom. I, p. 19,
(2) *Collecção*, etc., p. 24-26.
(3) *Collecção*, etc, p. 21-23.
(4) *Collecção*, etc., tom. I, p. 31-34.

Brésil, contenant les règlements relatifs aux armements en course qui seraient autorisés à agir contre le Portugal. Dans le préambule de ce décret, l'empereur établit la justice et la nécessité de repousser, par tous les moyens possibles, les perfides attaques que le gouvernement de Portugal, à l'instigation de son congrès démagogique, semblait décidé à diriger contre les propriétés publiques et particulières de l'empire brésilien; en conséquence, S. M. résolut, d'après l'avis de son Conseil privé, de permettre qu'il fût délivré à tous ses sujets et aux étrangers, des lettres de marque, pour courir sus à tout ce qui appartiendrait au Portugal pendant tout le tems que dureraient les différends avec ce royaume.

Ce décret est divisé en cinq chapitres, et contient soixante-cinq articles (1).

1823 (8 janvier). *Proclamation de l'empereur du Brésil, pour rappeler les Brésiliens qui se trouvent en pays étrangers, auxquels il est accordé six mois pour revenir dans leur patrie.* Ceux qui désobéiront à cet ordre seront considérés comme sujets du Portugal, déclarés indignes de faire partie de la grande famille brésilienne, et leurs biens seront confisqués conformément au décret du 11 décembre dernier (2).

1823 (8 janvier). *Décret pour la formation d'un régiment étranger, composé d'un état-major et de trois bataillons, sous le nom de regimento dos estrangeiros* (3).

1823 (14 janvier). *Décret rendu en raison des actes injustes et tiranniques dirigés par le Portugal contre le Brésil et son indépendance politique.* 1º Tout portugais arrivant dans les ports de l'empire, avec l'intention d'y séjourner temporairement, sera considéré comme sujet de l'empire, mais ne jouira pas des droits de citoyen brésilien.

2º S'il vient au Brésil pour s'y établir paisiblement, il devra, aussitôt son arrivée, se présenter devant la *camara* du lieu, et y prêter le serment solennel de fidélité au Brésil et à l'empereur. Faute de remplir cette formalité, il ne

---

(1) *Collecção das leis.*
(2) *Collecção das leis*, etc., tom. I, p. 48 et 49.
(3) *Collecção das leis*, etc., tom. II, p. 77.

pourra y résider indéfiniment, ni jouir des droits de citoyen de l'empire (1).

1823 (18 février). *Médailles accordées par l'empereur, pour être distribuées à ceux qui se seront le plus distingués dans les rangs de l'armée du midi, sous les ordres du baron Laguna, en raison de leurs services depuis l'année* 1817. Cette médaille est en forme de croix, avec une branche d'olivier, indiquant la pacification due aux armées nationales, et cette légende : *Petrus primus Brasiliæ Imperator, dedit* (2).

1823 (24 février). *Décret érigeant en cité les capitales de provinces* (3).

1823 (1ᵉʳ mars). *Établissement d'une école d'enseignement mutuel pour les militaires* (4).

1823 (le 9 mars). L'empereur publia un édit pour obliger tous ceux qui ne voulaient pas se conformer aux lois de

_____

(1) *Collecção das leis*, etc., p. 51 et 52.

(2) *Collecção das leis*, etc, p. 65-67.

(3) Par divers décrets de la même année 1823, sont élevées au rang de cités, savoir :

Le 17 mars, la *villa de Fortaleza*, capitale de la province de Céara, avec le titre de *cidade da Fortaleza da Nova-Bragança*.

Le même jour, la cité de *S.-Paulo*, capitale de la province du même nom, reçoit le titre de *cité impériale*.

Le 18 mars, la *villa da Victoria*, capitale de la province d'Espirito-Santo, sous le titre de *cidade da Victoria*.

Le 20 mars, la *Villa-Rica*, capitale de la province de Minas-Géraès, avec le titre de *cidade imperial de Ouro-Preto*.

Le même jour, la *villa da Desterro*, capitale de l'île Santa-Catharina, sous le titre de *cidade do Desterro*.

Le 8 avril, la ville de *S.-Christovão*, capitale de la province do Seregipe d'El-Rei, sous le titre de *cidade de S.-Christovão*.

Le 17 octobre, l'*aldéa de Valança*, du district de la *comarca* de Rio de Janéiro, est érigée en ville sous le titre de *villa de Valença*.

Le même jour, la *Freguezia de S.-Matheus* est érigée en ville, sous le titre de *villa de S.-Matheus*.

Le même jour, le *Povoação de S.-José*, dans la *serra* do Urubu, est érigé en ville sous le nom de *villa da impératriz*, comprenant tout le territoire de la côte entre les *barras* des Rios-Aracati-Assu et Aracati-mirim et la *serra* Machado.

Collecção das leis, etc., p. 74-100.

(4) *Collecção*, etc., tom. II, p. 86.

l'empire, de le quitter dans deux mois, s'ils demeuraient sur la côte, et dans quatre s'ils habitaient l'intérieur du pays, sous peine de perdre leurs propriétés. Tous les bons et loyaux sujets devaient porter à l'avenir sur leurs armes la rose verte et le symbole en or, sur lequel sont gravés ces mots : *Independencia ou morte*.

1823. *Décret du 29 mars, qui déclare le port de Bahia en état de blocus aussi long-tems que la ville continuera d'être occupée par les troupes portugaises.* Ce décret est ainsi conçu : « Considérant que mon principal devoir, comme empereur constitutionnel et défenseur perpétuel du Brésil, est de prendre toutes les mesures autorisées par les lois des nations, pour assurer la tranquillité de l'État et repousser la force par la force; et, considérant que les troupes portugaises qui commettent des hostilités dans cet empire, ont le moyen de se maintenir à Bahia, en déclarant ce port franc et libre, j'ai jugé à propos de déclarer cedit port en état de blocus rigoureux, en défendant l'entrée à tous bâtiments quelconques, nationaux ou étrangers, soit de guerre ou de commerce, aussi long-tems que les Portugais y séjourneront, sous peine de s'exposer aux peines et dommages établis par le droit des gens en pareil cas ».

Fait au palais de Rio de Janéiro, le 29 mars 1823 (1).

1823. *Tentative contre Bahia.* L'empereur, encouragé par les succès qu'avaient obtenus ses armes, résolut de marcher contre Bahia. Les Portugais étant maîtres de la mer, il fallait créer une force navale. Il chargea des agents de chercher des marins dans d'autres pays. En même tems, lord Cochrane arriva à Rio, le 13 mars 1823, pour prendre le commandement de la flotte brésilienne, consistant en un navire, le *Pédro Primeiro*, de 80 canons, autrefois le dom João VI, dix autres vaisseaux moins grands et quatre navires marchands, en tout 15 bâtiments commandés par des capitaines de différentes nations. Cette escadre mit à la voile le 1ᵉʳ avril pour Bahia. La garnison portugaise y avait été renforcée, et la flotte dans la rade était supérieure à celle de lord Cochrane, qui n'avait avec lui que sept navires montés de 250 canons, tandis que les Portugais en avaient 13 portant 398 canons. L'amiral anglais se décida cependant à les attaquer; mais ils se retirèrent sous la protection de leurs

---

(1) *Collecção das leis*, etc., p. 81, 82.

forts et se trouvèrent ainsi bloqués par terre et par mer. Pour empêcher la disette dans la ville, 16,000 de ses habitants en furent éloignés pendant la saison des pluies. Lord Cochrane essaya sans succès de brûler la flotte dans la rade. Profitant d'un vent favorable, il y entra à dix heures du soir; mais la brise ayant cessé tout à coup, il se trouva forcé de se retirer. En même tems, les Brésiliens campés du côté des bois, résolurent d'attaquer la ville, et s'avancèrent sur trois colonnes; mais ils furent repoussés avec grande perte par l'artillerie et les baïonnettes de la garnison.

1823. Le 17 avril, les membres de la première assemblée constituante et législative s'assemblèrent au nombre de cinquante-deux dans la salle préparée pour cet objet, choisirent l'évêque *Jozé Caetano* pour premier président, et entrèrent en fonctions après que chaque membre eut prêté le serment suivant :

« Je jure de remplir fidèlement les obligations de député de l'Assemblée constituante et législative du Brésil, et de faire les réformes qui sont indispensables et urgentes; de maintenir toujours la religion romaine, catholique et apostolique, et l'indépendance de l'empire, sans admettre aucune autre nation dans une union ou fédération opposée à son indépendance; de maintenir l'empire constitutionnel et la dinastie de D. Pédro, notre premier empereur et de ses successeurs ».

Après les formalités d'usage, l'assemblée invita l'empereur à assister à ses séances; et elle désigna, pour cet objet, le 3 mai, jour de la découverte du Brésil par Cabral.

Substance du discours prononcé par l'empereur, à l'ouverture de l'Assemblée constituante et législative, à Rio-Janéiro, le 3 mai 1823. « Combien je suis satisfait de voir autour de moi les représentants de toutes les provinces, réunis pour faire connaître leurs besoins mutuels et créer une constitution sur des bases équitables et libérales. Ce jour est le plus beau qui ait jamais éclairé le Brésil. Pour la première fois, il se fait voir au monde comme un empire, et un empire libre.

» Depuis plus de trois cents ans, le Brésil, réduit au simple rôle de colonie, gémissait sous les maux résultant d'un ordre de choses oppressif et destructeur, lorsque, par son décret du 16 décembre 1815, mon auguste père l'éleva à la condition de royaume; mais il manquait à ce bienfait la convocation d'une assemblée qui pût organiser le nouvel empire, et le Brésil réclamait la constitution portugaise. Les troupes européennes, opposées à ces mesures, se rendirent coupables de tels excès, que, pour sauver l'honneur de ce pays et le faire jouir de la liberté à laquelle il avait droit, je fus forcé de les attaquer et de les contraindre à abandonner ces bords. A peine étions-nous délivrés de ces ennemis, qu'une autre expédition arriva de Lisbonne pour nous offrir une protection que je refusai, ayant résolu de défendre moi-même cet empire. Pernambuco suivit cet exemple : Bahia, qui d'abord reçut les Portugais, souffre maintenant d'une guerre cruelle que leur font ces vandales. Telle était la liberté que le Portugal apportait au Brésil ; et notre ruine était certaine, si je ne me fusse rendu aux vœux et aux prières des *camaras* et des juntes de gouvernement.

» Le trésor était dans l'état le plus déplorable. Les dépenses de ma maison ne montaient qu'à 1,000,000 de cruzades (2,500,000 francs), c'est-à-dire au quart de celle du roi mon père ; mais cette allocation étant disproportionnée au revenu de l'État, je me suis réduit à vivre comme un simple particulier, avec 110 millions de reis seulement (687,500 fr.), non compris la redevance mensuelle de l'imprimerie. Je suis parvenu à élever le revenu de cette province de 11 à 12 millions de cruzades, tandis que, lors du départ de mon auguste père, il ne montait qu'à 6 ou 7 millions. Les cadres de l'armée ont été remplis en raison de la population. Deux fois, j'ai envoyé des secours à Bahia, l'un, de deux cent quarante hommes ; l'autre, de sept cent trente-cinq, appelé *le bataillon de l'empereur*. J'ai créé en outre un régiment d'étrangers et un bataillon d'artillerie de noirs libres. Enfin, des renforts ont été dirigés sur différents points, depuis Para-iba do Norte jusqu'à Montévidéo. La marine, qui ne comptait qu'une frégate, une corvette sans mâts et quelques bâtiments sans importance, est composée maintenant du vaisseau de ligne *le D. Pédro Primeiro*, des frégates *Piranga*, *Carolina* et *Nictérohy*, des corvettes *Maria da Gloria* et *Libéral*, et de plusieurs bricks ou autres bâtiments de guerre en réparation ou en course. J'ai donné des ordres pour l'acquisition de six frégates de cinquante canons. Enfin, j'ai l'intention de faire construire une frégate de quarante canons.

» Les travaux publics ont été poussés avec activité. Le

palais situé sur la place de l'Acclamation a été rebâti pour la police. La plus grande partie des aqueducs de Carioca et de Maracanâa a été achevée ; un grand nombre de ponts, dont plusieurs en pierre, ont été réparés ; de nouveaux viennent d'être élevés, et presque toutes les routes rétablies. Malgré ces dépenses et d'autres que je n'énumère pas, la caisse de la police, qui, en avril 1821, était endettée de 60,000,000 *de reis* (375,000 francs), présente aujourd'hui un actif de 60,000 cruzades (150,000 francs). L'imprimerie nationale a été agrandie ; les promenades publiques ont reçu des réparations ; le muséum s'est enrichi de beaucoup de minéraux précieux et d'une galerie d'excellents tableaux ; enfin, on a fait paver à neuf toutes les rues de la ville, et cette salle a été construite.

» J'ai encouragé l'instruction publique de tout mon pouvoir. La bibliothèque nationale s'est augmentée d'une grande collection de livres choisis ; le nombre des écoles, qui n'est plus limité, a été augmenté, et l'une d'elles suit pour l'enseignement la méthode lancastérienne. Le séminaire de S.-Joaquim, qui avait été converti en hôpital militaire, a été rendu à sa première destination, et compte maintenant beaucoup d'élèves. Une subvention a été accordée à l'hospice de la Miséricorde et à celui des Enfants-Trouvés. Lors de ma première visite à ce dernier établissement, je ne trouvai que sept enfants et deux nourrices dans un état de dénûment complet. M'étant fait apporter les registres, je reconnus que, depuis treize ans, il avait été reçu environ 12,000 de ces infortunés, et qu'à peine il en existait mille. Cet établissement, maintenant bien dirigé, compte plus de trente lits, et presqu'autant de nourrices que d'enfants.

» Lorsque je fus parvenu à rétablir l'ordre dans les provinces, mon premier soin fut de convoquer (par décret du 16 février de l'année précédente) un Conseil d'État composé de procureurs-généraux choisis par le peuple, afin de prouver aux Brésiliens que mon seul désir était de gouverner suivant leurs vœux, et de voir cette nation si loyale et si éclairée représentée par une Assemblée législative constituante. Ce dernier souhait a été réalisé par le décret du mois de juin dernier, conformément à la demande du peuple, transmise par l'organe des *camaras*, des procureurs-généraux et du Conseil d'État.

» Les habitants de la riche et importante province de

Minas-Géraës gémissaient sous un gouvernement déplorable; je m'y rendis, accompagné seulement des gens de ma maison, et ayant réussi à convaincre les autorités et leurs partisans du danger qu'ils couraient en persistant dans leur erreur, je leur accordai pardon et oubli. Lorsqu'un parti de Portugais et de Brésiliens dégénérés chercha à soulever les esprits dans la belle province de S.-Paulo, je m'y présentai sans crainte; car je savais que le peuple m'aimait, et j'adoptai des mesures si efficaces, que la première proclamation de notre indépendance fut datée de Piranga. Ce fut dans la patrie du fidèle et brave *Amador Bueno de Ribeira*, que je fus salué pour la première fois du titre d'empereur. Enfin, ce n'est qu'en cédant à regret aux représentations de mon Conseil d'État, que je n'ai pu me rendre à Bahia.....

» Maintenant, je soutiendrai au péril de ma vie, s'il le faut, le titre glorieux de *défenseur perpétuel du Brésil*, qui m'a été conféré par le peuple de ce riche et vaste continent, le 13 mai dernier, titre plus cher à mon cœur que celui d'empereur, dont j'ai été gratifié au milieu des acclamations unanimes. Que d'actions de grâces nous devons à la Providence de voir la nation brésilienne représentée par des députés dignes d'elle! quel beau jour luit enfin sur ce vaste empire! quelle félicité! quelle bonne fortune pour nous tous!..... Lorsque je fus sacré et couronné le 1er décembre dernier, je prêtai serment, comme empereur constitutionnel, et plus particulièrement comme défenseur perpétuel de cet empire, *de défendre avec mon épée la patrie, la nation et la constitution, si cette dernière était digne du Brésil et de moi*. Je ratifie solennellement cette promesse, persuadé que vous m'aiderez à la remplir, en donnant une constitution sage, équitable, dictée par la raison et non par le caprice, n'ayant en vue que le bonheur public, qui dépend d'une loi fondamentale établie sur les bases que l'expérience a démontré les plus propres à assurer la liberté du peuple et la force de l'autorité. Il faut, en un mot, une constitution où les pouvoirs soient tellement divisés et définis, que l'un ne puisse s'arroger les prérogatives de l'autre; une constitution qui soit une barrière insurmontable contre tout envahissement de l'autorité royale, aristocratique ou populaire, qui renverse l'anarchie et fasse fleurir l'arbre de la libertie, à l'ombre duquel nous verrons s'accroître l'union et l'indépendance de cet empire. Tous les actes constitutionnels faits sur les modèles de ceux de 1791 et 1792, ont été reconnus trop abstraits et trop *métaphysiques* pour l'exécution, ainsi qu'il a été prouvé par l'exemple de la France, et plus récemment par ceux de l'Espagne et du Portugal. Les vrais principes dont sont pénétrés les membres qui composent cette illustre assemblée, me font espérer que la constitution que vous créerez sera digne de ma sanction impériale, et appropriée aux besoins comme à la civilisation de la nation brésilienne; en un mot, qu'elle fera l'admiration de tous les autres peuples et celle de nos ennemis même, qui consacreront le triomphe de nos principes en les adoptant.

» *L'empereur constitutionnel*, etc. (1) »

Le serment que prêtèrent les membres de l'assemblée, qui déclaraient obéissance à la volonté de l'empereur, avait excité de l'inquiétude; mais il réussit à gagner la faveur publique par des actes patriotiques. A l'occasion de la naissance d'une fille, D. Pédro lui avait donné le nom de *Paula* et *Mariana*, en l'honneur des provinces de S.-Paulo et Minas-Géraès. Il avait élevé au rang de villes tous les chefs-lieux des provinces qui n'avaient pas ce titre (2), et il avait accordé celui de villes impériales à celles de Minas-Géraès et de S.-Paulo. En même tems, il fondait un hospice pour les veuves et les orphelins des colons suisses, qu'il plaça sous la protection de l'impératrice. Enfin, il chercha des moyens pour accroître la marine, et la seule ville de Rio-Janéiro fournit pour cet objet la somme de 400,000 francs.

1823. Le 23 mai, le général Madeira fit une proclamation aux habitants de Bahia, dans laquelle il les prévenait qu'on avait réussi à couper les provisions qui commençaient à manquer, et qu'il serait peut-être forcé d'évacuer la ville. Les habitants furent consternés de cette nouvelle; mais, le 2 juin, un navire arriva ayant à bord 3,000 *alquieres de farinha*, et le lendemain les troupes gagnèrent quelques avantages sur les indépendants. Le général, ayant fait

---

(1) *English and Foreign state papers*, etc., papiers publics anglais et étrangers, 1823 et 1824. Londres, bureau des affaires étrangères, 1825. *De l'empire du Brésil*, etc. Pièces justificatives, n° XIV.

(2) Décret du 24 février dernier.

fouiller la ville pour connaître la quantité de provisions qu'elle renfermait, fit connaître qu'il n'y en avait plus que pour six semaines, non compris celles que sa flotte exigeait, et il commença les préparatifs pour quitter le Brésil. Il permit aux magistrats de reprendre leurs fonctions, qui étaient suspendues par la loi martiale, et d'après une lettre du roi, qu'il montra, il nomma cinq personnes pour former un gouvernement provisoire.

1823. Dans la nuit du 12 juin, lorsque l'amiral portugais dînait avec le général Madeira, lord Cochrane entra avec un vaisseau dans la baie, et arriva près du *João VI*, lorsque le vent favorable dont il avait profité, cessant tout d'un coup, il se retira sans éprouver aucun mal. Cette entreprise hardie excita une terreur panique parmi les habitants.

Le 21 juin, l'empereur renvoya ses ministres, les Andradas da Cunha et Miranda, mesure exigée par le parti populaire. Ces deux personnages devinrent les chefs de l'opposition, qui voulait ôter à l'empereur la faculté du *veto* (1).

1823. *Expédition du général Madeira.* Cet officier, manquant de provisions, avait envoyé une forte expédition à Punto de Itaparicá, dont la possession lui devenait chaque jour plus importante. Il embarqua quinze cents hommes à bord du *Prantadao* et deux autres goëlettes. Le *Punto*, ou petite péninsule, était défendu par une forteresse, contre laquelle les goëlettes devaient tirer pendant que les troupes attaqueraient la ville; mais les Brésiliens, informés de ce projet, avaient élevé des monceaux de sable, derrière lesquels ils se cachèrent, et tuèrent les Portugais dans ce passage sans perdre un seul homme. Manquant de vivres et craignant que la flotte ne fût détruite par quelque nouvelle tentative de lord Cochrane, le général Madeira se décida à s'embarquer avec ses troupes et à abandonner le Brésil. Après avoir transporté à bord tout ce qui restait de provisions, avec les effets de valeur, il fit enclouer les canons et détruire les magasins. La flotte, qui quitta la barre le 2 juillet, était composée de treize vaisseaux de guerre, accompagnés de trente-deux navires de

---

(1) Voy. Indépendance de l'empire du Brésil, etc., par M. de Beauchamps, chap. 3 de la révolution impériale.

transport et de commerce, amenant, non-seulement les troupes, mais encore plusieurs des principales familles. Aussitôt les troupes brésiliennes, sous les ordres du colonel *Jozé Joaquim da Silva Lima*, prirent possession de la place. Les habitants adoptèrent le gouvernement impérial, et nommèrent des députés à l'assemblée générale.

Lord Cochrane poursuivit la flotte (2 juillet) jusqu'au cinquième dégré de latitude nord, et en captura quelques navires. Ensuite, il fit voile pour Maranham, afin de forcer les troupes étrangères à se retirer de cette province et de Para. Étant entré dans la baie de S.-Luiz, il jeta l'ancre devant le fort de S.-Francisco, dont le commandant hissa le pavillon blanc. Il y établit un gouvernement provisoire au nom de l'empereur, et fit embarquer les troupes portugaises, au nombre de trois cents hommes, pour retourner à Lisbonne.

A Para, on agit de la même manière; mais les partisans de l'empereur, ayant demandé le pillage en récompense de leurs services, se mirent en révolte pour l'obtenir; toutefois, ils furent bientôt réprimés : on en fusilla plusieurs, et deux cent cinquante-quatre furent mis à bord d'un ponton. Le lendemain, tous, à l'exception de quatre, furent trouvés morts. Quelques-uns, excités par la rage et le désespoir, s'étaient étranglés; mais la plupart étaient morts de suffocation.

1823 (18 juillet). *Adresse de l'empereur à son peuple.* Cette proclamation, qui avait pour but d'apaiser le mouvement occasionné par la retraite des Andradas, commençait ainsi :

« Habitans du Brésil !

» Le gouvernement qui ne s'appuie pas sur l'opinion publique, ou qui ne la connaît point, devient une honte pour l'humanité. Le monarque qui n'est pas pénétré de cette vérité ne peut manquer de plonger son empire dans un abîme de maux plus terribles les uns que les autres. Quant à moi, qui dois à la Providence d'être convaincu de cette maxime, j'en ai fait la base de mon sistème de gouvernement, et jamais je ne m'en écarterai.

» ..... La vérité arrive difficilement à l'oreille des princes; mais une fois qu'elle y parvient, ils doivent écouter sa voix. C'est ce que je fais dans cette circonstance. Si nous ne jouissions pas encore d'une constitution fixe et invariable, nous en possédons les éléments dans notre conscience et notre raison. Ce sont les droits sacrés de la propriété et de la liberté individuelle, ainsi que l'inviolabilité de l'asile du citoyen. Si ces droits ont été un moment violés, croyez que votre empereur l'ignorait et n'aurait pas souffert des actes arbitraires qu'il désapprouvera dans tous les tems. »

Ce discours se termine par de nouvelles assurances de l'attachement et de la sollicitude du souverain pour ses sujets (1).

1823 (27 juillet). *Proclamation du grand amiral du Brésil aux habitants de la province de Maranham.* « Enfin, le jour est arrivé où les habitants du Maranham peuvent déclarer l'indépendance de leur pays et reconnaître pour souverain national, l'empereur D. Pédro Ier, sous la protection duquel ils jouiront de tous les avantages de la liberté, en choisissant leur constitution et en nommant leurs représentants.

» Qu'aucun excès ne vienne souiller la gloire d'une si belle journée. Des ordres sévères sont donnés, afin de châtier sur-le-champ tous les fauteurs de trouble ou de désordre. Le 1er août est le jour fixé pour l'installation des autorités et la prestation de serment. Citoyens, constituez-vous avec sagesse et modération, afin d'accomplir l'œuvre commencée et de mériter l'approbation de sa majesté impériale.

» Vive l'empereur, vivent l'indépendance et la constitution du Brésil. »

A bord du *Pédro Primeiro*, le 27 juillet 1823.

Signé Cochrane.

Le lendemain, 28, la junte du gouvernement, le Conseil de la ville, les citoyens et les soldats assemblés, proclamèrent l'indépendance du Brésil et jurèrent fidélité à l'empereur. Le gouvernement provisoire fut installé le 8 août, et son premier acte fut une proclamation adressée aux habitants de la province de Maranham, pour la féliciter de ne plus être une nation esclave du Portugal, mais un peuple libre de l'empire du Brésil. Il leur recommandait la confiance, la fidélité et la tranquillité, et les invitait à crier avec lui « vive la religion catholique et romaine ! vi-

---

(1) *Collecção das leis*, p. 88, 89.

vent l'empereur constitutionnel et défenseur perpétuel dom Pédro Iᵉʳ et sa dinastie, les Cortès du Brésil et le peuple de Maranham! »

Le 29 juillet, arrivée à Rio-Janéiro de *Valentin Gomez*, chargé de réclamer l'abandon de Montévidéo par le Brésil. Le 5 août suivant, il obtint audience de l'empereur.

L'assemblée discutant le projet d'une loi, il fut décidé par la majorité que ses décrets seraient exécutés par le pouvoir exécutif, malgré l'opposition de l'empereur; mais celui-ci déclara que, sans son approbation et sa signature, ils étaient nuls et sans effet.

1823, (8 août). *Proclamation de l'empereur au peuple brésilien.* Dans cet acte, l'empereur, rappelant les sentiments constitutionnels qu'il a toujours manifestés et sa haine pour le despotisme, fait sentir les dangers de l'esprit démocratique qui domine dans les instructions données par les communes des provinces du nord à leurs députés. « Dans la ville de Porto-Alègre, » dit-il, « les troupes et le peuple, la junte gouvernementale et les autorités civiles et ecclésiastiques ont commis une grande erreur, qu'ils ont aggravée par la solennité du serment. Des troupes qui doivent obéissance au souverain se formant en Conseil; des autorités incompétentes définissant un article de la constitution, dont la connaissance exclusive appartient à la législature, se rendent coupables de délits qui mériteraient un juste châtiment, s'ils n'étaient le résultat de l'ignorance ou de basses déceptions. »

Cette adresse se termine par une invitation aux habitants de se défier de ceux qui flattent également le peuple et le souverain, et de se rallier avec zèle et confiance à leur empereur, qui ne souffrira aucune atteinte à leurs droits et ne s'occupera que de leurs intérêts et de leur bonheur.

1823, (12 août). *Adresse du nouveau gouvernement de Maranham à S. M. I.* Cette adresse commence par féliciter l'empereur sur l'état satisfesant du Brésil et par des actions de grâces pour avoir envoyé au secours des habitants de Maranham, le brave amiral Cochrane, dont l'activité, la prudence et l'affabilité ont achevé, en quelques jours, une régénération complète. « Que V. M. I. soit toujours aussi bien servie, et rien ne manquera à sa gloire ni à celle de l'illustre amiral, non-seulement dans l'histoire du Brésil, mais encore dans les annales du monde entier. Quelle joie! Quel transport! lorsque nous vîmes arriver le *Pédro*

Primeiro pour sommer notre port de se rendre. Oh ! 26 juillet 1823, jour mille fois heureux !! »

L'assemblée vota des remercîments à lord Cochrane, qui fut nommé, par l'empereur, *marquis de Maranham* et membre de l'ordre de *Cruceiro*.

1823 (26 septembre). Rapport du ministre des finances à l'empereur du Brésil, d'après lequel le trésor devait, vers la fin de juin, la somme de 30,500,000 *cruzados*. Les dépenses extraordinaires montaient, d'après un calcul modéré, à 900,000 *milreis*. Le gouvernement, au lieu de recevoir des secours des provinces, leur avait accordé annuellement la somme de 280,000 *milreis*. Malgré l'activité employée pour la perception des taxes et une économie sévère dans leur emploi, on a été forcé d'avoir recours aux emprunts, aux donations, aux contributions navales et même aux séquestres, qui avaient fourni la somme de 1,000,000 de *cruzados*.

1823 (27 septembre). L'assemblée générale constituante décrète que toutes les lois, ordonnances, etc., promulguées par les rois de Portugal et qui ont régi le Brésil jusqu'au 25 avril 1821, époque où le roi quitta le pays, ainsi que tous les décrets rendus par D. Pédro de Alcantara, comme prince régent ou empereur constitutionnel, resteront en vigueur, à moins de révocation spéciale, pour l'expédition des affaires de l'empire.

Les décrets publiés par les Cortès de Portugal et mentionnés dans la table ci-annexée seront aussi valables (1).

1823 (2 octobre). Décret de l'Assemblée constituante, concernant l'impression, la publication et la vente des ouvrages, ainsi que les peines d'amende ou d'emprisonnement encourues par ceux qui attaqueraient dans leurs écrits la religion catholique, la forme du gouvernement représentatif, monarchique et constitutionnel ; qui exciteraient le peuple à la révolte, diffameraient l'assemblée, le chef du pouvoir exécutif, etc. (2)

1823 (20 octobre). Décret de l'Assemblée constituante, annulant le décret du 30 mars 1818, contre les sociétés secrètes. Toute action judiciaire pendante en raison dudit

---

(1) *Collecção das leis*, etc., tom. I, p. 110-115.
(2) *Collecção das leis*, p. 146-150.

décret sera nulle et de nul effet. Toute société secrète est prohibée, et sera réputée comme telle toute réunion qui ne fera point connaître au gouvernement l'objet de l'association (1).

1823 (20 octobre). La même assemblée décide que ses membres ne peuvent directement, ni indirectement exercer aucune charge durant le tems de leur députation, excepté les ministres actuels, les secrétaires d'État et l'intendant-général de police (2).

1823 (20 octobre). L'assemblée abolit les juntes provisoires de gouvernement établies dans les provinces de l'empire, par le décret du 29 septembre 1821. L'administration provinciale sera formée provisoirement par un Conseil et son président (3).

11 novembre. *Dissolution de l'Assemblée constituante.* La question du *veto* qui divisait les deux pouvoirs législatif et exécutif, avait également tourné tous les esprits vers les discussions politiques. On inséra dans le journal *la Sentinelle* une lettre contenant des remarques très-sévères contre les officiers de l'artillerie à cheval. Un pharmacien, nommé *Pamplona*, soupçonné d'en être l'auteur, fut assailli chez lui par deux de ces officiers. Cette attaque fut considérée comme un attentat de la force militaire contre la liberté individuelle et donna lieu à une forte discussion dans la Chambre des députés, qui résolurent d'éloigner les soldats européens à six lieues de Rio.

L'empereur se trouvait à S.-Christovão lorsqu'il apprit cette nouvelle. Il partit aussitôt, ne prenant conseil que de lui-même, et ayant fait investir la Chambre des députés par un régiment d'infanterie, quelque cavalerie et plusieurs pièces de canon, il envoya le général *Moraès* dans la salle pour dissoudre l'assemblée. Les députés se rappelant le massacre d'*Alfandega*, et craignant le renouvellement d'une pareille scène, restaient immobiles sur leurs siéges; mais le président voyant la place remplie de soldats et les canons pointés sur l'édifice, annonça que la séance était levée. En descendant l'escalier de la chambre, Andrada, ses deux frères (4)

---

(1) *Collecção das leis*, etc., tom. I, p. 103-104.
(2) *Collecção das leis*, etc., p. 105.
(3) *Collecção*, etc., p. 106-110.
(4) Les frères Andrada, après avoir resté cinq ans exilés en

et quelques autres membres furent arrêtés et mis à bord d'un bâtiment prêt à partir pour la France (1).

16 novembre. *Manifeste de l'empereur du Brésil, à l'occasion de la dissolution de l'assemblée générale.* Cette dissolution fut annoncée par le décret du 12 du même mois, qui ordonnait, en même-tems, la convocation d'une autre assemblée, suivant l'article fondamental de la constitution. « On trouvera, » dit l'empereur, « dans ce décret et dans celui du 13, les raisons sans réplique qui ont nécessité une mesure aussi énergique, et combien je désire vivement revenir au système constitutionnel. » Ce manifeste établit qu'un parti opposé à l'empereur, avait exercé un grand ascendant sur l'esprit de l'assemblée, en propageant le bruit d'un rapprochement avec le Portugal; que ces meneurs avaient soudoyé quelques hommes du peuple, armés de poignards et de pistolets, afin de jeter la terreur parmi les représentants, et qu'ils avaient même été jusqu'à menacer la personne impériale du sort d'Iturbide et de Charles Ier (2).

1823 (17 décembre). *Acceptation, par le Sénat, de la nouvelle constitution.* Un premier projet de constitution avait été rejeté par l'empereur, le 30 août. L'assemblée discuta (le 9 octobre) les bases d'un nouvel acte qui garantissait la liberté individuelle, le jugement par jury, la liberté religieuse, la liberté d'exercer toute profession, l'inviolabilité des propriétés et la liberté de la presse. Après la dissolution de l'assemblée, le Conseil d'État arrêta (le 11 décembre) un autre projet rédigé d'après les bases présentées par l'empereur, et qui fut soumis à l'acceptation des citoyens de toutes les villes, invités à l'examiner et en donner leur opinion par écrit sur des registres établis pour cet effet.

Le 17 décembre, le Sénat déclara qu'il n'avait aucune observation à faire sur le projet de constitution présenté par

---

France, obtinrent des passeports du ministre, M. de La Ferronays, pour s'embarquer à Bordeaux et se rendre au Brésil, où ils arrivèrent au mois de juin 1828. Au moment de leur débarquement, ils furent encore arrêtés et enfermés dans la forteresse de Ilha das Cabras. Le 13 septembre, une réconciliation eut lieu avec l'empereur, et ils se retirèrent à S.-Paulo, pour s'adonner à l'agriculture.

(1) *Notices of Brazil*, par M. Walsh, v. I, p. 256-7.
(2) *Collecção das leis*, p. 140-143.

le Conseil d'État ; que ce projet est une preuve du libéralisme de S. M. et de son gouvernement ; que le Sénat s'était assuré que le pacte proposé était agréable au peuple, et qu'en conséquence, S. M. était priée de fixer un jour pour son acceptation.

1824 (le 25 mars). *Promulgation de la constitution de l'empire* (1). L'empereur avait d'abord fixé le 9 janvier pour cette cérémonie. Il fut décidé ensuite qu'elle aurait lieu au théâtre, le 25 mars suivant; mais dans l'intervalle, cet édifice devint la proie des flammes et fut réduit en cendres. Le lendemain, 26, l'empereur accepta solennellement la constitution (2), dont la teneur suit, et prêta le serment, ainsi conçu : « Je jure de maintenir la religion catholique, apostolique et romaine, l'intégrité et l'indivisibilité de l'empire ; d'observer et faire observer la constitution politique de la nation brésilienne, telle qu'elle m'est présentée et que le peuple l'a acceptée ; enfin, d'observer et faire observer également les lois de l'empire, et d'assurer le bien-être général du Brésil en tant qu'il sera en mon pouvoir ».

« Titre Ier. *L'empire du Brésil* est l'association politique de tous les citoyens brésiliens. Ils forment une nation libre et indépendante, qui n'admet avec aucune autre un lien d'union et de fédération, qui s'opposerait à son indépendance. (Art. 1.)

Son territoire est partagé en provinces telles qu'elles sont aujourd'hui, et qui pourront être subdivisées selon que le requerra le bien de l'État. (Art 2.)

Son gouvernement est monarchique, héréditaire, constitutionnel et représentatif. (Art. 3.)

La dinastie régnante est celle de dom Pédro Ier, empereur actuel et défenseur perpétuel du Brésil. (Art. 4.)

La religion catholique, apostolique et romaine, conti-

---

(1) Par un décret du 18 juin 1823, le roi dom Jean VI avait créé une commission composée de quatorze membres pour proposer une constitution ou loi fondamentale, conforme à l'état actuel de la civilisation.

(2) Voyez Notice historique sur dom Pédro, par Eugène de Monglave, pag. 81. Cet engagement sacré, dit cet auteur, fut contracté le lendemain par l'empereur et par le peuple. Les autres provinces suivirent cet exemple, à l'exception de Pernambuco et de Céara, où la dissolution de l'assemblée (le 11 novembre 1823) servit de prétexte à de nouveaux désordres.

nuera à être la religion de l'empire. Toutes les autres religions seront permises avec le culte domestique ou particulier, dans des maisons destinées à cet effet, mais qui n'aurait pas la forme extérieure de temples. (Art. 5.)

Titre II. *Citoyens.* Sont citoyens brésiliens : 1° ceux qui sont nés au Brésil, libres ou affranchis, bien que le père soit étranger, pourvu qu'il ne réside pas au Brésil pour le service de sa nation ; 2° les fils de pères brésiliens et les enfants illégitimes d'une mère brésilienne, nés en pays étranger, mais qui viendraient fixer leur domicile dans l'empire ; 3° les fils d'un père brésilien, établis en pays étranger pour le service de l'empereur, quoiqu'ils ne soient pas venus établir leur domicile au Brésil ; 4° tous ceux nés en Portugal et dans ses possessions, qui, résidant au Brésil à l'époque de la proclamation de l'indépendance, y adhérèrent expressément ou tacitement en continuant d'y résider ; 5° les étrangers naturalisés, quelle que soit leur religion. La loi déterminera les conditions de cette naturalisation.

On perd le droit de citoyen brésilien : 1° en se fesant naturaliser en pays étranger ; 2° en acceptant, sans la permission de l'empereur, des emplois, pensions ou décorations de quelque gouvernement étranger ; 3° par une sentence de bannissement. (Art. 7.)

Les droits de citoyen se suspendent : 1° par incapacité phisique ou morale ; 2° par une sentence d'emprisonnement et de dégradation, seulement tant que dureront ses effets. (Art. 8.)

Titre III. *Des pouvoirs et de la représentation nationale.* La décision et l'harmonie des pouvoirs politiques sont le principe conservateur des droits des citoyens, et le meilleur moyen de rendre effectives les garanties offertes par la constitution. (Art. 9.)

Les pouvoirs politiques reconnus par la constitution de l'empire du Brésil sont au nombre de quatre : 1° le pouvoir législatif; 2° le pouvoir modérateur ; 3° le pouvoir exécutif; 4° le pouvoir judiciaire. (Art. 10.)

Les représentants de la nation brésilienne sont l'empereur et l'assemblée générale. (Art. 11.)

Tous ces pouvoirs dans l'empire du Brésil émanent de la nation. (Art. 12.)

Titre IV, chap. 1ᵉʳ. *Du pouvoir législatif des branches du pouvoir législatif et de ses attributions.* Le pouvoir législatif est délégué à une assemblée générale avec la sanction de l'empereur. (Art. 13.)

L'assemblée générale se compose de deux Chambres, celle des députés et celle des sénateurs. (Art. 14.)

Les attributions de l'assemblée générale sont : 1° de faire prêter serment à l'empereur, au prince impérial, au régent ou à la régence; 2° d'élire la régence ou le régent, et de poser les limites de son autorité; 3° de reconnaître le prince impérial comme successeur au trône, dans la première session qui suivra sa naissance; 4° de nommer le tuteur de l'empereur mineur, en cas où son père ne l'aurait pas nommé par son testament; 5° de résoudre les doutes qui peuvent se présenter relativement à la couronne; 6° d'instituer à l'époque de la mort de l'empereur ou de la vacance du trône, une enquête sur l'administration qui finit, et de réformer les abus qui s'y sont introduits; 7° de choisir une dinastie nouvelle en cas d'extinction de la dinastie régnante; 8° de faire des lois, de les interpréter, les suspendre et les révoquer; 9° de veiller au maintien de la constitution et au bien général de la nation; 10° de fixer annuellement les dépenses publiques et de faire la répartition de la contribution directe; 11° de fixer annuellement, d'après les rapports du gouvernement, les forces de terre et de mer, ordinaires et extraordinaires; 12° d'accorder ou de refuser l'entrée de forces étrangères de terre et de mer dans l'intérieur de l'empire, ou seulement dans ses ports; 13° d'autoriser le gouvernement à contracter des emprunts; 14° d'établir des moyens convenables pour le paiement de la dette publique; 15° de régler l'administration des biens nationaux et d'en décréter l'aliénation; 16° de créer ou de supprimer des emplois publics et d'en poser les règles; 17° de déterminer le poids, la valeur, l'inscription, le type et la dénomination des monnaies, aussi bien que l'étalon des poids et des mesures. (Art. 15.)

Chacune des Chambres recevra le titre d'augustes et très-dignes représentants de la nation. (Art. 16.)

Chaque législature durera quatre années, et chaque session annuelle quatre mois. (Art. 17.)

La séance impériale d'ouverture aura lieu, tous les ans, le 3 mai. (Art. 18.)

La séance de clôture sera aussi une séance impériale, et comme celle d'ouverture, se fera en assemblée générale, dans une réunion des deux chambres. (Art. 19.)

Leur cérémonial et celui de la participation de l'empereur auront lieu conformément au règlement adopté à cet effet. (Art. 20.)

La nomination des présidents, vice-présidents et secrétaires des deux Chambres, la vérification des pouvoirs de leurs membres, le serment de prestation et la police intérieure seront faites suivant le règlement. (Art. 21.)

Dans la réunion des deux Chambres, le président du Sénat dirigera le travail, mais les députés et les secrétaires prendront place individuellement. (Art. 22.)

Aucune séance ne pourra avoir lieu dans l'une des deux Chambres sans la présence de la moitié, plus un de ses membres. (Art. 23.)

Les séances de chaque Chambre sont publiques, à l'exception des cas où le bien de l'État exige qu'elles soient secrètes. (Art. 24.)

Les affaires seront résolues à la majorité absolue des membres présents. (Art. 25.)

Les membres de chacune des Chambres seront inviolables pour les opinions qu'ils professeront dans l'exercice de leurs fonctions. (Art. 26.)

Aucun sénateur ou député ne peut être arrêté pendant sa députation par aucune autorité, excepté par ordre de la Chambre, hors le cas d'un flagrant délit qui entraîne la peine capitale. (Art. 27.)

Si quelque sénateur ou député est mis en cause, le juge suspendra le cours de l'affaire, et en rendra compte à la Chambre de l'accusé, laquelle décidera si le procès doit se continuer, et si le membre doit être ou non suspendu de l'exercice de ses fonctions. (Art. 28.)

Les sénateurs et députés pourront être nommés aux emplois de ministre et de conseiller d'État, avec la différence que les sénateurs continuent à siéger au Sénat, et que les députés laissant leurs siéges vacants, on procède alors à une nouvelle élection, dans laquelle ils peuvent être réélus et cumuler ainsi les deux fonctions. (Art. 29.)

Ils peuvent cumuler également les deux fonctions, s'ils possédaient la charge de ministre ou de conseiller d'État au moment de leur élection. (Art. 30.)

On ne peut être, en même tems, membre des deux Chambres. (Art. 31.)

L'exercice de tout emploi, à l'exception de ceux de ministres et de conseiller d'État, cesse entièrement tant que durent les fonctions de député ou de sénateur. (Art. 32.)

Dans l'intervalle des sessions, l'empereur ne pourra employer un sénateur ou un député hors de l'empire, et ils n'iront pas exercer leur emploi lorsque cela les empêcherait de se réunir au moment de la convocation de l'assemblée générale ordinaire ou extraordinaire. (Art. 33.)

Si par quelque cas imprévu, d'où dépend la sûreté publique et le bien de l'État, il était indispensable qu'un sénateur ou un député fût envoyé en mission, la chose sera soumise à chaque Chambre, qui en décidera. (Art. 34.)

Chap. II. *De la Chambre des députés.* La chambre des députés est élective et temporaire. (Art. 35.)

A la Chambre des députés seule appartient l'initiative : 1° sur les impôts; 2° sur le recrutement; 3° sur le choix d'une dinastie nouvelle en cas d'extinction de l'ancienne. (Art. 36.)

C'est aussi dans la Chambre des députés que commenceront : 1° l'examen de l'administration passée et la réforme des abus qui s'y sont introduits; 2° la discussion des propositions faites par le pouvoir exécutif. (Art. 37.)

C'est à la Chambre des députés seule qu'il appartient de décréter qu'il y a lieu à mettre en accusation les ministres et les conseillers d'État. (Art. 38.)

Les députés toucheront, pendant les sessions, un subside réglé à la fin de la dernière session de l'assemblée précédente. Outre ce subside, il leur sera alloué une indemnité pour les dépenses du voyage en allant et venant. (Art. 39.)

Chap. III. *Du sénat.* Le Sénat se compose de membres nommés à vie, et il sera organisé par des élections nationales. (Art. 40.)

Chaque province fournira par moitié autant de sénateurs que de députés, et quand le nombre des députés sera impair, le nombre de ses sénateurs sera la moitié du nombre pair inférieur, de manière que la province qui aura onze députés ait cinq sénateurs. (Art. 41.)

La province qui n'a qu'un député, élira toutefois un sénateur, malgré la règle établie ci-dessus. (Art. 42.)

Les élections seront faites de la même manière que celles des députés, mais avec des listes triples, sur lesquelles l'empereur choisira un tiers. (Art. 43.)

On nomme aux emplois de sénateurs vacants de la même manière qu'à la première élection. (Art. 44.)

Pour être sénateur, il faut : 1° être né citoyen brésilien et jouir de ses droits politiques ; 2° être âgé de quarante ans au moins ; 3° être savant, habile et vertueux ; on préférera ceux qui auront rendu des services à la patrie ; 4° posséder un revenu annuel de 800 *milreis*, soit en bien, soit par son industrie, son commerce ou ses emplois. (Art. 45.)

Les princes de la maison impériale sont de droit sénateurs, et siégent dans le Sénat aussitôt qu'ils ont atteint l'âge de vingt-cinq ans. (Art. 46.)

Les attributions exclusives du Sénat sont : 1° de connaître les délits individuels commis par les membres de la famille impériale, les ministres d'État, les conseillers d'État, les sénateurs et par les députés, pendant la durée de la législature ; 2° de connaître de la responsabilité des ministres et des conseillers d'État ; 3° d'expédier les lettres de convocation de l'assemblée, au cas où l'empereur ne l'aurait pas fait deux mois après l'époque déterminée par la constitution ; le Sénat se réunira extraordinairement à cet effet ; 4° de convoquer l'assemblée à l'époque de la mort de l'empereur, pour l'élection d'une régence au cas où elle doit avoir lieu, si la régence provisoire ne l'a pas fait. (Art. 47.)

L'orsqu'on aura à prononcer sur des crimes dont l'accusation n'appartient pas à la Chambre des députés, le procureur de la couronne et de la souveraineté nationale sera chargé de l'accusation. (Art. 48.)

Les sessions du Sénat commencent et finissent avec celles de la Chambre des députés. (Art. 49.)

A l'exception des cas prévus par la constitution, toute réunion du Sénat, hors du tems des sessions de la Chambre des députés, est illicite et nulle. (Art. 50.)

Le traitement des sénateurs sera la moitié en sus de celui des députés. (Art. 51.)

Chap. IV. *De la proposition, discussion, sanction et promulgation des lois.* La proposition, la discussion et l'approbation des projets de loi appartiennent à chacune des Chambres. (Art. 52.)

Le pouvoir exécutif exerce par chacun des ministres d'État, la faculté de proposition qui lui appartient dans la formation des lois. Ce n'est qu'après avoir été examinée par une commission de la Chambre des députés où elle doit avoir son origine, qu'une proposition pourra être convertie en projet de loi. (Art. 53.)

Après le rapport de la commission, les ministres peuvent assister aux débats et discuter la proposition ; mais ils ne peuvent voter ni être présents au scrutin, à moins qu'ils ne soient sénateurs ou députés. (Art. 54.)

Si la Chambre des députés adopte le projet, elle le remettra à celle des sénateurs avec la formule suivante : La Chambre des députés témoigne à l'empereur sa reconnaissance du zèle qu'il montre à veiller aux besoins de l'empire, et le supplie respectueusement de daigner prendre en considération ultérieure la proposition du gouvernement. (Art. 56.)

En général, les propositions admises et approuvées par la Chambre des députés, seront remises à la Chambre des sénateurs de la manière suivante : La Chambre des députés envoie au Sénat la proposition suivante, et pense qu'il y a lieu à demander la sanction de l'empereur. (Art. 57.)

Si la Chambre des sénateurs n'adopte pas entièrement le projet de la Chambre des députés, mais l'amende ou y ajoute, elle le renvoie de la manière suivante : Le sénat envoie à la Chambre des députés sa proposition sur tel sujet, avec les amendements et additions ci-joints, et pense que, dans cet état, il y a lieu de demander la sanction impériale. (Art. 58.)

Si le Sénat, après avoir délibéré, prononce qu'il n'y a pas lieu à admettre la proposition ou le projet, il dira : Le Sénat renvoie à la Chambre tel ou tel projet, auquel il n'a pu donner son consentement. (Art. 59.)

La Chambre des députés agira de la même manière que le Sénat, quand le projet viendra de lui. (Art. 60.)

Si la Chambre des députés n'approuve pas les amendements ou additions du Sénat, et *vice versâ*, et, que toutefois elle juge que le projet est avantageux, elle pourra requérir, par une députation de trois membres, la réunion des deux Chambres, qui aura lieu dans la Chambre du Sénat, et suivant le résultat de la discussion, ce qui sera résolu aura lieu. (Art. 61.)

Si après la clôture de la discussion, l'une des deux Chambres adopte entièrement le projet que l'autre Chambre lui a envoyé, elle le rédigera en forme de décret, et après l'avoir fait lire en séance publique, elle en adressera deux copies à l'empereur, en lui demandant sa sanction avec la formule suivante : L'assemblée générale adresse à l'empereur le décret suivant, qu'elle juge avantageux et utile à l'empire, et prie sa majesté de daigner lui donner sa sanction. (Art. 62.)

Cette remise sera faite par une députation de sept membres, envoyée par la dernière des Chambres qui aura délibéré, et l'autre Chambre où le projet a pris naissance, informera, en même tems, l'empereur qu'elle a adopté la proposition relativement à tel ou tel objet, et qu'elle s'adresse à l'empereur en lui demandant sa sanction. (Art. 63.)

Si l'empereur refuse son consentement, il répondra dans les termes suivants : L'empereur méditera sur le projet pour le résoudre en tems convenable ; à quoi la Chambre répondra qu'elle loue sa majesté de l'intérêt qu'elle prend à la nation. (Art. 64.)

Ce refus n'a qu'un effet suspensif; mais si les deux législatures successives appuient le projet et le présentent successivement dans les mêmes termes, il est entendu que l'empereur accorde sa sanction. (Art. 65.)

L'empereur donnera ou refusera sa sanction dans l'intervalle d'un mois, à dater de la présentation. (Art. 66.)

S'il ne le fait pas dans le tems ci-dessus mentionné, ce retard aura le même effet que s'il refusait expressément sa sanction ; mais ce retard comptera au nombre des législatures, pendant lesquelles il peut refuser sa sanction, de sorte que, s'il avait refusé dans les deux législatures précédentes, le décret serait obligatoire. (Art. 67.)

Si l'empereur adopte le projet de l'assemblée générale, il s'exprime ainsi : L'empereur consent. Le décret est sanctionné par-là, et devient loi de l'empire, et un des deux autographes, après la signature de l'empereur, sera déposé dans les archives de la Chambre qui l'a envoyé, et l'autre servira à la promulgation de la loi par le ministre d'État compétent. (Art. 68.)

La formule de promulgation des lois sera conçue dans les termes suivants : Dom P. par la grâce de Dieu et de l'acclamation unanime des peuples, empereur constitutionnel et défenseur perpétuel du Brésil, nous fesons savoir à tous nos sujets, que l'assemblée générale a décrété, et que nous approuvons la loi suivante (suit la loi avec ses dispositions seulement); nous ordonnons à toutes les autorités, à la connaissance et exécution desquelles cette loi appartient, de l'exécuter et faire exécuter et observer entièrement telle qu'elle est conçue. Le ministre d'État des affaires (suit le titre du ministre), sera chargé de la faire imprimer, publier et observer. (Art. 69.)

La loi, signée par l'empereur, visée par le ministre d'État compétent et scellée du sceau de l'empire, sera gardée en original dans les archives de l'empire, et des exemplaires imprimés en seront remis à toutes les Chambres de l'empire, aux tribunaux et dans tous les lieux où il convient que cela soit fait. (Art. 70.)

Chap. V. *Des Conseils-généraux de province et de leurs attributions.* La constitution reconnaît et garantit à tout citoyen le droit de prendre part aux affaires de la province, immédiatement relatives à ses intérêts particuliers. (Art. 71.)

Le droit sera exercé par la Chambre du district, et par des Conseils qui, sous le titre de Conseil-général de la province, doivent être établis dans chaque province où ne sera pas placée la capitale de l'empire. (Art. 72.)

Chaque Conseil-général sera composé de vingt-et-un membres dans les provinces les plus peuplées, telles que Para, Maranhão, Céara, Pernambuco, Bahia, Minas-Géraès, S.-Paul et Rio-Grande do Sul, et dans les autres de douze membres. (Art. 73.)

L'élection se fera à la même époque et de la même manière que celle des représentants de la nation et pour le tems de chaque législature. (Art. 74.)

Les qualités nécessaires pour être membres de ces Conseils, sont d'avoir vingt-cinq ans, de la probité et une existence honnête. (Art. 75.)

Les membres du Conseil se réuniront dans la capitale de la province. La première séance préparatoire sera consacrée à la nomination des président, vice-président, secrétaire et suppléants, élus pour tout le tems de la session, et à l'examen de la vérification de l'élection de ses membres. (Art. 76.)

Il y aura tous les ans une session de deux mois, qui pourra être prorogée d'un mois, si la majorité du Conseil l'a décidé ainsi. (Art. 77.)

Pour pouvoir délibérer, il faudra la réunion de la moitié, plus un de ses membres. (Art. 78.)

Le président de la province, le secrétaire et le commandant militaire ne peuvent être élus membres du Conseil. (Art. 79.)

Le président de la province assistera à l'installation du Conseil-général, qui aura lieu le 1er décembre. Son siége sera placé à la droite de celui du président du Conseil et sur la même ligne. Le président de la province adressera la parole au Conseil et lui rendra compte des affaires publiques et des mesures d'amélioration nécessaires à la province. (Art. 80.)

Les Conseils auront pour objet principal de discuter et de délibérer sur les affaires les plus intéressantes de la province. Ils présenteront des projets particuliers appropriés à ses localités et à ses besoins. (Art. 81.)

Les affaires commencées dans les Chambres, seront remises officiellement au secrétaire du Conseil, où elles seront discutées les portes ouvertes, aussi bien que celles qui auront leur origine dans les Conseils eux-mêmes. Les résolutions seront prises à la pluralité absolue des suffrages des membres présents. (Art. 82.)

On ne peut discuter dans les Conseils aucun projet sur les matières suivantes : 1° sur les intérêts généraux de la nation; 2° sur les affaires d'une province avec une autre ; 3° sur les impositions dont l'initiative est de la compétence particulière de la Chambre des députés (*Voy.* art. 36); 4° sur l'exécution des lois. Ils pourront cependant adresser, à cet égard, des représentations motivées à l'assemblée générale et au pouvoir exécutif réunis. (Art. 83.)

Les résolutions des Conseils-généraux de la province, seront directement remises au pouvoir exécutif par l'intermédiaire du président de la province. (Art. 84.)

Si l'assemblée générale se trouve réunie en ce moment, elles lui seront immédiatement envoyées par le ministre d'État, dans les attributions duquel elles se trouvent, pour être proposées sous forme de projet de loi, et obtenir l'approbation de l'assemblée pour une discussion unique dans chaque Chambre. (Art. 85.)

Si l'assemblée générale n'est pas réunie en ce moment, l'empereur les fera provisoirement exécuter, s'il juge cette rapidité d'exécution nécessaire au bien général de la province. (Art. 86.)

Faute de ces circonstances, l'empereur déclarera qu'il suspend son jugement à l'égard de cette affaire; à quoi le Conseil répondra qu'il a reçu très-respectueusement la réponse de sa majesté impériale. (Art. 87.)

Aussitôt la réunion de l'assemblée générale, ces résolutions ainsi différées lui seront transmises, aussi bien que celles qui ont été mises à exécution, pour être délibérées et décrétées dans les formes de l'art. 85. (Art. 88.)

La méthode à suivre par les Conseils-généraux de province dans leurs travaux. et leur police intérieure et extérieure, sera fixée par un règlement qui leur sera donné par l'assemblée générale. (Art. 89.)

Chap. VI. *Des élections.* La nomination des députés et sénateurs pour l'assemblée générale et des membres des Conseils-généraux des provinces, sera faite par élection indirecte. Tous les citoyens appelés par la loi et réunis en assemblée paroissiale, nommeront les électeurs des provinces, et ceux-ci les représentants de la nation et de la province. (Art. 90.)

Ont droit de voter dans les élections primaires : 1° les citoyens brésiliens qui jouissent de leurs droits politiques ; 2° les étrangers naturalisés. (Art. 91.)

Sont exclus du droit de voter dans les assemblées primaires : 1° les hommes âgés de moins de vingt-cinq ans : toutefois les hommes mariés et officiers militaires âgés de plus de vingt-et-un ans, les bacheliers et les clercs dans les ordres sacrés, posséderont ce droit comme s'ils avaient atteint leur vingt-cinquième année ; 2° les fils de famille qui sont dans la maison de leur père, à moins qu'ils ne possèdent un emploi public ; 3° les domestiques (ne sont pas compris toutefois dans cette classe les garçons de bureau, les garçons caissiers des maisons de commerce, les domestiques des maisons impériales qui ne portent plus le galon blanc, et les surveillants des fermes et fabriques); 4° les moines et tous ceux qui vivent dans une communauté cloîtrée; 5° ceux qui n'ont pas un revenu annuel de 100 *milreis* (600 francs), soit par leurs biens, leur industrie, leur commerce ou leur emploi. (Art. 92.)

Ceux qui ne peuvent voter dans les assemblées primaires de paroisse, ne peuvent être élus eux-mêmes, ni voter pour la nomination d'aucune autorité élective, nationale ou locale. (Art. 93.)

Peuvent être électeurs et voter dans l'élection des députés, sénateurs et membres des Conseils de provinces, tous ceux qui peuvent voter dans les assemblées paroissiales, excepté : 1° ceux qui n'ont pas un revenu de 200 *milreis* (1,200 francs) de leurs biens fonciers, de leur industrie, de leur commerce ou de leur emploi; 2º les affranchis; 3º les criminels, jugés tels. (Art. 94.)

Titre V. *De l'empereur, du pouvoir modérateur.* Le pouvoir modérateur est le ressort de toute l'organisation politique. Il est délégué uniquement à l'empereur, comme chef suprême de la nation et son premier représentant, pour qu'il veille incessamment au maintien, à l'égalité et à l'harmonie des autres pouvoirs politiques. (Art. 98.)

La personne de l'empereur est inviolable et sacrée; elle n'est soumise à aucune sorte de responsabilité. (Art. 99.)

Ses titres sont : empereur constitutionnel et défenseur perpétuel du Brésil ; on le traite de majesté impériale. (Art. 100.)

L'empereur exerce le pouvoir modérateur : 1º en nommant les sénateurs, conformément à l'art. 43; 2º en convoquant l'assemblée générale extraordinaire dans l'intervalle des sessions, quand le bien de l'empire l'exige ; 3º en sanctionnant les décrets et résolutions de l'assemblée générale pour leur donner force de loi (art. 62); 4º en approuvant ou en suspendant provisoirement les résolutions des Conseils provinciaux (art. 66 et 87); 5º en prorogeant ou ajournant l'assemblée générale; en dissolvant la Chambre des députés, dans le cas où l'exige le salut de l'État, et en convoquant immédiatement une autre pour la remplacer; 6º en nommant et renvoyant à son gré les ministres d'État; 7º en suspendant les magistrats dans les cas prévus par l'art. 154; 8º en remettant ou adoucissant les peines prononcées contre les coupables par les tribunaux ; 9º en accordant, dans un cas urgent, une amnistie que réclament à la fois et l'humanité et le bien de l'État. (Art. 101.)

Chap. II. *Du pouvoir exécutif.* L'empereur est le chef du pouvoir exécutif, et il l'exerce par ses ministres d'État. Ses principales attributions sont : 1º de convoquer la nouvelle assemblée générale ordinaire le 3 juin de la troisième année de la législature existante ; 2º de nommer les évêques et de pourvoir aux bénéfices ecclésiastiques ; 3º de nommer les magistrats ; 4º de pourvoir aux autres emplois civils et politiques ; 5º de nommer les commandants des troupes de terre et de mer et de les changer, quand l'exige l'intérêt du service ; 6º de nommer les ambassadeurs et autres agents diplomatiques et commerciaux ; 7º de diriger les négociations politiques avec les nations étrangères; 8º de faire les traités d'alliance offensive et défensive, de subsides et de commerce, et de les porter, après leur conclusion, à la reconnaissance de l'assemblée générale, lorsque l'intérêt et la sécurité de l'État le permettent ; si les traités conclus en tems de paix stipulent la cession ou l'échange d'une partie du territoire de l'empire ou de possessions auxquelles l'empire a des droits, ils ne peuvent être ratifiés sans avoir été approuvés par l'assemblée générale ; 9° de déclarer la guerre et faire la paix, en fesant à l'assemblée les communications compatibles avec l'intérêt et la sûreté de l'État ; 10° de concéder des lettres de naturalisation dans les formes voulues par la loi ; 11° de donner des titres, honneurs, ordres militaires et autres distinctions, en récompense de services rendus à l'État ; les gratifications pécuniaires seront toutefois soumises à l'approbation de l'assemblée, quand elles ne seront pas déjà stipulées par une loi ; 12° de publier des décrets, instructions et règlements pour la bonne exécution des lois ; 13° de décréter l'application des sommes votées par l'assemblée aux différentes branches de l'administration publique ; 14° d'accorder ou de refuser son approbation aux décrets des Conseils, aux lettres apostoliques et autres ordonnances ecclésiastiques, qui ne sont pas contraires à la constitution de l'État, en fesant précéder son approbation de celle de l'assemblée, s'il s'agit des dispositions générales ; 15° de pourvoir à tout ce qui concerne la sécurité intérieure et extérieure de l'État. (Art. 102.)

Avant d'être proclamé, l'empereur prêtera entre les mains du président du Sénat, les deux Chambres réunies, le serment suivant : Je jure de maintenir la religion catholique, apostolique et romaine et l'intégrité et l'indivisibilité de l'empire ; d'observer et de faire observer la constitution politique de la nation brésilienne et les autres lois de l'empire, et de pourvoir au bien général du Brésil autant qu'il est en moi. (Art. 103.)

L'empereur ne pourra quitter l'empire du Brésil sans le consentement de l'assemblée générale ; et, au cas où il le quitterait sans autorisation, il est entendu par-là qu'il abdique la couronne. (Art. 104.)

Chap. III. *De la famille impériale et de sa dotation.* L'héritier présomptif de l'empire prendra le titre de prince impérial (*principe imperial*), et son fils aîné celui de prince du Grand-Para (*principe do Grão Para*); tous les autres auront le titre de prince ; l'héritier présomptif et le prince du Grand-Para auront le titre d'altesse impériale, et tous les autres princes celui d'altesse. (Article 105.)

L'héritier présomptif, dès qu'il aura atteint sa quatorzième année, prêtera entre les mains du président du Sénat le serment suivant : Je jure de maintenir la religion catholique, apostolique et romaine; d'observer la constitution politique de la nation brésilienne et d'obéir aux lois et à l'empereur. (Art. 106.)

Aussitôt que l'empereur sera monté sur le trône, l'assemblée générale lui assignera, ainsi qu'à l'impératrice, son auguste épouse, la dotation qui convient à sa haute dignité. (Art. 107.)

La dotation assignée à l'empereur actuel et à son épouse, devra être augmentée, attendu que les circonstances actuelles ne permettent pas qu'on fixe dès aujourd'hui une somme convenable à la dignité de leurs augustes personnes et de la nation. (Art. 108.)

L'assemblée assignera aussi des dotations au prince impérial et aux autres princes, à leur naissance. La dotation donnée aux princes, ne cessera que quand ils sortiront de l'empire. (Art. 109.)

Les instituteurs des princes seront choisis et nommés par l'empereur, et l'assemblée fixera le traitement qui devra leur être payé par le trésor national. (Art. 110.)

Dans la première session de chaque législature, la Chambre des députés exigera des professeurs un compte rendu des progrès de leurs augustes disciples. (Art. 111.)

Quand les princesses devront se marier, l'assemblée leur assignera une dot, et la dotation cessera, du moment qu'elle leur sera accordée. (Art. 112.)

Les princes qui se marieront et iront résider hors de l'empire, recevront une fois pour toute, une somme désignée par l'assemblée, et ils cesseront alors de recevoir leur dotation (aliments). (Art. 113.)

La dotation et les dots mentionnées ci-dessus, seront payées par le trésor national, entre les mains d'un major-dome nommé par l'empereur, et avec lequel on pourra traiter de toutes les affaires relatives aux intérêts de la maison impériale. (Art. 114.)

Les palais et terres nationales possédés actuellement par dom Pédro, continueront d'appartenir à ses successeurs, et la nation prendra soin des acquistions et constructions jugées nécessaires à la dignité et à la récréation de l'empereur et de sa famille. (Art. 115.)

Chap. IV. *De la succession au trône.* Dom Pédro Ier, par l'acclamation unanime des peuples, empereur constitutionnel et défenseur perpétuel du Brésil, continuera à régner au Brésil. (Art. 116.)

Le descendant légitime succédera au trône, selon l'ordre régulier de primogéniture et de représentation, la ligne antérieure étant toujours préférée à la ligne postérieure, le dégré le plus proche au dégré plus éloigné dans chaque ligne, le sexe masculin au sexe féminin dans le même dégré, la personne la plus âgée à la plus jeune dans le même sexe. (Art. 117.)

A l'extinction des descendants légitimes de dom Pédro Ier, pendant la vie même du dernier descendant et durant son règne, l'assemblée générale choisira une dinastie nouvelle. (Art. 118.)

Aucun étranger ne pourra succéder à la couronne impériale du Brésil. (Art. 119.)

Le mariage de l'héritière présomptive de la couronne sera fait selon le bon plaisir de l'empereur. Si l'empereur était mort au moment où il s'agira de cette union, elle ne pourra la contracter sans l'approbation de l'assemblée générale. Son mari n'aura aucune part au gouvernement, et ne prendra le titre d'empereur que quand il aura de l'impératrice un fils ou une fille. (Art. 120.)

Chap. V. *De la régence pendant les minorités ou l'infirmité de l'empereur.* L'empereur est mineur jusqu'à l'âge de dix-huit ans accomplis. (Art. 121.)

Pendant sa minorité, l'empire sera gouverné par une régence qui appartiendra au parent le plus proche de l'empereur, selon l'ordre de succession, et pourvu qu'il ait plus de vingt-cinq ans. (Art. 122.)

Si l'empereur n'a aucun parent qui réunisse ces qualités, l'empire sera gouverné par une régence permanente, nommée par l'assemblée générale et composée de trois membres, dont le plus âgé sera président. (Art. 123.)

Jusqu'à l'élection de cette régence permanente, l'empire sera gouverné par une régence provisoire, composée des ministres de l'intérieur et de la justice et des deux conseillers d'État les plus anciens en exercice, présidée par l'impératrice veuve, et, en son absence, par le plus ancien conseiller d'État. (Art. 124.)

En cas de mort de l'impératrice régnante, cette régence sera présidée par son mari. (Art. 125.)

Si l'empereur, par une cause physique ou morale, constatée et reconnue par la majorité de chacune des Chambres de l'assemblée, est hors d'état de gouverner, le prince impérial gouvernera en son lieu, au cas où il aurait atteint sa dix-huitième année. (Art. 126.)

Le régent, aussi bien que la régence, prêteront le serment de fidélité spécifié dans l'art. 111, en y ajoutant la clause de fidélité à l'empereur, et l'engagement de lui remettre le gouvernement aussitôt sa majorité, ou que son infirmité cessera. (Art. 127.)

Les actes de la régence et du régent seront expédiés au nom de l'empereur, avec la formule suivante : La régence, au nom de l'empereur, ordonne ; le prince impérial régent, au nom de l'empereur, ordonne. (Art. 128.)

La régence ni le régent ne seront responsables. (Art. 129.)

Pendant la minorité du successeur de la couronne, il aura pour tuteur celui qui aura été désigné par son père dans son testament ; faute de cette désignation, l'impératrice-mère, au cas où elle ne se remarierait pas ; à leur défaut, l'assemblée générale nommera le tuteur, qui ne pourra jamais être celui auquel peut échoir la couronne à la mort de l'enfant mineur. (Art. 130.)

Chap. VI. *Du ministère.* Il y aura différentes secrétaireries d'État. La loi désignera les offices qui seront du ressort de chacune, ainsi que leur nombre, et elle les réunira ou les séparera, selon qu'il conviendra le mieux. (Article 131.)

Les ministres d'État rapporteront et signeront tous les actes du pouvoir exécutif qui ne peuvent être exécutés qu'avec cette formule. (Art. 132.)

Les ministres d'État seront responsables : 1° de trahison ; 2° de corruption, subornation et concussion ; 3° d'abus de pouvoir ; 4° de défaut d'observation des lois ; 5° d'actions contraires à la liberté, à la sécurité et à la propriété des citoyens ; 6° de toute dissipation des deniers publics. (Art. 133.)

Une loi particulière spécifiera la nature de ces délits et la manière de procéder en ce cas. (Art. 134.)

L'ordre de l'empereur donné de bouche ou par écrit ne met pas à couvert la responsabilité des ministres. (Art. 135.)

Les étrangers, quoique naturalisés, ne peuvent être ministres d'État. (Art. 136.)

Chap. VII. *Du Conseil d'État.* Il y aura un Conseil d'État composé de conseillers nommés à vie par l'empereur. (Art. 137.)

Ils n'excéderont pas le nombre de dix. (Art. 138.)

Ne sont pas compris dans ce nombre les ministres d'État, qui eux-mêmes ne sont pas réputés conseillers d'État sans une nomination spéciale de l'empereur à cette charge. (Article 139.)

Pour être conseiller d'État, il faut posséder les mêmes qualités que pour être sénateur. (Art. 140.)

Les conseillers d'État, avant d'entrer en fonctions, prêteront serment, entre les mains de l'empereur, de maintenir la religion catholique, apostolique et romaine, d'observer la constitution et les lois, d'être fidèles à l'empereur, de le conseiller selon leur conscience, et de n'avoir égard qu'au bien de l'État. (Art. 141.)

Les conseillers seront consultés dans toutes les affaires graves et sur les mesures générales d'administration publique, principalement quand il s'agira de déclaration de guerre, de traité de paix, de négociations avec les nations étrangères, aussi bien que dans toutes les occasions où l'empereur se propose d'exercer quelques-uns des droits du pouvoir modérateur, indiqués dans l'art. 100, à l'exception du paragraphe 6. (Art. 142.)

Les conseillers d'État sont responsables des conseils qu'ils donnent en opposition aux lois et aux intérêts de l'État. (Art. 143.)

Aussitôt que le prince impérial aura atteint sa dix-huitième année, il sera de droit membre du Conseil d'État. Pour entrer au Conseil d'État, les autres princes de la maison impériale doivent recevoir leur nomination de l'empereur. Les princes et le prince impérial ne sont pas compris dans le nombre de dix conseillers fixés par l'art. 138.

Chap. VIII. *De la force militaire.* Tous les Brésiliens sont obligés de porter les armes pour soutenir l'indépendance et l'intégrité de l'empire et le défendre contre les ennemis extérieurs et intérieurs. (Art. 145.)

Jusqu'à ce que l'assemblée générale ait désigné les forces

militaires permanentes de terre et de mer, elles subsisteront telles qu'elles sont, jusqu'à ce qu'elles soient augmentées ou diminuées par l'assemblée. (Art. 146.)

La force militaire est essentiellement obéissante. Elle ne pourra jamais se réunir sans l'ordre de l'autorité légitime. (Art. 147.)

C'est au pouvoir exécutif seul qu'appartient le droit d'employer les forces armées de terre et de mer, de la manière qui lui paraît convenable à la sûreté et à la défense de l'empire. (Art. 148.)

Les officiers de l'armée et de la flotte ne peuvent être privés de leur brevet que par une sentence rendue par les tribunaux compétents. (Art. 149.)

Une ordonnance spéciale réglera l'organisation de l'armée et de la marine du Brésil, sa promotion, solde et discipline. (Art. 150.)

Titre VI. *Des juges et des Cours de justice.* Le pouvoir judiciaire est indépendant, et sera composé de juges et de jurés qui seront employés aussi bien au civil qu'au criminel, et de la manière déterminée par les codes. (Art. 151.)

Les jurés prononceront sur le fait, et les juges appliqueront la loi. (Art. 152.)

Les juges de droit seront perpétuels. On n'entend pas cependant par-là qu'ils ne peuvent être déplacés d'un lieu à un autre, pendant le tems et de la manière déterminés par la loi. (Art. 153.)

L'empereur pourra les suspendre pour plaintes portées contre eux, après avoir toutefois entendu les juges eux-mêmes, pris les informations nécessaires et l'avis du Conseil d'État. Les actes relatifs à des affaires de cette nature seront renvoyés dans leur district respectif, pour qu'on puisse y procéder selon les lois. (Art. 154.)

Les juges ne pourront perdre leur place que par un jugement. (Art. 155.)

Tous les juges d'un district et les officiers de justice sont responsables des abus de pouvoir et des prévarications qu'ils peuvent commettre dans l'exercice de leur emploi. Cette responsabilité sera rendue effective par une loi réglementaire. (Art. 156.)

Tout citoyen pourra intenter contre eux une action pour subornation, péculat et concussion. Cette action pourra être poursuivie pendant une année et un jour par le plaignant même, ou tout autre individu de la ville, conformément à l'ordre légal de procédure. (Art. 157.)

Il y aura dans les provinces de l'empire des tribunaux de seconde et de dernière instance, nécessaires pour l'expédition des affaires civiles des citoyens. (Art. 158.)

Dans les causes criminelles, on publiera les interrogatoires des témoins, et tous les autres actes des procès seront publics après le jugement. (Art. 159.)

Dans les causes civiles et dans les causes pénales portées au civil, les parties pourront nommer des arbitres. Leur jugement sera exécuté sans appel, si les parties en sont convenues entre elles. (Art. 160.)

On ne pourra commencer un procès sans faire constater qu'on a usé des moyens de conciliation. (Art. 161.)

Il y aura à cette fin des juges de paix qui seront élus de la même manière et pour le même tems que les officiers des Chambres. Leurs attributions et leurs districts seront réglés par une loi. (Art. 162.)

Dans la capitale de l'empire, outre le tribunal qui doit y exister, comme dans les autres provinces, il y aura un autre tribunal sous la dénomination de tribunal de justice, dont les membres seront tirés des autres tribunaux et prendront le titre de conseillers. Les officiers des tribunaux abolis aujourd'hui pourront être employés dans l'organisation du nouveau tribunal. (Art. 163.)

A ce tribunal appartient le droit : 1° d'accorder ou refuser la révision des causes et du mode de procédure; 2° de connaître des délits et fautes commises par ses officiers, par ceux des autres tribunaux, par les employés du corps diplomatique et par les présidents des provinces; 3° de connaître et de décider les conflits de juridiction et la compétence des tribunaux des provinces. (Art. 164.)

Titre VII. *De l'administration des provinces.* Chap. Ier. Il y aura dans chaque province un président nommé par l'empereur, qui pourra le changer toutes les fois que le bien l'exigera. (Art. 165.)

La loi désignera ses attributions, sa compétence et son autorité, et tout ce qui convient à la meilleure expédition des affaires. (Art. 166.)

Chap. II. *Des Chambres provinciales.* Dans toutes les cités et villes existant aujourd'hui, et dans toutes celles qui pourront être créées à l'avenir, il y aura des Chambres auxquelles appartiendra le gouvernement économique et municipal de ces cités et de ces villes. (Art. 167.)

Les Chambres seront électives et composées d'un nombre d'officiers déterminés par la loi. Celui qui aura le plus grand nombre de voix sera nommé président. (Art. 168.)

Une loi réglementaire déterminera l'exercice des fonctions municipales, la formation de leurs mesures de police, l'application de leurs revenus et toutes les autres attributions particulières et utiles. (Art. 169.)

Chap. III. *Du trésor national.* Les recettes et dépenses des finances nationales seront confiées à une commission du trésor national, qui, dans les différentes divisions établies par la loi, aura une administration et une comptabilité particulière en correspondance avec les trésoreries et autorités des provinces de l'empire. (Art. 170.)

Toutes les contributions directes, à l'exception de celles qui sont appliquées à l'amortissement de la dette publique, seront annuellement votées par l'assemblée nationale ; mais elles continueront à être perçues jusqu'à ce qu'on ait prononcé leur abolition, ou qu'on les ait remplacées par d'autres. (Art. 171.)

Le ministre des finances, après avoir reçu des autres ministres les rôles relatifs aux dépenses de leurs ministères, présentera annuellement à la Chambre des députés, aussitôt sa réunion, une balance générale de la recette et de la dépense du trésor national de l'année précédente, ainsi que le rôle général de toutes les dépenses publiques de l'année future, et la valeur de toutes les contributions et de tous les revenus publics. (Art. 172.)

Titre VIII. *Des dispositions générales et des garanties des droits civils et politiques des citoyens brésiliens.* L'assemblée générale, au commencement de ses sessions, examinera si la constitution politique de l'État a été exactement observée, pour y porter remède comme il convient. (Art. 173.)

Si, quatre ans après le serment prêté à la constitution du Brésil, on reconnaît que quelques-uns des articles méritent d'être réformés, la proposition en devra être faite par écrit, mais seulement dans la Chambre des députés, et être appuyée par le tiers de ses membres. (Art. 174.)

La proposition sera lue trois fois, en laissant un intervalle de six jours entre chaque lecture, et, après la troisième, la Chambre des députés délibérera si la proposition peut être admise en discussion, en suivant dans tout le reste la méthode suivie pour la formation d'une loi. (Article 175.)

La discussion admise, et la nécessité d'une réforme d'un article constitutionnel approuvée, on rédigera une loi qui sera sanctionnée et promulguée par l'empereur suivant la forme ordinaire, et dans laquelle on prescrira aux électeurs des députés, pour la législature suivante, de leur donner plein pouvoir de changer ou réformer l'article en question. (Art. 176.)

Dans la législature suivante, dès la première session, la matière sera de nouveau proposée et discutée; la majorité prévaudra pour le changement ou l'addition à la loi fondamentale. Le nouvel article, réuni à la constitution, sera ensuite solennellement promulgué. (Art. 177.)

Les attributions respectives des pouvoirs politiques, et les droits politiques et individuels des citoyens, seront sous la sauve-garde de la constitution. Tout ce qui n'est pas constitutionnel peut être altéré dans les formalités ci-dessus par les législateurs ordinaires. (Art. 178.)

L'inviolabilité des droits civils et politiques des citoyens brésiliens, qui a pour base la liberté, la sûreté individuelle et la propriété, est garantie par la constitution de l'empire de la manière suivante : 1° aucun citoyen ne peut être obligé de faire ou de cesser de faire une chose qu'en vertu d'une loi; 2° aucune loi ne sera établie sans utilité publique; 3° aucune loi n'aura d'effet rétroactif; 4° tout homme peut communiquer ses pensées par paroles et par écrit, et les publier par la voie de la presse, sans dépendre de la censure; chacun sera toutefois responsable des abus qu'il commettra dans l'exercice de ce droit, dans le cas et sous la forme déterminés par la loi; 5° personne ne peut être poursuivi pour matière de religion, s'il respecte la religion de l'Etat et n'offense pas la morale publique; 6° il est permis à tout individu de rester dans l'empire ou d'en sortir, comme bon lui semble, en emportant ses biens, sauf à se conformer aux règlements de police et sans porter préjudice à personne; 7° la maison de tout citoyen est un asile inviolable; qui que ce soit ne pourra y entrer de nuit que de son consentement; on peut la défendre d'incendie ou d'inondation; l'entrée n'en sera permise de jour que dans les cas et de la manière déterminés par la loi; 8° personne ne pourra être arrêté, sauf les cas prévus par la loi ; vingt-quatre heures après son entrée en prison, si c'est dans une cité, ville ou village, voisins de la résidence d'un juge, et dans un intervalle proportionné à l'étendue du territoire et déterminé par la loi pour les lieux éloignés, le juge fera savoir à l'accusé, par une note signée de lui, le motif de son emprisonnement, le nom des accusateurs et celui des témoins, s'il y en a ; 9° même dans le cas de mise en accusation, personne ne peut être conduit en prison ou y être retenu, s'il donne une caution déterminée par la loi : en général, dans tous les crimes qui ne sont pas punis de plus de six mois de prison ou d'expulsion de l'arrondissement, l'accusé restera libre ; 10° sauf le flagrant délit, l'emprisonnement ne peut être exécuté que par un ordre écrit de l'autorité compétente ; si cet ordre est arbitraire, le juge qui l'a donné et celui qui l'a requis seront punis des peines déterminées par la loi ; dans cette disposition sur les emprisonnements, ne sont pas compris les ordonnances militaires, nécessaires à la discipline et au recrutement de l'armée, ni les cas qui ne sont pas purement criminels, dans lesquels la loi détermine l'emprisonnement d'une personne pour avoir désobéi aux ordres de la justice, pour n'avoir pas rempli ses obligations dans le tems prescrit ; 11° personne ne sera condamné que par l'autorité compétente, en vertu d'une loi antérieure et dans la forme prescrite ; 12° l'indépendance du pouvoir judiciaire sera maintenue : aucune autorité ne pourra évoquer les causes pendantes, les supprimer ou faire recommencer les procédures terminées ; 13° la loi sera égale pour tous, soit qu'elle punisse, soit qu'elle châtie, et récompensera en proportion des mérites de chacun ; 14° tout citoyen est également admissible aux emplois civils, politiques ou militaires, sans autre différence, sans autre considération que celle de ses talents et de ses vertus ; 15° personne ne sera exempt de contribuer aux charges de l'État en proportion de son avoir ; 16° tous les priviléges qui ne sont pas essentiels et entièrement liés aux emplois et d'une utilité publique, sont désormais abolis ; 17° il n'y aura d'autres tribunaux que ceux déterminés par les lois ; il n'y aura pas de tribunaux exceptionnels, ni de commission spéciale pour les causes civiles ou criminelles ; 18° il sera rédigé, aussitôt que possible, un code civil, fondé sur les bases solides de la justice et de l'équité ; 19° dès aujourd'hui sont abolis les coups de fouet, la torture, la marque du fer rouge et tous les autres châtiments barbares; 20° la peine ne frappera jamais que le coupable : ainsi, il ne pourra exister aucune confiscation de biens, et jamais l'infamie du coupable ne se transmettra à ses parents, à quelque dégré que ce soit ; 21° les prisons seront sûres, propres et bien entretenues ; il y aura différentes prisons pour séparer les coupables, selon leur situation et la nature de leurs crimes ; 22° le droit de propriété est garanti dans toute sa plénitude ; si, après un mûr examen, le bien public exige qu'on fasse usage de la propriété d'un citoyen, il sera préalablement indemnisé de sa valeur; la loi fixera les cas dans lesquels cette unique exception aura lieu, et elle donnera les règles pour la détermination de l'indemnité ; 23° la dette publique est également garantie ; 24° aucun genre de travail, de culture, d'industrie ou de commerce, ne peut être entravé toutes les fois qu'il ne préjudicie ni aux mœurs publiques, ni à la sécurité et à la santé des citoyens; 25° les corporations, avec leurs doyens, maîtrises et secrétaireries, sont abolies ; 26° les inventeurs auront la propriété de leurs découvertes et de leurs productions ; la loi leur assurera un privilége exclusif temporaire, ou les récompensera, en raison de la perte que leur fera éprouver la publicité de la découverte ; 27° le secret des lettres est inviolable ; l'administration des postes est rigoureusement responsable de toute infraction à cet article; 28° toutes les récompenses conférées pour services rendus à l'État dans le civil et le militaire sont garanties, aussi bien que le droit acquis à ces récompenses, conformément aux lois ; 29° les employés publics sont strictement responsables des abus et omissions qu'ils commettent dans l'exercice de leurs fonctions, et leur négligence à surveiller la responsabilité de leurs subalternes; 30° tout citoyen pourra présenter au pouvoir législatif et exécutif ses réclamations, plaintes ou pétitions, et exposer même toutes les infractions à la constitution, en réclamant de l'autorité compétente la responsabilité effective des coupables; 31° la constitution garantit encore les secours publics ; 32° l'instruction primaire est gratuite pour tous les citoyens ; 33° l'établissement de colléges et universités où seront enseignés les élémens des sciences, belles-lettres et arts, est ordonné ; 34° les pouvoirs constitutionnels ne peuvent suspendre la constitution en ce qui concerne les droits individuels, hors les cas et circonstances spécifiés dans l'article suivant. (Art. 179.)

Dans le cas de rébellion ou d'invasion ennemie, la sécurité de l'État demandant qu'on se dispense, pour un tems déterminé, de quelques-unes des formalités qui garantissent la liberté individuelle, cette suspension pourra se faire par acte spécial du pouvoir législatif : mais si l'assemblée n'est pas alors réunie, et si la patrie court un danger imminent, le gouvernement pourra exercer cette mesure comme moyen provisoire et indispensable ; mais il rétablira ces choses aussitôt que cessera la nécessité urgente qui les a motivées. Dans l'un et dans l'autre cas, cependant, il devra remettre à l'assemblée, aussitôt sa réunion, une relation motivée des emprisonnements et autres moyens de précaution qu'il aura pris, et toutes les autorités qui auront ordonné de procéder à l'exécution de ces mesures seront responsables des abus commis à cet égard.

Rio de Janéiro, le 11 décembre 1823.

Signés João Severiano Maciel da Costa, Luiz Jozé de Carvalho et Mello, Clemente Ferreira França, Mariano Jozé Pereira da Fonseca, João Gomez da Silveira Mendonça, Francisco Villela Barboza, Barão de Santo Amaro, Antonio Luiz Pereira da Cunha, Manoel Jacinto Nogueira da Gama, Jozé Joaquim Carneiro de Campos.

Nous ordonnons donc à toutes les autorités auxquelles appartiendront la connaissance et l'exécution de cette constitution, d'y prêter et faire prêter serment, de l'exécuter et de la faire exécuter dans l'intégrité de son contenu.

Le secrétaire d'État des affaires de l'empire est chargé de la faire imprimer, publier et circuler.

Donné à Rio de Janéiro, le 25 mars 1824.

L'empereur : *signé* João S. Maciel da Costa (1). »

1824 (26 mars). *Décret de l'empereur relatif aux élections des membres du Sénat, de la Chambre des députés et des Conseils-généraux des provinces.* Chaque province nommera le nombre de députés ci-après, savoir :

---

(1) Annuaire historique, par M. Lesur, 1825.
Collecção das leis, etc., tom. IV.
Constituição politica do Brazil e carta constitutional do reino de Portugal, conforme as edições authenticas, etc. Paris, 1830.
English and Foreign state papers, etc. London.

Province cisplatine	2
Rio-Grande do Sul	3
Santa-Catharina	1
S.-Paulo	9
Mato-Grosso	1
Goyaz	2
Minas-Géraès	20
Rio de Janéiro	8
Espirito-Santo	1
Bahia	13
Sérégipe d'El Rei	2
Alagoas	5
Pernambuco	13
Para-iba	5
Rio-Grande do Norte	1
Céará ou Ciara	8
Piauhy	1
Maranham	4
Pará	3
Total	102

1824 (10 juin). Proclamation de l'empereur à tous ses sujets, annonçant qu'une expédition dirigée contre le Brésil est sur le point de partir de Lisbonne. « Que notre devise soit toujours, » dit-il, « l'indépendance ou la mort (1). »

1824 (7 juillet). Décret séparant la *comarca* de Rio de S.-Francisco de la province de Pernambuco, et incorporant cette *comarca* à la province de Minas-Géraès (2).

1824 (26 juillet). Un embargo général est mis sur tous les navires à Rio-Janéiro.

1824 (20 octobre). Décret qui autorise le brigadier Francisco de Lima e Silva, chef de l'armée coopératrice du bon ordre (*exercito cooperador da ƀoa ordem*), à accorder une médaille de distinction aux plus braves de cette armée, en récompense de leurs services et de leur valeur (3).

1825. Une division brésilienne de l'intérieur de Mato-Grosso s'était emparée (le 26 avril) de la province de Chi-

---

(1) *Collecção*, etc., p. 191-192.
(2) *Idem*, p. 194.
(3) *Idem*, p. 208.

quito, dans le Haut-Pérou (Bolivia); peu après, les troupes indépendantes du Pérou ayant occupé Santa-Cruz de la Sierra, invitèrent D. Sébastian Ramos, gouverneur de la province de Chiquito, à se jondre à elles; mais il repoussa cette invitation, et par ses conseils, le gouvernement provisoire de Mato-Grosso réunit cette province à l'empire du Brésil. L'empereur désapprouva cette mesure, et fit déclarer, le 6 août, par son ministre, qu'elle était en opposition avec ses principes libéraux; qu'il avait pris la résolution de ne jamais intervenir dans la lutte des Américains espagnols contre l'Espagne ou entre eux-mêmes; que d'ailleurs ce principe était conforme au droit public des nations civilisées.

1825 (29 août). *Traité entre le Portugal et le Brésil, pour la reconnaissance de ce dernier empire, ratifié par l'empereur le 7 septembre* (11 articles). Le roi D. Jean VI reconnaît, par son diplôme du 15 mai 1825, le Brésil comme empire indépendant et séparé du royaume de Portugal et des Algarves, et son fils dom Pédro comme empereur. Les deux souverains, agréant la médiation de S. M. B., sont convenus que le traité sera conclu aux conditions suivantes : Le roi D. Jean VI reconnaît le Brésil comme empire indépendant, et son fils dom Pédro comme empereur dudit empire, ne s'en réservant à lui-même que le titre avec le consentement de son fils. (Art. 1 et 2.)

Les offres que pourraient faire d'autres colonies portugaises de se réunir au Brésil ne seront pas agréées. (Art. 3.)

Il y aura paix, alliance et amitié entre les royaumes du Brésil et les royaumes de Portugal et des Algarves, et oubli de toutes leurs dissensions. (Art. 4.)

Les sujets des deux nations seront traités dans les États respectifs comme ceux des nations les plus favorisées. (Art. 5.)

Tous biens confisqués ou séquestrés seront restitués aux propriétaires, et en cas de non-restitution, les propriétaires seront autrement indemnisés. (Art. 6.)

Les navires et cargaisons capturés seront restitués, ou les propriétaires seront indemnisés. (Art. 7.)

Les affaires litigieuses seront examinées par une commission nommée par les deux gouvernements et composée d'un nombre égal de Brésiliens et de Portugais, et les réclamations seront faites dans l'espace d'un an, après la formation de la commission. Dans le cas de diversité d'opinions ou d'égalité de votes, le représentant d'un souverain médiateur en décidera. (Art. 8.)

Les demandes faites réciproquement par les deux gouvernements seront liquidées ou par restitution ou par indemnité. (Art. 9.)

Les relations commerciales des deux nations seront rétablies en payant réciproquement, sur toutes les marchandises, un droit provisoire de quinze pour cent ; les droits de réimportation resteront comme ils étaient avant la séparation des deux États.

Signé : Charles Stuart (le roi ayant accepté la médiation de l'Angleterre); Luis Jozé de Carvalho e Mello, ministre secrétaire d'État ; le baron de Santo Amaro, grand de l'empire; Francisco Villela Barboza, ministre de la marine.

Ratifié au palais de Mafra, le 15 novembre (1).

1825 (le 29 août). *Convention ou acte additionnel entre le Portugal et le Brésil pour la liquidation des créances.* D'après le neuvième article du traité de paix et d'alliance conclu entre le Portugal et le Brésil, S. M. I., en considération des réclamations faites par chacun des deux gouvernements, consent à accorder à celui de Portugal la somme de 2,000,000 de livres sterling (50 millions de francs), afin d'annuler toute autre réclamation de sa part et tout droit en faveur d'indemnités de cette nature. « Afin de liquider cette somme, S. M. rend responsable le trésor du Brésil pour

---

(1) *Collecção das leis,* p. 238-241.

Nouveau recueil de traités, etc., par George Frédéric de Martins, continué par Frédéric Saalsfeld, tom. VI., deuxième partie, à Gottingue, 1828.

Éclaircissements historiques, etc., par le marquis de Rézende, p. 12. « Le Portugal, » dit-il, « ne croyait pas devoir repousser une émancipation réclamée de lui par la force des choses et appuyée par la médiation d'un allié dont la fidélité s'était surtout manifestée aux jours de la mauvaise fortune, et dès qu'on pût être rassuré sur l'existence du gouvernement régulier, sir Charles Stuart eut la mission de signer, le 29 août 1825, en qualité de plénipotentiaire portugais, l'acte formel de reconnaissance et de séparation des deux États. »

Par un édit perpétuel, daté du même jour, le 29 août, l'empereur dom Pédro était désigné comme héritier et successeur légitime des couronnes des deux royaumes.

l'emprunt contracté à Londres, au mois d'octobre 1823, en liquidant le reste, afin de payer ladite somme de deux millions dans un an, par des paiements trimestriels, à compter du jour de la ratification et de la publication de la présente convention. Sont exceptées les réclamations concernant le transport des troupes et les dépenses qu'elles ont occasionnées. »

Signé : Carvalho C. Melo, Barao de Santo Amaro, Franc. Vil Barboza.

Blocus de Pernambuco, qui se rend aux autorités impériales. Le gouvernement brésilien avait communiqué (1814) aux agents étrangers, son intention de mettre en état de blocus le port de Pernambuco, dans le cas où le parti qui dirigeait les affaires dans cette province refuserait de se soumettre aux ordres de l'empereur. En conséquence, une escadre commandée par le commodore *John Taylor*, mit à la voile de Rio de Janéiro le 3 mars 1825, et le 8 avril suivant, cet officier établit sa ligne de blocus, qui fut notifiée le 23, dans la forme ordinaire, aux agents étrangers.

Le 11 juin, sa majesté impériale, dans une proclamation adressée au peuple de Pernambuco et publiée dans le *Diario fluminense*, annonça son intention de retirer les forces navales stationnées devant ce port; et le 29 suivant, l'escadre rentra à Rio.

Le 9 juillet, l'empereur revint sur cette détermination et envoya une seconde escadre, sous les ordres du capitaine Antonio José de Carvalho, qui partit le 12 juillet, arriva en vue du port, vers le 1er août, et fit savoir, le 12, au consul anglais, que Pernambuco était en état de blocus. Le 18 août, l'amiral Cochrane rejoignit l'escadre, et le 17 septembre suivant, la place se rendit aux forces impériales (1).

1825. *Hostilités entre le Brésil et la république argentine.* Les hostilités recommencèrent entre le Brésil et le gouvernement de Buénos-Ayres dans la Bande orientale. Dans sa dépêche du 13 octobre, le général Lavalléja écrivait au sujet de la victoire remportée par les troupes argentines sur celles du Brésil, que 2,000 soldats d'élite comman-

---

(1) *Correspondence with the Brazilian government.* Washington, 1828. Doc. n° 281.

dés par le colonel V. Manoel, avaient été complètement défaits sur la côte de Sarandi, par un nombre égal de patriotes ; que 400 Brésiliens avaient été tués, et 470 soldats et 52 officiers faits prisonniers ; que la perte des Argentins n'était que d'un officier tué, 13 autres blessés et 100 soldats tués ou blessés.

De leur côté, les habitants établirent un gouvernement provisoire, déclarant que l'acte de leur incorporation avec le Brésil était nul et sans effet, et qu'ils voulaient être réunis à leurs compatriotes de Buénos-Ayres. Le gouvernement de la république argentine accepta cette déclaration, et décida que les Brésiliens évacueraient le territoire en litige comme fesant partie intégrante de la république (1).

1825 (18 octobre). *Traité entre la Grande-Bretagne et le Brésil pour l'abolition de l'esclavage.* La séparation de l'empire du Brésil du royaume de Portugal ayant mis sa majesté britannique dans l'obligation de réclamer l'exécution des traités conclus avec la Cour de Lisbonne, les 22 janvier 1815 et 28 juillet 1817, pour défendre l'exportation des esclaves de la côte d'Afrique aux pays étrangers, et S. M. l'empereur du Brésil désirant, de son côté, arriver au même résultat, les hautes parties contractantes, après avoir nommé leurs plénipotentiaires, sont convenues de ce qui suit :

Pendant quatre années, à partir de la date de la ratification des présentes, aucun sujet de l'empire du Brésil ne pourra faire le commerce d'esclaves sur la côte d'Afrique, sous quelque prétexte et de quelque manière que ce soit. (Art. 1er.)

Sera considéré comme acte de piraterie tout commerce d'esclaves fait avec les circonstances suivantes :

1° Avec des bâtiments et sous pavillon anglais, ou pour

---

(1) L'auteur de la notice historique sur dom Pédro dit (p. 82 et 83) « qu'un officier, qui avait combattu sous Artigas, et qui avait passé au service du Brésil où il avait été comblé des bienfaits de l'empereur, se trouvant à Montévidéo en qualité de maréchal-de-camp, leva le premier l'étendard de la rébellion. Il sortit de la place S.-Philippe avec le corps qu'il put séduire et attaqua les Brésiliens. Sa défection était d'avance concertée avec Buénos-Ayres, qui, si l'on en croit certains rapports, était poussée à cette intrigué par l'influence d'une nation européenne ». Voyez la *note G. État de Montévidéo.*

le compte de sujets anglais, sous quelque pavillon que ce soit;

2º Il en sera de même pour les navires brésiliens;

3º Avec le pavillon anglais ou brésilien, pour le compte des sujets de l'un et de l'autre gouvernement;

4º Avec des navires brésiliens destinés à l'un des ports de l'empire. (Art. 2.)

Les territoires où le trafic d'esclaves sera permis pendant les quatre années stipulées ci-dessus, aux sujets de sa majesté impériale, sont :

1º Les terres appartenant à la couronne de Portugal, sur les côtes d'Afrique, au midi de l'équateur, savoir : sur la côte orientale d'Afrique, le territoire compris entre le cap Delgado et la baie de Lorenzo-Marques; et sur la côte occidentale, tout le pays compris entre le 8e et le 18e dégré de latitude sud;

2º Les territoires sur la côte d'Afrique, au midi de la ligne, sur lesquels la couronne de Portugal a fait valoir son droit, nommément les territoires de Molembo et de Cabinda, sur la côte occidentale d'Afrique, depuis le 5e dégré 12′ jusqu'au 8e dégré de latitude sud. (Art. 3.)

Les art. 4, 5, 6 et 7 déterminent les formalités à remplir pour la navigation d'un port à l'autre, ainsi que la forme des passeports.

Les vaisseaux de guerre des deux marines pourront, lorsqu'ils seront munis des instructions et pouvoirs nécessaires, visiter les bâtiments marchands des deux nations qu'ils soupçonneraient avec raison de faire la traite; ils pourront même conduire les délinquants dans un port pour y être jugés par les tribunaux compétents, en se conformant strictement et littéralement à leurs instructions, chaque gouvernement étant responsable des dommages que l'un de ses croiseurs aurait pu occasionner par une arrestation arbitraire ou toute autre cause. (Art. 8.)

La détention d'un bâtiment ne pourra être légalisée que dans le cas où des esclaves trouvés à bord y seraient destinés au trafic; et à l'égard des bâtiments brésiliens, seulement si ces esclaves viennent d'une autre partie de la côte d'Afrique que des territoires mentionnés art. 3. (Art. 9.)

Chaque vaisseau de guerre chargé d'empêcher la traite sera muni d'une copie des instructions qui seront dressées à ce sujet et annexées au présent traité; ces instructions seront en portugais et en anglais. Il sera nommé deux commissions composées d'un nombre égal de sujets des deux nations, pour juger de la validité des saisies ; l'une d'elles résidera au Brésil, l'autre dans les possessions de sa majesté britannique. (Art. 10 et 11.)

L'art. 12 énumère les instructions et règlements annexés au traité.

Les présentes seront échangées à Londres dans l'espace de quatre mois, s'il est possible. (Art. 13 et dernier.)

Fait à Rio-Janéiro, le 18 octobre 1825 (1).

1825 (15 novembre). Loi ou *édit*, rendu à Lisbonne, par lequel le roi Jean VI reconnut formellement son fils aîné, dom Pédro de Alcantara, le plus cher de ses fils, dans la double qualité de *prince royal de Portugal et des Algarves et d'empereur du Brésil*, avec le traitement qui appartient à cette dignité.

Le 7 décembre, le cabinet anglais reçut à Londres une *note officielle*, par laquelle le marquis de *Palmella* demandait à sa majesté britannique, au nom et par ordre du roi Jean VI, la garantie de la succession de la couronne de Portugal, en faveur de S. M. l'empereur du Brésil, conformément au traité et à la convention signés à Rio de Janéiro, le 29 août dernier. Le ministre Palmella rappelait à M. Canning que les intérêts politiques de la Grande-Bretagne étaient intimement liés avec la conservation des deux couronnes du Portugal et du Brésil dans la même ligne de la maison royale de Bragance, et que le cabinet anglais, d'après les principes de bonne foi et d'honneur, ne pouvait

---

(1) *Annual register*, 1825. London.

1822. D'après les papiers présentés au gouvernement britannique, au mois de mai 1822, il est prouvé que, dans l'espace de sept mois de l'année 1821, 38,000 Africains furent enlevés comme esclaves, et que du mois de juillet 1820 au commencement d'octobre 1821, 352 navires étaient entrés dans les rivières et ports de l'Afrique, au nord de l'équateur, pour acheter des esclaves. Chacun a pu en enlever de 5 à 600.

English and Foreign state papers for 1822-3, p. 96. *Papers relating to the slave trade.*

Suivant le rapport fait en 1824, à l'institution africaine de Londres, on transporta, en l'année 1822, d'Afrique au Brésil, 31,240 noirs, dont 3,484 moururent dans la traversée.

refuser de maintenir un arrangement conclu d'après son désir et sous ses auspices.

1825 (10 décembre). *Manifeste ou déclaration de guerre de l'empereur du Brésil contre les Provinces-Unies du Rio de la Plata.* Dès le commencement de la révolution des provinces de la Plata, la Cour de Rio-Janéiro avait gardé la plus stricte neutralité, tandis que les insurgés infestaient les frontières de la province de Rio-Grande de S.-Pédro, afin d'exciter les habitants à la révolte. Pour garantir les États portugais contre ces révolutionnaires, il était nécessaire d'établir une barrière. L'Espagne se trouvant en possession de la Banda orientale, le Brésil conjura cette Cour d'y arrêter la révolution; mais elle abandonna à son sort cette province, qui tomba alors dans une épouvantable anarchie. Artigas s'empara de l'autorité suprême à Montévidéo, et continua les hostilités contre le Brésil. Il fut reconnu chef suprême et indépendant de la Banda orientale, après l'échec que les troupes de Buénos-Ayres avaient éprouvé à Guabiju, en 1815. Un corps d'armée brésilienne chassa ce chef audacieux au-delà de l'Uruguay, et s'empara de la rive gauche de cette rivière. Après l'occupation de ce territoire par le Brésil, les Cisplatins se mirent sous sa protection, dont ils jouirent tranquillement pendant quatre ans. Mais Buénos-Ayres réussit à créer parmi eux un parti contre la domination de la Cour de Rio-Janéiro, en insinuant que l'occupation de Montévidéo aurait dû cesser avec la défaite d'Artigas. Mais si cette province ne possédait point les éléments nécessaires pour devenir État indépendant, et si la métropole n'avait pas les moyens ou la volonté de la conserver, à qui la Cour de Rio de Janéiro pouvait-elle la remettre sans exposer la sûreté du Brésil? L'indépendance de Montévidéo avait été déjà reconnue; et quand même l'évacuation en eût été juste, le gouvernement de Buénos-Ayres pouvait-il offrir au Brésil les garanties nécessaires, et lui payer les indemnités dont le montant surpassait la valeur du territoire en question?

Au moment de son retour en Europe, sa majesté convoqua, à Montévidéo, un congrès extraordinaire, composé de représentants de cette province, pour délibérer sur sa situation et adopter la forme du gouvernement qu'ils jugeraient le plus convenable pour l'intérêt général. Buénos-Ayres, sans s'opposer ouvertement à cette mesure, envoya des émissaires dans la Banda orientale pour y semer la méfiance relativement aux intentions du monarque; mais les membres du congrès, après une grave délibération, résolurent d'incorporer cette province avec les royaumes-unis du Portugal, du Brésil et des Algarves. Le 31 juillet 1821, ils dressèrent, à cet effet, un acte, qui fut accepté par la Cour de Rio-Janéiro.

Bientôt après cette incorporation, le Brésil se sépara des autres parties de la monarchie portugaise; et les Cisplatins, par l'organe de leur procureur-général, en juin 1822, proclamèrent leur adhésion au Brésil, pendant que la ville de Montévidéo était occupée par un corps de troupes portugaises, qui s'était séparé de sa cause.

Le 12 octobre 1822, à l'avènement de l'empereur dom Pédro au trône, les cabildos de toutes les villes et toutes les troupes de la province cisplatine lui prêtèrent serment de fidélité. Ennemi implacable des institutions monarchiques, le gouvernement de Buénos-Ayres prit le parti d'envoyer un commissaire à Rio-Janéiro, pour demander une réponse positive sur la question de savoir si la province de Montévidéo serait réunie à Buénos-Ayres. La Cour ne voulait pas reconnaître le droit de lui faire cette demande; mais, dans une note adressée à l'envoyé de Buénos-Ayres, le 6 février 1824, elle donna quelques explications à cet égard. Ensuite, les Cisplatins acceptèrent librement la constitution de l'empire et nommèrent des députés au Corps législatif.

Le gouvernement de Buénos-Ayres établit une ligne militaire dans l'Uruguay, sans en donner notification à la Cour de Rio-Janéiro : il encouragea la piraterie de ses sujets contre les navires brésiliens, même dans la rade de Buénos-Ayres : la populace commit des outrages envers le consul brésilien et les armes de l'empire placées sur la porte de la maison, et aucune satisfaction n'a été donnée de la part du gouvernement, qui, en même tems, s'occupa de préparatifs de guerre, et autorisa un comité établi à Buénos-Ayres à entretenir une correspondance avec les révoltés de la Banda orientale, qui se déclara en faveur de l'union avec les paroisses argentines. Le gouvernement de Buénos-Ayres, violant les principes du droit des gens, s'empressa de reconnaître cette incorporation, mais à quels titres? Cette province, comme les autres de l'ancienne vice-royauté de Buénos-Ayres, séparées de la mère-patrie, avait le droit de former un gouvernement indépendant; mais elle avait le droit, si elle le préférait, de s'incorporer plutôt au Brésil. Sans aucune provocation de sa part, le gouvernement de Buénos-Ayres manifesta la résolution d'attaquer le Brésil. La dignité de la nation fut insultée par la violence exercée contre son agent diplomatique, qui fut forcé de se retirer secrètement de Buénos-Ayres à Montévidéo. Cette violation du droit des gens fit perdre tout espoir de réconciliation, et obligea l'empereur d'avoir recours aux armes et de repousser la force par la force (1).

Le dernier jour de l'année 1825, l'amiral Lobo, commandant l'escadre brésilienne dans la Plata, déclara Buénos-Ayres et tous les ports et côtes de la république en état de blocus, ce qui embrassait une étendue de 20 dégrés de latitude. Pour faire respecter ce blocus, sa force maritime ne consistait qu'en une corvette, une couple de bricks armés en guerre et quelques chaloupes canonnières (2).

1826 (2 janvier). *Décret ou déclaration de guerre du gouvernement des Provinces-Unies de la Plata contre l'empereur du Brésil*. « La guerre que l'empereur a commencée a pour but, » dit ce décret, « de conserver par sa violence une province de la république des Provinces-Unies, et par conséquent elle est injuste. Un gouvernement qui attaque ses voisins au mépris des lois des nations, doit être repoussé par tous les moyens qu'autorise la guerre. Un des plus efficaces pour le réduire à la raison est la course maritime par des corsaires. Par conséquent, elle est autorisée contre les navires et les propriétés de l'empereur du Brésil et de ses sujets. Des lettres de marque seront accordées à tous ceux qui les demanderont, conformément aux règlements de mai 1817. »

Le traité de commerce et de navigation entre la France et le Brésil, conclu à Rio-Janéiro, le 8 janvier 1826 est ainsi conçu : Il y aura paix constante et amitié perpétuelle entre LL. MM. le roi de France et de Navare et l'empereur du Brésil, leurs héritiers et successeurs, et entre tous leurs sujets. (Art. 1ᵉʳ.)

---

(1) *Collecção das leis*, p. 244-250, *manifesto* ou *exposição e justificativa do procedimento da corte do Brasil a respeito do gouverno das provincias unidas do Rio da Prata*, etc.

(2) Avant la fin de janvier 1826, neuf bâtiments étrangers entrèrent dans le port de Buénos-Ayres, qui était bloqué par une force encore plus faible, consistant en deux bricks de guerre et onze chaloupes canonnières.

Les mêmes faveurs, honneurs, immunités, priviléges et exemptions de droits et charges seront accordés aux ambassadeurs de leurs majestés, ministres et agents accrédités dans leurs Cours respectives, selon les formalités d'usage. (Art. 2.)

Chacune des hautes parties contractantes aura le droit de nommer des consuls-généraux, consuls et vice-consuls dans tous les ports ou villes des domaines de l'autre, où ils seront jugés nécessaires pour le développement du commerce et la protection des intérêts commerciaux de leurs sujets respectifs. Les consuls ne pourront entrer dans l'exercice de leurs fonctions sans l'approbation préalable du souverain dans les États duquel ils seront employés; ils jouiront des mêmes priviléges qui sont ou seraient accordés aux consuls de la nation la plus favorisée. (Art. 3 et 4.)

Les sujets de chacune des hautes parties contractantes jouiront dans le territoire de l'autre de la plus parfaite liberté de conscience en matière de religion, conformément au système de tolérance établi et pratiqué dans leurs pays respectifs. Les sujets de chacune, en restant soumis aux lois du pays, jouiront en leurs personnes des mêmes droits, priviléges, faveurs et exemptions qui sont ou qui seraient accordés aux sujets de la nation la plus favorisée. Ils pourront disposer librement de leurs propriétés par vente, échange, donation, testament, ou de toute autre manière, sans obstacle ni empêchement. Leurs maisons, propriétés et effets ne pourront être saisis par aucune autorité contre la volonté des possesseurs. Ils seront exempts de tout service militaire, et ils ne seront tenus à payer aucunes contributions ordinaires plus fortes que celles que paient ou viendraient à payer les sujets du souverain dans les États duquel ils résident. Ils ne seront assujettis, sous aucun prétexte, aux visites et recherches arbitraires, ni à aucun examen ou investigation de leurs livres et papiers. Dans le cas de trahison, contrebande ou autre crime dont les lois des pays respectifs font mention, les recherches, visites, examens et investigations ne pourront avoir lieu qu'avec l'assistance d'un magistrat compétent et en présence du consul, vice-consul ou délégué de la nation à laquelle appartiendra la partie prévenue. (Art. 5 et 6.)

En cas de mésintelligence ou de rupture entre les deux couronnes, qui ne sera réputée exister qu'après le rappel ou le départ des agents diplomatiques respectifs, les sujets de chacune des hautes parties contractantes résidant dans les domaines de l'autre, pourront y rester pour l'arrangement de leurs affaires, ou commercer dans l'intérieur, sans être gênés en quelque manière que ce soit, tant qu'ils continueront à se comporter pacifiquement et à ne commettre aucune offense contre les lois. Mais, s'ils se *rendaient suspects* par leur conduite, ils seront sommés de sortir du pays et auront la liberté de se retirer avec leurs biens dans un délai qui n'excédera pas six mois. (Art. 7.)

Les individus accusés dans les États de l'une des hautes parties contractantes de crimes de haute trahison, félonie, fabrication de monnaie ou de papier qui la représente, ne seront pas admis, ni ne recevront protection dans les États de l'autre, et pour que cette clause reçoive sa pleine exécution, chacun des deux souverains s'engage à expulser de ses États lesdits accusés, aussitôt qu'il en sera requis par l'autre. (Art. 8.)

Ils s'obligent également à ne pas recevoir sciemment et volontairement dans leurs États, et à ne pas employer à leur service les individus sujets de l'autre qui déserteraient du service militaire de mer et de terre ou des navires marchands : ils seront arrêtés et retenus aussitôt qu'ils seront réclamés par les consuls ou vice-consuls respectifs. (Art. 9.)

Il y aura liberté réciproque de commerce et de navigation entre les sujets respectifs des parties contractantes, tant en navires français qu'en navires brésiliens, dans tous leurs ports, villes et territoires, excepté dans ceux qui sont positivement interdits aux nations étrangères. Ils pourront respectivement entrer avec leurs navires dans tous les ports, baies, anses et mouillages des territoires appartenant à chacune d'elles, y décharger tout ou partie de leurs marchandises, prendre chargement et réexporter ; ils pourront résider, louer des maisons et magasins, voyager, commercer, ouvrir boutique, transporter des produits, métaux et monnaies, et gérer leurs affaires par eux, par leurs agents ou commis, comme bon leur semblera.

Il en est excepté les articles de contrebande, de guerre, et ceux réservés à la couronne du Brésil, de même que le commerce côtier de port à port, consistant en produits indigènes ou étrangers, déjà expédiés pour la consommation, lequel commerce ne pourra se faire qu'en embarcations nationales, étant libre cependant aux sujets des hautes parties contractantes de charger leurs effets et marchandises sur lesdites embarcations, en payant les unes et les autres les mêmes droits. (Art. 10 et 11.)

Les navires et embarcations des sujets de chacune des hautes parties contractantes ne paieront dans les ports ou mouillages de l'autre, à titre de droits de phare, tonnage ou autre dénomination quelconque, que les mêmes que paient ou viendraient à payer les navires et embarcations de la nation la plus favorisée. (Art. 12.)

Seront considérés comme navires brésiliens ceux qui seront construits ou possédés par des sujets brésiliens, et dont le capitaine et les trois quarts de l'équipage sont brésiliens : cette dernière clause cependant ne devant être en vigueur que lorsque le manque de matelots ne se fera plus sentir, pourvu toutefois que le maître et le capitaine du navire soient Brésiliens, et que tous les papiers du bâtiment soient dans les formes légales.

De la même manière seront considérés navires français ceux qui navigueront et seront possédés conformément aux règlements en vigueur en France. (Art. 13.)

Tous les produits, marchandises et articles quelconques qui sont de production du pays et de fabrique, des sujets de S. M. T. C., importés des ports de France pour ceux du Brésil, tant en navires français que brésiliens, et expédiés pour la consommation, paieront les mêmes droits que ceux de la nation la plus favorisée ; mais la nation portugaise ne devra pas servir de terme de comparaison. (Art. 14.)

Tous les articles de production, manufacture et industrie des sujets de S. M. I., importés des ports du Brésil pour ceux de France, en navires brésiliens ou français, et expédiés pour la consommation, paieront des droits qui n'excéderont pas ceux qu'ils paient actuellement par le tarif français, étant importés en navires français. En conséquence, on supprime la surtaxe de 10 p. 100 établie en France sur les marchandises importées par navires étrangers, et, en faveur des cotons du Brésil, la distinction existante dans le tarif français entre les cotons à longue et courte soie.

Il sera permis aux consuls respectifs de faire des représentations quand il leur sera prouvé que quelque article compris dans les tarifs est excessivement évalué, et ces représentations devront être prises en considération dans le plus court délai possible, sans arrêter pour cela l'expédition des mêmes produits. (Art. 17.)

Il est accordé aux sujets français le privilége de pouvoir être signataires des douanes du Brésil, avec les mêmes conditions et sûretés que les sujets brésiliens, et les sujets brésiliens jouiront dans les douanes de France de la même faveur, autant que les lois le permettent. (Art. 18.)

Tous les produits et marchandises exportés directement du territoire de l'une des parties pour celui de l'autre, seront accompagnés de certificats d'origine signés par les officiers compétents des douanes dans le port d'embarquement; les certificats de chaque navire devant être numérotés et joints, avec le sceau de la douane, au manifeste qui devra être certifié par les consuls respectifs, pour être le tout présenté à la douane du port d'entrée. Dans les ports où il n'y a ni douanes, ni consuls, l'origine des marchandises sera légalisée et certifiée par les autorités locales. (Art. 19.)

Les produits et marchandises des territoires de chacune des parties, qui seront dépêchés de leurs ports respectifs pour être ensuite réexportés ou transbordés, paieront réciproquement, dans lesdits ports, les mêmes droits que paient ou viendraient à payer les sujets de la nation la plus favorisée. (Art. 20.)

S'il arrive que l'une des parties soit en guerre avec quelque puissance, nation ou État, les sujets de l'autre pourront continuer leur commerce et naviguer avec les mêmes États, excepté avec les villes ou ports qui seront bloqués ou assiégés par terre ou par mer. Mais, dans aucun cas, ne sera permis le commerce des articles réputés contrebande de guerre, qui sont les suivants : canons, mortiers, fusils, pistolets, grenades, saucisses, affûts, baudriers, poudre, salpêtre, casques, balles, piques, épées, hallebardes, selles, harnois et autres objets quelconques fabriqués à l'usage de la guerre. (Art. 21.)

Les deux parties contractantes conviennent de ne pas recevoir de pirates ni écumeurs de mer dans aucun des ports, baies, ancrages de leurs États, et d'appliquer l'entière vigueur des lois contre toutes personnes connues pour être pirates, et contre tous individus résidant dans leur territoire qui seraient convaincus de correspondance en complicité avec elles. Tous les navires pris par les pirates seront restitués à leurs propriétaires. (Art. 22.)

Les navires de guerre ou marchands appartenant aux deux États et naufragés dans les ports ou sur les côtes de leurs territoires respectifs, seront conservés avec tout le soin possible. (Art. 23.)

Des paquebots seront employés pour faciliter les relations entre les deux pays. Ce service sera réglé par une convention spéciale. (Art. 24.)

Les stipulations de ce traité seront perpétuelles, à l'exception des art. 12, 14, 15, 17 et 20, qui dureront pendant le cours de six années, à partir de la date des ratifications. (Art. 25.)

Signé : Le comte de Gestas, le vicomte de S.-Amaro, le vicomte de Paranagua.

Ratifié aux Tuileries, le 19 mars 1826.

Articles additionnels et explicatifs des art. 4, 13 et 14 du traité conclu le 8 janvier de la présente année, par les plénipotentiaires soussignés :

Art. 1er. Non-seulement les consuls respectifs jouiront dans l'un et l'autre pays, tant dans leurs personnes que par l'exercice de leur charge et la protection qu'ils doivent à leurs nationaux, des mêmes priviléges qui sont ou qui seraient accordés aux consuls de la nation la plus favorisée, mais encore ces agents seront traités, sous tous les rapports, dans chacun des deux pays, d'après les principes de la plus exacte réciprocité.

Art. 2. La clause (art. 18) exigeant qu'il y ait les trois quarts de nationaux dans l'équipage de tout navire brésilien, ne devra pas être en vigueur tant qu'il y aura manque de matelots. La suspension de ladite clause ne sera pas prolongée au-delà de six années.

Art. 3. Le sens de l'art. 14 est que *la quotité* des droits est de 15 pour 100 de la valeur des marchandises, dont la base de l'évaluation sera le prix du marché.

Fait à Rio-Janéiro, le 7 juin 1826 (1).

---

(1) *Collecção das leis*, tom. I, p. 268-280.

Autre article additionnel conclu entre le roi de France et l'empereur du Brésil, à l'effet de fixer, d'une manière précise, le sens de l'article 21 du traité du 8 janvier 1826. Aucun navire de commerce appartenant aux sujets de l'une des hautes parties contractantes qui sera expédié pour un port bloqué par l'autre, ne pourra être saisi, capturé et condamné, si préalablement il

1826 (15 janvier). L'amiral Brown, chef des forces navales de la république de Buénos-Ayres, mit à la voile, avec son escadre, pour la Plata ; et s'étant avancé jusqu'à l'île de Martin-Garcia, au point de jonction de l'Uruguay et de la Plata, où les Brésiliens avaient établi une batterie de quatorze canons, défendue par une garnison de deux cents hommes, il y rencontra leur escadre, qui était forte de trois corvettes, trois goëlettes, trois chaloupes canonnières et d'un cutter. Malgré sa supériorité numérique, cette flottille fut obligée de se retirer dans les eaux du fleuve.

Le 9 février, l'amiral Brown, s'étant aventuré à la poursuite de la flotte jusqu'à trois lieues de Colonia, se trouva isolé de ses bricks, et essuya seul, pendant plus d'une heure, le feu de deux corvettes.

Le 19, il défit dans l'Uruguay une flottille brésilienne; et après avoir capturé plusieurs petits bâtiments, il revint à Buénos-Ayres avec ses prises. Chemin fesant, il donna la chasse à l'escadre de blocus, sans pouvoir l'atteindre.

16 avril. Création de l'ordre de *D. Pédro primeiro, fundador do império do Brasil*, (ou de D. Pédro, fondateur de l'empire du Brésil) (1). On distribua les insignes du nouvel ordre parmi les personnages les plus distingués de la Cour, de l'armée et des deux Chambres.

1826 (10 mars). *Mort de D. Jean VI, roi de Portugal, empereur titulaire du Brésil*. Ce prince mourut à son palais de Bemposta, après quelques jours de maladie, à l'âge de cinquante-neuf ans, après un règne de trente-quatre ans (2). Le 6 mars, il avait nommé une régence, à la tête de laquelle se trouvait l'infante Isabelle, sa fille.

Le 26 avril, la nouvelle de sa mort arriva à Rio par l'intermédiaire de M. d'Aguiar, chargé d'affaires du Brésil

---

ne lui a été fait une notification ou signification de l'exécution ou continuation du blocus par les forces qui en sont chargées. Voy. Bulletin des lois, n° 311, ordonnance du 16 août 1829.

Nouveau recueil de traités, par Frédéric Saalsfeld, tom. VI, p. 868, deuxième partie.

(1) *Collecção das leis*, etc., tom. V, appendice, 8.

(2) En l'année 1792, D. Jean d'Alcantara fut nommé régent pour sa mère, atteinte d'aliénation mentale. Cette princesse étant morte en 1817, il lui succéda au trône et fut couronné à Rio de Janéiro en 1818.

à Lisbonne. Aussitôt l'empereur assembla son Conseil, où furent agitées les questions suivantes : L'empereur doit-il conserver pour lui-même la couronne de Portugal, ou l'abandonner à un de ses enfants, ou abdiquer tous ses droits pour lui et ses héritiers?

Le Conseil fut d'avis que les relations d'amitié si heureusement établies entre les deux pays, seraient compromises par la réunion des deux couronnes sur une même tête; qu'une renonciation à la couronne de Portugal faite au nom de l'empereur et de ses descendants, était en opposition au principe de l'*hérédité royale*, qui ne donne pas au père le droit d'abdiquer pour ses enfants, parce que ceux-ci tiennent leur titre, non pas de lui, mais du chef de leur dinastie.

Quant à la question de savoir lequel des enfants de S. M. serait désigné en cas d'abdication, on rappela l'exemple des Cortès de 1642, qui décidèrent qu'un roi de Portugal qui posséderait deux couronnes, devait laisser à son fils aîné la plus importante. On cite aussi celui de Charles III, qui, montant sur le trône d'Espagne, prit avec lui son héritier présomptif et laissa le royaume de Naples à son plus jeune fils. En conséquence, le Conseil fut d'avis que l'empereur conservât pour lui et l'aîné de ses enfants la couronne du Brésil, et qu'il abdiquât la couronne de Portugal en faveur de sa seconde fille, la princesse *dona Maria da Gloria* (1).

Après cette consultation, l'empereur convoqua les deux chambres, prit le titre de roi de Portugal, confirma la régence alors établie, et accorda, par décret du 27 du même mois de mars, une amnistie pour tous les individus convaincus de délits politiques ou de désertion. En même tems, il fit rédiger pour la monarchie portugaise, la charte que le roi son père avait promise dans la proclamation de Villa-Franca, le 31 mai 1823, et renouvelée le 13 juin suivant. L'empereur signa aussi soixante-dix-sept patentes pour la création d'une Chambre des pairs, et le 2 mai, il rendit, en faveur de sa fille dona Maria, l'acte d'abdication qui suit.

1826 (2 mai). *Acte d'abdication de la couronne de Portu-*

---

(1) Née le 4 avril 1819; baptisée le 3 mai, elle reçut les noms de Maria da Gloria, Joanna, Carlotta, Leopoldina da Cruz, Francisca, Xavier da Paula, Izidora, Michaela, Gabriela, Raphaela, Gonzaga.

gal, par l'empereur du Brésil. « Considérant, » dit-il, « que je ne puis continuer à être roi de Portugal et des Algarves, sans compromettre et les intérêts de l'empire du Brésil et ceux du royaume de Portugal, dont je désire avant tout le bonheur ; je fais savoir à tous mes sujets portugais, que de ma pleine et libre volonté, j'abdique et résigne tous mes droits légitimes et irréfragables à la couronne de Portugal, en faveur de ma bien-aimée fille la *princesse de Grand-Para, dona Maria da Gloria,* pour qu'elle puisse, en qualité de reine, gouverner ce royaume, en se conformant à la constitution que j'ai décrétée et ordonné de jurer par ma lettre de loi (*carta de lei*), du 29 avril de cette année ; je déclare, de plus, que madite fille, reine régnante de Portugal, ne quittera mon empire que lorsque j'aurai été officiellement informé que la constitution a été jurée conformément à mes ordres, et que les fiançailles du mariage que j'ai arrêté entr'elle et mon bien-aimé frère, l'infant D. Miguel, ont été faites et le mariage conclu. Dans le cas où l'une de ces deux conditions ne serait point exécutée, mon abdication serait nulle et n'aurait plus d'effet (1). »

L'empereur confia cet acte et celui de la constitution à sir Charles Stuart, qui, s'embarquant à bord de la corvette *l'Alcade,* entra dans le Tage le 2 juillet. Le 23, la charte fut jurée et promulguée à Lisbonne.

Ouverture de l'assemblée législative. Le 6 mai, la première assemblée du Brésil fut convoquée d'après le nouveau pacte constitutionnel. Elle comptait cent deux membres présents, députés des diverses provinces, dont la moitié était élue pour trois ans, et l'autre moitié composant le Sénat, était élue à vie.

Dans le discours prononcé à cette occasion, l'empereur exprime le regret de n'avoir pu ouvrir la session le jour fixé par la constitution, et de s'être trouvé forcé de dissoudre l'assemblée constituante, le 12 novembre 1823. Il

---

(1) D'après l'ancien usage de la monarchie portugaise établie par les Cortès de Lamégo, la première fille du roi, héritière de la couronne, doit se marier avec un Portugais pour en exclure les étrangers ; c'est ce qui fit décider que dona Maria épouserait son oncle dom Miguel. *Sit ita in sempiternum quod prima filia regis recepiat maritum de Portugalia, ut non veniat regnum ad extraneos.*

félicite les représentants d'être réunis aujourd'hui en vertu de la loi fondamentale, et de ce que tout l'empire est tranquille, excepté la province cisplatine, dont les habitants se sont déclarés en faveur du gouvernement de Buénos-Ayres. « Nous avons juré, » dit-il, « de conserver l'intégrité de l'empire, et l'honneur national nous commande de défendre cette province. Le 15 novembre 1825, l'indépendance du Brésil fut reconnue par mon père, et ensuite par les États-Unis, l'Autriche, l'Angleterre, la Suède et la France. Le 24 avril, jour anniversaire de l'embarquement de mon père, j'ai reçu la triste nouvelle de sa mort; j'ai confirmé la régence qu'il avait établie en Portugal; j'ai accordé une amnistie, et j'ai donné une constitution; j'ai abdiqué mes droits à cette couronne en faveur de ma fille dona Maria da Gloria, sous le nom de dona Maria II. » L'empereur finit son discours en appelant l'attention de l'assemblée sur l'éducation des deux sexes, sur les finances, les établissements publics et les lois réglementaires.

Le 10 juin, M. Ledo présenta à la Chambre des représentants le projet d'une loi concernant la liberté de la presse, qu'il considère comme le plus grand appui du gouvernement représentatif. Le projet fut adopté par les deux Chambres, avec l'addition de quelques articles concernant la diffamation des individus. Le 2 août, les membres des deux Chambres s'assemblèrent au nombre de trente-neuf sénateurs et soixante-huit députés, pour assister à l'enregistrement d'un acte, d'après lequel le prince impérial fut reconnu l'héritier de la couronne.

1826. *Mesures arbitraires dans la province de Minas.* Dans le courant de juin, une centaine d'individus de S.-Jozé, dans la province de Minas-Géraès, s'étant assemblés, comme il est d'usage au Brésil, pour célébrer la Fête-Dieu, vinrent, après la cérémonie terminée, déposer leurs armes à la *camara*, et furent tout à coup entourés par une troupe de cavaliers qui les emmenèrent de vive force; ils furent contraints de s'enrôler comme soldats, et, depuis, on ne les a plus revus chez eux. La même scène eut lieu l'année suivante; mais plus de la moitié s'était dispensée de se rendre à la fête. Cette mesure eut lieu simultanément dans presque toutes les villes de la province. Le prétexte des autorités pour un acte aussi arbitraire était qu'il manquait de soldats pour l'armée; mais les habitants prétendaient que le véritable but était de dompter leur caractère libre et indépendant (1).

1826 (7 juillet). *Constitution portugaise rédigée par l'empereur du Brésil, et présentée par sir Charles Stuart à la régence établie à Caldas.* Ce ministre plénipotentiaire avait adressé (le 30 avril) à M. Canning une dépêche dont voici la traduction :

« S. M. I. m'a parlé, disait-il, d'un moyen de se concilier l'affection des Portugais, en leur accordant une charte constitutionnelle; elle a ajouté que si la guerre, dans le midi de ses États, ne se terminait pas favorablement, elle pourrait alors demander des secours militaires au Portugal. Mes craintes concernant les principes d'une charte de cette nature me déterminèrent à prévenir l'empereur de n'agir qu'avec précaution à cet égard, en lui fesant observer que si la simple convocation des Cortès (assemblée ancienne et légitime du royaume) était déjà regardée avec jalousie par l'Espagne et la France, il pourrait résulter de grands malheurs d'un changement auquel les Cortès n'auraient pris aucune part. M. de Parangua, convaincu de la force de cette objection, la renouvela bientôt après; et pendant plusieurs jours, on ne parla d'autre système constitutionnel que de celui qui aurait pour base les anciennes institutions du Portugal. Néanmoins, le Conseil de l'empereur avait, en même tems, résolu, d'après les vœux de ce prince, de changer totalement ces mesures, en l'engageant à accepter la couronne de Portugal, afin de donner à ce royaume une charte constitutionnelle adaptée aux circonstances; et dans le cas où elle serait favorablement reçue par la nation, et que le mariage de l'infant D. Miguel avec la fille aînée de l'empereur pût être contracté, celui-ci devait abdiquer en leur faveur. »

Sir Charles Stuart, prévenu de cette décision, demanda une nouvelle audience, dans laquelle il insista sur la nécessité d'amener ces résolutions de manière à ce qu'elles ne parussent pas émaner d'un Conseil brésilien; de publier les décrets avant la réunion des Chambres, et de ne point parler de la constitution avant qu'elle n'eût été acceptée. L'empereur, l'ayant déjà achevée, pria sir Charles Stuart d'en être le porteur, ainsi que de ses autres actes relatifs au Portu-

---

(1) *Notices of Brazil*, par M. Walsh, vol. II, p. 147-148.

gal (1). Pour justifier ses intentions auprès de ce ministre, S. M. lui fit observer que, malgré l'admiration qu'il paraissait avoir pour les anciennes institutions du Portugal, il devait convenir qu'elles étaient peu en harmonie avec l'ordre actuel; que des changements politiques étant devenus nécessaires, s'ils étaient effectués par les Cortès, ce corps deviendrait une assemblée constituante; ce qui donnerait lieu à de nombreux inconvénients que la promulgation de la charte pouvait seule empêcher.

Sir Charles Stuart se chargea de toutes ces pièces importantes, qu'il présenta, le 7 juillet, à la régence établie à Caldas. Dans une nouvelle dépêche du 15 du même mois, adressée au ministre Canning, ce diplomate disait que l'esprit public était très-agité par les différentes versions de ce qui se passait. « Les intrigues des factieux se font connaître, d'un côté, par l'espoir de rétablir la constitution de 1820, et, de l'autre, par des tentatives réitérées pour corrompre les troupes. Pendant ce tems, les efforts de l'infante pour maintenir l'ordre sont paralisés par l'irrésolution de ses collègues, qui n'adoptent point les mesures qu'elle a recommandées, ainsi que par la détermination des principaux ministres de profiter de l'occasion pour donner leur démission (2).

1826 (6 septembre). *Clôture de l'assemblée générale.* Dans son discours de clôture de la session législative, l'empereur complimenta les représentants, en disant que ses espérances avaient été réalisées; que leurs travaux avaient commencé et s'étaient terminés avec toute la prudence et toute la sagesse qu'il pouvait désirer.

Le 14 du même mois, lord *Ponsonby* arriva à Buénos-Ayres, en qualité de ministre et envoyé extraordinaire de S. M. B. auprès de cette république. Il était chargé de rétablir des relations amicales entr'elle et le Brésil; mais il échoua dans sa mission, ainsi qu'on le verra ci-après.

1826 (4 octobre). *Ordonnance du roi de France, relative à l'exécution du traité de commerce et de navigation, conclu avec l'empire du Brésil, à Rio de Janéiro, le 8 jan-*

---

(1) Les décrets des 26, 27, 28, 29 et 30 avril et du 1er mai, les lettres de constitution, et loi du 29 avril et du 2 mai.

(2) *Annual register of London for* 1829. *Public documents.*

vier 1826. « Les navires brésiliens venant, de quelque lieu que ce soit, dans les ports de France, ne supporteront les redevances de pilotage, de bassins et de quarantaine, que d'après le taux établi pour les navires français. (Art. 1er.)

» Les produits du sol et de l'industrie du Brésil, importés des ports dudit empire dans ceux de la France par navires brésiliens, ne paieront que les mêmes droits qui sont perçus sur lesdits produits venant des mêmes ports par navires français, pourvu qu'ils soient accompagnés de certificats d'origine, délivrés par les agents des douanes du port d'embarquement, et attestés par les consuls ou vice-consuls de France dans le même port; lesquelles attestations devront être suppléées par celle de l'autorité locale, au cas où il n'existerait dans le susdit port aucun agent consulaire de France. (Art. 2.)

» Jusqu'à ce qu'il en soit autrement ordonné, seront admis au bénéfice des deux articles précédents tous navires possédés par des sujets brésiliens, dont le capitaine sera également sujet brésilien, à quelque nation qu'appartienne le reste de l'équipage.

» En conséquence, demeure suspendue, à l'égard desdits navires, l'application de l'art. 3 de l'acte du 21 septembre 1793, qui ne reconnaît la nationalité des bâtiments étrangers qu'autant que les officiers et les trois quarts de l'équipage sont du pays dont les mêmes bâtiments portent le pavillon. (Art. 3.)

» Les cotons *à longue soie* provenant du Brésil, et qui seront apportés directement de ce pays par navire brésilien ou français, ne paieront que les droits des cotons *courte soie*. (Art. 4.)

» La différence entre les droits des cotons longue soie et celui des cotons courte soie, sera remboursée pour les quantités de coton du Brésil qui ont été importées en France aux conditions de l'article précédent, depuis le 8 juin 1826, jour où le traité du 8 janvier de la présente année a reçu son exécution au Brésil, en faveur du commerce français.

» Fait au château de Saint-Cloud, le 4 octobre 1826.
Signé CHARLES. »

1826 (23 novembre). *Nouvelle convention entre S. M. B. et S. M. l'empereur du Brésil, pour l'abolition de la traite des noirs.* « A l'expiration de trois années, à partir de la ratification du présent traité, il ne sera plus permis aux sujets de l'empereur du Brésil de faire le commerce d'esclaves africains, sous quelque prétexte et de quelque manière que ce soit; et tout individu qui, après le délai ci-dessus fixé, se livrera à ce commerce, sera puni et traité comme pirate. (Art. 1er.)

» S. M. B. et l'empereur du Brésil s'en réfèrent, pour les règlements à apporter audit commerce jusqu'à son entière abolition, aux conditions et articles des traités conclus à cet égard entre S. M. B. et le roi de Portugal, le 22 janvier 1815 et le 28 juillet 1817; traités qu'ils s'engagent à exécuter et qu'ils reconnaissent ici comme s'ils étaient textuellement insérés aux présentes. (Art. 2.)

» Les hautes parties contractantes conviennent en outre que tous les faits et articles contenus dans ces traités, ainsi que dans les règlements et modifications annexés à celui du 28 juillet, s'appliqueront *mutatis mutandis* auxdites parties contractantes et à leurs sujets respectifs, confirmant et approuvant tout ce qui aura été fait sous l'empire desdits traités et en exécution d'iceux. (Art. 3.)

» Pour l'exécution de la présente convention, les hautes parties contractantes s'engagent à nommer en commun, dans le plus bref délai, des commissions *ad hoc*, dans la forme fixée par le traité précité du 28 juillet 1817. (Art. 4.)

» Les présentes seront ratifiées et les ratifications échangées à Londres dans le délai de quatre mois, ou plus tôt s'il est possible. (Art. 5.)

» Fait à Rio de Janéiro, le 23 novembre 1826.
   Signé : Robert Gordon, marquez de S.-Amaro, marquez de Inhambupe (1). »

1826 (24 novembre). *Continuation de la guerre avec Buénos-Ayres.* L'empereur, ne voulant consentir ni à la cession de Montévidéo, ni à celle de la Cisplatine, annonça par proclamation qu'il allait mettre fin à la guerre du midi. Ayant fait tous les préparatifs nécessaires, il s'embarqua, le 24 novembre, à bord du vaisseau *Dom Pédro I*, à Rio-Ja-

---

(1) *Collecção das leis*, tom. III, p. 58-59.
Convenção entro S. M. O. imperador do Brazil, e sua majestade Britannica, para abolição do trafico da escravatura africana.
Nouveau recueil de traités, etc., par M. Frédéric Saalsfeld, tome VI, deuxième partie.

néiro, et se rendit à Santa-Catharina, où il débarqua; et, le 2 décembre, il se réunit à son armée sur les frontières de la province.

En même tems, l'impératrice tomba malade, et mourut le 11 décembre, à l'âge de trente ans (1). Cet événement détermina l'empereur à retourner à Rio-Janéiro, où il arriva le 15 janvier 1827, après une absence de deux mois.

Le 20 décembre, *proclamation* de l'empereur, à l'ouverture de la campagne contre la république de Buénos-Ayres, aux habitants de la province Cisplatine.

Le 21, *proclamation* du congrès de la république des provinces de la Plata à ses habitants.

Naturalisation des étrangers. Dans le courant de l'année 1826, l'assemblée adopta une loi concernant la naturalisation des étrangers. Pour devenir sujet brésilien, il fallait ou avoir résidé quatre ans dans le pays, être marié avec une Brésilienne, posséder un capital de 6 *contos de reis*, ou avoir rendu des services importants à la nation.

Dans la même année, les *recettes publiques* s'y élevèrent à 7,578,473,132 *reis* (environ 45,470,000 francs), et les *dépenses* à 7,427,213,631 *reis* (environ 44,463,278 francs).

1827. Aussitôt le retour de l'empereur (le 15 janvier), son premier acte fut de renvoyer son ministère. Il avait laissé sa principale force dans la province de Rio-Grande et des garnisons dans Montévidéo et Colonia.

Le 8 janvier, l'amiral Brown s'empara de cinq navires brésiliens sur l'Uruguay, et trois autres bâtiments sur la côte furent brûlés pour qu'ils ne tombassent pas entre ses mains. Le reste de l'escadre impériale, composé de dix vaisseaux, s'échappa en remontant le fleuve. Ces navires furent obligés d'y rester, attendu que l'amiral Brown fit dresser des batteries sur l'une et l'autre rive et fortifier l'île de Martim-Garcia, vis-à-vis l'embouchure du fleuve.

1827 (20 février). *Bataille d'Ituzaingo.* La nouvelle de l'arrivée de l'empereur sur la frontière avait excité une

---

(1) Cette princesse laissa cinq enfants, savoir : 1° doña Maria da Gloria, reine de Portugal, née le 4 avril 1819 ; 2° doña Januaria, née le 11 mars 1821 ; 3° doña Paula Mariana, née le 17 février 1823 ; 4° doña Francisca Carolina, née le 2 août 1824 ; 5° dom Pédro d'Alcantara, prince impérial du Brésil et héritier présomptif, né le 2 décembre 1825.

grande sensation à Buénos-Ayres. Le président de la république argentine adressa une proclamation aux habitants, pour les engager à se joindre à l'avant-garde de l'armée, qui fut bientôt augmentée par des renforts considérables, entr'autres par un bataillon de lanciers allemands. Cette armée, qui possédait aussi un corps d'artillerie, s'avança vers les plaines d'Ituzaingo, où elle rencontra les forces brésiliennes. Après trois charges de cavalerie exécutées de part et d'autre avec une grande vigueur, les républicains firent avancer leur réserve, rompirent la ligne de cavalerie brésilienne, et remportèrent une victoire complète après six heures de combat. Les vaincus se retirèrent avec perte de douze cents hommes (1), dix pièces d'artillerie, toutes leurs munitions de guerre et le bagage. Au nombre des morts fut le général *Abreu*. Les républicains perdirent huit cents hommes, tant tués que blessés, parmi lesquels se trouvait *Brandzen*, qui commandait la réserve.

L'état d'épuisement de leurs chevaux ne permit pas aux républicains de poursuivre l'armée brésilienne dans la retraite qu'elle fit jusqu'au Rio-Pardo, au-dessus de S.-Lourenzo; mais le lendemain, ils marchèrent contre Cacique, où ils furent rejoints par un grand nombre de déserteurs; et le 26, ils entrèrent dans S.-Gabriel, où ils trouvèrent des magasins dont la valeur fut estimée 200 mille dollars. Les habitants des bords de Santa-Maria, qui s'étaient enfuis à l'approche des Brésiliens, rentrèrent dans leurs foyers. Le pays, dans toute cette route, fut changé en désert.

1827 (7 mars). *Défaite d'une expédition brésilienne envoyée pour détruire l'établissement de Patagonie.* Cette expédition était composée de quatre navires armés, dont l'un de vingt canons, et les autres de trois, ayant environ sept cents hommes à bord. Le 28 février, un brick et une corvette entrèrent dans le fleuve, sous le feu des batteries. La corvette échoua; mais l'équipage et les troupes qui étaient à bord se sauvèrent dans des barques, à l'exception de trente ou quarante hommes qui furent recueillis par la goëlette brésilienne *Constancia*, envoyée à cet effet.

Le lendemain, 29, la corvette gagna le large. Le 30, la goëlette déposa des troupes sur le bord méridional; celles-ci, toutefois ayant été poursuivies, se retirèrent le long de

---

(1) Suivant les rapports des vainqueurs, les vaincus laissèrent 1,200 morts sur le terrain; suivant ces derniers, 200 seulement,

la côte, pour se mettre sous la protection de leur navire; mais les barques qu'elles avaient laissées avaient été détruites. D'autres, ayant abordé au côté opposé, parvinrent à s'emparer de la batterie et à enclouer les pièces. Le brick et la goëlette remontèrent ensuite la rivière, et débarquèrent, le 7, des troupes sous le capitaine *Shepherd*, qui fut tué à la première décharge, et dont le détachement se retira avec précipitation. En même tems, la flottille argentine, composée de *la Bella-Flor*, du *Chacabuco*, de *l'Argentina-Oriental*, de *l'Imperatriz* et de *la Chiquana*, attaqua et prit le brick et la goëlette, ayant cent huit hommes à bord. Les troupes de débarquement, consistant en trois cent dix-sept soldats et marins, découragées par cette perte, accablées de fatigue, de faim et de soif, suffoquées par la chaleur et la fumée des bois qui étaient embrasés, finirent par capituler. Le nombre total des prisonniers monta à six cent cinquante, dont deux cent cinquante Anglais et Américains se joignirent à l'armée républicaine. Les bâtiments capturés dans cette occasion furent la corvette *Itaparia*, de vingt canons; les bricks *Escudero*, de vingt-huit canons, et *Constancia*, de trois canons, ci-devant *la Camilla*, de Baltimore. Les Brésiliens perdirent treize morts et six blessés; les Argentins eurent un officier et trois hommes tués, et cinq officiers et trois soldats blessés (1).

Le même jour (7 mars), l'amiral Brown ayant attaqué une force brésilienne supérieure avec quatre navires, en eut deux de coulés à fond.

En même tems, les Brésiliens s'emparèrent de Maldonado, à l'embouchure de la Plata.

1827 (9 avril). L'amiral Brown tenta de mettre à la voile avec une flottille composée de la barque *le Congresso*, des deux bricks *Républica* et *Indépendencia*, et de la goëlette *Sarandi*; mais les deux bricks échouèrent sur la côte. Dans cette position difficile, il se défendit pendant quarante-huit heures contre l'escadre brésilienne, consistant en une grande frégate, quatre corvettes, huit bricks et plusieurs goëlettes. Reconnaissant cependant l'impossibilité de sauver les bricks, il mit le feu à *la Républica*, après avoir

---

(1) Dépêche de Martin la Carra, commandant politique et militaire de la province, datée de son quartier général de Fort-Carmen, le 20 mars 1827.

reçu l'équipage à bord du *Sarandi*; *l'Indépendencia* sauta pendant cette manœuvre. Les Brésiliens perdirent dans ce combat deux cents hommes, tant tués que blessés.

Les indépendants eurent 25 tués et 51 blessés : parmi les premiers, était le capitaine Drummond, de *l'Independencia*; le capitaine Granville eut un bras emporté, et l'amiral Brown fut légèrement blessé (1).

1827 (22 avril). L'armée impériale s'était, comme on l'a dit, retirée au-dessus de S.-Lourenzo, pour refaire sa cavalerie. Le général Alvear, informé qu'un détachement brésilien était posté sur un affluent de la Camucua, près de Santa-Técla, résolut de le surprendre, et fit, dans ce dessein, une marche de dix lieues pendant la nuit, à travers un terrain inconnu et inégal. Au moment où il arrivait sans avoir été aperçu, un des siens ayant donné l'alarme, les impériaux firent leur retraite en bon ordre devant les républicains, qui furent obligés de traverser un défilé où deux hommes seulement pouvaient marcher de front. Ceux-ci passèrent ensuite sur la rive gauche du Rio-Négro, en suivant son cours vers le Rio-Grande. Les impériaux, de leur côté, se retirèrent au-delà de la Camucua et de la Piratini, deux rivières rapides et inabordables. Dans ce mouvement, leur général força, sous peine d'emprisonnement et de confiscation, tous les habitants à le suivre, tandis que le chef des républicains menaçait du même châtiment ceux de ces malheureux qui quitteraient leurs demeures.

1827 (3 mai). *Ouverture de la session législative.* Le 3 mai, une députation, composée de vingt-quatre députés et de quatorze sénateurs, vint au-devant de l'empereur, qui fut reçu par le président et le secrétaire, et conduit jusqu'au trône qui lui avait été préparé.

L'empereur commença son discours par annoncer la mort de son épouse, et témoigner ses regrets de cette perte douloureuse.

« Cet événement arriva, » dit-il, « tandis que j'étais dans la province de Rio-Grande, où je fesais tous mes efforts pour terminer la guerre entre le Brésil et Buénos-Ayres. Malheureusement cette guerre, dont je vous ai déjà annoncé l'existence, continue et doit continuer jusqu'à ce que

---

(1) Dépêche officielle adressée au commandant général de la marine, le 11 avril 1827.

la province Cisplatine soit délivrée de ses envahisseurs, et que Buénos-Ayres reconnaisse l'indépendance de la nation brésilienne, ainsi que l'intégrité de notre territoire avec l'incorporation de la Cisplatine, qui a voulu librement et spontanément faire partie de notre empire. »

Passant à la situation intérieure, l'empereur appelle l'attention des représentants sur un nouveau sistème de finances, destiné à couvrir au moins la totalité des dépenses, et qui, étant consacré par une loi, ne puisse être changé par aucune mesure du gouvernement.

« Le pouvoir judiciaire est aussi un département important qui doit essentiellement favoriser le nouveau sistème financier que j'espère voir établir. Nous n'avons ni code, ni formes de procédure convenables à l'esprit de notre siècle. Les lois sont contradictoires; les juges embarrassés; les coupables échappent au châtiment; les salaires des magistrats ne sont pas suffisants pour les garantir contre les tentations d'un vil et sordide intérêt. Sans un bon sistème de finance et de justice, une nation ne peut exister. C'est pourquoi j'appelle particulièrement l'attention de l'assemblée sur ces deux objets, dont elle doit s'occuper préférablement à tout autre. Au milieu des embarras d'une guerre, tout ne peut être régulièrement organisé; mais le gouvernement a besoin d'être autorisé à mettre un terme aux dilapidations des finances, et à punir ceux qui ne remplissent pas les devoirs de leurs charges, et qui s'efforcent de troubler l'ordre de choses établi. Personne plus que moi n'est disposé à me renfermer dans la loi; mais quand ceux qui s'en écartent ne trouvent plus rien pour les arrêter, il est nécessaire que le gouvernement possède l'autorité nécessaire, tant que le sistème général ne sera pas complètement organisé. »

Quant à la politique extérieure, l'empereur assure que ses relations amicales avec toutes les puissances continuent à exister. Le départ soudain de l'envoyé des États-Unis n'ayant pas la moindre cause importante, il n'est pas besoin de s'en inquiéter, et l'on doit compter, dans cette circonstance, sur la sagesse et l'impartialité du président et des citoyens de ces États.

L'empereur, après avoir annoncé que la célébration des fiançailles de la reine de Portugal, sa fille, ont été célébrées à Vienne, et qu'il attend l'arrivée de son frère, termine en déclarant qu'il regarde comme ennemis du trône, du pays et de la religion, tous ceux qui ne pensent pas comme lui sur les affaires publiques, et qu'il est assuré de la conformité de sentiments entre lui et tous les membres, quels que soient les moyens employés pour arriver au même but, la consolidation de l'empire et le bonheur du peuple (1).

1827 (19 mai). Adresses de la Chambre des députés et du Sénat à l'empereur, où ces deux corps protestent de leur fidélité et de leur attachement à la personne de S. M. et à la constitution. On y remarque ce passage :

« Le Sénat apprécie, comme il le doit, les sacrifices personnels auxquels S. M. I. a été réduite pour déjouer les machinations du gouvernement de Buénos-Ayres, ainsi que l'amour qu'elle porte au pays et son désir de mettre un terme aux malheurs de la guerre. »

L'empereur répondit très-laconiquement aux sénateurs : « Je vous ai parfaitement compris »; et aux représentants : « Je connais très-bien les sentiments de la Chambre des députés ».

1827. Le 20 mai, quatre cents Brésiliens se laissèrent surprendre dans un village, et furent tués ou faits prisonniers. Au nombre de ces derniers était le major Lavalléja, neveu du général de ce nom.

Après cet avantage, l'armée buénos-ayrienne se fortifia à Beja, à quarante lieues environ de Rio-Grande. Le 1er juin, un parti de trois cents de ses cavaliers s'avança jusqu'à vingt milles de la ville, et s'empara d'une grande quantité de chevaux et de bétail.

1827. *Convention préliminaire entre le Brésil et les provinces unies de Rio de la Plata.* Le gouvernement de Buénos-Ayres, ne pouvant plus continuer la guerre, attendu l'état d'épuisement de ses finances et l'opposition des provinces à la fédération, résolut de négocier la paix, sous l'influence de l'ambassadeur anglais. *D. Manoel Jozé Garcia* fut envoyé, dans ce but, à Rio-Janéiro, et entra en communication avec ce diplomate, auquel il fit part de ses instructions. « Celles-ci lui enjoignaient d'entamer et de conclure toute convention préliminaire tendant au rétablissement de la paix entre la république et le Brésil, à des conditions honorables et avec des garanties réciproques, et en posant

---

(1) *Annual register for* 1827. *Public documents.* London.

pour base la reconnaissance de la Banda orientale comme État libre et indépendant, sous le mode et la forme voulus par les habitants. Dans ce dernier cas, aucune compensation ne devait être réclamée par les parties belligérantes. »

Lors de l'arrivée du plénipotentiaire, M. Garcia, à Rio, l'empereur venait de renouveler, dans son discours d'ouverture, sa détermination de continuer la guerre jusqu'à la réunion de Montévidéo à l'empire.

Le 24 mai, M. Garcia signa un traité, par lequel il reconnaissait formellement la province de Montévidéo (actuellement nommée Cisplatine) comme partie intégrante de l'empire brésilien. De son côté, l'empereur reconnaissait la république des Provinces-Unies, et promettait, d'accord avec la législature de son empire, « de traiter la province Cisplatine sur le même pied et même d'une manière plus favorable que le reste de ses États, en considération du sacrifice que les habitants fesaient de leur indépendance pour être incorporés à l'empire, s'engageant à leur donner une forme de gouvernement appropriée aux mœurs et aux besoins de ses habitants, de manière à assurer la tranquillité du pays et celle des États voisins. La république devait en outre faire évacuer le territoire cisplatin, aussitôt la ratification du traité, et réduire ses troupes au pied de paix, en ne conservant que le nombre nécessaire pour maintenir l'ordre et la tranquillité intérieure. L'empereur devait prendre la même mesure à l'égard des provinces dont il avait reconnu l'indépendance. L'île de Martin-Garcia devait rester *in statu quo*, et l'on stipula des indemnités pour les déprédations commises par les corsaires de Buénos-Ayres.

Enfin, le roi de la Grande-Bretagne, comme souverain médiateur, était prié de garantir, pendant quinze ans, la libre navigation de la Plata.

Cette convention fut signée par D. Manoel J. Garcia au nom de la république, et par le marquis de Quéluz, le vicomte de S. Léopoldo et le marquis de Maçaio, commissaires nommés par l'empereur du Brésil.

Aussitôt la nouvelle de ce traité parvenue à Buénos-Ayres, l'indignation fut générale. Le Conseil des ministres refusa à l'unanimité de le ratifier, déclarant que « l'envoyé de la république avait non-seulement contrevenu à ses instructions, mais qu'il en avait formellement violé la lettre et l'esprit; que les stipulations contenues dans ladite convention étaient attentatoires à l'honneur national, ainsi qu'à l'indépendance et aux intérêts de la république ». Cette résolution fut unanimement adoptée par le congrès.

M. Garcia essaya de se justifier, en établissant que le principal objet de sa mission était la paix, et non l'indépendance de Montévidéo; que la république consentant à ce que la Banda orientale devînt un État libre, la guerre devenait sans objet. Il ajoutait qu'il avait trouvé l'empereur immuable dans sa résolution à l'égard de Montévidéo, et qu'en se départant de ses instructions, il n'avait cherché qu'à assurer la paix, si nécessaire à la république. A l'appui de sa conduite, il cita l'exemple de plusieurs ambassadeurs, qui avaient violé la lettre de leurs pouvoirs sans avoir été blâmés, entr'autres du ministre espagnol Aranda, qui, dans les négociations de 1782, entre la France et l'Espagne, consentit, en opposition directe à ses instructions, à donner Gibraltar aux Anglais, et à accepter les Florides de la France.

1827 (16 juin). *Traité de navigation et de commerce entre LL. MM. l'empereur du Brésil et l'empereur d'Autriche.* Ce traité contient dix-sept articles, dont voici la substance :

« Il y aura liberté réciproque de commerce et de navigation entre les sujets des deux parties contractantes dans tous les ports, villes et territoires des deux empires actuellement ouverts, ou qui le seraient par la suite, à toute autre nation étrangère. Ils pourront, en conséquence, entrer dans tous les ports, baies, ancrages et rivières de chaque territoire, et s'y livrer à toutes les opérations commerciales qu'ils jugeront convenables, en se conformant aux règlements des douanes, et en trafiquant par eux-mêmes et sans l'intervention de courtiers ou autres agents. (Art. 1er et 2.)

» Sont exceptés de cette liberté de navigation les articles de contrebande de guerre et ceux réservés aux deux couronnes, ainsi que le commerce de cabotage, qui ne pourra se faire que sur des navires nationaux. (Art. 3.)

» Les navires des deux parties contractantes ne seront point assujettis, dans les ports l'un de l'autre, à des droits d'entrée supérieurs ou différents de ceux payés par les navires de la nation la plus favorisée. (Art. 4.)

» La nationalité des bâtiments autrichiens sera prouvée lorsque lesdits bâtiments seront possédés, construits, enregistrés et équipés conformément aux lois et règlements de leur nation. Seront considérés comme brésiliens les navires dont le capitaine et les trois quarts de l'équipage seront sujets du Brésil. Cependant, pour faciliter la navigation de ces derniers, il est convenu que l'exécution de cette clause sera suspendue provisoirement, et qu'il suffira que le patron du navire soit Brésilien et que tous ses papiers soient en règle. (Art. 5.)

» Les sujets de l'une des parties pourront transporter dans les ports ou territoires de l'autre toutes sortes d'objets et de marchandises, sans qu'ils soient assujettis à des droits d'importation autres ou plus élevés que ceux auxquels sont ou pourront être assujettis les navires de la nation la plus favorisée. Il est entendu que les relations du Brésil avec la nation portugaise forment exception, et ne peuvent servir de terme de comparaison. (Art. 6, 7 et 8.)

» Tous les articles importés par les sujets de l'une des parties dans les territoires de l'autre, seront appuyés de certificats d'origine, délivrés dans la forme ordinaire. (Art. 9.)

» Les sujets de l'un des deux empires posséderont chez l'autre tous les droits, priviléges, etc., accordés aux sujets de la nation la plus favorisée. Ils jouiront et disposeront en toute sécurité de leurs propriétés et de leur fortune, et seront exempts de tout service public, impôt de guerre, emprunt forcé, etc. (Art. 10, 11 et 12.)

» Les deux parties nommeront leurs consuls et autres agents chargés de la protection du commerce, qui seront traités comme ceux de la nation la plus favorisée. (Art. 13 et 14.)

» Le présent traité sera en vigueur pendant sept années, à partir de la date des ratifications, qui seront échangées dans l'espace de neuf mois, ou plus tôt, s'il se peut. (Art. 15 et 16.)

» Fait à Vienne, le 16 juin 1827.

Signé : Rézende, Metternich. »

Ratifié par S. M. l'empereur du Brésil, à Rio-Janéiro, le 29 novembre 1827 (1).

1827 (3 juillet). *Décret de S. M. l'empereur, conférant à son frère D. Miguel le titre de régent du royaume de*

---

(1) *Collecão das leis*, etc., tom. III, p. 48-52.
Supplément au recueil de traités de Martens, par F. Saalsfeld, tome X, deuxième partie.

Portugal. « D'après les motifs dignes de ma prudence royale, dit-il, et considérant que le bien-être d'un État doit être la loi suprême du souverain ; considérant, en outre, les rares qualités et la fermeté de caractère de mon frère chéri et bien-aimé l'infant D. Miguel, je le nomme mon lieutenant-général, lui conférant tous les pouvoirs qui m'appartiennent comme roi de Portugal et des Algarves, en vertu de la charte constitutionnelle, à la charge par lui de gouverner et conduire ledit royaume conformément aux dispositions de cette charte.

» Donné au palais de Rio de Janéiro, etc. »

Le même jour, l'empereur écrivit au roi d'Angleterre et à l'empereur d'Autriche pour leur donner connaissance de ce décret, et les prier de concourir, chacun de son côté, à en assurer l'exécution.

L'infant éleva d'abord quelques difficultés avant d'obéir au décret de son frère D. Pédro ; mais il céda bientôt, ainsi qu'on le voit par le protocole suivant, signé à Vienne, le 18 octobre.

Protocole des ministres plénipotentiaires réunis à Vienne.
« L'envoyé brésilien, marquis de Rézende, ayant adressé au prince de Metternich la notification du décret du 3 juillet, par lequel l'empereur D. Pédro avait nommé l'infant D. Miguel son lieutenant-général en Portugal, et lui avait conféré la régence de ce royaume, à la charge de se conformer à la constitution et aux lois existantes, les plénipotentiaires portugais ont annoncé à la conférence la résolution définitive de l'infant D. Miguel de passer en Angleterre, afin de s'embarquer le plus tôt possible pour le Portugal ; ils ont ajouté que S. A. R. leur avait ordonné de préparer les lettres qu'elle désirait communiquer sans retard à l'empereur son frère, à S. M. le roi d'Angleterre et à l'infante sa sœur ; que cette dernière devait être rédigée de manière à pouvoir être rendue publique, afin qu'on ne pût élever aucun doute sur l'intention où était le prince, en acceptant la lieutenance du royaume, de maintenir religieusement la constitution, d'oublier entièrement le passé, mais d'employer toute sa fermeté et son énergie à comprimer l'esprit de faction qui agitait depuis trop long-tems le Portugal.

» Le prince de Metternich consentit à envoyer ces lettres, par *duplicata*, en Angleterre et en Portugal ; il fit observer seulement qu'il était convenable que l'infant D. Miguel joignît à son titre de lieutenant-général celui de régent du royaume, conformément au décret du 3 juillet; ce qui fut approuvé par les plénipotentiaires portugais. »

A cette conférence, furent présents :

MM. le prince de Metternich, le comte de Lebzettern, le chevalier de Neumann, le comte Henri de Bombelles, sir Henry Wellesley;

Et pour S. A. R. l'infant D. Miguel :

MM. le baron de Villa-Séca, le comte de Villa-Réal (1).

Il n'est pas hors de propos de citer la lettre que l'infant adressa, avant son départ pour Lisbonne, à l'empereur du Brésil. Elle était ainsi conçue :

« J'ai reçu le décret de V. M. I, R. et T. F., en date du 3 juillet, par lequel V. M. a daigné me nommer son lieutenant et régent des royaumes de Portugal et des Algarves, et de leurs dépendances. Conformément à vos volontés souveraines, je me suis empressé de prendre les dispositions nécessaires pour me rendre à Lisbonne, afin de remplir les vues sages et paternelles de V. M., en gouvernant et réglant les affaires desdits royaumes, conformément à la charte constitutionnelle que V. M. a accordée à la nation portugaise.

» Tous mes efforts tendront à maintenir les institutions qui régissent le Portugal, et à contribuer, autant qu'il sera en mon pouvoir, à ce que la tranquillité publique ne soit troublée par aucuns partis, quels qu'ils soient, partis qui n'obtiendront jamais mon appui (2).

» Vienne, 19 octobre 1827. »

1827 (9 juillet). *Traité d'amitié, de navigation et de commerce entre l'empereur du Brésil et le roi de Prusse.*

Art. 1er. Paix et amitié perpétuelles entre les deux pays.

Art. 2. Les sujets de l'une des parties contractantes jouiront dans le pays de l'autre, en se conformant aux lois et usages établis, de tous les droits, priviléges et faveurs accordés à la nation la plus favorisée; ils seront exempts de toutes visites arbitraires, enquêtes, etc., excepté dans les cas de haute trahison, contrebande et autres crimes prévus par les lois des deux États. Les visites domiciliaires, enquêtes ou examens de papiers, qui seraient jugés néces-

---

(1) *Annual register of London for* 1829. *Public documents.*
(2) *London annual register for* 1829. *Public documents*, p. 429.

saires, ne pourront avoir lieu qu'en présence des magistrats compétents, du consul, du vice-consul ou de l'agent de la nation à qui la partie accusée appartient.

Art. 3. En cas de mésintelligence ou de rupture entre les deux puissances, les sujets de l'une des parties contractantes résidant sur le territoire de l'autre, ne pourront être inquiétés dans leurs personnes et leurs propriétés, tant qu'ils se conduiront paisiblement et respecteront les lois. Si leurs actes rendaient leur éloignement nécessaire, ils auront, pour mettre ordre à leurs affaires, un délai qui n'excédera pas huit mois.

Art. 4. Les individus accusés, dans les États de l'une des parties contractantes, de crimes de haute trahison, de félonie, fabrication de fausse monnaie ou de faux papier, ne recevront aucune protection dans les États de l'autre; ils seront au contraire expulsés à la requête de leurs gouvernements respectifs. Les déserteurs du service de terre et de mer de l'une des parties contractantes, ne seront point reçus dans les États de l'autre, et seront restitués, à la demande de leurs agents respectifs.

Art. 5. Les agents diplomatiques et consulaires de chacune des parties jouiront, dans les États de l'autre, de tous les droits, priviléges et immunités accordés à la nation la plus favorisée. Il est convenu que les agents consulaires n'entreront dans l'exercice de leurs fonctions qu'avec l'agrément du gouvernement auprès duquel ils sont accrédités.

Art. 6. Il y aura liberté réciproque de commerce et de navigation entre les sujets respectifs des deux parties. Les navires, soit brésiliens, soit prussiens, seront admis dans les ports, baies, havres, cités et territoires appartenant aux deux parties contractantes, à l'exception de ce qui sera spécifié et réservé par les deux Cours, et du commerce de cabotage.

Art. 7. Les navires de l'un des deux États qui quitteront les ports ou ancrages de l'autre, ou qui y entreront, ne paieront aucuns droits d'entrée, de tonnage, consignation, etc., différents ou plus élevés que ceux de la nation la plus favorisée.

Art. 8. Tous produits, marchandises et articles, quels qu'ils soient, provenant du sol, des manufactures ou de l'industrie des sujets de l'une des deux couronnes, importés directement ou indirectement dans les États de l'autre, seront assujettis aux mêmes droits que ceux payés par la nation la plus favorisée (la nation portugaise seule exceptée), et conformément au tarif.

Art. 9. Le présent traité sera en vigueur pendant dix années.

A Rio-Janéiro, le 9 juillet 1827.
>*Signé :* marquez de Quéluz, visconde de S.-Léopoldo, marquez de Maceyo, d'Olfers.

Par un article additionnel du 9 juillet 1828, il est convenu que tous les avantages de commerce et de navigation qui seront concédés, par l'une des parties contractantes, à quelqu'État ou Nation que ce soit (le Portugal seul excepté), seront garantis sur-le-champ aux sujets de l'autre partie (1).

1827 (11 août). *Dotation de l'empereur définitivement fixée, par l'art.* 108 *de la constitution, à* 1,000 *contos de reis* (de la valeur de 6,250 fr. chaque) *par an,* pour toutes les dépenses de la maison impériale, les réparations des palais et *quintas* (lieux de plaisance), le service et les décorations du trône. Sont exceptées seulement : la chapelle impériale, la bibliothèque publique et l'acquisition et construction des palais, qui seront aux dépens de la nation, conformément à l'art. 115 de la constitution. La dotation de l'impératrice est fixée à une somme annuelle de 100 *contos de reis;* celle du prince impérial à 12 *contos*, et à 24, quand il aura achevé ses dix-huit ans ; celle du prince de Grand-Para à 6 *contos de reis*, comme mineur, et à 12, à l'époque de sa majorité (2).

---

(1) *Collecção,* tom. III, p. 43-47.
(2) *Collecção,* tom. II, p. 3 et 4.
Les dotations pour les principaux établissements étaient fixées comme il suit :

Chapelle impériale, environ	370,000 f.
Académie de chirurgie et de médecine	34,000
Académie des beaux-arts	34,000
Musée	22,500
Bibliothèque	22,000
Jardin botanique	15,000
Promenade publique	10,000
Institution pour la vaccine	5,000
Officiers publics : Conseillers d'État	115,000
Chambre des sénateurs	1,000,000
Chambre des députés	1,300,000
Tachigraphes et secrétaires	140,000

1827 (17 août). *Nouveau traité d'amitié et de commerce entre la Grande-Bretagne et le Brésil.* « S. M. le roi de la Grande-Bretagne et S. M. l'empereur du Brésil, désirant étendre et augmenter les relations commerciales existant entre les deux pays, ont jugé convenable, en raison des nouvelles circonstances qui sont résultées de la séparation complète de l'empire du Brésil et du royaume de Portugal, de régler ces relations par un nouveau traité.

» En conséquence, les plénipotentiaires des deux puissances sont convenus de ce qui suit :

» Il y aura paix et alliance perpétuelles entre le roi de la Grande-Bretagne et l'empereur du Brésil, leurs héritiers et successeurs, et entre leurs sujets, États et territoires, sans exception de personnes ni de lieu. (Art. 1er.)

» Chacune des hautes parties contractantes pourra nommer des consuls-généraux, consuls et vice-consuls, dans tous les ports des possessions de l'autre, où la présence de ces agents sera nécessaire pour l'intérêt du commerce. Les consuls, de quelque classe qu'ils soient, n'entreront en fonctions qu'après que leur nomination aura été définitivement prononcée par leurs souverains respectifs, et approuvée par le souverain dans les États duquel ils seront appelés à résider. Les agents consulaires jouiront des priviléges attribués à leur charge, suivant l'usage, en se conformant toutefois aux lois du pays où ils sont établis. (Art. 2.)

» Les consuls et vice-consuls des deux nations exerceront, chacun dans son office respectif, l'autorité d'arbitres dans les différends qui peuvent s'élever entre les sujets ou les maîtres et équipages des bâtiments de leur nation respective, sans l'intervention des autorités locales, à moins que la tranquillité publique n'exige cette intervention, ou à moins que les parties ne portent leurs différends au jugement des tribunaux du pays. Les agents consulaires auront le droit d'administrer les biens de ceux de leurs compatriotes morts *ab intestat*, au bénéfice des héritiers légitimes ou des créanciers, en se conformant aux lois et aux règlements du pays. (Art. 3.)

» Les sujets de l'une des parties jouiront, dans les domaines de l'autre, d'une parfaite liberté de conscience en matière de religion, en se conformant aux principes d'une entière tolérance. (Art. 4.)

» Ils peuvent librement disposer de leurs propriétés, de quelque manière que ce soit, et sans aucun obstacle ni empêchement. Leurs maisons et leurs biens seront protégés et respectés, et ne pourront leur être enlevés par quelque autorité que ce soit. Ils sont exempts du service militaire, d'emprunts forcés ou de réquisitions de guerre, et ne paieront d'autres impôts que ceux acquittés par les sujets du pays où ils résident ; ils ne seront de même assujettis à aucune visite domiciliaire, si ce n'est dans le cas de crimes prévus par les lois et en présence du magistrat compétent ; enfin, ils seront traités, sous le rapport de leurs personnes et de leurs propriétés, comme ceux de la nation la plus favorisée. (Art. 5.)

» La constitution du Brésil ayant aboli toutes les juridictions spéciales, la charge de juge-conservateur de la nation anglaise subsistera seulement jusqu'à ce qu'il lui ait été substitué une autorité capable de protéger les personnes et les propriétés des sujets de S. M. B. ; lesquels, au reste, seront traités, dans les causes civiles ou criminelles, comme les sujets brésiliens, et ne pourront être incarcérés sans mandat de l'autorité légale, excepté dans le cas de *flagrant délit*. (Art. 6.)

» Dans le cas d'une rupture, qui ne sera définitive que par le départ des agents diplomatiques, les sujets de l'une des parties résidant sur le territoire de l'autre, pourront y continuer leur séjour, en se conduisant paisiblement et conformément aux règlements. Dans le cas où leurs actions seraient suspectes, il pourra leur être ordonné de quitter le pays, avec la liberté d'emporter leurs effets et leurs biens, en leur accordant un délai qui n'excédera pas six mois. (Art. 7.)

» Aucune des deux parties ne recevra les déserteurs des armées de terre et de mer de l'autre ; au contraire, ces déserteurs seront restitués à leurs souverains respectifs, sur les réclamations des consuls ou agents accrédités. (Art. 8.)

» Les saluts d'usage aux ports ou pavillons de chacune des puissances seront conformes à ceux pratiqués par les nations maritimes. (Art. 9.)

» Il y aura liberté mutuelle de commerce et de navigation entre les sujets de chacune des parties, qui pourront entrer, sur des navires anglais ou brésiliens, dans tous les ports, villes ou territoires respectifs, excepté dans les ports qui seraient positivement fermés à toute autre puissance étrangère, et dans le cas où lesdits ports seraient ouverts au commerce de quelque autre nation, les sujets de l'une des parties auraient de suite le droit d'y entrer aux mêmes conditions. En conséquence, les sujets de chacune des deux couronnes pourront se transporter, sur leurs navires respectifs, dans tous les ports, baies et territoires de l'autre, pour y décharger tout ou partie de leurs cargaisons, importer ou exporter toutes sortes de marchandises, et se livrer à toutes les opérations commerciales. Il est cependant fait une exception à l'égard du commerce appelé cabotage, ou trafic de port à port, qui se fait exclusivement par des navires du pays; toutefois, les sujets de l'autre partie pourront embarquer leurs effets, marchandises et argent, à bord desdits navires, en payant les mêmes droits. (Art. 10.)

» Les bâtiments de l'une des puissances contractantes ne seront assujettis dans les ports de l'autre qu'au paiement de droits (quelle que soit leur dénomination) égaux à ceux acquittés par les bâtiments nationaux. (Art. 11.)

» Afin de constater la nationalité des navires anglais ou brésiliens, seront considérés comme appartenant à la Grande-Bretagne ceux possédés, enregistrés et frétés conformément aux lois de ce pays; et comme brésiliens, les navires construits dans les chantiers du Brésil, appartenant à des sujets de ce pays, et dont le patron et les trois quarts de l'équipage seront aussi Brésiliens. Seront aussi regardés comme brésiliens, les navires capturés sur l'ennemi par des bâtiments de guerre de S. M. l'empereur, ou par des sujets de sadite majesté, munis de lettres de marque, quand ces navires auront été déclarés de bonne prise par la Cour des prises du Brésil, ou condamnés pour contravention aux lois de la traite, et qu'ils seront possédés et équipés comme il est dit ci-dessus. (Art. 12.)

» Les sujets d'un souverain établis dans les États de l'autre pourront commercer avec les nations étrangères de toutes sortes de produits et marchandises. Sont exceptés de cette clause tous les objets dont la couronne du Brésil s'est réservé le monopole exclusif. Et dans le cas où quelques-uns de ces articles deviendraient de libre trafic, les sujets de S. M. B. auront le droit d'en faire le commerce, aussi bien que les sujets de S. M. l'empereur du Brésil, auxquels ils seront entièrement assimilés pour le paiement des droits quelconques auxquels ces objets seraient assujettis. (Articles 13 et 14.)

» L'art. 15 détermine les objets d'armement ou d'équipement qui doivent être compris sous la dénomination de contrebande de guerre, et qui sont par conséquent susceptibles de confiscation, s'ils étaient destinés à une nation ennemie.

» Les paquebots continueront à faire le service entre les deux pays, et seront considérés comme bâtiments du roi, en attendant une convention spéciale à ce sujet. (Art. 16.)

» Dans le but de protéger efficacement le commerce de leurs sujets contre les entreprises de la piraterie, les deux parties contractantes s'engagent mutuellement à défendre l'entrée de leurs ports à tous les pirates ou écumeurs de mer, et à poursuivre avec toute la rigueur des lois tous ceux qui se livreraient à ce brigandage, ou qui entretiendraient des intelligences avec eux. Tous les bâtiments ou cargaisons que ces pirates conduiraient dans les ports de l'une ou de l'autre des puissances contractantes, seront rendus à leurs propriétaires ou à leurs délégués, quand la possession aura été dûment constatée; et cette restitution s'effectuera de même, quand la propriété réclamée aurait été vendue, s'il est prouvé que l'acquéreur savait qu'elle provenait de piraterie. (Art. 17.)

» En cas de naufrage de vaisseau de guerre ou de vaisseau marchand de l'une des puissances sur les côtes du territoire de l'autre, tous les secours et bons offices possibles leur seront accordés, et tout ce qui aura pu être sauvé sera restitué au gouvernement ou au propriétaire du bâtiment naufragé. Aucune des marchandises sauvées ne paiera de taxe, excepté les objets de consommation. (Art. 18.)

» Tout article de produit, manufacture et industrie appartenant à des sujets de S. M. B., tant d'Europe que des colonies ouvertes au commerce étranger, peuvent être librement importés dans tout l'empire du Brésil et consignés dans ses ports, en payant les droits qui n'excéderont pas 15 pour 100 de l'évaluation portée au *pauta* (tarif de douanes) qui sera promulgué dans toute l'étendue de l'empire. Il est même convenu que, dans la confection des *pautas* qui seront dressés dans la suite, on prendra pour base le prix courant des marchandises sur la place; et que, si le consul de S. M. B. trouvait quelqu'un des prix portés au *pauta* actuel trop élevé, il lui sera loisible de faire une réclamation, sur laquelle il sera fait droit dans le plus bref délai. Il est encore arrêté que, dans le cas où divers articles d'origine anglaise, dont la valeur ne serait pas consignée au tarif, seraient importés au Brésil, le propriétaire de la cargaison signera une déclaration de la valeur estimative desdits objets. Si cette évaluation est jugée trop faible par les agents des douanes, ces derniers seront libres d'en faire l'acquisition au taux de ladite évaluation, en payant à celui qui importe ces articles 10 pour 100 en sus du montant de l'estimation, et ce, dans le délai de quinze jours, à dater de celui de la consignation, et en restituant le droit payé, conformément au sistème des douanes de la Grande-Bretagne. (Art. 19.)

» L'empereur du Brésil s'engage à n'admettre dans ses ports aucun produit, quel qu'il soit, appartenant à une nation étrangère, à des conditions plus avantageuses que celles ci-dessus stipulées, à l'exception de quelques articles importés directement du Portugal au Brésil sur des navires appartenant à l'une ou l'autre de ces nations, S. M. B. consentant spécialement à cette exception, en faveur de la part qu'elle a prise, comme puissance médiatrice, dans la négociation qui a amené le traité d'indépendance et de réconciliation du 29 août 1825, et de son désir de voir continuer les relations d'amitié entre le Brésil et le Portugal. (Art. 20.)

» Tout objet de commerce, importé directement du Brésil pour servir à la consommation dans les possessions de S. M. B., tant en Europe que dans celles de ses colonies qui sont ouvertes au commerce étranger, ne paiera pas de droits plus élevés que ceux fixés sur des objets semblables importés par la nation étrangère la plus favorisée. (Art. 21.)

» Divers articles d'origine brésilienne étant soumis, quand ils sont reçus comme articles de consommation dans le Royaume-Uni, à des droits plus forts que ceux payés par les mêmes articles provenant des colonies anglaises, S. M. B. consent à ce que ces articles soient entreposés, en attendant leur réexportation, conformément à la loi, sans être assujettis à des droits de consignation autres que ceux perçus sur les produits des colonies anglaises, également destinés à la réexportation. La même règle aura lieu à l'égard des produits coloniaux anglais qui seront admis dans les ports du Brésil pour en être réexportés. (Art. 22.)

» Tous objets de commerce ou marchandises importés des possessions anglaises au Brésil, seront appuyés de certificats originaux signés par les officiers des douanes du lieu de l'embarquement; les certificats de chaque navire étant numérotés et attachés par le sceau officiel de la douane anglaise au manifeste certifié par le consul brésilien, afin que le tout soit représenté à la douane du port d'entrée.

» L'origine des marchandises importées au Brésil de certaines localités anglaises où il ne se trouve point de bureau de douanes, sera constatée comme il est usité lorsque des marchandises sont importées de ces localités dans des ports appartenant à la Grande-Bretagne. (Art. 23.)

» S. M. B. permet aux sujets de S. M. I. de commercer, dans ses ports et mers d'Asie, sur le pied de la nation la plus favorisée. (Art. 24.)

» Dans le cas où des priviléges ou diminutions de taxes seraient accordés sur certains articles de commerce, ces avantages seront toujours égaux, l'exportation ayant lieu, soit sur des navires anglais, soit sur des navires brésiliens. (Art. 25.)

» L'art. 26 stipule, pour les sujets de chacune des deux puissances, la liberté de toutes espèces de transactions commerciales, sans être restreints par aucun privilége exclusif ou par aucune faveur accordée à des compagnies. Les objets qui appartiennent ou sont réservés à la couronne ne sont pas compris dans ces conditions.

» Les sujets des deux parties jouiront réciproquement, sous le rapport du régime des douanes, des mêmes priviléges et avantages qui leur sont accordés dans leur propre pays, autant que les lois peuvent le permettre. (Art. 27.)

» Le présent traité sera en vigueur pendant quinze années, à dater de l'échange des ratifications, et plus tôt, au désir de l'une des puissances. Dans ce dernier cas, notification en sera faite, et le traité cessera deux ans après ladite notification. (Art. 28.)

» Les ratifications des présentes seront échangées dans le délai de quatre mois, et plus tôt s'il est possible. (Art. 29 et dernier.)

» Fait à Rio de Janeiro, le 17 août 1827.

» *Signé:* marquez de Quéluz, visconde de S.-Léopoldo, marquez de Maceyo, Robert Gordon. »

Les ratifications furent échangées à Londres, le 10 novembre 1827 (1).

---

(1) *Collecção das leis*, tom. II, p. 65-72.
Supplément au recueil de traités de Martens, par F. Saalsfeld, tom. X, deuxième partie.
The American Annual register, second epartie. New-York, 1830.

1827 (15 octobre). Décret en soixante-un articles, concernant la *responsabilité des ministres, secrétaires d'État* et *conseillers d'État*, ainsi que le mode de procéder contre ces fonctionnaires. Ils sont coupables de haute trahison, lorsque, par des traités, conventions ou autres actes, tant à l'intérieur qu'à l'extérieur, ils tentent : 1° de renverser la forme de gouvernement établie; 2° d'entraver le libre exercice des pouvoirs politiques reconnus par la constitution; 3° d'attaquer l'indépendance et l'intégrité du pays; 4° d'attenter à la personne de l'empereur, de l'impératrice, des princes et princesses de la famille impériale; 5° de renverser la religion catholique, apostolique et romaine. Plusieurs de ces délits entraînaient la peine de mort (1).

1827 (15 novembre). Loi en soixante-quinze articles, relative à la reconnaissance de la dette publique, à la législation, au grand-livre, aux fonds de la dette intérieure, à la caisse d'amortissement, etc. (2)

1827 (17 novembre). *Traité entre le Brésil et les villes anséatiques.* Les Sénats des villes libres et anséatiques de Lubeck, Brême et Hambourg, agissant chacun séparément, d'une part,

Et S. M. l'empereur du Brésil, d'autre part,

Désirant conclure un traité de commerce et de navigation, ont nommé leurs plénipotentiaires respectifs, lesquels, après communication faite de leurs pleins pouvoirs, sont convenus de ce qui suit :

Tous les ports et ancrages des pays respectifs ouverts aux bâtiments des diverses nations le seront également aux navires brésiliens et anséatiques. (Art. 1er.)

Tout bâtiment portant le pavillon de l'une des républiques de Lubeck, Brême et Hambourg, appartenant exclusivement à un ou plusieurs citoyens de l'une d'elles, et dont le capitaine sera de même citoyen de l'une de ces républiques, sera considéré, par rapport aux présentes conventions, comme appartenant aux villes de Lubeck, Brême et Hambourg : une parfaite réciprocité aura lieu à l'égard des bâtiments brésiliens. (Art. 2.)

Les bâtiments desdites républiques et ceux du Brésil ne seront pas soumis, à leur entrée dans les ports respectifs, ou

---

(1) *Collecção das leis*, etc., t. II, p. 19-26.
(2) *Collecção das leis*, etc., t. II, p. 53-60.

à leur sortie, à des droits différents ou plus considérables que ceux imposés sur les navires nationaux. (Art. 3.)

Les hautes parties contractantes s'engagent mutuellement à n'établir aucuns droits ou prohibitions d'importation ou d'exportation qui ne soient communs à des articles de même espèce importés ou exportés par quelque pays que ce soit. (Art. 4.)

Toutes marchandises pouvant être importées dans les États des hautes parties contractantes sous pavillon national, et en être exportées de la même manière, pourront être aussi importées ou exportées sur les navires appartenant à l'autre partie.

Le commerce de cabotage qui a pour objet de transporter des produits indigènes ou étrangers déjà admis pour la consommation, étant néanmoins excepté de la règle générale et soumis au règlement de chaque pays, il est convenu que les citoyens de chacune des parties contractantes jouiront du privilége d'employer les navires côtiers au transport de leurs marchandises, et seront traités à cet égard sur le pied de la nation la plus favorisée. (Art. 5.)

Toutes marchandises, sans aucune acception d'origine, exportées des ports du Brésil à ceux des villes anséatiques, ou de ces derniers au Brésil sur des navires brésiliens ou sur des navires appartenant à une nation favorisée dans son commerce direct avec les ports anséatiques, comme aussi toute marchandise importée, de quelque pays que ce soit, aux ports anséatiques sur des navires brésiliens, ou exportée de ces mêmes ports, par les mêmes navires, pour quelque destination que ce soit, ne seront sujettes à aucuns droits d'importation ou d'exportation autres que ceux frappant le commerce direct de la nation la plus favorisée.

La même réciprocité existe pour les républiques de Lubeck, Brême et Hambourg à l'égard du Brésil, où les droits payés par la nation la plus favorisée dans son commerce direct, ont été fixés temporairement par d'autres traités à 15 p. 100 au lieu de 24, pour toutes les marchandises destinées à la consommation.

Les villes anséatiques n'ayant mis aucune restriction au commerce indirect du Brésil, et le gouvernement brésilien ne pouvant, à tous égards, établir la même latitude ni la même réciprocité, il est convenu que le commerce indirect sera restreint pour le présent, et aura lieu seulement avec les nations dont le commerce direct est ou sera favorisé dans les ports brésiliens par des traités particuliers.

Toutes les marchandises exportées sur des navires anséatiques des ports desdites nations favorisées au Brésil, seront sujettes aux mêmes droits que ceux payés par les villes anséatiques dans leur commerce direct, en restant soumises toutefois aux formalités à remplir, lorsqu'elles sont importées dans les ports brésiliens par des nations favorisées dans leur commerce direct.

Les navires des hautes parties contractantes jouiront réciproquement des primes ou autres avantages accordés au commerce d'importation ou d'exportation sur des navires étrangers quels qu'ils soient.

Dans le commerce direct entre les villes brésiliennes et anséatiques, les lettres visées par les consuls respectifs, ou à défaut, par les autorités locales, suffiront pour admettre les importations ou exportations réciproques au bénéfice des articles ci-dessus. (Art. 6.)

Les marchandises indigènes obtiendront dans les douanes respectives, en raison de leur valeur, tous les avantages et facilités accordés à la nation la plus favorisée. Il est bien entendu que, dans le cas où la valeur de ces marchandises ne serait pas fixée dans le tarif brésilien, l'entrée à la douane en sera faite sur une estimation signée par celui qui aura fait l'importation. Cependant, dans le cas où les percepteurs suspecteraient la vérité de l'évaluation, ils seront libres de prendre lesdites marchandises, en payant 10 p. 100 au-dessus de ladite estimation, et ce, dans les quinze jours de leur réception et en acquittant les droits qu'elles auraient payés. (Art. 7.)

Le commerce et la navigation se feront entre les ports anséatiques et brésiliens, nonobstant toute convention additionnelle, sur le pied des nations les plus favorisées, pourvu qu'il y ait réciprocité parfaite. Il est bien convenu que les priviléges et avantages qui sont ou peuvent être accordés à la nation portugaise en sont exceptés, et que les effets de la présente convention ne peuvent s'étendre au Portugal, à moins de traités particuliers à ce sujet. (Art. 8.)

Les consuls des gouvernements respectifs seront traités, sous le rapport de leurs personnes et de leurs fonctions, sur le même pied que ceux des nations les plus favorisées. Ils auront principalement le droit de faire des représentations générales ou spéciales sur les évaluations faites par les douanes, qui les prendront en considération dans le moindre délai possible, sans se dessaisir des consignations. (Art. 9.)

S'il arrivait que l'une des parties fût engagée dans une guerre, où l'autre serait neutre, il est convenu, quelque convention que la partie belligérante puisse avoir conclue avec d'autres puissances à l'avantage du pavillon neutre, qu'elle sera commune aux navires brésiliens et anséatiques. Afin de définir les articles qui doivent être considérés comme objets de contrebande de guerre, ils sont restreints à ceux ci-dessous : les canons, mortiers, fusils, pistolets, grenades, bombes, fusées, cartouches, balles, poudre, salpêtre, cuirasses, piques, épées, hallebardes, sabres, harnois, selles et tous autres instruments de guerre. (Art. 10.)

Les citoyens et sujets des pays respectifs seront traités chez l'une ou l'autre des parties contractantes, par rapport à leurs personnes, propriété, religion et industrie, avec tous les égards et priviléges accordés à la nation la plus favorisée.

Quelques étrangers jouissant au Brésil de la faculté d'entretenir des comptes ouverts avec les douanes pour l'acquit des droits, cette faveur sera également étendue aux résidents anséatiques. (Art. 11.)

Les hautes parties contractantes se réservent le droit de faire les stipulations additionnelles que l'intérêt du commerce pourra suggérer et qui dans ce cas seront considérés comme fesant partie de la présente convention. (Art. 12.)

Quoique la présente convention puisse être considérée comme commune aux trois villes libres et anséatiques de Lubeck, Brême et Hambourg, aucune solidarité d'exécution n'existe entre leurs gouvernements respectifs, et les présentes stipulations seraient toujours exécutoires pour l'un d'eux, nonobstant détermination contraire des autres. (Art. 13.)

Les présentes seront ratifiées, et les ratifications échangées à Londres, dans l'espace de quatre mois, ou plus tôt s'il est possible.

Elles seront en pleine vigueur pendant dix années, à dater du jour de l'échange des ratifications; et passé ce terme, jusqu'à ce que les Sénats des villes anséatiques, soit collectivement, soit séparément, aient annoncé l'intention de conclure une pareille convention, et pendant tout le tems nécessaire pour le renouvellement ou la modification d'icelle. (Art. 14.)

Fait à Rio de Janéiro, le 17 nov. de l'an de grâce 1827.
Signé : Gildemeister, C. Sieveking, marquis de Quéluz, Comte de Lages (1).

Dans le courant de cette année (1827), le gouvernement, voulant favoriser les *progrès de l'instruction*, prit à ce sujet les mesures suivantes.

Le 26 juillet, décret rendu en conformité d'une décision de l'assemblée générale, à l'effet d'établir des professeurs pour l'enseignement élémentaire et la grammaire latine dans toutes les provinces de l'empire (2).

(Même date.) Décret pour accorder une somme de 150,000 *reis* à chaque professeur des premiers éléments (*primeiras letras*), suivant la *portaria* du 3 avril 1822, et en vertu de la détermination de l'assemblée générale des Cortès de la nation portugaise (3).

1827 (11 août). Création de deux chaires pour les sciences judiciaires et sociales (*sciencias juridicas e sociaes*), l'une dans la cité de S.-Paulo, l'autre dans celle d'Olinda. Les cours dureront cinq années. La première traitera de la loi naturelle et publique, de l'analise de la constitution de l'empire, des droits des nations et de la diplomatie; la deuxième continuera les mêmes sujets et traitera du droit public ecclésiastique; la troisième année sera consacrée à l'étude du droit civil du pays (*direito patrio civil*), du droit criminel et de la théorie de la procédure criminelle; quatrième année, continuation du droit civil et étude du droit maritime et commercial; cinquième année, économie politique, théorie et pratique du code de procédure adapté aux lois de l'empire (4).

1827 (15 octobre). Décret en dix-sept articles, pour créer des écoles primaires dans tous les cités, villes et villages les plus peuplés (5).

---

(1) *Collecção das leis*, tom. III, p. 53-57.
Tratado de navegação, e commercio entre S. M. O. imperador do Brazil e os senados das cidades livres e anseaticas de Lubeck, Bremen, e Hamburgo.
Supplément au recueil de Martens, par F. Saalsfeld, tome X, deuxième partie.
(2) *Collecção das leis*, etc., tom. II, p. 1.
(3) *Idem*, tom. II, p. 1 et 2.
(4) *Idem*, tom. II, p. 5 et 6.
(5) *Idem*, tom. II, p. 16-18.

Blocus des ports appartenant au gouvernement des Provinces-Unies de Rio de la Plata, et réclamations faites par les États-Unis à ce sujet et en raison de la saisie de plusieurs de leurs navires (1). Le 6 décembre 1825, une communication du ministre des affaires étrangères du Brésil informa M. Raguet, chargé d'affaires des États-Unis, « que l'empereur avait donné l'ordre d'équiper une escadre, afin de mettre en état de blocus tous les ports appartenant au gouvernement des Provinces-Unies de Rio de la Plata ». Et, le lendemain, l'avis fut donné que, par ordre de sa majesté, lesdits ports allaient être immédiatement bloqués par les forces qui s'y trouvaient stationnées, et qui seraient bientôt augmentées par les bâtiments prêts à mettre à la voile.

Une pareille mesure blessait vivement les intérêts des puissances neutres, dont les négociants fesaient presque exclusivement le commerce de Buénos-Ayres. Déjà, en septembre 1824, un navire américain assez important avait été saisi par un commandant brésilien, sous le prétexte d'une infraction au blocus de Pernambuco, et près de quinze mois s'étaient écoulés sans décision définitive à son égard.

Le chargé d'affaires des États-Unis, dans sa réponse (13 décembre) au ministre des affaires étrangères du Brésil, reconnut que « le droit d'une puissance belligérante de nuire à son ennemi au moyen de siéges et de blocus, ne peut être mis en question; mais que cette puissance ne doit pas décider à elle seule des intérêts des neutres, qui ont leurs droits aussi bien que les parties belligérantes ». A l'égard du commerce des nations neutres avec les États amis, il a été posé en principe que ces neutres ne peuvent fournir des articles de contrebande de guerre à l'une des puissances hostiles, ni convoyer des provisions ou munitions dans des ports ou places bloqués ou assiégés; mais il a été reconnu, en même tems, qu'aucun port ne peut être considéré en état de blocus, s'il n'est gardé par une force navale assez imposante pour en fermer effectivement l'entrée. En sorte que, si l'escadre de blocus était contrainte à s'éloigner par toute

---

(1) Les événements qui se succédèrent à cette époque ne nous ayant pas permis d'interrompre le récit pour faire connaître les négociations qui eurent lieu à ce sujet, nous sommes forcés de remonter à un ordre de dates antérieur à l'année 1827.

autre cause que par une tempête, le blocus se trouve levé de fait; et la reprise de cette mesure serait considérée comme un nouveau blocus, qui ne peut affecter en aucune manière les intérêts des neutres qui, pendant l'intervalle, auraient pénétré dans le port.

« Cette manière d'envisager les lois du blocus est sanctionnée par la neutralité armée de 1780, et par une convention conclue en 1801, entre la Grande-Bretagne et la Russie, où il est stipulé : « que pour déterminer l'état d'un port bloqué, cette dénomination n'est donnée qu'à un port où les dispositions prises par la puissance qui l'attaque, au moyen de vaisseaux *stationnaires* ou suffisamment rapprochés, démontrent évidemment le danger d'y pénétrer ». Cette définition a été adoptée par tous les autres cabinets de l'Europe et par les États-Unis, qui étaient à cette époque la seule nation indépendante de l'Amérique. Un autre principe également incontestable, est celui de prévenir les bâtiments qui cherchent à entrer dans un port bloqué de l'existence du blocus; faute de quoi, il ne peut y avoir lieu à saisie et condamnation.

» En 1814, en conséquence d'une réclamation faite par le gouvernement américain, contre la déclaration d'un blocus général des îles de la Martinique et de la Guadeloupe, faite par un officier de marine anglais, le gouvernement de la Grande-Bretagne ordonna à ce commandant de ne considérer comme en état de blocus effectif que chacun des ports qui serait réellement investi, et de ne point capturer de bâtiments avant de leur avoir fait la sommation préalable de ne pas entrer dans ces ports.

» En 1816, le gouvernement des États-Unis, ayant reçu la notification, par le ministre espagnol à Washington, du blocus de la vice-royauté de Santa-Fé, protesta sur-le-champ contre les termes généraux de cet acte. Il fit passer, en même tems, à son représentant à Madrid, des instructions qui lui enjoignaient de déclarer qu'un blocus était reconnu réel par les États-Unis, lorsqu'il était limité à des ports particuliers, devant chacun desquels se trouvait *stationnée* une force suffisante pour en intercepter l'entrée; qu'aucun navire ne pouvait être saisi, même en cherchant à entrer dans un port ainsi bloqué, à moins d'avoir été d'abord sommé de se retirer; enfin, qu'il serait réclamé des indemnités pour toutes captures de bâtiments américains qui seraient faites contrairement à cette règle.

» Pendant la guerre de 1813 entre les États-Unis et l'Angleterre, plusieurs cabinets européens réclamèrent contre l'extension que cette dernière puissance avait donnée à son sistème de blocus, lequel embrassait les principaux points de la côte; et il fut répondu entr'autres, au ministre de Suède, que les bâtiments *neutres* qui étaient entrés dans les ports américains sans avoir connaissance du blocus, pourraient en sortir en conformité de la règle établie, mais que cette permission ne pouvait pas s'étendre à leur cargaison. »

Le 23 décembre, le ministre des affaires étrangères du Brésil, vicomte de S.-Amaro, répondit à cette note de M. Raguet, que, dans les ordres donnés au commandant du blocus des ports des Provinces-Unies de Rio de la Plata, les navires des neutres et des nations amies, entrés dans ces ports avant la déclaration de blocus, ont été expressément réservés, et que ledit commandant était chargé de faire une proclamation portant que tous les navires ci-dessus mentionnés seront libres de mettre à la voile avec leurs cargaisons, dans le délai de quatorze jours à partir de la notification qui leur en serait faite.

A l'appui des raisons avancées par M. Raguet, l'amiral français *Rosamel*, dans sa correspondance avec l'amiral brésilien *Guèdes*, soutenait les principes suivants:

1° Le pavillon couvre la marchandise, à l'exception des articles de guerre que l'on voudrait introduire par contrebande; 2° les bâtiments de guerre doivent visiter les bâtiments neutres avec toute la circonspection possible; 3° les seuls objets de contrebande sont les munitions de guerre, les pièces de canon, la poudre, les balles, les boulets, etc.; 4° toute puissance a le droit de faire convoyer ses bâtiments de commerce, et, dans ce cas, une déclaration du commandant du bâtiment de guerre suffit pour justifier du pavillon et de la cargaison des navires convoyés; 5° aucun port n'est bloqué, s'il n'y a pas un risque évident à y entrer, et on ne pourra empêcher aucun bâtiment neutre d'entrer dans un port précédemment bloqué par une force qui ne serait pas devant le port, lorsque le bâtiment neutre se présentera, soit que cette force ait été éloignée par les vents, soit qu'elle ait été obligée d'aller se ravitailler.

Malgré les instructions données aux commandants des forces navales brésiliennes, plusieurs bâtiments américains (*le Léonidas*, *le Ruth*, *le Pionnier* et *le Sarah-George*) furent capturés dans le courant des mois de juin, août et septembre 1826, par l'escadre brésilienne, comme étant destinés pour un port en état de blocus, et sans qu'au préalable ils eussent été avertis de se retirer. Le 14 novembre, le chargé d'affaires des États-Unis protesta contre la saisie de ces navires, et demanda pour eux des dommages-intérêts. Le nouveau ministre des relations extérieures, marquis de Inhambupe, déclara que l'amiral brésilien avait reçu l'ordre de donner des explications sur ces prises; mais qu'à l'égard de la notification préalable qu'on prétendait devoir être faite de l'existence du blocus, cette formalité avait été remplie, dès qu'on en avait donné avis à toutes les nations, et qu'un espace de tems suffisant avait été laissé pour que personne n'en ignorât. « Des vaisseaux neutres, » disait le ministre, « ne peuvent être reçus à tenter de violer le blocus, sous prétexte d'ignorer son existence, attendu qu'ils ont pu s'assurer de ce fait au port neutre le plus voisin; une marche différente annoncerait des intentions hostiles. Cependant, comme des vaisseaux ont été saisis en pleine mer, à cause de la destination de leurs passeports pour des ports bloqués, S. M. l'empereur a décidé, comme vous le verrez par la copie ci-jointe, qu'on retiendrait seulement ceux de ces bâtiments dont l'intention évidente aurait été de violer le blocus, et non ceux qui auraient été capturés en pleine mer, ou en se rendant à Montévidéo, quoique ayant des passeports pour des ports gardés. »

Le chargé d'affaires des États-Unis insista dans sa réplique sur le principe déjà cité, qu'un bâtiment n'est susceptible d'être saisi pour infraction aux lois du blocus, si ce n'est lorsqu'il essaie d'entrer dans le port, après avoir été averti de se retirer par l'escadre de blocus, et qu'une notification en pays étranger est un acte insuffisant. A l'appui de cette prétention, le chargé d'affaires fesait observer « que tout le pays inhabité, depuis la rivières des Amazones jusqu'au cap Horn, est en possession des parties belligérantes; que les principaux ports neutres les plus voisins sont Valparaiso et le cap de Bonne-Espérance; et qu'un voyage à l'un ou l'autre de ces deux endroits deviendrait, sous le rapport du tems et de la connaissance du blocus, presque aussi long pour des capitaines neutres, que le port bloqué pour lequel ils étaient en course.

» Dans une guerre entre les États-Unis et une puissance quelconque, un navire neutre, destiné pour ce premier pays, ne pourrait trouver de port neutre pour s'informer de l'existence d'un blocus qu'en Europe, dans l'Amérique anglaise, dans les ports des Indes occidentales ou au Mexique. Or, ne paraîtrait-il pas extraordinaire, par exemple, qu'un vaisseau brésilien, chargé à Maranham pour New-York, dût passer à Lisbonne ou à Liverpool, ou bien s'exposer au climat glacé d'Halifax, ou aux parages mal sains, soit de Véra-Cruz, soit de la Havane, pour s'informer d'une circonstance dont les habitants ne sont peut-être pas plus instruits que ne l'étaient ceux du point de départ du navire?

» Il est maintenu en principe, par le gouvernement des États-Unis, qu'il n'y a de notification de blocus valable à l'égard des neutres, que celle qui aura été donnée sur les lieux par l'escadre qui resserre le port; déclaration nommée *avertissement* (*warning*), et ordinairement consignée par écrit sur le registre du navire neutre, afin d'en donner avis à ceux qu'il pourrait rencontrer. Cette formalité est la seule qui soit compatible avec les droits d'une juste neutralité. Le vaisseau neutre est en conséquence censé ne pouvoir avoir la certitude d'un blocus proprement dit; et la partie belligérante est restreinte à l'exercice réel et légitime de ses droits, qui ne l'autorisent point à exclure les bâtiments neutres ne portant point d'articles de contrebande de guerre, du port de son ennemi, quand il n'existe pas de blocus effectif.

» L'histoire d'Europe, pendant les vingt dernières années, fourmille d'exemples de violation des lois de blocus par des nations en guerre. Le Brésil, destiné à devenir un grand État agricole et commercial, doit en retirer une leçon utile. Si l'infraction à ces maximes de droit public a déjà causé de grands maux au commerce entre l'Europe et l'Amérique du nord, quels résultats bien plus fâcheux encore n'amènerait pas l'application de faux principes dans les relations de l'Amérique du sud! La traversée de la rivière Plata en Europe ou aux États-Unis exige de soixante à quatre-vingt-dix jours. En admettant la doctrine d'une notification générale, tous ceux qui s'y soumettent consentent à se départir du droit naturel de commercer avec un port ami, pour un tems donné, après la levée du blocus; si cette règle était appliquée aux ports du Chili ou à d'autres plus éloignés, les huit mois de l'année, les meilleurs et les plus profitables, se trouveraient perdus sans équivalent. Le gouvernement colombien a déjà adopté les principes qu'on défend ici, et son exemple ne tardera pas à être suivi par celui du Mexique. »

Aussitôt après le retour de l'empereur du midi, c'est-à-dire vers le milieu de janvier 1827, un changement de ministère s'opéra. Le marquis de Quéluz, qui prit le portefeuille des affaires étrangères, écrivit, le 18 du même mois, au chargé d'affaires américain, pour donner des explications sur les ordres qui avaient été envoyés au vice-amiral commandant les forces navales du Brésil dans la rivière Plata, pendant la durée du blocus. « Ces ordres étaient rédigés en des termes très-généraux, quant à ce qui touchait les bâtiments des neutres et des puissances amies; ce qui avait décidé l'empereur à envoyer une explication positive à ce sujet au nouvel amiral commandant la station. En conséquence, des instructions lui avaient été adressées le 29 novembre 1826, par lesquelles il lui était prescrit de ne capturer aucun bâtiment neutre ou ami, excepté dans le cas de tentative de violation du blocus ou de chargement d'articles prohibés. Il fut enjoint cependant que, si des bâtiments entraient dans la Plata avec des passeports pour Buénos-Ayres, avant que la levée du blocus eût été officiellement annoncée, ils seraient tenus de se faire visiter par l'un des vaisseaux de l'escadre, et de se conformer à l'avis de ne pas chercher à entrer dans le port bloqué sous peine de confiscation, ou bien ces bâtiments devaient, en touchant à Montévidéo, s'assurer si le blocus était effectif, et, avant d'entrer dans la rivière Plata, prendre des informations à ce sujet, soit dans un port de l'empire, soit dans tout autre. C'est dans ce sens qu'était conçue la lettre du ministre, en date du 10 décembre 1826, où il avançait que les navires marchands devaient toucher au port neutre le plus voisin pour prendre les renseignements convenables; et, dans ce cas, la dénomination de neutres s'applique à tous les ports, même à ceux des États en guerre, qui ne seraient pas effectivement bloqués, tels que les ports de la côte du Brésil, depuis Oyapok jusqu'à la Plata, et spécialement ceux situés entre Rio de Janéiro et Montévidéo (Maldonado excepté), comme étant les plus voisins. Toute autre interprétation serait absurde et impossible.

» Ainsi, le gouvernement impérial, dans le but de rendre le blocus moins nuisible aux intérêts du commerce des neutres, a établi les principes qu'on vient d'exposer, comme aussi pour prouver son désir d'éviter toute discussion avec des nations amies. » Après quelques digressions sur la politique générale et particulière des peuples, le ministre ajoute « qu'à l'égard des bâtiments américains saisis, il est nécessaire d'attendre le résultat des procès intentés, et que le gouvernement impérial ne peut entraver la marche du pouvoir judiciaire, en prenant sur lui la décision d'une pareille matière, en opposition aux lois et à la constitution de l'empire ».

Malgré toutes ces explications, l'amiral brésilien n'en continua pas moins à capturer des navires américains. Le 4 mars, le brick *Spark*, de New-York, ci-devant au service des États-Unis, arriva à Rio-Janéiro, où il devait être vendu, suivant l'intention de ses patrons. Le ministre de la marine refusa de l'acheter; mais il témoigna le désir d'acquérir les canons qu'il portait; le capitaine, s'y étant refusé, fit voile pour Montévidéo, après avoir été régulièrement examiné par les préposés de la douane, et, le même jour, son bâtiment fut capturé par un bateau à vapeur armé en course.

Le lendemain, M. Raguet se plaignit de cette détention arbitraire, et, le 7, il reçut une réponse du marquis de Quéluz, qui l'informait que la saisie du brick en question était motivée sur le soupçon fondé que ce bâtiment était un corsaire destiné au service de Buénos-Ayres, soupçon appuyé sur les circonstances suivantes :

1° Ce brick n'avait pas exhibé une licence légale qui l'autorisait à être armé en guerre;

2° Il devait accroître le nombre des gens de son équipage.

Le ministre invitait M. Raguet à ne pas compter qu'on laisserait le brick continuer son voyage. Ce chargé d'affaires ne voulut entendre à aucune autre explication, et, le 8, il réclama ses passeports pour quitter la Cour du Brésil.

Le 9, le ministre brésilien écrivit encore à M. Raguet, dans le but de le convaincre de la légalité avec laquelle le ministre de la marine avait agi dans cette affaire, et surtout de l'éloignement où l'on était de vouloir porter la plus légère atteinte aux relations existant entre son gouvernement et celui des États-Unis. « Le brick, » disait-il, « portait dix canons, au lieu de quatre, mentionnés dans ses lettres de New-York. » Cette circonstance décida l'autorité à l'empêcher de faire voile, ainsi armé, pour une destination méridionale; et, en conséquence, le capitaine consentit à laisser son artillerie à la côte, et garda cependant ses munitions de guerre; ensuite, il doubla le nombre de ses matelots qui, de quatorze, montèrent à vingt-sept, et il partit avec une cargaison de la valeur de 80 *milreis* seulement. Le ministre de la marine, n'ayant été instruit de ce fait qu'après que le navire eut franchi la barre, y trouva de fortes raisons de craindre que ce brick ne fût destiné à agir hostilement contre le commerce de l'empire, et en ordonna la détention.

Le 10, le ministre envoya à M. Raguet la réponse à la lettre par laquelle cet agent avait réclamé ses passeports. Elle était à peu près conçue en ces termes : « Le caractère généreux de S. M. l'empereur a été aussi surpris qu'affligé d'une demande précipitée, faite en des termes durs et vagues, et qui n'est basée sur aucun motif grave, comme le sont d'ordinaire les résolutions de ce genre ».

1827. D'après une dépêche de M. Clay, secrétaire d'État des États-Unis, adressée à M. Raguet le 20 janvier, il paraît que cet agent s'était déjà plaint d'avoir été obligé d'acquitter, contrairement à l'usage reçu, des droits sur des objets de nécessité pour lui et sa famille, et sur la maison où il résidait. Cependant, M. Clay blâma le ton d'aigreur et d'irritation de sa correspondance, lui rappelant que le sort ordinaire des puissances neutres dans des guerres maritimes est d'être exposées à de grandes vexations. « La guerre que fait le Brésil n'est pas exceptée de la règle commune, et les États-Unis ne paraissent pas en avoir le plus souffert. Au contraire, des pertes plus grandes ont pesé sur le commerce de la France, de l'Angleterre et de l'Espagne. Une guerre ne doit jamais être entamée légèrement, et le président doit surtout ne pas se répandre en menaces hostiles, parce qu'au congrès seul appartenant le droit de déclarer la guerre, on ne peut savoir d'avance si une pareille initiative sera suivie d'exécution. »

Quelques jours après le départ de l'agent américain, l'empereur dépêcha M. Rebello comme envoyé extraordinaire aux États-Unis, pour assurer le président qu'aussitôt l'arrivée d'un autre agent à Rio-Janéiro, tous les griefs dont on se plaignait seraient apaisés. En conséquence, le président nomma un successeur à M. Raguet.

Dans son message au congrès des États-Unis, du 4 décembre 1827, le président John Quincy Adams, parlant des différends qui s'étaient élevés entre les deux gouvernements, s'exprimait ainsi :

« Dans les discussions diplomatiques qui eurent lieu à Rio, pour obtenir le redressement de nos griefs et de justes indemnités, notre chargé d'affaires, voyant ses représentations et ses demandes mal accueillies, crut de son devoir de cesser ses fonctions, et demanda ses passeports sans consulter ses instructions. Cependant, le gouvernement brésilien s'étant plaint ici, par l'organe de son envoyé, de cette mesure à laquelle il disait n'avoir pas donné lieu, et ayant assuré formellement qu'un nouveau représentant des États-Unis serait reçu avec tous les égards dus à son caractère, et qu'il serait fait promptement réparation des injures souffertes par plusieurs de nos concitoyens, une commission a été nommée pour remplacer le chargé d'affaires, et elle espère rétablir avant peu le cours ordinaire des relations diplomatiques entre les deux gouvernements, et les rapports commerciaux entre leurs nations respectives (1). »

Pendant la durée de ces négociations, une escadre avait été envoyée des États-Unis, sous le commandement du *commodore Biddle,* afin de protéger le commerce américain et appuyer les réclamations adressées au gouvernement brésilien. Cet officier distingué remplit sa mission avec autant d'habileté que de prudence, et concourut à amener la solution de ces difficultés.

Un décret impérial, daté du palais de Rio-Janéiro, le 6 novembre, interdit de nouveau aux navires étrangers l'entrée des ports de Buénos-Ayres. « S. M. l'empereur, » y est-il dit, « voulant mettre un terme aux abus commis par des bâtiments étrangers qui, après avoir fait leur déclaration pour d'autres ports, font voile pour Buénos-Ayres, où plusieurs ont réussi à pénétrer, en parvenant à éluder ainsi le blocus, a chargé S. Exc. D. Thomas Garcia de Zuniga de donner les ordres nécessaires pour empêcher à l'avenir qu'aucun vaisseau étranger ne quitte la province pendant toute la durée de la guerre, s'il n'offre des garanties certaines et

---

(1) Voyez le message du président des États-Unis, et la correspondance entre le gouvernement américain et celui du Brésil. 232 p. in-8° (23 mai 1828).

suffisantes qu'il n'est point destiné pour la république argentine. »

Signé vicomte de S.-Léopold.

Le 10 janvier 1828, le nouveau consul américain à Rio, M. Tudor, se plaignit au ministère des affaires étrangères, marquis de Aracaty, de l'injustice et de l'illégalité de la mesure ci-dessus, et le 16, l'ordre fut donné d'en suspendre l'exécution.

1828 (26 avril). *Traité de commerce et de navigation entre le Brésil et le Danemarck.* Ce traité, en douze articles, contient à peu près les mêmes dispositions que celles du traité du 16 juin 1827, entre le Brésil et l'Autriche. Les clauses suivantes y ont été ajoutées :

Si quelque bâtiment ou cargaison appartenant à l'une des parties contractantes était capturé par un pirate et conduit dans les ports de l'autre, ce navire ou cette cargaison sera restitué à son propriétaire, quand même il aurait été vendu, s'il était prouvé que l'acquéreur savait que les objets achetés provenaient de piraterie. (Art. 9.)

En cas de rupture, les sujets de l'une des nations pourront continuer à résider et commercer dans les villes de l'intérieur de l'autre, en se soumettant aux lois établies ; mais, dans le cas où ils deviendraient suspects, ils seront obligés de quitter le pays, en ayant un délai de six mois pour arranger leurs affaires.

S'il arrivait que l'une des parties contractantes fût en guerre avec quelque puissance, les navires de l'autre partie pourront continuer à faire le commerce avec ladite puissance, excepté dans les ports et villes en état de blocus, et sans importer aucun article de contrebande de guerre. (Art. 10.)

Le présent traité est fait pour dix années consécutives. (Art. 11.)

Signé, à Rio de Janéiro, le 26 avril 1828, par :
Marquez do Aracaty, Bento Barrozo Pereira, Lucio Soarès Teixeira de Gouvêa, le baron G. de Lowenstein.

Ratifié par S. M. l'empereur, à Rio, le 26 octobre 1828 (1).

---

(1) *Collecção das leis*, etc., tom. III, p. 127-131.
Supplément au recueil de traités de Martens, par F. Saalsfeld, tom. X, deuxième partie.

3 mai. *Discours prononcé par l'empereur à l'ouverture de la troisième session de l'assemblée législative.* « La Cour de Madrid, » y est-il dit, « est le seul gouvernement d'Europe qui n'ait pas reconnu l'empire brésilien. J'ai conclu des traités de commerce et de navigation avec les rois de la Grande-Bretagne et de la Prusse. Le gouvernement des États-Unis a remplacé le chargé d'affaires qui avait quitté cette Cour. J'ai entamé des négociations avec le gouvernement de la république de Buénos-Ayres. J'ai complété l'acte de mon abdication à la couronne de Portugal. L'ordre et la tranquillité qui règnent dans tout l'empire prouvent les progrès étonnants du régime constitutionnel monarchique. Mais les différentes branches de l'administration exigent l'attention des Chambres pour obtenir les améliorations que j'ai réclamées dans la dernière session (1). »

Le même jour, 3 mai, D. Miguel, voulant se proclamer roi de Portugal, rendait à Lisbonne un décret qui suspendait la constitution, et convoquait, à trente jours de date, les anciens États du royaume, pour faire reconnaître ses droits à la couronne (2).

Cette mesure extraordinaire donna lieu à la protestation suivante.

1828 (24 mai). *Protestation adressée à la nation portugaise par les plénipotentiaires de S. M. l'empereur du Brésil, près LL. MM. l'empereur d'Autriche et le roi de la*

---

(1) *Collecção das leis*, tom. III, p. 34 et 35.

Falla de sua magestade o imperador pronunciada na abertura da assemblea legislativa, etc.

Le 3 mai, rapport du ministre de la marine, Diégo Jorge de Brito, p. 23-26.

Même jour, rapport du sécretaire d'État de l'intérieur, p. 27-33.

(2) Ces États se tinrent pour la première fois à Lamégo, en 1143, afin de régler la succession du royaume: Ils n'avaient pas été convoqués depuis 1697.

« D'après les lois fondamentales du Portugal, faites à Lamégo, en 1143, sous le règne d'Alfonse Ier, les Portugais qui auront combattu pour la personne du roi, pour son fils, pour son gendre, ou pour la défense de l'étendard royal, seront nobles; mais ni les descendants des Maures, ni les fils de juifs, ni les enfants des infidèles, ne pourront aspirer à la noblesse. »

Voyage de Bourgoing, t. II, p. 209.

Grande-Bretagne. « Ayant reçu des nouvelles officielles des attentats commis en Portugal contre l'autorité légitime de S. M. le roi dom Pédro IV, de l'adresse faite par le Conseil municipal de Lisbonne le 25 avril dernier, du décret de la même date, et de ceux du 13 mars et du 3 mai, que la trahison et la violence ont forcé l'infant dom Miguel à signer, et qui portent une atteinte criminelle aux droits de S. M. et de sa fille bien-aimée la reine dona Maria da Gloria, que la nation portugaise et les gouvernements de l'Europe ont reconnus, les plénipotentiaires protestent, au nom de S. M. dom Pédro, 1° contre toute violation de ses droits héréditaires ; 2° contre l'abolition de la charte constitutionnelle ; 3° contre la convocation illégale des anciens États ; et ils adressent cette protestation à la brave nation portugaise, dont la fidélité héréditaire ne souffrira jamais qu'une faction parjure et perfide détruise le principe de la légitimité, sur lequel repose la tranquillité de l'Europe, et que tous les souverains se sont engagés de maintenir inviolable. »

Signé le marquis de Rézende, le vicomte d'Itabayana.

1828 (5 juin). *Déclaration adressée par M. le chevalier Barbosa, chargé d'affaires de S. M. T. F., à Paris, à S. Exc. M. le comte de La Ferronays, ministre et secrétaire d'Etat des affaires étrangères de S. M. T. C.* « D'après les actes exercés dernièrement à Lisbonne contre l'autorité de S M. le roi D. Pédro IV, contre ses légitimes successeurs et la charte constitutionnelle, je me trouve, » dit cet envoyé, « forcé de cesser toutes relations avec le gouvernement actuel du Portugal ; mais, d'après les pouvoirs qui m'ont été conférés, je continuerai d'agir en qualité de chargé d'affaires, jusqu'à ce que la volonté de son souverain légitime ou de ses représentants me soit connue ; et, en même tems, je veillerai aux intérêts de ceux de mes compatriotes qui restent fidèles à leur roi légitime. »

1828 (26 juin). L'assemblée, convoquée par D. Miguel, décida, sans discussion, que ce prince était roi légitime, et déclara que tout ce qu'avait fait D. Pédro était nul et illégal. Cette décision fut prise d'après les considérants suivants :

1° D. Pédro est devenu souverain d'un pays étranger, et cette circonstance de pérégrinité l'exclut du trône de Portugal, conformément au décret des Cortès de Lamégo et à la demande faite par les trois États lors de l'assemblée de 1642 ;

2° La résidence de D. Pédro hors du royaume est contraire aux dispositions des Cortès de 1641, de celle de Thomar et des lettres-patentes de 1642 ;

3° Le Portugal et le Brésil étant devenus des États séparés et distincts depuis le 15 novembre 1825, et D. Pédro ayant choisi la couronne de ce dernier pays, il est inhabile à régner sur le Portugal, aux termes des mêmes lettres-patentes de 1642 ;

4° Ce prince a violé les lois portugaises, en s'arrogeant un pouvoir exorbitant et discrétionnaire.

Cette assemblée déclara, en outre, que les serments prononcés par D. Miguel étaient invalidés et nuls, comme contractés de force et en pays étranger.

En réponse au premier des considérants ci-dessus, on peut affirmer qu'il est tout à fait en contradiction avec l'unique loi portugaise, concernant la *naturalité,* loi résultant du 45° titre du livre II de la Collection des lois du royaume, qui fait dépendre la naturalité du lieu et de l'état de la naissance. Le comte de Boulogne, qui succéda à Sanche, était né en Portugal, de parents portugais, et fut appelé à la couronne, quoique souverain du comté de Boulogne, en France. Le prince D. Félix de la Paix, fils du roi Emmanuel, prêta le serment d'allégeance, comme héritier de son père, aux couronnes de Castille, d'Aragon, de Léon et de Grenade ; il n'en fut pas moins reconnu roi par les Cortès portugaises, en 1493. Le roi Emmanuel, prévoyant que son fils D. Miguel, lorsqu'il serait appelé à lui succéder, serait obligé de se rendre en Espagne, pourvut à cette éventualité par sa fameuse charte des priviléges du royaume, datée de Lisbonne, le 17 mars 1499, qui fixait les règlements qui gouverneraient le Portugal, en cas d'absence du monarque. Enfin, quand Philippe II, roi d'Espagne, prit possession du trône de Portugal, la députation des Cortès de Thomar vint le prier seulement de vouloir bien résider dans ce dernier royaume le plus qu'il lui serait possible (1).

Sans s'arrêter plus long-tems à la question de droit, il suffit de dire que la décision de l'assemblée fut confirmée, le 28, par dom Miguel lui-même, qui se proclama, par la grâce de Dieu, roi de Portugal et des Algarves. Il fit dissoudre la Chambre des députés et brûler la charte qu'il

---

(1) Éclaircissements historiques, etc., par M. le marquis de Rézende, p. 140 et suivantes.

avait juré d'observer et de faire observer (le 26 juin) devant la Cour et les deux Chambres des Cortès. Cette nouvelle excita une forte sensation parmi les Brésiliens, qui prévoyaient la dissolution de leur constitution dans celle de Portugal. L'empereur leur adressa une proclamation dans laquelle il exprimait tout son mécontentement. Pour prouver sa sincérité, il créa sa fille *duchesse d'Oporto*, en l'honneur des habitants de cette ville, qui avaient essayé de soutenir ses droits par la force des armes. Il résolut ensuite de l'envoyer à Vienne, accompagnée du marquis Barbacéna. En conséquence, dóna Maria s'embarqua à bord d'une frégate, le 5 juillet, et mouilla, le 2 septembre, à Gibraltar, pour prendre des rafraîchissements. D'après les instructions que le marquis y trouva, il fit voile pour l'Angleterre, et débarqua à Falmouth, le 24 septembre 1828; mais le cabinet de Londres, considérant que la princesse était mineure, et que son père n'était plus roi de Portugal, refusa de la reconnaître comme souveraine (1).

1828 (25 juillet). *Proclamation de l'empereur du Brésil au peuple portugais, en qualité de père et tuteur de la reine légitime doña Maria II.* En voici la substance : « Une faction désorganisatrice, sous prétexte de défendre le trône et l'autel, mais qu'au mépris de toutes considérations religieuses, civiles et politiques, conteste les droits imprescriptibles d'après lesquels votre reine doit régner, et s'empare du pouvoir législatif. Elle a dissous la Chambre des députés et nommé une junte pour en élire d'autres d'après ses instructions. Elle a détruit la charte constitutionnelle pour rétablir les anciens actes abolis par elle. Elle a autorisé les troupes à commettre des atrocités contre les citoyens fidèles à leur serment, et les a encouragées à l'insubordination envers leurs chefs. Portugais, vous êtes dignes d'un meilleur sort. Il est tems que vous ouvriez les yeux; que vous vous rappeliez vos serments de maintenir la charte et les droits de

---

(1) Voy. l'appendice de l'Annuaire historique de M. Le Sur, pour 1828, qui renferme la traduction, 1° du discours prononcé par l'évêque de Viseu, D. Francisco Alexandre Lobo, procureur général de la couronne à l'ouverture de la session extraordinaire des trois États du royaume, à Lisbonne, le 23 juin; 2° de la réponse à ce discours par le procureur des États, M. Jozé Accursio das Neves; 3° de la décision des trois États du royaume réunis en Cortès dans la ville de Lisbonne, prononcée le 11 juillet.

votre reine. Réunissez-vous autour de cette charte qui vous a été accordée par un roi constitutionnel. La cause que vous défendez est celle de la justice et de la vérité. Le régent est aveuglé et entraîné par une faction fanatique, hypocrite, et voulant le despotisme. Agissez en bons Portugais disposés à le servir comme régent constitutionnel, et vous le sauverez d'un danger dont il ne se releverait jamais avec honneur. »

Fait à Rio de Janéiro, le 25 juillet 1828.

Signé Pédro, empereur.

Pour copie conforme :

Francisco Gomez da Silva (1).

1828. *Révolte des étrangers.* On a vu que, dans son discours à l'ouverture des séances du Corps législatif, du 3 mai 1827, l'empereur avait insisté sur la continuation de la guerre jusqu'à ce que l'intégrité de la nation brésilienne fût reconnue avec l'incorporation de la province Cisplatine, et qu'il avait proposé un système de finances pour fournir aux besoins du pays. Afin de ne pas nuire aux intérêts de l'agriculture, de l'industrie et du commerce, il fut convenu d'engager comme soldats un nombre considérable d'étrangers, d'Irlandais et d'Allemands, et de leur accorder des terres après quelques années de service. Le colonel *Cotter,* officier irlandais au service du Brésil, avait signé un contrat avec ce gouvernement, pour faire entrer un certain nombre de ses compatriotes dans les rangs de l'armée brésilienne. Chaque homme devait recevoir un *shilling* par jour, une livre de viande et une livre de pain ; et, pendant quatre heures par jour, il devait apprendre les exercices militaires. Ces étrangers devaient toujours se tenir prêts à agir comme soldats dans la province de Rio de Janéiro, d'où ils ne sortiraient qu'en tems de guerre ou d'invasion, et, après cinq ans de service, ils avaient droit à cinquante ares de terre. Les Irlandais arrivèrent ; mais le gouvernement, bien loin de remplir ces conditions, voulut exiger d'eux de prêter serment comme soldats pour un tems illimité. Ils refusèrent, alléguant qu'ils étaient venus comme colons ; qu'une fois établis en cette qualité, ils ne feraient aucune difficulté d'apprendre l'art militaire, et de s'enrôler dans la milice pour défendre le pays

---

(1) *Collecção das leis,* etc.. tom. III, p. 61 et 62. *Proclamação a Nação Portugueza.*

de toute invasion. Depuis l'expulsion des Portugais, il existait des jalousies contre tous les étrangers : il n'était pas jusqu'aux esclaves eux-mêmes qui n'insultassent les Irlandais dans les rues, les appelant *escravos brancos*, ou esclaves blancs. Un corps de ces soldats, sans armes, passant près de la fontaine de Carioco, fut attaqué par un grand nombre de noirs, ce qui donna lieu à des troubles, qui durèrent deux jours, et dans lesquels quelques individus furent tués. Six mois s'étaient écoulés depuis l'arrivée des Irlandais, et leur mécontentement augmentait journellement. De leur côté, les Allemands se plaignaient que les conditions de leur contrat n'étaient pas remplies. Ils étaient dans la caserne de la Praya-Vermelha, près de l'entrée de la rade, et dans celle de S.-Christovao, à l'autre extrémité de la ville. Les Irlandais occupaient le campo d'Acclamaçao, vers son centre (juin). Un enseigne ayant rencontré un soldat allemand qui négligea de lui ôter son bonnet, le fit arrêter, et condamner à recevoir cinquante coups pour insubordination. Le soldat demanda à être jugé par une Cour militaire, et quand il fallut subir sa peine, il refusa d'ôter son habit. Il fut garrotté et condamné à recevoir deux cent cinquante coups au lieu de cinquante. On lui en avait déjà infligé deux cent dix, lorsque ses camarades crièrent qu'on allait le tuer, et le mirent en liberté en demandant à voir l'empereur. Ce prince fit répondre qu'il en recevrait une députation de deux ou trois, et les soldats retournèrent à leurs casernes. Les Irlandais, au nombre de cinquante ou soixante, ayant appris ce qui se passait, se rendirent à S.-Christovao, pour faire cause commune avec les Allemands. Alors la mutinerie devint sérieuse. Ils forcèrent les magasins de munitions, attaquèrent les quartiers des officiers et les pillèrent. Le lendemain, ils furent joints par d'autres Allemands qui revenaient de Pernambuco et qui n'étaient pas moins disposés à la révolte. Leur major, nommé *Teola*, qu'ils accusaient d'avoir volé leur paie, fut tué, et deux officiers furent blessés, en voulant se sauver. Sur ces entrefaites, le bruit se répandit que les deux régiments allemands marchaient des deux extrémités de la ville pour se joindre aux Irlandais au campo d'Acclamaçao, afin de piller et brûler les habitations. Aussitôt le ministre de la guerre, S.-Barbozo, donna ordre aux troupes brésiliennes de prendre les armes et enjoignit au commandant, comte de Rio-Pardo, de ne pas faire quartier et d'exterminer tous les étrangers. On employa contre eux les Brésiliens pauvres et les noirs ou *moleques*, armés de couteaux et de poignards; et le campo d'Acclamaçao, ainsi que les rues adjacentes, furent bientôt couverts de morts et de blessés. Le gouvernement s'adressa aux ministres anglais et français pour demander des secours en hommes aux vaisseaux de guerre de leur nation respective qui se trouvaient dans la rade, demande qui fut accordée. En même tems, un bataillon d'un régiment de milice de Minas-Géraès, avec quelque cavalerie et une pièce de campagne, se rendit sur la place pour y rétablir l'ordre. Les insurgés, dont environ deux cents Irlandais, n'avaient que cinquante ou soixante fusils qu'ils avaient arrachés des mains de la police, et manquaient de munitions. Ne pouvant plus résister, ils se retirèrent dans leurs casernes, le 12 juin, après trois jours de tumulte. Le nombre des tués monta au-delà de soixante, et plus d'une centaine furent blessés. Les esclaves continuèrent leurs assassinats dans les rues, et pour les arrêter, on fut obligé de prohiber l'usage des armes à tout le monde, et particulièrement aux esclaves.

Le gouvernement se décida alors à renvoyer les Irlandais. M. *Aston*, secrétaire de la légation anglaise, chercha à les rassembler, et en retrouva trente dans le donjon de la forteresse de Villegagnon. Le 3 juillet, il en fit embarquer quatorze cents sur deux mille quatre cents qui avaient émigré au Brésil, à bord de navires destinés pour l'Irlande. Environ quatre cents restèrent dans le pays; cent une familles, composées de deux cent vingt individus, s'étaient établies à Taporoa, dans la *comarca* d'Ilhéos, sous la direction d'un commissaire autorisé à régler leurs affaires, et leur conduite mérita l'approbation du vicomte *Camamu*, président de l'assemblée de la province. Ce furent les seuls à l'égard desquels on se conduisit avec bonne foi.

Les Allemands, enrôlés comme soldats et coupables de mutinerie, étaient soumis aux lois militaires. Les chefs furent jugés, et l'un d'eux fut exécuté. Il mourut avec le plus grand sang-froid, la pipe à la bouche, refusant les secours de la religion, et disant au prêtre d'aller convertir son maître, qui en avait plus besoin que lui. Le régiment allemand fut envoyé dans le midi. Après ce départ, les journaux *l'Aurora*, *l'Achœa* et d'autres furent remplis de diatribes contre les Allemands et les Irlandais; mais l'empereur, indigné contre ses ministres, et particulièrement contre celui de la guerre, qui servait d'instrument à la faction opposée à l'introduction des étrangers, le renvoya sur-le-champ, ainsi que ceux qui prirent sa défense (1).

1828 (8 août). *Nouvelle protestation des plénipotentiaires de S. M. l'empereur du Brésil, contre l'usurpation de la couronne de Portugal.* « Le 24 mai dernier, disaient-ils, nous adressâmes à la nation portugaise une protestation solennelle:

» 1° Contre la violation des droits héréditaires de S. M. I. et de ceux de son auguste fille ;

» 2° Contre l'abolition des institutions libéralement accordées par ce monarque et légalement établies en Portugal ;

» 3° Contre la convocation illégale et perfide des anciens États de ce royaume, qui ont été abolis par une longue prescription, et par l'effet des nouvelles institutions.

» Nous espérions que cet acte, appuyé par l'influence des ministres des Cours étrangères, résidant à Lisbonne, et par les efforts d'une partie de la brave armée portugaise, suffiraient pour arrêter la consommation d'un pareil attentat.....

» Cependant, le 23 juin dernier, une assemblée de conspirateurs, prenant le titre des trois États du royaume, se réunit à Lisbonne, et agita la question de savoir si la couronne de Portugal devait, par le fait de la mort de D. Jean VI, être conférée à son fils aîné l'empereur du Brésil et prince royal de Portugal, ou à son fils cadet, l'infant D. Miguel.

» Après quelques jours d'une délibération scandaleuse et dérisoire, les *soi-disant* députés présentèrent (le 28 juin), au chef du gouvernement illégitime, le résultat de leur complot, sanctionnant l'usurpation du trône, qui, le 1ᵉʳ juillet, fut consommée à Lisbonne.

» Dans ces circonstances, nous devons céder au devoir pénible, mais impérieux, d'appeler l'attention du monde entier sur de pareils actes et de rétablir la légalité des droits de S. M. l'empereur du Brésil et prince royal de Portugal à la couronne de ce royaume. »

Après avoir démontré que l'intervention des États n'aurait pu avoir lieu que dans le cas où plusieurs branches collatérales se disputeraient la succession au trône, et qu'elle ne peut exister dans une circonstance où les droits de primogéniture sont clairement et régulièrement établis, les auteurs de la protestation rappellent que, même avant que la nouvelle de la mort de D. Jean VI fût arrivée à Rio-Janéiro,

---

(1) *Notices of Brazil*, par M. Walsh, tom. I, p. 277-303.

l'empereur avait été proclamé roi de Portugal à Lisbonne, et reconnu immédiatement par tous les souverains et gouvernements de l'Europe.

« Une promotion et une reconnaissance aussi solennelles et aussi spontanées suffiraient pour assurer d'une manière irréfragable les droits héréditaires de S. M. à la couronne de Portugal; mais nous ne nous en tiendrons pas à ce seul argument, et nous combattrons par tous les moyens les assertions à l'aide desquelles on a voulu justifier l'usurpation.

» 1° Altérant le sens d'une ancienne loi des Cortès de Laméjo (1) (loi dont l'existence est d'ailleurs très-douteuse), la faction a prétendu que, par son exaltation au trône du Brésil, S. M. I. avait renoncé à sa qualité de prince de Portugal et était devenue, en conséquence, incapable de succéder à la couronne de ses ancêtres, après la mort de D. Jean VI.

» La fausse application de cette loi est évidente. Elle défend, il est vrai, aux reines de Portugal d'épouser des étrangers; mais elle n'empêche pas les princes portugais d'acquérir d'autres couronnes, ni de succéder à celle de Portugal, après avoir obtenu une autre souveraineté. L'histoire nationale en fournit un grand nombre de preuves. Dom Alfonse III, prince portugais et souverain du comté de Boulogne, conserva cette possession, lorsqu'il succéda à son frère le roi Sanche II; la couronne de Portugal fut annexée à celle de Castille et de Léon, sous le roi Alponse V; et D. Emmanuel réunit dans ses mains les sceptres de Portugal, de Castille, de Léon et d'Aragon.

» 2° On cite une autre loi du roi Jean IV, en date du 12 septembre 1642, qui exclut de la couronne les princes nés ailleurs qu'en Portugal. Cette clause ne peut s'appliquer à S. M. I. qui y a pris naissance. D'ailleurs, ni l'une ni l'autre des lois précitées n'ayant prévu le cas d'un partage de la couronne entre le prince souverain et son héritier présomptif (circonstance qui, pour la première fois, a eu lieu entre S. M. Jean VI et son fils aîné dom Pédro), elles ne peuvent s'appliquer à l'espèce.

---

(1) En voici les termes textuels:

« Sit ita in sempiternum, quod prima filia regis recipiat ma-
» ritum de Portugale, ut non veniat regnum ad extraneos; et si
» cubaverit cum principe extraneo, non sit regina, quia nun-
» quam volumus nostrum regnum ire fore Portugalibus, qui
» reges fecerunt sine adjutorio alieno, per suam fortitudinem. »

» En ratifiant le traité de partage du 29 août 1825, S. M. Jean VI promulgua, le 15 novembre suivant, une loi ou édit perpétuel par lequel il reconnaît son fils aîné l'empereur du Brésil en sa qualité de prince royal de Portugal, et abroge expressément tous les arrêts des Cortès, et les lois et règlements qui seraient contraires à cette loi ou édit.

» Comme l'autorité du roi Jean VI était aussi complète et illimitée que celle de son ancêtre Jean IV, la loi du 15 novembre 1825, publiée en conséquence d'un traité (contrat sacré et inviolable chez toutes les nations civilisées), est devenue loi fondamentale pour le Brésil et le Portugal et la seule qui doive servir à régler la succession à la couronne.

» Ayant ainsi démontré l'illégalité de la décision des *soi-disant trois États du royaume*, ainsi que la fausseté des arguments sur lesquels elle s'appuie, il ne nous reste plus qu'à protester, et nous protestons hautement et à la face de l'univers contre l'usurpation récemment faite de la couronne de Portugal, au détriment de l'empereur du Brésil, souverain de ce royaume, et de sa bien-aimée fille dona Maria da Gloria.

» Nous confions cette protestation solennelle à l'arbitre suprême des empires et à la justice des monarques de l'Europe. »

Fait à Londres, le 8 août 1828.

Signé : Marquis de Rézende, vicomte de Itabayapa (1).

1828 (le 21 août). *Convention signée entre le Brésil et la France*, relativement aux indemnités à donner à des sujets français, pour la valeur des cargaisons et navires saisis et capturés par l'escadre brésilienne dans les eaux du Rio de la Plata, et définitivement condamnés par les tribunaux brésiliens.

Par cette convention, le gouvernement du Brésil s'engage à payer à la France, en indemnités des pertes causées à ses sujets, la valeur des coques, agrès et cargaisons des navires français *le Courrier*, *le Jules* et *le S.-Salvador*, estimés, d'après les polices d'assurance, avec l'intérêt de 6 pour 100 par an, à partir d'un mois après la capture. Les indemnités furent liquidées et fixées par une commission de quatre membres (2).

1828 (27 août). Décret en vertu duquel tous travaux

---

(1) *Annual register for* 1828. London. (Public documents.)
(2) Voyez le *Moniteur universel*. Paris, 27 août 1829.
Collecção das leis, etc., tom. IV, p. 32-33.

relatifs à la navigation, à l'ouverture des canaux, à la construction des rues, ponts, routes ou aqueducs, pourront être entrepris par des compagnies nationales ou étrangères (1).

26 août. *Ouverture de la session préparatoire. Règlement concernant l'installation du Conseil général de chaque province* (2).

Fin de la guerre avec Buénos-Ayres et indépendance de la province Cisplatine. L'insurrection et le renvoi des étrangers, ainsi que la difficulté de trouver assez d'hommes pour continuer la guerre, en amenèrent la suspension. Le 28 août, le traité suivant fut signé sous les auspices de l'ambassadeur anglais.

1828 (28 août). *Traité de paix préliminaire entre la république des Provinces-Unies de Rio de la Plata et l'empire du Brésil, avec la médiation de S. M. B., conclu à Rio-Janéiro, le 28 août, et ratifié le 30 du même mois.*

Art. 1ᵉʳ. S. M. l'empereur du Brésil déclare la province de Montévidéo, présentement nommée Cisplatine, séparée du territoire de l'empire du Brésil, et libre de se constituer en État indépendant, suivant le mode de gouvernement le mieux approprié à ses intérêts, à ses ressources et à ses besoins.

2. Le gouvernement de la république des États-Unis reconnaît, de son côté, l'indépendance de la province de Montévidéo, et son existence comme État libre et indépendant.

3. Les deux parties contractantes s'engagent à défendre l'indépendance et l'intégrité de la province de Montévidéo, pendant le tems et de la manière qui seront fixés dans le traité de paix définitif.

4. Le gouvernement actuel de la Bande-Orientale, immédiatement après la ratification de la présente convention, convoquera les représentants de la partie de ladite province actuellement sous son autorité; et le gouvernement actuel de Montévidéo fera, de son côté, une semblable convocation des citoyens résidant dans la ville, en réglant le nombre des députés sur celui des habitants, et en suivant les formes adoptées pour l'élection des représentants à la dernière législature.

---

(1) *Collecção das leis*, etc., tom. III, p. 77 et 78.
(2) L'édit est en 115 articles. *Idem*, p. 79-87.

5. L'élection des députés pour la ville de Montévidéo aura lieu nécessairement *extrà muros*, hors de la portée de l'artillerie des forts et de l'intervention d'aucune force armée.

6. Les représentants de la province, réunis à dix lieues au moins de Montévidéo ou de toute autre place de guerre, établiront un gouvernement provisoire qui administrera toute la province jusqu'à l'installation du gouvernement définitif créé par la constitution. Les autorités existantes à Montévidéo et dans la Bande-Orientale cesseront immédiatement après l'installation du gouvernement provisoire.

7. Les mêmes représentants s'occuperont ensuite de l'acte constitutif; lequel, avant d'être juré, sera soumis à l'examen de commissaires nommés par les parties contractantes, dans le seul but de s'assurer si aucun des articles de cette constitution ne porte préjudice aux droits et intérêts de leurs États respectifs. Dans ce cas, lesdits commissaires en feront une déclaration publique et catégorique; et s'ils ne s'accordaient pas entr'eux à cet égard, il en sera référé à chacune des puissances contractantes.

8. Chaque habitant de la province de Montévidéo sera libre de quitter son territoire avec les effets à lui appartenant, s'il le juge à propos, ou s'il ne veut pas adhérer à la constitution.

9. Il y aura amnistie pleine et entière pour tous actes et opinions politiques antérieurs à la ratification de la présente convention.

10 et 11. Les deux parties contractantes, voulant assurer l'indépendance de ladite province de Montévidéo, conviennent que, pendant le tems qui précédera l'adoption de la constitution et les cinq années qui la suivront, elles fourniront aide et secours au gouvernement légal de ladite province, qui, après ce délai, sera regardé comme définitivement constitué. Dans le cas où cette assistance serait nécessaire, elle cessera aussitôt que l'ordre aura été rétabli.

12. Les troupes de la province de Montévidéo et celles de Buénos-Ayres évacueront le territoire brésilien dans le terme de deux mois, à dater de l'échange des présentes; ces dernières laissant seulement un corps de quinze cents hommes dans ladite province jusqu'à l'entière évacuation de la ville de Montévidéo par les troupes de S. M.

13. L'empereur du Brésil retirera ses forces de la pro-

vince de Montévidéo, y compris la Colonie del Sacramento, dans le même délai de deux mois, n'y laissant qu'un corps de quinze cents hommes, qui restera dans la ville jusqu'à l'installation du gouvernement provisoire, et l'évacuera dans les quatre mois qui suivront ladite installation.

14. Il est bien entendu que ni l'un ni l'autre des corps de troupes, dont il est question dans les deux articles précédents, ne se mêlera en rien des affaires publiques de la province, à moins d'une demande de coopération active de la part des autorités légalement constituées.

15. Aussitôt l'échange des ratifications, les hostilités cesseront sur terre et sur mer ; le blocus par l'escadre impériale sera levé dans les quarante-huit heures, et la présente convention sera notifiée aux armées des contractants dans le plus bref délai. Toute capture faite postérieurement aux présentes ne sera pas considérée de *bonne prise*, et il sera payé des indemnités réciproques.

16. Tout prisonnier de guerre sera remis en liberté ; ceux qui auraient contracté des dettes resteront dans l'endroit où ils se trouvent jusqu'à ce qu'ils en aient effectué ou assuré le paiement.

17. et 18. Aussitôt après la ratification des présentes, les deux parties contractantes s'occuperont de conclure le traité de paix définitif. Si, contre toute attente, et malgré la médiation de S. M. B., elles n'arrivaient pas à un résultat satisfesant, les hostilités ne pourront recommencer avant l'expiration des cinq années stipulées par l'art. 10, et notification en sera faite respectivement à la puissance médiatrice, six mois avant l'expiration de ce terme.

19. L'échange des ratifications des présentes s'effectuera à Montévidéo, dans le délai de soixante jours, ou plus tôt s'il est possible.

Fait à Rio-Janéiro, le 28 août 1828.

    Signé, pour la république des États-Unis de Rio de la Plata : Juan Ramon Balcarce, Thomas Guido ;

Et pour S. M. l'empereur du Brésil :

    Marquis de Aracaty, D. Jozé Clémente Péreira, D. Joaquim de Oliveira Alvarez (1).

---

(1) *Collecção das leis*, etc., tom. III, p. 123-126.
Supplément au recueil de traités, etc., par Martens, tom. X, deuxième partie.

Malgré tous les maux occasionnés par la guerre, cet arrange-

1828 (20 septembre). La clôture de la troisième session eut lieu après avoir décrété un grand nombre d'actes législatifs. Dans le discours prononcé à cette occasion, l'empereur avertit les représentants que les affaires de la justice et les questions de finances ne sont pas aussi avancées qu'il l'aurait désiré (1).

1828. *Communications diplomatiques avec le cabinet de Londres.* Le 15 octobre, le marquis de Barbacéna, ambassadeur de S. M. brésilienne, adressa au duc de Wellington une note confidentielle pour l'informer « que le secrétaire du gouvernement des îles Açores venait d'arriver à Londres à l'effet de demander, avec le plus grand empressement, le départ immédiat des troupes portugaises alors en Angleterre ».

Dans sa réponse, du 18 du même mois, le duc établit que les réfugiés portugais en Angleterre sont considérés comme simples particuliers et non comme soldats. « Nous ne connaissons, » disait-il, « aucun corps de troupes portugaises dans ce pays, et s'il en existait, il devrait le quitter à l'instant. Le gouvernement de S. M. ne peut permettre que l'Angleterre devienne un arsenal ou une forteresse, d'où chacun puisse faire la guerre quand il le jugera à propos ; il ne peut permettre non plus que des particuliers, de quelque caractère qu'ils soient revêtus, viennent préparer dans ses ports des expéditions pour porter la guerre ailleurs, et en-

---

ment excita un mécontentement général ; le peuple se trouvait dégradé d'avoir perdu cette petite portion de territoire qui avait appartenu à l'Espagne.

(1) 1er septembre, décret de l'assemblée générale (en 90 articles) concernant la forme d'élection des *camaras.*
Tom. III, p. 107-116.
18 septembre, décret de l'assemblée générale concernant le président et les membres du tribunal suprême de justice, etc. Le président est choisi par l'empereur parmi les membres.
Tom. III, p. 117-121.
20 septembre, décret supprimant le tribunal *da Bulla da Cruzada.* Les livres et papiers seront conservés dans le trésor public de la capitale.
Tom. III, p. 100-101.
D'autres décrets qui suppriment divers tribunaux inférieurs. (*Tribunaes das mezas, do desembargo do paço e da consciencia e ordens.*)
Tom. III, p. 97-100.

core moins que ces expéditions soient convoyées par des vaisseaux de la marine de S. M. B. »

Dans une autre dépêche, du 20 du même mois, adressée au marquis de Palmella, le duc de Wellington demanda que tous les officiers et soldats portugais, ainsi que les étudiants de Coïmbre ou volontaires d'Oporto fussent invités à quitter Plymouth.

Enfin, dans une troisième lettre, du 8 décembre 1828, le même ministre écrivait au marquis de Palmella « que le roi d'Angleterre est en paix avec tout le monde; qu'il existe un traité de commerce entre la Grande-Bretagne et le Portugal, mais que S. M. n'a d'autres communications avec le gouvernement *de facto* qui régit ce pays, que celles nécessaires pour la protection des intérêts des sujets anglais qui y résident; que, lors même que ce traité n'existerait pas, le roi ne souffrirait pas qu'une expédition dirigée contre le Portugal partît de ses ports, surtout sans en avoir obtenu la permission et en opposition à ses intentions patentes ».

Le 14 octobre, l'ambassadeur d'Espagne, *Acosta Montalègre*, présenta ses lettres de créance à D. Miguel, qui y était qualifié de roi de Portugal; le nonce du pape vint aussi lui présenter ses hommages; mais les autres membres du corps diplomatique refusèrent de suivre leur exemple.

Le 25 novembre, le marquis de Barbacéna remit à Londres, au ministre des affaires étrangères (lord Aberdeen), une note dont voici la substance :

« La nouvelle de l'usurpation consommée à Lisbonne, le 1er juillet dernier, a rempli le cœur de S. M. l'empereur D. Pédro d'une juste indignation et d'une vive douleur. Déterminé à n'entrer jamais dans aucune communication avec l'usurpateur de la couronne portugaise et à soutenir les droits de S. M. dona Maria II, la première pensée de l'empereur a dû être de réclamer, dans cette circonstance, l'aide de S. M. B., en vertu des traités existants entre l'Angleterre et le Portugal, traités qui remontent aux premiers tems de la monarchie portugaise et au règne d'Édouard Ier.

»En 1373, une convention fut conclue entre Ferdinand Ier et Édouard III, et cette convention subsiste encore, par une suite de traités confirmatifs l'un de l'autre; l'art. 3 de celui du 21 janvier 1815 déclare positivement « que les anciens traités d'alliance, d'amitié et de garantie qui ont si long-tems et si heureusement existé entre les deux couronnes sont renouvelés par les parties contractantes et reconnus être en pleine vigueur ». Cette union, sans exemple dans les annales diplomatiques, n'a été interrompue que sous le protectorat de Cromwell, quand le roi de Portugal donna assistance aux partisans de Charles Ier, en leur offrant un asile à Lisbonne.

» Le premier article du traité de 1373 semble avoir prévu le besoin d'assurer l'alliance en cas de rébellion. Cette supposition est confirmée par l'acte subséquent où le roi d'Angleterre permet qu'il soit levé dans ses domaines un corps de volontaires pour le service du roi de Portugal, en guerre contre son frère révolté, et même que ces troupes soient convoyées par deux vaisseaux de ligne anglais.

» Dans le traité d'alliance de 1571, entre la reine Élisabeth et le roi Sébastiam, les deux souverains s'engagent mutuellement au maintien de leurs gouvernements respectifs.

» Suivant le premier article du pacte de 1654, les parties contractantes stipulent que ni l'une ni l'autre ne recevra, dans ses ports, des sujets révoltés de l'un des deux pays. En vertu de cet article, S. M. dona Maria a le droit de demander à son auguste allié de ne pas permettre qu'un agent avoué du gouvernement usurpateur de Portugal fasse résidence en Angleterre.

» Par l'art. 17 du traité de 1661, le droit de lever des troupes dans la Grande-Bretagne est reconnu, et le souverain de ce pays s'engage à surveiller les intérêts du Portugal avec autant de sollicitude que ceux de son propre royaume.

» Dans l'art. 6 de la convention signée à Londres, le 22 octobre 1807, S. M. B. s'oblige, tant en son nom qu'en celui de ses successeurs, à ne reconnaître jamais pour roi de Portugal que l'héritier et légitime représentant de la maison de Bragance. Cette stipulation s'applique évidemment au cas actuel. »

Outre ces traités, le marquis de Barbacéna fait valoir d'autres actes diplomatiques en faveur des droits de D. Pédro. « Dans le protocole de la seconde conférence du congrès de Vienne, d'octobre 1827, et dans celui de la conférence de Londres, du 12 janvier suivant, l'Angleterre et l'Autriche sont tombées d'accord sur la nécessité de ne pas laisser plus long-tems indécises des questions d'un si haut intérêt, principalement la confirmation de l'acte d'abdication de l'empereur D. Pédro, l'envoi de la jeune reine en Europe et la séparation définitive des deux couronnes. »

Le marquis de Barbacéna finit par déclarer que, dans le cas où le traité de 1661 serait jugé insuffisant pour les circonstances actuelles, il est muni des pleins pouvoirs nécessaires pour conclure une convention dans laquelle les secours à fournir par l'empereur du Brésil et S. M. B. à la reine de Portugal seraient formellement spécifiés.

En réponse à cette note, lord Aberdeen fit observer que les traités entre la Grande-Bretagne et le Portugal ne contiennent aucune stipulation qui puisse autoriser une pareille intervention. « On demande, » dit-il, « au gouvernement anglais de s'opposer à une usurpation heureuse, ou de décider par la force une question douteuse de succession; mais aucun Etat indépendant ne consentira jamais à laisser la direction de ses affaires intérieures à une puissance étrangère. Si le roi d'Angleterre était obligé de fournir des secours pour tous les cas de révolte ou de division existant en Portugal, une intervention continuelle serait indispensable : la lettre et l'esprit de tous les traités conclus entre les deux pays reconnaissent que le principe de garantie donné par la Grande-Bretagne se restreint à défendre le Portugal contre toute agression étrangère. »

A l'appui de cette dernière assertion, lord Aberdeen rappelle que, par le traité de 1640 (époque de la restauration de la monarchie portugaise), qui forme la base des traités actuels, le gouvernement anglais n'a eu qu'un objet, celui d'assurer à Jean IV une protection efficace, pour défendre son indépendance contre les attaques de l'Espagne. De même, dans l'article cité du traité de 1661, il est clair que l'engagement pris par Charles II n'a rapport qu'au secours à accorder au Portugal pour maintenir son intégrité contre la couronne de Castille ou toute autre puissance.

« Jamais l'Angleterre, » ajouta-t-il, « n'avait été appelée à intervenir dans les affaires intérieures du Portugal, avant les malheureux événements de 1820; et cette demande, quoique fréquemment renouvelée, a toujours été refusée. En 1822, le roi de Portugal considérait la déclaration d'indépendance du Brésil et l'acceptation de l'autorité suprême par son fils, comme des actes de révolte, et la reine de Portugal rappela souvent les traités avec l'Angleterre, et l'obligation où était cette puissance de garantir l'intégrité du royaume et de ses colonies ; mais S. M. B. déclara qu'elle était déterminée à observer la plus stricte neutralité (1). »

Des instructions analogues furent envoyées, le 12 décembre, au capitaine Walpole, commandant la station anglaise devant les îles Açores. Par suite de ces ordres, une expédition, forte de quatre bâtiments ayant à bord six cent cinquante-deux hommes, tant officiers que soldats, partie de Portsmouth pour Terceire, sous le commandement du général comte de Saldanha, ne put débarquer dans cette île. Le commandant Walpole s'y opposa de vive force, quoique Terceire reconnût déjà l'autorité de dona Maria.

En apprenant cet événement, D. Miguel, charmé de cette intervention, fit écrire dans la gazette de Londres « que la conduite de l'Angleterre envers le Portugal était au-dessus de tout éloge » (2).

1828 (12 décembre). *Traité de paix, d'amitié, de commerce et de navigation, entre les États-Unis de l'Amérique et S. M. l'empereur du Brésil*, ratifié à Washington, le 19 mars suivant. Une paix éternelle et inviolable existera entre les États-Unis de l'Amérique et leurs citoyens, et S. M. I., ses successeurs et sujets, dans toutes leurs possessions et territoires respectifs. (Art. 1er.)

Désirant vivre en paix et bonne intelligence avec toutes les autres nations, au moyen d'une politique franche et équitable, lesdites parties s'engagent mutuellement à ce que l'une d'elles n'accorde aucune faveur particulière à quelque puissance, sous le rapport du commerce et de la navigation, qui ne soit aussitôt commune à l'autre partie, les relations ou conventions qui existent ou pourront exister entre le Brésil et le Portugal formant seulement exception au présent article.

Les citoyens et sujets des deux pays peuvent fréquenter les côtes et territoires l'un de l'autre, y résider et y faire le commerce de toutes sortes de produits, objets manufacturés et marchandises, avec la jouissance de tous droits, priviléges et exemptions de navigation et commerce acquis aux habitants, et en se soumettant aux lois, décrets et usages établis. Il est cependant entendu que le commerce de cabotage sera soumis à ses règlements particuliers. (Art. 2. et 3.)

---

(1) *London Annual register for* 1829. Public documents.
(2) *Idem.*

Il est également convenu que toute espèce de produits, objets manufacturés ou marchandises venant d'un pays étranger et pouvant être légalement importée aux États-Unis sur les bâtiments de cette nation, pourra de même être importée sur des navires brésiliens, sans que des droits différents ou plus élevés soient perçus sur le tonnage et la cargaison, que l'importation soit faite par les bâtiments d'une nation ou les bâtiments de l'autre. Tout article pouvant librement être exporté ou réexporté de l'un des deux pays par ses propres navires à quelque port étranger, pourra également être exporté ou réexporté sur les navires de l'autre, assujettis aux mêmes droits et taxes. Un bâtiment sera considéré comme brésilien, quand le propriétaire et le capitaine seront sujets du Brésil et que ses papiers seront en règle. (Art. 4.)

Il ne sera imposé aucun droit différent ou plus élevé pour l'importation aux États-Unis de produits ou d'objets de manufacture du Brésil, qu'il n'en est ou qu'il n'en sera perçu pour des articles semblables venant de quelqu'autre nation étrangère. La même convention est applicable aux articles d'importation des États-Unis au Brésil et à ceux d'exportation de l'un et de l'autre pays. (Art. 5.)

Tous commerçants, capitaines de navires et autres citoyens et sujets des deux parties auront le droit de gérer, comme ils l'entendront, leurs propres affaires, pour ce qui regarde la consignation ou la vente de leurs propriétés et marchandises, et le chargement ou déchargement de leurs navires dans les ports ou places soumis à la juridiction de chaque pays, et ils seront traités comme les citoyens ou sujets de la nation chez laquelle ils résideront, ou au moins placés sur le pied d'égalité avec la nation la plus favorisée. (Art. 6.)

Les citoyens et sujets de chacune des parties contractantes ne seront soumis à aucun embargo, ni détention, non plus que leurs vaisseaux, cargaisons, marchandises et effets, pour cause de quelqu'expédition militaire, de quelque service public, ou cas particulier quelconque, à moins d'une juste indemnité. (Art. 7.)

Les bâtiments de guerre ou marchands, appartenant à l'une des deux parties contractantes qui seront forcés de chercher refuge et asile dans les rivières, ports et territoires de l'autre pour se préserver soit de la tempête, soit de l'attaque de quelque pirate et ennemi, y trouveront la protection et les secours nécessaires. (Art. 8.)

Les navires, marchandises et effets appartenant aux citoyens ou sujets de l'une des parties, capturés par des pirates dans les limites des possessions de chaque juridiction et même en pleine mer, et qui seraient retrouvés dans les rivières, ports, baies, routes, etc., de l'autre partie, seront rendus à leurs propriétaires, qui devront prouver leurs droits devant les tribunaux compétents, et dont la réclamation devra être faite dans l'année. (Art. 9.)

Tous secours et protection seront accordés aux bâtiments de l'une des parties qui feraient naufrage ou éprouveraient des avaries sur quelque côte du territoire de l'autre. (Art. 10.)

Les citoyens ou sujets de l'une des parties contractantes auront le droit de disposer de leurs biens personnels dans la juridiction de l'autre, par vente, donation, testament, ou autrement. Si les héritiers, en raison de leur qualité d'étrangers, éprouvaient quelqu'empêchement pour entrer en possession de leur succession, ils auront trois ans pour disposer de leur fortune. (Art. 11.)

Les deux parties s'engagent formellement à protéger les personnes et propriétés de leurs citoyens et sujets, et à leur laisser plein et libre accès auprès des tribunaux de justice. (Art. 12.)

Lesdits citoyens et sujets jouiront d'une entière liberté de conscience, et ne pourront être inquiétés ni molestés pour leur opinion religieuse, tant qu'ils se conformeront aux lois et usages du pays où ils résideront. (Art. 13.)

Les vaisseaux de l'une des puissances contractantes pourront naviguer en toute liberté, sans avoir égard au propriétaire de la marchandise, de quelque port que ce soit à des places appartenant à une nation qui soit alors ou qui devienne par la suite ennemie de l'autre partie contractante, ou d'un lieu à un autre appartenant à une puissance ennemie. Tout bâtiment libre donne libre entrée aux marchandises, excepté à celles de contrebande. La même liberté sera étendue aux personnes à bord d'un bâtiment libre, excepté aux officiers et soldats au service d'un ennemi. Il est convenu toutefois que ce principe : *le pavillon couvre la marchandise*, est applicable seulement à celles des puissances qui le reconnaissent également ; mais si l'une des deux parties contractantes était en guerre avec une tierce puissance, tandis que l'autre serait neutre, le pavillon de celle-ci couvrirait la propriété des gouvernements ennemis qui reconnaissent le principe ci-dessus et non des autres. (Art. 14.)

Il est stipulé en outre que dans le cas où le pavillon neutre de l'une des parties contractantes protégerait la propriété des ennemis de l'autre, en vertu de l'article qui précède, il est toujours bien entendu qu'une propriété neutre trouvée à bord d'un bâtiment ennemi sera tenue et considérée comme propriété ennemie, et comme telle, sujette à confiscation, excepté si elle avait été chargée sur ledit bâtiment avant la déclaration de guerre, ou même postérieurement, mais sans en avoir eu connaissance préalable. Le délai de quatre mois est fixé par les deux parties, passé lequel nul ne pourra être censé ignorer si ladite déclaration a eu lieu. Par contre, si le pavillon de la puissance neutre ne couvre pas la propriété de l'ennemi, les biens ou les marchandises de celle neutre embarqués à bord de bâtiments ennemis seront libres. (Article 15.)

Cette liberté de commerce et de navigation s'étendra à toute espèce de marchandises, excepté celles dites de contrebande ou prohibées, savoir : 1° Les canons, mortiers, obusiers, mousquetons, fusils, fusées, carabines, pistolets, épées, sabres, lances, espadons, hallebardes et grenades, bombes, poudre, mèches, balles, et tout ce qui forme le matériel militaire;

2° Les cuirasses, casques, fournimens d'infanterie, et tous habillemens et effets militaires;

3° Les fournimens de cavalerie et les chevaux tout équipés;

4° Enfin, toute espèce d'objets et d'armes en fer, acier, airain et cuivre, ainsi que tous autres matériaux manufacturés, préparés et formés expressément dans le but de faire la guerre sur terre ou sur mer. (Art. 16.)

Toutes autres marchandises ou propriétés seront tenues et considérées comme objets de libre et légal trafic, et pourront être transportées par les deux parties contractantes, même dans des places appartenant à un ennemi, excepté dans celles assiégées ou en état de blocus, et qui toutefois ne seront reconnues comme telles que lorsque le siége ou blocus sera effectué par une force capable d'en interdire l'accès aux neutres. (Art. 17.)

Les articles de contrebande trouvés à bord d'un bâtiment destiné à un port ennemi, seront passibles de saisie et confiscation, en laissant au propriétaire le surplus de la cargaison et le bâtiment. Si les marchandises saisies étaient en telle quantité qu'elles ne pussent être reçues à bord du vaisseau capteur sans grand inconvénient, le bâtiment capturé sera envoyé au port le plus voisin, pour qu'il soit procédé à son égard conformément aux lois. (Art. 18.)

Tout navire fesant voile pour un port ou une place appartenant à un ennemi, sans que le capitaine soit instruit de l'état de siége ou de blocus, ne sera point saisi, ni aucune partie de sa cargaison confisquée, à moins de cas de contrebande; de même que les bâtiments entrés dans un port ennemi avant son blocus seront rendus à leurs propriétaires. Tout navire entré dans un port ennemi, avant la signification du blocus, et qui opérera son chargement après l'établissement dudit blocus, sera obligé, pour avoir libre sortie, de retourner dans ledit port et d'y laisser sa cargaison. (Art. 19.)

Dans le cas de visite des bâtiments et cargaisons des parties contractantes, en pleine mer, il est convenu que les vaisseaux de guerre, soit de l'État, soit armés en course, qui procéderont à cette visite à l'égard d'un neutre, s'en tiendront à la plus grande distance possible, et enverront leur plus petite chaloupe, pour remplir cette formalité sans extorsion, violence, ni mauvais traitement; l'équipage du bâtiment neutre ne sera forcé, dans aucun cas, de passer à bord du vaisseau capteur. Les commandants des navires armés en course, seront tenus, avant de recevoir leur commission, de donner des garanties suffisantes pour répondre de tous les dommages qu'ils pourraient causer. (Art. 20.)

Si l'une des parties contractantes était en guerre, les vaisseaux et navires appartenant aux citoyens ou sujets de l'autre, devront faire mention expresse sur leurs papiers et lettres de marque, du nom, de la propriété et de la destination du navire, ainsi que du lieu d'habitation du patron ou du commandant; ils devront aussi être munis de certificats contenant les détails la cargaison et la désignation du port d'où le bâtiment a fait voile. (Art. 21.)

Lesdites stipulations seront seulement applicables aux bâtiments naviguant sans escorte; lorsqu'ils seront convoyés, la déclaration verbale du commandant sera suffisante. (Art. 22.)

A l'égard des prises, les tribunaux établis pour les juger dans chaque pays où elles seront conduites, seront seuls compétents. (Art. 23.)

Dans le cas où l'une des parties contractantes serait en guerre avec quelque puissance, aucun citoyen ou sujet de l'autre partie n'acceptera de commission, ni de lettre de marque, à l'effet de coopérer hostilement avec ledit ennemi, sous peine d'être traité comme pirate. (Art. 24.)

Si la guerre éclatait entre les deux parties contractantes, il sera accordé un délai de six mois aux marchands résidant sur les côtes et dans les ports de l'une et de l'autre, et un délai d'une année pour ceux habitant dans l'intérieur, afin de mettre ordre à leurs affaires. Tous les citoyens et sujets établis sur les territoires respectifs des parties, seront respectés et maintenus dans le libre exercice de leur liberté individuelle et de leur propriété, à moins que, par leur conduite, ils ne se rendent indignes de cette protection. (Art. 25.)

Les dettes contractées par des individus d'une nation à l'égard de ceux de l'autre, non plus que les actions ou sommes placées sur les fonds publics ou sur des banques publiques ou particulières, ne seront jamais sujettes au séquestre ni à la confiscation, soit en cas de guerre, soit en cas de divisions intestines. (Art. 26.)

Les envoyés, ministres et autres agents jouiront des mêmes priviléges et exemptions que ceux accordés à la nation la plus favorisée. (Art. 27.)

Les consuls et vice-consuls des deux parties contractantes auront droit à toutes les prérogatives et immunités attachées à eux et à leur caractère public. Avant d'entrer dans l'exercice de leurs fonctions, ils notifieront leur commission ou patente en bonne et due forme au gouvernement auprès duquel ils seront accrédités; et après en avoir reçu leur *exequatur*, ils seront reconnus et traités, en leur qualité, par toutes les autorités, ainsi que les magistrats et habitants de la juridiction consulaire où ils résideront. (Art. 28 et 29.)

Les consuls, secrétaires, officiers et personnes attachées à l'office du consulat, qui ne sont point citoyens, ni sujets du pays où ledit consulat est établi, seront exempts de tout service public, ainsi que de toutes sortes de taxes, d'impôts et de contributions, excepté ceux relatifs au commerce ou à la propriété, auxquels sont soumis les citoyens ou sujets, ainsi que les habitants indigènes ou étrangers du pays où ces agents consulaires résident, étant du reste entièrement sous l'autorité des lois de leurs États respectifs. Les archives et papiers du consulat sont inviolables. (Art. 30.)

Les consuls auront le pouvoir de requérir l'assistance des autorités du pays, pour procéder à l'arrestation, détention et surveillance des déserteurs des bâtiments publics ou particuliers de leur nation; à cet effet, ils s'adresseront aux juges et officiers compétents, en leur envoyant par écrit une copie du registre du bâtiment ou tout autre document public qui prouvera que lesdits déserteurs fesaient partie de l'équipage. Aussitôt l'arrestation de ces derniers, ils seront mis à la disposition du consul et envoyés en prison, à la requête de ceux qui les réclameront, jusqu'à ce qu'ils retournent aux navires auxquels ils appartenaient ou à tous autres de la même nation. Mais si lesdits déserteurs n'étaient pas renvoyés dans les deux mois, à partir du jour de leur arrestation, ils seront mis en liberté et ne pourront plus être saisis pour la même cause. (Art. 31.)

Afin de protéger plus efficacement le commerce et la navigation, les deux parties contractantes conviennent de conclure, aussitôt que les circonstances le permettront, une convention particulière, qui définira d'une manière spéciale la nature des pouvoirs et immunités de leurs consuls et vice-consuls respectifs. (Art. 32.)

Le présent traité sera en vigueur pendant douze années, à partir de sa date; et un an encore après, si l'une des parties contractantes notifie à l'autre son intention de le rompre. (Art. 33.)

Dans le cas où un ou plusieurs citoyens et sujets de l'une et de l'autre partie viendraient à enfreindre quelque clause dudit traité, les contrevenants seront personnellement responsables, et la bonne intelligence et l'harmonie ne seront point interrompues entre les deux nations; chaque partie s'engageant à ne protéger, en aucun cas, l'offenseur ou à sanctionner une pareille violation.

Si quelque article du traité venait à être violé, il est convenu que ni l'une ni l'autre des parties contractantes n'ordonnera ni n'autorisera aucun acte de représailles et ne déclarera la guerre en raison de dommages ou injures reçues, avant que le gouvernement offensé n'ait préalablement présenté à l'autre un état des injures et griefs articulés, appuyés de preuves, et demandé justice et satisfaction qui seraient refusées ou indéfiniment ajournées.

Aucune des conditions portées au présent traité ne sera obligatoire, si elle se trouvait contraire à des traités publics et antérieurs, conclus avec d'autres souverains ou États.

Rio-Janéiro, 12 décembre 1828.

Signé : W. Tudor, marquis de Aracaty, Miguel de Souza Mello e Alvim (1).

---

(1) *Collecção das leis*, tom. IV, p. 79-87.

1828 (20 décembre). *Traité conclu entre l'empereur du Brésil et le roi des Pays-Bas* (1).

Les *recettes* du Brésil, en 1828, montèrent à 7,578,473,132 *reis*: les dépenses à 7,427,213,631 *reis*.

1829 (17 février). *Insurrection à Pernambuco et mesures qui en sont la suite.* Une espèce de révolte ayant éclaté dans la province de Pernambuco, l'empereur rendit deux décrets (le 17 février) pour suspendre les lois concernant la liberté individuelle, et pour établir en même tems une commission militaire pour juger, sans appel, les chefs de cette conspiration. Ces mesures inconstitutionnelles furent universellement blâmées et excitèrent un grand mécontentement, la révolte ayant été d'ailleurs aussitôt comprimée que commencée. Une pétition fut adressée à la législature pour mettre en accusation le ministre de la justice, qui s'étant permis l'arrestation de plusieurs individus, avait violé les formalités prescrites par la loi. Cette pétition, ayant été écartée, fut reproduite contre le ministre de la guerre Alvarez, qu'on voulait rendre responsable de l'illégalité des commissions militaires établies par lui. Après de longs et violents débats, l'ordre du jour fut adopté à la faible majorité de 7 voix, 32 membres ayant voté pour la prise en considération.

Ces décrets, qui avaient excité une réprobation si générale, furent rapportés le 27 avril.

1829 (24 février). Le village de *Barbacéna* prit le titre de ville ou cité, *nobre e muito leal* ou noble et très-loyale (2).

1829 (2 avril). *Session extraordinaire de l'assemblée générale.* Cette session fut convoquée par l'empereur, afin de prendre en considération l'état du trésor et de la banque du Brésil, qui se trouvaient dans une position déplorable, comme aussi afin de pourvoir aux besoins d'un grand nom-

---

(1) *Collecção*, etc., tom. IV, p. 88-92.
Ce traité, en 15 articles, est annulé de fait par la séparation opérée entre la Hollande et la Belgique.

(2) Elle est située dans la province de Minas-Géraès, à neuf lieues de S.-Jozé. Elle renferme 300 maisons, une église et trois chapelles. Cette ville porte le nom si connu du seigneur Portugais Barbacéna.
Notices of Brazil, par M. Walsh, vol. II, p. 232.

bre de réfugiés portugais, dont on attendait l'arrivée. Ils débarquèrent, en effet, le 10 mai, au nombre de deux cents, du navire danois *le Cécrops*, et furent logés et nourris aux frais du gouvernement (1).

1829. *Affaires de la Banque*. Le papier de la Banque du Brésil se discréditait de jour en jour, la grande importation des esclaves avait amené une disette de numéraire, et un déficit de 5,769,037,000 *reis* était reconnu. Le gouvernement, voulant remédier à cet état de choses, présenta aux Chambres le plan suivant :

1° La Banque du Brésil sera administrée par une commission de sept membres, dont quatre seront nommés par le gouvernement, et les trois autres élus à la majorité des votes des directeurs de ladite Banque ; l'autorité nommera le président de ces commissaires, qui recevront un salaire mensuel fixé par les directeurs. Tous les engagements existant avec la Banque actuelle cesseront lors de l'installation de cette commission.

2° Les commissaires s'occuperont sans délai : à retirer de la circulation tous les billets payables à la Banque, ou qui peuvent avoir une valeur métallique ; à s'assurer du nombre exact de billets en circulation, et à leur en substituer de nouveaux signés par deux membres de la commission ; à arrêter tous les comptes de la Banque, et principalement ceux avec l'État ; à liquider toutes les opérations régulières de l'établissement ; à recevoir l'actif et acquitter le passif ; enfin, à vérifier et liquider les comptes de l'établissement des orphelins de Bahia et de celui de S.-Paul.

3° Le gouvernement donnera les instructions nécessaires à la commission de direction, et se réserve la solution des cas douteux.

4° La valeur courante des billets actuels de la Banque du Brésil sera reconnue par l'État, ainsi que la valeur des billets qui leur seront substitués, de manière à ce qu'ils puissent circuler librement, comme l'argent monnoyé, jusqu'à leur amortissement ; les fonds primitifs de la Banque sont affectés pour sûreté de cette valeur, nommément les fonds de réserve, ou espèces métalliques existant dans ses coffres, la dette du gouvernement, les dettes des particuliers, et tout ce qui constitue les crédits de la Banque, dont les dépôts sont aussi assignés comme garantie au public.

---

(1) *Collecção das leis*, etc., tom. IV, p. 1.

5° La dette du gouvernement, avant et après la liquidation, paiera un intérêt d'un pour cent, qui sera partagé tous les six mois entre les porteurs d'actions.

6° La commission rendra à l'autorité un compte mensuel de ses opérations, et présentera un rapport annuel à l'assemblée législative, pour constater l'état des affaires de la Banque et la gestion des administrateurs. La liquidation terminée, le montant de la balance restera aux actionnaires, et l'établissement sera dissous.

7° Le gouvernement sera autorisé à contracter un emprunt en or ou argent, pour la valeur des trois cinquièmes du montant de sa dette actuelle envers la Banque ; lequel emprunt sera exclusivement affecté au rachat des billets en circulation, au taux de leur cours actuel.

8° Les billets rachetés seront remis entre les mains des commissaires-directeurs, et seront employés dans le fonds de réserve créé par la loi du 15 novembre 1827, de manière à ce qu'ils puissent être donnés en compte par le trésor public à la junte, pour éteindre ledit emprunt en proportion de leur rentrée.

9° Le produit dudit emprunt ne pourra être employé à aucun autre usage, sous les peines portées contre les concussionnaires ; et les billets rentrés ne pourront non plus être affectés à une autre destination que celle ci-dessus.

10° La Chambre des députés votera les subsides nécessaires ou un revenu suffisant pour le paiement annuel des intérêts et le fonds de l'amortissement (1).

1829 (3 mai). *Ouverture de la session législative.* Dans son discours d'ouverture, l'empereur parla de l'usurpation du trône de Portugal, et de sa détermination de protéger les droits de dona Maria, sans néanmoins compromettre les intérêts et la tranquillité du Brésil. Il expliqua les motifs qui l'avaient décidé à établir une commission militaire dans la province de Pernambuco. L'empereur mentionna aussi divers actes diplomatiques signés dans le cours de l'année précédente, ainsi que les préliminaires de paix conclus avec le gouvernement de Buénos-Ayres.

Passant aux affaires de l'intérieur, S. M. rappela l'attention sérieuse des représentants sur l'état des finances, et recommanda des mesures répressives contre les abus de la li-

---

(1) *Collecção*, vol. IV, p. 54-57.

berté de la presse. Elle insista sur la nécessité d'une complète organisation du pouvoir judiciaire, d'encouragements à accorder aux colons, de règlements concernant les terres incultes et d'une loi de naturalisation appropriée aux circonstances (1).

30 juin. *Réponses des Chambres au discours du trône. Extrait de celle des sénateurs.* « Le Sénat a appris avec douleur, sire, l'usurpation de la couronne de Portugal; il ne peut s'empêcher d'admirer l'extrême intérêt que V. M. I. a manifesté dans toutes les circonstances pour la félicité du Brésil, et qui maintenant surmonte si généreusement dans le cœur héroïque de V. M. les sentiments de la nature offensée.

» La liberté de la presse, ce droit bienfesant que le Brésil doit spécialement à V. M. I., qui étend le domaine de la pensée, qui est la source de l'instruction et de la civilisation des peuples, et le ferme appui des libertés publiques, quand elles ne s'écartent pas des limites de la justice et de la décence, réclamait de la prévoyance de V. M. I. la recommandation d'une loi sagement répressive. Le Sénat, jaloux de remplir son devoir, s'occupe de la discussion d'un projet de loi sur cet objet. »

Extrait de la réponse de la Chambre des députés. « La sagesse de V. M. a su trouver les moyens de concilier les affections de père avec la politique du monarque, en défendant les droits de la reine régente de Portugal, sans compromettre les destinées du Brésil. Sire, cette conduite a fermé tous les abîmes de la méfiance et de la terreur, et a excité l'admiration et la reconnaissance de la Chambre. La presse a déjà mérité et continuera de mériter l'attention la plus sérieuse de la part de la Chambre des députés, non-seulement par son importance, mais encore parce qu'il est nécessaire d'offrir, dans la sage impartialité des lois, au citoyen honnête, une égide sûre pour repousser les traits de la calomnie. »

1829 (20 août). *Rapport fait à la Chambre des députés par la commission des finances.* Le ministre des finances avait annoncé un déficit de 5 à 6 millions de *mitreis*, qu'il espérait combler par une augmentation de produits, par

---

(1) *Collecção das leis*, etc., tom. IV, p. 13.
Voy. note, règlement sur la formation des colonies étrangères.

des ressources extraordinaires, ou par un emprunt. Mais la commission, nommée au sein de l'assemblée, pour examiner le budget, insista sur la nécessité de mettre les dépenses au niveau des recettes présumées, et présenta un projet qui contenait des réductions énormes sur les divers départements. Ces réductions, réparties ainsi qu'il suit, offraient un montant de près de 10 millions de *milreis* :

	Demande.	Réduction.
Intérieur.	1,165,114 *milreis*.	934,710 *milreis*.
Justice.	801,857	725,288
Affaires étrangères	771,133	540,000
Marine.	4,920,895	3,142,400
Guerre.	7,800,000	4,400,000
Finances, liste civile, intérêt de la dette. . . .	14,011,713	9,929,825
Totaux. . .	29,470,712 *milreis*.	19,672,223 *milreis*.

Le comité insista surtout sur les diminutions à effectuer dans les départements de la guerre et de la marine, et sur la nécessité de renvoyer les officiers étrangers, c'est-à-dire les Portugais.

Deux juges de la Cour suprême furent signalés comme ayant échangé leurs fonctions judiciaires contre des places vénales; ce qui fit dire au rapporteur « que le pays était trop pauvre pour soutenir, par des sinécures multipliées, la paresse et la vanité ».

A l'égard du paiement des intérêts de l'emprunt portugais négocié à Londres, et dont le Brésil s'était déclaré garant par le traité d'indépendance, le même comité fit observer que l'assemblée avait déjà voté des sommes pour cet objet, et demanda si le paiement en avait été fait à Londres pour l'acquit des intérêts et le dégrèvement du fonds dudit emprunt.

Le ministre des finances, M. Calmon, répliqua « que, lors de l'usurpation de la couronne de Portugal, le paiement des dividendes de l'emprunt portugais avait été suspendu par la légation brésilienne à Londres, qui avait demandé des instructions à son gouvernement; et qu'il fut répondu que le remboursement devait avoir lieu. Néanmoins, le représentant du Brésil à Londres, pensant que l'usurpation de D. Miguel avait rompu le traité conclu avec

26.

le Portugal, retarda l'exécution de cet ordre. Aux termes de ce traité, les fonds destinés à l'acquit des intérêts de la dette portugaise devaient être transmis du Brésil à l'ambassadeur à Londres, pour être versés dans les mains de celui de Portugal, qui était chargé de rembourser les porteurs d'actions. L'usurpation de la couronne portugaise ne peut invalider les obligations du Brésil, résultant d'une convention antérieure. En conséquence, les fonds en question seront déposés dans la Banque d'Angleterre, jusqu'à l'arrivée d'un agent du Portugal accrédité auprès du cabinet de Londres ».

Les débats furent orageux, et l'empereur, voyant leur tournure défavorable, coupa court à ces discussions par le message suivant, en date du 3 septembre :

« Augustes et dignes représentants de la nation brésilienne, la session actuelle est close. »

1829 (17 octobre). *Célébration du mariage, en secondes noces, de D. Pédro avec la princesse Amélie-Augusta-Eugénie Napoléon, fille du prince Eugène Napoléon, duc de Leuchtemberg, et de la princesse Amélie, sœur du roi de Bavière.* Ce mariage fut célébré par procuration, le 2 août, dans la chapelle du palais de Leuchtemberg, et la consécration eut lieu par les mains du nonce du pape, en l'absence de l'archevêque de Munich. La jeune impératrice se rendit à Ostende, et de là à Plymouth, où elle s'embarqua pour le Brésil, avec la reine dona Maria, le duc de Leuchtemberg et sa suite. Les deux frégates qui portaient ces augustes passagers arrivèrent en vue de Rio le 17 octobre. L'empereur alla aussitôt dans son yacht à la rencontre de son épouse, et étant débarqué avec elle, ils passèrent tous deux sous un arc de triomphe, au bruit des acclamations du peuple et des salves d'artillerie. Le cortége se rendit ainsi du port à la chapelle du palais, où la bénédiction nuptiale fut donnée par l'évêque grand-aumônier, et où l'on chanta un *Te Deum* de la composition de l'empereur lui-même.

Aussitôt après, l'impératrice fit son entrée solennelle dans la capitale, où elle fut reçue au milieu de transports unanimes. Le même jour, on lança à la mer une corvette qui reçut le nom d'*Amélie*. Tous les édifices et les navires furent illuminés. L'empereur institua un ordre de *la Rose*, portant pour légende *amour et fidélité*, dont il se déclara *grand-maître*, et dont les princes de la famille impériale étaient *grand'croix*. Dona Maria occupa un palais séparé, où elle reçut les honneurs dus à une tête couronnée, de la part des ministres étrangers présents au Brésil.

Lors du départ de cette princesse pour retourner à Rio-Janéiro, le ministre brésilien à Londres avait fait la déclaration suivante :

« Étant sur le point de remplir l'ordre que m'a adressé S. M. l'empereur du Brésil, en ma qualité de tuteur et gardien de la reine de Portugal, dona Maria II, que je dois reconduire auprès de son auguste père, il est de mon devoir d'expliquer quelles sont les intentions de S. M. I., afin de leur ôter toute interprétation fausse et mensongère.

» La séparation entre S. M. T. F. et l'empereur son père donna lieu à l'élévation de cette princesse au trône de Portugal. Son arrivée en Angleterre et sa résidence temporaire dans les États de son plus ancien allié, furent occasionnées par l'odieuse usurpation de sa couronne et par la violation des serments les plus sacrés, à la honte de toutes les nations civilisées.

» Le retour de S. M. au sein de sa famille est l'effet indispensable du conflit qui existe malheureusement entre l'usurpation et la légitimité; car les sentiments paternels de S. M. I. exigent que, jusqu'au moment où la reine dona Maria pourra monter sur le trône qui lui appartient, son père soit le gardien et le défenseur de son auguste personne.

» Bien loin donc d'abandonner la cause de sa bien-aimée fille, l'empereur persiste dans son inébranlable résolution de la protéger et de ne jamais traiter avec l'usurpateur de ses droits. Quels que puissent être les difficultés et les obstacles qui s'opposeront au succès d'une aussi sainte cause, les sujets de S. M. ne doivent point se décourager, ni abandonner un parti que sa justice finira par faire triompher. Si quelques-uns d'entr'eux, pendant cette tempête, préfèrent chercher au Brésil l'asile qui leur est offert par quelques puissances d'Europe, ils peuvent s'y rendre, et je leur garantis qu'ils trouveront dans ce pays l'hospitalité et les secours si bien dus à leurs malheurs et à leur fidélité (1). »

1830 (3 mai). *Ouverture de la session ordinaire de l'assemblée générale législative.* Dans son discours, l'empereur annonce d'abord son mariage avec la princesse *Amélie-Augusta-Eugénie de Leuchtemberg*, ainsi que le retour de

---

(1) *Annual register for* 1829. London.

la jeune reine de Portugal et des Algarves. « Quoi qu'il soit de mon devoir, » dit l'empereur, « comme son père et son tuteur, de défendre les intérêts de cette jeune reine, je n'en serai pas moins fidèle à la promesse que j'ai donnée à l'assemblée de ne jamais compromettre la tranquillité et les intérêts du Brésil pour les affaires du Portugal. »

Il recommande à l'intérêt des représentants ceux des émigrés portugais qui ont suivi leur reine légitime.

S. M. annonce que les relations avec les autres puissances présentent toujours le même caractère de paix et d'amitié, et qu'elle a ratifié les traités de commerce et de navigation avec les Pays-Bas et les États-Unis.

Quant à l'intérieur, le ministre de la justice est chargé de faire connaître les motifs qui ont fait suspendre la liberté individuelle dans la province de Ceará.

Ce discours appelle ensuite l'attention de l'assemblée sur les abus résultant de la liberté de la presse, qu'il est de l'intérêt public de réprimer; sur les affaires de finance et de justice, et l'organisation complète de l'armée et de la marine.

Il annonce que la traite des esclaves a cessé, et que le gouvernement est déterminé à employer tous les moyens pour empêcher qu'elle se continue, sous quelque prétexte que ce soit.

Enfin, l'empereur recommande de faciliter l'introduction d'agriculteurs étrangers, et de s'occuper de l'éducation publique, en lui donnant pour base les principes de la religion catholique, apostolique et romaine.

S. M. termine ainsi :

« Augustes et dignes représentants de la nation, je compte sur votre coopération. Prouvez que vous êtes Brésiliens; que vous n'avez en vue que les intérêts du Brésil, la consolidation du sistême représentatif, monarchique, constitutionnel, et la splendeur de mon trône impérial.

» La session est ouverte (1). »

Le 15 mai, rapport du marquis de Barbacéna, adressé aux représentants de la nation sur la dette publique, la Banque, le sistême monétaire, l'intérieur et les douanes (2).

---

(1) *Collecção das leis*, tom. V, p. 1 et 2.
Falla de sua magestade o imperador, etc. Le 19 mai, *discurso que o orador da députação do senado recitou*, etc., p. 2-4. *Discurso que o orador da deputação da camara dos srs deputados*, etc., p. 4, 5.

(2) *Collecção*, etc., tom. V, p. 6-11.

1830 (3 septembre). *Clôture de la session législative.* L'assemblée générale, dans une session de quatre mois, avait fait très-peu de choses de tout ce que l'empereur avait recommandé à sa sollicitude dans son discours d'ouverture, où il l'invitait à s'occuper sérieusement de l'état des finances, de la formation d'une banque et de l'établissement de mesures légales propres à arrêter la licence de la presse. Aussi en venant clore la session, le 3 septembre, l'empereur manifesta un vif mécontentement.

« Je suis fâché, » dit-il, « d'avoir à témoigner à l'assemblée combien j'ai lieu d'être peu satisfait de ce que l'époque de la clôture de cette session soit arrivée, sans qu'il ait été pris aucune des mesures réclamées par la constitution, mesures que j'avais moi-même indiquées, et que la nation avait le droit d'attendre du patriotisme de ses représentants. Toutefois, étant le premier et le principal intéressé au bien-être du Brésil, il est de mon devoir de trouver un remède prompt et légal pour détourner les maux qui affligent le pays; convaincu de l'urgence de certaines mesures législatives restées en oubli, et qu'exige la situation critique du pays, j'ai résolu de convoquer une session extraordinaire de l'assemblée générale, qui aura à s'occuper spécialement de la décision des matières que j'ai jugé à propos d'indiquer dans le discours d'ouverture. »

1830 (8 septembre). *Discours prononcé par l'empereur à l'ouverture de la session extraordinaire de l'assemblée législative.* Ce discours traite de la nécessité de régulariser les forces de terre et de mer, du budget, d'améliorations dans la circulation du papier-monnaie, de l'organisation d'une banque nationale, de la discussion d'un code pénal et de procédure criminelle, enfin d'une loi pour régler les dîmes (1).

Divers décrets d'utilité générale furent rendus en 1830, entr'autres ceux relatifs à l'instruction primaire, approuvant l'établissement d'écoles élémentaires dans différentes localités, et celui qui exempte des examens préparatoires les jeunes Brésiliens ayant étudié dans l'université de Coïmbre ou dans les écoles de France (2). Les beaux-arts reçurent également des encouragements (3).

---

(1) *Collecção*, etc., tom. V, p. 32.
(2) *Idem*, p. 17-23-34.
(3) Voyez à la fin du volume, *note I.*

Un autre décret, du 20 septembre 1830, promulgue la loi, en 87 articles, sur les délits de la presse. Les amendes et la prison en sont les moyens de répression (1).

Plusieurs décrets sont relatifs à des créations de bourgs (*povoaçaos*) en villes (*villas*), et de chapelles (*capellas*) en paroisses (2).

Jardin botanique établi dans la ville de S.-Luiz de Maranham, pour la culture des plantes utiles, soit indigènes, soit étrangères, en vertu d'un décret de l'assemblée législative. Le directeur devra être professeur de botanique et d'agriculture (3).

1830 (4 décembre). Loi de l'assemblée générale, qui autorise le ministre des finances à créer une *commission composée de trois membres, pour examiner les affaires de la légation de Londres*, dont les fonctions avaient cessé. Une nouvelle commission devait être choisie par la Chambre des députés pour inspecter les travaux de l'autre et en faire un rapport tous les mois (4).

1830 (7 décembre). *Création de la villa de S.-Francisco de Paulo* dans la paroisse du même nom, dans la province du Rio-Grande de S.-Pédro do Sul, d'après la décision de son Conseil et l'approbation de l'assemblée générale législative (5).

1830 (10 décembre). *Décret concernant les étrangers, rendu par l'assemblée générale législative, d'après la résolution du Conseil général de la province de Para.* Tout étranger arrivant dans cette province sera obligé de se présenter devant le juge de paix de la paroisse, pour faire connaître son nom, le lieu de sa naissance, son âge, sa condition, son emploi ou sa profession, et le tout sera inscrit sur un registre. Les capitaines et les maîtres des navires feront connaître les noms des personnes qui en sont débarquées. Ceux qui doivent aller dans l'intérieur du pays seront munis d'un certificat du juge de paix, qui en fournira la liste, tous les trois mois, à la municipalité du district (6).

---

(1) *Collecção*, tom. V, p. 41-50.
(2) *Idem*, p. 76, 77.
(3) *Diario Fluminense*, n° 45, 26 février 1831.
(4) *Idem*, 21 décembre 1830.
(5) *Idem*, 7 janvier 1832.
(6) *Idem*, n° 51, 5 mars 1832.

1830 (11 décembre). *Établissement de la nouvelle paroisse de Capella de Nossa Senhora da Conceição do Boqueirão.* Cette paroisse fut démembrée de celle de S.-Francisco, dont elle est séparée au sud par le Rio de Corientes; à l'ouest, par le Guévédos, qui la sépare de Congoçu; au nord, par l'Arroio-Grande et le Rio de Camacua, qui renferme l'île de Mendonça, et enfin à l'est, par le Lagoa dos Pâtos (1).

1830 (14 décembre). *Loi sur l'esclavage des noirs.* Aucun esclave ne peut quitter la cité, ville, village ou lieu de sa résidence, sans un certificat (*cedula*) du patron, de l'administrateur ou de l'agent, constatant le nom et la naturalité dudit esclave, son signalement, le lieu où il va et l'époque de son retour. (Art. 1er.)

Aucun esclave africain libéré, de quelque sexe qu'il soit, ne peut également quitter le lieu où il est domicilié, soit pour affaire, soit pour toute autre cause, sans être muni d'un passeport signé par le juge du lieu, indiquant le nom, la demeure, le signalement de l'individu, etc. (Art. 3.) (2)

1830 (15 décembre). *Loi concernant la fixation des dépenses de chaque province de l'empire* pendant l'année financière, qui commencera le 1er juillet 1831 et finira le 30 juin 1832 (3).

16 décembre. *Publication du code criminel* (*codijo criminal do imperio do Brasil*) en 313 articles (4). Les limites dans lesquelles nous sommes renfermés ne nous permettent pas même d'en donner l'analise.

1830-1831. *Révolution du Brésil, abdication de l'empereur et événements antérieurs qui y ont rapport.* Chaque jour voyait augmenter la secrète animosité qui existait depuis long-tems entre les indigènes et les Portugais devenus Brésiliens par adoption. Cette rivalité amena la création de plusieurs clubs et réunions politiques dans la capitale, et il se manifesta une opposition menaçante, à la tête de laquelle se trouvaient le marquis de Barbacéna (5), le marquis

---

(1) *Diario Fluminense*, n° 53, 8 mars 1832.
(2) *Idem*, n° 55, 10 mars 1831.
(3) Voyez la *note H* à la fin du volume.
(4) *Collecção das leis*, etc., tom. V, appendice, p. 1-38.
(5) *Caldeira Brant*, marquis de Barbacéna, commandait en

de Caravelhos, Francisco de Lima, etc. On parlait ouvertement d'une fédération des provinces, semblable à celle des États-Unis d'Amérique, et l'administration était attaquée sans ménagement dans les journaux et les brochures.

Un fait qui, de sa nature, était étranger à ces discussions, vint encore accroître la haine des partis. Un particulier, nommé *Francia*, habitant les bords de la baie de Rio, ayant arrêté sur ses terres deux jeunes aspirants de la marine française qui s'y étaient aventurés à la chasse, leur fit arracher leurs armes par ses nègres, et ne les renvoya qu'après leur avoir fait essuyer le plus ignominieux traitement. Cette conduite révolta tous les équipages de la station, et plusieurs officiers jurèrent d'en avoir satisfaction, étant d'autant plus exaspérés, que l'amiral français, ayant écrit à ce sujet au ministre brésilien, n'avait pas reçu une réponse convenable. Ces officiers se rendirent donc le lendemain, accompagnés d'une quinzaine de marins, sur la plage qu'habitait Francia. Un d'entr'eux se présenta pour réclamer les armes des deux jeunes gens, et il était déjà menacé du même sort, lorsqu'à un signal donné, parurent ses compagnons, qui saisirent le Brésilien et plusieurs de ses nègres, et les conduisirent sur le rivage ; le maître fut attaché sur la planche du canot, et on lui administra une vigoureuse bastonnade.

Un député, parent de Francia, peu favorable à tout ce qui était étranger, représenta cette affaire sous un faux jour, et en fit une insulte grave à la nation. Les journaux ne manquèrent pas de s'en emparer comme moyen d'opposition ; on menaça les Français ; on insulta les Brésiliens qui portaient leur costume ; les boutiques furent fermées, et on s'attendait à quelque catastrophe, lorsque la nouvelle de la révolution de juillet en France arriva pour calmer les esprits. Mais, d'un autre côté, cet événement vint accroître les espérances des fédéralistes, et leur donner de nouvelles forces pour faire prévaloir, dans les provinces, un sistème

---

chef à la bataille d'Ituzaingo, et fut chargé de négocier le mariage de l'empereur avec la princesse de Leuchtemberg ; fort avancé dans la confiance de dom Pédro, il fut nommé ministre des finances et président du Conseil. Des circonstances particulières ayant amené sa disgrâce, le marquis de Barbacéna se retira et devint un adversaire redoutable du gouvernement, en raison de son influence et de sa fortune.

auquel le gouvernement n'avait pas les moyens de s'opposer (1).

La province de Minas-Géraès, située au centre du Brésil, devait exercer un grand crédit sur toutes les autres, en raison de sa population et de ses richesses. Déjà une grande fermentation y régnait par l'influence du député Vasconcellos. L'empereur, espérant tout apaiser par sa présence, résolut d'aller visiter cette province, accompagné de l'impératrice et d'une suite nombreuse.

La Cour partit de Rio-Janéiro le 30 décembre 1830, et arriva, le 20 janvier suivant, à la ville de S.-João d'El Rei, où l'empereur fut complimenté par les autorités municipales, et où il reçut l'hommage d'une ode, dont l'auteur, se nommait émigré portugais (2), *Francisco Freire de Carvalho* et avait été professeur d'histoire et d'antiquités à l'université de Coïmbre. Le 8 février, D. Pédro fit son entrée à Sabara, où des himnes et des sonnets lui furent également adressés, et des vers inscrits sur l'arche du pont principal, en commémoration de cet heureux événement (3). Après s'y être arrêté quelques jours, il se rendit, le 16, à la *Fazenda do Congosoco* ; le 17, à l'*arraial* de Brumado ; le 18, à la *serra* do Nossa Senhora Mai dos Homens, où il fut harangué par les prêtres et les étudiants du séminaire impérial ; le 19, à l'*arraial* de Cattas Calvas ; le 21, à la cité de Marianna, où les compliments et les vers ne lui furent pas épargnés ; et enfin, le 23 février, il fit son entrée dans la cité impériale d'Ouro-Préto (4). LL. MM. recueillirent généralement sur leur passage des témoignages d'attachement et du plaisir que causait leur présence.

Le jour même de son arrivée dans la capitale de la province, l'empereur adressa aux mineurs (*mineiros*) et aux Brésiliens en général la proclamation suivante :

« Il existe un parti désorganisateur qui, prenant avantage de circonstances exclusivement particulières à la France, cherche à vous abuser par des invectives contre ma personne inviolable et sacrée et contre mon gouvernement, dans le

---

(1) Lettre inédite sur la révolution du Brésil, communiquée par M. V....

(2) *Diario Fluminense*, n° 23, 31 janvier, et n° 24, 1er février 1831.

(3) *Idem*, du 3 mars 1831.

(4) *Idem*, du 12 mars.

but de faire du Brésil un théâtre de deuil et d'anarchie, afin d'arriver au pouvoir et d'assouvir leurs vengeances et leurs passions égoïstes aux dépens de leur propre pays. Ces hommes ne déguisent point leurs desseins : ils appellent le peuple à une confédération, et s'efforcent de justifier leur coupable entreprise par l'art. 174 de la loi fondamentale qui vous gouverne, article qui ne permet pas de changement dans la partie essentielle de la loi. Peut-on diriger contre la constitution une plus forte attaque, que celle de prétendre l'altérer dans son essence? N'est-ce pas là une violation manifeste du serment que nous avons tous prêté volontairement?

» Chers Brésiliens, je viens au milieu de vous, non-seulement comme votre empereur, mais comme votre meilleur ami. Ne vous laissez pas séduire par des doctrines trompeuses qui amèneraient votre ruine et celle de la patrie; aidez-moi, au contraire, à maintenir la constitution telle qu'elle existe et telle que nous l'avons jurée (1). »

Cependant l'empereur, ayant connaissance de l'état des esprits à Rio-Janéiro, et inquiet de ne pas recevoir de dépêches de ses ministres, hâta son retour dans cette capitale, et arriva à San-Christovão, le 12 mars, sans être attendu. Le parti portugais fit des illuminations pour célébrer ce retour; ceux du parti opposé voulurent les éteindre; mais il s'ensuivit une rixe dans laquelle ces derniers furent repoussés par les jeunes gens des maisons de commerce, et où le sang coula des deux côtés. Le 14, l'empereur arriva dans la capitale; et, se rendant aux plaintes portées contre la composition de son ministère, en créa un nouveau formé de membres tous natifs du Brésil.

Le 25 mars, anniversaire du serment prêté à la constitution, fut célébré par une revue et un *gala*. L'empereur, suivi de sa Cour et de ses gardes d'honneur, entra dans l'église où, sans qu'il en eût été prévenu, un *Te Deum* fut chanté par les mécontents. Dans cette cérémonie, on lui présenta une branche de *Croton variegatum*, L. (C. *panaché*) considérée comme signe de ralliement par les opposants, et qu'il plaça sur son chapeau.

Le 30 mars, une grande foule de peuple vint entourer les casernes de l'artillerie, disant qu'elle venait se mettre sous la protection de ces braves troupes.

---

(1) *Diario Fluminense*, 10 mars 1831.

Le 4 avril, anniversaire de la naissance de la reine de Portugal, il y eut à la Cour baise-main et réjouissance ; mais pendant ce tems, il éclatait des troubles sérieux qu'on prétendait avoir été excités par deux frères, l'un brigadier, l'autre aide-de-camp de l'empereur. Le lendemain, ce prince fut témoin lui-même de tentatives faites par les agitateurs pour séduire un bataillon arrivant de Santa-Catharina ; il se décida à renvoyer ses ministres et à en nommer de nouveaux, dans un sens tout à fait opposé, et sur lesquels il pût mieux compter.

Cette nomination, qui eut lieu le 6 avril, devint le signal du soulèvement. Une vingtaine de députés, coiffés de chapeaux de paille entourés de rubans verts, parurent devant la municipalité pour haranguer la multitude qui s'y trouvait rassemblée et l'encourager à la révolte. En même tems, trois juges de paix se rendirent au palais, et, introduits auprès de l'empereur, ils lui déclarèrent que le peuple réclamait le renvoi des ministres actuels et le rappel des anciens. D. Pédro répondit qu'à l'égard des réclamations qui seraient justes, il verrait à y faire droit ; mais qu'il ne consentirait jamais à subir la loi qu'on voulait lui imposer ; que ce serait renverser l'ordre établi par la constitution ; qu'enfin il voulait « *tout faire pour le peuple, mais rien par le peuple* ». Les trois envoyés retournèrent porter cette réponse au camp de Santa-Anna, où, à neuf heures du soir, se trouvaient déjà réunis quatre bataillons d'infanterie, d'artillerie et de grenadiers. Peu après, ils furent rejoints par le quatrième bataillon de la garde impériale, de service au château de S.-Christovão : l'artillerie à cheval, ayant manifesté le désir de se réunir à ces troupes, fut licenciée par l'empereur en personne. Toute cette force se rangea sous le commandement de Francisco de Lima, dont les frères et les parents commandaient différents corps de l'armée. A l'approche de la nuit, des feux furent allumés ; les insurgés, fort accrus en nombre, enfoncèrent les portes des arsenaux, et s'emparèrent de toutes les armes qui y étaient renfermées. A onze heures du soir, le bataillon de l'empereur, commandé par le jeune Lima, ainsi que le major et plusieurs soldats de la garde d'honneur, partirent pour le camp de Santa-Anna. Les envoyés de France et d'Angleterre se rendirent au château, où Lima vint lui-même engager l'empereur à se rendre au vœu du peuple ; mais celui-ci s'y refusa constamment.

Le 7 avril, à deux heures du matin, le major *Frias*,

frère du général *Paula*, arriva au château, où il ne restait plus que quelques gardes d'honneur. Cet officier était envoyé de nouveau par Lima pour engager l'empereur à rappeler ses ministres ; mais ce prince, malgré les représentations des diplomates étrangers et les instances de quelques serviteurs fidèles, remit à Frias l'acte d'abdication de sa couronne en faveur de son fils, en disant : « Voici la seule réponse que l'honneur me permette de faire. Je pars : puisse le pays être heureux ! (1) »

Le même jour, à sept heures du soir, l'empereur, accompagné de l'impératrice et de la reine dona Maria, s'embarqua sur le bâtiment anglais *le Warspite*. Le ministre de la marine se rendit à bord pour offrir à D. Pédro une escorte que celui-ci refusa.

Avant d'abdiquer, l'empereur rendit le décret suivant, par lequel il nommait un tuteur à ses enfants :

« Après avoir mûrement réfléchi aux circonstances politiques où se trouve cet empire, et reconnu la nécessité de mon abdication, j'ai voulu user d'un droit que m'accorde la constitution, en choisissant pour tuteur de mes enfants chéris et bien-aimés le très-honorable citoyen et patriote José Bonifacio de Andrade e Silva, mon véritable ami.

» A Boa-Vista, 6 avril de l'an 1831, et 10ᵉ de l'indépendance. »

Le 8, l'empereur écrivit, à bord du *Warspite*, une lettre à l'assemblée pour demander la confirmation de ce décret.

Ce même jour, 8 avril, un Conseil de régence provisoire fut installé ; il était composé de trois membres : MM. Caravelhos, Vergueiro et le brigadier Lima. Le lendemain 9, le jeune *D. Pédro II* fut porté en triomphe à l'église et proclamé empereur. A cette occasion, la cérémonie du *baise-main* fut abolie. Le Conseil de régence s'empressa de rendre un décret d'amnistie pour les délits politiques et le crime de désertion.

Dans un manifeste approprié aux circonstances, l'évêque s'adressa au peuple en ces termes : « Un événement extraordinaire a déconcerté tous les calculs de la prudence hu-

---

(1) *Esta é a unica resposta digna de mim : abdiquei a coróa, e saio do imperio : sejam felices na sua patria.* Voy. *Memorias offerecidas á nação brasileira pelo conselheiro Francisco Gomez da Silva*, p. 156.

maine. Une révolution glorieuse s'est opérée par la force et le patriotisme du peuple et des troupes de Rio-Janéiro sans répandre une goutte de sang. Ce succès fait honneur à votre modération, à votre énergie et à votre progrès dans la civilisation. Un principe perfide, nourri par des passions violentes et par des préjugés anti-nationaux, a été vaincu par la force de l'opinion publique, si glorieusement prononcée. L'audace d'un parti qui se soutenait au nom de l'empereur, les outrages que nous avions soufferts d'une faction toujours hostile au Brésil, l'élévation au ministère d'hommes tyranniques et incapables, nous avaient armés de courage. Sous la protection du génie tutélaire du Brésil, la force armée et le peuple nous ont affranchis de nos ennemis. Maintenant, citoyens, nous avons une patrie; nous possédons un monarque, simbole de votre union et de l'intégrité de l'empire, qui, étant élevé parmi nous, sera nourri dès son berceau des principes de la liberté américaine et attaché au pays qui lui a donné naissance. La triste perspective de l'anarchie et de la séparation des provinces a disparu. Un avenir plus agréable se déroule à nos yeux. Notre patriotisme et le courage invincible de l'armée brésilienne ont prouvé la fausseté des rêves insensés de la tyrannie. Qu'une si belle victoire reste sans tache. Citoyens, montrez que vous êtes dignes de cette liberté qui rejette tout ce qui est impur pour embrasser les sentiments les plus nobles et les plus élevés. »

L'évêque finit son discours par ces mots : Vive la nation brésilienne! vive la constitution! vive l'empereur constitutionnel senhor D. Pédro II (1)!

Le 12, l'ex-empereur adressa à ses amis une lettre d'adieu, ainsi conçue :

« Attendu l'impossibilité de voir séparément tous mes amis pour leur faire mes adieux, les remercier de leurs services et les prier de me pardonner les torts involontaires que je puis avoir eus envers eux, j'écris cette lettre qui leur parviendra par la voie de la presse.

» Je me retire en Europe, emportant les souvenirs les plus touchants de mon pays, de mes enfants et de tous mes fidèles amis. Le cœur le plus endurci serait déchiré de la perte d'objets aussi chers; mais je dois cette séparation au sentiment de mon honneur. Aucune gloire ne peut être supérieure à cette considération.

---

(1) *Diario do Brazil*, n° 77, 9 avril 1832.

» Adieu, ma patrie! adieu, mes amis! adieu pour toujours! »

L'empereur et l'impératrice quittèrent ensuite *le Warspite* pour monter sur la corvette anglaise *la Volage*, et la reine de Portugal passa à bord du navire *la Seine*; le lendemain 13, les deux bâtiments firent voile pour la France.

Ainsi se termina la révolution qui priva D. Pédro de l'empire. L'auteur de la lettre inédite sur cette révolution (lettre citée ci-dessus) fait à ce sujet l'observation suivante:

« D. Pédro résolut d'abdiquer, plutôt que d'essayer de rétablir l'ordre par la force. Peut-être même lui eût-il été impossible de prendre ce dernier parti; car il s'était privé de tout moyen de répression par la dissolution de l'armée, le renvoi du bataillon étranger, la réduction de la marine, et surtout en confiant le reste de ses forces militaires à des individus qu'il avait permis qu'on mécontentât, sans leur rendre justice, ou sans les congédier entièrement. »

Aussitôt le départ de l'empereur pour l'Europe, le Conseil de régence publia la proclamation suivante:

13 avril. *Proclamation de la régence provisoire, au nom de l'empereur D. Pédro II.* « Compatriotes, la dernière et dangereuse crise d'une révolution aussi nécessaire que glorieuse vient de s'accomplir. L'ex-empereur a quitté cette capitale pour retourner en Europe. Un vaisseau de guerre national l'accompagnera jusqu'en pleine mer, loin des côtes brésiliennes.

» Quelque faibles et peu nombreux que soient nos ennemis, le gouvernement aura incessamment les yeux sur eux, comme s'ils étaient redoutables. N'ayant rien à craindre de ce côté, ne nous laissons point entraîner par l'enthousiasme patriotique, l'ardeur pour la liberté et l'honneur national, qui nous ont mis les armes à la main. Votre noble conduite et votre modération après la victoire doivent servir de modèle à l'univers. Ne ternissez pas cette belle gloire, et continuez à agir avec sagesse et générosité.

» Le Brésil indépendant et libre sera tout autre qu'il a paru jusqu'à ce jour. Respectons le pouvoir de la loi et les autorités qui l'exercent. Nous sommes libres, soyons justes.

» Vive la nation! vive la constitution! vive l'empereur constitutionnel, D. Pédro II! »

Signé: Marquis de Caravelhos, Nicolao Péreira de Campos Vergueiro, Francisco de Lima e Silva, Visconde de Guianna.

Le 14 avril, les amiraux Baker et Grivel, commandant les stations anglaise et française devant Rio de Janéiro, adressèrent au ministre secrétaire d'État des affaires étrangères la lettre suivante :

« Les commandants des forces navales, soussignés, après avoir accompli le grand acte d'hospitalité auquel les circonstances les appelaient, croient de leur devoir de vous exprimer leur reconnaissance pour les facilités qu'ils ont trouvées auprès du nouveau gouvernement brésilien, et pour la modération pleine de noblesse que ce gouvernement n'a cessé de montrer lors du départ de LL. MM.; ils vous prient, en outre, d'agréer, etc. »

Signé : J. Grivel, W. Baker.

Le 16, le ministre *Francisco Cameiro de Campos* envoya une réponse à cette lettre au nom de la régence; il y rendait hommage à la manière délicate et pleine d'égards avec laquelle les amiraux anglais et français s'étaient conduits dans cette circonstance, et leur offrait les remerciments du gouvernement (1).

12 mai. *Rapport du ministre de la justice (Manoel Jozé de Souza França) sur la nécessité d'établir des sociétés pour l'encouragement de l'agriculture et de l'horticulture.* Ce ministre exprime son regret de ce que le Brésil ne possède point de moyens d'amélioration dans l'économie rurale, dont la prospérité, dit-il, dépend des progrès de la civilisation et de la division des terres parmi les héritiers des familles industrielles. Il regrette aussi la continuation des contrats illégaux concernant le bail des fermes, en opposition aux lois protectrices du 4 juillet 1768 et du 29 août 1828. « Néanmoins, » ajoute-t-il, « aucune branche de l'administration, si l'on en excepte celle de la sûreté publique, ne mérite autant l'attention des législateurs brésiliens. » Le ministre réclame l'établissement d'écoles d'agriculture et de jardins botaniques dans tout le continent, pour la culture du thé, de la cannelle, du girofle et d'autres plantes d'épiceries, dont la consommation est si grande en Europe, et dont l'importation de l'Asie forme la principale source des richesses commerciales de quelques nations maritimes. Le jardin botanique ou pépinière (*viveiro da Lagoa*) de *Rodrigo de Freitas*, situé aux environs de la capitale, renfermait, en 1827, 13,000 plants de thé, d'une bonne végéta-

---

(1) *Diario Fluminense*, n° 87, 21 avril 1832.

tion, et dont la seconde récolte produisit 12 *arrobas* (de 32 livres). Cette plante précieuse peut être élevée avec succès dans la province de S.-Paulo. Par conséquent, on pense que sa culture, ainsi que celle de la cannelle et du girofle, pourront un jour fournir une richesse permanente à notre agriculture, lorsque le prix du sucre et du café sera tellement diminué dans les marchés de l'Europe, par suite de rivalité ou d'autres circonstances, qu'il n'aura plus de rapport avec le prix du travail exigé par ces produits. »

Quant aux ouvrages publics, le ministre recommande l'établissement de grands chemins, afin d'ouvrir une communication avec les villes des provinces maritimes, ainsi qu'avec l'intérieur de l'empire, et particulièrement entre les *Povos de Missoes*, situés à l'ouest de l'Uruguay, dans la province de S.-Pédro de Rio-Grande do Sul et le *povoçao de Torres*, dont la gorge sépare cette province de celle de Santa-Catharina. Depuis la côte de la mer jusque vers les eaux de l'Uruguay, ce chemin traversera une immense plaine de quatre-vingts lieues d'étendue (1).

Le 13 mai, le marquis de Barbacéna, orateur de la députation de la Chambre des sénateurs, prononça un discours en réponse à ce rapport. « Le Sénat, » dit-il, « a entendu, avec un grand plaisir, le discours adressé par la régence provisoire à l'assemblée législative, au nom de l'empereur. » L'orateur félicite la nation sur l'événement du 7 avril, si heureux et si inattendu, et la régence sur son zèle, sa justice et la modération qu'elle a déployée pour calmer les esprits et rétablir l'ordre. Parmi les objets importants dont la Chambre doit s'occuper pendant la session actuelle, se trouvent les différentes branches de l'administration publique, dont il sera fait mention dans les rapports des ministres et des secrétaires d'État.

« Le 7 avril sera à jamais mémorable dans les fastes du Brésil. Il couvre de gloire les fils de la patrie, en démontrant qu'ils étaient dignes de cette indépendance et de cette liberté qu'ils ont su conquérir et défendre. Ce jour mémorable a élevé au trône impérial un véritable Brésilien, D. Pédro II, éloigné les malheurs qui menaçaient le pays, et présenté à la nation la belle perspective d'années heureuses et paisibles (2) ».

---

(1) *Diario do governo*, n° 113, 24 mai 1832.
(2) *Diario do governo*, n° 107, 15 mai 1831.

20 mai. L'orateur de la députation de la Chambre des députés (*Pédro de Arayo Lima*), répondant au même rapport, félicite tous les Brésiliens sur les heureux événements qui ont fait triompher la liberté ; il exprime les plus vifs sentiments de joie en raison de l'élévation au trône impérial de D. Pédro II,« premier monarque brésilien et noble objet des plus chères espérances ». « La Chambre, « dit l'orateur, » est pénétrée de l'importance et de l'étendue de ses devoirs, et elle s'empressera d'encourager l'établissement d'institutions dignes d'une nation libre, de faire observer les lois, et d'asseoir sur une base solide la tranquillité de l'empire (1). »

28 mai. *Proclamation de la Chambre municipale de Rio-Janéiro.* Cette proclamation, adressée aux braves citoyens de la capitale, les félicite des grands événements politiques des 6 et 7 avril, et les exhorte à maintenir la constitution, à obéir aux lois et à respecter les autorités (2).

4 juin. *Projet présenté par le ministre des finances à la Chambre des représentants*, ayant pour objet de réduire la valeur de la monnaie de cuivre (*moeda do cobre*) en circulation dans tout l'empire (3).

18 juin. *Nomination de la régence permanente pendant la minorité de l'empereur D. Pédro II.* Cette régence, élue à la pluralité des voix de l'assemblée générale législative, fut composée de trois membres, savoir : *Francisco de Lima e Silva, José da Costa Carvalho* et *João Muniz* (4).

1831 (31 août). *Amendements à la constitution, présentés à la Chambre des députés par une commission spéciale, nommée pour en faire la révision, conformément à l'art. 174 de cette constitution.*

Pendant la minorité de l'empereur, l'État sera gouverné par un *régent* ou *vice-régent*, élu par les *assemblées provinciales*, et pour un terme qui n'excédera pas quatre années.

Il sera établi dans chaque province un *pouvoir législatif*, lequel, conjointement avec l'assemblée et le président

---

(1) *Diario do governo*, n° 113, 24 mai 1831.
(2) *Diario do governo*, n° 121, 3 juin 1831.
(3) *Diario*, etc., 14 juin 1831.
(4) *Diario do governo*, n° 116, 23 juin 1831.

de la province, aura le droit : 1° de faire les lois particulières à ladite province et de les interpréter, suspendre et révoquer, sans toutefois se mettre en opposition à la constitution et aux actes de la compétence de l'assemblée nationale ; 2° de fixer annuellement les dépenses de la province et d'établir les impôts nécessaires ; 3° de répartir la contribution indirecte décrétée par l'assemblée nationale ; 4° de veiller à l'observation de la constitution ainsi qu'à celle des lois de la province.

Chaque *assemblée provinciale* sera composée de deux Chambres. Celle des *députés provinciaux* (*camara de députados provinciaes*) et celle des *sénateurs provinciaux* (*camara de senadores* ou *senado provincial*). Les attributions de cette assemblée, conjointement avec le pouvoir législatif, sont : 1° de recevoir le serment du président de la province et de constater son élection ; 2° de vérifier les votes des citoyens pendant la régence établie sous la minorité de l'empereur ou en raison de toute autre circonstance qui pourrait troubler son règne ; 3° de proroger la session, d'un consentement commun ; 4° de transférer l'assemblée dans un autre lieu que celui ordinaire, en cas de contagion ou d'invasion de l'ennemi ; 5° de dépouiller les votes pour l'élection du vice-président de la province ; 6° de faire des représentations au pouvoir exécutif et à l'assemblée nationale contre des abus de pouvoir ou prévarications du président de la province ; 7° enfin de recommander à ce même président le châtiment légal à infliger à ceux des agents publics qui se rendraient coupables de malversations.

La Chambre des députés provinciaux comprendra vingt-quatre membres nommés pour deux ans. Les lois concernant l'impôt et les propositions faites par le président de la province devront d'abord être discutées à cette Chambre.

Le sénat provincial se composera d'autant de membres que les députés ci-dessus ; ils seront élus pour six années, et le tiers sera soumis, tous les deux ans, à une nouvelle élection. Leur attribution exclusive sera de connaître des délits qui pourraient être commis par des sénateurs ou des députés dans l'exercice de leurs fonctions.

L'ouverture de la session de chaque assemblée provinciale aura lieu dans la capitale de la province, le 1er décembre de chaque année. La session ordinaire durera deux mois.

La proposition et la discussion, dans cette assemblée, des lois particulières à la province, auront lieu suivant les règlements établis par l'assemblée nationale et seront sanctionnées par le président provincial.

Les élections primaires pour la nomination des sénateurs et députés provinciaux commenceront, dans toutes les provinces, à la même époque que celles des députés nationaux.

Les députés et sénateurs provinciaux seront nommés indirectement par des électeurs choisis parmi la masse des citoyens actifs réunis en assemblées paroissiales. Ces députés et sénateurs devront avoir les mêmes conditions d'éligibilité que celles des députés et sénateurs de l'assemblée nationale. Le mode d'élection sera prescrit par une loi de cette dernière assemblée.

Dans chaque province de l'empire, il y aura une *délégation du pouvoir exécutif* (*delegação do poder executivo*), confiée à un président nommé par l'empereur et révocable à sa volonté.

Ce président sera responsable pour raison d'abus de pouvoir, ou d'acte en opposition à la constitution et aux lois. Ses attributions consistent : 1° à choisir son secrétaire ; 2° à sanctionner et promulguer, en son propre nom, les lois provinciales ; 3° à convoquer extraordinairement l'assemblée de la province, pendant l'intervalle des sessions, lorsqu'il le jugera utile au bien public ; 4° à faire mettre à exécution les lois de la province et celles de l'empire et à pourvoir à la sûreté intérieure de ladite province ; 5° à suspendre les intendants de leurs fonctions, en transmettant à l'autorité compétente les motifs de cette suspension.

Avant d'entrer en fonctions, ce président prêtera le serment suivant, dans les mains du président du sénat provincial : « Je jure de maintenir la religion catholique, apostolique et romaine, d'observer et faire observer la constitution et les lois générales de l'empire et celles particulières de la province ; d'être fidèle à l'empereur et de contribuer de tout mon pouvoir à la prospérité de la province ».

Dans chacune des provinces de l'empire, il y aura deux *vice-présidents* nommés par les électeurs, à la même époque, et de la même manière que les députés et avec les mêmes conditions d'éligibilité que celles des sénateurs.

Les procès-verbaux d'élection seront transmis à chaque assemblée provinciale respective.

Dans toutes les cités et villes de l'empire, actuelles ou qui pourront exister dans la suite, il sera établi des *municipalités* (*municipalidades*), dont les officiers seront nommés, tous les deux ans, par l'élection directe de tous les citoyens actifs de la circonscription de chaque municipalité : ces officiers seront au nombre de 7 pour 2000 feux ; de 9 pour 3000 ; de 11 pour 4000 ; et de 13 pour les villes qui compteront un nombre de feux plus considérable que ce dernier. Le mode d'élection et les fonctions de ces membres seront déterminés par des lois.

Toutes les cités et villes de l'empire auront un intendant et un vice-intendant pour veiller à l'exécution des lois générales et particulières, conformément aux ordres du président. Ces fonctionnaires seront élus tous les deux ans par le vote direct des citoyens actifs de leur municipalité et devront avoir les qualités requises pour être élu député.

Les impôts et les dépenses publiques (*fazenda nacional*) seront régularisés par une loi. Les dépenses nationales seront fixées annuellement par une loi générale ; celles de chaque province, par une loi particulière. Il pourra être accordé un plus long terme pour ce qui est relatif au paiement de la dette publique (1).

14 septembre. *Insurrection militaire à Pernambuco*. Cette révolte dura deux jours et deux nuits, pendant lesquels les soldats exercèrent d'horribles violences sur les habitants. Le commandant militaire, n'ayant pas une force suffisante pour apaiser ces désordres, s'était retiré, au commencement de l'affaire, à Boa-Viagem, à trois lieues de la ville, pour y attendre des renforts. Les révoltés furent vaincus avec perte de 200 des leurs ; celle des citoyens monta à 30 ou 40 (2).

Vers le même tems, il y eut une autre rébellion parmi les troupes stationnées dans la province d'Espirito-Santo (3). D'autres troubles éclatèrent dans quelques autres provinces et ne furent comprimés qu'avec peine.

1er octobre. *Formation d'un corps de garde municipale et volontaire* (*guardas municipaes*) *à Rio-Janéiro*. Ce corps, composé d'infanterie et de cavalerie, sera destiné à

---

(1) *Diario do governo*, n° 45, 24 août 1831 ; n° 46, 25 id. ; n° 47 ; 26 idem ; n° 49, 29 idem.

(2) *Diario do governo*, 10 octobre 1831.

(3) *Idem*, 8 octobre 1831.

veiller à la conservation de la tranquillité publique et à l'exécution de la justice. Le nombre des individus qui le composeront est fixé à 640, et les dépenses annuelles y relatives ne pourront excéder 180 *contos de reis.* Son organisation et ses règlements provisoires seront faits par le gouvernement et présentés ensuite à l'assemblée générale, pour en recevoir l'approbation (1).

1832 (1er octobre). *Décret de l'assemblée générale, relatif aux crimes de rébellion, de sédition et d'insurrection* qui doivent être jugés *ex officio* par ordre de la justice, sans égard au tems ni au nombre des témoins. Le port de pistolets, de couteaux ou d'autres instruments tranchants sera puni par l'emprisonnement et les travaux forcés, d'un à six mois; la punition sera double en cas de récidive. L'article du code concernant les armes prohibées doit être exécuté rigoureusement. Les peines contre les vagabonds, prescrites dans le 295e article, peuvent être augmentées par l'emprisonnement et les travaux forcés, d'un à six mois, et par le double de ce tems, en cas de récidive.

Les juges de paix sont autorisés à punir, d'une manière sommaire, toutes sortes de calomnies écrites ou verbales à l'égard des autorités publiques ou des individus (2).

3 octobre. *Décret de l'assemblée générale de l'empire, relatif à la révision de la constitution.* Par suite des discussions qui s'établirent sur les amendements à la constitution, présentés dans la séance du 31 août précédent, l'assemblée rendit un décret par lequel les électeurs devront conférer aux députés de la prochaine législature, le droit d'altérer et modifier la constitution, en ce qu'elle aurait de contraire aux résolutions suivantes :

1° Le gouvernement du Brésil sera une monarchie fédérative ;

2° La constitution ne reconnaîtra que les trois pouvoirs législatif, exécutif et judiciaire ;

3° Elle définira d'une manière précise les pouvoirs, droits et prérogatives de chaque Chambre en particulier, et des deux Chambres réunies ;

4° Les députés seront élus pour deux ans, tems fixé pour la durée de chaque session législative ;

---

(1) *Diario do governo*, 5 octobre 1831.
(2) *Idem*, n° 80, 5 octobre 1832.

5° Les sénateurs seront nommés pour un tems déterminé; un tiers des membres sera choisi à chaque réélection des députés, suivant le mode fixé par la constitution;

6° Le pouvoir exécutif conserve toutes les attributions appartenant à un *pouvoir modérateur*; toutes les autres sont supprimées;

7° Ce pouvoir a le droit d'opposer un *véto* motivé par écrit; mais si malgré cet acte, la loi est de nouveau consentie par les deux Chambres, elle est reconnue comme valable et doit être promulguée de suite;

8° Le Conseil d'État sera supprimé;

9° Les Conseils généraux seront changés en législatures provinciales, ayant chacune deux Chambres. Les lois rendues par ces corps et qui ne seront pas du ressort de l'assemblée nationale, seront exécutoires dans chaque province, après la sanction de son président;

10° Les revenus publics seront divisés en nationaux et provinciaux; les taxes et droits relatifs au gouvernement général seront fixés par l'assemblée nationale; ceux de chaque province par sa propre législature;

11° Pendant la minorité de l'empereur, le chef du gouvernement sera un régent ou vice-régent, choisi par les assemblées provinciales, dont les votes seront examinés et vérifiés par l'assemblée nationale;

12° Chaque municipalité aura un intendant investi des mêmes pouvoirs que les présidents de provinces (1).

Vaccine. Le nombre des personnes vaccinées dans l'établissement formé pour cet objet (*instituição vaccinio*) à Rio-Janéiro, pendant trois mois (avril, mai et juin), s'éleva à 463, savoir: 410 enfants et 53 adultes (2).

Instruction publique. En 1831, le nombre d'étudiants des deux sexes dans la ville de Rio-Janéiro, était de 3,300, distribués en 58 salles et 20 collèges. Des premières, 49 se trouvaient sous la direction de particuliers, et neuf sous celle du gouvernement. Des collèges, 18 appartenaient à des particuliers et deux étaient publics.

Dans la ville d'Olinda, 77 élèves qui y avaient suivi le

---

(1) Voyez le journal *Aurora Fluminense* du 14 octobre 1831.

(2) *Diario Fluminense*, n° 44, 25 février 1831.

En 1830, le nombre de personnes vaccinées dans le même établissement, avait monté à 7,525, dont 5140 adultes.

cours juridique (*curso juridico*), furent immatriculés. Dans la cité de S.-Paulo, 276 élèves suivirent le même cours (1).

1832. Dans les derniers mois de l'année 1831, des troubles très-sérieux éclatèrent presque simultanément dans plusieurs provinces ; outre l'insurrection militaire de Pernambuco, et celle d'Espirito-Santo, il y eut des révoltes semblables dans le Piauhy, Para, etc. Le mouvement dont les suites furent les plus graves eut lieu dans la province de Maranham, où l'autorité du gouvernement fut, pendant quelque tems, entièrement méconnue.

Lorsque l'ordre fut rétabli dans cette dernière province, le gouverneur *Candido José de Araujo Vianna* adressa aux habitants du Maranham la proclamation suivante, datée du 12 janvier 1832 : « L'empire des lois est rétabli. La constitution grièvement violée, le 13 septembre 1831, est remise dans toute sa première vigueur. Votre président en conseil, muni d'instructions justes et sages de la part du gouvernement central, et se confiant en votre patriotisme, votre courage et la subordination des troupes de terre et de mer, a annulé tous les actes illégaux de ce jour malheureux. Les citoyens qui ont perdu leurs emplois y seront rappelés ; les déportés auront la permission de revenir au sein de leurs familles. L'administration de la justice, paralysée dans cette province, comme dans celles de Para et de Piauhy, par la suppression arbitraire des fonctions des juges, sera renouvelée. Citoyens, votre président, remonté sur le siége de la justice, mérite votre confiance. Il dépend de vous de maintenir l'ordre. Lorsque la société exige le service de ses membres, l'indifférence est un crime qui est toujours suivi de sa propre punition. Citoyens, soyez vigilants. Si quelque mauvais génie menaçait notre constitution et la tranquillité de la province, vous vous réunirez aux autorités, et les lois triompheront comme elles le firent le 20 novembre. Ayez confiance dans le gouvernement provincial, qui n'emploiera jamais la force que pour le bien du peuple dont le bonheur est l'objet de tous ses efforts ». Le gouverneur finit par les acclamations de vive la constitution ! vive le senhor dom Pédro II, empereur constitutionnel ! vive la régence ! vivent les habitants de cette province (2) !

---

(1) *Diario do governo*, n° 112, 21 mai 1832.
(2) *Idem*, n° 85, 13 avril 1832.

1832 (le 26 mars). *Création de la villa de Nossa Senhora da Guia de Mangaratiba* dans la paroisse du même nom avec les limites suivantes : Au nord, la ligne de démarcation commence à la mer, à l'embouchure du Rio de Itingussu, limite de Santa-Cruz, et suit cette rivière jusqu'au sommet de la *serra*; au midi, elle est bornée par le Rio-Jacarehy, autrement nommé Caratucaya, qui se jette dans la mer (1).

Code commercial. La régence nomma une commission composée d'hommes probes et éclairés et dont la réputation littéraire était connue, pour la rédaction de ce code (2).

La révolution qui vient de changer la face du Brésil, est la limite naturelle à laquelle nous nous arrêtons. Depuis cette époque, plusieurs événements importants se sont passés dans ce pays. Mais étrangers à toute influence de parti, nous nous sommes fait une loi de n'écrire l'histoire que sur des pièces et documents officiels ou dont on ne puisse récuser l'authenticité. Nous devons donc nous abstenir de détails plus récents, qui ne seraient point puisés à des sources aussi respectables. C'est le même principe qui nous a engagés à donner le texte de la constitution de 1824, ainsi qu'une analyse assez étendue des traités conclus entre le Brésil et diverses puissances, ces actes devant servir de bases à la législation future du pays ou à ses relations extérieures, quels que soient les événements politiques dont il est appelé à devenir le théâtre.

Nous avons aussi donné quelque extension à la partie géographique de cet ouvrage, par la description succincte de plus de deux cent six villes, avec leur longitude et latitude d'après les observations des meilleurs astronomes ou ingénieurs portugais. L'accroissement que prennent les relations commerciales et scientifiques avec les États du nouveau continent, depuis leur régénération politique, ne peut manquer de donner à ces renseignements un dégré essentiel d'intérêt et d'utilité.

Nous aurions voulu, ainsi qu'il était annoncé au premier volume (p. 90), faire une mention particulière de l'ouvrage de M. le contre-amiral Roussin, de celui de M. le ca-

---

(1) *Diario do governo*, n° 86, 14 avril 1832.
(2) *Diario do governo*, n° 86, 14 avril 1832.

pitaine Freycinet, mais les bornes dans lesquelles nous sommes resserrés ne nous permettent pas d'en donner une analyse proportionnée à leur mérite et à leur importance ; nous renvoyons le lecteur à ces ouvrages eux-mêmes.

Enfin, l'on verra par la liste ci-après des auteurs et des autorités que nous avons consultés, que nous n'avons épargné aucune recherche pour donner à notre travail le caractère de conscience et de vérité indispensable à toute production de cette nature.

Note A. — *Paroisses du territoire de Marianna.* 1° *S.-Sébastião*, située à la distance d'une lieue à l'est de la cité de Marianna, sur le bord septentrional du Ribeirâo do Carmo, sous la latitude de 20° 20', et longitude de 333° 3' est (de l'île de Fer) (1), à 83 lieues de Rio de Janéiro. Elle a une population de plus de 875 individus. Elle possède une chapelle (*capella filial*).

2° *S.-Caetano do Ribeirão*, située à la distance de 3 lieues à l'est de la même cité, et 85 de Rio-Janéiro. Cette paroisse devint perpétuelle en janvier 1752. Elle compte plus de 2,738 individus. Il y a deux chapelles.

3° *Senhor Bom Jésus do Monte de Forquim*, située à la distance de 5 lieues de Marianna, et 87 de Rio de Janéiro, sous la latitude de 20° 20', et longitude de 333° 18'. Elle a une population de plus de 6,370 individus, et possède deux chapelles.

4° *S. Jozé da Barra Longa*, située à la distance de 9 à 10 lieues à l'est de la cité, et 91 de Rio de Janéiro, sur le bord méridional du Ribeirâo do Carmo, ou *Rio-Doce*, sous la latitude de 20° 18', et longitude 333° 18'. Elle a 5 chapelles et une population de 5,240 individus.

5° *N. Sra. do Rosario do Sumidouro*, située à la distance de 2 lieues est-sud-est de la cité, et 84 de Rio de Janéiro, sous la latitude de 20° 24', et longitude de 333° 6'. Le territoire renferme 5 chapelles et une population de plus de 3,475 individus.

6° *N. Sra. da Conceição de Piranga* ou *Guarapiranga*, située à la distance de 8 lieues sud-sud-est de la cité, et 74 de Rio de Janéiro, sur le bord occidental du Rio-Piranga, sous la latitude de 20° 39', et longitude de 333° 18'. Le district paroissial renferme 11 chapelles et une population de plus de 12,095 individus.

7° *S. Manoel dos Indios Coroados do Rio da Pomba e Peixe*, située à la distance de 22 lieues est-sud-est de la cité, et 50 de

---

(1) Ile de Fer-Pointe ouest des Canaries, latitude 27° 45' nord, longitude 20° 30' ouest de Paris. Connaissance des temps pour 1832.

Rio de Janéiro, sous la latitude de 21° et 334° de longitude. Elle renferme 5 chapelles et une population de 12,665 individus.

8° *S.-Joáo-Baptista do Presidio*, séparée de S.-Miguel et créée par un *alvara* du 13 août 1810, est située à la distance de 20 lieues de Marianna et 60 de Rio de Janéiro. On compte dans son territoire 3,685 habitants.

9° *N. Sra. da Conceiçao do Presidio de Cayté* ou *Cuyté*, située à la distance de 48 lieues est-nord-est de la cité, et un peu plus de 120 de Rio de Janéiro, dans le *sertão* général du même nom, sous la latitude de 20° 9'. Elle a une population de 512 individus.

10° *N. Sra. da Conceição de Camargos*, située à la distance de 2 lieues au nord de Marianna et 84 de Rio de Janéiro, sous la latitude de 20° 15', et longitude de 333°. Elle a une chapelle (*capella Curada de S.-Bento*), et compte une population de plus de 1,000 individus.

11° *N. Sra. de Nazareth do Inficionado*, située à la distance de 4 lieues au nord de Marianna, et 86 de Rio de Janéiro, sous la latitude de 20° 11', et longitude de 333° 1'. Elle a deux chapelles et une population de 3,445 individus.

12° *N. Sra. da Conceição de Catas Altas de Mato*, située à la distance de 4 lieues au nord de la cité et 88 de Rio de Janéiro, sous la latitude de 20° 7', et longitude de 333° 7'. Sa population s'élève à plus de 2,890.

13° *N. Sra. da Conceição de Antonio Pereira*, située à la distance de 2 lieues nord-est de la cité et 83 de Rio de Janéiro, sous la latitude de 20° 18', et longitude de 332° 49' (1).

Note B. — Paroisses de Sabará. 1° *N. Sra. da Conceição de Rapozos*, située à la distance de 2 à 3 lieues au sud de la ville de Sabará, de 14 de Marianna et 93 de Rio de Janéiro, sous la latitude de 19° 54', et longitude de 332° 30'. Elle possède une chapelle et compte 1,424 habitants.

2° *Santa-Luzia*, située à la distance d'une demi-lieue au nord de la villa de Sabará, de 19 de Marianna et 98 de Rio de Janéiro, sous la latitude de 19° 54', et 332° 25' de longitude. Son territoire renferme 11 chapelles et une population de 14 à 15,000 individus.

3° *N. Sra. dos Martirios*, qui fut séparée de celle de Santa-Luzia par une décision royale du 17 décembre 1821, possède plusieurs chapelles et renferme une population de 6 à 7,000 individus.

4° *N. Sra. do Pilar de Congonhas de Sabará*, située à la distance de 2 lieues sud-ouest de la villa de Sabará, 14 de Marianna

---

(1) *Memorias historicas*, tom. VIII, part. II, pag. 82-85.

et 96 de Rio de Janeiro, sous la latitude de 19° 20', et longitude 332° 26'. Elle a une chapelle et compte 1,390 habitants.

5° *Santo-Antonio do Rio das Velhas*, ou de Ribeirâo de Santa-Barbara, située à la distance de 5 lieues au sud de la capitale de la *comarca*, 11 de Marianna et 90 de Rio de Janeiro, sous la latitude de 19° 59'. Elle renferme deux chapelles et plus de 1,200 habitants.

6° *N. Sra. da Conceição do Rio das Pedras*, située à la distance de 8 lieues au sud de la ville de Sabará, 8 de Marianna et 86 de Rio de Janeiro, sous la latitude de 20° 13', et longitude de 333° 24'. Elle a une population de plus de 1,200 individus (1).

Note C. — Paroisses de Villa-Rica. 1° *S.-Bartholomeu*, située à la distance de 3 à 4 lieues au nord de la villa, 4 de Marianna et 82 de Rio de Janeiro, sous la latitude de 20° 21', et longitude de 332° 39'. Elle possède une chapelle et une population de 1,736 individus.

2° *Santo-Antonio de Itatiáya*, située à la distance de 3 lieues au sud de Villa-Rica, 5 de Marianna et 75 de Rio de Janeiro, sous la latitude de 20° 52', et longitude 332° 44'. Elle renferme plus de 1,160 habitants.

3° *N. Sra. de Nazareth da Cochoeira do Campo*, située à la distance de 3 lieues au nord-ouest de la Villa-Rica, 5 de Marianna et 82 de Rio de Janeiro, sous la latitude de 20° 22', et 332° 26' de longitude. Elle possède 3 chapelles et renferme une population de plus de 2,180 individus.

4° *Santo-Antonio da Casa-Branca*, située à la distance de 4 lieues au nord de la Villa-Rica, 6 de Marianna et 84 de Rio de Janeiro, sous la latitude de 20° 20', et longitude de 332° 36'. Le territoire renferme une population de 1,200 individus.

5° *Santo-Antonio de Ouro-Branco*, située à la distance de 6 lieues est-sud-est de la Villa-Rica, 8 de Marianna et 73 de Rio de Janeiro, sous la latitude de 20° 31', et longitude de 332° 42'. Elle a une chapelle et une population de 1,600 individus.

6° *N. Sra. da Boaviagem de Itábira*, située à la distance de 7 lieues nord-ouest de Villa-Rica, 9 de Marianna et 78 de Rio de Janeiro, sous la latitude de 20° 18', et longitude de 332° 28'. Elle renferme 3 chapelles et une population de 3,332 individus. Ce district est riche en or d'une bonne qualité.

7° *N. Sra. da Conceição de Congonhas do Campo*, érigée en paroisse perpétuelle le 6 novembre 1746, est située à la distance de 8 lieues est-sud-est de la Villa-Rica, 9 de Marianna et 74 de Rio de Janeiro, sous la latitude de 21° 30', et longitude de 332°

---

(1) *Memorias historicas*, tom. VIII, part. II, pag. 104-7.

27'. Elle possède une chapelle et renferme une population de 2,640 individus (1).

Note D. — Paroisse de Villa-Nova da Rainha. 1° *S.-João-Baptista do Presidio do Morro-Grande*, située à la distance de 5 lieues sud-ouest de la villa de Reinha, 10 de Marianna et 90 de Rio de Janéiro, sous la latitude de 19° 57', et longitude de 332° 54'. Sa population s'élève à 5,420 individus.

2° *Santo-Antonio do Ribeirão de Santa-Barbara*, située à la distance de 8 lieues au sud-ouest de la villa de Reinha, 9 sud-est de Marianna et 89 de Rio de Janéiro, sous la latitude de 20°, et longitude de 333° 59'. Son district renferme 6 chapelles et 12,890 habitants.

3° *S.-Miguel de Pirassicába*, située à la distance de 12 lieues au sud-ouest de la villa de Reinha, 12 de Marianna et 92 de Rio de Janéiro, sous la latitude de 20°, et longitude de 333° 12'. Ce district possède plusieurs chapelles et une population de 11,020 individus.

4° *N. Sra. da Boaviagem do Curral de El Rei*, située à la distance de 3 lieues à l'ouest de la Reinha, 23 de Marianna, 99 de Rio de Janéiro, sous la latitude de 19° 51', et longitude de 332° 22'. Elle possède 7 chapelles et sa population monte à plus de 9,864 individus (2).

Note E. — Lord Beresford, grand-maréchal de l'armée portugaise, s'embarqua pour le Brésil, au mois d'août 1820, dans la vue de se concerter avec la Cour de Rio de Janéiro, sur les mesures à prendre en considération de l'état des affaires en Portugal. Le 23 du même mois, une révolution éclata à Oporto. La garnison et le peuple de Lisbonne se déclarèrent pour la constitution des Cortès d'Espagne. Au mois de novembre, le gouvernement du Brésil fit publier la nouvelle que les Cortès de Lisbonne avaient juré, le 21 août précédent, d'adopter en partie la constitution des Cortès espagnoles. Cet événement excita beaucoup de sensation dans les provinces, particulièrement dans celle de Pernambuco. Un nombre considérable de ses habitants s'assemblèrent dans un endroit situé à trente-six lieues d'Olinda, déclarèrent qu'ils ne pouvaient plus tolérer les abus, et qu'une réforme radicale dans le gouvernement pourrait seule réconcilier avec celui de Rio. Le gouverneur, D. Luiz o Régo, marcha contre eux à la tête de quelques troupes royales qui les dispersèrent à Benito, après une action de six heures, mais avec perte de 6 officiers, de 19 soldats tués et de 134 de blessés. Celle des insurgés fut plus grande, et ensuite beaucoup périrent par des jugements militaires.

---

(1) *Memorias historicas*, tom. VIII, part. II, pag. 94-96.
(2) *Idem*, pag. 110-114.

Bientôt le désir de réformer les abus et d'adopter la constitution des Cortès devint général, même parmi les soldats. La plupart des membres de la junte, ou commission chargée d'examiner quelles parties de cette constitution étaient applicables à l'état actuel du pays, étaient des Brésiliens qui désiraient ardemment empêcher le départ du roi. Déjà, le 10 février, les habitants et les troupes de Bahia s'étaient assemblés dans cette ville et avaient demandé aux magistrats de former un gouvernement provisoire, d'adhérer à la constitution et de lever des troupes pour la maintenir, si la Cour de Rio refusait de l'adopter. Pour cet objet, on avait formé un corps d'artillerie composé des étudiants des différents colléges de la ville.

Le 21, le roi publia un manifeste pour exprimer son affection pour ses sujets brésiliens, sa confiance en eux et son intention d'envoyer le prince dom Pédro à Lisbonne, avec pleins pouvoirs de traiter avec les Cortès, et de les consulter concernant la constitution dont il promettait d'adopter les parties qui pourraient être applicables à l'état du Brésil.

Cette déclaration produisit un effet bien différent de celui auquel le roi s'attendait. Dans la matinée du 26, des troupes remplirent les places et les rues de la ville dont les principales étaient menacées par six pièces d'artillerie. Le roi se trouvait à sa maison de campagne de S.-Christovão. Le prince dom Pédro et l'infant dom Miguel informés de cette nouvelle se rendirent à Rio. Ils furent accueillis aux cris répétés, *le roi, la constitution*. La *camara* ou conseil municipal s'était assemblé dans la grande salle du théâtre. Après quelques momens de conférence avec ce corps, le prince se présenta au balcon de cette salle, où il lut à l'assemblée du peuple et des troupes une proclamation (antidatée du 24), qui leur garantissait la constitution des Cortès de Lisbonne. L'assemblée répondit par de hauts cris de vive le roi! vive la religion! vive la constitution! Retournant dans la salle, le prince invita le secrétaire du Conseil à rédiger la formule du serment à la constitution et à préparer la liste des membres du nouveau ministère, afin de la présenter au peuple pour avoir son approbation.

Le roi rentra en triomphe, et sa voiture fut traînée par des noirs. Se présentant à la fenêtre, au centre de son palais, il confirma tout ce que le prince avait promis en son nom. Il changea son ministère, supprima la censure et ordonna l'élection des députés aux Cortès. Les troupes se dispersèrent et la joie se manifesta partout dans la ville. Cette révolution s'opéra sans effusion de sang. La junte commença ses travaux en publiant un édit pour garantir le liberté de la presse.

Le 7 mars, le roi proclama son intention de retourner à Lisbonne, accompagné de tous les députés des Cortès qui seraient élus à l'époque de son départ.

« La providence, » dit sa majesté, « ayant accordé à toutes les nations européennes les bienfaits si long-tems désirés d'une paix générale, après une guerre ruineuse, et ayant permis l'établissement d'une base pour le bonheur de la monarchie portugaise, par le moyen d'un congrès général, maintenant assemblé dans ma noble et loyale cité de Lisbonne, afin de donner aux royaumes unis du Portugal, du Brésil et des Algarves, une constitution politique conforme aux principes libéraux du siècle actuellement proclamés par toutes les nations; ayant reconnu que mes vassaux fidèles, et principalement ceux du royaume de Portugal désiraient ardemment avoir mon entière approbation à la nouvelle constitution, j'ai fait cette déclaration par mon décret du 24 février dernier, et m'engageai à prêter (conjointement avec la famille royale, le peuple et les troupes de la capitale) le serment d'observer et de maintenir ladite constitution telle qu'elle sera adoptée par les Cortès générales. D'après une condition essentielle de ce contrat, le souverain doit faire sa résidence dans la cité où les Cortès s'assemblent, afin que les lois puissent, sans délai, recevoir sa sanction. Par conséquent, j'ai résolu de transférer encore ma Cour à la ville de Lisbonne, l'ancien siège et berceau de la monarchie, laissant dans cette résidence mon fils aîné, le prince royal du royaume uni, chargé du gouvernement provisionnel du Brésil, jusqu'à l'établissement de la constitution générale de la nation. »

« Par un autre décret de la même date, j'ai donné des instructions pour l'élection d'un nombre proportionnel de députés représentant toutes les provinces du Brésil, suivant les formes adoptées en Portugal pour cet objet. »

Le 21 avril, le roi fit assembler les électeurs pour leur soumettre le plan du gouvernement qu'il avait préparé pour le Brésil, afin d'avoir leur approbation. Les électeurs tinrent leur séance dans le nouveau bâtiment de la Bourse où assistaient un grand nombre de personnes qui se croyaient autorisées à exprimer leur opinion sur un sujet si important. On envoya une députation au roi, pour l'engager à adopter la constitution espagnole en entier. Il y consentit. Le lendemain, l'assemblée se décida à empêcher son départ, et en conséquence il révoqua son consentement à l'acte du 21. Pour les intimider, il envoya un détachement de soldats qui firent une décharge contre les électeurs, dont trente furent tués et plusieurs blessés. Cet événement hâta le départ du roi. Le soir même, il confia le gouvernement du pays au prince, aidé par son conseil, composé du condé dos Arcos, premier ministre, du condé de Zousa, ministre de l'intérieur, et du brigadier Canler, ministre de la guerre. En cas de mort du prince, il nomma la princesse Maria-Léopoldina régente. Le lendemain, le roi fit une adresse aux soldats, auxquels il recommanda la fidélité à la couronne et à la constitution et obéissance au prince régent, et pour les gagner, il leur promit une grande augmentation de paie, s'engageant envers les officiers à les mettre sur le même pied que ceux de l'armée portugaise.

Rio de Janéiro, le 22 avril 1821. *Décret du roi de Portugal et du Brésil, concernant les pouvoirs du prince royal dom* Pédro *de Alcantara*, en sa qualité de régent et de lieutenant du gouvernement provisoire du Brésil, avec les instructions suivantes pour lui servir de guide : 1º Le gouvernement doit être composé des personnages suivants, le *condé dos Arcos*, ministre et secrétaire d'État pour l'intérieur du royaume de Brésil et des affaires étrangères; le condé *da Louza*, dom *Diégo de Ménézès*, ministre et secrétaire d'État pour les finances, le secrétaire d'État *ad interim*, maréchal-de-camp, *Carlos Frédérica da Caula*, pour le département de la guerre, et le major-général de la flotte, *Manoel Antonio Farinha*, pour le département de la marine ; 2º le prince royal prendra ses décisions dans le Conseil composé de deux ministres d'État, deux secrétaires d'État, ou deux secrétaires d'État *ad interim*, et les décisions seront enregistrées par le ministre ou secrétaire d'État du département auquel appartient la responsabilité; 3º le prince royal aura plein pouvoir pour l'administration de la justice, des finances, et du gouvernement intérieur, pour le pardon des criminels condamnés par sentence des tribunaux, pour la commutation des peines, et il décidera sur toutes les questions concernant l'administration publique ; 4º il aura le droit de nommer à toutes les places vacantes, au barreau, dans la Cour de justice, le département des finances et dans l'administration civile et militaire ; 5º de nommer à tous les bénéfices et dignités ecclésiastiques, à l'exception des évêchés; 6º de déclarer la guerre offensive et défensive contre tout ennemi qui attaquerait le royaume du Brésil, et si les circonstances l'exigent, sans attendre les ordres royaux ; 7º d'accorder la décoration des ordres militaires du Christ, S.-Bento de Aviz et S.-Iago da Espada, à ceux qu'il jugera dignes de cette distinction; 8º en cas de mort du prince royal du Brésil, la régence du royaume passera directement à la princesse royale, qui gouvernera le royaume, aidée par un Conseil de régence composé des ministres d'État, du président du Conseil d'État, du premier juge, des secrétaires d'État *ad interim*, pour les départements de la guerre et de la marine. Le ministre d'État le plus âgé sera président du Conseil. La régence jouira des mêmes priviléges et autorité que ceux du prince royal.

Note F. — En prenant les rênes du gouvernement, le prince régent adressa aux Brésiliens la proclamation suivante : « L'attention qu'exigent les intérêts généraux de la nation oblige mon auguste père de vous quitter et de me confier le soin du bonheur public du Brésil, jusqu'à l'adoption d'une constitution par le Portugal. Dans les circonstances actuelles, je dois faire connaître les objets d'administration publique que j'ai principalement en vue, savoir : un respect sévère pour les lois, une vigilance constante pour leur exécution, et une opposition ferme contre les attaques qui affaiblissent leur autorité. Il me sera agréable de vous procurer d'avance les bienfaits de la constitution qui seront compatibles avec l'obéissance aux lois. L'éducation publique demande l'attention spéciale du gouvernement, et je ferai tout ce qui sera en mon pouvoir pour son avancement, ainsi que pour la prospérité du commerce et de l'agriculture. Je donnerai une égale attention aux réformes sans lesquelles il serait impossible d'employer des moyens efficaces pour le bien public. Habitants du Brésil ! toutes ces intentions seraient inutiles, si des personnes malintentionnées pouvaient exécuter leurs projets, en vous persuadant d'adopter des principes anti-sociaux, destructifs de l'ordre et diamétralement opposés au sistème libéral que je dois suivre ».

Cependant on discuta publiquement la question de l'indépendance du Brésil, et le peuple, jaloux des ministres, accusa le condé dos Arcos de trahison, à cause de son désir de le réduire à l'état où il se trouvait avant 1808. On demanda la démission de ce ministre, qui fut renvoyé le 5 juin. On insista aussi sur l'établissement d'une junte provisoire, pour délibérer sur les meilleurs moyens de gouverner jusqu'à l'adoption de la constitution des Cortès. Cette junte fut installée; et le 16 juin, elle publia une adresse à tous les Brésiliens, pour les inviter à présenter des plans et des projets d'amélioration, des notices statistiques sur le pays; et, en même tems, elle les pria d'attendre tranquillement le résultat des délibérations des Cortès. Dans la nuit de ce jour, les troupes brésilennes et portugaises qui se trouvaient sous les armes dans la capitale, étaient excitées par les jalousies qui existaient entr'elles. Le prince parvint à rétablir l'ordre, et le 17, il fit assembler les officiers des deux nations; il leur enjoignit comme soldats, et leur conseilla comme citoyens de conserver la subordination militaire et l'union parmi les troupes, leur rappelant leur serment à la constitution dont ils devaient attendre la réforme des abus.

Au commencement de cette année (1821), la ville de Para avait adopté la nouvelle constitution de Portugal, et institué un gouvernement provincial qui devait subsister jusqu'à ce que cette constitution fût rédigée et promulguée. Lorsque l'indépendance du Brésil fut proclamée, un brick de guerre fut envoyé à Para, afin d'y faire reconnaître dom Pédro comme empereur. Les autorités y consentirent et furent confirmées dans leurs fonctions. Mais les soldats, aidés de quelques particuliers, proclamèrent qu'en récompense de leurs services, ils avaient le droit, en obéissant à l'empereur, de changer et de choisir leurs officiers; ce qu'ils se mirent en devoir d'exécuter. Le capitaine du bâtiment ayant fait alors descendre son équipage et débarquer de l'artillerie, se rendit maître du soulèvement. Plusieurs d'entre les mutins furent fusillés, et un grand nombre d'autres entassés dans la cale d'un navire qui était dans la rade. Le lendemain, deux cent cinquante de ces malheureux furent trouvés asphixiés.

Quelque tems après, plusieurs habitants de Camuta, décidés à voler et massacrer les principaux personnages, les déclarèrent ennemis de l'empereur, au nom duquel ils en égorgèrent plus de quarante, dont les cadavres furent jetés dans le fleuve et les biens livrés au pillage.

A la nouvelle de ces excès, les négociants étrangers établis à Para, la plupart Anglais, s'organisèrent en troupe de cavalerie pour leur propre défense, mais ce fait ayant été regardé comme attentatoire aux droits des nations, un bâtiment de guerre anglais leur apporta l'ordre de se dissoudre ; ce qui eut lieu (1).

Les provinces éloignées avaient reconnu l'autorité des Cortès et avaient juré de maintenir la constitution. Maranham ne voulut reconnaître que le gouvernement de Lisbonne. A Santa-Catalina, les habitants refusèrent de recevoir le nouveau gouverneur. A Villa-Rica, on proclama la constitution, mais le peuple refusa de reconnaître le prince, à cause du non-paiement de la solde que le roi leur avait promise. A S.-Paulo, le régiment des *caçadores*, par la même raison, prit les armes, le 3 juin, et menaça les autorités municipales de cette ville; mais il rentra dans l'ordre par l'influence du capitaine *José Joaquim dos Santos*. Une junte provisoire fut nommée (le 23 juin) pour gouverner la paroisse, et tous déclarèrent leur attachement au prince et à la constitution.

Les premiers jours de juin, une scène sanglante eut lieu au port de Santos. Les soldats du premier bataillon de *caçadores* s'assemblèrent devant la maison du gouverneur qu'ils arrêtèrent avec les membres du Conseil et les mirent en prison pour les forcer de payer la solde qui leur était due. Un détachement de miliciens arriva de S.-Paulo. Dans la lutte qui s'engagea avec les insurgés, cinquante de ces derniers furent tués et deux cent quarante faits prisonniers.

1821. Le 29 août, un corps de 600 miliciens prit possession de la villa de Goyana, où ils déclarèrent que le gouvernement de Luiz do Rego n'existait plus, et ils établirent un *gouvernement provisoire pour la Goyana*, jusqu'à la création d'une junte constitutionnelle par la capitale de la province. Renforcés par plusieurs compagnies de *caçadores*, déserteurs du service du gouverneur, ils marchèrent vers Pernambuco, et ayant rencontré les troupes royales commandées par do Rego, 14 furent tués et 35 faits prisonniers. Les royalistes perdirent seulement deux hommes tués et sept blessés. Un renfort de 350 hommes arriva de Bahia.

Les Cortès de Lisbonne, après avoir rappelé Luiz do Rego avec toutes les troupes d'Europe, contre-manda cet ordre et envoya des renforts à Pernambuco; mais avant leur arrivée, le capitaine-

---

(1) Mawe, *Journal of a passage*, etc., p. 441-2.

général s'était embarqué pour l'Europe, et la junte les envoya à Bahia.

24 décembre. *Adresse des Paulistes au prince royal.* « Nos cœurs ont été saisis d'une noble indignation à la lecture du premier décret des Cortès, concernant l'organisation des provinces brésiliennes, et ce sentiment a été porté à son comble, par l'ordre donné à V. A. R. de retourner en Portugal, en voyageant *incognito* par l'Espagne, la France et l'Angleterre.

» Lorsque, par l'art. 21 des bases de la constitution, signée à Lisbonne, les députés du Portugal ont reconnu, suivant tous les droits publics et naturels, que cette constitution n'était obligatoire que pour les citoyens résidant dans le royaume, et qu'elle ne serait loi dans les possessions des trois autres parties du monde que lorsque leurs représentants légitimes l'auraient reconnue, comment ces mêmes députés, sans le concours de ceux du Brésil, règlent-ils les intérêts les plus chers de chaque province et du royaume entier? De quel droit enlèvent-ils à V. A. R. la lieutenance que le roi votre auguste père vous a accordée, et privent-ils le Brésil de son Conseil privé, de ses Cours de judicature, de sa Chambre de commerce et de beaucoup d'autres établissements récents qui présentent tant d'avantages?..... Nous offrirons à V. A. R. l'exemple de l'Irlande, qui, séparée seulement de l'Angleterre par un petit détroit qu'on traverse en quelques heures, a cependant un gouverneur ou vice-roi qui représente l'autorité du souverain du royaume-uni de la Grande-Bretagne. A plus forte raison, un empire aussi vaste que celui du Brésil peut-il rester sans un point central et sans pouvoir représentatif et exécutif.

» .. Jamais les bons habitants du Brésil et les Paulistes, en particulier, ne consentiront à un tel degré d'avilissement. V. A. R. ne peut obéir au décret absurde et insolent du 29 septembre, qui la rappelle en Europe, sans manquer à sa dignité d'homme et de prince, et sans répondre devant Dieu des flots de sang que votre absence ferait couler...... Confiez-vous avec sécurité dans l'amour des fidèles Brésiliens et surtout des Paulistes, qui sont prêts à sacrifier leur fortune et leur vie pour conserver un prince adoré et sur lequel reposent l'espoir du pays et les destinées nationales...... »

Fait au palais du gouvernement, à S.-Paulo, le 24 décembre 1821.

Signé : *Juan Carlos Auguste de Oeyenhausen*, président, et douze autres des principaux habitants.

Afin de maintenir et considérer l'union entre les deux royaumes, les rédacteurs de l'adresse proposaient que le roi résidât alternativement à Rio-Janéiro et à Lisbonne, ou à son défaut que l'héritier présomptif demeurât constamment dans la première de ces deux villes; qu'elle fût le centre du gouvernement exécutif, et que le

Brésil eût le droit d'envoyer aux Cortès un nombre de députés égal à celui des députés de la métropole (1).

16 mars 1820. *Règlement de l'empereur du Brésil sur la formation des colonies étrangères.* « Sa majesté, prenant en considération la tendance à émigrer qui se manifeste chez les différents peuples d'Allemagne et d'autres États, à cause de l'excès de la population de ces pays, et jugeant convenable d'appeler au Brésil des colonies étrangères qui seraient réciproquement avantageuses à ce royaume, ainsi qu'aux familles et personnes qui les formeront, a bien voulu faire connaître les conditions auxquelles seront admis et les privilèges dont jouiront les colons qui viendront s'y établir.

» En conséquence, sa majesté accorde aux colonies étrangères qui passeront au Brésil dans le but de s'y fixer, des portions de terre où elles puissent former leur établissement. Ces portions seront d'une lieue carrée, plus ou moins, selon le nombre des familles ou personnes qui formeront la colonie. Si la colonie se compose de différentes familles qui s'accordent entre elles pour se réunir et former l'établissement, le terrain qu'on leur destinera sera partagé en lots d'un huitième de lieue à peu près, pour chacune des familles, lesquelles tireront au sort les lots qui doivent leur appartenir. On désignera, en même tems, un terrain suffisant pour l'établissement de villes, de places, de communes, dès qu'il pourra s'en former, etc.

» Mais si la colonie se compose de familles d'artisans ou de personnes qu'un entrepreneur rassemble pour les mener à ses frais, le terrain qu'on lui destinera sera partagé en deux parties, dont l'une pour l'entrepreneur et l'autre pour être divisée entre les familles composant la colonie. Le gouvernement se charge de reconnaître valides et de faire exécuter les contrats ou les capitulations faits entre les familles ou les personnes que l'entrepreneur aura amenées.

» Les colonies établies de l'une ou l'autre de ces deux manières, jouiront, pendant dix ans, de l'exemption de dîmes et de tout autre impôt quelconque sur les terres accordées pour leur établissement. Cependant les colons seront tenus de payer les mêmes taxes ou impôts que les nationaux, dans les terres défrichées qu'ils pourront acheter, ainsi que le droit du cinquième dans le cas où ils exploiteront des mines d'or, et les droits de douane et de péage sur les denrées qu'ils livreront au commerce.

» Les familles ou les colons qui voudront retourner en Europe avant le terme de dix ans, auront la permission de le faire ; mais

---

(1) L'adresse de la province de S.-Paulo fut publiée, le 8 janvier 1822, dans le journal de la Cour, et cet exemple fut suivi par les autres provinces.

ils ne pourront ni vendre les terres qui leur auront été accordées ni en disposer, de quelque manière que ce soit; celles-ci, en ce cas, seront réversibles à la couronne, pour être distribuées à d'autres familles, ou comme il plaira à S. M. d'en ordonner; mais si les colons désirent, après dix ans, retourner en Europe, ils pourront le faire librement et il leur sera permis alors de disposer des terres à leur gré.

» Les colons qui s'établiront au Brésil dans les terres accordées gratuitement, seront dès lors considérés comme sujets de sa majesté. Ils seront soumis aux lois et aux usages du pays, et ils jouiront de tous les avantages et privilèges accordés aux sujets portugais.

» Chaque peuplade de colons sera provisoirement administrée par un directeur nommé par sa majesté jusqu'à ce que la population soit assez nombreuse pour qu'on puisse ériger une ville et y constituer des autorités locales administratives et judiciaires, suivant les lois portugaises.

» Tous les colons, pour être admis comme tels, doivent être de la religion catholique romaine, connus par leurs principes et bonnes mœurs; ce qui sera constaté par un certificat vérifié par les ministres ou autres employés au service de sa majesté à l'étranger. »

On annonça ensuite dans la Gazette officielle de Lisbonne que nulle défense n'était faite aux individus d'une communion autre que la catholique romaine, de se fixer au Brésil et d'acquérir des terres, quoiqu'ils ne pussent réclamer les faveurs accordées par le règlement : on ajouta que tous les émigrans seraient tenus de pourvoir aux frais et aux besoins de leur transport (1).

L'assemblée générale rendit (le 18 mai 1831) un décret d'après lequel vingt-trois allemands qui étaient débarqués au port de Santos, dans l'île de Santa-Catharina, devaient être envoyés à la colonie de S.-Leopoldo, dans la province de S.-Pédro, afin de s'y établir sous la direction du vice-président (2).

1820 (le 23 novembre). *Création de la villa de N. Sra. da Conceição de Alto Paraguay Diamantino*, dans la province de Mato-Grosso, à l'angle du confluent de la rivière du même nom et de celle de l'*Ouro* ou Or, à trois lieues au-dessus de son union avec le Paraguay et à trente lieues nord-ouest de Cuiaba (3).

---

(1) Voyez l'État des colonies et du commerce des Européens dans les deux Indes, depuis 1783 jusqu'en 1821, art. colonies portugaises.

(2) *Diario do governo*, n° 111, 20 mai 1831.

(3) La population de la villa, en 1811, s'élevait à 1314 individus; en 1822, elle était de 4,400 à 4,500.

La découverte des fameuses mines du Paraguay fut faite en 1728, par la *Bandeira* du capitaine *mor*, Gabriel Antunes Maciel. La plus

Note G. — *État de Montévidéo.* Le Brésil est borné, au sud, par la Banda-Orientale, aujourd'hui *État de Montévidéo*. La province brésilienne, limitrophe de celle-ci, est celle de Rio-Grande. La ligne de division, qui sépare ces deux provinces, a varié plusieurs fois, et a toujours été un sujet de contestations entre l'Espagne et le Portugal. Mais les Portugais ont constamment eu l'avantage dans les traités successifs qui ont été formés, et ils ont continuellement reculé leur frontière du nord au sud.

Limites de 1777. La ligne partait des côtes de l'Océan, au point où se décharge un ruisseau nommé Arroyo-Chay; elle passait par l'extrémité sud et suivait le bord occidental de la Laguna-Mini, jusqu'à l'embouchure du Rio-Yaguaron, dont elle remontait le cours jusqu'à sa naissance. Des sources du Yaguaron, elle passait par celles des affluents orientaux du Rio-Ybicuy-Guazu, savoir: du sud au nord, ruisseau de Santa-Anna, Rio-Tacuarembo, Rio-Yaguary, Rio-Caciquey, et suivait ensuite la rive sud du Rio-Ybicuy-Miri, jusqu'à sa source. La ligne se prolongeait ensuite par les sources des affluents orientaux de l'Uruguay, savoir: du sud au nord, Rio-Camacuá, Rio-Piratini, Rio-Yguy, Rio-Mbutuy, Rio-Pinday, puis elle suivait le cours de l'Uruguay-Puita, jusqu'à son confluent avec l'Uruguay, traversait celui-ci, suivait le cours du Pepiri-Miri, affluent septentrional de l'Uruguay, et ensuite celui de l'Arroyo de S.-Antonio, affluent méridional du Rio-Yguazu, autrement dit de Curitiva. Là elle s'infléchissait à l'ouest pour suivre le cours de cette dernière rivière jusqu'à son embouchure dans le Parana, qui servait ensuite de limites aux possessions des deux couronnes.

Limites de 1804. Des sources du Yaguaron, la ligne s'avançait sur le territoire espagnol jusqu'aux rives de l'Ybicuy-Guazu, qu'elle suivait dans toute l'étendue de son cours jusqu'à son confluent avec l'Uruguay. Elle remontait ensuite ce fleuve, dont le cours divisait les deux États, et laissait ainsi au pouvoir des Portugais toutes les missions des jésuites, fondées sur la rive gauche de l'Uruguay.

Limites actuelles. D'après les derniers arrangements entre le Brésil et l'État de Montévidéo, la ligne de frontière s'est encore avancée du nord au sud jusqu'au Rio-Cuarey, qui sert de limite dans toute l'étendue de son cours. Elle passe ensuite par les sources de l'Ituzaingo, de l'Ybicuy-Guazu, et à partir de là elle suit l'ancienne démarcation jusqu'à la mer.

---

remarquable fut celle qui était située à trente lieues de Cuiaba, dans un *morro* près le *Rio* nommé *do Ouro* ou rivière d'Or, affluent du Paraguay. Par une provision du 26 mars 1742, ces mines furent réparties parmi ceux qui les avaient trouvées. La découverte des diamants fit donner le nom de *Rio-Diamantino* à un affluent du Paraguay, et celui de *Arraial Diamantino du Paraguay* au district situé sous la latitude australe de 23° 23' 8", et longitude de 331° 2' est de l'île de Fer.

Mem. hist., tome IV, 22.

Les empiétements (1) successifs des Portugais ont reculé leurs frontières du nord au sud de plus de quatre dégrés de latitude, du vingt-sixième au trentième environ.

La surface de l'État de Montévidéo renferme approximativement 5,700 lieues carrées de vingt au dégré (2).

Projet de constitution pour l'État de Montévidéo, présenté à l'assemblée constituante et législative, par une commission (3) *nommée dans la séance du 9 mars.*

Cette constitution, comprenant douze titres et 177 articles, est tout à fait républicaine et reconnaît les trois pouvoirs législatif, exécutif et judiciaire. La souveraineté existe radicalement dans la nation, qui a le droit exclusif d'établir les lois. La religion de l'État est la religion pure et sainte de Jésus-Christ.

Les citoyens ont un caractère naturel ou légal. Le caractère naturel appartient à tous les individus libres nés dans le territoire de l'État. Le caractère légal est conféré : 1° aux étrangers, pères de citoyens naturels qui ont fixé leur résidence dans le pays, avant l'établissement de la présente constitution ; 2° aux étrangers qui ont combattu ou combattront en qualité d'officiers, dans les armées nationales de terre et de mer ; 3° aux étrangers mariés avec des femmes indigènes, professant un art, une industrie ou un métier quelconque, ou possédant un capital en rentes, ou propriété foncière, et résidant dans l'État à l'époque de l'établissement de la constitution ; 4° aux étrangers mariés à des femmes du pays, ayant quelqu'une des qualités requises ci-dessus et trois ans de résidence dans l'État ; 5° aux étrangers non mariés, mais possédant quelqu'une des capacités voulues et ayant quatre années de résidence : ces deux dernières catégories

---

(1) Tableau des sept *pueblos* des missions des Guaranes, situées sur le territoire espagnol, envahi par les Portugais dans le mois d'août 1821.

Ce territoire, situé sur la rive occidentale de l'Uruguay, entre le Rio-Ybicuy et la ligne de démarcation avec le Brésil, renferme une surface de 2,500 lieues carrées. Sa population montait à 12,174 individus, dont 10,005 Indiens en communauté (*Indios en communidad*) et 2,169 gens libres.

Pueblos : S.-Borja, S.-Nicolas, S.-Luis, S.-Lorenzo, S.-Miguel, S.-Juan, Santo-Angel.

26 *estancias.*

125,097 têtes de bétail, dont, 4,673 bœufs, 10,638 chevaux, 26,876 juments, 220 ânes, 451 mulets, 7,343 moutons, 19 boucs, 237 cochons.

11 plantations de coton.

3 manufactures.

Lastarria, manuscrit, appendice, III, n° 7.

(2) Nous devons ces renseignements à l'obligeance de M. Parchappe, savant distingué qui a fait un long séjour dans ce pays.

(3) Composée de MM. Zudañez, Cávia, Zubillaga, Ellauri, Echeverriarza.

auront leurs noms inscrits sur les registres civils; 6° enfin les individus qui obtiendront le droit de citoyen, par une faveur spéciale de l'assemblée, en raison de grands services ou d'un mérite extraordinaire.

Tous les citoyens sont aptes à obtenir les emplois publics.

Le droit de citoyen est suspendu pour les causes ci-après : 1° en raison d'incapacité physique et morale; 2° quand l'individu est domestique, homme de peine, simple soldat de ligne, vagabond reconnu, ou légalement poursuivi pour un crime qui aura encouru une peine afflictive et infamante; 3° quand il aura contracté l'habitude de s'enivrer; 4° quand il sera âgé de moins de vingt ans, à moins d'avoir été marié à dix-huit; 5° s'il ne sait ni lire ni écrire, à compter de l'année 1840; 6° s'il est reconnu comme débiteur frauduleux, et reconnu comme tel par jugement; 7° enfin en cas de retard de paiements au fisc.

Le droit de citoyen est enlevé : 1° par une sentence infligeant une peine infamante; 2° par une banqueroute frauduleuse; 3° par la naturalisation dans un autre pays; 4° par l'acceptation de places, dignités et titres d'un autre gouvernement, sans la permission spéciale de l'assemblée. Dans chacun de ces cas, une demande en réhabilitation peut être sollicitée et obtenue.

Le pouvoir législatif est délégué à l'assemblée générale, composée de deux Chambres, la Chambre des représentants et celle des sénateurs. Les pouvoirs de l'assemblée générale sont définis et spécifiés.

Les membres de la Chambre des représentants sont élus dans la proportion d'un sur cinq mille individus, et nommés pour la première et seconde législature, dans la proportion suivante, savoir : pour le département de Montévidéo, cinq; pour celui de Maldonado, quatre; pour celui de Canelones, quatre; pour S.-José, trois; pour Colonia, trois; pour Soriano, trois; pour Paisander, trois; pour Durazno, deux; pour Cerro-Largo, deux.

La troisième législature sera formée sur les bases d'un recensement général et renouvelée tous les huit ans. Les fonctions de chaque membre dureront trois années.

Pour être élu représentant, il est nécessaire de posséder les qualités suivantes : 1° avoir joui pendant cinq années des droits de citoyen; 2° être âgé de vingt-cinq ans au moins; 3° posséder un capital de 4,000 dollars, ou bien un état ou emploi lucratif produisant un revenu équivalent.

Ne peuvent être nommés représentants : 1° les fonctionnaires civils et militaires en activité de service, à l'exception de ceux tirés de l'assemblée ou exemptés; 2° les membres du clergé régulier, les séculiers qui reçoivent un traitement ou pension du gouvernement.

La Chambre des sénateurs sera composée d'autant de membres qu'il existe de départements. Ils seront choisis pour six années, et le tiers sera renouvelé tous les deux ans. Un sénateur devra avoir joui sept années de ses droits de citoyen, avoir trente-trois ans d'âge et posséder un capital de 10,000 dollars, ou bien un état scientifique ou un revenu équivalent.

Il y aura trois ministres d'État, responsables chacun pour ses actes, et tous trois pour ceux faits en commun. Ils devront avoir le caractère naturel ou légal de citoyen depuis dix ans et être âgés de trente années.

Le pouvoir judiciaire réside dans une haute Cour de justice, un ou plusieurs tribunaux d'appel, et des juges de première instance, dans les formes voulues par la loi.

Dans chaque chef-lieu de département, il y aura un délégué du pouvoir exécutif, avec le titre de chef politique (*jefe politico*) chargé de correspondre avec le gouvernement; il y aura de même des juntes portant le titre d'administrations économiques (*economico administrativas*), composées des citoyens possédant une propriété réelle dans leur district et dont le nombre, proportionné à la population, ne sera pas au-dessous de quatre, ni au-dessus de neuf.

Toutes les anciennes lois restent en vigueur, excepté celles qui seraient en opposition avec la constitution et les décrets du Corps législatif (1).

Montévidéo est située à l'extrémité d'une petite péninsule et entourée d'une muraille. Sa population est de 15,000 à 20,000 âmes. La rade est la meilleure du Rio de la Plata, mais elle est exposée aux vents de sud-ouest (*pamperos*), et comme elle est peu profonde, les vents de nord-est laissent échoués souvent, pendant plusieurs jours, les navires qui tirent plus de douze pieds d'eau; ainsi cette rade n'est pas bonne pour ceux de trois cents à quatre cents tonneaux.

Les maisons, en général, sont d'un seul étage et pavées en briques. Il y a une cathédrale, une maison de ville et une prison. Les rues, n'étant pas pavées, sont remplies de poussière ou de boue, selon la saison de la sécheresse ou de la pluie. Pendant la première, les puits qui fournissent de l'eau à la ville sont à la distance de deux milles (2).

Le 6 novembre 1830, le général Fructuoso Rivero fut nommé président de la *république orientale de l'Uruguay*. En cette qualité, il prononça un discours à la Chambre des représentants, et publia une adresse au peuple et une autre à l'armée. Sa nomination eut lieu à la majorité de vingt-sept voix contre vingt-quatre. Son traitement est de 9,000 dollars par année.

Le 16 décembre, le vice-consul de France adressa une note officielle au ministre des affaires étrangères, par laquelle il re-

---

(1) *El Tiempo*, Buénos-Ayres, 28, 30 et 31 mars 1829.
(2) Travels, etc., par M. Mawe, chap. 1.

connut, au nom de son gouvernement, l'indépendance de cette république, et proposa de conclure un traité d'alliance, de commerce et de navigation, sur les bases d'une parfaite réciprocité, et d'envoyer en France des commissaires chargés de traiter.

Montévidéo, le 27 mars 1821. Proclamation du gouverneur et capitaine-général, aux habitants de Buénos-Ayres, concernant les projets du gouvernement portugais (brésilien), relatifs à Montévidéo.

Montévidéo, 31 juillet. Convention pour l'incorporation de la province Cisplatine, ou orientale de la Plata avec le royaume uni de Portugal, du Brésil et des Algarves. Le territoire doit rester comme un État séparé avec les limites suivantes : Il est borné à l'est, par l'Océan ; au midi, par la rivière Plata ; à l'ouest, par l'Uruguay, et au nord, par la rivière Cuarey, jusqu'au sommet de la chaîne de Santa-Anna, près de la jonction de la rivière Santa-Maria. Dans cette partie, le ruisseau Tacuarembo, lequel se dirige par les pointes de Yaguaren, passe par le lac de Mini et par la pointe de S.-Miguel, pour s'unir avec le Chui qui se jette dans l'Océan.

Note H. Les dépenses intérieures comprises sous le titre de *dépenses générales*, sont celles : 1° du président du Conseil ; 2° du Corps législatif ; 3° de l'instruction publique, de l'Académie de médecine et de chirurgie ; 4° de la bibliothèque nationale ; 5° des travaux publics ; 6° de la civilisation et du commerce des Indiens. En voici le montant pour chaque province :

		Contos de reis (1)	
	Rio de Janéiro	321	175780
	Espirito-Santo	24	420600
	Bahia	144	500626
	Sérégipe	22	519000
	Alagoas	35	460000
	Pernambuco	155	179651
	Rio-Grande do Norte	17	566000
	Parahyba	39	077480
Provinces de	Ceará	57	742694
	Piauhy	18	456355
	Maranham	78	047600
	Pará	52	997200
	S.-Paulo	92	928800
	Santa-Catharina	15	356000
	Rio-Grande do Sul	28	537200
	Minas-Géraès	127	168920
	Goyas	26	271648
	Mato-Grosso	17	507200
		1234	892754

(1) Le *contos de reis* vaut environ 6,250 *francs* ; — *le franc au pair* vaut 160 *reis*.

	Contos de reis.	
Report.	1234	892754
Les dépenses pour *les colonisations étrangères* sont abolies dans toutes les provinces.		
Les dépenses des *Conseils généraux (Conselhos geraes)* sont fixées comme suit :		
Pour ceux de Bahia, Pernambuco, Maranham, S.-Paulo et Minas-Géraès.		900000
Pour ceux d'Espirito-Santo, Alagoas, Parahyba, Ceará, Pará, Santa-Catharina et Rio-Grande do Sul		700000
Et pour les autres provinces		500000
Pour les *courriers (correios)* par terre et par mer.	140	000000
Dans les provinces où la propagation de la vaccine n'est pas fixée par une loi, il a été mis à la disposition des présidents de Conseil, pour être distribués dans les diverses *camaras*. . . .	1	800000
Répartition des dépenses éventuelles pour les travaux publics *(obras publicas)*, par les autorités municipales dans tout l'empire	30	000000
Total des dépenses générales de l'intérieur.	1408	792754

Dépenses du ministère de la justice et des affaires ecclésiastiques (ministerio dos negocios da justiça é ecclesiasticos).

		Contos de reis.	
	Rio de Janéiro.	233	947631
	Espirito-Santo.	4	594813
	Bahia	74	429220
	Sérégipe	2	320200
	Alagoas	3	659560
	Pernambuco.	32	351647
	Parahyba	3	250880
	Rio-Grande do Norte	2	486200
Provinces de	Ceará	4	168800
	Maranham.	35	598330
	Piauhy.	2	433333
	Pará.	37	518650
	S.-Paulo	29	598360
	Santa-Catharina.	2	997440
	S.-Pédro.	5	020067
	Minas-Géraès.	41	477882
	Goyaz.	6	945000
	Mato-Grosso.	86	445411
Total des dépenses du ministère de la justice et des affaires ecclésiastiques.		609	243424

	Contos de reis.	
Les dépenses du ministère des affaires étrangères (*ministerio dos negocios estrangeros*) s'élèvent pour toutes les provinces à	120	000000
Dont: pour la secrétairerie d'État (*secretaria de Estado*), comprenant les dépenses extraordinaires, 21,000000		
Légation set commissions en pays étrangers, 99,000000		
Dépenses du ministère de la marine (*ministerio da marinha*).	1780	818944
Dépenses du ministère de la guerre (*ministerio da guerra*).	3847	926560
Dépenses du ministère du trésor (*ministerio da fazenda*)	4963	493235

RECETTES.

Les recettes, pendant ladite année financière, s'élevèrent pour tout l'empire à environ 15,000 *contos de reis* (1).

Note I. — Beaux-arts. En 1815, M. le marquis de Marialva, ambassadeur portugais près la Cour de France, de concert avec M. le comte d'Abarca, ministre des affaires étrangères à Rio de Janéiro, s'occupa de la formation d'une académie des beaux-arts dans ce pays, à l'instar de celle de Paris. M. Lebreton, secrétaire perpétuel de la classe des beaux-arts de l'Institut de France, chargé d'organiser cet établissement, engagea plusieurs artistes de différents genres (2) à l'accompagner au Brésil, et il reçut de l'ambassadeur portugais 10,000 fr. pour les frais du passage. Ils arrivèrent à Rio de Janéiro, en mars 1816, et furent accueillis avec bonté par le roi D. Jean VI, qui les fit loger et nourrir aux frais du gouvernement. Un décret royal, du 12 août de la même année, accorda à chacun de ces artistes un traitement de 5,000 fr., sous condition de rester au Brésil au moins six ans. M. Lebreton, en qualité de directeur, reçut 12,000 fr. de traitement.

Sur la demande du ministre des affaires étrangères, l'architecte Grandjean de Montigny lui présenta le projet d'un palais pour

---

(1) Voyez *Diario Fluminense*, n°s 6, 7, 8, 10, 12, 14, 16, 19, 20, 21, 22, 25, 26, depuis le 10 janvier 1831 jusqu'au 4 février suivant.

(2) MM. Debret, élève de David, peintre d'histoire; A. Taunay, membre de l'Institut, peintre de paysage et de genre; Aug. Taunay, frère du précédent, statuaire; Grandjean de Montigny, architecte; Simon Pradier, graveur en taille-douce; François Ovide, professeur de mécanique; François Bonrepos, aide sculpteur de M. Taunay. Les deux frères Perrez, statuaires, qui arrivèrent plus tard au Brésil, furent également pensionnés par le roi.

l'académie des beaux-arts. Ce projet fut adopté ; les fondations en furent jetées et la construction dura dix années. Pendant cet intervalle, chaque artiste s'occupa de sa profession. Le peintre d'histoire fit le portrait en pied du roi, dans son costume d'*acclamation* et ensuite un tableau du débarquement de l'archiduchesse au Brésil. Ces tableaux furent gravés par M. Pradier, qui fut obligé de revenir à Paris pour cet objet, ne trouvant point, à Rio, d'imprimeur, ni de papier d'impression convenable. Après la mort du comte d'Abarca, M. Lebreton se retira à *Prahia Framinga* (faubourg) où il mourut au mois de mai 1819. Peu après, le ministre baron de S.-Lourenço fit venir de Portugal un peintre de ses protégés, nommé *Henrique José da Sylva*, qui présenta au roi, par l'intermédiaire de son protecteur, un projet d'organisation pour l'académie, qui fut adopté par décret du 25 novembre 1820. Par ce décret, ce même artiste fut nommé *directeur des écoles* et professeur de dessin ; un prêtre portugais remplaça le secrétaire de feu M. Lebreton ; on supprima ensuite les deux adjoints de l'architecte, ainsi que le graveur en taille-douce, alors absent. M. Taunay, mécontent de cet arrangement, revint en France.

D. Pédro ayant été proclamé empereur, M. Debret lui demanda l'autorisation d'occuper un des ateliers de l'académie, pour y exécuter un grand tableau, représentant son couronnement, et, en même tems, commencer l'éducation de plusieurs élèves. Cette proposition fut admise en janvier 1824. Les progrès de cette école intéressèrent vivement l'empereur, qui demanda aux professeurs un projet d'organisation plus complète. M. Debret, nommé le directeur, fit imprimer ces statuts, et l'installation de l'académie eut lieu le 5 novembre 1826, en présence du souverain et de sa Cour.

Il y a eu des expositions en 1829 et 1830, « qui ont prouvé, » dit M. Debret, « que le génie de la nation, qui est douée naturellement des qualités les plus favorables à la culture des arts, pouvait et devait produire indubitablement une école capable de se soutenir avec avantage parmi celles qui fleurissent en Europe ».

M. Debret, après quinze années de séjour au Brésil, obtint un congé de trois ans et revint dans sa patrie, laissant trois de ses élèves déjà distingués par des tableaux d'histoire (1).

---

(1) M. Debret, qui a bien voulu nous communiquer ces détails, s'occupe, en ce moment, d'un ouvrage historique et pittoresque sur le Brésil, d'après des documents et dessins recueillis sur les lieux par lui-même et qui ne peuvent manquer d'offrir un grand intérêt. Cet ouvrage, intitulé *Séjour d'un artiste français au Brésil, depuis 1816 jusqu'en 1831 inclusivement*, se compose de trois volumes contenant 250 planches lithographiées, avec texte. Le 1er volume paraîtra vers la fin du mois de mai 1833, chez Ch. Motte, imprimeur-lithographe, rue Saint-Honoré, à Paris.

NOTE ADDITIONNELLE POUR LE VOLUME XIII.

L'ouvrage de Pizarro, intitulé *Mémorias historicas*, etc., nous ayant fourni des renseignements plus exacts sur la création de plusieurs des villes mentionnées dans le volume XIII, nous donnons les détails suivants comme complément ou rectification.

Page 267. — Ville de Santos, établie, en 1546, dans la province de S.-Paulo, sur la côte septentrionale de l'île de S.-Vicente, à douze lieues de la capitale de la province, est située sous la latitude de 23° 36' 15" sud, et 331° 39' 30" de longitude est de l'île de Fer. La situation de cette ville est basse et humide. A l'entrée du port il y a deux barres, dont l'une est nommée *Barra grande*, qui reçoit des navires; l'autre *Bertioga*, qui n'admet que de petites barques. Elles sont protégées par des forts. Les maisons sont en pierre. Celle des jésuites de S.-Miguel a été convertie en hôpital militaire. La paroisse renferme une population de 5,131 individus. C'est la patrie d'Alexandre de Gusmão. Le sol du territoire produit beaucoup de riz et de café, dont on exporte une quantité considérable, ainsi que de cuirs, de porcs, de coton et de sucre. Les femmes font de bonne dentelle.

Par une dépêche du 17 décembre 1813, le titre de *baron de Rio Seco* (aujourd'hui *vicomte*), fut conféré à l'*alcade mor* de cette ville. Voy. *Mem. hist.*, tome VIII, 306-307.

Page 288. — La ville da Conceição de Itanhaem, établie sur la rive septentrionale de la baie qui lui donne son nom, dans la province de S.-Paulo, par le *capitão mor*, Francisco de Moraes, substitut du donataire, est située sous la latitude de 24° 10' 40" sud, et la longitude de 331° 20' est de l'île de Fer, à la distance de vingt-deux lieues de la capitale. La paroisse, dédiée à Santa-Anna, a une population de 1,126 habitants. Une maladie nommée *cameras de sangue* ou flux de sang, moissonne les personnes adultes et les jeunes enfants à certaines saisons.

Les canots et les lanches seulement peuvent passer la barre de la rivière, ce qui empêche l'accroissement du commerce de ce port, qui est borné à des farines de mandioca, et de riz et des planches

Par une dépêche du 13 mai 1819, le *comendador*, Manoel Ignacio de Andrade Santo Maior, fut créé baron de Itanhaem. D'après la *Corografia Brazilica*, le nom de cette ville est *Itanhaen*. Voy. *Mem. hist.*, tome VIII, 308-309.

Page 30). — La ville de Cananéa, établie, en 1587, dans la province de S.-Paulo, à cinquante-huit lieues de la capitale, sous la latitude de 25° 35' sud, et 330° 6' de longitude, est située dans une petite île qui est à trois lieues de la barre de Cananéa et séparée du continent par un canal étroit. On ignore le nom du fondateur de cette ville.

La paroisse renferme 1,708 habitants qui s'occupent de pêche et d'agriculture et de la construction de petits navires. Ils exportent du riz. Voy. *Mem. hist.*, tome VIII, 310.

Page 307. — La ville de Moges das Cruzes, établie, en 1611, dans la province de S.-Paulo, sur la rive gauche du Rio-Tiété, est située sous la latitude de 23° 33' 30" sud, et la longitude de 331° 43' 35" est de l'île de Fer, à dix lieues de la capitale. Les maisons de cette ville sont construites en *taipa*. Elle possède une église, un couvent, un hermitage et un professeur royal de langue latine. Le territoire renferme 7,745 habitants, qui élèvent des bestiaux et cultivent le coton qui fait leur principale richesse.

On ignore qui fut le fondateur de cette ville ; on sait seulement que Bras Cubas en fut le premier habitant. Voy. *Mem. hist.*, tome VIII, 296.

Page 329. — La ville de Parna-iba ou Parana-iba, établie, en 1625, dans la province de S.-Paulo, par le donataire, condé de Monsanto, est située sur la rive gauche du Rio-Tiété, à sept lieues nord-ouest de la cité, sous la latitude de 23° 31' 30", et 331° 5' 20" de longitude de l'île de Fer. La paroisse renferme une population de 6,539 habitants, qui exportent du coton en branches, des tissus pour courte-pointe, quelques bestiaux et des eaux-de-vie. Voy. *Mem. hist.*, tome VIII, 300.

Page 403. — La ville de Ubatuba, fondée, en 1638, dans la province de S.-Paulo, est située à quarante-deux lieues de la cité, sous la latitude de 23° 26' 30", et de 333° 10' de longitude est de l'île de Fer. Sa paroisse renferme une population de 2,906 habitants. Le port est fréquenté par de petites barques. Les habitants sont pêcheurs et cultivent la mandioca, le riz et le café. Voy. *Mem. hist.*, tome VIII, 304.

Page 389. — La ville de S.-Sébastiâo, établie, en 1636, dans la province de S.-Paulo, est située sur le bord du détroit de Toque-Toque, vis-à-vis une grande île qui porte le même nom, à trente lieues de la capitale, sous la latitude de 23° 47' 40" sud, et longitude est de 333° de l'île de Fer. Elle possède une église qui a donné son nom à la ville. Par un décret du 9 octobre 1817, on créa un juge de *fora*, dont la juridiction s'étend à Villa-Bella da Princeza et à Ubatuba. Le territoire renferme une population de 3,793 habitants. On ignore le nom du fondateur de cette ville. Voy. *Mem. hist.*, tome VIII, 305.

TABLEAU DES GOUVERNEURS, VICE-ROIS, ÉVÊQUES ET CAPITAINES-GÉNÉRAUX QUI ONT PRÉSIDÉ AU BRÉSIL; AINSI QUE DE CEUX QUI ONT GOUVERNÉ DEPUIS.

1. *Thomé de Sousa*, d'une famille noble, avait servi avec dis-

tinction dans les expéditions d'Afrique et d'Asie. Il fut choisi par le roi, D. João III, pour établir le gouvernement du Brésil, en 1549, ce qu'il fit avec succès jusqu'en 1553. Rappelé à Lisbonne, il fut promu à la charge d'inspecteur des haras de la famille royale (1).

2. *D. Duarte da Costa*, chef armurier du roi (*Armeiro mór*), entra en fonctions en 1553, et gouverna jusqu'en 1558, qu'il eut pour successeur (2) :

3. *Mendo da Sa*, descendant d'une des illustres branches de la maison du marquis de Abrantès. Il fut appelé à ce gouvernement par ses talents, son savoir et sa bravoure militaire, et il accrut encore sa réputation par les établissements avantageux, les fondations et les brillantes conquêtes auxquelles il contribua durant une administration de quatorze années. Il mourut à Bahia, en 1572, et fut universellement regretté (3).

4. *D. Luiz de Vasconcellos*, nommé gouverneur, mourut sur mer avant d'arriver à sa destination, par suite des désastres et des contrariétés éprouvées par la flotte sur laquelle il s'était embarqué en 1572 (4).

5. *Luiz de Brito de Almeida* succéda à Vasconcellos. Ce fut sous son gouvernement qu'on découvrit les premières mines de diamants et de topazes. Il gouverna cinq ans, jusqu'en 1578, qu'il eut pour successeur (5) :

6. *Lourenço da Veiga*, qui, étant d'un âge avancé, gouverna seulement trois ans, et mourut en 1581. Il en résulta que le gouvernement fut vacant pendant deux ans et fut administré par la *camera* et par le plus ancien des auditeurs (*ouvidor geral*), *D. Cosme Rangel de Macedo*, jusqu'à l'arrivée du nouveau gouverneur (6).

7. *Manoel Telles Barreto*, nommé gouverneur et capitaine-général par le roi Filippe II, qui hérita, en 1583, de la couronne de Portugal. Quoiqu'il fût très-avancé en âge, son gouvernement n'en souffrit point pendant les quatre années de son administration. Il mourut en 1587. Durant les quatre années que son gouvernement fut vacant, il fut dirigé par *D. Antonio Barreiros*, troisième évêque du Brésil, et le pourvoyeur général des revenus royaux (*provedor mor da Fazenda*), *Christovão de Barros*, jusqu'en l'année 1591 (7).

---

(1) *America Portugueza*, liv. III, 1-6. Voy. aussi Alcedo, *Diccionario geográfico-histórico*, etc., tome I, article Brasil.
(2) *Amer. Port.*, liv. III, 7-11.   *Idem.*
(3) *Amer. Port.*, liv. III, 7-57.   *Idem.*
(4) *Amer. Port.*, liv. III, 57.   *Idem.*
(5) *Amer. Port.*, liv. III, 58-60.   *Idem.*
(6) *Amer. Port.*, liv. III, 82-87.   *Idem.*
(7) *Amer. Port.*, liv. III, 83-87.   *Idem.*

8. *Francisco Giraldes*, successeur de Barreto, fut seigneur propriétaire de la capitainerie de los Ilheos (*Senhor da capitania dos Ilheos*), dont le titre avait été acheté par son père (1). *Jéronimo Figueiredo*, nommé pour le remplacer, s'était embarqué à Lisbonne, et obligé de relâcher deux fois, il augura mal de ce contre-tems et se démit de sa place, qui fut donnée à

9. *D. Francisco de Sousa*, qui arriva à la Bahia en 1591: Le roi l'avait promu au titre de *marquis des mines* (*marquez das minas*), qui avaient déjà été découvertes par Roberio Diaz. Il était renommé par son savoir et ses talents. Il fut rappelé de ce gouvernement en 1602, après l'avoir occupé onze ans (2).

10. *Diogo Botelho* fut le premier gouverneur nommé par Felipe III. Il gouverna cinq ans, depuis 1602 jusqu'en 1607 (3).

11. *Diogo de Menezes* arriva à Bahia en 1608 et gouverna jusqu'en 1613, qu'il eut pour successeur (4):

12. *Gaspar de Souza*, successeur de Menézès, entra dans son gouvernement cette année, et se distingua par l'expulsion des Français de l'île de S.-Luiz do Maranhaô. Il visita toutes les provinces de la vice-royauté, d'où il résulta de grands avantages pour les établissements et pour l'accroissement des revenus, durant le court espace de son administration, qui fut de quatre ans, jusqu'en 1617 (5).

13. *D. Luiz de Sousa* succéda, cette même année, au précédent. Il resta dans ce gouvernement quatre années, jusqu'en 1621, qu'il le résigna en faveur de (6):

14. *Diogo de Mendoza Furtado*, premier capitaine-général du Brésil, y entra en 1622, époque où les Hollandais s'emparèrent du pays; alors ils assiégèrent Bahia, qu'il défendit vaillamment avec dix-huit hommes. Il y fut fait prisonnier et conduit en triomphe en Hollande, en 1624 (7).

15. *Mathias de Albuquerque*, gouverneur de Pernambuco, est nommé capitaine-général du Brésil. Dans l'intervalle, l'administration fut dans les mains des pères de la Compagnie de Jésus; mais comme il y avait cent cinquante lieues de pays à traverser et qu'il était envahi par l'ennemi, on jugea à propos de nommer, par *intérim*, l'auditeur-général, *Antaô de Mesquita de Oliveira*, qui, vu son grand âge et le manque de connaissances militaires, céda le gouvernement aux colonels *Lourenço*

---

(1) *Amer. Port.*, liv. III, 88. V. aussi Alcedo, art. Brasil.
(2) *Amer. Port.*, liv. III, 89.   *Idem.*
(3) *Amer. Port.*, liv. III, 100.   *Idem.*
(4) *Amer. Port.*, liv. III, 102.   *Idem.*
(5) *Amer. Port.*, liv. III, 102.   *Idem.*
(6) *Amer. Port.*, liv. III, 102.   *Idem.*
(7) *Amer. Port.*, liv. III, 106, et liv. IV, 1-223. *Idem.*

Cavalcanti de Albuquerque et *Joaô de Barros Cardoso*, qui, aussi à leur tour, le remirent à l'évêque *D. Marcos Teixeira*, cinquième évêque du Brésil. Celui-ci abandonna encore le poids des affaires à *Francisco Nunes Marinho d'Eça*, envoyé de Pernambuco comme gouverneur; mais avant qu'il arrivât à sa destination, on lui nomma pour successeur :

16. *D. Francisco de Moura Rolim*, natif de Pernambuco, qui avait suivi la carrière militaire avec une réputation distinguée en Italie et en Flandre, qu'il conserva pendant qu'il gouverna, jusqu'en 1626 (1).

17. *Diogo Luiz de Oliveira*, officier d'un grand caractère et ayant acquis de la considération dans l'armée de Flandre, fut envoyé au Brésil pour s'opposer aux progrès que fesaient les Hollandais. Il remplit l'objet pour lequel il avait été choisi jusqu'en l'année 1634, qu'il fut chargé de chasser les Hollandais de l'île de Curaçoa, laissant le gouvernement à (2):

18. *Pédro de Silva*, qui en prit possession en 1635; mais une rivalité s'étant élevée entre ce dernier et le général condé Bariholo, commandant les troupes, il abandonna à celui-ci, avec un désintéressement remarquable, le gouvernement et tous ses avantages, en s'engageant, toutefois, à ne s'occuper que du bien public. Cette conduite fut récompensée par le roi, qui lui donna aussitôt le titre de comte de S.-Lourenzo, et le nomma pour succéder à ce gouvernement (3).

19. *D. Fernando de Mascarenhas*, condé da Torre, homme d'un grand crédit en Portugal, recommandable par sa connaissance, ses vertus et ses talents militaires, entra dans Bahia en 1639, et prenant le commandement de l'armée contre les Hollandais, abandonna le gouvernement politique à :

20. *D. Vasco Mascarenhas*, condé de Obidos, qui administra jusqu'en 1640, que le roi nomma :

21. *D. Jorge Mascarenhas*, marquis de Montalvaô, le premier qui eut le titre de vice-roi, mais qui s'étant livré à des discussions litigieuses et ruineuses, fut destitué et envoyé à Lisbonne, en 1641, par l'évêque *D. Pédro da Sylva*, le commandant *Luiz Becerra* et l'inspecteur en chef *Lourenço de Brito Corréa*, qui se mirent à la tête du gouvernement, quoique leur conduite fût désapprouvée par le nouveau roi, D. Joaô IV, précédemment duc de Bragance (4).

---

(1) *Amer. Port.*, liv. IV, 52. Voy. aussi Alcedo, art. Brasil.
(2) *Amer. Port.*, liv. IV, 53.   *Idem.*
(3) *Amer. Port.*, liv. IV, 106, 121. *Idem.*
(4) *Amer. Port.*, liv. IV, 130.   *Idem.*

22. *Antonio Telles da Sylva* gouverna depuis 1642 jusqu'en 1647 (1).

23. *Antonio Telles de Menezes*, comte de *Villa-Pouca*, d'un mérite distingué pendant son séjour dans l'Inde, gouverna avec beaucoup de talent jusqu'en l'année 1652 (2).

24. *Joaô Rodriguez de Vasconcellos*, comte de Castelmelhor, connu par sa naissance, par sa bravoure et par l'injuste emprisonnement qu'il subit à Cartagène, commandait les armées de Portugal dans les provinces d'Entre-Douro y Minho et d'Alemtejo et vint au Brésil en 1653 (3).

25. *D. Jeronymo de Ataide*, comte de Atouguia, qui avait rempli à la Cour et à l'armée les places les plus éminentes, avec autant d'influence que d'adresse. Il était gouverneur de la province de Traz os Montes, à l'époque où il fut appelé au gouvernement du Brésil, où la droiture de son caractère et son affabilité ont perpétué le souvenir de son administration, laquelle dura jusqu'en l'année 1657 (4).

26. *Francisco Barretto de Menezes*, nommé gouverneur par la reine régente de Portugal, pour le récompenser de sa valeur et du courage qu'il montra dans la reprise de Pernambuco, lorsqu'il était brigadier-général. Cependant dans différentes discussions particulières, il prouva tant de hauteur, qu'on lui nomma un successeur dans la personne de (5) :

27. *D. Vasco Mascarenhas*, condé de Obidos, gouverneur de la province de Alemtejo, vice-roi de l'Inde, membre du Conseil d'Etat, est nommé second vice-roi et capitaine-général du royaume de Brésil. Il prit possession de son gouvernement en 1664, comme récompense des talents qu'il avait déployés lorsqu'il était brigadier-général de l'artillerie, et remplit ce poste avec beaucoup d'activité pendant cinq ans, jusqu'en 1668 (6).

28. *Alexandre de Sousa Freire*, ancien gouverneur du fort de Mazagâo en Afrique, arriva au gouvernement du Brésil, qu'il conserva jusqu'en 1671 (7).

29. *Affonso Furtado de Mendoza*, considéré également par sa naissance et sa valeur héroïque et regardé comme le plus grand guerrier de son tems, succède à Sousa-Freire. Déçu dans l'espoir de découvrir quelques mines, il en mourut de chagrin en 1675, après avoir nommé comme gouverneurs, par *intérim*,

---

(1) *Amer. Port.*, liv. V, 27-83. Voy. aussi Alcedo, art. Brasil.
(2) *Amer. Port.*, liv. V, 80. *Idem.*
(3) *Amer. Port.*, liv. V, 112. *Idem.*
(4) *Amer. Port.*, liv. V, 125. *Idem.*
(5) *Amer. Port.*, liv. VI, 3. *Idem.*
(6) *Amer. Port.*, liv. VI, 15, 52. *Idem.*
(7) *Amer. Port.*, liv. VI, 52. *Idem.*

le chancelier *Auguste Acevedo Monteiro*, le brigadier en chef *Alvaro de Azevedo* et le premier-juge, *Antonio Guedes de Brito*. Ils administrèrent environ deux ans, jusqu'en 1678, que leur successeur arriva (1).

30. *Roque da Costa Barretto*, qui avait mérité, par des éminentes qualités, les faveurs de la Cour et en avait obtenu des emplois conformes à ses prétentions, était major-général de la province du Brésil, lorsqu'il en fut nommé gouverneur et capitaine-général. Le royaume le compte au nombre de ses meilleurs gouverneurs. Il resta en place jusqu'en 1682 (2).

31. *Antonio de Souza Menezes*, d'une grande naissance, avait perdu un bras qu'il fit remplacer par un en argent. Il avait vieilli dans différents emplois et était alors d'un âge trop avancé pour pouvoir réprimer les dissensions et les soulèvements qui eurent lieu pendant son gouvernement, qui commença et finit en 1682 (3).

32. D. *Antonio Luiz de Sousa Tellès de Menezès*, marquis de las Minas et gouverneur de la province d'Entre-Douro et Minho, est nommé au gouvernement du Brésil. Il donna tous ses soins pour apaiser les désordres qui y avaient lieu et rendit de grands services aux habitants, en leur prodiguant tous les secours en son pouvoir durant la terrible épidémie qu'ils eurent à souffrir pendant son administration, jusqu'en 1687, qu'il sollicita son rappel à Lisbonne et qu'on lui donna pour successeur (4):

33. *Mathias de Cunha*, commissaire-général de la cavalerie d'Alemtejo, brigadier au troisième régiment d'armada, gouverneur de Rio-Janéiro et ensuite de la province d'Entre-Douro e Minho, est élevé au poste de capitaine-général du Brésil. Il se conduisit dans son nouveau gouvernement avec beaucoup de talent et de justice; mais il mourut peu de tems après en 1688. Il avait nommé pour son successeur, par *intérim*, avec l'approbation générale, l'archevêque *D. Fr. Manoel da Résurreiçao*, qui tint les rênes du gouvernement jusqu'en l'année 1690 (5).

34. *Antonio Luiz Gonzales da Camara Coutinho*, qui était alors gouverneur de la province de Pernambuco, est nommé à la capitainerie générale du Brésil, dont il prit possession en 1690, et qu'il administra jusqu'en 1694 (6).

35. *Joaô de Lancastro*, de la famille royale d'Angleterre,

---

(1) *Amer. Port.*, liv. VI, 72-98. Voy. aussi Alcedo, art. Brasil.
(2) *Amer. Port.*, liv. VII, 1.   *Idem.*
(3) *Amer. Port.*, liv. VII, 15.   *Idem.*
(4) *Amer. Port.*, liv. VII, 27, 28.   *Idem.*
(5) *Amer. Port.*, liv. VII, 50-55.   *Idem.*
(6) *Amer. Port.*, liv. VII, 61.   *Idem.*

avait le grade de capitaine de cavalerie, lorsqu'il se distingua à la bataille du Canal; ensuite il eut le titre de mestre-de-camp du troisième régiment *da armada*, gouverneur et capitaine-général du royaume d'Angola, général de la cavalerie d'Alemtejo. Nommé capitaine-général du Brésil, il prit possession de cette dignité en 1694. Durant une administration plus prolongée qu'il n'était d'usage, il donna de grandes preuves de l'étendue de ses talents, par ses plans pour les revenus publics, et se fit aimer par ses largesses envers ceux qui l'entouraient. Il eut pour successeur, en 1702 (1):

36. *D. Rodrigo da Costa*, qui avait obtenu par sa naissance et son mérite les faveurs du monarque et le gouvernement de l'île de Madère. Il fut promu de la capitainerie générale du Brésil, à la vice-royauté de l'Inde, en 1705 (2).

37. *Luiz César de Menezes*, grand enseigne du royaume de Portugal, descendant de l'illustre Vasco Fernandes, renommé pour son heureuse administration à Rio-Janéiro et dans le royaume d'Angola, ainsi que de la ville d'Ebora, lors de la guerre de la succession de Philippe V, roi d'Espagne. Il arriva, en 1705, au Brésil et y resta, avec l'estime générale, jusqu'en 1710, qu'arriva son successeur (3).

38. *D. Lourenzo de Almada*, qui fut accueilli avec des marques de défaveur; présages des malheurs et des désordres qui signalèrent son gouvernement, ainsi que des discussions avec celui de Pernambuco, ce qui lui fit désirer de résigner ce poste, l'année suivante, en faveur de (4):

39. *D. Pédro de Vasconcellos e Sousa*, considéré par sa bravoure et sa bonne conduite pendant la guerre. Il était brigadier-général lorsqu'il fut appelé au gouvernement du Brésil. La mémoire de son prédécesseur et grand-père, le comte de Castel Melhor, le firent recevoir avec les plus flatteuses espérances, qui s'évanouirent bientôt par les troubles de Pernambuco, l'invasion des Français à Rio-Janéiro et la prise de Bahia. Toutes ces circonstances funestes lui firent solliciter avec ardeur du roi de vouloir bien lui donner un successeur. Sa demande fut remplie par la nomination de (5):

40. *D. Pedro Antonio de Noronha*, marquis d'Angeja, conseiller d'État, et inspecteur-général des États royaux (*vedor da Fazenda*). Depuis de longues années, il avait jeté les yeux sur la vice-royauté de l'Inde et obtint le gouvernement, avec le titre

---

(1) *Amer. Port.*, liv. VIII, 1, 2. Voy. aussi Alcedo, art. Brasil.
(2) *Amer. Port.*, liv. VIII, 83.   *Idem.*
(3) *Amer. Port.*, liv. IX, 1.   *Idem.*
(4) *Amer. Port.*, liv. IX, 50.   *Idem.*
(5) *Amer. Port.*, liv. IX, 95.   *Idem.*

de vice-roi, en 1714. Il se fit remarquer par la prudence de ses actes et resta en place jusqu'en 1718 (1).

41. *D. Sancho de Faro*, comte de Vimeiro, de la maison royale de Bragance en ligne masculine, est nommé successeur de Noronha en 1718, avait été gouverneur de Mazagaõ et de la province de Minho. Il montra plus de zèle que de bonheur, ayant terminé sa carrière dans le courant de l'année, laissant le gouvernement aux soins de l'archevêque *D. Sébastiaõ Monteiro da Vide*, au brigadier-général, *D. Joaõ de Araujo de Azevedo*, et à l'auditeur, *D. Caetano de Brito de Figueredo*, qu'ils administrèrent conjointement jusqu'en 1720, que leur successeur arriva (2).

42. *D. Vasco Fernandes César de Menezes*, fils de *D. Luis César de Menezes*, et neveu de Jean de Lancastre, qui avaient tous les deux gouverné le Brésil, se distingua à la guerre et mérita le gouvernement de l'Inde; mais il reçut celui du Brésil en 1720, et se distingua par sa bonne administration, jusqu'en 1724, qu'il eut pour successeurs les gouverneurs suivants :

43. *D. Andres de Melloy e Castro*, comte de Galveas.

44. Le *comte de Antoguia*.

45. Le *comte de Los Arcos*.

46. Le *marquis de Labradio*, père.

47. Le *comte de Bobadela*, qui mourut avant de se rendre à son gouvernement.

48. Le *comte de Azumbuja*.

49. Le *marquis de Labradio*, le dernier fils de ceux de cette famille qui eurent le titre de vice-roi.

50. Le *comte de Povolide*, le premier qui, avec le titre de gouverneur et de capitaine-général, se fixa à Rio-Janéiro.

51. *D. Manoel de Acuña Menezes.*

52. Le *marquis de Valancia*.

53. *D. Rodrigo Joseph de Menezes.*

1800. *D. Fernando José de Portugal*, vice-roi pendant l'invasion de l'Espagne par la république française.

1805, 11 février. Le *marquis de Alorno*, nommé pour remplacer D. Fernando; mais ce choix est annulé peu de tems après, et le condé de Los Arcos est nommé en sa place.

LISTE DES PRINCIPAUX OUVRAGES CONSULTÉS POUR CETTE HISTOIRE.

Roteiro geral com largas informaçoes de toda a costa que per-

---

(1) *Amer. Port.*, liv. X, 1, 32, 33. Voy. aussi Alcedo, art. Brasil.
(2) *Amer. Port.*, liv. X, 35. *Idem.*

tence ao estado do Brazil, e a descripcao de muitos lugares delle, especialmente da Bahia de Todos os Santos.

Epistola do author a dom Christoua de Moura do conselho de Estado, Madrid, 1er mars 1587.

L'auteur anonyme dit qu'il a demeuré l'espace de dix-sept ans au Brésil. Manuscrit de la bibliothèque royale, 394 p. in-folio.

Historia navigationis in Brasiliam quæ et América dicitur. Quâ describitur authoris navigatio ; quæ que in mari vidit memoriæ prodenda Villagagnonis in América gesta : Brasiliensum victus et mores, à nostris admodùm alieni, cum eorum linguæ dialogo : Animaliœ etiam, arbores atque herbœ, reliquaque singularia et nobis penitus incognita à Joanne Lerio, Burgundo gallice scripta. Nunc verò primum latinitate donata et variis figuris illustrata. Secunda éditio, Genevæ, 1594, 340 p. in-12.

Histoire d'un voyage fait en la terre du Brésil, autrement dite Amérique, par Jean de Lery, natif de la Margelle, terre de Saint-Sène, au duché de Bourgogne, Paris, 1594.

Vera historia, admirandæ cujusdam navigationis, quam Huldericus Schmidel, Straubingensis, ab anno 1534, usque ad annum 1554, in Americam vel novum mundum, juxta Brasiliam et Rio della Plata, confecit. Quid per hosce annos 19 sustinuerit, quam varias et quam mirandas regiones ac homines viderit. Ab ipso Schmidelio germanice descripta ; nunc vero, emendatis et correctis urbium, regionum, et fluminum nominibus. Adjecta etiam tabula geographica, figuris et aliis notationibus quibusdam, in hac forma reducta. Noribergæ, 1599 (101 p. in-4º).

Histoire de la mission des capucins de l'île de Maranon en Brasil, par Claude d'Abbeville, in-8º. Paris, 1614.

Restauracion de la Ciudad del Salvador i Baia de Todos Sanctos, en la provincia del Brasil. Por los armas de don Philippe IV. Por don Thomas Tamaio de Vargas, su Chronista (178 p. in-4º). En Madrid, 1628.

Nuevo descubrimiento del gran Rio de las Amazonas, par Christobal de Acuña, en Madrid, en la imprenta del Reyno, in-4º, 1641.

Casparis Barlœi, rerum per octennium in Brasilia et alibi nuper gestarum, sub præfectura illustrissimi comitis S.-Mauritii, Nassovi, etc. Historia, in-folio, Tabulœ, 55, 340 p. Amstelodami, 1647.

Historia naturalis Brasiliæ, auspicio et beneficio illustriss. T. Mauritii com. Nassau illius provinciæ et maris summi prœfecti adornata in qua non tantum plantæ et animalia sed et indigenarum morbi, ingenia et mores describuntur et iconibus supra quingentas illustrantur, in-folio, 122 p. Amstelodami, 1648.

Georgi Marcgravi de Liebstad, misnici germani, historiæ rerum naturalium Brasilœ. Libri octo quorum tres priores agunt de plantis; quartus de piscibus; quintus de avibus; sextus de quadrupedibus et serpentibus. Septimus de insectis. Octavus de ipsa regione et illius incolis cum appendice de Tapuyis et Chilensibus, 293 p. Joannes de Laet, Antwerpianus in ordinem digessit, etc.

Relation du voyage de Roulox Baro, interprète et ambassadeur ordinaire de la compagnie des Indes d'Occident, de la part des illustrissimes seigneurs des Provinces-Unies au pays des Tapuies, dans la terre ferme du Brasil, commencé le 3 avril 1647, et fini le 14 juillet de la même année. Traduit du hollandais en français, par Pierre Moreau de Paray en Charolais, 110 p. in-4°. Paris, 1651. — Remarques du sieur Morisot sur le voyage de Roulox Baro, au pays des Tapuies, 60 p. in-4°. Compris dans le volume intitulé : Relations véritables et curieuses de l'île de Madagascar et du Brésil. Paris, 1651.

Memorias diarias de la guerra del Brasil, por discurso de nueve años, empeçando desde el de 1630, escritas por Duarte de Albuquerque.Coello, marques de Basto, condé de Pernambuco, etc., 287 feuilles in-4°. Madrid, 1654.

Nova Lusitania, historia da guerra Brasilica, por Francisco de Brito Freyre. Lisboa, anno 1675, in-folio. 460 p. Viage da armada da companhia do commercio e frotas do estado do Brasil, a cargo do general Francisco de Brito Freyre, impressa por mandado de el Rey, anno 1655.

De Indiæ utriusque re naturali et medica, Guliel. Pisonis, in-folio. Amstelodami, 1658.

Antonii Thysii-Historia navalis; sive celeberrimorum præliorum quæ mari ab antiquissimis temporibus usque ad pacem Hispanicam Batavi, Fæderatiq, Belgæ, ut plurimum victores gesserunt, luculenta descriptio, in-4°, 305 p. Lugduni Batavonem, 1657.

O Valeroso Lucideno e triumpho da liberdade, composta pelo padre mestre Fr. Manoel Calado, da ordem de Sam Paulo primeyro Ermitam, da congregaçam dos eremitas da serra d'Ossa, natural de Villa-Viçosa. 1 vol. in-folio, 356 p. Em Lisboa, an 1668.

Noticias curiosas, e necessarias das cousas do Brasil. Pello P. Simam de Vasconcellos da companhia de Jésus. Petit in-4°, 291 p. Em Lisboa, anno 1668.

Castrioto Lusitano, entrepresa, e restauraçao de Pernambuco, e das capitanias confinantes. Varios, et bellicos successos entre Portuguezes e Belgas. Acontecidos pello discurso de vinte e quatro annos, e tirados de noticias, relaçoês e memorias certas. Compostos em forma de historia pello muyto reverendo Padre prégador géral, Fr. Raphael de Jésus, natural da muyto nobre et sempre leal villa de Guimarês, etc., 701 p. Lisboa, anno 1679.

Autos de las conferencias de los comisarios de las Coronas de Castilla y Portugal, que se juntaron en virtud del Tratado provisional echo por el Duque de Jovenazo, embaxador extraordinario, y plénipotenciario de S. M. catholica, y el Duque de Caraval, marquez de Frontera, y Fray don Manoel Pereira, plenipotenciarios del serenissimo principe de Portugal, en y de Mayo, 1681. Sobre la diferencia ocasionada de la fundacion de una colonia, nombrada del Sacramento en la margen septentrional del Rio de la Plata, frente de la cité de San Gabriel, 302 p. in-folio.

Istoria del guerre del Reyno del Brasile accadute tra la corona di Porto Gallo e la republica di Olanda composta ed offerta alla sagra reale maesda' di Pietro Secondo Re di Portogallo, etc, Dal P. E. Gio Gioseppe di S.-Teresa Carmelitano Scalzo, in-folio. In Roma, anno 1698.

Cultura e opulencia do Brasil por suas drogas e minas, com varias noticias curiosas do modo de fazer o assucar, plantar et beneficiar o Tabaco, tirar ouro das Minas et descubrir as da Prata; e dos grandes emolumentos que esta conquista da America meridional da' ao Reyno de Portugal com estes, et outros generos et contratos Reaes. Obra de Andre Joaó Antonil, 205 p. in-4°. Lisboa, 1711.

Description de l'Afrique, etc., traduite du flamand d'O Dapper, M. D., in-folio. Amsterdam, 1686.

História da America Portugueza desde o anno de mil e quinhentos do seu descobrimento, até o de mil e sete centos e vinte e quatro, por Sebastião da Rocha Pitta, in-folio, 716 p. Lisboa, 1730.

Preuves des intérêts présents et des prétentions des puissances de l'Europe, augmentées des traités, etc., par J. Rousset, 3e édition, 3 vol. in-4°. A La Haye, 1741.

Relation abrégée d'un voyage fait dans l'intérieur de l'Amérique méridionale, par M. de la Condamine, 1 vol. in-8°. Paris, 1745.

Relacion historica del Viage à la America meridional, por don Jorge Juan, y don Antonio de Ulloa, 5 tomes in-4°. Madrid, 1748.

Dissertacion historica y geographica sobre el meridiano, etc., de Portugal y de España, por Juan y D. Antonio de Ulloa. Madrid, 1749.

Respuesta a la memoria que presentó, en 16 de enero de 1776 el Exmo senor don Francisco Inocencio de Souza Coutiño, embaxador de S. M. F. cerca del Rei N. S. relativà à la négociacion entablada para tratar del arréglo y senalamiento de limites de las possesiones españolas y Portuguesas en America meridional. —

Appendice de documentos que se citan en la respuesta. Carta de acompañamiento que precede à la misma respuesta, 255 p. gr. in-8°, appendice, 78 p., por el marques de Grimaldi.

Volume in-12°, contenant : 1° Recueil de pièces pour servir d'addition et de preuve à la relation abrégée concernant la république établie par les jésuites dans les domaines d'outre-mer des rois d'Espagne et de Portugal et la guerre qu'ils y soutiennent contre les armées de ces deux monarques, in-12, 91 p., 1758.

2° Manifeste du roi de Portugal contre les jésuites, en français et en portugais, 81 p., 1759.

3° Édit d'expulsion des jésuites des États de la couronne de Portugal, en date du 3 septembre 1759, en français et en portugais.

4° Instruction de sa majesté très-fidèle à son ministre, en Cour de Rome (41 p.), du 8 octobre 1757, du 10 février 1758 et du 20 avril 1759.

5° Arrêt de l'inquisition contre le père Malagrida, jésuite (octogénaire), (123 p.), lu le 20 septembre 1761, en français et en portugais.

6° Malagrida, tragédie en trois actes et en vers, dédiée à M. de Carvalho, ministre, etc., (72 p.). Lisbonne, 1763.

Deducção chronologica, e analytica, na qual se manifesta que successivamente passou nas differentes epocas da igreja sobre a censura prohibiçao, e impressão dos livros : demonstrandose os intoleraveis préjuizos, que com e abuso dellas se tem feito á mesma Igreja de Deos : a todas as monarquias : a todos os estados soberanos; e ao socego publico de todo o universo. Collecção das provas, etc., 2 tomes in-4°. Em Lisboa, 1767-8. Pelo doutor Joseph de Seabra da Sylva, desembargador da casa da supplicação e procurador da Coroa de S.-Magestade.

Diário da Viagem, etc., ou journal d'un voyage entrepris pour reconnaître le pays et les peuplades de la capitainerie de S.-Joseph de Rio-Négro, dans les années 1774 et 1775, par Francisco Xavier da Veiga e Sam Paio. Manuscrit.

Tratado preliminar sobre los limites de los Paises pertenecientes en America meridional a las coronas de España y Portugal, ajustado y concluido entre el Rei N. S. y la Reina fidelissima, y ratificado por S. M. en Lorenzo el Real, le 11 de octubre de 1777. En el qual se dispone y estipula por dónde ha de correr la linea divisoria de unos y otros dominios, que despues se deberá fixar y prescribir determanadamente en un Tratado definitivo de limites, 35 p in-4°. En Madrid, 1777.

Caramurú, poema epico do descubrimento da Bahia, composta por Fr. Jozé de S.-Rita Durão. Lisboa, 1781.

Diccionario geográfico-histórico de las Indias Occidentales ó

America por el coronel D. Antonio de Alcedo, capitan de Reales guardias españolas, 5 tomes in-8°. Madrid, 1786-9.

L'administration de Sébastien Joseph de Carvalho et Melo, comte d'Oeyras, marquis de Pombal, secrétaire d'État et premier ministre du roi de Portugal Joseph Ier, 4 vol. in-8°. Amsterdam, 1788.

Memorias para a historia da capitania de S.-Vicente, hoje chamada de S.-Paulo, do estado do Brazil publicadas de ordem da academia R. das sciencias, por Fr. Gaspar da Madre de Dios, Monge benedectino e correspondente da mesma academia, petit in-4°, 242 p. Lisboa, 1797.

Reorganisation y plan de Seguridad exterior de las mui interesantes Colonias orientales del Rio-Paraguay o de la Plata, etc., etc. (Lastarria), 2 tomes in-folio. Manuscrit de la bibliothèque royale.

Voyage au Brésil où l'on trouve la description du pays, de ses productions, de ses habitants et de la ville et des provinces de San-Salvador et Porto-Séguro, etc., par Thomas Lindley, traduit de l'anglais, par François Soulés, 215 p. in-8°. Paris, 1806.

Colleccao de noticias para a historia e geografia das nacoes ultramarinas que veiron nos dominios Portuguezes, etc. Publicada pela academia real das sciencias. Lisboa, 1812.

Tome 1, n°. 3. Josephi de Anchieta epistola quam plurimarum rerum naturalium, quœ S.-Vincentii (nunc S.-Pauli), provinciam incolunt, sistens descriptionem.

Tome 2, n°. 3. Navegação do capitão Pedro Alvares Cabral escrita por hum piloto Portuguez, traduzida da Lingoa Portugueza para a italiana e novamente do Italiano para o Portuguez.

N°. 4. Cartas de Americo Vespucio a Pedro Soderini gonfaloneiro perpetuo da republica de Florença sobre duas viagens feitas por ordem do serenissimo rei de Portugal. Traduzidas do Italiana.

Remontrances des négociants du Brésil contre les insultes faites au pavillon portugais et contre la saisie violente et tirannique de plusieurs de leurs navires par les officiers de la marine anglaise, accompagnées d'autres pièces intéressantes; traduites du portugais et de l'anglais, par F. S. Constancio, D. M., etc., 80 p. in-8°. Paris, 1814.

A geographical and historical dictionary of America and the West-Indies, by G. A. Thompson, esquire, 5 vol. in-4°. London, 1812-15.

Histoire du Brésil, par M. A. de Beauchamp, 3 vol. in-8. Paris, 1815.

Mémoires, etc. par M. Nellerto, 3 vol. in-8°. Paris, 1815.

Corografia Brazilica, 2 tomes in-8°, por Ayres de Cazal. Rio de Janeiro, 1817.

Voyages dans la partie septentrionale du Brésil, depuis 1809 jusqu'en 1815, comprenant les provinces de Pernambuco, Seara, Paraiba, Maragnan, etc., par Henri Koster, traduit de l'anglais par M. A Jay, ornés de huit planches coloriées et de deux cartes, 2 tomes in-8°. Paris, 1818.

Voyage to South America performed by order of the american government in the years 1817 et 1818, etc. By H. M. Brackenridge, 2 vol in-8°. Baltimore, 1819.

History of Brazil, par Robert Southey, 3 tomes in-4°, 1810-1819.

Voyage autour du monde, exécuté sur les corvettes de S. M. l'*Uranie* et *la Physicienne*, en 1817, 1818, 1819 et 1820, par le capitaine Louis de Freycinet. Partie historique.

Notes on Rio de Janeiro and the southern parts of Brazil, taken during a residence of ten years in that country from 1808 to 1818, by John Luccock, 639 p. in-4°. London, 1820.

A history of the Brazil; comprising its geography, commerce, colonization, aboriginal inhabitants, etc. By James Henderson, recently from South-America, illustrated with 27 plates and two maps, in-4°, 522 p. London, 1821.

Tratado completo de cosmografia, e geografia-historica, physica e commercial, antiga e moderna, offerecido a S. M. Senhor D. João VI, por J. P. C. Casado Giraldes, coronel graduado de milicias, cavalleiro da ordem de Christo, consul de S. M. Fidelissima no Havre, etc., etc., volume primeiro, in-4°, 447 p. Paris, 1825. Ce volume renferme une description statistique du Brésil, sous le titre de Reino do Brazil em 1821, p. 147-176.

Voyage au Brésil, dans les années 1815, 1816 et 1817, par S. A. S. Maximilien, prince de Wiedneuwied, traduction de l'allemand par J. B. B. Eyriès, atlas composé de 41 planches et 3 cartes, 3 tomes in-8°. Paris, 1821.

Travels in the interior of Brazil; with notices on its climate, agriculture, commerce, population, etc., and a particular account of the gold and diamond districts, including a voyage to the Rio de la Plata, by John Mawe, deuxième édition, with colored plates, 493 p. in-8°. London, 1822.

Le Brésil ou histoire, mœurs, usages et coutumes des habitants de ce royaume, par M. Hippolite Taunay et M. Ferdinand Denis, orné de nombreuses gravures, 5 tomes in-12. Paris, 1822.

Essai statistique sur le royaume de Portugal et d'Algarve, etc., par Adrien Balbi, 2 tomes in-8°. Paris, 1822.

Estatistica historica geografica da provincia do Maranhão offerecida ao Soberano congresso das cortes geraes, extraordinarias, e constituintes da monarchia Portugueza. Por Antonio Bernardino Pereira do Lago, coronel do corpo d'Engenheiros, em commissão na mesma provincia (90 p. in-8° et 16 tableaux statistiques). Lisboa, na typ. da Academia real das sciencias, 1822.

Memorias historicas do Rio de Janéiro e das provincias annexas à jurisdiccao do vice-rei do Estado do Brazil, por Joze de Souza Azevedo Pizarro e Araujo, natural do Rio de Janéiro, Bacharel Formado em canones, do conselho de sua magestade, etc., 9 tomes in-8°. Rio de Janéiro, 1820-1822.

De l'empire du Brésil considéré sous ses rapports politiques et commerciaux, par M. V. Angliviel La Beaumelle, 260 p. in-8°. Paris, 1823.

L'indépendance de l'empire du Brésil présentée aux monarques européens ; par M. Alphonse de Beauchamp, 138 p. in-8°. Paris, 1824.

Réfutation de l'écrit intitulé : Coup d'œil sur l'état politique du Brésil, etc., par Al. de Beauchamp, 39 p. in-8°, 1824.

Journal of a voyage to Brazil and residence there during part of the years 1821, 22 et 23, by Maria Graham, 335 p. in-4°. London, 1824.

Reise Nach Brésilien, etc., ou voyage au Brésil de MM Spix et de Martius, 1 vol. in-4°. Munich, 1823.

Travels in Brazil in the years 1817-1820, undertaken by command of his majesty the king of Bavaria, by Dr. Joh. Bapt. von Spix and Dr. C. F. Phil. von Martius, Knights of the Royal Bavarian order of civil merit and members of the royal academy of sciences at Munich, etc., etc., vol. 1 et 2 in-8°, with Plates. London, 1824.

Général-Charte von sud America, ou carte générale de l'Amérique méridionale en deux grandes feuilles, d'après les observations et les cartes spéciales rapportées du voyage dans l'intérieur du Brésil, pendant les années 1817-20, dédiée à sa majesté le roi de Bavière, par les docteurs de Spix et de Martius. Munich, 1825.

Narrative of a visit to Brazil, Chile. Peru and the Sandwich Islands, during the years 1821 and 1822, with miscellaneous remarks on the past and present state and political prospects of those countries by Gilbert Farquar Mathison, esq., 478 p. in-8°. London, 1825.

Voyage aux régions équinoxiales du nouveau continent, fait en 1799-1804, par Alexandre de Humboldt et A. Bonpland, 3 tomes in-4°. Paris, 1814-1826.

Le pilote du Brésil, ou description des côtes de l'Amérique méridionale, situées entre l'île Santa-Catharina et celle de Maranham ; cartes et plans de ces côtes et instructions pour naviguer dans les mers du Brésil, pour l'expédition exécutée en 1819 et 1820, sur la corvette *la Bayadère* et le brick *le Favori*, par M. le baron Roussin, contre-amiral, grand in-folio, 24 feuilles de texte sur 2 colonnes et 15 cartes dont 14 doubles. Paris, 1826, imprimerie royale.

Correspondance de dom Pédro, premier empereur constitutionnel du Brésil, avec le feu roi de Portugal, dom Jean VI, son père, durant les troubles du Brésil; traduite sur les lettres originales; précédée de la vie de cet empereur et suivie de pièces justificatives, par Eugène de Monglave, 360 p. in-8°. Paris, 1827.

Tables des principales positions géonomiques du globe, par M. Coulier. Paris, 1828.

Journal of a passage from the Pacific to the Atlantic crossing the Andes in the northern provinces of Peru and descending the river Marañon or Amazon, by Henry Lister Maw, lieut., B. N. London, 1829.

Notices of Brazil in 1828, and 1829, by the Rev. R. Walsh, L. L. D. M. R. I. A., 2 vol. in-8°. London, 1830.

Constituição politica do imperio do Brazil, e carta constitucional do reino de Portugal reimpressas conforme as edições authenticas em duas columnas, para se facilitar a sua comparação, e servirem de texto ao manual do cidadão constitucional, 93 p. Indice alphabetico, 16 p. in-8°. Paris, 1830.

Collecção das leis e decretos do imperio do Brasil, desde a feliz epoca da sua independencia: obra dedicada a assembléa legislativa; precedida de hum discurso preliminar, e terminada por huma taboa alfabetica, e arroroada, por MM. ***, 293 p. in-4°. Rio de Janéiro, na imperial typografia, etc., 1828.

Collecção das leis e decretos do imperio do Brasil, desde a feliz epoca da sua independencia, obra dedicada a assembléa legislativa, sessão de 1827, etc. Rio de Janéiro, na imperial typographia, 1828, 104 p. in-4°.

Collecção de decretos, editaes, tratados, e artigos officiales publicados desde a sessão de 1827, e das leis e decretos da assembléa legislativa do imperio do Brasil promulgados durante a sessão de 1828, e sanccionados por sua magestade o imperador, terceiro volume. Rio de Janéiro, 1829.

Histoire générale de Portugal, depuis l'origine des Lusitaniens jusqu'à la régence de dom Miguel, par M. le marquis de Fortia d'Urban et M. Mielle, 9 tomes in-8°. Paris, 1829.

Voyage dans les provinces de Rio de Janéiro et de Minas-Géraès, par Auguste de Saint-Hilaire, membre de l'Académie royale des sciences de l'Institut, etc., 2 vol. in-8°. Paris, 1830. Le troisième et le quatrième volume de ce savant ouvrage, vont paraître incessamment.

O Patriota Brasileiro, Periodico Mensal, tome 1, grand in-8°. Paris, anno 1830, par M. Buchon. Ce numéro, le seul qui a paru, contient, entr'autres choses : 1° Carta de dom Pédro Vaz de Caminha; 2° vingt-neuf chapitres de Roteiro Geral do Brazil. Manuscrit de la bibliothèque royale dont nous avons donné le titre au commencement de cette liste.

Memorias offerecidas á Naçâo Brasileira pelo conselheiro Francisco Gomes da Silva, 165 p. grand in-8°. Londres, 1831.

Diario Fluminense, 1831.

Diario do Brazil, 1832.

Annual register of London, Edinburgh and New-York.

Annuaire historique, etc., par M. Lesur.

Éclaircissements historiques sur mes réclamations relatives aux affaires de Portugal, depuis la mort du roi dom Jean VI, jusqu'à mon arrivée en France, comme ministre près de cette Cour, par le marquis de Rézende, gentilhomme de la chambre de S. M. I. le duc de Bragance, et ancien ministre du Brésil à Vienne, à Paris et à Saint-Pétersbourg, 165 p. (texte), 78 p. appendice, grand in-8°. Paris, 1832.

M. le comte Alexandre de la Borde, de l'Académie des inscriptions, a publié un ouvrage sur l'expédition de dom Pédro en Portugal, in-8°.

Nous ne terminerons point cette énumération sans rendre hommage à l'obligeance et aux bons offices de MM. les directeurs et conservateurs des bibliothèques du roi, de Sainte-Geneviève, de l'Institut, du dépôt de la marine et des autres établissements scientifiques de Paris, qui ont offert à nos recherches toutes les facilités désirables.

Nous devons aussi un témoignage particulier de reconnaissance à son excellence M. le chevalier da Rocha, ambassadeur du Brésil en France, ainsi qu'à M. Brandâo, secrétaire de cette légation, pour l'empressement avec lequel ils ont mis à notre disposition les documents officiels publiés à Rio-Janéiro, concernant la dernière révolution.

FIN DU TOME QUATORZIÈME.